APPROCHES DES LUMIÈRES

MÉLANGES OFFERTS
A JEAN FABRE

PRO NUMINE LUMEN

EDITIONS KLINCKSIECK

APPROCHES
DES LUMIÈRES

BIBLIOTHEQUE FRANÇAISE ET ROMANE

publiée par le Centre de Philologie et de Littératures romanes
de l'Université des Sciences Humaines de Strasbourg

Directeur : Georges STRAKA

Série C : ETUDES LITTERAIRES

— 48 —

1. Monique PARENT, *Saint-John Perse et quelques devanciers. Etudes sur le poème en prose* (1960).

2. Jean GAULMIER, *L'Ode à Charles Fourier*, d'André Breton. éditée avec introduction et notes (1961).

5. J. HOFFMANN, *L'humanisme de Malraux* (1963). 408 p.

6. M.-F. GUYARD, *Recherches claudéliennes* (1963). 116 p.

7. Jean FABRE, *Lumières et Romantisme, énergie et nostalgie de Rousseau à Mickiewicz*. Nouvelle édition en préparation.

11. J.-B. BARRERE, *Victor Hugo à l'œuvre : le poète en exil et en voyage* (1965). (Nouveau tirage 1970.) 328 p.

12. J. BRIQUET, *Agricol Perdiguier et George Sand* (correspondance inédite) (1966). 152 p.

13. C.-A. HACKETT, *Autour de Rimbaud* (1967). 104 p.

14. P. LAURETTE, *Le thème de l'arbre chez Paul Valéry* (1967). 200 p.

15. M.-R. LIDA DE MALKIEL, *L'idée de la gloire dans la tradition occidentale* (Antiquité, Moyen Age occidental, Castille), traduit de l'espagnol (Mexico, 1952), par S. ROUBAUD (1968). 320 p.

16. S. SARKANY, *Paul Morand et le cosmopolitisme littéraire* (1968).

17. R. KONSTANTINOVITCH, *Vercors écrivain et dessinateur* (1969).

18. N. HEPP, *Homère en France au XVIIe siècle* (1968). 864 p.

19. J. VIARD, *Philosophie de l'art littéraire et socialisme selon Péguy* (1969). 415 p.

20. A. SERPER, *Rutebeuf poète satirique* (1969). 183 p.

22. M. ISSACHAROFF, *J.-K. Huysmans devant la critique en France* (1970).

23. B. LEUILLOT, *Victor Hugo publie « Les Misérables »* (Correspondance avec Albert Lacroix, 1861-1862) (1970). 426 p.

24. Monique PARENT, *Cohérence et résonance dans le style de « Charmes » de Paul Valéry* (1970). 224 p.

25. Jacqueline LEINER, *Le destin littéraire de Paul Nizan et ses étapes successives* (contribution à l'étude du mouvement littéraire en France de 1920 à 1940) (1970). 301 p.

26. Jürgen SCHMIDT-RADEFELD, *Paul Valéry linguiste dans les « Cahiers »* (1970). 203 p.

27. Melvin GALLANT, *Le thème de la Mort chez Roger Martin du Gard* (1971). 299 p.

28. Jacques PINEAUX, *La poésie des Protestants de langue française du premier synode national jusqu'à la proclamation de l'Edit de Nantes (1559-1598)* (1971). 524 p.

29. Brian JUDEN, *Traditions orphiques et tendances mystiques dans le Romantisme français* (1971). 806 p.

30. Pascal SABOURIN, *La réflexion sur l'art d'André Malraux : origines et évolution* (1971).

31. Monique LEBRETON-SAVIGNY, *Victor Hugo et les Américains (1825-1885)* (1971).

32. Jean-Bertrand BARRERE, *La fantaisie de Victor Hugo, t. 2*, nouveau tirage (1971).

33. Jacqueline DE LABRIOLLE, *Les « Christophe Colomb » de Paul Claudel* (1971).

34. Paul VERNOIS, *La dynamique théâtrale d'Eugène Ionesco* (1972).

35. S. KEVORKIAN, *Le thème de l'Amour dans l'œuvre romanesque de Gomberville* (1972).

36. Paul VIALLANEIX, *Le hors-venu ou le personnage poétique de Supervielle* (1972).

37. Henri LAGRAVE, *Le théâtre et le public à Paris de 1715 à 1750* (1972).

38. Georges MATORE et Irène MECZ, *Musique et structure romanesque dans « La recherche du temps perdu »* (1972).

39. Jacques LE BRUN, *La spiritualité de Bossuet* (1972).

40. Arthur SIMON, *Gaston Baty, théoricien du théâtre* (1972).

41. B. VANNIER, *L'inscription du corps* (1973).

43. J.-P. LACASSAGNE, *Histoire d'une amitié, Correspondance inédite entre Pierre Leroux et George Sand (1836-1866)* (1973).

44. J.-B. BARRERE, *La fantaisie de Victor Hugo, t. I* (1973).

45. J.-B. BARRERE, *La fantaisie de Victor Hugo, t. 3* (1973).

46. J.-P. CAUVIN, *Henri Bosco et la poétique du sacré.*

47. Jean BIES, *Littérature française et pensée hindoue des origines à 1950.*

Les numéros 3, 4, 8, 9, 10 sont en réimpression.

APPROCHES
DES LUMIÈRES

MÉLANGES
OFFERTS A JEAN FABRE

PARIS
ÉDITIONS KLINCKSIECK
1974

La vignette illustrant la couverture a été
dessinée par Jean Paldacci en hommage à
son maître Jean Fabre.

ISBN 2-252-01634-5

© Éditions Klincksieck, 1974.

LIMINAIRE

par Bernard GUYON

Pour Madeleine

et pour Denis, Rémi, Claire et Pierre

Pouvais-je refuser à Jean Deprun de rédiger quelques pages au seuil d'un volume d'hommage à Jean Fabre ?

Beaucoup d'autres — et d'abord ceux qui se pressent en troupe compacte dans ce volume, spécialistes patentés de ce vaste domaine de notre histoire littéraire sur lequel l'auteur de *Lumières et Romantisme* règne depuis un quart de siècle — étaient plus qualifiés que moi pour le faire. Mais je possède un titre que nul, si ce n'est quelque vieux paysan de Murat-sur-Vèbre, ne peut me disputer : je suis le plus ancien — oserai-je dire le plus intime ? — des amis de Jean Fabre. Notre amitié naquit en juillet 1922, le jour de notre admission à l'Ecole, dans l'austère antichambre où nous attendions d'être reçus par le directeur : Gustave Lanson. Ce fut une sorte de coup de foudre. Il arrivait de Toulouse, moi de Marseille ; il était brun, j'étais blond ; joueur de belotte et moi de bridge ; sportif et moi pianiste ; socialiste bon teint, moi catholique bien pensant... Mais c'était lui et c'était moi. Cinquante ans ont passé. Notre amitié reste intacte ; devenue, au cours des années, plus forte, plus profonde. Elle suppléera, je l'espère, mon manque de compétence. Elle m'inspirera...

Je ne puis m'attarder ici à l'évocation de nos années d'Ecole. Il faut dire pourtant ce qu'était le Jean Fabre de dix-huit ans : étincelant de santé, de jeunesse, d'appétit de vivre, généreux sans réserve, éclatant d'indignation (et souvent de rire) devant la paresse, la sottise, l'absence de courage, de dignité de certains de nos maîtres ; d'admiration aussi parfois devant leur science. Il avait l'allégresse des cœurs purs et des solides joueurs de **rugby**. La quatrième année nous lia de plus près. C'était celle de l'agrégation, le *Neveu de Rameau* était au programme. Année décisive pour Jean Fabre. Alors nous avons ensemble entrepris le labourage

enthousiaste de ce singulier chef-d'œuvre. Le mémoire de diplôme
qu'il avait rédigé l'année précédente sur *l'esthétique de Diderot*,
faisait de lui pour ce texte le chef incontesté de notre équipe.
On sait quelle admirable édition devait sortir vingt ans plus tard
de ces premiers travaux.

Après l'agrégation, après le service militaire qu'il accomplit
avec une exacte conscience — la chose vaut d'être soulignée chez
l'admirateur du « citoyen de Genève » et du « patriote » Mickiewicz ! — on lui offre un poste de professeur à l'Institut français
de Varsovie. Après l'Ecole ce fut sa seconde « chance ». Source
d'une double découverte : découverte de Jean Fabre par la Pologne
qui — à travers tant d'événements dramatiques, malgré tant de
dissensions passionnées — lui est restée, obstinément, et j'oserai
dire unanimement, fidèle. Découverte surtout de la Pologne par
un jeune français avide de comprendre une nation si ancienne et
si neuve, à peine ressuscitée, étrangère et pourtant ouverte et
presque familière tant vivaient en elle, enracinés depuis des siècles,
une connaissance intime, un amour inconditionnel de la France.
Accueilli sans réticence, il se donna sans réserve. Dans sa personne ; dans son enseignement ; plus profondément encore dans
son activité de savant. Des archives très riches lui étaient ouvertes ; fougueusement il s'engagea dans leur exploration systématique. A la veille de la catastrophe où nos deux pays allaient
être conjointement engloutis, il avait abouti au rassemblement
d'une énorme masse de documents qui, vigoureusement dominés,
ordonnés, allaient lui permettre au lendemain de la guerre d'écrire
une magistrale thèse sur *Stanislas-Auguste Poniatowski et l'Europe des lumières*. Il se plaçait d'emblée au cœur des études
polonaises, au cœur du dix-huitièmisme français, et au cœur
de la vieille Europe.

En septembre 1939, il avait été mobilisé sur place à Varsovie.
Il vécut alors une dure mais enrichissante expérience : la guerre,
la retraite, la défaite, la faim, les documents égarés ; mais aussi
la fraternité avec un peuple luttant une fois de plus pour sa
liberté nationale. Puis, en France, au cours des sombres années qui
suivirent la triste « drôle de guerre », la défaite à nouveau, la
débâcle, l'occupation, la résistance, la pauvreté, l'incertitude, la
nuit et le brouillard ! Et aussi de dures épreuves d'ordre privé,
un enseignement cahoté, dangereux, Khagne à Lyon, puis Faculté
des Lettres de Strasbourg, repliée sur Clermont... Quand je le
revis, il était un autre homme. Il avait acquis gravité, maturité,
sûreté ; mais il gardait intacte sa foi dans les deux valeurs auxquelles il avait consacré sa vie : la Vérité, la Liberté.

La tourmente passée, dans Strasbourg libérée, il reprend son

enseignement. Ses travaux aussi qui durent à ce retard, à cette
dure expérience, une autorité accrues. Alors, vers 1950, commence
une période d'éclatante création. Sur le plan humain d'abord :
entre lui et l'une de ses étudiantes naît un amour grave, profond,
indéfectible. C'est sa troisième, sa plus grande « chance ». Dans
ce foyer heureux surgissent en quelques années quatre enfants
magnifiques, vigoureux, affectueux, libres d'esprit (leur père en
a tiré profit, les familiers du foyer aussi). Création aussi sur le
plan du métier. Professeur à Strasbourg, docteur en Sorbonne,
auteur de deux grands livres : *Stanislas-Auguste...* et l'édition du
« *Neveu de Rameau* », Jean Fabre est dès lors le maître incontesté
de ce large champ de l'histoire de la civilisation européenne, qui
va de la mort de Louis XIV à la Révolution de 48. Très vite la
Sorbonne l'appelle. Il hésite. Il redoute le « monstre » ; plus
encore celui qui l'entoure : Paris. Il accepte pourtant de se soumettre à cette fatalité de l'histoire française. « C'est là, me dit-il un
jour, que se fait le vrai travail ». Il en eut la confirmation sans
attendre. Ce fut vers lui un véritable assaut ! Terrible épreuve pour
un « généreux ». Membre de tous les « comités », de tous les « ju-
rys » ; président d'innombrables associations, nationales et interna-
tionales... il accepte tout. Il fait face et il « tient ». Pourtant ce n'est
pas seulement la charge du XVIIIᵉ qui pèse sur lui, mais celle de
la Pologne, jusqu'au jour où viendra le relayer, pour un temps
très court, hélas ! Jean Bourilly. Et je ne parle pas de la Littérature comparée ! Et des relations avec l'étranger...

On pourrait penser que tant de travail fait pour les autres
a nui à son œuvre personnelle. Ce ne serait pas tout à fait inexact.
Celle-ci pourtant s'offre à nous sous la forme de plusieurs beaux
volumes, épais et denses, chargés de science et débordants de vie.
Il y eut d'abord *Lumières* et *Romantisme* contenant quelques-uns
seulement des articles approfondis qu'avaient fait naître, au long
des années, un cours, un livre, une thèse. Une deuxième édition
se prépare qui en contiendra six nouveaux et qui sera elle-même
suivie d'un nouveau recueil du même ordre : *Baroque - Classicisme - Lumières*. A quoi il faut ajouter une série de brillants « portraits » dans l'Histoire des Littérateurs de la Pléiade : Marivaux,
Beaumarchais, Rousseau surtout qui fut peut-être, plus secrètement que Diderot, l'auteur préféré de Jean Fabre parmi tous
ceux de ce grand siècle. Et je n'aurai garde d'oublier — car je sais
par expérience combien il est difficile de faire en moins de 300
pages une sérieuse monographie sur un grand écrivain, le *Chénier*
de la Collection « Connaissance des Lettres » où les penchants
classiques et les élans lyriques de notre ami ont pu, mieux qu'ailleurs, se donner libre carrière. Voilà un beau tableau de chasse.

Pourtant nous savons tous que ces œuvres ne sont que l'aspect
le plus apparent de l'activité créatrice de Jean Fabre. Son œuvre
véritable ce sont les beaux travaux de cette glorieuse compagnie
de jeunes maîtres qu'il a groupés autour de lui pendant ces trente
années. Dirigés, conseillés, animés, soutenus par lui, les hommes
sont demeurés indépendants de lui, libres de pensée. Venus de tous
les horizons idéologiques, tous sont unis à lui par la confiance,
la gratitude, le respect, l'admiration. Thèses, Colloques, Missions,
Editions collectives, créations de Centres se sont ainsi succédés.
Et voici aujourd'hui Jean Fabre en face de ce « monument »
à sa gloire où la seule liste des bâtisseurs, qui sont à peu près
tous très directement ses « élèves », est la preuve de la fécondité
de son action.

J'admire ; je m'interroge. Quelle est la source de cette puissance créatrice et — malgré les épreuves qui n'ont manqué
à cet homme pas plus qu'à aucun autre — de tant de souriante
sérénité ? La réponse est facile : « Un lecteur, né comme moi dans
un village de Cévennes méridionales (...) reconnaît dans ces pays
(ceux du Valais dans *Julie*), qui ressemblent au sien la réalité
profonde dans laquelle a baigné son enfance et qui subsiste
aujourd'hui encore par lambeaux » (*Lumières et Romantisme*
p. 103.) Ainsi, à propos de Jean-Jacques, Jean Fabre nous livre
son secret. Secret à vrai dire fort mal gardé ! Tous ceux qui le
connaissent savent avec quelle fidélité il est resté lié à sa terre
originelle, avec quel soin, quelle passion il s'y est de plus en
plus profondément réinséré au cours des vingt dernières années,
pour retrouver celui à qui il sait bien qu'il doit tout : le paysan,
son ancêtre : « Cet homme peuple, je ne dis pas populaire, cet
homme à la fois malicieux et bon, souriant et averti, exact et
vrai [...] cet homme avisé, ami de la terre, ami de son métier [...]
ce paysan jardinier, ami des allées nettes et des terres propres,
ami de la production mais non surabondante, parce que cela
fait de la mévente, ami de la fertilité harmonieuse et de la fécondité ordonnée, amis du propos, de la liberté intelligente et bonne,
ami du travail, ami du sommeil, ami du loisir, ennemi de la
paresse, ami de la vie propre et digne, ami de la mesure, honnête
profondément, malicieux, spirituel, intelligent, à qui nul sur terre
n'en impose, à qui nul n'en fait accroire, que nulle autorité de
commandement ne violentera jamais, ce conteur plein d'histoires
admirables, ce philosophe unique au monde, sans aucun enseignement de philosophie, ce petit homme [...] pétillant de malice exper-
te, sans nul biais de méchanceté [...] ce paysan né dans la vallée

de la Loire devenu jardinier dans la vallée de la Seine [...] l'homme qui ne s'embarque pas volontiers sur les bateaux intellectuels à mesure que les faiseurs les lancent sur l'océan de l'imbécilité ; l'homme qui hait les faiseurs [...] cet homme admirable, cet exemplaire unique de l'humanité, l'ancien paysan français, pauvre misérable, qui ayant vécu silencieux disparaîtrait à jamais de la mémoire des hommes, voilà qui est son cousin, son frère et son vénérable père [...] Incapable de supporter aucune servitude [...] ce bonhomme de petit aspect, dur comme le fer, travailleur, honnête, vaillant [...] il est le père nourricier du génie ». Qui parle ici ? Chacun l'a reconnu. C'est (en 1906, à propos de Corneille, dans la *Deuxième Suite de Notre Patrie*), l'homme qui dira plus tard à son ami Halévy : « Vous êtes un bourgeois Halévy. Moi vous le savez bien [...] je suis un paysan ». Ce discours ne semble-t-il pas avoir été écrit pour Jean Fabre ? Il suffit de remplacer Loire par Garonne !...

Or écoutons cet autre propos : « Son attachement au terroir, à sa famille, à la haute figure de son père [...] son goût pour l'ordre, le travail bien fait, une vie digne, une aisance honnête [...] » Et encore : « fureur d'apprendre, volonté de savoir [...] goût de bien écrire, naïveté, abnégation, générosité foncière de l'esprit [...] celle du cœur n'est pas moindre. » De qui s'agit-il, cette fois ? De Denis Diderot. Et qui parle ? Jean Fabre, naturellement ! Merveilleux autoportrait qui nous donne la clef d'une vie.

D'une vie. Non du *sens* de cette vie. D'autres questions me pressent. Pourquoi le XVIIIe ? Et, dans ce siècle, la préférence pour Diderot ? Que signifie cet élan vers les « Lumières » ? Puis, au-delà, vers ce « Romantisme » qui, à première vue apparaît comme leur adversaire ? Il faut faire leur part aux causes occasionnelles : un adolescent au cœur fervent n'est pas impunément élevé dans le milieu des instituteurs français de la Troisième République, entre 1904 et 1922, en un canton privilégié « du midi rouge », non loin de Carmaux. Et ce n'est pas impunément qu'un homme, tout jeune encore, se lie par tous les liens du cœur et de l'esprit, dans le passé et dans le présent, avec les patriotes polonais ! Mais il faut aller plus profond. Et c'est encore lui qui nous dictera la réponse. Très consciemment parfois, comme dans cette capitale *Introduction à « Lumières et Romantisme »* où il a défini les deux impulsions spirituelles fondamentales, apparemment opposées, réellement complémentaires : *l'Energie* et la *Nostalgie* qui constituent pour lui l'essence de la philosophie des Lumières *et* du Romantisme. Inconsciemment souvent ; et c'est alors qu'il se livre le plus ! Voyez comment il voit le jeune Diderot :

Un homme en quête d'une « morale ouverte, dégagée de l'hypocrisie, du préjugé, du formalisme auxquels voue la morale une
théologie absurde et tyrannique » ; un homme qui « pour libérer
l'homme, pense qu'il convient d'abord d'élargir Dieu « Cela, précise-t-il, donne « une œuvre indécise ou l'athée Naigeon décèle avec
inquiétude une sorte de *fièvre religieuse.* « Heureusement, ajoute
Naigeon, pour se rassurer, elle ne dura pas longtemps ». Commentaire de Jean Fabre : « Cet athéiste à l'esprit court se trompe à
double titre : la fièvre ne quittera jamais Diderot et elle a bien
pour mon *enthousiasme,* vocable religieux que Shaftesbury a
laïcisé (...) Le vrai passage conclut-il, ne se fera pas, pour Diderot,
de la religion tolérée à l'irréligion agressive, mais (...) de l'abstraction à la Vie ». (p. 88). Telle est l'*Energeia,* cette force qui dictera
plus tard les plus belles pages du *Neveu de Rameau,* l'éloge du
« génie », et l'apologie d'une philosophie de l'individualité qui
appelle une philosophie de la personne. « Energie, force vive de
l'organisme et de l'âme qui manifeste en chaque homme l'action
intérieure du principe divin ». (p. 8).

Inséparable du Romantisme la *Nostalgie,* elle aussi, nous dit
Jean Fabre, est fille des *Lumières.* C'est à Rousseau qu'il nous
renvoie. Mais surtout c'est à Mickiewicz « poête et héros exemplaire » de ce romantisme premier et véritable qui ne fut pas
« évasion », mais « présence au monde » : « Son exemple, affirme-t-il — avec une autorité et presque avec une solennité qui ne
trompent pas —dans la phrase inaugurale de l'article : « *Adam
Mieckiewiez et l'héritage des lumières* » porte témoignage que,
loin de se contrecarrer, l'époque des lumières et l'âme romantique
se relayent et, finalement, ne s'opposent que pour se compléter ».
Suit une masgistrale démonstration en quarante pages très serrées
qui culmine dans une réflexion rigoureuse sur la nature et la profondeur de la conversion religieuse du poète polonais : « Il ne
peut être question pour Mickiewicz, d'un candide et apaisant retour à la foi de son enfance. Peut-on même parler d'un retour ?
La critique se gardera d'en décider, car son pouvoir s'arrête au
seuil du domaine où les cœurs défendent leur secret. Comment
oserait-elle y fait leur part à la grâce et à l'amour ? Elle sait seulement que Mickiewicz a longuement hésité avant de franchir le
seuil de l'Eglise dont il s'était écarté ; c'est à Rome seulement et
seulement vers la fin de 1830 qu'il reviendra à la pratique assez
régulière de sa religion. Il faut que la force qui l'y amène ait
trouvé un point d'appui au plus profond de son être, puisque
retrouvant l'Eglise, il n'en maintient pas moins que « l'Eglise
officielle » trahit tous les jours sa vocation et sa mission » [...]
« Sa fidélité retrouvée ne se réduit pas cependant à un pur mys-

ticisme ; on aperçoit sans pein les raisons qui, dans l'ordre temporel, viennent l'étayer. Aux yeux de Mickiewicz le catholicisme
romain constitue pour la Pologne une religion véritablement nationale ; plus que jamais il garantit sa cohérence, son unité, sa
durée. Mais au-delà de la Pologne et de toute Nation, l'Eglise de
Saint-Pierre a inscrit dans l'histoire l'exigence d'universalisme,
le rassemblement du genre humain dans la fraternité et dans la
paix, que la philosophie des lumières, puisque Rome était **jugée**
par elle « infâme », avait prétendu prendre en charge, à son tour.
Mickiewicz condamne sans doute ce sentiment, mais non cette
prétention ; son retour à Rome manifeste son désir de réconciliation, l'espoir d'accorder l'institution mystique de l'Eglise à
l'esprit de la révolution ». (pp. 225-231).

Vais-je à mon tour m'engager sur la voie dangereuse d'une
réflexion sur la notion de *Lumières* ? Je m'en garderai bien ! Je
préfère laisser chacun méditer à sa guise sur ce terme paradoxalement obscur ! Se demander par exemple si des lumières plu-
rielles forment par leur conjonction *la lumière* ? Si « donner
des lumières » ou « faire la lumière », ou tout simplement « éclairer » ou « éclaircir » disent la même chose qu' « illuminer » ?
Je laisse aussi aux subtils metteurs en œuvre de ce volume le
soin de nous donner une exégèse satisfaisante de la devise qui
souligne l'admirable image du grand prêtre Inca, tête et bras levés
vers le Soleil, et de justifier l'amputation du mot « proprium » qui
réduit la Lumière à la flamme clignotante d'une conscience
subjective. De nous dire aussi le sens précis de ce « pro »
qui, au gré des uns, apparaîtra comme une *substitution* de la
lumière à la *divinité* (et donc sa négation) tandis que, pour d'autres, elle en sera la plus parfaite définition, donc l'affirmation de
sa réalité. Pour les chrétiens surtout, chez qui elle évoque nécessairement l'office du Samedi saint, le rite du feu nouveau et du
cierge pascal, le chant de l'*Exultet* et aussi le Prologue de l'Evangile de Jean, et enfin et surtout, la première page de la Genèse :
« Fiat Lux » !

Pour moi j'évoque le jour (que je ne verrai sans doute pas) où
notre ami sera déposé dans sa vieille terre tarnaise. On chantera
devant lui, pour lui, les prières de la double Espérance : *requiem
aeternam ; lux perpetua*. Je l'imagine mal dans un éternel repos.
Mais je le vois très bien immergé dans une lumière perpétuelle.
Peut-être, en ses dernières heures, comme le plus illustre de

ces grands hommes dont il a scruté l'œuvre et le destin, aura-t-il lancé, lui aussi, le cri de « *Mehr Licht !* » ?... Mais, puisqu'il est bien vivant avec nous, je terminerai en lui adressant un souhait ou plutôt un conseil (il saura bien à qui je l'emprunte) : « La lumière est en toi pour un peu de temps. Marche pendant que tu as la lumière [...] Crois en la lumière, afin que tu sois un enfant de lumière ».

NOTICE BIOGRAPHIQUE

de Jean FABRE

Né le 13 décembre 1904 à Murat-sur-Vèbre (Tarn).
Ecole primaire à Murat.
Lycée d'Albi, 1914-1921.
Lycée de Toulouse, 1921-1922.
Ecole Normale Supérieure, 1922-1926.

Licencié ès-Lettres classiques, 1924.
Diplômé d'Etudes Supérieures (sujet du mémoire : « L'esthétique de Diderot » 1925, directeur : Daniel Mornet).
Agrégé des Lettres, 1927.

Sous-Lieutenant au 15ᵉ R.I. Albi (1927-1928).
Professeur de philologie française à l'Institut Français de Varsovie (octobre 1928 - octobre 1929).
Professeur de Littérature Française au dit Institut (1929-1939).
Directeur-adjoint de l'Institut (1937-1939).
Chargé de conférences à l'Université de Varsovie (1929-1930).
Professeur « titulaire » (non docteur) à cette Université (1936-1939).

Mobilisé comme lieutenant de réserve et affecté à la Mission militaire française en Pologne (1ᵉʳ septembre 1939). Retraite en Roumanie, 17 septembre 1939.
Affecté à l'Etat-Major de l'Armée, 2ᵉ Bureau, section Orient, le 1ᵉʳ octobre 1939.
Démobilisé à Vaour (Tarn), le 29 juillet 1940.

Professeur au Lycée Ampère (nomination pour ordre en date du 1ᵉʳ octobre 1928) à Lyon, du 1ᵉʳ septembre au 5 octobre 1940.
Professeur de Première Supérieure préparatoire au Lycée du Parc à Lyon (5 octobre 1940 - 31 décembre 1941).
Chargé de cours complémentaires de Langue et Littérature Latines à la Faculté des Lettres de Lyon (1940-1941).
Chargé de cours à la Faculté des Lettres de l'Université de Strasbourg, repliée à Clermont-Ferrand (janvier 1942 - mars 1945).
Maître de Conférences (Littérature française classique, xviiᵉ et xviiiᵉ siècles, à la Faculté des Lettres de Strasbourg, mars 1945 à octobre 1952 (succession d'Hubert Gillot, passé à sa demande dans la chaire de Littérature française moderne).

Secrétaire du Centre des Publications de l'Université de Strasbourg.
Docteur-ès-Lettres, mars 1950, Thèses :
Principale : *Stanislas-Auguste Poniatowski et l'Europe des Lumières*
Complémentaire : Edition critique de Diderot : *Le Neveu de Rameau* (au lieu de J.-J. Rousseau, *Considérations sur le gouvernement de Pologne,* publication différée).

Maître de Conférences, puis professeur à la Sorbonne (1er octobre 1952 - 1er octobre 1969), (chaire de Littérature Française du xviii° siècle, (après Gustave Lanson et Daniel Mornet).
Chargé de cours de Langue et Littérature Polonaises dans le cadre de l'Institut de Littérature Comparée (1953-1958).

Admis sur sa demande à la retraite, 1er octobre 1969.
« Visiting Professor »
   à Yale University U.S.A. (janvier juin 1970) ;
    à l'Université de Jérusalem (octobre-novembre 1971) ;
    à l'Université de Virginie (septembre-décembre 1973).

Membre élu, puis président de la 29° section du C.N.R.S. (Linguistique et Littérature Françaises, Musicologie) 1958-1969.
Président des Comités français pour la Commémoration de Diderot et Rousseau (1962-1963).
Vice-Président de l'Institut d'Etudes Slaves (1960).
Président, puis président d'honneur du Comité Universitaire Français de coopération culturelle avec la Pologne (1959).
Co-président de France-Pologne (1962).
Président de la Société Française d'Etude du xviii° siècle (1969).
Vice-président de la Société Internationale des Lumières.
Membre du Conseil d'Administration de l'Association Internationale des Etudes Françaises et de la Société d'Histoire Littéraire de la France.
Secrétaire général de la Société des Textes Français Modernes (1958-1972).
Directeur de la Collection S.U.P. (Littératures Modernes), aux P.U.F.
Membre de l'Académie des Sciences de Pologne (depuis 1959).
Membre correspondant de la British Academy (depuis 1970).
Docteur honoris causa des Universités de Poznan (1966) et de Bruxelles (1969).

BIBLIOGRAPHIE

de Jean FABRE

Cette bibliographie n'est pas complète. N'ont pu y être inclus ou en ont été disjoints :

1°) Des essais, articles ou comptes rendus, certains d'entre eux écrits en polonais dans les années 1929-1939, et publiés dans des journaux, revues et périodiques polonais, particulièrement dans *Pion* : « Paul Valéry à Varsovie », « Victor Hugo au cinquantenaire de sa mort », etc.

2°) Des articles, « interviews » ou comptes rendus publiés après 1945 dans divers journaux, revues et périodiques, en France et à l'étranger, de caractère non-littéraire, circonstanciel ou documentaire, du type : « état présent des études sur... »

3°) Des cours et conférences polycopiés et diffusés sous forme de recueils, sans révision de l'auteur et parfois à son insu.

Toute présentation chronologique devenant ainsi illusoire, les titres retenus ont été distribués par siècles, thèmes ou auteurs, une section particulière étant réservée aux essais de littérature polonaise.

*
* *

1 « L'aventure et la fortune dans les *Fables* de La Fontaine », *Bulletin de la Faculté des Lettres de l'Université de Strasbourg* mai-juin 1951, pp. 313-327.

2 « L'art de l'analyse dans *la Princesse de Clèves* », *Publications de la Faculté des Lettres de Strasbourg Mélanges* 1945, Les Belles Lettres, Paris 1946, pp. 261-306. (Reproduit dans *Cahiers de Littérature* n° 2, mai 1966, Paris pp. 5-57 et réédité plusieurs fois, sous forme de brochure par les Editions Ophrys et la Faculté des Lettres de Strasbourg.

3 « Bienséance et sentiment chez Mme de Lafayette », *Cahiers de l'Association internationale des études françaises*, n° 11, mai 1959, pp. 33-66.

4 « Réflexions actuelles sur l'angoisse de Pascal », *Revue d'Histoire et de Philosophie religieuses*, Librairie des P.U.F., Paris, 1952, pp. 265-281.

5 « Théramène ou les limites de Racine », *Bulletin F.L. de Strasbourg*, XX (1941-42), pp. 305-316.

6 « René Pintard, historien du libertinage érudit », *Bulletin F.L. de Strasbourg*, XXIV, mai-juin 1946, pp. 141-151.

***

7 « Présence des Lumières », introduction au *numéro spécial de la Revue d'Histoire Littéraire de la France* mai-août 1968, *Dix-Huitième Siècle.*

8 « Midi les Lumières », *Manuel d'histoire littéraire de la France*, tome III, 1715-1789, par un collectif sous la direction de Michèle Duchet, Paris, Editions Sociales, 1969, pp. 3-29.

9 « Sociology of Enlightenment », écrit en 1969. A paraître dans *Literature of the Western World*, Aldus Books Limited, Londres.

10 « L'article *Peuple* de *l'Encyclopédie* et le couple Coyer-Jaucourt » dans *Images du Peuple au XVIIIᵉ siècle*, Centre aixois d'études et de recherches sur le 18ᵉ siècle, Armand Colin, Paris 1973, pp. 11-24.

11 « Deux définitions du philosophe : Voltaire et Diderot », *La Table Ronde*, février 1958, repris dans *Lumières et Romantisme*, pp. 1-18.

12 « Les grands écrivains du XVIIIᵉ siècle », dans *Encyclopédie de la Pléïade, Histoire des Littératures*, tome III, Librairie Gallimard, Paris 1958, pp. 675-789, 2ᵉ édition 1974.

13 « Le théâtre au XVIIIᵉ siècle », dans *Encyclopédie de la Pléïade, Histoire des Littératures*, ibid., pp. 793-813.

14 « *Roman et Lumières au XVIIIᵉ siècle* », Actes du Colloque organisé en novembre 1968 par le Centre d'Etudes et de Recherches marxistes, la Société française d'étude du XVIIIᵉ et la Revue « Europe », sous la présidence de MM. Werner Krauss, René Pomeau, Roger Garaudy et Jean Fabre, Editions Sociales, Paris 1970. (Interventions et conclusion).

15 *Lumières et Romantisme, Energie et Nostalgie de Rousseau à Mickiewicz*, Librairie C. Klincksieck, Paris 1963, un volume in-8°, 302 pages.
Deuxième édition sous presse.
(Introduction traduite en polonais par Ewa Rzadkowska, et publiée dans Pamietnik Literacki, Rocznik LXI, Zeszyt 2, 1970, pp. 335-344.

16 « L'Encyclopédie en Pologne », C.A.I.E.F., tome II, 1952, pp. 31-45.

17 « La propagande des idées philosophiques en Pologne et l'Ecole varsovienne des Cadets », *Revue de Litérature Comparée*, 1935, pp. 643-693.

18 *Stanislas-Auguste Poniatowski et l'Europe des Lumières, Etude de cosmopolitisme*, Société d'Edition « Les Belles Lettres », Paris 1952, un volume in-8° de 746 pages.

19 « Jean Meslier, tel qu'en lui-même », *Dix-huitième siècle*, n° 3, 1971, Edit. Garnier Frères, Paris, pp. 107-115.

20 *Etudes sur le Curé Meslier, Actes du Colloque international d'Aix en Provence*, Société des Etudes Robespierristes, Paris 1966, (Présidence et Introduction).

21 *Article Marivaux*, dans le *Dictionnaire des Lettres françaises*, librairie Arthème Fayard, Paris 1960, tome II, pp. 167-188.

22 « *Marivaux* », dans *Histoire des Littératures*, Encyclopédie de la Pléiade, tome III, pp. 677-685 (v. n° 12).

23 « Intention et structure dans les romans de Marivaux », *Zagadnienie Rodzajow Literackich*, III, Lodz 1960, pp. 5-25.

24 Présidence de la Journée *Marivaux*, dans le n° 25 des *Cahiers de l'Association Internationale des Etudes Françaises*, « Les Belles Lettres », Paris 1973, pp. 339-361.

25 « Autour de Marmontel », dans *Jean-François Marmontel* (1723-1799) collection Ecrivains d'Auvergne, G. de Bussac, Clermont-Ferrand, 1970. Etudes réunies et présentées par J. Ehrard, postface de J.-F., pp. 321-329.

26 « Le marquis de Mirabeau, interlocuteur et protecteur de Rousseau », *Actes du Colloque d'Aix-en-Provence sur les Mirabeau et leur temps*, Société des Etudes Robespierristes, Paris 1968, pp. 71-92.

27 (Pierre Naville), *Examen du Contrat Social de J.-J. Rousseau avec des remarques pour servir d'antidote à quelques principes*, publié d'après le manuscrit original (avec introduction et commentaire) par J.-F. *Annales de la Société Jean-Jacques Rousseau*, tome XXII (1935), pp. 7-153.

28 *L'abbé Prévost*, Actes du Colloque d'Aix-en-Provence (décembre 1963). Publications des Annales de la Faculté des Lettres d'Aix-en-Provence, Editions Ophrys, nouvelle série, n° 50, 1965. Introduction (*Au souvenir d'Henri Roddier*) par J.-F. directeur du Colloque, pp. 7-28.

29 « L'abbé Prévost et la tradition du roman noir », dans *L'abbé Prévost*, Actes du Colloque d'Aix-en-Provence (décembre 1963), Editions Ophrys 1965, pp. 39-55.

30 « Stanislas Leszczynski et la cour de Lunéville » dans le Dictionnaire des Lettres Françaises, publié sous la direction du Cardinal Georges Grente, Librairie Arthème Fayard, Paris 1960, tome II, pp. 560-566.

31 « Stanislas Leszczynski et le mouvement Philosophique en France au XVIIIᵉ siècle », dans les *Actes du colloque sur le pragmatisme des Lumières*, (Nancy, juin 1953), textes recueillis par Pierre Francastel, publications de l'Ecole Pratique des Hautes Etudes, Paris et La Haye, 1963, pp. 25-41, + Document, Voltaire à Condorcet, 20 septembre 1777, (lettre inédite), — Repris sous le titre : Stanislas Leszczynski et l'idée républicaine en France au XVIIIᵉ siècle », dans *Lumières et Romantisme*, pp. 131-149.

32 « Sous l'égide du roi Stanislas », dans *La Lorraine dans l'Europe des Lumières*, Actes du colloque de Nancy (octobre 1966), Nancy 1968, conférence d'ouverture, pp. 9-14.

33 « Stanislas-Auguste et les hommes de lettres français », *Arkivum Neophilologicum*, tom II, Krakow 1936, pp. 1-53.

33 bis *Stanislas-Auguste Poniatowski et l'Europe des Lumières,* voir n° 18.

34 « Ferdinand Galiani et la Société Française à l'époque de Louis XV », dans les Actes du Convegno italo-francese : Ferdinando Galiani (Rome, mai 1972), Rome 1974 (Communication et interventions de J.-F.).

35 Voltaire, *Zadig ou la Destinée* (édition critique par Georges Ascoli. deuxième tirage revu et complété par J.-F. (Introduction et notes complémentaires), 2 vol. Librairie Marcel Didier, Paris 1962.

36 « Deux définitions du philosophe : Diderot et Voltaire », v. n° 11, voir aussi n° 31.

37 « Voltaire et son banquier », dans les *Dernières Nouvelles d'Alsace,* 7 janvier 1951 (à l'occasion de la publication des Lettres de Voltaire aux Tronchin, éditées par B. Gagnebin, Librairie Droz).

38 Diderot, Edition critique du *Neveu de Rameau,* avec introduction, notes et lexique, Librairie Droz, Genève 1950, un vol. in-12 de 329 pages (plusieurs réimpressions).

39 Michèle Duchet et Michel Launay, *Entretiens sur « le Neveu de Rameau* », Librairie A.-G. Nizet, Paris 1967. Préface de J.-F. (pp. 1-10) et interventions.

40 « Diderot le Langrois », *Bulletin de la Société historique et archéologique de Langres,* n° 193, premier trimestre 1964, pp. 391-399.

41 « Le chemin de Diderot », dans *Europe,* janvier-février 1963, pp. 3-16.

42 « Diderot et les Théosophes », publié dans les *Cahiers de l'Association Internationale des Etudes Françaises,* n° 13, juin 1961, pp. 203-222 et repris dans *Lumières et Romantisme,* pp. 67-83.

43 « Deux frères ennemis : Diderot et Jean-Jacques », dans Diderot Studies III, Librairie E. Droz, Genève 1961, pp. 155-213, repris dans *Lumières et Romantisme,* pp. 19-65.

44 « Jacques le Fataliste : problèmes et recherches », *Studies on Voltaire and the eighteenth century, vol. LVI, Transactions of the Second international Congress on the Enlightenment, II,* Genève, 1967, pp. 485-499.

45 « Allégorie et symbolisme dans *Jacques le Fataliste* », dans *Europäische Aufklärung, Herbert Dieckmann, zum 60 Geburtstag,* Munich, 1967, pp. 69-75.

46 « Sagesse et Morale dans *Jacques le Fataliste* », dans *The Age of the Enlightenment,* Studies presented to Theodore Besterman Oliver and Boyd, Edinburgh and London, 1967, pp. 171-187.

47 (Diderot) Préface à l'ouvrage de Jacques Smietanski : *Le réalisme dans Jacques le Fataliste,* Librairie A.-G. Nizet, Paris 1968, (V. au sujet d'un C.R. de cet ouvrage, un échange de lettres avec M. Jean-Paul Weber, Diderot Studies XII, Librairie Droz S.A., Genève 1969, pp. 327-340).

48 C.R. de Ernst Gamillscheg, *Diderots Neveu de Rameau und die*

Goethesche Uebersetzung der Satire, dans *Revue de Littérature Comparée,* avril-juin 1954, pp. 223-227.

49 C.R. de Roland Mortier *Diderot en Allemagne* (1750-1850), dans *Revue de Littérature Comparée,* janvier-mars 1956, pp. 117-122.

50 *Essays on Diderot and the Enlightenment in honor of Otis Fellows* New-York, Genève 1974, introduction par J.-F.

51 Jean-Jacques Rousseau, *Considérations sur le Gouvernement de Pologne,* édition critique, avec introduction (pp. CCXI-CCXLV) et commentaire (pp. 1 753-1 804) dans *Oeuvres complètes,* III, *Ecrits politiques,* Bibliothèque de la Pléiade, Paris 1964.

52 Rousseau, *Oeuvres complètes,* tome I, *Oeuvres autobiographiques,* présentation et notes de Michel Launay, préface de J.-F., aux Editions du Seuil, Paris 1967.

53 « Jean-Jacques Rousseau », v. *Histoire des Littératures,* Encyclopédie de la Pléiade, tome III, pp. 746-772.

54 *Jean-Jacques Rousseau et son œuvre,* Problèmes et Recherches. Commémoration et colloque de Paris (16-20 octobre 1962), (avant-propos, allocution inaugurale, interventions, conclusion). Allocution reproduite dans les Annales de l'Université de Paris, octobre-décembre 1962, pp. 456-461.

55 « Jean-Jacques Rousseau et le Prince de Conti », *Annales de la Société Jean-Jacques Rousseau,* tome XXXVI, 1963-65, pp. 7-48.

55 bis « Deux frères ennemis : Diderot et Jean-Jacques », v. nº 43.

55 ter « Le marquis de Mirabeau, interlocuteur et protecteur de Rousseau », v. nº 26.

56 « Réalité et utopie dans la pensée politique de Rousseau », dans *Entretiens sur J.-J. Rousseau,* 1962, *Annales de la Société J.-J. Rousseau,* tome XXXV, pp. 181-221, repris dans *Lumières et Romantisme,* pp. 101-130 (v. Pierre Naville, *Examen du Contrat Social,* nº 27).

57 « Rousseau et le destin polonais », Europe nº 391-392, novembre-décembre 1961, pp. 206-227.

58 « Commémoration de J.-J. Rousseau », La Revue française, août 1962, supplément du nº 143.

59 (Jean-Jacques Rousseau) « Les risques de la vérité » *Les Lettres françaises,* 3 janvier 1963.

60 « Jean-Jacques Rousseau en notre temps », *Revue du Tarn,* mars 1963, pp. 15-24.

61 (J.-J. Rousseau) « Lui et Nous », dans *les Nouvelles Littéraires,* 29 novembre 1969.

62 Maxime Nemo, *Choix de textes de J.-J. Rousseau,* La Colombe, Paris, 1962, préface de J.-F.

63 C.R. de Pierre Burgelin, *La philosophie de l'existence de J.-J. Rousseau,* Paris 1952, dans *Annales de la Société J.-J. Rousseau,* tome XXXIII, pp. 304-323.

64 C.R. de Bronislaw Baczko, *Rousseau : Samotnosc i wspolnota* (R. Solitude et communauté), Warszawa, 1964, dans *Annales de la Société J.-J. Rousseau*, tome XXXVI, 1963-1965, pp. 381-388.

65 William Acher, *Jean-Jacques Rousseau, écrivain de l'amitié*, Nizet, Paris 1971, Préface de J.-F. (pp. 1-9).

66 C.R. de Lester, Crocker, *Jean-Jacques Rousseau*, volume I, *The Quest 1712-1758*, New-York-London 1968, vol. II *The Prophetic Voice*, 1758-1778, ibid. 1973, dans R.H.L.F. 1974, n° 3.

67 C.R. de Zofia Szmydtowa, *Rousseau-Mickiewicz I inne studia* (Rousseau Mickiewicz et autres études) Varsovie 1961, dans *Annales de la Société J.-J. Rousseau*, tome XXXVI, 1963-1965, pp. 388-393.

68 « Beaumarchais », *Histoire des Littératures*, Encyclopédie de la Pléïade, v. n° 12.

69 « Dubois de Jancigny », communication (en français) publiée dans les Archives du Colloque Krasicki (Lwow 1936), et notice (en polonais) dans le *Polski Slownik Biograficzny* (archives et documents inédits).

70 (Bernardin de Saint-Pierre) « Une question de terminologie littéraire : *Paul et Virginie* pastorale », *Annales de la Faculté des Lettres de Toulouse*, novembre 1953, pp. 168-200, repris dans *Lumières et Romantisme*, pp. 167-199.

71 Francis Ley, *Bernardin de Saint-Pierre, Mme de Staël, Chateaubriand, Benjamin Constant et Mme de Krüdener*, Aubier, Paris 1967, préface de J.-F., pp. 9-28.

72 *André Chénier, l'homme et l'œuvre, Connaissance des Lettres*, Hatier-Boivin, Paris 1955, un vol. in-12 de 240 pages. Deuxième édition revue et complétée, Hatier 1966, 287 pages.

73 « La Poésie et le Poète selon André Chénier », *l'Information Littéraire*, mai-juin 1966, pp. 99-105.

74 André Chénier, *l'Invention, poème*, édition critique par Paul Dimoff, Paris 1966, C.R. dans *la Revue d'Histoire Littéraire de la France*, mai-août 1968, pp. 675-677.

75 C.R. de Francis Scarfe, *André Chénier, His Life and Works*, 1762-1795, Oxford 1965, dans la *R.H.L.F.*, mai-août 1968, pp. 671-675.

76 Vernon Loggins, *André Chénier, His life, death and glory*, Ohio The Uuniversity Press, 1965, C.R. dans la *R.H.L.F.*, mai-août 1768, pp. 677-679.

77 « Un thème préromantique : « le Nouveau Monde » des poètes, d'André Chénier à Mickiewicz », publié dans les *Actes du Congrès* de Littérature Comparée de Chapel Hill (août 1959), University of North Carolina Press, 1959, et repris dans *Lumières et Romantisme*, pp. 151-166.

(N.B. — Cette étude a trouvé son élargissement et son plus juste éclairage dans le C.R. qu'en a donné Stefania Skwarczynska dans *Zagadnienia Rodzajow Literackich*, tom II, Zeszyt 1 (2) Lodz, 1959, pp. 140-144.

78 (Delille) « On ne peut oublier Delille... » dans le recueil *Delille est-il mort* ? Collection Ecrivains d'Auvergne, G. de Bussac, Clermont-Ferrand, 1967, pp. 87-118.

79 « Variations sur les nuages. En marge de *Pan Tadeusz* et de la poésie descriptive », dans *Mélanges offerts à Mieczyslaw Brahmer* Panstwowe Wydawnictwo Naukowe, Varsovie, 1967, pp. 191-205.

80 (Laclos) « *Les Liaisons dangereuses*, roman de l'ironie », dans *Missions et démarches de la critique*, Mélanges offerts à M. J.-A. Vier, Publications de l'Université de Haute-Bretagne, Librairie Klincksieck, Paris 1973, pp. 651-672.

81 « Cazotte, Potocki et le roman noir », dans les *Actes du Colloque Jean Potocki et le « Manuscrit trouvé à Saragosse »* (Varsovie, avril 1972). A paraître en 1974.

82 « Deux colloques : Jean Potocki, Ferdinando Galiani », *Bulletin de la Société Française d'Etude du XVIIIe siècle,* octobre 1973.

83 « *Oeuvres Complètes du Marquis de Sade* » publiée au Cercle du Livre Précieux, Paris 1962, tome IV, *Aline et Valcour ou le Roman philosophique,* préface de J.-F., pp. 11-23.

84 *Oeuvres complètes du Marquis de Sade,* publiées au Cercle du Livre Précieux, Paris 1964, tome X, *Les Crimes de l'Amour.* Préface de J.-F., pp. 11-36.

85 « Sade et le roman noir », *Actes du Colloque d'Aix-en-Provence* 19 et 20 février 1968, Armand Colin, Paris 1968, pp. 253-278 (Direction du colloque, allocution inaugurale, interventions et conclusion).

*_**

86 *Madame de Staël et l'Europe,* Colloque de Coppet, juillet 1966, Editions Klinscksieck, Paris 1970. (Avant-propos, allocution inaugurale, interventions) (v. aussi n° 71).

87 « Création et critique selon Balzac », *Bulletin* de la Faculté des Lettres de l'Université de Strasbourg, mars 1953, repris dans *Lumières et Romantisme,* pp. 281-299.

88 François-Michel, *Fichier Stendhalien,* présenté par Jean Fabre, Victor del Litto, James K. Marshall, G.-K. Mall and C°, Boston 1964.

89 François Michel, *Etudes Stendhaliennes,* Mercure de France, Paris 1957, présentées par Henri Martineau et par J.-F. « François Michel, 1889-1956 », pp. 13-31. Texte repris dans la deuxième édition de cet ouvrage, augmentée et présentée par V. del Litto, Mercure de France, 1972, pp. 13-24.

90 « Gérard de Nerval et les Flandres », *Actes du Second Congrès National de Littérature Comparée,* (Lille, 30 mai - 2 juin 1957, Marcel Didier, Paris, 1958, pp. 61-73.

91 « Gérard de Nerval, poète de l'angoisse », *Saggi e ricerche di letteratura francese,* Libreria Goliardica, Pisa, vol. VIII, 1967, pp. 99-122.

92 « Baudelaire à la question », dans les *Cahiers du Sud,* n° 337, 1956, pp. 432-442.

93 « L'idée polonaise dans *les Misérables* », dans *Connaissance de l'étranger,* Mélanges offerts à la mémoire de Jean-Marie Carré, Didier, Paris 1954, pp. 256-266.

94 C.R. de Robert Ricatte : *La création romanesque chez les Goncourt* Paris 1953, *R.H.L.F.* avril-juin 1956, pp. 269-275.

*
* *

95 « Le centenaire de Mickiewicz et la littérature comparée », *Revue de Littérature Comparée,* janvier-mars 1960, pp. 136-150.

96 « Adam Mickiewicz et le XVIII° siècle français », *Actes du premier congrès national de Littérature Comparée* (Bordeaux, mars 1956), Marcel Didier, Paris 1957, pp. 44-47 (schéma du numéro suivant).

97 « Adam Mickiewicz et l'héritage des Lumières », dans *Adam Mickiewicz,* Livre du Centenaire, publié par la Société Polonaise des Sciences et des Lettres à l'étranger, Londres 1958, pp. 203-232, repris dans *Lumières et Romantisme,* pp. 201-242.

98 « La France dans la pensée et le cœur de Mickiewicz », *Revue de Littérature Comparée,* avril-juin 1957, pp. 161-191.

99 « Adam Mickiewicz et le romantisme européen », Hommage de l'U.N.E.S.C.O., Paris 1955, pp. 37-58, repris dans *Lumières et Romantisme,* pp. 243-256.

100 « The approach to an understanding of *Pan Tadeusz* » (appendix : « Mme d'Agoult and Mickiewicz », unedited texts) dans *Adam Mickiewicz in World Literature,* A Symposium, edited by Waclaw Lednicki, University of California Press, Berkeley and Los Angeles, 1956, pp. 281-289.

101 Samuel Scheps, *Adam Mickiewicz. Ses affinités juives.* Préface de J.F. Nagel, Paris 1964.

102 C.R. de Wiktor Weintraub, *The poetry of Adam Mickiewicz,* S. Gravenhage 1954, dans *Revue de Littérature Comparée,* octobre-décembre 1955, pp. 567-569. Voir aussi numéros 67, 78 et 80.

103 « *Godzina Mysli* (L'heure de la Pensée) et les deux visages du romantisme », *Revue des Sciences Humaines,* fasc. 102, pour la commémoration de Jules Slowacki (1809-1849), avril-juin 1961, pp. 173-192. Reproduit dans *Lumières et Romantisme,* p. 257-280. Version française d'un essai : « Dwa oblicza Romantyzmu : Godzina Mysli », publié dans le *Pamietnik Literacki,* Varsovie 1950, pp. 19-36.

104 Boleslaw Prus, *La Poupée* (Lalka), traduit du polonais par Simone Deligne, Wenceslas Godlewski et Michel Marcq, coll. Unesco d'œuvres représentatives, 3 vol. Del Duca, Paris, 1962, Préface de J.-F., pp. 7-24.

105 C.R. de Maria Kosko : *Un best-seller* 1900 : *Quo Vadis ?* Paris 1961, dans Revue de Littérature Comparée, juillet-septembre 1965, pp. 483-485.

106 Irena Kwiatkowska-Siemienska : *Stefan Zeromski : La Nature dans son expérience et sa pensée*, Librairie A.-G. Nizet, Paris 1974, Préface de J.-F., pp. 4-7.

107 « Wyspianski et son théâtre », *Revue de Littérature Comparée*, juillet septembre 1968, pp. 331-345.

108 « Jean Parandowski : la plume et la rose ». Cette allocution prononcée le 7 mai 1969 à la Sorbonne, a été publiée dans la traduction polonaise d'Alexandra Oledza Frybesowa, dans *Literatura na Swiecie*, n° 4 (24), Varsovie 1973, pp. 347-354.

109 C.R. de Manfred Kridl : *A Survey of Polish Literature and Culture*, translated from the Polish by Olga Schérer-Virski, La Haye, 1956, et de Maurice Herman, *Histoire de la Littérature Polonaise* (des origines à 1921) A.-G. Nizet, Paris, 1963, dans *Revue de Littérature Comparée*, 1965, pp. 465-468.

110 Léon Kolodziej, *Il y a mille ans naissait la Pologne*, éd. Salvator, Mulhouse 1966. Préface de J.-F., p. 4-8.

111 « Mille ans d'art en Pologne » dans *France-Pologne*, n° 164, été 1969, pp. 12-21.

112 C.R. de Waclaw Lednicki, *Russia, Poland and the West*, New-York 1954, dans *Revue de Littérature Comparée*, octobre-décembre 1955, pp. 570-575.

113 « Les études polonaises et leur développement en France », *Revue Internationale d'Histoire politique et constitutionnelle*, 1958, P.U.F., pp. 175-185.

A quoi il convient d'ajouter les notices consacrées par J.-F. à ses deux prédécesseurs dans sa chaire de Strasbourg : Maurice Magendie et Hubert Gillot, à l'un de ses maîtres polonais l'historien W. Konopczynski, à son élève et collègue Jean Bourrilly, premier titulaire de la chaire de Littérature polonaise à la Sorbonne.

114 « Maurice Magendie (1884-1944, « *Mémorial des Années* 1939-1945, *Publications de la Faculté des Lettres de Strasbourg, fascicule* 103, Les Belles Lettres, Paris 1947, pp. 209-227.

115 « Hubert Gillot et son œuvre critique », Bulletin de la Société historique et archéologique de Langres, n° 163, 1956, pp. 3-12.

116 « Souvenir de Wladislaw Konopczynski » dans les Wiadomosci literackie (Londres, novembre 1962).

117 « Jean Bourrilly et son œuvre », *Bulletin de la Société des Amis de l'Ecole Normale Supérieure et Revue des Etudes Slaves*, 1974.

« CORINNE » ET LA PRESSE PARISIENNE DE 1807

par Simone BALAYÉ

Les ouvrages de Mme de Staël ont tous suscité de nombreux articles dans la presse et parfois de violentes polémiques, comme ce fut le cas pour *De la littérature, Delphine* et *De l'Allemagne,* ou plus tard les *Considérations.* L'histoire de Mme de Staël devant la presse de son temps reste à faire et serait très significative en particulier sur le plan littéraire, philosophique, mais aussi social et politique [1]. On y verrait comment on se querellait et avec quelle violence, parfois quelle grossièreté ; comment en particulier le gouvernement consulaire et impérial intervenait en sous-main ; comment aussi les amis de Mme de Staël manœuvraient et avec quelle cohésion.

Pour *Corinne,* la réprobation fut plutôt feutrée, mais il est bien probable que les lecteurs du roman qui lui firent un succès considérable ne se laissèrent pas influencer par les journaux et les revues. L'étude de l'accueil fait à *Corinne* dans la presse parisienne est néanmoins intéressant, puisqu'il se place à l'époque où Mme de Staël et son groupe travaillent à faire prendre un tournant nouveau à la littérature française et permet ainsi d'entrevoir les résistances aux idées neuves du « Romantisme » naissant face à l'idéal classique du XVIIᵉ siècle que certains tentent de ressusciter avec l'appui de Napoléon et des catholiques.

Il serait tentant de qualifier cette critique de bonne ou mauvaise, suivant qu'elle loue ou qu'elle attaque *Corinne,* et qu'elle adopte ou non des idées neuves. Mais les contempteurs sont la presque totalité et la louange ne va pas, sauf au *Publiciste* (Constant, Meister, Sismondi !), sans de sérieuses restrictions. Il sera même bien difficile de dégager parmi les plus favorables les

---

(1) Il n'y a pas encore d'étude publiée sauf mon article sur *Benjamin Constant, lecteur de Corinne,* dans *Benjamin Constant, congrès de Lausanne,* 1967, Genève, Droz 1970 ; j'ai donné une étude de public, *Corinne et les amis de Mme de Staël, R.H.L.F.,* janvier 1966. On trouvera en appendice la liste des articles publiés sur *Corinne.* Je ne mentionne ni les livres ni les pièces de théâtre.

tenants d'une nouvelle esthétique. En fait, il faut aller les chercher dans le groupe de Coppet, en Angleterre et en Allemagne.

On peut regrouper les principaux sujets abordés dans ces articles autour de quelques problèmes : la vraisemblance, la morale et la société (il y a peu à dire sur la religion), puis le mélange roman-voyage-idées, c'est-à-dire la critique des opinions de Mme de Staël sur les Italiens, la littérature et les beaux-arts.

Deux problèmes essentiels pour le roman depuis le siècle précédent sont la vraisemblance et la morale. *Le Dilemme du roman* de Georges May garde son actualité aux alentours de 1800. Mme de Staël et Constant s'intéressent vivement à ces questions qui mettent en cause l'essence même du roman et donc une partie de leur œuvre [2].

La première attaque contre la vraisemblance des personnages et des événements est lancée par Féletz dans le *Journal de l'Empire* (1ᵉʳ extr.), à qui Constant répondra notamment sur ce point dans le *Publiciste*, attaque reprise par plusieurs journaux [3]. Suivant Féletz, Mme de Staël « crée des personnages extraordinaires, elle leur donne des passions extraordinaires, sur lesquelles elle les fait disserter dans un langage souvent extraordinaire [...] ils étonnent l'esprit du lecteur plus qu'ils ne le séduisent, ils l'éblouissent plus qu'ils ne l'éclairent [...] ce qu'ils disent se trouvant trop fréquemment hors de la sphère des idées vraies et des sentiments naturels, il est impossible que leur langage ait ce naturel et cette vérité qui plait aux bons esprits ». Suit une accusation essentielle : Mme de Staël trouvant sans doute « la nature faible et avare » se borne à exagérer l'énergie des passions et méprise sans doute « ceux qui ont le mieux connu le cœur humain, et qui en ont été les peintres les plus fidèles », c'est-à-dire le XVIIᵉ siècle français. On est ici au cœur du problème renouvelé des anciens et des modernes.

Pour Féletz et d'autres [4], les héros sont insensés, hors nature. « L'auteur avait besoin, dit le *Journal du commerce*, d'un per-

---

(2) Constant a posé les problèmes avec vigueur dans son article sur *Corinne* et dans un article sur *Delphine*. Il partage ses idées avec Mme de Staël, et celle-ci, violemment accusée, en a parlé dans l'*Essai sur les fictions* et dans des textes divers, comme la préface à *Delphine*, *Quelques réflexions sur le but moral de Delphine* qu'elle faillit d'abord intituler « Ce roman a-t-il un résultat moral ? » (*Lettres à un ami*, p.p. J. Mistler, 13 janvier 1803) ; et encore dans *De l'Allemagne*.

(3) La *Gazette de France*, le *Journal du commerce*, la *Décade* surtout, et d'autres, mais avec moins d'agressivité.

(4) Dont la *Gazette de France*, le *Journal du commerce*, la *Décade*.

sonnage enthousiaste, d'une prêtresse inspirée [qu'] elle a trouvée [...] dans [...] la région des chimères. » Les personnages « n'ont point de mesure commune avec les proportions de l'humanité ». Constant dira que cela revient à mettre en accusation le beau idéal d'une statue grecque (1er extr.). Seuls dans ce monde staëlien, les exaltés sont raisonnables [5].

Corinne séduit, malgré tous ses discours et les exagérations qu'on lui trouve. Mais Schlegel, avec des arguments mieux sentis que ceux de Constant, explique que Corinne est un être à part, un artiste et que sa marche à la mort est celle d'un poète (p. 61). C'est le personnage d'Oswald qui est le plus souvent pris à parti, ses hésitations, ses apparentes incohérences ; ainsi le *Journal de l'Empire* : « Il a les passions les plus ardentes et ces passions se taisent devant des obstacles qui n'arrêterait pas une passion médiocre ; il a presque toujours raison quand il parle et presque toujours tort quand il agit » (1er extr.). En somme, il le trouve « un homme assez ordinaire ». Auger, dans la *Décade,* ne peut admettre qu'Oswald suive si absolument la volonté de son père défunt [6]. Aucun critique n'a compris le jeune Lord Nelvil comme Benjamin Constant, ni ne l'a suivi dans son explication [7].

Il est clair que personne, en dehors de lui et de Schlegel, n'a réellement saisi la nécessité profonde des caractères des héros [8], leur logique interne. Personne n'a vu, comme Schlegel, que les personnages ont à la fois tort et raison et que Mme de Staël a voulu le faire sentir plutôt que le dire, supposant « le lecteur capable de lire un roman comme on entre dans un cercle de personnes remarquables où l'observateur perspicace perçoit

---

(5) « Elle ne voit, dit Féletz, de sentiments dignes de ce nom que dans l'enthousiasme, dans l'admiration, le culte, l'idolâtrie, de passions que dans le délire. » (1er extr.) Les situations sont en conséquence jugées invraisemblables elles aussi, contrairement à ce que pense Constant, qui les trouve dans la logique des caractères. Mais c'est un point assez peu abordé, si ce n'est dans les résumés souvent ironiques de l'action (par exemple le *Courrier des spectacles,* ou le *Courrier français*).

(6) 475. Il est même persuadé que ce n'est là qu'un prétexte honnête pour se débarrasser de Corinne. Chez les amis de Mme de Staël, on blâme généralement ce caractère. (Voir S. BALAYÉ, *Corinne et les amis de Mme de Staël.*)

(7) S. BALAYÉ, *Benjamin Constant, lecteur de Constant,* où est analysée la réaction de Constant, venue du plus profond de lui-même.

(8) Si l'enthousiasme montré par Dumersan dans le *Magazin encyclopédique* est presqu'unique, Constant mis à part, du moins, les *Archives littéraires* (374), d'ailleurs assez favorables dans l'ensemble, voient bien le malentendu fondamental entre Corinne et Oswald et le problème psychologique d'Oswald. Le *Courrier français* lui-même comprend assez bien l'importance d'Oswald, et la fonction des deux passés, des deux histoires de Corinne et d'Oswald qui sont résumées en détail. Mais tous s'arrêtent en chemin.

les rapports les plus subtils tandis qu'un autre moins averti, s'en va comme il est venu » (p. 70).

Le silence, le secret dont s'entourent les personnages surprennent. Féletz trouve cela « un malheur bien singulier pour des acteurs mis en scène par Mme de Staël (1ᵉʳ extr.). Là encore, c'est Constant qui explique la valeur de ce silence, le malentendu qu'il crée entre les êtres, le « mur de glace » qui les entoure (2ᵉ extr.).

Ces critiques qui taxent les héros d'invraisemblables, ont au contraire trouvé le comte d'Erfeuil très raisonnable ; ses petitesses, sa légèreté oublieuse prouvent son bon sens et c'est à partir de lui qu'on juge les « exagérations » des autres [9]. Assez étrangement, Féletz essaie de mettre dans le jeu de la médiocrité le lecteur lui-même : « Mme de Staël méprise beaucoup les hommes ordinaires et plus encore les femmes ordinaires [...] Peut-être ne songe-t-elle pas assez que c'est [...] dans cette classe que se trouveront ses lecteurs, et même ses juges, et même ses critiques. » (1ᵉʳ extr.). D'autres réagissent de même, comme s'ils craignaient de n'être pas à la hauteur de Corinne et d'Oswald, de Mme de Staël et de son cercle.

Presqu'aucun n'a entrevu ou à peine le rôle des nationalités dans le roman ; là encore, il faut voir Schlegel, qui montre l'intérêt de la double formation de Corinne, l'éducation anglaise se superposant à l'italienne, et la forçant à réfléchir et à s'affirmer beaucoup plus consciemment comme italienne (p. 60), pendant que Constant explique sur le plan romanesque que l'intrigue ne pouvait prendre corps qu'à la condition d'un choix réfléchi des pays d'origine [10], qui oppose des natures, des qualités et des

---

(9) Il est curieux de voir les *Archives littéraires de l'Europe* le trouver « commun, naïf, vain » et ajouter : « Il n'est pas spécifiquement français. » (393) Sur ce point, le chauvinisme a souvent aveuglé sur son compte et irrité des amis de Mme de Staël qui eussent dû mieux lire. Un seul critique, Auger, à la *Décade*, relèvera qu'à côté de ce médiocre personnage et de l'affreux Maltigues, il y a le beau caractère du comte Raimond (476). Mackintosh, dans son *Journal intime*, se moque beaucoup des critiques français et de leur niveau moral qui leur faisait trouver d'Erfeuil supérieur à Oswald. Constant fit un parallèle entre d'Erfeuil et Maltigues, personnage qui figure dans l'histoire d'Oswald, pour démontrer que la « frivolité bonne et honnête » du premier assure à « l'égoïsme spéculant sur la frivolité » du second, une totale impunité : « Sous les impressions sérieuses, on ôte à la vertu toute garantie et toute base ; [...] sans enthousiasme, c'est-à-dire sans émotions désintéressées, il n'y a que du calcul et [...] le calcul conduit à tout. »

(10) 2ᵉ extrait. Le Révérend Playfair, dans l'*Edinburgh review* comprendra quelle originalité donne au roman ce heurt des caractères nationaux (183).

défauts contradictoires, ressentis d'ailleurs par l'ensemble de la critique comme invraisemblables, puisqu'ils ne les comprennent pas.

L'accusation d'invraisemblance reparaît à travers les problèmes que posent les rapports de la morale et du roman. En effet, presque toutes les attaques contre les personnages se fondent sur un système moral et social préconçu, dont tout ce qui s'écarte est qualifié d'invraisemblable et hors nature. C'est ainsi que la mélancolie et l'enthousiasme sont sévèrement mis en accusation comme fauteurs de troubles moraux et sociaux.

Selon Féletz, la mélancolie est l'apanage des classes oisives. On peut avoir bien des qualités, aimer même sans posséder « ces dispositions habituelles de mélancolie [que Mme de Staël] donne à tous ses héros, à toutes ses héroïnes, et dont elle prive impitoyablement tous les personnages [...] pour lesquels elle ne veut pas intéresser » (1er extr.). Il ne voit que de la monotonie et de l' « obscurité dans le développement de cette doctrine mélancolique ». Il déteste le vague, les rêves, les mystères qui environnent les personnages, toute une « fantasmagorie sentimentale », qui les rend encore un peu plus chimériques. Le critique de la *Gazette de France* va plus loin (1er extr.). La mélancolie, c'est l'inverse de la force d'âme ; l'un ou l'autre héros présente « l'image d'un être insensé qui s'afflige sans connaître la cause de son chagrin [...] Les héros mélancoliques ne voient rien de ce qui est réel [...] la raison les épouvante et la vérité les importune ». Il ne voit là qu'une étrange maladie de l'esprit dans un siècle corrompu, une conséquence de l'égoïsme philosophique » : « Inutile aux hommes et concentrée en elle-même, ses larmes sont comme celles des statues qui pleurent sur des tombeaux, et sa pitié stérile est froide comme la pierre sépulchrale sur laquelle elle nourrit ses sombres rêveries. La mélancolie est incompatible dans la vie avec la grandeur, avec l'héroïsme. Dans l'art et la littérature, elle est incapable d'enfanter les chefs-d'œuvre de la Grèce et de Rome qui ne connaissaient que la vertu ». Cette ahurissante sortie reflète visiblement les conceptions du pouvoir impérial [11] ; elle sera longtemps reprise contre le romantisme.

_____

(11) Le même critique accuse Mme de Staël de négliger la mélancolie chantée « par nos poètes modernes », trop timide, « trop simple et trop modeste » pour un roman comme *Corinne*. Pense-t-il ou non à la définition, puisqu'il en réclame une à Mme de Staël, que celle-ci en avait donnée dans *De la littérature* (I, 180) ? A quels médiocres poètes français modernes peut-il penser, lui qui ne songe si évidemment qu'à la grandeur de la France et quelle ! ou bien veut-il dire que la mélancolie doit se cantonner dans un domaine poétique et sans danger ? Là encore, les *Archives littéraires* ont

Mais l'enthousiasme se voit lui aussi mis en procès au nom de la morale et de la société, par Féletz le premier ; dans l'exagération (lisons enthousiasme) de tous les sentiments, « elle s'est fait des idées si singulières sur la perfection de l'homme que si le beau idéal qu'elle a conçu venait à se réaliser et que beaucoup d'hommes et de femmes ressemblassent à ses héros et à ses héroïnes, tout ordre disparaîtrait dans la société civile, tout bonheur dans la société domestique, et l'on serait à chaque instant témoin ou victime des scènes les plus bizarres et les plus tragiques » [12]. « Corinne est enthousiaste, et l'enthousiasme a bien des dangers. » A cette idée, Constant répondra spirituellement : « Je ne me doutais pas que ces dangers nous entourassent : je regarde autour de moi et [...] je ne m'aperçois pas qu'en fait d'enthousiasme, le feu soit à la maison » [13].

Les moqueries des feuilletonistes aboutissent de manière fort peu littéraire, mais très moralisante, à des propos violemment antiféministes. « Chaque femme, dit le *Journal de l'Empire*, doit rester dans la route qui lui est indiquée par la nature et l'ordre de la société ; les pas qu'elle fera dans une autre route seront trop souvent incertains, hasardés, malheureux : voilà la maxime générale. » (2ᵉ extr.) L'idéal de l'abbé de Féletz est la « fille timide et respectueuse », qui devient « femme aimable et vertueuse, mère sensible et tendre » [14]. Le *Courrier des spectacles* cantonne les femmes dans la peinture du cœur humain (2ᵉ extr.). Pour la *Gazette de France*, une femme supérieure n'a pas à amuser le public ; il y a pour cela « des gens payés » (2ᵉ extr.) : « une femme qui se distingue par d'autres qualités que celles de son sexe contrarie les principes d'ordre général ». Elle doit exercer dans une vie sans éclat, une vertu modeste et « ne point occuper les frivoles discours des hommes » [15]. Corinne est donc antisociale ; Mme de Staël est très consciente de ce problème

---

compris que la mélancolie résulte des caractères et des désirs insatisfaits ; chez Corinne par exemple il a bien vu la mélancolie par crainte de l'avenir au cœur de la joie (383).

(12) 1er extr. Cette idée se trouve dans plusieurs autres articles.

(13) 1er extr. Il faudrait citer tout ce passage magnifique d'ironie indignée.

(14) Il est d'ailleurs de mauvaise foi tout au long de sa démonstration et Constant lui fera remarquer que jamais Mme de Staël n'avait voulu ridiculiser les vertus domestiques, mais seulement une certaine étroitesse d'esprit. Le *Mercure de France* (325) réagit comme le *Journal de l'Empire* et s'abstient lui aussi de montrer ce que cette vie provinciale anglaise contenait d'insupportable pour une jeune fille exilée et privée de tout soutien familial.

(15) De semblables discours se retrouvent dans le *Mercure de France* (324), le *Journal du commerce* et le *Courrier des spectacles*.

les philosophes en musique dans son menuet intitulé *l'Encyclopédique* et dont *l'Année littéraire* disait grand bien ? Mais ses
relations étaient autrement redoutables. Il se vantait d'avoir dîné
chez Choiseul, chose fort vraisemblable. Mais surtout il fut longtemps l'un des courtisans de Bertin, le trésorier des parties
casuelles. C'est chez ce dernier qu'il aurait rencontré les principaux membres de la troupe ennemie ; à la traîne de Palissot,
le Blanc, d'Olivet, Batteux, Voisenon, les deux Poinsinet, Robbé,
Dorat, le Brun ; ajoutez-y la clique de l'Opéra-Comique et celle
des feuillistes.

Mais le réel a déjà cédé le pas à la fiction. Qui connaît un
peu la bataille philosophique de 1757, date de la campagne contre
le Fils naturel, à 1760, date de la représentation des *Philosophes*
à la Comédie Française, voit tout de suite les ombres du tableau.
Il est certes impossible de reconstituer les allées et venues des
différents personnages ici mis en scène par Diderot. Mais prenons
comme point de référence Elie Fréron. Comment ce dernier coha-
biterait-il chez Bertin avec l'abbé de Laporte alors qu'ils ont
violemment rompu en juin 1758 ? Tout laisse, du reste, supposer
que Fréron, à qui son journal rapportait une fortune, ne s'est
jamais prostitué de la sorte chez ce Bertin-là. La longue gestation
du *Neveu de Rameau* pose des problèmes de même nature. Ainsi,
à quel moment le fils de Fréron, né en 1754, se serait retrouvé
avec son père chez Bertin ? Signalons encore qu'après 1762 le
directeur de *l'Année littéraire* est brouillé à mort avec le Brun
et Palissot. C'est que la vision satirique est de l'ordre de la
fable. De même que les multiples facettes de Jean-François
Rameau ont surgi simultanément devant Diderot dans l'illumi-
nation du café de la Régence, de même les multiples visages de
la bête antiphilosophique ont fini par grimacer ensemble dans
le salon de Bertin.

Une certitude en tout cas : l'ennemi mortel de Diderot, c'est
Palissot, l'auteur, en 1757, des *Petites lettres sur les grands
philosophes* et, en 1760, de la comédie des *Philosophes* où Diderot
était durement ridiculisé sous le nom de Dortidius. Il est vrai
aussi que, pendant cette période qui vit également la suppression
de *l'Encyclopédie* Palissot a, de concert avec Fréron, son maître
d'alors, mené contre Diderot une lutte acharnée. Aucune raison
pourtant de croire avec le Neveu que « c'est chez Bertin que la
comédie des *Philosophes* a été exécutée ». Le complot fut, en
effet, ourdi chez le duc de Choiseul et la princesse de Robecq.
Mais si Diderot s'est décidé à faire de Bertin le principal objet
de sa sotie, c'est non seulement parce qu'il a protégé Rameau
mais surtout parce qu'il a, le 20 juillet 1760, organisé chez lui

la représentation des *Philosophes de bois*, pièce de marionnettes
dont il était sans doute l'auteur et qui reprenait avec quelque
verve les attaques de Palissot. On ne comprendrait pas autrement
le rôle de Bertin dans la satire du *Neveu de Rameau* ni pourquoi,
dès que s'ouvre sa porte, les marionnettes antiphilosophiques se
préparent à donner cet hallucinant ballet.

Le coup de génie de Diderot est d'avoir utilisé, gage d'authenticité, un antiphilosophe pour condamner l'antiphilosophie et
d'avoir situé la rencontre avec Rameau au moment même où ce
dernier se libérait enfin du clan Bertin. A la satire de sceller
l'accord noué dès le début au niveau de la poésie entre le héros
et son personnage. Et rien ne manquera pour qu'elle ait son air
de carnaval.

Aux Saturnales, l'esclave avait, pour se donner l'illusion de
la liberté, le droit de tout dire. Aujourd'hui le Neveu jouit, par
la faveur de son interlocuteur, du même pouvoir. Les trois coups
sont frappés ; se lève le rideau. Sur son trône d'un jour, Bertin,
le patron, inoubliable pagode. Vis-à-vis, la Hus, l'autre pagode.
Tout à l'entour, les antiphilosophes, magots juxtaposés. Théâtre
d'ombres, mais aussi théâtre de la foire et parade. Le talent de
Rameau s'y déploie qui, intendant des grands et menus plaisirs,
y est le valet à tout faire. Mais le héros du spectacle, c'est Palissot,
l'ingrat, le faussaire, le vicieux, le vérolé, le traître, le renégat,
le maquereau, le scélérat des scélérats. Il est devenu, à son tour,
dans l'imagination de Rameau surexcitée par l'imagination de
Diderot, une sorte de génie du mal, une nouvelle incarnation
du diable. Or le triste Palissot ne méritait assurément ni cet
excès d'honneur ni cette indignité.

Tous ces personnages glapissent à l'envi. Car nos marionnettes ont becs et ongles, elles ont têtes d'animaux. Loups, tigres,
singes, perroquets, composent la ménagerie. A l'heure du repas,
ces affamés se ruent chez Bertin, leur tanière. En échange de
la pitance, ils s'abaisseront à toutes les infamies. Mais l'effet le
plus réussi de la satire sera de faire croire que la ménagerie
n'était qu'un manège et que le grotesque avait fini par tuer la
bête.

Car, bien qu'il n'eût pas oublié les coups reçus, le poète
satirique a pris du champ. De la place qu'il occupe maintenant,
les convulsions antiphilosophiques lui paraissent bien lointaines,
si dérisoires. Il avait, nous le savons, rejoint d'un coup le ciel
d'Horace, de Rabelais et de Molière.

Qu'importent alors et Palissot, et Fréron père et fils, et toute
l'antiphilosophie du jour ! *Le Neveu de Rameau* nous offre
l'exemple unique d'une œuvre secouée de bout en bout des frissons

de l'événement, remplie d'allusions à l'actualité, ornée de noms connus de tous les contemporains, mais où, en même temps, l'événement, l'allusion, les noms, ne sont, après tout, que prétextes. « La satire, écrit Diderot, poursuit un vicieux, elle est d'un Tartuffe. » Il était alors assez naïf de s'interroger sur quelque pauvre participation de Bertin à la bataille philosophique. Car la satire s'exerce essentiellement sur le plan de la morale. L'auteur n'a pas attaqué Bouret de Silhouette parce qu'il passait pour un mécène des antiphilosophes : seule l'histoire du masque et du petit chien l'a intéressé. Bouret, Palissot, le renégat d'Avignon, autant d'exemples qui fascinent Rameau. L'étrange faune qui compose la cour de Bertin n'est poussée par aucune idéologie. Elle se borne à la médisance. Il est remarquable que ses membres ne soient jamais visés en tant qu'écrivains mais en tant qu'individus. Palissot n'est pas ici l'auteur des *Philosophes* mais l'illustration du « pacte tacite » qui force les gens « malheureusement nés » à rendre le mal pour le bien.

Ainsi la satire politique, événementielle, n'est que le point de départ de la satire morale. Les Palissot et autres Bouret sont de tout temps. Ils figurent le mal social. Le Neveu, à son tour, s'essaie à être sublime dans le vice. Lorsque la satire vise l'individu, comme cela arrive chez Voltaire, elle risque d'en rester à la grimace. Dans *le Neveu de Rameau*, en revanche, tout commande qu'elle se dépasse elle-même. C'est pourquoi à ce problème du mal Diderot ici règle en poète son compte. D'abord que pèsera un Palissot auprès de l'homme qui a réhabilité Calas ? Que pèse un *Lui* auprès de *Moi* que le seul mot de « vertu » chavire ? Et puis, s'il est des renégats à Avignon, il est aussi bien des braves gens à Carthagène : en racontant l'histoire, *Moi* a le sentiment de retrouver les plus purs accents du lyrisme. Même émotion encore devant la présence du mal dans le génie : c'est une loi de la nature et autrement l'arbre ne pousserait ni si dru ni si loin. Mais au Neveu surtout, ce prestidigitateur, d'escamoter le débat en se montrant moins scélérat que cabotin, en rêvant plus ses méfaits qu'en les vivant. A l'entendre, on se prendrait à espérer que le mal qu'il incarne n'est sur la terre que l'effet d'une diabolique fantaisie. Et puis, ne sommes-nous pas tous embarqués sur la même galère ? Impossible d'échapper aux lois de la société. Impossible, à moins de se mutiler comme Diogène, d'échapper aux nécessités de l'instinct. *Moi* pas plus que *Lui* ne croit à quelque bonté naturelle. *Moi* pas plus que *Lui* n'imagine un instant de vivre seul. Sans doute l'essentiel pour *Moi* est-il d'améliorer la société. Mais il sait bien que toute la philosophie du monde n'arrivera pas à supprimer le mal : le Neveu ne peut changer. Mais c'est aussi le Neveu qui a entraîné Diderot sur son tapis magique. Ainsi la ménagerie de Bertin n'est que le grotesque microcosme de la ménagerie universelle et le branle qui l'agite esquissait le grand branle de la terre. Même les rois sont de la danse. Seule une vision poétique du monde permet de se jouer du mal au point de faire croire qu'il ne serait qu'une illusion.

Certes *Lui* n'a pas changé : échec de Diderot-Socrate. Mais il s'est dissipé dans la sonnerie des vêpres, en jetant à l'air son rire de pauvre diable : victoire de Diderot-poète. Il n'était de salut que dans la poésie. Mais pour qu'éclatât cette évidence, il fallait que la satire s'exerçât sur les protagonistes eux-mêmes et que la vérité de leur visage leur fût de la sorte révélée.

*
**

Une seule passion, en réalité, anime le Neveu : la Musique. Si les circonstances l'on fait parasite de Bertin, c'est la nature qui l'a fait le Neveu de Jean-Philippe Rameau. Et de Rameau il porte le nom. C'est pourquoi, dans la structure du dialogue, au bloc consacré à la ménagerie Bertin correspond le bloc consacré à ce qu'on pourrait appeler le « charivari » Jean-Philippe Rameau. Sans compter les éléments se rapportant à la musique éparpillés dans l'œuvre entière. *Moi* se contentera de suivre *Lui* dans son attaque et, là encore, l'accord est total. Attaque dirigée, au départ, contre la musique française et, à travers elle, l'oncle Rameau. Sans doute l'ensemble paraît-il encore frémir de la querelle des Bouffons où les philosophes groupés autour de Grimm et de Rousseau avaient violemment pris parti pour les Italiens et où les antiphilosophes emmenés par Fréron prêchaient la croisade des nationaux contre les étrangers. Mais la bataille se livrait, en fait, contre la musique classique. D'où condamnation des sujets mythologiques et de leur clinquant merveilleux. Condamnation encore de l'harmonie savante et des déclamations ampoulées. Condamnation enfin de tout esthétisme. Le tout mené avec la verve d'un poète sereinement furieux.

Sur le même ton le Neveu accusait la société du temps de ne rien comprendre à la musique et d'arrêter tout élan créateur. Il lui en veut plus encore pour l'insatisfaction de son âme que pour les insatisfactions de son corps. La bourgeoise ne donne des leçons d'accompagnement à sa fille que par culte des conventions : mieux vaut donc perdre son temps avec elle en l'amusant à son gré. La musique n'est plus partout qu'un objet de divertissement. Et qu'attendre de ces salons qui bruissent de papotages et de médisances et où chacun court après l'esprit du voisin ? La langue française elle-même n'est plus bonne qu'à cela.

Car, une fois encore, la satire débouche sur la morale. Le Neveu aura beau faire le vilain, étaler les turpitudes, sa passion de la musique le relève. Le cœur n'y est plus apparemment la dupe de l'esprit. Ce qui ne risquait pas d'arriver chez l'oncle, « un philosophe dans son espèce ». Les allusions sont nombreuses à son égoïsme, à la dureté de son âme. Or la musique, qui est « le plus puissant des arts », exige une sensibilité peu commune. Ainsi la sévérité du jugement de Diderot sur Jean-Philippe Rameau s'inspire de considérations moins politiques que morales.

Le Neveu, lui, ne voit évidemment pas son oncle avec un regard aussi froid. Il n'est mû que par la passion de l'héritier déshérité. Le nom de Rameau martèle son crâne, il a sans cesse les airs de Rameau à la bouche. Il en est si hanté qu'il ne sait même plus s'il vit encore ou non. Il l'a vu passer dans la rue alors qu'un moment après il avouera qu'à sa mort un désir fou le prit de lui voler ses manuscrits. D'où sa rancune, son envie, ses accès de désespoir. Ainsi peu à peu la satire de l'oncle, il la va retourner contre lui. Lasses de brasser le vide, les lanières du fouet le prennent pour cible. Mais pour son plaisir.

Jusqu'au bout le Neveu essaiera de jouer au pitre, par peur qu'on le prenne au tragique. Les pantomimes et la verve burlesque dédramatisent la satire de soi. Mais le visage ne laisse pas de percer sous le masque de l'histrion. Lorsque *Moi* l'interroge sur l'échec de sa vie d'artiste, il l'atteint à l'âme. Le philosophe voulait étudier « le cas Rameau » à l'épreuve du déterminisme. Mais c'est en poète que répond le Neveu pour qui déterminisme veut dire fatalité qui l'écrase, qui l'empêche de devenir quelqu'un.

Et devenir quelqu'un c'était, pour lui, devenir un poète. Il rejette la responsabilité de sa ruine sur son oncle et son époque tout en se donnant l'illusion de s'en être débarrassé. Mais il est pour toujours le Neveu de Jean-Philippe Rameau et il ne peut échapper à son siècle. Aussi les coups portés de part et d'autre seront autant de coups reçus. Il a, en revanche, une sensibilité particulière, c'est vrai. Mais elle s'exprime uniquement dans le domaine de la musique, et encore y apparaît-elle singulièrement dévoyée. D'abord elle est viciée à l'origine, puisque toutes les scènes que le Neveu représente ne font qu'illustrer sa vision utilitariste du monde. Un miracle pourtant : quand, s'évadant enfin de lui-même il n'est plus, au terme de la grande pantomime finale, que murmure des sources et splendeur nocturne après l'orage. Mais cette sensibilité est surtout une autre forme de fatalité

puisqu'au lieu de libérer, elle asservit. *Animus* vit en concubinage
avec *Anima*. *Animus* règle la pantomime de la société, *Anima*
s'abandonne à la pantomime de la sensibilité. Si le cœur n'est
plus la dupe de l'esprit, il finit par être la dupe de lui-même.
Le Neveu n'arrive pas à soumettre son esprit à sa sensibilité ni
sa sensibilité à son esprit. Mais il signifiait du moins de quelle
exigence est la poésie et quelle aliénation, quelle dépossession
de soi elle réclame. Sans ces pantomimes que scande la folie,
sans cette totale déperdition, sans cette drogue qu'est pour lui
la musique, le Neveu vivrait-il vraiment ? La vraie vie est absente...
O miracle de la satire de soi puisqu'elle aboutit à l'oubli de soi.

Mais il ne s'agit là que de crises qui secouent Rameau lorsque
vraiment il n'en peut plus de son échec et qu'au lieu de chercher
ailleurs des excuses, il s'accuse lui-même. A l'oncle le génie ; à
lui la simple technique du « poignet dégourdi ». Comme toute
l'inspiration s'est tarie, il ne lui reste qu'une virtuosité sans objet.
Bien que le pathétique soit à dessein brisé par l'exagération du
cabotin et les contorsions du mime, la scène où le Neveu illustre
son incapacité à créer est d'autant plus émouvante. Car il se
heurte à sa propre impuissance, à sa stérilité fondamentale. La
Nature n'a pour lui rien d'abstrait, elle est sa carcasse de raté,
son âme de raté. Elle est aussi sa paresse, son manque de volonté.
Quand il se met à chanter « Au moulin, Rameau, c'est là ta
place » et que, devenu le plus misérable des gueux, il tend la
main pour la charité, la satire de soi se change en dérisoire
déréliction. Le Neveu vide la bouteille de bière : il aura bu l'amertume jusqu'à la lie.

Mais cet homme qui s'épuise de cris en crises est, en réalité,
comme Phénix, voué aux perpétuelles résurrections. Alors qu'il
n'est plus que « l'ombre et le silence », le voilà qui renaît à la
lucidité, reprend corps. « Il enflait la voix » pour mieux marquer
son retour sur la terre. Oui, le Neveu est essentiellement un personnage de conte, un être mythique. S'il est en Diderot sa part
de folie, il symbolise en même temps la crise de son époque. Jailli
des rêves de son créateur il surgit à ce moment de l'histoire où
une révolution des âmes est nécessaire. Son apparition est contemporaine de celle de Saint-Preux. L'utilisation que le Neveu est
forcé de faire de sa femme manifeste encore, d'une certaine
façon, l'avilissement de la poésie. Mais la démonstration pathétique porte en germe l'espoir. Au-delà des excès où peuvent
mener le raffinement de la civilisation et la disparition de toute
valeur, le Neveu, frénétique incarnation du siècle, témoigne naturellement aussi de son impatience excitée. La satire de soi arrive
ainsi à terme en se fixant une nouvelle poétique où les instincts

seront enfin sublimés. C'est pourquoi le Neveu ne pouvait exprimer
que sur le mode de la pantomime ce rêve d'un spectacle total
promis par une poésie lyrique « encore à naître ». Un rêve que
nous ne cessons de poursuivre comme si le Neveu, transcendant
l'histoire, avait fini par s'identifier à l'âme même du cosmos.

En face, *Moi*, solide incarnation de la Raison, qui a définitivement trouvé son point d'équilibre et que rien ne pourra
ébranler. Du banc où il est assis ou de l'épicycle de Mercure où
il est perché, son regard embrasse les mêmes certitudes. Il assumera
donc tranquillement les conséquences de son matérialisme. Ainsi
la philosophie militante, animée par l'homme de génie, contre-
balance, car c'est dans la nature des choses, les méfaits de la
société. Une bonne éducation et une bonne législation contri-
bueront à mieux définir la morale sociale. Quant à la sensibilité,
elle sera cultivée, glorifiée, pour rectifier la violence de l'instinct.
Mais cette parfaite réconciliation de l'homme naturel et de l'homme social exige l'absolue maîtrise de soi. Il y aura, bien sûr,
les « espèces », la masse qui suivra toujours la règle générale ;
il y aura des accidents, des rebelles comme le fameux Neveu.
Mais ce dernier a du moins un grand rôle à jouer dans le grand
jeu de la nature puisque sa provocation aide à s'éclairer sur la
voie du vrai. Tel est donc ce *Moi*, être de raison, et dont l'habit
même, sans le moindre faux pli, symbolise impeccablement l'état.
Il est à jamais « Monsieur le philosophe », ce qui apparemment
veut dire « l'antipoète ». Mais ne nous-y trompons pas. *Moi* est,
à son tour, un type. S'il est en Diderot la part du sage, il est
aussi la transposition de l'idéal philosophique tel que la génération de 1760 pouvait l'envisager. Un bourgeois certes, mais
qui joint à l'appétit de vivre la foi dans le progrès et que l'exemple
de Voltaire attire. Un être sensible d'autant plus exalté que sa
sensibilité est l'expression même de la raison. N'oublions pas enfin
que *Moi* est également le Narrateur, songeur en proie à tous les
sortilèges, à toutes les sollicitations du subconscient. *Moi* : raison
raisonnante mais aussi de la raison rêvant. Et la satire aura
précisément pour objet de faire basculer le plus possible le monde
raisonnable dans le jeu poétique, à seule fin qu'y soit jouée et
déjouée toute illusion.

Ce qui amène tout de suite *Moi* à s'interroger sur l'efficacité
de l'esprit et la malignité de son pouvoir. Car d'illustres exemples
montrent que le sens moral n'accompagne pas forcément le génie.
A en croire qu'il revenait au siècle des lumières de l'illustrer avec
éclat. De Gil Blas à Figaro en passant par le Seigneur Rameau
que de progrès seront accomplis ! Et Racine aurait tout à envier
à Voltaire. L'un des reproches les plus courants adressés aux

philosophes n'était-ce pas leur perfidie, leur art achevé de l'intrigue ? L'avocat Moreau, effrayé de leur caractère diabolique, les avait affublés du sobriquet de « cacouacs » et prétendait qu'ils avaient un venin sur la langue. Pourquoi Diderot, en mettant en scène son héros, n'aurait-il pas, étourdi par le vertige de sa propre intelligence, cherché, en quelque sorte, à s'en justifier pour lui-même ? D'où sa gêne devant Rameau quand ce dernier se montre d'une logique si irrésistible. Dans la leçon d'accompagnement comme dans la scène du proxénète le verbe s'est fait action et chaque argument est un tableau. Ne s'agit-il pas là de la forme la plus aiguë de la poésie ? Mais si le Neveu nous paraît ce poète du mal, il n'a heureusement rien de la volonté qui anime Madame de la Pommeraye ou Hudson. Comme la leçon d'accompagnement n'est qu'une « vile petit ruse » et que la scène du proxénète se joue au conditionnel, *Diderot-Moi* s'en tire fort bien. Un poète comme lui ne peut être ce personnage machiavélique dont Palissot et consorts ont voulu fixer l'image.

Plus nette encore est la leçon qui se dégage du jeu auquel se livre, tout au cours de l'œuvre, le poète raisonnable et le poète sensible. D'un côté le discours déclamatoire, le goût de la formule, l'émotivité ronflante. *Moi* pourtant faisait preuve d'une bien vive sincérité quand il prêchait l'avenir du génie ou les mérites de la bienfaisance. Mais son sentimentalisme moralisateur se limitera, dieu merci, à ces deux exposés. Car le rôle du Neveu est d'empêcher *Moi* d'y sombrer. Les belles tirades que ce dernier avait préparées sur l'amitié, la patrie ou le devoir d'état, lui restent dans la gorge. D'où la rapidité de style imprimé partout par Rameau et qui donne une telle fulguration au dialogue. Les jeux de l'esprit sont d'une charge autrement poétique que les plus nobles élans du cœur. Même aventure quand il s'agit de définir la sensibilité.

S'il y avait en Diderot « un froid enthousiasme imposant pour les sots », comme le disait l'auteur des *Philosophes,* il était aussi d'une nervosité terriblement gesticulatoire. Il n'aura donc qu'à se regarder dans le miroir déformant que lui tend Rameau. Trop d'esprit comporte des risques, trop de sensibilité encore plus. *Lui* le rappelle opportunément à *Moi* à propos de l'éducation d'Angélique. Quand le Neveu se laisse aller à ses extraordinaires exhibitions, le trouble de son interlocuteur est secoué par les éclats de rire de la foule. L'excès de sensibilité est de l'ordre de la folie. Le *Paradoxe sur le comédien* condamnera de telles expériences. Mais si Diderot en retirera une leçon de mesure, quelle exaltation est la sienne d'avoir pu exprimer alors, à l'aide de simples mots, au rythme de la pantomime, toutes les passions que son héros tirait de son corps inépuisable !

Poésie de la satire encore quand l'auteur prend à son compte les accusations de *Lui* contre la philosophie de *Moi*. Dans la mesure où philosophie veut dire oubli du réel et poésie réalité vivante. Il y a sans doute une certaine poésie dans ces hautes sphères où se meut la raison raisonnante, mais quel égoïsme aussi et quelle froideur ! Allez donc, Monsieur le Philosophe, parler de la vertu comme unique source de bonheur à un homme dont le malheur crie le contraire. Croyez, si vous voulez, à une morale des conditions quand les idiotismes gouvernent tout métier. Soyez fidèle au matérialisme que votre esprit approuve pendant qu'un Neveu de Rameau, s'appuyant sur les lois de la nature et de la société, vous en offre un si grossier reflet : « et tout pour la tripe » ! Votre déterminisme aussi, c'est idéal, à condition, bien entendu, de n'en être point la victime. Vous pouvez donc, tout à votre aise, étaler votre paternalisme puisque, n'est-ce pas, « à quoi que ce soit que l'homme s'applique, la Nature l'y destinait ». L'un des effet les plus curieux de la satire, car l'ironie la guide, c'est justement de voir ainsi *Lui* jouer devant *Moi* au jeu d'Aristophane devant Socrate.

Mais Diderot ne s'est pas contenté de se moquer du caractère systématique de sa doctrine. Son propre comportement fait aussi les frais de la satire. Il était inévitable que *Lui* le rappelât à plus d'humilité. *Moi* était un bourgeois trop bien, aimant la bienfaisance, et tout, un vrai monseigneur de la philosophie. Mais *Lui* éprouve trop de plaisir à ironiser sans cesse sur le terme « philosophe » pour qu'on n'y voie pas autant de traits d'humour de Diderot contre son égoïsme et sa naïveté vaniteuse. *Lui* démonte avec trop de justesse le mécanisme d'une société où règnent les relations et l'argent pour que *Moi* ne s'inquiète pas de leur pouvoir dans cette société bourgeoise dont son bonheur est de faire partie. Mais comment, dans ces conditions, être à la fois philosophe et bourgeois ? Et si, à vouloir être les deux, on finissait par ne plus être que le second ! Diderot qui rêvait tant d'être Socrate, ou, à défaut, Diogène, est bien forcé d'admettre qu'à la tentation de l'héroïsme il préférait volontiers les douces réalités de l'hédonisme. Il serait également surprenant qu'en analysant avec une si belle souplesse le rôle du Neveu à la cour de Bertin l'auteur n'ait pas en même temps pensé au sort de l'homme de lettres, à son propre sort. « Ces gens-là ne veulent pas que je sois moi » dira-t-il un jour de la coterie holbachique. Lui aussi, comme tant d'écrivains de son temps, a dû souffrir de porter ses chaînes, d'être amené à danser la pantomime. Ecrire le *Neveu de Rameau* lui était alors d'une nécessité vitale puisqu'il y allait de sa liberté. De son salut d'artiste aussi. Comment, en effet, ne pas ressentir, à travers toute l'œuvre, cette obsession de l'échec qui le faisait douter de lui-même ? Les marxistes n'ont voulu y voir que le combat victorieux du philosophe contre un régime pourri. Dans un article de la revue *Europe* Roland Desné affirme qu'au cours de cet entretien qui aura juste duré une demi-heure « c'est toute la philosophie de Diderot qui s'affronte avec toute la société fondée sur l'inégalité ». Mais de quelle inégalité s'agit-il ? Tout simplement de l'inégalité entre l'oncle et le Neveu, entre l'échec du génie et sa réussite. C'est-à-dire d'une inégalité de nature et qui concerne essentiellement le génie. C'est en composant l'aventure d'un génie avorté que l'auteur du *Neveu de Rameau* jouira de l'ineffable joie de faire enfin, dans sa solitude hautement conquise, le chef-d'œuvre où il se livre tout entier. Par une satire sans complaisance de ses manques, mais libératrice, il se décide à y assumer pleinement sa fonction de poète.

Inutile donc de se demander lourdement qui, à l'issue du débat, aura gagné ou perdu. Car nous savons dès le début que ni *Lui* ni *Moi* ne changera. Le philosophe aura beau, par le biais de la musique surtout, essayer de redonner un peu de sens moral à son interlocuteur, il perd sa peine. On ne fixe pas l'insaisissable. C'est plutôt *Moi* qui risquerait de se brûler au contact du feu follet qui danse autour de lui. Mais *Moi* aussi est intouchable. Les deux personnages se sont livrés à un jeu qui ne prévoit ni vainqueur ni vaincu puisque tout est joué d'avance. Maître de ses phantasmes, le créateur a tout réglé de la fête.

Car c'était pour lui la seule façon de s'en tirer. Du point de vue idéologique, les adversaires resteront sur leurs positions. Il y aura toujours celui qui croit au ciel et celui qui n'y croit pas. Au soupir déçu du premier répondra toujours le rire sarcastique de l'autre. Puisque les meilleurs arguments et la plus solide conviction seront sans pouvoir, il n'était que de recourir à l'arme de la satire. Pour remettre le monde en place.

Mener à bien une telle entreprise relevait de la magie. D'où l'appel à Rameau le Neveu. On peut dès lors tout ignorer de la réalité historique du véritable Jean-François. On se tromperait encore à vouloir à toute force identifier notre héros. Puisqu'il y a en lui le « leno » et Gnathon, Panurge et Mascarille, Macette et Margot la ravaudeuse, le libertin et le cynique, l'abbé Galiani et Rousseau, ou encore, foin de la chronologie, Don César de Bazan et Charlot. Puisque Diderot l'a rencontré dans les brumes du conte et au fil de sa folie. A la fois si loin de lui et si près de lui, le Neveu aura, en conséquence, le don de faire scintiller la satire à volonté.

Ce personnage est, en effet, une force de la nature. C'est pourquoi il sait porter tous les masques, user de tous les tons. Comme il finit par incarner la satire même, il a toujours besoin de monter sur les tréteaux et de donner le spectacle. Toujours en représentation, même quand il est seul, il fait de sa vie une succession de tableaux. Mais comme il est aussi la caricature des autres, il exercera, dans le carrousel du monde, la fonction du poète comique. Il suffit de le voir et de l'entendre pour tout comprendre.

Il est le miroir où grimace l'imposture. Les Bertin et Bouret, les Palissot et Fréron, tous les renégats et tous les maquereaux de la terre y offrent leurs traits. Ainsi le Neveu va-t-il de sketch en sketch pour que le tour soit parfait. Mais tout en jouant les autres, il se joue lui-même. Laissons *Moi* plongé dans ses réflexions pour ne plus suivre à travers tout le récit que l'intense jubilation du narrateur. La poésie de la satire réduit l'imposture à l'illusion et la lutte pour la vie à la pantomime.

Mais une telle vision ne dit plus rien au cœur. Et il n'est pas de grande œuvre sans la présence de l'inquiétude. Si la satire a pour mission de corriger en faisant rire, elle aide aussi à triompher de ses détresses. Comme il s'est servi du Neveu pour dominer le jeu social, Diderot s'en sert encore pour faire reconnaître son propre génie. La force de son héros vient essentiellement de son refus de la médiocrité. Et sa force est une force de rêve. Et ce rêve qui l'habite c'est l'impuissance à admettre qu'il n'a pas de génie. Son génie à lui est de se donner l'illusion du génie. Heureuse illusion du maître d'accompagnement, du proxénète ou de Mascarille. Mais surtout tragique illusion du créateur mort-né. Il est alors tout seul, livré à sa propre incantation. D'où sa révolte contre la destinée et sa haine du génie. Le Neveu n'est plus animé que par la fureur jalouse. Comme il a envié le génie de l'oncle, le voici qui envie le génie de *Moi*. Délicieuse revanche de la satire de soi que de forcer *Lui*, qui se vante de représenter toute la cour et toute la société, à rêver ainsi de son génie.

La bataille du siècle réduisait naturellement la littérature à la satire. Mais dans ce genre, Diderot a, par la grâce du Neveu, une place à part. Car, au-delà des circonstances et de l'événement, il a su ainsi renouer avec la tradition d'Horace. La fantaisie, c'est-à-dire la poésie, l'a sauvé de lui-même. Diderot a appelé son chef-d'œuvre « satire ». Il ne pouvait mieux choisir.

ENERGIE, NOSTALGIE ET CREATION ARTISTIQUE
SELON BAUDELAIRE
A PROPOS DU SALON DE 1846

par Annie BECQ

Les « contradictions » de Baudelaire tourmentent depuis long-temps les critiques soucieux de cohérence psychologique et intellectuelle : que conclure d'affirmations diamétralement oppo-sées, exprimées à propos de la femme, de la nature ou de la bourgeoisie ? Quant à son attitude politique, comment ne pas achopper aux premières lignes du chapitre xvii du *Salon de 1846*, intitulé « Des écoles et des ouvriers » : ne s'avise-t-il pas d'y encourager vivement un municipal — l'un de ceux qu'il appellera deux ans plus tard « soldats barbares, ivres de sang, dont la joie était de descendre un homme du peuple »[1] — à crosser les omoplates d'un républicain ? Or le républicain à assommer est aussitôt après identifié au peintre féru d'originalité individuelle et, nouvelles perplexités, Baudelaire évoque avec nostalgie les Ecoles de la Renaissance où les individualités s'absorbaient dans celle du Maître, lui qui n'a cessé dans ce salon d'appeler à l'ex-pression énergique de la personnalité de l'artiste. La question de la création artistique est ici mise en corrélation avec celle du système politique et social, perspective qui nous permettra de résoudre ces contradictions, esthétique et politique, apparentes, en parlant non d'inconséquence ou de palinodie mais de dialec-tique de l'énergie et de la nostalgie ; on sait que ces concepts ont servi à Jean Fabre pour éclaircir bien des aspects du siècle des Lumières dans sa filiation au Romantisme et leur fécondité ne cesse de s'affirmer dans l'analyse de ce dernier[2], dont, ne l'oublions pas, Baudelaire n'a jamais cessé de se réclamer.

---

(1) C'est ainsi qu'il définit les municipaux, dans un numéro du *Salut pu-blic* (mars 48). *Œuvres complètes*, Collection *Le Nombre d'or*, Club du meilleur livre, Paris, 1956, t. 1, p. 382.
(2) Voir par exemple la communication de P. Barbéris au colloque de l'E.N.S. de Saint-Cloud (1966), *Romantisme et politique (1815-1851)*, publié

Dans le *Salon de 1846,* les artistes sont appréciés en fonction
de deux critères majeurs : l'expression à la fois de la vie moderne
et de leur tempérament, exigences vigoureusemnt formulées dans
les chapitres ɪ et xvɪɪɪ, « A quoi bon la critique ? » et « De
l'héroïsme de la vie moderne », soient l'ouverture et la conclusion du salon. Comment ce moderniste résolu peut-il se tourner
ainsi vers les époques passées ? Comment cet apôtre de l'individualisme peut-il prêcher l'humble anonymat de l'ouvrier soumis
à la férule du maître ? La réponse à la première question est
contenue dans la solution de la deuxième puisque la supériorité
des époques passées tient précisément à l'existence des écoles. A
cette deuxième question, Baudelaire a répondu dès le chapitre ɪ,
en définissant le point de vue, à la fois exclusif et largement
ouvert, d'où le critique devra porter ses jugements, comme « l'individualisme bien entendu : commander à l'artiste la naïveté
et l'expression sincère de son tempérament, aidée par tous les
moyens que lui fournit son métier » ; parler d'individualisme
bien entendu revient à postuler l'existence d'une forme dégradée
d'individualisme : « Qui n'a pas de tempérament, poursuit-il, n'est
pas digne de faire des tableaux, et, — comme nous sommes las
des imitateurs, et surtout des éclectiques, — doit entrer comme
ouvrier au service d'un peintre à tempérament. C'est ce que je
démontrerai dans un des derniers chapitres » [3]. La démonstration
annoncée constitue en effet le chapitre xvɪɪ qui nous occupe :
s'il y a individualisme et individualisme, préconiser à la fois
l'expression de la personnalité et la soumission à un maître n'est
pas contradictoire, mais seuls « les individus vraiment dignes
de ce nom » se voient réserver le privilège de s'exprimer, à l'exclu-
sion des « faibles » et des « tièdes » [4]. Constitution d'une élite
d'aristocrates de la puissance et de l'originalité créatrices qui
peut se lire comme l'homologue esthétique du rejet de la république égalitaire en politique. Baudelaire use en effet constamment
dans ce chapitre de métaphores politiques : comme le municipal,
les philosophes et les critiques doivent « impitoyablement crosser
les singes *artistiques,* ouvriers émancipés qui haïssent la force et
la souveraineté du génie » [5], « les singes sont les républicains

---

chez A. Colin (1969), « Mal du siècle ou d'un romantisme de droite à un
romantisme de gauche », ainsi que, toujours dans la foulée de G. Lukacs, les
chapitres consacrés à la dialectique de la nostalgie et du vouloir-vivre dans le
Manuel d'histoire littéraire de la France (1789-1848), t. III publié par les
Editions sociales.

(3) *Curiosités esthétiques, Art romantique,* Classiques Garnier, Paris 1962,
p. 101.

(4) *Idem.,* p. 194.

(5) *Idem.,* p. 192.

de l'art » [6], mais, loin de corroborer l'explication par l'élitisme, l'usage même de ces métaphores, et singulièrement de celles à résonance plus sociale que politique : « l'individualité, — cette petite propriété, — a mangé l'originalité collective », invite à regarder ce texte de plus près et à proposer d'autres interprétations.

Peut-être s'agit-il moins ici d'un refus aristocratique de l'égalitarisme républicain que d'une critique de la république en tant qu'individualisme bourgeois, critique menée dans l'esprit des socialismes utopiques et plus particulièrement, croyons-nous, des Fouriéristes. La révolution bourgeoise de 89 a proclamé la liberté et l'égalité et libéré l'individu mais cette libération est en fait une imposture : elle a renversé les cadres anciens sans fournir à ceux qui seraient incapables de subsister par leurs propres forces, les moyens de se développer. Abandonnés à eux-mêmes, les faibles n'ont rien de mieux à faire que de se mettre sous la tutelle des forts. Cette « liberté anarchique qui glorifie l'individu quelque faible qu'il soit », ne l'exalte que pour mieux l'écraser et n'aboutit en fait qu'à l'aristocratie des forts : « car les forts sont rares et il faut être aujourd'hui Delacroix ou Ingres pour surnager dans le chaos d'*une* liberté épuisante et stérile » [7], tout comme il faut disposer de gros capitaux pour avoir ses chances dans la lutte universelle. La libre concurrence engendre des catastrophes analogues dans le domaine de la création artistique comme dans celui de la production et de la répartition des richesses ; les analyses de Baudelaire rejoignent celles de Victor Considérant, rédacteur du manifeste politique et social qui constitue le premier numéro de l'organe fouriériste, la *Démocratie pacifique*. La révolution de 1789, explique-t-il, « a laissé sans organisation, sans direction et sans règle aucune, l'ordre industriel tout entier. Elle a renversé les jurandes, les maîtrises, les corporations anciennes qui formaient une organisation illibérale de l'industrie ; mais elle ne les a pas remplacées par une organisation meilleure. Elle a livré au laissez-faire le plus absolu, à la concurrence la plus anarchique, à la guerre la plus aveugle et, par suite, au monopole des grands capitaux, l'atelier social et économique tout entier... ». L' « œuvre révolutionnaire » se limite à ces résultats ambigus, elle n'est que la « face négative et abstraite du droit nouveau », alors que « l'œuvre démocratique » reste à accomplir. La révolution « a livré les individus et les classes aux chances de la lutte universelle, [...] n'a fondé aucun système de garanties pour

---

(6) *Idem.*, p. 194.
(7) *Ibidem.* Nous soulignons l'indéfini dont l'emploi est ici significatif.

les droits des faibles, [...] a livré à l'anarchie et à la domination
des forts l'atelier industriel et social tout entier ». Sa portée n'est
que politique et non sociale et cet esprit se perpétue dans la
doctrine du groupe du *National* que les Fouriéristes baptisent
parti de la démocratie rétrograde, soucieux seulement de renverser le pouvoir politique actuel et de promouvoir le suffrage
universel au détriment des préoccupations sociales. La « république » du *National*, « dans l'état d'ignorance et d'infériorité où
sont les masses » n'est que « procédés d'exploitation du peuple
par une petite aristocratie de dictateurs bourgeois et républicains ».
Il y a donc république et république et on peut parfaitement critiquer les républicains sans être pour autant conservateur et
aristocrate, au contraire.

Ces vues ne semblent pas très éloignées de celles qu'exprimera
Baudelaire, en avril et juin 1848, dans la *Tribunal nationale* [8] :
pour lui aussi, « la république n'aurait rien fait pour nous, qui
ne répondrait que par une révolution politique à la rénovation
sociale qui est notre droit et notre légitime exigence ». La république du Gouvernement provisoire n'est pas celle des révolutionnaires de 48 : ces derniers entendaient donner à leur révolution
toute sa signification sociale ; contre les « politiques que la forme
rassasie », Baudelaire a choisi « les réformateurs qui veulent
profondément élever le sort de toutes les classes de la société à
la hauteur des services qu'elles sont capables de rendre ». A
l'égalité constitutionnelle, seule égalité de droit, qui laisse en
fait subsister l'ordre aristocratique, on ne pourra substituer l'égalité de fait que par une organisation de la production économique
et, pourquoi pas aussi, intellectuelle [9] et artistique.

D.-J. Kelley a bien vu que Baudelaire ne voulait « ni une liberté
centrifuge, ni une hiérarchie rigide ». Les écoles du passé qui
représentaient déjà une organisation de la force d'invention, doivent être dépassées au profit d'un « organisme dynamique basé
sur des rapports foncièrement harmonieux entre l'individu fort
et la masse des faibles, où chacun peut trouver sa place naturelle,
grâce à ce que le poète appelle « la loi fatale du travail
attrayant » [10]. Mais cette distinction du fort et des faibles n'est-elle
pas appelée à perdre toute signification dans la mesure justement

---

(8) Voir *Œuvres complètes*, édition citée, p. 387 et sq.

(9) La *Démocratie pacifique* publie au t. 3 (juillet-décembre 1844, n° 21)
un article de Victor Meunier sur l'association en matière scientifique.

(10) « Deux aspects du *Salon de 1846* de Baudelaire. La dédicace aux bourgeois et la couleur », *Forum for modern language studies*, University of St
Andrews, 1969, p. 331.

où l'activité intellectuelle et artistique parviendrait à s'organiser, s'il est vrai, comme l'écrit Baudelaire à la fin de ce chapitre XVII, qu'une « large production n'est qu'une pensée à mille bras » ? Ne se résorberait-elle pas en un vaste et fécond anonymat, renouant par-delà l'ère de la libre concurrence, avec « l'originalité collective » du passé ?

De ce mode de travail collectif, le Moyen Age offre un exemple meilleur que la Renaissance, comme l'a démontré Eugène Pelletan en 1844, dans la *Démocratie pacifique* [11]. Cet article substantiel présente des analyses qui pourraient bien avoir inspiré celles de Baudelaire [12]. « Les idées répandues de hiérarchie », « les habitudes de soumission de plusieurs à un seul », ont favorisé au Moyen Age « l'association du travail » qui serait assurément incompatible avec « nos appétits d'individualisme et de démocratie ». La peinture actuelle est pratiquée par des « artistes solitaires et rivaux » et Pelletan montre la liaison de cette forme individualiste de la production picturale avec un contexte socio-économique, avec en particulier le mode de consommation de l'œuvre peinte dans la société bourgeoise : elle est destinée à la décoration de « ces cellules que nous voulons bien appeler nos appartements », « pour cette bourgeoisie obligée de se resserrer dans ses maisons, qui vit dans sa chambre comme une souris dans une souricière », ou à l'accumulation dans les « musées anarchiques, collections de tous les contraires [...] vrais cauchemars de réalités sur de longues surfaces de murailles ». Pelletan souligne aussi le parallélisme de l'individualisme artistique et du morcellement de la propriété, caractéristiques de l'époque moderne. Pourquoi la répugnance de cette dernière pour « les

---

(11) T. 2, janvier-juin 1844, n° 111. Les idées exprimées ici en 1844 développent et appliquent à la peinture un thème cher au Fouriérisme puisque Vitor Considérant l'exposait déjà en 1833 (*La réforme industrielle ou le Phalanstère*, 8 février 1833) dans un article intitulé « Des tendances actuelles de la littérature ».

(12) Fut-il un lecteur assidu de la *Démocratie pacifique* ? On sait qu'il y envoie sns succès un article en 1843 (cf. Edition du *Nombre d'or*, Chronologie, p. 4) et E. Lehouck n'a pas tort de suspecter le Fouriérisme de Baudelaire, s'il est vrai qu'il découvre Toussenel en 1853 seulement, alors que des articles de ce dernier figurent constamment au sommaire de la *Démocratie pacifique*. Signalons pourtant qu'un autre article du même journal, signé Charles Brunier (t. 6, janvier-juin 1846, n° 69), tente, dans le même sens que Baudelaire dès 1845, de réhabiliter le bourgeois : « Quel progrès voulez-vous que l'on fasse si l'on voit souvent de la peinture comme il y en a à Notre-Dame de Lorette, si l'on a souvent sous les yeux ces grandes et ridicules banalités que les bourgeois du moins n'ont pas le malheur d'avoir commises. » L'article d'E. Lehouck se trouve dans la *Revue de l'Université de Bruxelles*, septembre 1966, p. 466-473.

travaux en participation » ? C'est que la seule forme, jusqu'alors
pratiquée, de coopération des talents, s'est réduite à l'exploitation
du travail des autres par celui dont la signature possède une
valeur marchande, dont le nom figure sur l'œuvre produite
« comme une estampille sur la marchandise ». A ces associations
« injustes », « léonines », que «les vrais artistes ont raison de
repousser », Pelletan oppose celle « où chaque travailleur, volon-
tairement, fraternellement uni, exécute dans une œuvre ou une
série d'œuvres, la portion qui correspond le mieux à son sentiment
et à son habileté ». C'est la « véritable forme de la démocratie »
que cette association qui vise moins à absorber les faibles dans
les forts qu'à favoriser l'épanouissement de chacun : « les talents
se rectifient et se fortifient les uns par les autres », « l'art n'est
pas, comme on le croit trop généralement, une question de noms
propres », « c'est l'artiste surtout qui doit se nommer légion.
Sa force, son importance personnelle n'en seront pas amoindries
mais exaltées au contraire ». Ce sera la véritable originalité
collective qu'il ne convient pas d'évoquer sur le mode nostalgique mais qu'il faut faire advenir, dans le déploiement harmonieux des énergies individuelles. Il ne s'agit plus de s'agenouiller
devant le *Numen* génial mais de procéder à l'organisation des
lumina propria.

    Cette mise en question de la création artistique comme pri-
vilège du génie solitaire et unique nous semble lisible dans le
chapitre de Baudelaire : s'il a, au début, vitupéré les « ouvriers
émancipés qui haïssent la force et la souveraineté du génie »,
ce n'est pas pour voir dans l'existence de ces dernières la solution
idéale et définitive : les Ingres et les Delacroix reparaissent à
la fin du textes sous la forme d' « excentriques sublimes et souf-
frants », moment historique et précaire d'un processus évolutif.
Plus nettement, Pelletan, particulièrement conscient de la domination de l'idée d'individu à son époque, affirme qu'on assiste à
une « renaissance », laquelle a sans doute « une signification
ultérieure » : « Le passage de la peinture individuelle à la peinture
collective amènera une immense révolution. Mais quand ? »

    Souhaitions-nous démontrer le fouriérisme de Baudelaire ?
Nous n'ignorons pas les objections élevées contre cette affirmation
mais la cause ne nous paraît pas encore entendue et nous voulions
verser au dossier ces traces d'affinités notables avec tels rédacteurs
de la *Démocratie pacifique.* On pourrait au demeurant multiplier
les rapprochements de détail. Quoi qu'il en soit de ce problème,
il est certainement moins important de prouver que Baudelaire
a été ou non adepte de la doctrine de l'Attraction universelle,

que de voir comment, pour citer M. Deguy [13], « l'époque le fait chanceler, le prend dans l'oscillation épuisante de ses contradictions » et de lire, dans ce texte de 1846, à propos du problème de la création artistique, si on cherche à en dépasser la simple paraphrase, les contradictions caractéristiques de l'individu romantique libéré des lisières d'une sécurité haïe, mais aussi regrettée lorsque la liberté n'ouvre encore que sur le doute et le vide.

(13) *Figurations. Poèmes. Propositions. Etudes,* Gallimard, 1969, p. 205.

UN TÉMOIGNAGE INÉDIT SUR LA POLOGNE :
LE VOYAGE DE BAERT DU HOLLANT EN 1783

par Michel CADOT

A l'occasion d'une publication relative aux rapports économiques franco-russes, je pus faire connaître, en collaboration avec J.-L. Van Regemorter, outre un extrait relatif au commerce de la Russie en 1784, les principales données biographiques d'un personnage peu connu jusqu'alors, le baron Charles-Alexandre-Balthazar-François de Paule Baert du Hollant (1756-1825) [1]. J'avais acheté en 1963 un gros manuscrit in-4° sans nom d'auteur, intitulé *Voyage en Pologne, en Prusse, en Courlande, en Russie, en Crimée, en Suède, en Norwege et en Dannemarc. De 1783 à 1785.* Il apparut que de ce manuscrit de 290 feuillets écrits recto-verso, un sixième seulement, représentant une centaine de pages imprimées, avait été publié en 1797 : il s'agissait de la partie du voyage concernant la Crimée et la Volga [2].

Le reste, y compris le passage sur la Pologne, resta dans la bibliothèque de Baert et de ses descendants, à Châteaurenard (Loiret), au moins jusqu'à la moitié du XIXᵉ siècle. Qui était ce Baert, fort négligé par les encyclopédies ? Né à Saint-Omer, issu d'une famille de bonne noblesse flamande, le jeune Charles de Baert fut élevé chez les Jésuites de sa ville, et entra au régiment de Normandie à dix-huit ans. Il y resta jusqu'en 1778, et quitta le service pour accomplir un vaste tour d'Europe. A Rome, il bénéficia de la protection du cardinal de Bernis et rédigea un journal de son séjour resté inédit [3], puis gagna la Suisse où il rendit visite aux gloires de l'époque, Saussure, Lavater, Gessner, puis par la Hongrie, la Transylvanie, l'Illyrie, atteignit Berlin où

---

(1) *La Russie et l'Europe XVIᵉ-XXᵉ siècles*, Paris-Moscou, 1970, p. 185-201 et *Cahiers du monde russe et soviétique*, X 3/4, p. 371-391.

(2) *Mémoires historiques et géographiques sur les pays situés entre la Mer Noire et la Caspienne...* Paris, an V (1797).

(3) Le manuscrit fut acheté en 1963 par un collectionneur italien.

il fut reçu par Frédéric II, assista aux manœuvres de Silésie et prépara son voyage vers la Pologne et la Russie.

En compagnie d'un personnage aux relations efficaces et bien pourvu d'espèces, ex-trésorier extraordinaire des guerres et futur fermier général, ce qui lui valut de partager le sort de Lavoisier, Jean-Baptiste Tavernier de Boullogne de Préninville (1749-1794), filleul de Mme de Pompadour et membres de la Loge des Amis Réunis, Baert put voir de la Russie une plus vaste partie que la plupart de ses devanciers, grâce à l'appui de Chouvalov et du grand-duc, futur Paul Ier de Russie. C'est dire que la Pologne apparaît dans son ouvrage comme une sorte de hors-d'œuvre, à laquelle il ne consacre qu'environ vingt-cinq feuillets, soit moins de 9 % du total.

Cependant il ne m'a pas semblé inutile de consacrer quelques pages à ce témoignage sincère et dépourvu de prétention dans un recueil composé pour honorer Jean Fabre. En effet, en parcourant une fois encore le grand ouvrage de ce dernier sur Stanislas-Auguste[4], en examinant les indications précieuses des deux livres d'Ambroise Jobert[5], la bibliographie de Lorentowicz[6], les données fournies plus récemment par R.-W. Woloszynski[7] et l'admirable *Bibliografia literatury polskiej « Nowy Korbut »*[8], je pus me convaincre qu'il existe un grand contraste entre l'abondance d'essais de toute nature sur la Pologne, sa situation, son histoire, ses maux et les remèdes à y apporter, publiés en France jusqu'en 1776, et la relative rareté des témoignages se rapportant aux années 80. Une explication vient aussitôt à l'esprit : alors que l'intérêt des Français avait été puissamment sollicité par la Confédération de Bar, qui avait trouvé toute sorte d'appuis parmi eux jusqu'en 1772, alors qu'ils avaient exprimé une indignation et une compassion également impuissantes lorsque le premier partage, décidé en 1772, fut réalisé en 1773 et aggravé par des mesures douanières en 1775, en revanche ils méconnurent le

---

(4) Jean FABRE, *Stanislas-Auguste Poniatowski et l'Europe des Lumières*, Strasbourg, 1952, in-8°.

(5) Ambroise JOBERT, *La Commission d'Education nationale en Pologne*, Dijon, 1941, et *Magnats polonais et Physiocrates français (1767-1774)*, Paris, 1941.

(6) LORENTOWICZ et CHMURSKI, *La Pologne en France. Essai d'une bibliographie raisonnée*, Paris, 1935-1941, 3 vol.

(7) R.-W WOLOSZYNSKI, *Polska w opiniach Francuzow XVIII w. Rulhière i jego wspolczesni*, Varsovie, 1964.

(8) Publiée par Instytut Badan literackich Polskiej Akademii Nauk. Les tomes IV à VI/2 (1966-1972) couvrent la période des Lumières. Spécialement utiles pour notre sujet : t. IV, p. 54-56, Kontakty kulturalne z zagranica.

lent et difficile travail de redressement opéré par Stanislas-
Auguste et les plus clairvoyants des Polonais dans les domaines
de l'éducation, des finances, de l'administration, de l'économie,
qui devait porter ses fruits avec la Grande Diète (1788-1792) et
la Constitution du 3 mai 1791 [9]. En dehors de la publication
des livres de Mably en 1781 à Londres, et de Rousseau en 1782,
qui tous deux avaient été écrits sous l'influence de Rulhière et
de Wielhorski plus de dix ans auparavant pour répondre aux
questions théoriques et pratiques qui se posèrent aux Confédérés
de Bar [10], on ne trouve guère à mentionner que l'amusante relation d'un officier français au service de l'armée russe campée
en Pologne [11], du reste extrêmement favorable au Roi et admira-
tive pour Varsovie, publiée en 1784, mais retraçant une expérience
commencée en 1776, ainsi que la première partie du grand voyage
de l'Anglais W. Coxe, publié en anglais en 1784 et en français
deux ans plus tard.

Du côté diplomatique, il est à noter que la politique de Choiseul,
selon qui « cette anarchie [polonaise] convient aux intérêts de la
France » [12], qui avait rompu les relations diplomatiques avec
Stanislas-Auguste dès son avènement et encouragé les Confédérés
de Bar dans leur lutte contre le Roi et contre la Russie à la fois,
ne fut pas profondément modifiée par Vergennes. Depuis le premier partage jusqu'en 1791, la France ne fut représentée à
Varsovie que par deux subalternes, Aubert et Bonneau ; celui-ci
paya d'ailleurs son dévouement par sept années à la forteresse
de Schlüsselbourg où les Russes l'avaient expédié. Vergennes écrivait au résident français à Danzig en 1775 : « Depuis le partage
de la Pologne et le rappel du baron de Vioménil qui étoit chargé
de diriger les espérances des Confédérés, la France a cessé de
donner des conseils aux patriotes, par la raison qu'elle n'étoit
plus en mesure de les soutenir, ni par son influence, ni par la
force de ses armes » [13]. De plus Vergennes, modifiant à cet égard

(9) Voir les chapitres de synthèse XI, XII, XIII par E. Rostworowski dans
l'*Histoire de Pologne*, Varsovie, 1971.
(10) Voir l'intr. par Jean Fabre aux *Considérations* dans le vol. J.-J. Rousseau, *Du Contrat social. Écrits politiques*, Paris, éd. Pléiade, 1964.
(11) Engagé par l'aventurier Rullecourt, cf. Jean Fabre, *Stanislas-Auguste...*,
p. 273. L'ouvrage est intitulé *Voyage en Allemagne et en Pologne, commencé
en 1776*, par M. de L.S.M.A.S.D.P., Amsterdam-Paris, 184, in-8° (B.N. M.
13 972). Les quatre dernières lettres signifient sans doute « au service de
Pologne ».
(12) Choiseul à Paulmy, Versailles, 7 avril 1760, Aff. Etr. *Mémoires et
Documents*, t. 28, f. 45 et dans L. Farges, *Recueil des Instructions données
aux ambassadeurs et ministres de France en Pologne*, t. II, p. 217.
(13) Aff. Etr. Pol., t. 308, f. 374 et Farges, t. II, p. 310.

la politique de Choiseul, non seulement admettait la Russie dans le concert européen, mais envisageait même, par-delà le traité de commerce de 1784, la possibilité d'une alliance destinée à fournir à la France l'indispensable contrepoids aux puissances centrales, Prusse et Autriche, rôle que ni la Pologne ni la Turquie n'étaient plus en mesure d'assurer. Cette attitude nouvelle impliquait nécessairement, comme cent ans plus tard, une absence complète de soutien à toute velléité polonaise d'affranchissement vis-à-vis de la Russie.

Lorsque Baert se rend en Pologne, il n'est donc ni un intellectuel appelé en consultation par un parti soucieux de réformes, comme l'abbé Nicolas Baudeau [14] ou le physiocrate Dupont de Nemours [15], ni un militaire en quête de gloire et d'avancement comme Bernardin de Saint-Pierre, Thesby de Belcour, Dumouriez, Vioménil ou l'anonyme de 1784, encore moins un observateur diplomatique chargé de renseigner la Cour de Versailles. Il apparaît exactement comme un touriste, plus porté à l'observation économique ou militaire que vers les questions politiques, religieuses ou littéraires, indépendant tant vis-à-vis des coteries intellectuelles que de la diplomatie versaillaise. Son évolution ultérieure montre en Baert du Hollant un royaliste modéré, lié avec Condorcet, député du Pas-de-Calais pendant la Législative, réfugié dans le Jura pendant la Terreur, comme Nodier, et étranger à la vie publique jusqu'à la chute de Napoléon ; un moment député du Loiret à la Chambre Introuvable, il manifesta son désaccord avec les Ultras en démissionnant dès 1816 [16].

Ses jugements seront donc conditionnés par sa formation, sa caste et ses convictions, et non par un souci d'originalité ou de polémique à l'égard de ses devanciers, qu'il semble ignorer le plus souvent. Le ton général du *Voyage* de Baert est celui du reportage sérieux, où les réflexions personnelles alternent avec les choses vues et les éclairent : ce n'est ni un pamphlet hâtif, ni un ouvrage fondamental.

*
**

---

(14) Auteur de *Lettres historiques sur l'état actuel de la Pologne et sur l'origine de ses malheurs*, Amsterdam-Paris, 1773, in-8°. Sur Baudeau et son livre, voir JOBERT, *Magnats...*, p. 27-40.

(15) Disciple de Quesnay, secrétaire de la Commission d'Education nationale, réfute publiquement Rulhière en 1810. Voir FABRE, *Stanislas-Auguste...*, p. 5-11.

(16) *Mémoires de la Société des Antiquaires de la Morinie*, Saint-Omer, 1835, t. II, notice sur M. le baron de Baert, par M. de Givenchy, p. 364-371 B.U., 8°, Lc ¹⁹ 12).

ont près de deux lieues de tour, d'un bord de la Vistule à l'autre, mais la moitié de l'espace qu'il renferme n'est pas bâti, et la moitié de ce qui l'est, l'est en bois, et à un étage. Il y a quelques ruës assez bien percées, mais pas une place régulière. Il y a quelques beaux palais, mais à côté sont des petites maisons de bois, ou des enceintes immenses fermées de planches, et quelques-unes de murs, et il y a dans le bout des fauxbourgs des ruës entières et fort longues bâties en bois, et qui ne sont pas pavées. Il n'y a rien de remarquable pour les arts, pas une belle église, qu'un temple luthérien en rotonde, assez beau, et pas un seul autre monument public qu'une statue de Sigismond 3, sur une colonne, près du palais du Roy » [47]. On sent combien cette irrégularité déconcerte un Français habitué à Versailles et à l'art néo-classique de Paris. Quant au palais, « assez vaste sans qu'il le paroisse, il entoure une cour pentagone, et est dans une belle position dominant sur le fleuve [...] L'intérieur que le Roy vient de remeubler est noble, une antichambre qui mène à la chapelle qui est bien, et où est un assez beau Rembrandt ; la salle d'audience est peinte par Canaletto de diverses vues de Varsovie et des environs. La salle est belle et meublée en damas galonné, avec quelques bustes et portraits, ainsi que la chambre à coucher qui suit ; d'une autre part est une antichambre en marbre qui mène à un superbe salon tout nouveau, d'une belle forme et orné de colonnes de stuc accouplées ; on y donne des concerts. Il y a ensuite un petit théâtre de société, la sàle du Conseil permanent qui est fort vilaine, et celle de la Diète où est toujours une sentinelle, qui n'est pas mieux. Le throne ainsi que les deux rangs de fauteuils, les bancs qui sont derrière et les galeries en bois qui sont au-dessus pour les étrangers qui entrent aussi sur les bancs, sont couverts de vieille serge rouge. Suit la salle des nonces et plus loin les ateliers où le Roy va tous les matins vers onze heures passer quelque temps ; l'un est de peinture et l'autre de sculpture. Il y a dans le premier quelques tableaux, entr'autres un concert de Carle Vanlo qui est un de ses plus beaux, petit, d'une belle et riche composition, sans manière, de belles draperies, beau coloris et hardiement touché. Un très beau portrait du chevalier Williams, ambassadeur d'Angleterre, par Mengs, un petit tableau de Bacciarelli, peintre du Roy et directeur de cet atelier, et qui n'est pas sans mérite : il représente le moment ou le lendemain de l'accident du Roy, le meunier qui l'avoit reçu vint le remercier du moulin qu'il promit de faire rebâtir, seule grâce qu'il lui avoit demandée : toutes les figures sont des portraits. Un grand tableau

---

(47) *Ibid.*, f. 18, v°, f. 19, r°.

représentant la paix de Chotzim entre les Polonois et les Turcs, belle composition et coloris agréable, manquant un peu de perspective. Il en fait 4 comme celui-là pour le Roy, pour décorer un salon, tirés de l'histoire de Pologne... » [48].

Si j'ai cité tout au long la description du Palais, c'est en raison des travaux de reconstruction activement poursuivis à Varsovie : des amis polonais m'ont signalé qu'en vue de la reproduction intégrale de l'intérieur, les responsables artistiques étaient à la recherche de tous les documents susceptibles de leur fournir des précisions sur l'état ancien du palais. Espérons que ce travail immense sera achevé pour le deux-centième anniversaire du séjour de Baert à Varsovie !

*
**

Peut-être utiles pour préciser quel genre de curiosité et quel degré de connaissance un voyageur français de l'époque des Lumières pouvait manifester à l'égard de la Pologne, ces extraits me semblent en outre intéressants par la relative liberté de jugement dont fait preuve leur auteur, qui allie préjugés de caste et bon sens politique, appétit de savoir et dédain pour la littérature, goût des commérages de salon et recherche des causalités historiques. Sa langue est gauche, mais il a parfois du trait, et l'ingénuité de son style conserve à sa relation de voyage la fraîcheur d'un journal tenu régulièrement d'étape en étape jusqu'au bout de l'Europe.

---

(48) *Ibid.*, f. 19, r°.

« DES CAUSES PROPRES A L'HOMME »

par J. CHOUILLET

L'aptitude à la modification est un des signes de la pensée vivante. Nul n'en fut plus persuadé que Diderot. Nul n'en a donné de meilleure illustration, ce qui ne l'a pas empêché de se faire l'apôtre de la fidélité : « Je suis constant dans mes goût » écrit-il à Sophie Volland sans avoir l'impression de se démentir [1]. D'où les incertitudes de la critique. Certains le veulent fidèle par-dessus tout et s'aveuglent volontiers sur ses écarts. D'autres voient dans ses virevoltes, soigneusement montées en épingle, la démonstration par l'absurde du néant des systèmes. C'est, nous semble-t-il, à bien décrire ce phénomène de la modification qui devrait s'attacher une lecture scrupuleuse de la littérature. Il suffirait de prendre les textes pour ce qu'ils sont, sans préjuger de ce qu'on peut leur faire dire. L'histoire aurait alors quelque chance de retrouver son véritable profil.

Sur un point crucial, ce travail d'élucidation nous paraît particulièrement nécessaire. Il s'agit du problème qui est la pierre de touche du matérialisme : celui de l'action libre. Nous avons choisi quatre textes qui nous montrent quatre versions à la fois très proches et très différentes de la même pensée. Ils s'échelonnent sur une durée de dix-sept ans. Le premier remonte au 29 juin 1756 : c'est la fameuse « lettre à Monsieur Landois » publiée dans la *Correspondance littéraire* du 1er juillet 1756 [2]. Le second figure dans le *Rêve de D'Alembert* [3] et se situe par conséquent en 1769. Le troisième dont la date est impossible à fixer, s'inscrit dans la série des interventions de l'auteur, aux deux tiers de *Jacques le Fataliste* [4]. Le quatrième fait partie du commentaire rédigé en marge de la *Lettre sur l'homme et ses rapports,* de François Hemsterhuis, vers 1773-1774 [5]. Rappelons les termes du débat : s'il existe quelque part une action dite « libre », c'est que le principe général de la nécessité comporte au moins une exception. Partant, plus de lois, et par conséquent plus de science. Si au contraire on affirme l'universalité de la loi, il n'est plus possible de distinguer un monde physique qui serait soumis à la nécessité, et un monde moral, où triompherait la liberté. Il n'y a plus qu'une seule forme de nécessité « physique » (c'est-à-dire, naturelle), valable pour tous les êtres. La liberté est un mot « vide de sens ». Nous avons reproduit ces quatre versions, en soulignant en italiques les passages qui forment dissonance. Il n'en sera que plus aisé d'enregistrer la consonance générale du système.

---

(1) Lettre du 11 août 1759, *Correspondance*, éd. G. Roth, t. II, p. 207.
(2) *Ibid.*, t. I, p. 209-217.
(3) Ed. J. VARLOOT, *Les Classiques du Peuple*, p. 86-87.
(4) *Œuvres complètes* de Diderot, éd. Assézat-Tourneux (A.T.), t. VI, p. 180.
(5) Ed. G. May, New Haven, 1964, p. 60 a et 68 a.

Lettre à Landois

C'est ici, mon cher, que je vais quitter le ton de prédicateur pour prendre, si je peux, celui de philosophe. Regardez-y de près, et vous verrez que le mot liberté est un mot vide de sens ; qu'il n'y a point, et qu'il ne peut y avoir d'êtres libres ; que nous ne sommes que ce qui convient à l'ordre général, à l'organisation, à l'éducation, et à la chaîne des événements. Voilà ce qui dispose de nous invinciblement. On ne conçoit non plus qu'un être agisse sans motif qu'un des bras d'une balance agisse sans l'action d'un poids ; et le motif nous est toujours extérieur, étranger, attaché ou par une nature ou par une cause quelconque, qui n'est pas nous. Ce qui nous trompe, c'est la prodigieuse variété de nos actions, jointe à l'habitude que nous avons prise tout en naissant de confondre le volontaire avec le libre. Nous avons tant loué, tant repris, nous l'avons été tant de fois, que c'est un préjugé bien vieux que celui de croire que nous et les autres voulons, agissons librement.

Rêve de D'Alembert

Est-ce qu'on veut, de soi ? La volonté naît toujours de quelque motif intérieur ou extérieur, de quelque impression présente, de quelque réminiscence du passé, de quelque passion, de quelque projet dans l'avenir. Après cela je ne vous dirai de la liberté qu'un mot, — c'est que la dernière de nos actions est l'effet nécessaire d'une cause une : nous, très compliquée, mais une.

— Nécessaire ?

— Sans doute. Tâchez de concevoir la production d'une autre action, en supposant que l'être agissant soit le même.

— Il a raison. Puisque j'agis ainsi, celui qui peut agir autrement n'est plus moi ; et assurer qu'au moment où je fais ou dis une chose j'en puis dire ou faire une autre, c'est assurer que je suis moi et que je suis un autre.

Jacques le Fataliste

(lignes 20-34)

Qu'est-ce autre chose, disait-il, s'il n'y a point de liberté, et que notre destinée soit écrite là-haut ? Il croyait qu'un homme s'acheminait aussi nécessairement à la gloire ou à l'ignominie, qu'une boule qui aurait la conscience d'elle-même sur la pente d'une montagne ; et que si l'enchaînement des causes et des effets qui forment la vie d'un homme depuis le premier instant de sa naissance jusqu'à son dernier soupir nous était connu, nous resterions convaincus qu'il n'a fait que ce qu'il était nécessaire de faire. Je l'ai plusieurs fois contredit, mais sans avantage et sans fruit. En effet que répliquer à celui qui vous dit : Quelle que soit la somme des éléments dont je suis composé, je suis un ; or une cause n'a qu'un effet ; j'ai toujours été une cause une ; je n'ai donc jamais eu qu'un effet à produire ; ma durée n'est donc qu'une suite d'effets nécessaires. C'est ainsi que Jacques raisonnait d'après son capitaine.

. . . .

Commentaire de Hemsterhuis

(60 a)

Je ne demande point qu'on me prouve que l'homme veut, mais je demande qu'on me définisse ce que c'est que vouloir.

J'ai, tout à l'heure soixante ans. Quelle que soit la multitude des causes qui aient concurré à me faire ce que je suis, je suis une cause une. Je n'ai jamais, au moment où je parle, qu'un effet à produire. Cet effet est le résultat nécessaire de ce que j'ai été depuis l'instant le plus éloigné de l'instant présent jusqu'à cet instant présent.

La velléité n'est autre chose que mon acquiescement nécessaire à ce que je fais nécessairement dans l'instant présent. Il en est de même de l'instant qui a précédé, et ainsi de suite, en rétrogradant au-delà du terme de toute imagination.

. . . .

Mais, s'il n'y a point de liberté, il n'y a point d'action qui mérite la louange ou le blâme. Il n'y a ni vice, ni vertu, rien dont il faille récompenser ou châtier.

Qu'est-ce qui distingue donc les hommes ? La bienfaisance et la malfaisance. Le malfaisant est un homme qu'il faut détruire et non punir ; la bienfaisance est une bonne fortune, et non une vertu.

Mais quoique l'homme bien ou malfaisant ne soit pas libre, l'homme n'en est pas moins un être qu'on modifie ; c'est par cette raison qu'il faut détruire le malfaisant sur une place publique. De là les bons effets de l'exemple, des discours, de l'éducation, du plaisir, de la douleur, des grandeurs, de la misère, etc ; de là une sorte de philosophie pleine de commisération, qui attache fortement aux bons, qui n'irrite non plus contre le méchant que contre un ouragan qui nous remplit les yeux de poussière.

Il n'y a qu'une sorte de causes, à proprement parler ; ce sont les causes physiques. Il n'y a qu'une sorte de nécessité ; c'est la même pour tous les êtres, quelque distinction qu'il nous plaise d'établir entre eux, ou qui y soit réellement. Voilà ce qui me réconcilie avec le genre humain ; c'est pour cette raison que je vous exhortais à la philanthropie.

Mais, docteur, et le vice et la vertu, ce mot si saint dans toutes les langues, — cette idée si sacrée chez toutes les nations !

— Il faut le transformer en celui de bienfaisance, et son opposé en celui de malfaisance. On est heureusement ou malheureusement né ; on est irrésistiblement entraîné par le torrent général qui conduit l'un à la gloire et l'autre à l'ignominie.

— Et l'estime de soi ? et la honte ? et le remords ?

— Puérilité fondée sur l'ignorance et la vanité d'un être qui s'impute à lui-même le mérite ou le démérite d'un instant nécessaire.

— Et les récompenses, et les châtiments ?

— Des moyens de corriger l'être modifiable qu'on appelle méchant et d'encourager celui qu'on appelle bon.

Jacques ne connaissait ni le nom de vice, ni le nom de vertu ; il prétendait qu'on était heureusement ou malheureusement né. Quand il entendait prononcer les mots récompenses ou châtiments, il haussait les épaules. Selon lui la récompense était l'encouragement des bons ; le châtiment, l'effroi des méchants.

. . . .

(lignes 34-36)
La distinction d'un monde physique et d'un monde moral lui semblait vide de sens.

(68 a)

J'en appelle au raisonnement que j'ai fait plus haut. Un animal qui agirait sans motif, ne se conçoit non plus qu'une action sans cause. Et tout motif, soit qu'il nous soit extérieur ou intérieur est indépendant de nous.

L'homme libre est un être abstrait, un ressort isolé.

« Le mot liberté est un mot vide de sens ». Tel est le fil conducteur à partir duquel il est aisé de reconstituer la trame de l'ensemble. Comme si nul doute jamais n'avait effleuré le matérialiste Diderot, le voilà qui reproduit d'une version à l'autre les mêmes formules, et presque les mêmes tournures grammaticales. D'abord il ne veut pas que l'on confonde l'acte volontaire et l'acte libre. Le second est l'illusion d'un pouvoir qui ne fut jamais. Le premier est la réponse nécessaire de l'être vivant aux motifs qui le déterminent : « On ne conçoit non plus qu'un être agisse sans motif, qu'un des bras d'une balance agisse sans l'action d'un poids, » dit la *Lettre à Landois*. « La volonté naît toujours de quelque motif » répète le texte du *Rêve*. A quoi fait écho le *Commentaire d'Hemsterhuis* : « Un animal qui agirait sans motif, ne se conçoit non plus qu'une action sans cause ». Sur l'interprétation qu'il convient de donner à cette nécessité qui régit tous les êtres, les quatre textes varient peu : la *Lettre* parle de « chaîne des événements », *Jacques* d'un « enchaînement des causes et des effets ». On pourrait croire que la théorie unitaire de la *Lettre* (« Il n'y a qu'une sorte de causes (...) ; ce sont les causes physiques »), a été atténuée avec le temps. Il n'en est rien, puisque le texte de *Jacques* confirme : « La distinction d'un monde physique et d'un monde moral lui semblait vide de sens ». Dans la deuxième partie de cette doxologie, qui concerne les applications morales de la doctrine, les variations sont moins sensibles encore. Une loi de stricte répétition régit les rapports entre les trois premiers textes, tandis que pour une raison facile à expliquer, le *Commentaire* évite ce genre de considérations : Hemsterhuis ne parlant que très peu des justifications morales du libre arbitre [6], Diderot n'en parle pas non plus. « Il n'y a ni vice, ni vertu », proclame le texte de 1756, en ajoutant que seules distinguent les hommes « la bienfaisance et la malfaisance ». Le *Rêve* reprend la même idée, en proposant de remplacer les mots de vice et de vertu par ceux de bienfaisance et de malfaisance. Jacques, de son côté, ne connaît « ni le nom de vice, ni le nom de vertu ». Quant aux récompenses et aux châtiment, ils ne sont, nous dit Bordeu dans le *rêve*, que des « moyens de corriger l'être modifiable qu'on appelle méchant, et d'encourager celui qu'on appelle bon ». Par bonheur en effet, l'homme est « un être qu'on modifie » (version de la *Lettre*) ou « modifiable » (version du *Rêve*), ce qui laisse un champ illimité à l'action du législateur et de l'éducateur.

Cependant, sur un point dont il ne faut pas sous-estimer l'im-

_____

(6) *Ibid.*, p. 232-232 a.

portance, Diderot a varié. A l'époque de la *Lettre à Landois*,
l'accent était mis sur les causes générales qui modifient la volonté :
« l'ordre général », « l'organisation », « l'éducation », « la chaîne
des événements ». La causalité invoquée allait de l'extérieur vers
l'intérieur et il était entendu que le motif qui détermine la volonté
ne différait pas de l'action mécanique d'un corps sur un autre.
Pour employer le langage de Descartes dans le *Traité des Passions,* l'âme était représentée comme un « patient » dont le
rôle est de subir ce qui lui arrive : « ...le motif nous est toujours
extérieur, étranger, attaché ou par une nature ou par une cause
quelconque, qui n'est pas nous ». On ne peut aller plus loin dans
le refus de l'intériorité. Ce qui frappe, c'est que Diderot a non
seulement dépassé, mais franchement renié cet aspect de sa théorie entre la *Lettre à Landois* et le *Rêve de D'Alembert.* Certes il
n'abandonne pas la possibilité d'une motivation extérieure : « La
volonté naît toujours de quelque motif intérieur *ou* extérieur ».
Mais il n'en tient plus compte dans l'énumération qu'il donne
ensuite des différents types de motivation : « ...de quelque impression présente, de quelque réminiscence du passé, de quelque
passion, de quelque projet pour l'avenir ». On dirait que la causalité extérieure ne l'intéresse plus que dans la mesure où elle est
susceptible d'une traduction psychologique. Mieux encore : la
Lettre à Landois excluait l'emploi de « nous » comme instrument
causal. Le *Rêve* et les textes suivants le restaurent avec insistance
et solennité : « ...Je ne vous dirai de la liberté qu'un mot, c'est
que la dernière de nos actions est l'effet nécessaire d'une cause
une : nous, très compliquée, mais une ». Négation d'un côté,
affirmation de l'autre. La causalité est entrée dans l'homme, elle
est devenue l'homme lui-même.

De tous les problèmes soulevés par le « cas Diderot », c'est
ce renversement qu'il nous paraît le plus utile de bien décrire
et, si possible, d'expliquer. Parce que Diderot a modifié sa conception de la causalité, il ne s'ensuit pas qu'il ait renoncé au principe
de causalité. Cette « cause une » qui est « nous » qui produit
une suite « d'effets nécessaires » n'a rien à voir avec le libre
arbitre. Il se passe avec Diderot quelque chose qu'on pourrait
comparer au mouvement d'intériorisation de la grâce divine qui
s'est effectué avec Jansénius : pour avoir transformé la grâce en
« délectation victorieuse » et l'attrait du péché en « concupiscence », Jansénius les a rendus, non pas moins, mais plus
contraignants qu'ils ne l'étaient dans la théologie traditionnelle.
De même, tant qu'il maintenait la causalité à l'extérieur de
l'homme, Diderot pouvait à la rigueur laisser croire qu'il entendait
préserver une zone privilégiée, un certain « nous », dont le
propre serait justement d'échapper à la causalité. A partir du

Rêve au contraire, toute illusion devient impossible : ce « nous »
auquel le sens commun attribue le pouvoir de se soustraire aux
lois, est soumis lui-même à la plus rigoureuse des lois, celle qui
conditionne son propre devenir. Chaque « moi » fait corps avec
son histoire. On peut avec de la chance se préserver de la foudre
et des tremblements de terre. Il n'est au pouvoir d'aucun homme
de s'éviter soi-même. C'est ce qui amène Diderot à écrire avec
une rigueur formelle où se glisse un rien de sophisme : « ...j'ai
toujours été une cause une ; je n'ai donc jamais eu qu'un effet
à produire ». Il veut dire que si nous avions deux effets à
produire, nous aurions au moins un choix à faire, nous pourrions
au moins dans cette mesure être tenus pour libres. Derrière ce
formalisme se cache une conscience aiguë de la durée comme suite
d'effets nécessaires. Cette conscience n'a fait que se préciser avec
le temps. Dans le *Rêve* le passé n'était évoqué que sous la forme
vague de « réminiscence », l'avenir n'apparaissait que comme
« projet ». Dans *Jacques* l'idée de la continuité historique prend
la valeur d'une hypothèse de travail : « ...si l'enchaînement des
causes et des effets qui forment la vie d'un homme depuis le
premier instant de sa naissance jusqu'à son dernier soupir nous
était connu, nous *resterions* convaincus qu'il n'a fait que ce qu'il
était nécessaire de faire ». Dans le *Commentaire*, l'hypothèse
devient fait d'expérience : « Cet effet *est* le résultat nécessaire
de ce que j'ai été depuis l'instant le plus éloigné de l'instant
présent, jusqu'à cet instant présent ».

Que s'est-il passé entre 1756 et 1769 ? Quand la critique aura
résolu ce problème, il nous semble qu'elle en aura plus de moyens
pour éclaircir d'autres questions demeurées pendantes, notamment
la théorie de l'homme de sang-froid, apparue en 1769, ou celle du
modèle idéal, qui se déploie dans le *Salon de 1767*. Tout tient
au nœud gordien de la liberté. Le texte de 1756 invoque les causes
générales, qu'il appelle « ordre général », « organisation »,
« éducation », « chaîne des événements ». L' « ordre général »
est une notion commune à tous ceux qui, dans la première moitié
du XVIIIᵉ siècle, raisonnent sur l'idée de nature : « Il y a (...)
une raison primitive, nous dit Montesquieu, dans l'*Esprit des
Lois* ; et les lois sont les rapports qui se trouvent entre elles et
les différents êtres, et les rapports de ces divers entre eux » [7].
Il ne fait en cela que résumer la pensée de son temps. Nulle
existence n'échappe aux lois de cette « raison primitive » : Dieu
lui-même ne s'y soustrait pas. Reste à préciser le champ possible
de la liberté humaine dans un univers où tout est nécessaire.

_____

(7) *Œuvres complètes*, Pléiade, 1951, t. II, p. 232.

Nous voyons le texte de Diderot lui fermer tour à tour toutes les issues. D'abord à l' « ordre général », notion abstraite, il ajoute une nouvelle force de nécessité, celle-là concrète et biologique, « l'organisation ». Le terme ne figure ni dans le Dictionnaire de l'Académie Française de 1694, ni dans Richelet. Mais on le trouve dans Furetière (1727) : « Terme d'Anatomie qui signifie la structure, la conformation, la figure d'un membre, d'une partie ». C'est dans ce sens que l'emploie Diderot : les déterminations qui viennent du corps agissent sur la volonté et la modifient. Il faut tout de suite ajouter qu'en 1756, Diderot met sur le même plan ces déterminations biologiques, qui constituent l'être lui-même sous sa forme corporelle, et « l'éducation », qui agit sur lui de l'extérieur. Nous avons plusieurs textes de lui qui associent étroitement ces deux éléments, depuis la *Lettre sur les Sourds et Muets,* où il note « combien notre entendement est modifié par les signes » [8], jusqu'au *Discours sur la poésie dramatique,* où sont soulignées les altérations que les causes sociale font subir au modèle primitif de la nature humaine [9]. Enfin, pour clore le cycle, et pour ne rien laisser au hasard, Diderot enferme ce qui reste de liberté dans la « chaîne des événements », autre façon de lui interdire le champ d'action de l'histoire. Cette « grande chaîne des êtres » où la pensée néo-platonicienne de Shaftesbury voyait un signe visible de l'harmonie divine (« *All things are united* »), se transforme avec Diderot en une nécessité physique, comme le dit la dernière partie du texte : « Il n'y a qu'une sorte de cause, à proprement parler ; ce sont les causes physiques ». Tout dualisme est désormais exclu : nulle liberté ne peut entraver l'action de la nécessité ; l'homme est tout entier « un être qu'on modifie », mais nulle modification ne saurait avoir l'homme pour agent.

Le vrai, le grand changement s'amorce en 1758 quand Diderot publie dans la *Correspondance Littéraire* ses « Réflexions sur le livre *De l'Esprit* par M. Helvétius » [10]. Rien de tel qu'un paradoxe pour stimuler l'intelligence. Celui qu'énonce Helvétius sur les rapports de l'organisation et de l'éducation amène Diderot à réviser, sur ce point précis, son échelle des valeurs. Helvétius « se propose de montrer que toutes les causes par lesquelles les hommes peuvent différer entre eux, l'organisation est la moindre » [11]. Diderot se sent « ébranlé ». L'hypothèse d'une égalité

---

(8) A. T., t. I, p. 369.
(9) A. T., t. VII, p. 393-394.
(10) A. T., t. II, p. 267-274.
(11) *Ibid.*, p. 270.

foncière entre tous les hommes n'est-elle pas séduisante ? Quel
encouragement pour les éducateurs ! Lui-même ne soutenait-il
pas deux ans auparavant un paradoxe du même genre en alléguant
que le motif qui nous détermine « nous est toujours extérieur,
étranger, attaché par une nature ou par une cause quelconque,
qui n'est pas nous » ? Mais du même coup, il s'inquiète. Il ne
se peut pas qu'Helvétius ait raison si l'on tient compte de ces
deux faits d'expérience qui sont l'universelle variété des caractères
et les vicissitudes de l'homme « dans ses différents âges ». Tout
en nous est sous la dépendance de l'organisation, et l'éducation
ne vient qu'après, comme cause subsidiaire. « Une légère altération
dans le cerveau réduit l'homme de génie à l'état d'imbécillité. » [12]
L'organisation est ce que distingue l'homme de la bête, mais aussi
l'homme de génie de l'homme ordinaire. C'est dans les centres
nerveux, dans la « fibre centrale », qu'il convient de chercher la
cause essentielle de tous ces accidents. Ce n'est pas là être moins,
mais plus complètement, plus exactement matérialiste.

Les dix années qui suivent ne font que prolonger et développer
ces données initiales. L'information biologique de Diderot, dont
les débuts remontent à la période de 1744-1748 où il traduisait
le *Dictionnaire de médecine* de James, n'a fait que s'approfondir
par la connaissance des travaux de Musschenbroek, Hartsoeker,
Nieuwentijt, puis la découverte de Buffon en 1749, de Maupertuis
en 1751, de Haller dont les *Primae lineae* furent traduites pour
la première fois en 1752 par P. Tarin, sous le titre *Elémens de
physiologie, ou Traité de la structure et des usages des différentes
parties du corps humain*. Quant aux huit volumes des *Elementa
physiologiae corporis humani* de Haller, paru de 1757 à 1766,
Diderot en a entrepris la lecture au plus tard vers 1765 [13]. A
l'époque du *Rêve de D'Alembert*, sa connaissance du problème
de la vie est assez précise pour lui permettre d'opposer au spiritualisme cartésien et à la doctrine vitaliste professée par l'école
de Montpellier [14] une théorie unitaire de la personne humaine,
fondée sur l'unité du *faisceau* ou *réseau*, dont les *fibres* ou *filets*
se diversifient au niveau des organes [15], tandis qu'elles se rassemblent dans *l'origine du faisceau*, située dans les centres nerveux [16].
Cédons à « l'extrême mobilité de certains filets du réseau » [17] et
nous aurons les êtres médiocres, abandonnés « à la discrétion

---

(12) *Ibid.*, p. 271.
(13) J. Varloot, *op. cit.*, préface, p. LXXII.
(14) *Ibid.*, p. LXXXIV.
(15) *Le Rêve de D'Alembert*, p. 83.
(16) *Ibid.*, p. 81-83.
(17) *Ibid.*, p. 80.

du diaphragme ». « Fortifions l'origine du réseau » [18] et nous
obtiendrons l'homme du génie qui « régnera sur lui-même et sur
tout ce qui l'environne » [19]. On comprend dès lors pourquoi Diderot
a renoncé à sa première théorie d'une causalité polymorphe pour
lui substituer cette théorie de l'unité du moi, qui en effet occupe
une place centrale, aussi bien dans sa pensée esthétique que dans
son anthropologie. Cette « cause une », qui n'a « qu'un effet à
produire » est, comme on vient de le voir, la dernière étape
d'une méditation sur l'organisation biologique de l'homme qui
s'étend sur vingt-cinq années. Quand il reprend pour la deuxième
fois, en 1773-1774, la discussion des théories d'Helvétius, dans la
fameuse *Réfutation suivie de l'ouvrage d'Helvétius intitulé
l'Homme,* il ne fait que donner le coup de grâce à une conception
mécaniste de la causalité dont il doutait sans le savoir depuis
fort longtemps et dont la vanité lui est apparue clairement dès
1758. L'éducation n'est rien où l'organisation n'est pas.

Conclusions

1) Quoique le texte de 1769 dise formellement le contraire
de celui de 1756 (« une cause quelconque, qui n'est pas nous »
— « une cause une, nous »), il n'y a pas reniement sur l'essentiel, puisque Diderot continue à affirmer le principe de causalité.
Simplement, le centre de gravité de sa pensée s'est déplacé de
l'extérieur vers l'intérieur.

2) L'humanisme de Diderot, dont nul ne conteste la réalité,
ne s'est pas construit sur les ruines du matérialisme. Quand il
dit dans un texte célèbre : « Je suis homme, et il me faut des
causes propres à l'homme » [20], il s'en prend aux simplifications
abusives d'Helvétius (« Sentir, c'est juger »), mais il n'entend
pas restaurer « la distinction d'un monde physique et d'un monde
moral », qui lui paraît, comme en 1756, « vide de sens ».

3) Il y a, non pas un, mais plusieurs matérialismes possibles.
Voilà peut-être l'origine de tous les malentendus sur « l'évolution »
de Diderot. Parce qu'il manipule des termes et des notions qu'on
retrouve dans tous les écrits matérialistes de son époque, en
particulier dans le *Système de la Nature* de D'Holbach, on refuse

---

(18) *Ibid.,* p. 82.
(19) *Ibid.,* p. 81.
(20) *Réfutation d'Helvétius,* A. T., t. II, p. 300.

de lui accorder une place à part dans ce vaste mouvement collectif. Parce qu'il s'est affranchi d'une manière visible et provocante des facilités de la phraséologie mécaniste, on veut qu'il ait renié les principes essentiels qui étaient les siens à l'époque de l'*Interprétation de la Nature*. La vérité est que Diderot n'a cessé d'adapter son matérialisme aux perspectives ouvertes par la biologie naissante et aux exigences de sa propre pensée. Ni conformiste, ni renégat, il a simplement et passionnément cherché à donner au mot : homme un sens nouveau, en accord avec la science nouvelle.

LA RENCONTRE AVEC L'ANGE :
SAINT-SIMON ET LE MALEBRANCHISME

par Yves COIRAULT

« Je suis né la nuit du 15 au 16 janvier 1675... » Quand il vint saluer l'enfant du miracle, le P. Malebranche rencontra deux fées. La première, barbouillée de jansénisme, voulait « douer » M. le Vidame « de rendre absolument inutiles »[1] tous les élixirs du bon Père. La seconde était fertile en *mezzo termine*. On ne sait trop ce qu'elles se dirent. Mais, tant qu'ils vécurent, le « bel Ange » et Saint-Simon réparèrent séparément leurs plaies[2]. Et il est sûr que Malebranche et les critiques de Saint-Simon furent très longtemps brouillés.

Certain témoignage du mémorialiste n'était cependant pas négligeable. Il conviendra d'en peser les termes, et, sans précipitation, de « compasser » deux esprits.

*
**

Abréviations :

S-S : Saint-Simon ; B : édition Boislisle des *Mémoires* ; Pl : *Mémoires*, Pléiade.

R.V. : *Recherche de la Vérité*, p.p. G. Rodis-Lewis, J. Vrin, 1963, 3 vol.

C.C. : *Conversation chrétiennes*, p.p. A. Robinet ; *O.C.* de Malebranche, t. IV, 1959.

T.N.G. : *Traité de la Nature et de la Grâce*, p.p. G. Dreyfus, Vrin, 1958, 2 vol.

M.C. : *Méditations chrétiennes et métaphysiques*, p.p. H. Gouhier et A. Robinet, *O.C.* de Malebranche, Vrin, t. X, 1959.

T.M. : *Traité de morale*, p.p. H. Joly, Vrin, 3ᵉ édit., 1953.

E.M.R. : *Entretiens sur la métaphysique et la religion*, p.p. H. Cuvillier, Vrin, 1947, 2 vol.

T.A.D. : *Traité de l'amour de Dieu*, p.p. D. Roustan, Bossard, 1922.

O.C. 20 : *Oeuvres complètes* de Malebranche, t. XX (A. Robinet, Vrin, 1967).

---

(1) Cf. Pl, IV, 709 : conte de Madame sur la naissance du duc de Chartres.
(2) Cf. SAINTE-BEUVE, *Port-Royal*, Pléiade, t. III, p. 396 : « le bel Ange a réparé toutes ses plaies ».

« Je les avais connus » MM. d'Allemans et Renau [3]) « chez
le célèbre P. Malebranche, de l'Oratoire, dont la science et les
ouvrages ont fait tant de bruit, et la modestie, la rare simplicité,
la piété solide ont tant édifié, et dont la mort dans un âge avancé
a été si sainte, la même année de la mort du Roi. D'autres circonstances l'avaient fait connaître à mon père et à ma mère. Il avait
bien voulu quelquefois se mêler de mes études ; enfin il m'avait
pris en amitié, et moi lui, qui a duré autant que sa vie. Le goût
des mêmes sciences l'avait fait ami intime de MM. d'Allemans
père et fils, et c'était chez lui que j'étais devenu le leur. » Et le
mémorialiste d'évoquer le « petit Renau » : « Il était ami intime
de Louville ; il était des miens, et, comme il était grand disciple
du P. Malebranche, il avait connu aussi M. d'Allemans » ; de
sorte que « Louville aboucha d'Allemans avec lui » (c'est-à-dire
Renau). Le Régent n'était pas un pur malebranchiste ; et la Providence avait ses vues ; le projet de réforme de la taille s'en alla
donc « en fumée ».

Ce qui nous intéresse présentement, ce sont les rapports ami-
caux entre Saint-Simon (les Saint-Simon...) et le P. Malebranche.
L'Oratorien s'est mêlé « quelquefois » des études du vidame.
L'éloge atteste la fidélité d'un souvenir, l'admiration, la ferveur ;
mais non pas l'adhésion à la doctrine. Simplicité, piété « solide »,
mort « sainte »... L'ami du duc de Chevreuse portait assurément
son âme « dans ses mains ». Mais que dire du philosophe, dont
les ouvrages « ont fait tant de bruit » ? Ici, une vie et une mort
édifiantes ; là, un système que Saint-Simon eût voulu peut-être
ignorer [4].

Au demeurant, est-il certain qu'il l'ait bien connu ? On en dis-
putait dans le monde, quand le vidame était encore au maillot ;

---

(3) B, XXXVI, p. 284-286. Du Marquis d'Allemans est conservé un *Mémoire
envoyé à M. le Duc de Saint-Simon touchant les moyens de réunir la noblesse
avec les pairs du royaume.* Fontenelle (*Eloges,* VI, p. 87-211) a loué Bernard
Renau d'Eliçagaray : « jamais malebranchiste ne l'a été plus parfaitement ».
Lors d'une dispute entre mathématiciens, Malebranche avait défendu Renau
contre Jacques-Eugène d'Allonville, chevalier de Louville (1671-1732), frère
de Charles-Auguste, marquis de Louville (1664-1731). Je ne pense pas que le
« plaisant Louville », c'est-à-dire le marquis, ami de S.-S. et de Renau, ait
eu « la qualité d'élève du P. Malebranche » (H. HIMELFARB,, « S.-S. et le
jansénisme des Lumières », *Studies on Voltaire,* LXXXVIII, 1972, p. 749-768 ;
p. 758), et, par une lettre du chevalier de Louville, il est suffisamment prouvé
que celui-ci ne connut qu'assez tard l'Oratorien (« Quoique je n'aie pas
l'honneur d'être connu de vous... » ; lettre à Malebranche, du 4 mars 1701 ;
O.C. 20, p. 713). Fontenelle composa un Eloge de cet illustre astronome.
(4) Le nom de Malebranche apparaissait dans la chronique de 1704, à
propos de Sainte-Mesme (Pl, II, p. 293), et dans celle de 1705 à propos de Renau
(II, 473). La mort de l'Oratorien (13 octobre 1715) n'est pas signalée en son
temps.

et rien n'empêche d'imaginer qu'il n'ait été par Malebranche lui-même initié aux mystères du malebranchisme. Il est permis de croire que le « Méditatif » mit « quelquefois » en garde le petit furibond contre l'effervescence des esprits animaux, et lui fit une vive peinture de la « mécanique » des causes occasionnelles. Plus plausible une influence médiate, par le canal d'un précepteur lui-même converti à de telles sublimités.

Car ce précepteur, que les « saint-simonistes » ont toujours ignoré, nous pouvons aujourd'hui l'identifier grâce à nos « malebranchistes » [5]. Sans doute aimerait-on une pluralité de témoignages. *Testis unus...* Mais le témoin fut assez bien placé. Dans ses « Mémoires domestiques », Batterel [6] n'a pas oublié Henri Lelevel, entré en 1677 à l'Oratoire [7]. Touchant le précep-torat [8], il s'autorisait de Nicolas Clément, qui servit longtemps à la Bibliothèque Royale et en dressa divers Catalogues. Parmi les brèves notices biographiques figurant dans le Catalogue par au-teurs, on lit effectivement celle-ci : « H. de Lelevel du Mans, cy devant Précepteur du Duc de Saint Simon : Prof en Pphie et en Histoire » [9]. Dès la composition de son second Catalogue (1684-1697), Clément avait dû recueillir de bonne source des informa-tions sur le « cy devant Précepteur », qui, « baignant » dans le malebranchisme [10], s'en fit l'évangéliste auprès de la bonne société.

Préceptorat oblige : soucieux d' « épaissir » les divines liqueurs, le Bossuet du vidame se fit également historien, « à la cavalière »

---

(5) Les « malebranchistes » dont j'ai consulté les ouvrages (y compris *O.C.* 17 et 18) ne citent pas leur source.

(6) *Mémoires domestiques pour servir à l'Histoire de l'Oratoire* [...] *par le P. Louis Batterel*, p.p. A. Ingold et E. Bonnardet, Picard, 4 vol., 1902-1905 ; t. IV, p. 527-531 : « Le confrère Henri Lelevel, entré en 1677, sorti en 1680. »

(7) V. *O.C.* 18, p. 435-436, 449 et 462 : lettres du marquis d'Allemans au P. Malebranche (1687), où apparaît le nom de « M. l'abbé de Lelevel » (ou « M. de Lelevel »). Le « sieur l'Elevel » est mentionné par Faydit (d'après F. GIRBAL, *Bernard Lamy, P.U.F.*, 1964, p. 31).

(8) Lelevel « parvint à être précepteur ou gouverneur du duc de Saint-Simon » ; et cette note en marge : « Clément, Catalogue de la Bibliothèque du Roi. » Le gouverneur fut René de Gogué, dont nous est parvenue une Instruction destinée à son élève (v. *B*, I, p. 503-507) ; y est fait allusion aux « personnes que l'on a choisies pour [l'] instruction » du vidame. Le confesseur fut le P. Sanadon, jésuite.

(9) *Notitia Authorum Alphabetica, Tomus XI, Lettres L-Lep.* Sur les tra-vaux de Clément, v. E.-G. LEDOS, *Histoire des Catalogues imprimés de la B. Nat.*, Ed. des Bibl. Nat., 1936, ch. III-VI. De 1675 à 1684, il composa le premier Catalogue, et, de 1684 à 1697, le second. Le Catalogue par auteurs (22 vol. in-fol.) fut composé de 1702 à 1714 ; mort en 1712, Clément n'en vit pas l'achèvement.

(10) « Son œuvre, extrêmement féconde, qui vit le jour entre 1690 et 1700, prouve qu'il baignait dans la philosophie de Malebranche. » (*O.C.*, 17-1, p. 241.)

autant qu'il pouvait. L'auteur de *La vraie et la fausse métaphysique* composa des Entretiens sur l'histoire de l'Univers [11] ; en 1698, ce furent des *Conférences sur l'ordre naturel et sur l'histoire universelle tenues chaque semaine dans une assemblée célèbre* [12]. Son élève ducal avait-il aisément accordé l'histoire « universelle » et la « vraie » métaphysique ? J'incline à penser qu'il boudait le « professeur » et rechignait aux « entretiens », et que les « traces » des sermons métahistoriques ne furent pas assez profondes pour que la philosophie saint-simonienne de l'Histoire fût dans l'esprit du vidame de Chartres exactement préformée. En tout cas, dès l'ouverture des *Mémoires*, se laisse deviner la rancœur à l'égard d'anciens maîtres dont il crut peut-être se venger en ne les nommant pas : « [Le goût] qui est comme né avec moi pour la lecture et pour l'histoire [...] suppléa à cette froideur pour les lettres... » [13]. Entendons par « lettres » toutes les connaissances que procure l'étude des livres : la philosophie comme la poésie ; et particulièrement l'Histoire, mais celle des Romains, des Juifs, l' « universelle » ; l'ennuyeuse... La « lecture » ? C'étaient les romans, les Mémoires ; la vraie vie, l'histoire encore fumante. A chacun son *Astrée*.

En voilà trop sur un « moniteur » insipide dont la pédagogie acheva d'écœurer notre impatient [14] ! Le Maître adjugeait tout au rabais : ainsi pleut-il sur les sablons. A Saint-Simon, enfin « hors de page », il fut loisible de l'entretenir « bec à bec », et de mêler à ses propres lumières quelques rayons malebranchiens. La *Recherche de la Vérité*, tout à côté de l'*Essai philosophique* de Locke, et non loin du *Spectacle de la Nature* de Noël Pluche figurait en 1755 dans sa Bibliothèque [15]. Il est assez probable que les trois volumes du P. Malebranche se trouvaient déjà à sa portée quand le vidame sortait des mains des nourrices, et qu'il ne les avait pas dans sa giberne quand il partit guerroyer.

Cedant arma... Avant de comparer la pensée saint-simonienne à celle de l'Oratorien, il faut rappeler certains entours malebran-

---

(11) Paris, chez Edme Couterot, 1690, 2 vol. in-12. Il se savait bon gré de « réduire l'Histoire universelle sous la forme d'Entretiens » (Préface). Car on ne s'était pas encore avisé de coucher M. de Meaux sur le lit de Malebranche.

(12) A Paris, chez Musier, 1698, in-12 ; [...] *Par M. Lelevel, professeur en philosophie et en histoire.*

(13) Pl, I, p. 16. Avec son confesseur, S.-S. a nommé son valet de chambre Bretonneau.

(14) Gogué reprochait à son pupille un excès de « négligence » et de « distractions ». Le vidame avait alors huit ans. Deux ans plus tard, il composa sa relation des funérailles de la Dauphine.

(15) Paris, Pralard, 1678, 3 vol. in-12, *Catalogue de la vente*, n° 189.

chiens du duc-pair. Je ne me refuserai pas une anecdote. On sait par quelle pieuse ruse il obtint, en 1696, un portrait de M. de la Trappe [1]. L'anecdote de Rancé « peint de mémoire » par Rigaud offre trop d'analogies avec celle du P. Malebranche peint en 1695 sans son aveu, pour qu'on ne songe pas à un « second tome » [17]. Petit fait, mais qui, si l'explication ne demeurait conjecturale, prouverait certaine familiarité de Saint-Simon et de Malebranche, lui-même ami de M. de la Trappe, ou du moins un « commerce » entre le duc et les Oratoriens. Au demeurant, les éloges que ne manque pour ainsi dire jamais de formuler le mémorialiste à l'adresse de l'Oratoire, quand un membre de la Congrégation (mais non pas Lelevel) se présente au bout de sa plume, attestent suffisamment sa prédilection : la vertu, le savoir, les « grands talents », la sainteté font des Oratoriens les émules des « saints solitaires » de Port-Royal [18], et comme les héritiers du premier jansénisme (comme antérieur à Jansénius), dont la pureté doctrinale fut tôt altérée par ses propres théologiens.

Nous avons aperçu Renau, le marquis d'Allemans. Entre l'Oratoire et le « siècle », Saint-Simon a rencontré des amis du P. Malebranche : L'Hospital de Sainte-Mesme, Boulainvilliers (cousin de Saint-Simon, mais, quoique moins honteusement que Lelevel, ami de Noailles), Daguesseau, qui tenait la balance exacte entre le Verbe et Thucydide ; et l'abbé de Saint-Pierre, autre ami de l'impossible [19]. Et surtout Chevreuse, qui fut le Roannez du cénacle [20] : c'est à la demande du bon seigneur que furent, en 1676, rédigées les *Conversations chrétiennes*. Le P. Malebranche ne serait-il nommé dans nul écrit du petit duc, la présence dans les *Mémoires* et dans la vie de Saint-Simon des deux beaux-frères inséparables, Chevreuse et Beauvillier, qui étaient « d'autres lui-mêmes » [21], orienterait un saint-simoniste vers l'illustre Oratorien.

---

(16) V. B, III, p. 253-264 ; L. AUBRY, *A la recherche du vrai portrait de Rancé*, Abbaye de la Trappe, 1972.

(17) Dans *O.C. 20*, p. 36, est reproduit le texte de Chauvin d'après la copie du P. Lelong. Le peintre fut présenté au Père comme un géomètre : « Pendant que le P. M. était attentif à résoudre les difficultés qu'on lui demandait, le peintre l'envisagea avec tant d'efforts qu'il en pensa mourir, mais aussi il attrapa son air. »

(18) V. Par ex. Pl, VI, p. 544 (Massillon; I, p. 724-725 (P. de la Tour) ; I, p. 837 (Duguet) ; II, p. 784 (mot de Harlay).

(19) Le marquis de Sainte-Preuve de Roucy, qui connut familièrement Malebranche, n'a rien de commun avec les cousins de Mme de Saint-Simon.

(20) Chevreuse se défit « par les leçons du P. M. de l'ignorance grossière qui, en ce temps-là, était un des apanages de la qualité ». (*Vie du P. Malebranche*, par ANDRÉ ; cité dans *R.V.*, t. II, p. 462.)

(21) Note sur la maison de S-S (Pl, VI, p. 1218).

*
**

De tous les côtés, il voit Malebranche. Ses chemins le mènent-ils au malebranchisme ? Les rencontres de deux existences ne font pas les analogies de systèmes. Un faux savant « s'était fait une idée basse de la philosophie de Descartes parce qu'il en avait entretenu l'Auteur quelques moments, et qu'il n'avait rien reconnu en lui de cet air grand et extraordinaire qui échauffe l'imagination » [22]. Je soupçonne notre mémorialiste de certaine « froideur » à l'égard d'une philosophie dont l'Auteur lui avait donné quelquefois des bonbons ou des darioles.

Il n'a pas besoin de voir en Malebranche pour que sa prose charrie des clichés : les « replis du cœur », le « bruit des passions »... « Les hommes veulent être heureux » ; mais qu'ils le veuillent « invinciblement », l'adverbe est tout métaphysique. « Le bras de Dieu n'est pas raccourci » : image qu'il faut disputer aux barbichets. Tout au plus citerai-je des phrases de l'Oratorien qui semblent avoir attendu le mémorialiste pour quelque nocturne fulguration. La mort, écrivait Malebranche, nous « fait considérer si attentivement » les vrais biens, que « tout le reste disparaît » ; « tout disparaît et change de face lorsque je pense à l'éternité » [23]. « Tout s'éclipse et s'anéantit à la vue de l'éternité. Les grandeurs humaines et les plaisirs qui finissent avec la vie, joignez-y tout ce qu'il vous plaira pour vous contenter, tout cela disparaît lorsqu'on y pense, et qu'on sait qu'on est immortel » [24].

Enfin Saint-Simon vint : « Dans ces moments si terribles où on ne redoute plus que ce qui les suit, et où tout le présent disparaît »... Le roi d'Espagne « commençait à ne regarder plus les choses de ce monde qu'à la lueur de ce terrible flambeau qu'on allume aux mourants » [25].

Est-ce Malebranche, est-ce saint Augustin que croise l'auteur des *Mémoires,* quand il traite de l'inquiétude humaine [26] ou de la hiérarchie des passions ? A la tyrannie de l'amour-propre — singulièrement nuancée par l'Oratorien quand on voulut l'enrôler dans le troupeau quiétiste [21] — répond dans l'univers du peintre-mora-

---

(22) *R.V.*, t. II, p. 202. Sainte-Beuve citera le passage, et sans broncher (*Port-Royal*, Pléiade, t. III, p. 355-356).
(23) *E.M.R.*, t. I, p. 28 ; *M.C.*, 9ᵉ Méd., p. 106.
(24) *T.M.*, XII, p. 199. Cf. FONTENELLE, *Eloges,* cité dans A. CUVILLIER, *Essai sur la mystique de Malebranche,* Vrin, 1954, p. 115.
(25) Pl, III, p. 1165 ; I, p. 782.
(26) Cf. *R.V.*, t. II, p. 17 : notre volonté « est toujours inquiète » ;
(27) V. *R.V.*, t. II, p. 45-48 ; *M.C.*, 11 Méd. ; *C.C.*, p. 30-36. Voir aussi *R.V.*,

liste, l'empire illimité de « l'intérêt ». L'assimilation de la haine à
l'amour est en un tel esprit d'autant plus fondamentale, qu'elle permet de concilier les plaisirs de la vengeance et l'héroïsme de la
vertu : « le nerf et le principe de la haine et de l'amitié, de la
reconnaissance et de la vengeance est le même » [28]. « On ne hait »,
selon Malebranche, « que parce que l'on aime, et le mal qui est
hors de nous n'est jugé mal que par rapport au bien dont il nous
prive » [29].

N'insistons pas davantage sur des analogies, lointaines, de
comportement : si le mépris du monde ne procède pas nécessairement d'un unique « principe », on notera cependant que le duc
aimait la solitude de la Trappe, et que le P. Malebranche enviait
le sort de ceux « qui attendent l'éternité dans un trou » [30] ; que
ni l'un ni l'autre ne détestaient la polémique... Plus dignes d'être
relevées quelques options religieuses et morales : blâmant toute
forme d'intolérance [31], ils reconnaissent l'autorité des Pères et
des conciles en matière de foi [32]. Ils ironisent l'un et l'autre (mais
Saint-Simon avec un je ne sais quoi de nostalgique) sur les prétentions des Stoïciens : « Le stoïque est une belle et noble chimère » ;
« les Stoïques sont un peu visionnaires » [33]. Ils vénèrent l'évêque
d'Hippone. Si l'on accepte de jouer un instant sur les mots, l'amour
de l' « ordre immuable » n'est pas moins saint-simonien que malebranchien [34]. Car le cérémonial a sa dogmatique.

*
**

Que, jusqu'aux abords de la « moyenne région » [35], Saint-Simon
ait suivi un théologien qui ne fut jamais un « repris de justice » [36],

---

t. II, p. 215-216, le passage supprimé par Malebranche après sa polémique
avec F. Lamy.

(28) Pl, IV, p. 709. Cette identité reparaît dans l' « algèbre » de Jouhandeau.

(29) *R.V.*, t. II, p. 143-144 ; cf. p. 147 : « Le mouvement de la haine est
le même que celui de l'amour » ; p. 213 ; *T.M.*, p. 28. L'idée était chez le P.
Senault.

(30) *C.C.*, X ; cf. *M.C.*, 20e Méd., p. 230 : « On respire [...] dans le monde
un air empesté. »

(31) V. *R.V.*, t. II, p. 140.

(32) V. *E.M.R.*, XIV, 4.

(33) Pl, VII, p. 396 ; *R.V.*, t. II, p. 76. . aussi *R.V.*, t. I, p. 345 sq., « De
l'imagination de Sénèque ».

(34) Malebranche se défiait des « nouveautés » ; cf. *R.V.*, II, II, 5 ; III,
II. 5 ; IV, III, 2.

(35) Cf *B*, IV, p. 67-69 ; à propos des *Maximes des Saints*.

(36) Pl, I, p. 507. En présence du duc de Charost, qui était de la « gnose »,

il serait naïf de s'en étonner. Si l'on examine leurs conceptions proprement sociales et politiques, on aperçoit de plus suggestives rencontres. Faudra-t-il parler de convergences ? La pensée de Malebranche et celle de notre duc s'alimentaient à des nappes idéologiques dont elles pouvaient être séparément tributaires. Est-ce à Descartes ou au Verbe (singulièrement « humanisé »), à la morale pure ou à la *vox populi*, à la physiologie ou à l'expérience commune que Malebranche doit une réflexion dont Saint-Simon pouvait faire son profit ? « N'espère pas », dit le suprême inter-locuteur, « apprendre de moi ce que pense ton ennemi [...] Inter-roge les sens que je t'ai donnés ; regarde ton ennemi au visage ; prends garde à son air et à ses manières... » [37] Si l'on reste parmi les loups, il faut bien accepter la loi des loups. Non sans rêver de bergeries. Non sans travailler à l'avènement d'une société plus harmonieuse.

Parmi les motifs qui retinrent Saint-Simon du côté de l'Ora-toire, le moins déterminant ne fut pas, en effet, la « résistance du front oratorien contre le pouvoir absolu » [38]. Et, plus qu'aucun de ses confrères, par sa pensée théologico-politique, Malebranche avait gagné la sympathie des milieux éclairés. Il n'eut pas à rompre sa communication avec le Verbe pour aborder M. de Cambrai dans les mêmes limbes, et charmer le petit cercle des familiers du duc de Bourgogne. A plus basse altitude, il trouvait les nouveaux jansé-nistes. Le libéralisme était alors « tout à tous ». Malebranche attirait jusqu'aux libertins. Qui ne séduisait-il pas ? Chaque « citoyen » avait son lopin en lui. Taxant à mots couverts d'hérésie, de perversion sacrilège l'autocratie de Louis XIV, expliquant par l' « opacité du Prince » les malheurs du royaume, l'Oratorien fournissait aux « antiludovicistes » de toutes couleurs la plus sainte caution. Les ducs s'étaient à l'envi coiffés du bon Père ; l'un d'eux eût quêté comme un marguillier pour le temporel du malebranchisme.

*
**

Le sublime de Malebranche pouvait s'amalgamer à celui de Fénelon, sa spiritualité épandre ses blancheurs aux confins d'une politique assez nébuleuse. La monarchie des ducs fut-elle jamais

---

S-S désignait ainsi Fénélon. Et Charost, qui n'était ni malebranchien ni stoïque, de tomber en apoplexie.

(37) *M.C.*, 3ᵉ Méd., p. 31. L'Oratorien rencontrait d'ailleurs la pensée de Gra-cian.

(38) A. ROBINET, « Malebranchisme et Régence », dans *La Régence*, A. Co-lin, 1970, p. 263-275 et p. 266.

plus belle qu'en ces temps où Saint-Simon s'entretenait tour à tour avec le P. Malebranche, les ducs de Beauvillier et de Chevreuse, un Dauphin qui promettait de régner « à la divine » ? Mais, dans leur concert, que de malentendus !

Le petit duc oubliait rarement d'anciens griefs. Le goût « comme né avec [lui] » pour l'histoire n'était guère compatible avec une philosophie qui la dépréciait : « science de mémoire », et non « science d'esprit » [41], misérable « érudition » issue d'un amour-propre déréglé ; et pernicieuse, car l'âme « se per[d] [...] dans des histoires composées de réalités qui ne sont plus, et de chimères qui ne furent jamais » [39]. Aussi « quelques historiens » seront-ils condamnés au feu avec les poètes païens et les « rabbins » [40]. Sans doute le philosophe ménageait-il un *distinguo* : les historiens une fois chassés, l'Histoire entrera dans le concert des sciences. Elle n'était pas si méprisable qu'elle ne pût contribuer à l'instruction des chrétiens ; mais comme science ancillaire, et d'ailleurs « incertaine », dont la « vérité » n'apparaît qu'à la double lumière, autant dire l'unique, de la philosophie et de la foi.

Non plus qu'à Bossuet, cette conception n'était absolument pour déplaire à Saint-Simon [42]. Bon gré mal gré, il en goûta les prémices. Au jeune Philémon — « un esprit modéré, qui profite des choses qu'il a entendues », et « enjoué quand il faut l'être » —, Lelevel-Aristée offrait l'orviétan d'un hypermalebranchisme dialectique : qui n'ignore rien de « tout ce que les historiens racontent » n'aura « jamais réfléchi sur un certain enchaînement... » ; « l'on est comme surpris de voir qu'avec un peu d'expérience et de connaissance de l'homme, on peut d'un événement connu en déduire d'autres sans se tromper » [43]. A cette « dialectique » optimiste, le vidame opposa-t-il plus qu'un *mais* ? Etait-ce le moment d'être « enjoué » ? Il répondra plus tard : « Nul événement général ou particulier historique n'annonce nécessairement ce qu'il causera, et fort souvent fera très raisonnablement présumer au contraire » [44].

---

(39) *T.M.*, p. 226. Fidèle au cartésianisme, Malebranche s'accordait également avec Bossuet.

(40) *R.V.*, t. II, p. 52-53 et p. 61 : il faut bannir l' « esprit de polymathie » ; p. 209 : l'Histoire est mise au rang de la Poésie et de la « Chymie ».

(41) *R.V.*, t. I, p. 287 : les sciences de mémoire sont des « sciences qui enflent ».

(42) V. P. MESNARD, « L'esprit cartésien est-il compatible avec le sens de l'histoire ? », dans *L'Homme et l'Histoire*, P.U.F., 1952, p. 273-280.

(43) *Entretiens sur l'histoire de l'Univers*, préface. Et Lelevel de prévenir les curieux : « Ceux qui aiment un grand détail, les Généalogies, et la Critique, sauront que ce livre n'est pas fait pour eux. »

(44) Avant-propos des *Mémoires*, Pl, I, p. 3. S-S n'en conçoit pas moins l'Histoire comme découverte (*a posteriori*) de liaisons entre les événements.

Mais le bon Dieu est plus habile que ses saints. A l'érudition archaïsante, Malebranche oppose une connaissance pragmatique de l'actuel : « Ils ne savent pas la généalogie des Princes qui règnent présentement ; et ils recherchent avec soin celle des hommes qui sont morts il y a quatre mille ans » [45]. Relisons l'Avant-propos des *Mémoires* : « Quelle surprise de s'entendre demander qui était ce Monseigneur qu'on a ouï nommer et dire qu'il était mort à Meudon ! » [46] Dieu veut-il que l'on s'aveugle soi-même ? Il est des curiosités qui n'ont rien de commun avec la « concupiscence de l'esprit ».

Des concordances fugitives ne font pas un accord. Le théologien relâche de sa sévérité à l'égard d'une science « non nécessaire », parce que d'une part, il faut bien vivre, et que, d'autre part, se révèle dans le temps comme un rythme de l'éternité : entre l'histoire pratique et l'Histoire transcendante, négligeable est la profusion de l'événementiel mal discerné du fabuleux. De toute évidence, le mémorialiste ne pouvait que s'irriter d'une double polarisation si contraire à son entreprise : lieu de ses images et de ses raisons, immense réserve [47] de ce qu'il a vu, et revoit, sa mémoire est son authentique palais. Et sa vocation n'est pas de faire l'ange. A d'autres les évanescences d'un *Noverim me* qui se perd immédiatement dans le ciel ! Aux mystiques la mysticité et ses aliénantes douceurs ! « Tout ce que vous venez de me dire, Théodore, est furieusement abstrait » [48].

Certes, d'un mémorialiste peu enclin à dissimuler les ombres, il est périlleux de traduire les silences en arrière-pensées. Son éloge du P. Malebranche m'apparaît toutefois si conventionnel, si banal et court le panégyrique, que j'y soupçonne quelque défiance, sinon une aversion de l'esprit. Admirable, la « modestie » ! Edifiante, la piété ! Mais cet artisan de quintessences n'est pas sans ressembler à l'enchanteur Fénelon, qui ne dédaignait pas les subtilités malebranchiennes. Et Chevreuse n'avait-il pas son archétype ? « Voyant tout en blanc », tirant « à l'alambic » ses démonstrations, le bon duc gagnait infailliblement le pays des chimè-

---

(45) *R.V.*, t. II, p. 62 : « Je n'ai point encore remarqué que le Saint-Esprit qui donne tant d'éloges à la science dans les Livres saints, dise quelque chose à l'avantage de cette fausse science dont je viens de parler. » Mais où commence la généalogie du Christ ?

(46) S-S- vise les ignorants, abandonné au « tourbillon », et réfute par ailleurs vigoureusement les sophismes d'une charité dévoyée (p. 8-9).

(47) *R.V.*, t. I, p. 13 : « Ils font de leur tête une espèce de garde-meubles. »

(48) *E.M.R.*, p. 96.

res [49]. A l'approche de ce géomètre ingénu, la Vérité se précipitait en son puits.

Saint-Simon, ou le Voyeur. Eraste, disciple de Théodore, avait d'autres yeux : « Qu'il y a, me disait-il, de différence entre voir et voir ! [...]. Ce monde visible est une figure qui passe » [50]. Pour une maxime dont semblent à travers les *Mémoires* se multiplier d'obliques reflets (« Crois ce que tu vois, c'est là un fait ; et les sens à l'égard des faits sont d'assez bons témoins ») [51], on trouve aisément cent pages où Malebranche met en garde son lecteur contre l'imagination, cette « folle » [52], la passion, l'afflux des esprits animaux. Et quelle prise ont les sens sur le mystère, l'intelligible ? « Ce sont leurs yeux qui règlent leurs décisions » [53] ; les « yeux de l'esprit » sont eux-mêmes si souvent éblouis ! « Il croit voir, mais effectivement il ne voit point [...] Ce qu'il pense voir, n'est ni visible, ni intelligible ; c'est un faux rapport, un rapport imaginaire » [54]. Les « faux rapports » abondent dans les *Mémoires*. Saint-Simon « a des yeux », et l'on sait combien sa vision déforme ; il « démêle » bien des « fusées », mais que valent ses évidences ? Invinciblement attiré par les innombrables spectres du visible et « friand » à s'en « repaître », « attentif à dévorer l'air de tous », il cherche pathétiquement sa vérité. Mais le diable, expert en exorcismes, n'a rien à redouter de cette « prière intérieure ». « L'attention de l'esprit », écrivait l'Oratorien, « n'est que son retour et sa conversion vers Dieu, qui est notre seul Maître » [55] : persuadé comme il l'était des prestiges du Malin, l'auteur des *Mémoires* devait souscrire à de telles formules dont saint Augustin garantissait l'orthodoxie. Et de fait, en ces moments où il croyait jouer son avenir et ne sauvait que son immortalité, le duc-pair espérait beaucoup des secours divins : il rapporte en ses *Mémoires* qu'à la veille du lit de justice, il pria Dieu de bon cœur afin d' « obtenir droiture et lumière », et fut « exaucé dans ce bon désir » [56]. Etrange lumière pourtant, si merveilleusement accordée à sa passion comme à son art ! si différente de celle dont l'esprit, par une double grâce, accueille en lui-même le rayonnement « lunaire » et « glacé » ! D'une telle vision, on

---

(49) V. Pl, II, p. 1023, 1170 ; III, p. 218, 227, etc.

(50) *C.C.*, p. 209 ; Aristarque rapporte à Théodore les propos d'Eraste, ardent néophyte ; cf. *M.C.*, 13ᵉ Méd., p. 138-139.

(51) *MiC.*, 5ᵉ Méd., p. 48 ; 6ᵉ *Méd.*, p. 61 ; *E.M.R.* p. 156-159-165.

(53) *R.V.*, t. II, p. 92.

(54) *T.M.*, p. 4-6.

(55) *R.V.*, t. I, p. 17 ; cf. *M.C.*, 6ᵉ, 13ᵉ, et 14ᵉ Méd. ; *C.C.*, p. 11 ; *E.M.R.*, XII, 10 ; *T.N.G.* I, 10 et II ,37.

(56) Pl, VI, p. 51-52.

ne saurait dire ce qu'on a dit d'une vision communiquant à l'âme, autant qu'elle en est « participable », la sérénité de l'Etre omniscient. Quant Saint-Simon regarde le monde, nulle « décoloration » du sensible ! et quelle couleur lorsqu'il le peint ! [57]

Car, dans ses *Mémoires,* tout est luxuriance, profusion du paraître, fantasmagorie... et généalogies à longues queues, farcissure (Moréri, Dangeau, etc.), tabourets. Mais l'imagination soulève encore la masse. Au fond des temps, elle excelle à brillanter ces demi-abstractions que sont les « essences » historiques [58]. Et comme il fait beau voir Saint-Simon regarder, concentrer ses feux sur le minuscule ! « Il n'y a point de bagatelles », déclarait l'autre, « dont quelques esprits ne s'occupent tout entiers » [59]. Jusque dans la vertu de Saint-Simon, il est une bonne dose de « folie » [60]. Les devoirs envers le prochain ? [61] Dieu n'a pas commandé de « s'oublier soi-même ». On se rappelle les exultations du petit duc apprenant que, par une volonté très particulière, Monseigneur n'était plus de rien : « cette épine, et sans remède, m'était cruellement poignante, lorsqu'il plut à Dieu de m'en délivrer ».

Son éthique l'éloigne suffisamment de la morale commune pour qu'on se dispense d'en comparer les articles aux préceptes du P. Malebranche ; et il faudrait beaucoup de candeur pour découvrir des reflets malebranchistes dans une spiritualité aussi trouble : « Je triomphais, je me vengeais, je nageais dans ma vengeance... » « Que les plaisirs des sens sont inférieurs à ceux de l'esprit ! »... Dans cet esprit, on ne sait trop, ou l'on sait trop bien ce qui flamboie. Osera-t-on parler de la « métaphysique » de Saint-Simon ? N'étant ni « docteur », ni « moniteur », il ne se soucie guère de théologie. En ce bizarre parallèle, on ne saurait néanmoins s'abstenir de comparer la philosophie saint-simonienne de l'Histoire à la théodicée de Malebranche.

Le providentialisme de Saint-Simon n'apparaît pas précisément original. Descendons toutefois avec lui des temples sereins où se

---

(57) V. *Malebranche, L'Homme et l'œuvre,* Vrin, 1967, p. 65 : intervention de M. Guéroult à la suite de la communication de J. ROGER, « L'expression littéraire chez Malebranche ».

(58) Cf. *R.V.,* t. II, p. 140-141 : les vérités « les plus abstraites » sont « nôtres pour ainsi dire par notre connaissance. Nous sentons qu'on nous blesse lorsqu'on les combat ».

(59) *Ibid.,* p. 228 ; cf. p. 234, et *T.M.,* p. 20-21.

(60) *T.M.,* p. 15-19 : quelques-uns « sont effectivement vicieux dans l'excès, lorsqu'ils pensent être des Héros en vertu. »

(61) Ce n'est pas S-S qui affirmerait que la « personne » des grands criminels « mérite toujours de l'estime » (*T.M.,* II, VII, 4). Mais la question est alors celle de la qualité de son christianisme.

LE POUVOIR EXPRESSIF DES STROPHES
ET DES ÏAMBES CHEZ ANDRE CHENIER

par Henri COULET

Deux traits caractérisent les poèmes strophiques de Chénier :
leur date tardive, puisque le premier connu est *le Jeu de Paume,*
terminé au début de 1791 (la lettre d'envoi à Le Brun est du 2
mars), et leur variété, puisque, sur dix-neuf poèmes, ou fragments
de poèmes assez élaborés pour que leur forme strophique appa-
raisse, on compte dix-sept types de strophes différents.

J. Fabre explique le premier trait par la fidélité intransigeante
de Chénier à la séparation des genres : l'ode veut « une haute
inspiration longuement mûrie et revêtue d'une forme impeccable » ; or Chénier « ne trouve dans son cœur trop occupé de lui-
même aucune inspiration assez haute encore, ni assez pure, pour
qu'il la juge digne de l'ode » [1]. Les grands sujets politiques lui
inspirèrent d'abord des poèmes, ou des projets de poèmes, en
vers suivis, *La France libre,* les *Hymnes,* puis la grande ode nationale du *Jeu de Paume,* qui fut suivie en avril 1792 par une satire
d'un type nouveau, l'*Hymne* en ïambes dit « aux Suisses de
Châteauvieux ». En 1973 alternent les odes patriotiques ou sati-
riques (*A Charlotte Corday,* « Un vulgaire assassin... ») et les odes
à Fanny : « Désormais l'ode semble naturelle et nécessaire à son
inspiration la plus personnelle », écrit encore J. Fabre [2], parce
que « le sentiment que lui inspire Fanny ne ressemble en rien
aux changeantes et tumultueuses passions de naguère » : « l'ode
répond à sa ferveur, à sa gravité, à sa discrétion ». L'amour ne
peut être séparé du sentiment tragique ni de l'indignation. Dans
ses vers d'inspiration intime comme dans ses vers patriotiques,
Chénier veut que le dépouillement et la pureté de la forme mettent
la poésie hors d'atteinte de ce qu'il considérait comme la barbarie.

---

(1) Jean FABRE : *André Chénier, l'homme et l'œuvre,* Paris, 1955, p. 215.
Nous avons eu souvent recours pour cette étude aux ouvrages de Ph. MARTI-
NEAU : *Les Strophes, étude historique et critique,* 1911, et *Répertoire général
de la strophe française,* 1911.
(2) *Op. cit.,* p. 218.

Il reviendra aux Iambes dans l'automne de 1793 (« Sa langue est un fer chaud... ») pour les pratiquer jusqu'à la fin, sans abandonner les odes : « O mon esprit, au sein des cieux... », ode pindarique, fut écrit dans la prison, comme l'ode dite *la jeune Captive*.

Pendant son séjour en Angleterre, il avait songé à écrire des odes espagnoles : les indications « spanish Πινδαρ », « In a spanish Pindar. song », « End of some span. Pindar. » [3] font supposer qu'il leur aurait donné une forme strophique, mais les très courts fragments versifiés ne laissent apparaître que des alexandrins suivis ou isolés. On trouve à plusieurs reprises dans les *Bucoliques* des quatrains d'alexandrins à rimes croisées ou embrassées : trois textes complets en un quatrain [4], un propos en style direct détaché en tête d'une suite de rimes plates [5], et trois fragments de chants amoebées (dont l'un a des quatrains en rimes plates) [6] ; Chénier considérait « une suite de quatrains semblables » comme très propres à l'alternance des voix, mais il n'a jamais achevé de poème ayant cette forme : dans *Mnazile et Chloé,* les réparties des récitants sont symétriques deux à deux, sans que le poème soit strophique, et les rimes sont plates [7] ; dans *l'Oaristys,* la disposition des rimes est au contraire si libre qu'on ne peut y distinguer aucun groupement en quatrains, quintains ou sixains [8]. Enfin, le rythme est partout celui de l'alexandrin. On peut donc admettre qu'avant 1791 Chénier n'avait jamais écrit de strophes [9], bien qu'il fût sensible aux beautés de l'arrangement des vers et qu'il sût reconnaître quand une strophe était supérieurement coupée » [10].

---

(3) Paul Dɪᴍᴏꜰꜰ : *Œuvres complètes de André Chénier*, Paris, Delagrave, 1932, t. III, p. 224 et 225 (cette édition sera désormais désignée par l'initiale D. suivie du numéro du tome en chiffres romains) ; Gérard Wᴀʟᴛᴇʀ : *André Chénier, Œuvres complètes*, Paris, Gallimard, 1958, p. 717-719 (cette édition sera désormais désignée par l'initiale W.).

(4) D., I, p. 111, 180, 227. W., p. 79, 81 et 88, 83.

(5) *La jeune Locrienne*, D., I, p. 104 ; W., p. 12.

(6) D., I, p. 81, 97-98, 150. W., p. 533, 505, 80. F. Scarfe a rangé en quatrains la bucolique de *Pasiphaé*, parce que « Chénier's alexandrines fall naturally enough into quatrains » (*André Chénier, his life and work*, Oxford, 1965, p. 194-195) ; le manuscrit n'autorise pas cette disposition (D., I, p. 254-255).

(7) D., I, p. 117-118. W., p. 15-16.

(8) D., I, p. 120-124. W., p. 16-22.

(9) Nous ne tenons pas compte des poèmes en vers libres : « J'ai vu sur d'autres yeux, qu'Amour faisait sourire... » (D., III, p. 211-212. W., p. 115-116) et : « La Déesse aux cent voix bruyantes... » (D., III, p. 254-255. W., p. 178), qui ne sont pas strophiques, par définition ; mais il est remarquable que Chénier ait si peu pratiqué cette forme de lyrisme si répandue à son époque.

(10) C'est ainsi que Chénier jugeait une strophe de *l'Ode sur la prise de Marseille*, dans son commentaire de Malherbe (W., p. 807).

*
**

La grande strophe du *Jeu de Paume* est, elle, très mal coupée ;
elle n'a en vérité ni coupe ni unité ; monument de vingt-deux
strophes de dix-neuf vers, *le Jeu de Paume* montre ce qu'était
pour Chénier le haut lyrisme, officiel et emphatique, contraire à
son génie. La strophe se diviserait naturellement en un quintain
(12 a-8 b-12 a-12 a-8 b), un septain (12 c-10 c-12 d-8 e-12 d-10 d-8 e)
et un second septain (12 f-8 g-8 f-12 g-12 h-12 g-12 h) [11], mais cette
division est rarement respectée par le sens. F. Scarfe loue Chénier
de rappeler La Fontaine ; c'est précisément dire que la strophe
n'a aucune nécessité, l'oreille ne la retrouve pas ; même le quintain initial, le plus facilement reconnaissable, n'est sensible que
dans treize strophes sur vingt-deux. Ces défauts sont évidents, mais
la forme n'est pas sans qualités : si le schéma de la strophe est
flou, la séparation entre les strophes est nette ; l'octosyllabe final
donne à chaque strophe une belle chute (une rime masculine
l'aurait peut-être encore mieux assurée...), en vif contraste avec
le départ de la strophe suivante ample et ferme, pour lequel
l'alexandrin initial est uni à un et parfois deux octosyllabes. L'intérieur est amorphe, le pourtour est sûrement dessiné. Grâce à
quoi Chénier a produit un effet magistral de surprise et de grandeur par un enjambement d'une strophe sur l'autre, effet qui
n'aurait pas été possible si la séparation des strophes n'avait pas
été partout ailleurs marquée [12]. C'est le passage de la strophe XI
à la strophe XII. Comme déséquilibré par cet enjambement la
strophe XII ne retrouve sa régularité rythmique qu'à partir
du dixième vers, après quatre autres rejets. De plus, à l'intérieur
de ces vastes ensembles amorphes, se dessinent des couplets, toujours variés, presque toujours harmonieux et c'est en cela, si l'on
veut, que Chénier rappelle La Fontaine. Enfin, la pulsation de
l'ïambe est déjà sensible, elle est le rythme générateur des couplets : quand il abandonne l'alexandrin suivi, Chénier cherche un
rebondissement, une syncope, les alternances de la longue et de
la brève et les combinaisons de ces alternances en un mouvement
plus souple que celui de la strophe et qui permettra, dans la régularité des Iambes, les plus libres variations.

*
**

---

(11) D., III, p. 230-244. W., p. 166-178.
(12) XI [...] Et de ces grands tombeaux, la belle Liberté
                Altière, étincelante, armée
     XII   Sort.

« Pindarique » était pour Chénier synonyme de « strophique » quand il pensait à ses odes espagnoles ; mais il a utilisé une fois, à l'exemple des poètes de la Renaissance et de l'époque baroque, la triade même de Pindare, dans l'ode : « O mon esprit, au sein des cieux... » [13]. Les deux seuls types de vers qu'il y emploie sont l'alexandrin et l'octosyllabe ; réunis en nombres impairs (treize pour les strophes et antistrophes, neuf pour les épodes) ils composent des éléments trop longs pour que l'oreille y reconnaisse des formes familières. A la lecture, on ressent moins l'effet de dissymétrie propre à la triade pindarique qu'une incertitude sur les structures adoptées, d'autant plus que l'arrangement des vers se présente de deux façons différentes dans les strophes et les antistrophes : les treize vers (8 a-12 b-8 a-8 a-12 c-12 c-12 d-8 d-12 e-8 f-12 f-12 e-8 f) se répartissent naturellement en un sixain dont les deux derniers alexandrins, à rime plate, invitent à une pause, et un septain qui est en fait un sixain de type classique (3 + 3) élargi par un vers supplémentaire (3 + 4). C'est la division qu'on trouve dans la première strophe et, moins clairement, dans la deuxième antistrophe (où le vers supplémentaire du septain se rattache malgré la rime au premier tercet, 4 + 3). La première antistrophe et la seconde strophe se décomposent autrement, en un quatrain à rimes croisées, un quatrain à rimes plates et un quintain ; la coupe n'est plus après le sixième vers, mais après le quatrième et le huitième. Les épodes ont plus d'unité : les vers s'y groupent en tercets pour le sens et le rythme, et la rime commune aux deux premiers tercets empêche d'isoler en un sixain le second et le troisième. Mais c'est bien d'un sixain que Chénier était parti ; le fragment « Il sait qu'il doit mourir... », qui est une ébauche de cette ode, présente deux fois (vers 4 - 9 et 12 - 17) le schéma d'une strophe de six vers dont la disposition est exactement reproduite par les six derniers vers des épodes [14]. La transformation du sixain sent un peu l'artifice et traduit l'hésitation de Chénier (que seuls les Iambes résolvent) entre la fierté stoïcienne et l'indignation satirique. Il a tenté de sauver l'unité de chaque triade en terminant strophes et antistrophes par un octosyllabe dont la rime féminine prolonge le son vers l'antistrophe ou l'épode et dont le rythme se continue dans l'octosyllabe initial ; seules les épodes sont arrêtées sur la rime masculine d'un alexandrin.

---

(13) D., III, p. 246-248. W., p. 181-183.
(14) D., III, p. 245. W., p. 568.

Pour ses neuf poèmes ou fragment de poèmes en sixains, Chénier a employé neuf types strophiques différents dont chacun a son expressivité propre ; tous ont la même disposition des rimes, aab-ccb.

L'*Ode à Charlotte Corday* est en sixain d'alexandrins clos sur une rime masculine. C'est un type de strophe très usuel depuis Malherbe et Racan ; il convient à la gravité éloquente, à l'éloge, à la déploration, etc. La phrase s'y déploie en amples dodécasyllabes et sa chute est retenue par des retards syntaxiques jusqu'au retour de la rime au dernier vers. Chénier a toujours observé la coupe, plus ou moins forte, entre les tercets, et n'a admis qu'une exception à la séparation des strophes, par un enjambement de la première à la seconde, genre d'effet qui n'est puissant que s'il est rare [15].

Le sixain isométrique d'octosyllabes est aussi une forme très courante, avant Chénier chez Malherbe et Racan, de son temps chez Le Brun. Dans l'ode à Fanny : « Mai de moins de roses... », il a su assouplir et rendre dansante par la variété des rythmes et l'éclat des images cette strophe alerte, mais un peu sèche, qui n'enjambe jamais sur sa voisine et ne manque jamais à la séparation des tercets [16].

Fréquent encore est le sixain où un hexasyllabe est substitué à l'alexandrin avant la clausule, celui de l'ode à Fanny : « Fanny, l'heureux mortel... » [17]. Dans le sixain d'alexandrins, la clausule attendue est précédée par deux vers de même amplitude ; ici le vers hexasyllabique, redoublant l'hémistiche à terminaison féminine du quatrième vers, détache encore mieux la clausule par un effet moins majestueux et plus appuyé ; ce type avait surtout servi à la poésie religieuse ou encomiastique [18]. Chénier en a tiré un tout autre parti ; il faut évidemment se garder d'attribuer à la disposition strophique l'impression produite par la tonalité du contenu, mais d'une part le sentiment exprimé commande le débit des vers et modifie leur rythme, d'autre part un poète peut avoir un sens plus juste que ses prédécesseurs des ressources

(15) D., III, p. 251-254. W., p. 178-180.
(16) D., III, p. 217-218. W., p. 119-120.
(17) D., III, p. 213-214. W., p. 117.
(18) MALHERBE, *Paraphrase du psaume CXXVIII* : « Les funestes complots des âmes forcenées... » ; LE FRANC DE POMPIGNAN, *Prophétie d'Isaïe* : « Voici le serviteur, le ministre que j'aime... », *Prophétie de Nahum* : « Le Seigneur est jaloux, il aime la vengeance... » ; LE BRUN, *Ode à Voltaire* : « Non, ce n'est point des rois l'orgueilleux apanage... », *Ode à Buffon* : « Cet astre, roi du jour au brûlant diadème... », *Ode à Jules Antoine* (imitée d'Horace) : « Quiconque dans son vol ose imiter Pindare... », etc.

offertes par une forme : en multipliant les accents ternaires, en liant entre eux le plus souvent possible les vers des seconds tercets, en évitant de trop marquer la clausule, en laissant flotter une image dans le dernier vers des deux dernières strophes, Chénier a métamorphosé ce type de sixain et lui a conféré une mélancolie secrètement anxieuse, à laquelle ne contribue pas peu l'hexasyllabe féminin, à la place où il est [19].

C'est l'unique emploi de l'hexasyllabe chez André Chénier, si l'on néglige l' « épode » à peine esquissée qui devait conclure la comédie aristophanesque de *la Liberté* [20]. Il n'a pas repris, par exemple, le sixain fait de cinq alexandrins et d'une clausule hexasyllabique, assez répandu au XVIIe siècle et que Le Brun encore pratiquera [21] : le sixain de l'ode à Fanny : « Précurseurs de l'automne... » comporte une clausule octosyllabique à rime masculine ; ce type de strophe, qui semble aller de soi, est en réalité extrêmement rare avant les Romantiques. Il est difficile de voir pourquoi Chénier l'a préféré, si ce n'est parce que l'association de l'alexandrin et de l'octosyllabe, si l'on en croit Ph. Martinon, a supplanté au cours du XVIIe siècle celle de l'alexandrin et de son hémistiche l'hexasyllade. Elle devait paraître à Chénier moins monotone ; de nouveau nous constatons que c'est la cellule fondamentale des Iambes.

Il n'a pas inventé le sixain de son ode la plus célèbre, *la Jeune Captive ;* Godeau l'avait utilisé, Racan aussi, assez heureusement [22] ; mais il était resté exceptionnel, et c'est Chénier qui en a révélé le pouvoir expressif. Il est fait de deux tercets symétriques comptant deux alexandrins et un octosyllabe ; les octosyllabes à rime féminine se font écho, empêchant la strophe de se dévelop-

---

(19) Cette tonalité était pourtant déjà sensible dans la belle *Chanson d'Alcidor*, à l'acte V, scène 2, des *Bergeries* de RACAN. LE BRUN avait essayé de faire servir la strophe à une bucolique mythologique dans son ode d'*Europe*, mais n'avait pu éviter l'enflure.

(20) D., II, p. 289. W., p. 580. Cette « épode » ne constituait sans doute pas une strophe, puisqu'il n'y avait pas répétition de la même disposition de vers. Les parties chantées du théâtre de Chénier auraient été en vers libres, mais Chénier n'a pas eu le temps d'y travailler ; une sorte de chœur qui devait figurer au dénouement d'une comédie à l'antique (« Maintenant la loi sacrée... », D., II, p. 297. W., p. 588) mêle sans régularité des octosyllabes aux heptasyllabes, ne laisse apparaître aucun retour strophique et comporte plusieurs vers qui ne riment pas.

(21) Dans son *Ode nationale contre l'Angleterre*, « Tandis que la Tamise, en ses mornes rivages... ». Au XVIIIe siècle, ce type de strophe (inconnu de Malherbe) s'achevait plutôt sur des rimes croisées.

(22) D., III, p. 222-224. W., p. 185-186. Dans RACAN, XXIVe *Psaume, Ad te, Domine, levavi ;* dans GODEAU, le très beau *Cantique de Siméon.*

per en un seul mouvement, et mettent dans la plainte une impatience qui n'en diminue pas la grâce. « Harmonieux », ces chants le sont plus qu'aucuns de ceux que Chénier a fait entendre : l'épithète est dans la dernière strophe et prouve qu'il savait très bien ce qu'il faisait ; mais il n'est guère possible d'analyser cette harmonie si l'on ne tient compte que de la forme strophique ; le ton change sans que cette forme soit changée quand le poète parle après la jeune fille.

On trouve une fois chez Racan le sixain employé par Chénier dans le fragment d'ode : « Il sait qu'il doit mourir... » ; les octosyllabes des tercets y sont encadrés par les alexandrins : strophe majestueuse par le double élargissement que crée la répétition de la rime féminine et par la clausule dodécasyllabique ; mais tout commentaire est hasardeux, puisque ce dispositif a été intégré finalement dans une structure différente et que, dès la première version, il s'accompagnait, semble-t-il, d'un autre modèle de strophe [23].

Les autres sixains de Chénier n'avaient jamais été employés avant lui. Celui de l'ode : « Mais la haineuse ingratitude... » (8 a-12 a-8 b-12 c-12 c-8 b) n'est pas d'une structure plus nette que le sens même de ce poème inachevé ; la première strophe comporte un premier mouvement d'élargissement (le distique de l'octosyllabe et de l'alexandrin), un second mouvement plus ample (le second octosyllabe et les deux alexandrins) et une clausule à rime masculine ; la seconde strophe groupe les six vers deux par deux, les deux derniers étant le reflet inversé des deux qui les précèdent ; la troisième se divise en deux tercets, et la quatrième est interrompue après un distique ; l'ensemble est indécis plutôt que varié et l'on y sent quelque rhétorique : la forme de la strophe n'a pas aidé l'expression d'une pensée qui se cherchait [24].

La variété au contraire caractérise le sixain de l'ode à Fanny : « Quelquefois un souffle rapide... ». Sinueuse, elle joue sur le renversement des distiques à rimes féminines (octosyllabe et alexandrin, puis alexandrin et octosyllabe) entre les deux alexandrins à rime masculine (8 a-12 a-12 b-12 c-8 c-12 b) ; la division naturelle en tercets est assouplie à la troisième strophe par un contre-rejet, à la quatrième par un rejet, sans en être obscurcie. Bien dessinée et pourtant mobile, cette strophe est à l'image de

(23) Les premiers vers du fragment sont repris à la fin de l'antistrophe II de l'Ode : « O mon esprit, au sein des cieux... »

(24) D., III, p. 220-221. W., p. 567. P. Dimoff a rangé cette ode parmi les odes à Fanny, parce que les mots sur lesquels elle s'interrompt semblent rejoindre le sentiment exprimé dans l'ode : « Non, de tous les amants... »

la pensée qui passe de Fanny souffrante aux malheureux dont elle adoucit la souffrance et à l'amoureux qu'elle fait souffrir et qu'elle rappelle à la vie [25].

Dans l'ode : « O Versaille, ô bois, ô portiques... », l'une des plus belles de Chénier, deux octosyllabes à rime féminine préparent le déroulement de l'alexandrin ; le mouvement se répète en raccourci avec l'octosyllabe et l'alexandrin qui suivent et s'achève par le retour au rythme plus facile de l'octosyllabe, arrêté sur la rime masculine attendue ; la séparation des tercets est partout sensible. Cette ligne mélodique symbolise à l'échelle de la strophe le contraste que toute l'ode développe entre la tristesse du poète fugitif et la tendresse inscrite dans la beauté d'un Versailles abandonné. L'apaisement semble l'emporter et clore la strophe, mais le dernier sixain le dément, en interrompant brusquement le poème sur l'évocation des massacres. Utilisé à contresens, le rythme qui servait à chanter un bonheur mélancolique dévoile l'horreur dont l'esprit du poète était occupé : admirable effet de surprise [26].

*
**

Il n'y a pas grand'chose à retenir des quatrains « didactiques » (le mot est de J. Fabre) en alexandrins qui vantent les mérites d'un livre d'instruction civique et où deux fois l'alternance des rimes est violée [27] ; ni des quatrains mythologiques de trois alexandrins et d'un octosyllabe, « Bacchus, sous ces forêts... », que P. Dimoff a rangés arbitrairement parmi les odes à Fanny [28]. C'est pourtant cette dernière forme strophique, assez courante, qui est renouvelée dans l'ode « Byzance, mon berceau... », parce qu'elle s'est enfiévrée au contact des Iambes : elle leur ressemble par la disposition des rimes et par le rythme des deux derniers vers ; les questions se pressent dans la première strophe, les deux derniers vers de la seconde s'unissent dans un seul élan aux quatre vers de la troisième, pendant un instant cette vigoureuse continuité annule la division strophique, que les Iambes ne connaissent pas. Mais la fin de l'ode s'alourdit et le « donc » de la dernière strophe, qui conviendrait à l'ironie des Iambes, est plutôt un effet oratoire manqué [29].

---

(25) D., III, p. 215-216. W., p. 117-119.
(26) D., III, p. 218-220. W., p. 183-185.
(27) D., III, p. 292-293. W., p. 598-599.
(28) D., III, p. 212. W., p. 565.
(29) D., III, p. 248-249. W., p. 183 (le poème commence par un fragment de strophe que l'édition W. ne reproduit pas).

MARIVAUX ET L'HISTOIRE DE L'ESPRIT

par Jean DAGEN

Au « Tout est dit, et l'on vient trop tard » de La Bruyère, Marivaux, soixante ans après, pouvait répliquer : « De ce que les hommes ont toujours les mêmes passions, les mêmes vices et les mêmes vertus, il ne faut pas en conclure qu'ils ne font plus que se répéter » (J. 548) *. Entre-temps on s'est mis à compter avec l'histoire. Dans l'univers clos et cohérent que décrivaient l'auteur des *Caractères* et celui du *Discours sur l'histoire universelle* des brèches s'étaient ouvertes. Que l'on choisît de les réduire ou de les élargir, il fallait se munir de ce qu'aujourd'hui nous appelons une « philosophie de l'histoire ».

Parlera-t-on de la philosophie de l'histoire de Marivaux ? Nous le ferions, non sans réticence, si le XVIIIᵉ siècle ne nous offrait l' « histoire de l'esprit humain » : l'expression est d'époque. Elle désigne et cerne la « philosophie de l'histoire » propre à la pensée française des Lumières.

Précisons qu'en ce domaine il ne faut pas attendre de Marivaux grande originalité. Il réagit à des sollicitations extérieures, assimile ou critique les vues de ses contemporains. Polémiques avec discrétion mais avec fermeté, ses essais justifient sa pensée morale et esthétique, en démontrant qu'elle s'harmonise avec la réalité et l'idée de l'histoire. Nous avons affaire non à une doctrine en règle mais à la philosophie d'un « bel esprit », plaidant pour son art.

C'est dans le *Miroir* que Marivaux, pour la dernière fois, explique les rapports — heureux selon lui — de la littérature et de l'histoire de l'esprit. On y voit l'imagination littéraire préparer les voies de la pensée. Cela commence comme un conte. En promenade dans une allée mystérieuse d'un parc familier, l'auteur

---

(*) Nous citons les textes de Marivaux d'après les éditions de F. Deloffre et ses collaborateurs : OJ (*Oeuvres de jeunesse*, Gallimard) ; J (*Journaux et œuvres diverses*, Garnier) ; Th I et Th II (*Théâtre*, Garnier, 2 vol.).

s'égare à force de réflexions jusqu'en un site merveilleux. Là une divinité jeune et antique, visible et indescriptible, révèle dans deux miroirs jumeaux qu'elle porte fixés sur un bandeau, la vérité de la matière et de l'esprit. La fable masque-t-elle le sérieux de l'idée ? Elle donne du moins au mythe philosophique une apparence burlesque et semble réduire à une rêverie commode l'hypothèse initiale.

Mais si Marivaux, maître en parodie et disciple de Malebranche, avait dans le *Miroir* singé « cette vision aussi raisonnée que subtile et singulière, et qui n'a pu s'arranger qu'avec tant d'esprit, qui est que nous voyons tout en Dieu » ? (J 536) Caricaturant la pensée du maître, substituant à Dieu l'antique symbole d'une Nature divinisée, s'il lisait dans les miroirs comme le philosophe de la *Recherche* lit en Dieu, « puisqu'il n'y a que Dieu qui renferme le monde intelligible où se trouvent les idées de toutes choses » ? Quand cette analogie serait douteuse, — cependant, selon Malebranche, la substance divine nous apparaît comme « la source et l'exemplaire de tous les êtres » (*Entretiens*, I, 90) et, selon Marivaux, le second miroir offre « l'exemplaire des grandeurs et des misères de l'âme humaine »(J 535) —, il faudrait s'y arrêter. L'image de l'âme, révélée par la glace, est stable et complète comme l'image contiguë de l'étendue. Egal en pouvoir à l'intelligence divine, l'auteur se donne la vision instantanée de « toutes les façons possibles de penser et de sentir des hommes » (J. 535). Fiction de poète, bien sûr. Mais nous rejoignons par là une conception familière à Fontenelle. Et Leibniz n'est pas loin qui veut que l'on puisse rendre raison de toute suite de vérités et que, dans le meilleur univers possible, les événements soient nécessaires « ex hypothesi ». Pour l'homme seulement l'histoire apparaît contingente. Or contingence et incertitude cessent avec le prélude du *Miroir*. C'est, sous le couvert du jeu, la vérité qui se propose.

Marivaux, on le sait, a largement hérité du rationalisme classique. Mais dès lors que peut-il mettre d'historique dans un monde dont le sens se déchiffre sur fond d'éternité ? Proprement philosophique, le problème reçoit une solution qui doit beaucoup aux exigences de l'écrivain.

La pensée historique de Marivaux s'éveille au moment de la seconde querelle des Anciens et des Modernes. Elle se développe du *Télémaque travesti* et de l'*Homère travesti* au *Miroir*. Précisons que semblables préoccupations n'étaient nullement anachroniques en 1748, date présumée de la composition du *Miroir*, ou en 1755, année de sa publication. La portée du débat, centré d'abord sur Homère, s'est accrue avec l'essor du rationalisme scientifique et de la psychologie lockienne : les « Modernes » se retrouvent en général du côté des « philosophes ». De Fontenelle à Condorcet, de la *Digression* à l'*Esquisse* pas de rupture.

Dans l'avant-propos du *Télémaque travesti,* on voit les « adorateurs », les « dévots » du « divin » Homère animés d'une telle « religion », d'un tel « culte » pour leur « divinité » qu'ils crient au « sacrilège », à la « profanation » pour la moindre critique et, à l'exemple de Mme Dacier, leur coryphée, couvrent d' « imprécations » leurs adversaires. C'est qu'on se flatte de retrouver chez Homère la saine morale des temps bibliques et que l'on confond souvent la défense de l'orthodoxie artistique et celle de l'orthodoxie religieuse. Marivaux avec les « Modernes » s'efforce de briser l'amalgame des conservateurs et des pédants. Son ironie s'adresse en même temps à tous les doctrinaires. L'effort qui libère la raison émancipe la littérature nouvelle, celle qu'avec son goût du défi notre écrivain entend illustrer.

Comment le déroulement de l'histoire cautionne-t-il la thèse moderniste ? Le *Spectateur français* répond en 1722. L'idée principale, en germe dans les écrits de 1714 (OJ 718 et 970), est que tout esprit porte la marque de l'esprit général de son époque. Obligé de se prêter aux caractères de la pensée, de la sensibilité, de l'art contemporains, l'esprit singulier perd sa pure « naïveté ».

Il faut donc subordonner tout jugement à des considérations historiques. Marivaux prône cette objectivité : « J'adopte seulement, dit-il, le plus qu'il m'est possible, les usages et les mœurs, et le goût de son siècle, et la forme que cela fait ou faisait prendre à l'esprit ; après quoi, je vais mon train ». (J. 147) « Se mettre au vrai point de vue [du] siècle », c'est se disposer à rendre justice aux mérites des grands auteurs. Marivaux confirme sa méthode dans les *Réflexions sur Thucydide* : il y exige du traducteur le respect absolu du texte grec. Il veut « voir l'ancien auteur, avec le tour d'esprit qu'on avait de son temps » (J 459). Quand il reproche à d'Ablancourt : « vous le travestissez, vous lui ôtez son âge », il ne souhaite pas seulement sauvegarder par malignité les « platitudes » de l'historien grec. Trahir l'original revient à supprimer l' « histoire de l'esprit humain » (J 460), à effacer les traits d'une « culture ». Marivaux affirme avec netteté : « s'il est vrai qu'il y ait un rapport entre les événements, les mœurs, les coutumes d'un certain temps, et la manière de penser, de sentir et de s'exprimer de ce temps-là ; ce rapport que je crois indubitable se trouve assurément dans ce que Thucydide a pensé, a senti, a exprimé » (J. 460). Parfaitement conséquent, selon son habitude, il va dans le *Miroir* jusqu'à ne plus se prononcer sur le poème homérique : je ne juge point, écrit-il, « parce que je n'en suis

pas digne, attendu que je ne l'ai lu qu'en français et que ce n'est
pas là le connaître » (J 536). La langue est devenue un élément
capital d'appréciation aux yeux de l'historien de l'esprit.

L'usage de l'histoire explique que l'on se détache des œuvres
du passé. Rattachées à leur époque, elles ne servent plus de fondement à une esthétique intemporelle. Modèles et règles perdent
leur autorité. C'est pourquoi, au grand scandale de d'Alembert,
fidèle aux « vrais principes des arts » et aux « bons modèles »,
Marivaux choisit « l'irrégularité », c'est-à-dire l'indépendance.
Il se flatte de n'écrire le roman, la comédie, l'essai comme personne.

C'est qu'il s'inquiète de respecter la seule originalité de l'écrivain. Il pose en principe qu'il faut « se ressembler à soi-même »,
« rester dans la singularité d'esprit qui nous est échue » (J 148).
Le jugement historique conduit à rappeler les droits du génie.
Homère en profite qui, supérieur à son temps, saurait seul corriger
aujourd'hui les défauts de son œuvre (OJ 718 et 970). On se
souvient du portrait que Marivaux a composé de l'auteur selon
son cœur, asservi à son seul tempérament, accordé à sa nature
et à ses intuitions (J 114, 276, 335).

Le critique est invité à dégager le génie des résidus qui encom-
brent ses œuvres, l'auteur à s'affranchir des contraintes, mais
ils ne sont pas réduits pour autant à inventer ou ignorer un ordre
de valeurs. L'homme en effet ne courrait pas de beauté en beauté
s'il n'aspirait à la Beauté (OJ 966) ; il ne se livrerait pas à des
recherches indéfinies s'il ne désirait la Vérité. Or pour s'assurer
de ses vérités il dispose d'un outil admirable, sa raison. Débarrassée des préjugés, elle ne le trompe jamais, dit Malebranche. Elle
est apte à saisir les idées neuves, les trouvailles du « sentiment ».
Et la beauté rejoint d'elle-même la vérité : car si les idées sont
exprimées avec toute la clarté possible (J. 54, 386), la qualité
de la pensée entraîne la qualité du style ; c'est dire que l'originalité du style peut aussi témoigner de la nouveauté de la pensée (J 381). Ainsi résumée, l'esthétique littéraire (et exclusivement
littéraire) exposée dans le *Cabinet du philosophe* peut paraître
schématique. Elle rend parfaitement compte de l'assurance dont
l'esprit se trouve jouir dans sa démarche, une fois que la « catharsis » historique a rendu l'esprit disponible aux neuves vérités.
Un idéalisme, plus ou moins clairement exprimé, confère à la
pensée marivaudienne une solidité très frappante. L'esprit « moderne » y paraît capable de vaincre le passé. Le naturel y devient
le miroir de l'absolu.

On croirait que Marivaux ne scrute tant l'histoire que pour
se porter au delà de l'historique. Ainsi dans ses jugements à l'égard

des partisans engagés dans la Querelle : « moderne », il le fut
d'abord avec flamme, mais non sans circonspection et méfiance
envers tout système. Bientôt il entend s'adresser impartialement
à tout parti. Il ne faut que se placer dans le lieu ou l'état transcendant d'où peut parler le Juge.

De même les personnages de Sophocle et Euripide semblent
avoir pour mission, dans le *Miroir,* de restituer au travers des
jeux de l'histoire un « équilibre » (J 543) naturel. Contraints à
changer de siècles pour changer de points de vue, pour trouver
le juste point de vue, les deux poètes sont conduits à admettre
la supériorité de Modernes, mais aussi à constater que faits eux-
mêmes modernes ils l'emportent sur les anciens qu'ils furent.
Etonnés par l'admiration que leur voue la postérité, ils ne le
sont pas moins par l'injustice de cette postérité à l'égard de
ses contemporains. Ainsi le mouvement bien réel de l'histoire
se trouve sans cesse compensé. L'injustice du public est toujours
réparée et toujours ménagée la dangereuse vanité des auteurs.
Un « modus vivendi » s'établit qui permet de respecter les valeurs
et les hommes, sans que soit contrarié le dynamisme de l'histoire.

Il est, semble-t-il, une sagesse qui réserve un décalage entre
l'apparition de la vérité et son acceptation, une sagesse qui s'applique à rendre tout état supportable, quelqu'analyse qu'en puisse
faire la droite raison (on penserait aux comédies philosophiques
de Marivaux). Ladite sagesse pourrait n'être que le produit d'un
jeu de forces et de lois, inhérentes à la nature humaine. De même
dans notre vision commune de l'univers, notre mouvement effectif
et les proportions réelles des choses sont oubliés du fait de l'illusion que nous imposent la multiplicité des mouvements combinés
et les erreurs des sens. Cette illusion, qui est la réalité vécue,
Marivaux la crée dans le *Miroir* en déplaçant dans le temps et
l'espace Sophocle et Euripide sans toucher à leur nature et à son
assise physiologique, en transposant le paradoxe du jugement
historique dans le domaine de la beauté féminine, en reportant
dans le passé les erreurs du présent et dans le présent les vérités
du passé, en feignant quand l'hypothèse paraît audacieuse — et
afin qu'elle le paraisse — d'en attribuer à la seule glace la responsabilité. La subtilité de la composition imite l'heureuse complexité
du tissu historique.

L'histoire de l'esprit peut ainsi développer sans risque ses
effets. Il demeure possible de vivre et d'écrire dans un présent
aussi neuf et aussi semblable au passé qu'il convient. L'histoire
« va son train » mais son sens se révèle dans le miroir que porte
au front la déesse Nature et son image n'est pas moins claire
que celle de l'univers matériel.

Nous n'avons pas utilisé jusqu'ici le mot de « progrès ». C'est que Marivaux l'emploie peu et, à l'instar de ses contemporains, jamais absolument. Son vocabulaire habituel nous paraît intéressant. Quand des sauvages dans les *Effets surprenants de la sympathie* s'éveillent à la civilisation, il écrit : « leur esprit se *déploya* pour ainsi dire » (OJ 285). De même au sujet de l'esprit grec : « tout cela était moins *déployé* ou l'était différemment » (J. 148). (L'alternative ici appellerait un commentaire). Ailleurs il parle de « *développer* ses pensées » (J 145), accorde aux successeurs d'Homère un « esprit accru d'idées que le progrès des temps, et quelques expériences de plus avaient *développées* » (OJ 718). Qu'on déploie, qu'on développe l'esprit suppose qu'il existe une certaine capacité naturelle de l'esprit que l'on utilise de mieux en mieux et qui comporte un point idéal de perfection (OJ 719 et J 383). Les mêmes possibilités s'offrent à tous les hommes. Ce principe d'égalité est vigoureusement exposé dans les *Réflexions sur l'esprit humain à l'occasion de Corneille et de Racine* où l'on voit que notre « formation » (entendre conformation) ne sort « jamais d'un certain cercle de variété convenable et propre à notre être, et [que] par là toujours générale, toujours uniforme, quoique toujours différente, elle se rapproche ou s'écarte plus ou moins, dans chacun de nous, de la meilleure manière de formation commune et complète » (J 483). Il n'est point d'homme qui n'ait « son aptitude générale pour tout ce qui peut occuper et exercer l'esprit humain » (J 484). Comme le *Miroir* précise que, loin de produire des esprits affaiblis, la nature se montre aujourd'hui encore « bien jeune » (J 546), il faut admettre que la notion de progrès de l'esprit se développe sur les bases d'une philosophie essentialiste.

Marivaux va donc mettre l'accent non sur ce que quelques-uns de ses contemporains appellent le « perfectionnement de la raison », mais sur l' « accroissement des idées ». L'outil intellectuel ne change pas au long des siècles, il dispose seulement de matériaux de plus en plus considérables. Le vocabulaire ne doit pas nous abuser : lorsqu'il parle de l' « esprit », dans les dernières pages du *Miroir*, Marivaux désigne tantôt l'entendement individuel, tantôt le fonds commun de vérités dont l'humanité envisagée globalement peut disposer aux différents moments de son histoire. Les deux sens se retrouvent, expliqués l'un par l'autre, dans la phrase suivante : « Jamais l'esprit humain n'avait encore été le produit de tant d'esprits » (J 547).

Le miroir enseigne « que l'accroissement de l'esprit est une suite infaillible de la durée du monde » (J 547). L'auteur ajoute : « qu'il en aurait toujours été une suite, à la vérité plus lente, quand l'écriture d'abord, ensuite l'imprimerie n'auraient jamais été inventées », se séparant ainsi de ceux, très nombreux, qui aperçoivent dans l'histoire de l'esprit humain des moments décisifs, qui font, par exemple, de la Renaissance une époque cruciale de cette histoire ; il restitue à ce processus d' « accroissement » une continuité et une nécessité que bien des contemporains n'admettent pas. Si inéluctable est cette nécessité que chez des hommes isolés du reste de la terre, étrangers donc au mouvement général de « civilisation ». « l'esprit n'a pu demeurer [...] dans le même état ». Marivaux ne concède rien : « Comparez si vous voulez, cet esprit à un infiniment petit qui par un accroissement infiniment lent, perd toujours quelque chose de sa petitesse » (J 548). En bref, il n'est possible de concevoir ni une véritable régression ni une stagnation totale. Le Moyen Age fut moins désastreux qu'on ne le prétend. Les sauvages ne peuvent être et rester aussi sauvages qu'on le croit.

Selon Marivaux, il n'est pas d'événement qui n'ait contribué à l'augmentation du nombre des idées disponibles. Sésostris, Cyrus, Alexandre, les Romains « n'ont pu troubler ni agiter la terre, ni lui donner de si violentes secousses, sans causer de nouveaux développements dans la capacité de penser et de sentir des hommes ». « Je ne compte pas, lit-on encore dans les *Réflexions sur Thucydide,* une infinité de moindres événements [...] qui insensiblement ont porté coup, et dont l'impression quoique plus lente, est encore venue accroître, nourrir ce fond d'idées dont je parle. » (J 461) Certains bouleversements, il est vrai, semblent avoir des conséquences néfastes : « chaque révolution arrivée sur la terre, en y excitant de nouvelles idées, en a dissipé, éteint, et comme anéanti beaucoup de celles qui y étaient ». Mais cette conception même se trouve corrigée dans le *Miroir* et Marivaux insiste sur la contribution des événements négatifs dans l'histoire de l'esprit. Il n'est rien d'indifférent, pas de fait nul dans le cours des choses : « les idées qui se dissipent ou qui s'éteignent ne sont pas comme si elles n'avaient jamais été ; elles ne disparaissent pas en pure perte, l'impression en reste dans l'humanité, qui en vaut mieux seulement de les avoir eues, et qui leur doit une infinité d'idées qu'elle n'aurait pas eues sans elles » (J 548). Pour l'esprit humain, produit collectif des siècles, il existe une loi de conservation de la pensée. Elle expliquerait qu'un optimisme intellectuel l'emportât toujours sur un pessimisme historique.

Marivaux est désormais en mesure de répondre aux questions que posent ses contemporains. Il résout, pour son compte, le problème des commencements absolus, ou des recommencements. A ceux qui prêtent à Athènes, à Rome, à d'autres nations des destins autonomes, où se reproduirait indéfiniment le processus qui conduit de la barbarie à la civilisation, il oppose l'idée d'une interdépendance des peuples. Que l'on insiste sur l'originalité de l'esprit de chaque nation, pourvu que l'on y reconnaisse l'effet des influences étrangères et qu'on le juge par rapport à l'évolution de l'esprit général (J 463-464). Ainsi se dispensera-t-on d'hypothèses suspectes sur les effets du déluge, sur les peuples antédiluviens, sur les Atlantes et même sur les causes de renaissances que l'on ne juge miraculeuses que pour s'être privé des notions de continuité et de communauté des esprits.

Il est entendu cependant que communauté ne signifie pas addition. Aussi attaché à l'idée d'une unité essentielle qu'à celle de diversité concrète, Marivaux se refuse à concevoir l'histoire de l'esprit comme une progession arithmétique. Une fois admis que « l'humanité en général reçoit toujours plus d'idées qu'il ne lui en échappe » (J 548), il reste que « nous n'avons pas toute la suite des idées des hommes » (J 461). Affirmer le contraire, ne serait-ce pas croire à la construction logique, systématique de l'édifice du savoir ?

Marivaux a des raisons de s'insurger à l'encontre de ses contemporains enthousiastes qui tendent à confondre le progrès de l'esprit et l'enchaînement des sciences, veulent que la pensée humaine se développe sans faiblesse des mathématiques, science première, à ce qui sera la mathématique morale et sociale. Il ne pouvait applaudir davantage aux ambitions d'une psychologie qui, systématisant l'héritage de Locke, en vient à monter et démonter la pensée comme on ferait une mécanique. L'auteur du *Miroir* peut sacrifier, et apparemment avec conviction, à l'habitude désormais consacrée de célébrer en un double éloge Descartes et Newton, héros complémentaires de l'esprit (J 536), il n'est pas disposé à faire siennes les thèses qu'élaborent autour de 1750 Condillac et d'Alembert.

S'ils avaient raison, l'histoire de l'esprit tuerait l'art de Marivaux. Cet art a besoin de désordre. Il ne s'accommode pas d'une construction géométrique, d'une pensée qui s'engendre elle-même, trouvant sa suffisance en son propre développement. Plutôt attendre l'incident même anodin : il n'en est pas d'insignifiant, qui pour l'esprit alerte et libre ne soit porteur d'idée (J 193). Il faut ne pas « réfléchir à propos de rien », mais, si l'on veut, réfléchir à propos d'un rien. Je ne souhaite, dit Marivaux, que « surprendre en moi les pensées que le hasard me fait » (J 114). Penser et écrire au hasard, c'est choisir la variété, la multiplicité, se disposer sans cesse à « aller butiner quelques nouveautés ailleurs » (J 134). On se rappelle que, dans l'histoire de l'esprit, le hasard est grand pourvoyeur d'idées nouvelles. Point de fait qui ne puisse conduire à quelque vérité. Si bien que pour l'esprit le hasard s'abolit à chacun de ses coups. Avec ses airs d'indépendance et de désinvolture, tout animée qu'elle paraisse d'une énergie centrifuge, la pensée de Marivaux, d'où qu'elle parte, rejoint toujours l'essentiel. Elle joue l'égarement, la négligence, la modestie. Elle affecte à l'occasion de se surprendre elle-même. Mais elle est persuadée de ne jamais manquer son but. Marivaux a besoin de l'histoire de l'esprit pour se croire un écrivain heureux.

Cette confiance, il entend d'ailleurs la partager. Considérant la longue perspective ouverte par l'intervention d'une histoire de l'esprit humain, il s'interroge, comme ses contemporains, sur la répartition des tâches. Il remarque qu'on révère surtout les « philosophes, tant ceux de l'antiquité [...], que ceux de notre âge, tels que Descartes, Newton, Malebranche, Locke, etc. » (J 471). Ces philosophes, on les regarde « comme des intelligences qui ont approfondi des mystères, et à qui seuls il appartient de nous donner le merveilleux spectacle des forces et de la dignité de l'esprit humain » (J 472). L'ironie est sensible. Elle annonce le plaidoyer en faveur du « bel esprit ». C'est qu'au contraire du métaphysicien ou de l'homme de science, le « bel esprit », en raison de sa démarche même, doit rencontrer non le savoir mais l'homme. Les vérités qu'il met au jour touchent à la sensibilité, au cœur, à la conduite, à la pensée. Véritablement humaine, l'histoire de l'esprit qu'il développe, concerne ce qui paraît à chacun familier. Cette familiarité est le signe de son universalité et du besoin que nous avons de ses découvertes (J 476). En dépit des apparences, son entreprise ne le cède même pas à la philosophie et aux sciences pour la difficulté : car, ainsi que l'écrit Marivaux, « nous naissons commencés pour tout », et l'on ferait aisément une nation « toute géomètre, toute astronome, toute physicienne » (J 491). On fait ce que l'on veut d'une intelligence. L'important est de la rendre à elle-même, comme fait le bon auteur.

Le progrès de l'esprit a l'homme pour origine et pour fin. Son véritable ouvrier, ce n'est ni le savant, ni l'homme de système ; c'est l'écrivain qui entend les leçons du hasard, qui se compose ni son attitude, ni son œuvre, qui laisse au style la liberté d'épouser le mouvement naturel de la pensée ; un écrivain qui ressemble fort à Marivaux.

Les effets de l'histoire de l'esprit sur la conception de l'œuvre littéraire restent clairs tant que la qualité de cette œuvre paraît ne dépende que de la qualité des idées qu'elle exprime. Mais cette théorie confortable ne devait pas suffire longtemps à Marivaux

— s'il est vrai qu'il s'en satisfît jamais — et il ne pouvait manquer de s'interroger sur l'histoire de l'art, des « belles lettres », du goût Il allait y être forcé et par le mouvement de sa pensée, si attentive à sa forme, et par les provocations, critiques, théories de ses contemporains. Il serait superflu de rappeler les écrits consacrés dans la première moitié du xviii° siècle aux problèmes d'esthétique et d'histoire des lettres. Quant à la réflexion de Marivaux, on croirait qu'elle commence par éluder soigneusement la question du goût. Elle semble se contenter de réponses brèves et limitées ; on n'y rencontre pas d'indication sur une histoire du goût. Sur ce point les « Réflexions » successives ne sont guère explicites. Venons-en au *Miroir* : on le dirait écrit pour esquisser enfin une doctrine ; les premières pages la laissent attendre (J 535). Jusqu'à la fin pourtant on craint la dérobade. Deux courts paragraphes, les deux derniers, éliminent le doute mais sans avancer d'explication. Marivaux affirme seulement d'une part qu' « une grande quantité d'idées et une grande disette de goût dans les ouvrages d'esprit peuvent fort bien se rencontrer ensemble » ; d'autre part que si le nombre des idées croît avec le temps, « l'art de (les) employer pour des ouvrages d'esprit peut se perdre : les lettres tombent, la critique et le goût disparaissent » (J 549).

De telles phrases auraient dû détourner d'Alembert de prêter même l'auteur de l'*Homère* travesti une philosophie qui, admirant par principe les richesses nouvelles de chaque siècle, conduirait à préférer Grégoire de Tours à Tacite, Fortunat à Horace et Vincent Ferrier à Démosthène (Th II 981). Il fallait confondre Marivaux avec Cartaud de la Vilate ou l'abbé de Saint-Pierre. Notre auteur ne se risque pas à consulter l'ordre des temps pour composer le palmarès des chefs-d'œuvre. Au contraire, il se donne deux fois dans le *Miroir* l'occasion de céder à cet excès de modernisme, comme pour démontrer qu'il connaît le danger, et se garde sciemment de l'erreur. Ceux qui se mêlent de déceler des progrès dans l'histoire des belles lettres se plaisent à traiter de deux genres : l'épopée et la tragédie. Marivaux aussi choisit d'en parler. Mais chaque fois, s'il juge les auteurs, c'est sans égard pour un ordre chronologique dont il se moque à propos d'Homère, Homère qui doit être le premier puisqu'il est grec et le plus ancien ! (J 536) Il détaille en revanche les jugements qu'il porte sur le style des poètes épiques et tragiques, commentant à loisir l'effet produit sur le lecteur. Cet effort remarquable inciterait à croire que Marivaux accorde — d'un point de vue critique et théorique s'entend — une attention croissante aux problèmes de forme. Ses jugements successifs sur La Motte permettent de s'en apercevoir : le dernier, prononcé dans le *Miroir*, introduit une restriction qui n'apparaissait guère, ou fort discrètement dans les écrits antérieurs : « Il

remuait, lit-on, moins qu'il n'éclairait », parce qu'il ne sait « donner, pour ainsi dire, des chairs à ses idées » ; or « ne nous donner
que des lumières, ce n'est encore embrasser que la moitié de ce
que nous sommes, et même la moitié qui nous est la plus indifférente » (J 540). Verdict sévère en définitive, il privilégie le rôle
de l'art. Faut-il convenir que style et goût ne tiennent qu'au
tempérament ? Mais on ne comprend plus qu'ils disparaissent
pendant des siècles. Loin d'éliminer le problème historique, le
jugement de goût le renouvelle.

Il est vrai que ce problème s'impose avec insistance aux esprits
de XVIII° siècle. Pensant à la perfection des œuvres du siècle précédent, se souvenant des régressions qui, en Grèce, à Rome, dans
l'Italie moderne suivirent les époques d'épanouissement artistique,
les contemporains de Marivaux sont tentés d'accorder du crédit à
la théorie des cycles et de chercher dans les œuvres du jour les
signes d'une dégradation commençante. Très tôt on s'inquiète
de reconnaître dans le style de Fontenelle, trop « brillanté »,
les caractères du style de Sénèque, écrivain d'une latinité déjà
décadente. Les cris d'alarme ressemblent à des prophéties d'apo-
calypse lorsque, sous la plume de Mme Dacier, l'abandon des
règles esthétiques est lié à l'abandon des règles morales. Et l'auteur des *Causes de la corruption du goût* a des émules dans ce premier demi-siècle, du côté notamment des ecclésiastiques. La littérature nouvelle porte-t-elle donc les stigmates de la décadence ?

Comme disciple de Fontenelle et La Motte et plus encore à titre
personnel, Marivaux a l'occasion de mesurer la vigueur des attaques. Il souffre des critiques que lui valent le choix de la modernité
et le « néologisme ». Il est impossible de se méprendre sur les
éloges doucereux de Languet de Gergy : le prélat remarque conjointement dans les ouvrages du nouvel académicien la peinture fidèle
de la « licence immodeste des mœurs » et le « brillant » trop
prodigué du style (J 453-454).

Que répond Marivaux ? Il ne s'arrête pas à discuter l'hypothèse de la décadence de l'art et des mœurs. A l'occasion il rappelle
son parti-pris. Mais surtout il demande à ses œuvres de témoigner
de sa résolution. Aux prophètes de malheur il oppose la nécessité
d'emprunter à son temps les motifs de sa réflexion. Ne peut-on
considérer sa volonté de réalisme comme l'expression du choix
définitif de la modernité ? Ce serait déjà vrai de ses parodies : le
« travesti » utilise les données réalistes — ces données fussent-
elles suspectes — pour détruire un idéal conventionnel et obliger
la littérature à retrouver ses véritables assises. Le mouvement ainsi
amorcé se développe avec, par exemple, les *Lettres sur les habitants
de Paris*, avec les deux grands romans, le *Paysan parvenu* et la

Vie de Marianne. Marivaux ne devient pas par accident l'un des maîtres du réalisme au XVIII° siècle.

Cependant entre la réalité contemporaine et l'œuvre littéraire, il existe, selon Marivaux, un autre rapport, plus étroit, qui intéresse la qualité même du style. Laissé à lui-même, à son génie spontané, l'écrivain risque de conserver dans son naturel quelque chose de « trop cru », un vice de singularité qui « peut en gâter les grâces ». Il s'en corrige par le commerce des hommes : les physionomies y « contractent je ne sais quoi de liant qui les mitige [...], nous rend leur singularité agréable ou du moins curieuse » ; de même l'esprit et le style (J 149). Les caractères de la société où l'on vit sont pour une part responsables de la qualité de l'œuvre. La démonstration en est faite dans le *Miroir* à propos de Cicéron : longuement sont énumérées les « ressources » que son époque offrait à cet homme qui dans des temps barbares eût toujours été supérieur mais n'eût pu mériter notre admiration (J 547).

Ainsi se trouve résolu, sans éclat, sans métaphysique, le problème des « grands siècles ». Marivaux ne se préoccupe que des effets de la « politesse » : les esprits et les œuvres lui doivent toute la perfection dont ils sont capables. C'est l'influence du milieu historique qui est ici déterminante, non l'histoire de l'esprit, et la réussite artistique est suspendue à la rencontre d'un tempérament et d'un état de civilisation. Rencontre évidemment heureuse, c'est-à-dire fortuite.

Il en résulte que l'on ne saurait définir les règles d'une beauté qui serait la Beauté, d'un goût qui serait le bon. Marivaux le fait clairement ressortir dans le *Spectateur français*, distinguant ce qui éloigne le public et l'auteur grec du public et de l'auteur du XVIII° siècle : « En étudiant le goût de nos sentiments aujourd'hui, il est certain qu'on verra que nous avons des auteurs admirables pour nous » (J 148). Pour mesurer l'importance de ce point de vue, il suffit de remarquer que, selon Marivaux, il existe pour le style plusieurs types de « simple » ou de « naïf ». Ainsi Thucydide ne saurait-il avoir « ni le simple, ni le naïf de notre temps » (J 461). Par réciproque nous ne pouvons être « ni naïfs, ni simples, ni plats comme on l'était autrefois » (J 462) : ce qui ne nous interdit pas certaine qualité de simplicité ou de platitude. On voit, en effet, dans le *Miroir*, que jamais les Anciens « n'ont été simples avec autant de magnificence que nous » (J. 549). Comment l'auraient-ils pu disposant de moins d'idées ? Mais aussi ne couraient-ils pas le danger de tomber dans le mauvais goût par excès de richesse. Ces vues peuvent aider à ne pas se méprendre sur l'éloge du naturel qu'on rencontre dans certaines comédies, *la Double inconstance*, par exemple. Le conflit de l'hom-

me simple et de l'homme policé ne se résoud pas « more geome-
trico ». Jacob combine si bien la naïveté et le raffinement ! (PP 187)
Il est un naturel perfectionné, exprimant dans le style une sorte
d'harmonie de l'écrivain et de son temps. Marivaux n'est pas Jean-
Jacques Rousseau.

C'est en définitive dans l'histoire du goût que Marivaux voit
se manifester le plus la contingence. Disons que l'histoire du goût,
excluant les prévisions, les critères absolus, est véritablement historique. Ecrire constitue une sorte de pari, que chacun pour sa
part renouvelle indéfiniment. Parce qu'on a le sentiment d'avoir
réussi dans cette entreprise hasardeuse, on ne se croit pas davantage en état de définir les conditions du succès, à plus forte raison
de jeter sur cette histoire quelque lumière. L'hypothèse d'une
disparition du goût, d'une chute des lettres, sonne un peu à la
fin du *Miroir* comme un « Après moi, le déluge ! »

L'histoire de l'esprit semble chez Marivaux justifier l'individualisme de l'écrivain. Elle l'affranchit de toute allégeance à
l'égard des siècles et des esthétiques. Elle lui fournit un admirable
principe de dynamisme, propre à libérer la singularité du talent,
à donner un sens à cet élan qui porte l'œuvre de hasard en intuition. La démarche marivaudienne peut lui emprunter les raisons
de son assurance et de son étonnante vitalité. Mieux encore, l'histoire de l'esprit, en s'attaquant aux prétentions universalistes de
l'esthétique classique, assure que l'originalité et la modernité
conduisent seules à l'universel.

Mais Marivaux n'attend pas de l'histoire de l'esprit le substitut
d'une métaphysique. Il n'accepterait pas qu'elle oppressât la littérature du poids d'un nouveau finalisme, de mythes eschatologiques.
L'esquisse du *Miroir* ne comporte pas de conclusion. L'auteur s'y
est constamment défendu de céder à l'attrait d'une « philosophie
de l'histoire » et d'envisager l'avenir. Ce « criticisme » est le fondement de son autonomie. Assuré qu'il ne saurait s'égarer, l'esprit
s'inquiète peu de savoir où le mène son histoire. Celle-ci se développe entre deux certitudes, qui n'en font qu'une, la nature
humaine. Dans l'intervalle, d'infinies découvertes dont heureusement nul ne peut se promettre l'ultime secret.

N'appliquerait-on pas à l'œuvre de Marivaux tout entière ce
que Jean Fabre écrit de son roman : qu'il « ne conduit nulle part
où il vaille la peine d'arriver » ? C'est qu'une fois connu le terme
— et il est donné dès le début dans *Marianne* et *le Paysan*, comme
dans *l'Indigent philosophe,* comme dans le *Miroir* — il importe
moins de le rejoindre que de s'ébattre joliment dans cette inépuisable durée que limitent au loin les horizons rassurants de l'his-

toire. Marivaux a, comme nul autre, l'art de perdre son temps à accomplir — ou ne pas accomplir — le destin. Et paradoxalement il se retrouve dans un théâtre où l'important est non de préparer mais de retarder les choses. Dès que l'histoire nous a donné quitus et que l'on est en chemin, seuls comptent l'agrément de la promenade et l'allure du promeneur. On avance au fil des heures, au gré des accidents de terrain, attentif à toutes les rencontres, soucieux de la richesse de ce fragment de durée dont l'œuvre se nourrit. L'écrivain occupé du temps, comment n'oublierait-il pas l'histoire ?

ENTRE LA FICTION ET LA FABLE
L'EXPERIENCE DU ROMAN GOTHIQUE

par Jean DECOTTIGNIES

En dépit de la séduction qu'il a exercée, le roman gothique [1] a suscité fort peu de travaux critiques [2]. Du moins est-il resté, aux yeux des gens de lettres, un fait historique plutôt qu'un objet d'analyse. Au lieu d'insérer ces œuvres dans la problématique générale du genre romanesque, l'histoire et la critique littéraires ont choisi de les confiner dans une singularité qui permet d'éluder toute référence à l'idéologie de la littérature. Selon une vue simplicatrice très répandue, le roman noir, monstrueuse surenchère à l'égard de la thématique romanesque traditionnelle, peut se réduire à la dimension d'un phénomène psychologique ; il porterait témoignage du désarroi d'une société, de la frénésie des individus, de l'insatisfaction des femmes [3]. Tout ceci peut être exact, mais ne

---

(1) On observera que je ne distingue pas ici roman « noir » et roman « gothique ». Sans doute la première dénomination, mise en honneur notamment par Breton et ses amis, serait-elle plus exacte, la seconde n'intéressant proprement qu'une série, assez brève, de romans anglais inspirés de celui de Walpole. Auteur d'un remarquable travail sur ce sujet, M. Lévy généralise le terme de *gothique*, considérant l'*événement* littéraire qui procédait alors d'une modification importante du goût architectural en Angleterre. C'est, dans une perspective différente, pour désigner dans l'instance de son *irruption* un type nouveau de fiction, que j'ai préféré, au départ, le même terme.

(2) Evoquons seulement le premier en date des travaux importants : la thèse d'Alice KILLEN sur *Le Roman terrifiant de Walpole à Ann Radcliffe et son influence sur la littérature française* (Crès, 1915). Nous parlerons de la récente thèse de Maurice LÉVY, sur *Le Roman gothique anglais* (Faculté des Lettres de Toulouse, 1969). La communication de Jean FABRE sur « L'abbé Prévost et la tradition du roman noir » (*Annales de la Faculté des Lettres d'Aix*, 1965) demeure particulièrement importante en raison des sondages pratiqués dans le domaine français du début du XVIIIᵉ siècle, et de la double démonstration qui en résulte de l'ancienneté du genre noir et de son antériorité relative tant à l'influence anglaise qu'à la Révolution française.

(3) J'ai moi-même exposé ce dernier point de vue dans un article paru en 1964 dans la *Revue des Sciences humaines*, fascicule 116.

saurait dissimuler l'embarras de la critique : pratique entre toutes
inconfortable, le roman noir laisse particulièrement — et pour la
plus grande gêne de ceux qui tentent de l'interpréter — apparaître
la disparité des sollicitations que subissent toutes les entreprises
de fiction. Cependant, ni les contraintes qu'il subit du côté de la
culture, ni les leurres qu'il institue ne peuvent dissimuler les
risques qu'il prend. Ce sont ces risques qu'on voudrait ici reconnaître, tout en ramenant à leur juste proportion — idéologique —
certains apects révolutionnaires dont on crédite ce genre « maudit ».

*
**

<blockquote>
« Les leçons de vertu qui y sont données... »
(Horace Walpole).
</blockquote>

Au premier plan de la requête culturelle figure l'exigence de
moralité. Tout auteur, tout lecteur de roman noir a conscience
de l'impardonnable infraction à la règle que constituerait, dans
l'apologue romanesque, le moindre soupçon de provocation au
mal. Aussi dès ses premiers essais, le roman gothique s'était-il
prémuni contre tout reproche sur ce point. Lorsqu'il préfaçait, en
1764, la première édition du *Château d'Otrante*, donné alors pour
une traduction de l'italien, Horace Walpole observait : « L'air
de piété qui enveloppe ce roman, les leçons de vertu qui y sont
données, la rigide pureté des sentiments mettent ce livre à l'abri
des blâmes auxquels les romans ne sont que trop exposés. » Encore
faut-il s'entendre sur ces « leçons de vertu » : ce roman n'est-il
pas rempli du spectacle des injustices et des passions coupables
de Manfred ? C'est seulement en considération du dénouement
— de la chute de l'usurpateur, de sa confession publique et de
son repentir —, qu'on peut concéder à cette fable un caractère
« moral ». Le roman de Walpole, ceux de Clara Reeve et d'Ann
Radcliffe qui le suivront, et les imitations françaises qui prolifèrent
aux environs de 1800 se réclament d'une règle déjà ancienne et
fort accommodante. Selon cette règle, un dénouement moral
rachète dans un roman l'étalage même du péché ; la rétribution
finale du vice et de la vertu suffisant à inspirer au lecteur de
salutaires réflexions [4]. C'est ainsi que nous voyons les auteurs de
romans noirs attentifs à signaler, en guise de conclusion, le verdict
d'une injustice transcendante, qui frappe les méchants et comble

---

(4) On peut lire les détails de ce débat dans le livre de G. MAY sur *Le
dilemme du roman français au* XVIIIᵉ *siècle* (New Haven, 1963).

de bonheur les bons. Il s'agit d'exorciser le contenu du récit, d'en subtiliser les données pernicieuses, en ramenant finalement le temps de la justice. Avant de se séparer de ses héros vertueux, l'auteur de *La Forêt* [5] prend soin de remettre toute chose en ordre, en déclarant : « Leur vie passée offrit un exemple d'épreuve bien dure et leur vie présente un modèle de vertus grandement récompensées ». On citerait facilement les conclusions de *Julia*, des *Mystères d'Udolphe*, pour montrer la prolifération significative des catégories de la « rétribution », de la « vengeance divine », des « suites funestes », de la « patience », de la « récompense ». On soulignera plutôt l'empressement des émules français d'Ann Radcliffe à se saisir de cette argumentation. Prenant congé de son lecteur, l'auteur d'*Ethelwina* [6] se félicite d'avoir montré que l'éclat du crime « est passager », tandis que la vertu « doit tout espérer du temps » [7]. Celui d'*Alexina* [8] montre dans son héroïne « l'exemple consolant de l'innocence dédommagée par le sort des malheurs dont elle n'est que trop souvent la victime » [9]. Ces formules et ces catégories attestent bien le souci d'élaborer, par le jeu de la temporalité et de la finalité, une sommation discursive de la fable. Cette *finition* conventionnelle assure *in extremis* la cohérence de l'œuvre : que le lecteur prenne acte de ce règlement de comptes proposé à la dernière page du livre, et l'ensemble des données caractérielles ou événementielles s'intègre à un argument hautement moral. L'ambition de l'auteur paraît ici parfaitement conforme à la doctrine esthétique qui voit, dans toute production littéraire, l'aménagement discursif d'un message utile et cohérent.

Singulière forme de totalité, il faut bien en convenir, et à propos de quoi on n'avait pas fini de disputer aux temps où florissait le genre qui nous occupe. Mme de Staël, par exemple, niait qu'on pût tirer « une utilité quelconque des peintures odieuses des mauvaises mœurs » [10]. Marmontel confirme que cette copie exacte des excès du mal inspire « pour la licence des mœurs bien moins

---

(5) Le troisième des romans d'Ann Radcliffe, publié en 1791, paru en France en 1800.
(6) Publié en France en 1802, comme une traduction du romancier anglais Horstley.
(7) T. II, p. 247.
(8) Publié une première fois sous le nom de Mme Brayer de Saint-Léon, en 1813 ; traduit en anglais puis retraduit en français en 1830, sous un autre titre et comme une œuvre d'Ann Radcliffe.
(9) T. IV, p. 297.
(10) *Essai sur les fictions*, 1795, in *Œuvres complètes* de Mme de Staël, édition de 1820, t. II, p. 200.

de mépris que d'envie » [11]. Comme l'avait noté l'abbé Irailh, une instinctive défiance à l'égard de la nature humaine faisait craindre que le lecteur trouvât « des couleurs aimables aux actions les plus basses et les plus noires » [12]. Ainsi l'habile dialectique des tenants de l'atrocité rencontre plus de suspicion que d'approbation. Ce qui est plus intéressant, c'est la réfutation qu'en donne Mme de Staël, un peu plus tard, dans son livre *De la Littérature* :

> « On croirait d'abord que l'immoralité ne reconnaissant point de bornes, devrait étendre la carrière de toutes les conceptions romanesques ; et l'on s'aperçoit, au contraire, que cette facilité malheureuse ne peut rien produire que d'aride. Les passions sans combat, les dénouements sans gradations, les sacrifices sans regrets, les liens sans délicatesse, ôtent aux romans tout leur charme. » [13]

Certes, l'auteur de ces lignes ne songe pas spécialement au roman gothique, mais à l'œuvre de Sade, et davantage aux romans de Mme Cottin, si sévèrement blâmés aussi par Mme de Genlis. Cependant, le litige est le même et la manière de l'envisager est ici plus pertinente. Il s'agit de savoir si le renouvellement de la thématique romanesque par l'apport de l'atrocité peut être bénéfique pour la technique du genre et étendre les moyens de l'écriture narrative. C'est justement sur ce point que les constatations de Mme de Staël sont négatives : amenuisement des actions, inadéquation des dénouements, apauvrissement de la psychologie : tel est le bilan de cette « facilité malheureuse ». On ne veut point ici prendre à son compte les motivations esthétiques de l'auteur du livre *De la Littérature* ; on veut donner acte à Mme de Staël de la priorité qu'elle accorde, s'agissant de roman, aux problèmes spécifiques de l'écriture romanesque.

Qui voudrait apprécier la moralité du roman noir trouverait sans doute une prétention assez peu crédible, contestée, de surcroît, par ceux qui sont en position de l'avoir inspirée ; mais pour mieux dire, une *nécessité* fort mal assumée.

> « ...pour échapper au néant. »
> (Paul Eluard).

Une grande voix, cependant, — disons même, eu égard au sujet qui nous occupe : une autorité — s'élève à cette époque,

---

(11) *Essai sur les romans considérés du côté moral*, 1787.
(12) *Querelles littéraires*, t. II, 1761.
(13) *De la Littérature*, édition Van Tieghem, Droz, 1959, p. 207.

pour défendre l'irruption de l'atrocité dans le roman. Sade, on
le sait, déclare hautement son intention de ne peindre la crime
que sous « les couleurs de l'enfer » ; il explique :

> « Je veux qu'on le voie à nu, qu'on le craigne, qu'on le
> déteste et je ne vois pas d'autre façon, pour en arriver là,
> que de le montrer avec toute l'horreur qui le caractérise. » [14]

Ainsi l'option radicale pour une peinture exhaustive du crime
s'accommode, pour l'auteur de *Justine*, avec la formule culturelle
du discours édifiant. L'examen de cette théorie n'est pas de notre
ressort ; il est, en revanche, opportun d'argumenter sur cette rencontre entre l'option sadienne et la technique du roman gothique.
Ce rapprochement n'avait pas échappé aux amateurs de cette littérature ; il est frappant qu'il ait spécialement intéressé les poètes
surréalistes. « Quelques-uns des grands pans d'ombre du *Château
d'Otrante* », écrit Paul Eluard, « alimentent le terrible feu qu'allu-
mèrent Sade, Poë et Lautréamont pour échapper au néant » [15].
S'il faut croire Eluard, la procédure romanesque et la prédilection
thématique communes au récit sadien et à la fable gothique traduisent une aspiration vitale pour leurs auteurs. Que si la formule
en question tend à valoriser une certaine éthique, on ne saurait
cependant situer celle-ci dans le même horizon culturel que le
discours édifiant précédemment évoqué. On sait d'ailleurs en quels
termes Eluard considère l'acquis de l'œuvre sadienne : « Sade
a voulu redonner à l'homme civilisé la force de ses instincts primitifs » [16]. Pour les surréalistes, « échapper au néant », c'est
libérer les instincts et principalement « les appétits du corps » ;
c'est aussi donner carrière à ce qu'on nomme « le mal » [17] ; c'est
professer un « parfait pessimisme » et jeter dans la littérature
ces « vérités sombres qui apparaissent dans l'œuvre des vrais poètes » [18]. Il est curieux que cette présentation du phénomène
sadien trouve une sorte d'écho dans l'analyse du cas Walpole, tel

---

(14) *Idée sur les romans*, édition O. Uzanne, Paris, 1878, p. 49. Rappelons
que la *Justine*, suivant « une route peu frayée jusqu'à présent », veut
« offrir partout le Vice triomphant et la Vertu victime de ses sacrifices (...)
dans la seule vue d'obtenir de tout cela l'une des plus sublimes leçons de
morale que l'homme n'ait encore reçue (...) » (édition de 1791, t. I, p. 4-5).
(15) Préface au *Château d'Otrante*, édition Corti, 1943, p. 8.
(16) *L'Evidence poétique*, in *Donner à voir*, Gallimard, 1939, p. 82.
(17) *Ibid.*, p. 86.
(18) P. 83. — Maurice Heine, qui énumère les dissemblances entre le
roman sadien et le roman gothique, observe que dans « le roman noir à

que l'appréhende de son côté Jean Starobinski. C'est « pour échapper à l'atonie d'une existence sans événements » que ce « gentleman discret » imagine « un univers sursaturé de deuil et de culpabilité » ; c'est pour remédier à « l'ennui de la vie » que le romancier gothique donne « libre cours » aux « phantasmes de la violence, de l'inceste, de la catastrophe » [19]. Ce que vise — ce que menace — l'atrocité du roman noir, aussi bien que l'œuvre de Sade, c'est manifestement le discours humaniste, dont s'alimente, depuis des siècles, la pratique culturelle du roman. L'affabulation procure, selon Starobinski, une « héroïsation sentimentale du moi », en vue de quoi cet Anglais sans histoire « se donne les tourments d'un tyran coupable » [20]. Nous sommes loin, si l'on adopte les vues de Starobinski, des « leçons de vertu » dont se prévaut l'auteur du roman. On fait ici bon marché de la finition édifiante et de la sommation discursive du livre.

Parallèlement à cette opération, le roman noir revendique le mérite de déplacer et d'étendre les plaisirs de l'écriture et de la lecture. « Pourquoi veut-on resserrer les limites des plaisirs de notre esprit ? » demande le traducteur d'un assez obscur roman imité d'Ann Radcliffe [21]. Le roman gothique proteste contre la futilité du plaisir esthétique et s'attribue une visée plus haute : « Si ceux qui condamnent ce genre de compositions », écrit Walter Scott, « réfléchissaient sur la somme de plaisirs réels qu'il procure et de chagrins qu'il soulage, la philanthropie devrait modérer leur orgueilleuse critique » [22]. Soulager les tensions psychologiques paraît donc être la tâche essentielle du romancier, qui, de la sorte, prétend œuvrer contre les tabous et les interdits culturels.

Surréaliste, traditionnelle ou progressiste, la critique a par-

---

la Sade », c'est « parmi les vices humains que se recrutent les éléments de cette fatalité qui s'acharne sur la vertu malheureuse » (*Le Marquis de Sade,* Gallimard, 1950, « Le Marquis de Sade et le roman noir », p. 223). N'en est-il pas de même dans les livres de Radcliffe et de ses émules ? Compte tenu, évidemment, que Sade y met, comme dit M. Heine, « plus de réalisme et d'audace ». On ajoutera, avec M. Heine, que le dénouement qui, chez Sade presque seul, demeure « obstinément noir », constitue, sinon une « décisive dissemblance », du moins, une variante à l'égard du modèle idéologique.

(19) *Dimensions imaginaires du* XVIIIᵉ *siècle,* in *Les Lettres nouvelles,* nov. 1964, p. 54.

(20) Il n'est évidemment pas question d'en rester à cette constatation relative à la psychologie du sujet écrivant. Pareille assertion, qui nous permet d'échapper à une certaine idéologie du genre noir, doit à son tour être transgressée.

(21) Préface d'*Ethelwina,* 1802.

(22) *Biographie des romanciers célèbres,* 1826, t. V, p. 80.

faitement reconnu ce propos ; elle a constamment mis en relief ces visées subversives du roman gothique. Elle a seulement omis d'en déterminer la fonction idéologique.

Comment ignorer, cependant, qu'une véritable éthique est ici à l'œuvre, qui, loin de battre en brèche l'idéologie du roman, contribue à en perpétuer les mythes, à sauver, en la renouvelant, cette figure de la personne humaine, sans quoi nulle entreprise narrative ne peut passer pour légitime ? Ce qui se poursuit, sous le couvert d'une prétendue subversion, c'est un effort de *réévaluation* de l'image de l'homme. La contestation de ce qu'on appelle la culture ne s'exerce ici qu'au nom et en faveur de la nature, autre *valeur*. Le romancier gothique, tout comme le marquis de Sade, paraît imprégné du célèbre argument d'Helvétius : « ce qu'on appelle bonne conduite est presque toujours l'effet de l'absence de passion et par conséquent l'apanage de la médiocrité » [23]. L'horreur de la médiocrité engendre le mirage de l'*authenticité*. Jean Starobinski perçoit effectivement, dans l'éthique d'un Walpole, un processus de retour, une nostalgie des sources, lorsqu'il souligne le goût des mondes primitifs, « paradis perdus de l'énergie et de l'intimité », la séduction d'un temps où « l'homme était encore habité par les grandes frénésies » [24].

C'est également pour satisfaire à de profondes revendications naturelles, qu'on prétend renouveler et exalter jusqu'à la souffrance les joies partagées de l'écrivain et du lecteur ; l'imagination humaine préférant, observe C. Nodier, « à la peinture d'une émotion agréable, une illusion qui épouvante » [25]. Or que révèle cette entreprise, sinon le mythe de l'authenticité, l'image d'une nature à découvrir et à libérer ? Malgré la différence de situation, on évoquera le propos *cathartique* prêté naguère à la tragédie. La motivation profonde est bien la même : des deux côtés, il s'agit d'attribuer à l'entreprise poétique une *mission* qui la justifie dans l'ordre du vécu, ou plutôt dans la perspective du *vivre*, — et de subordonner cette mission à une conception dogmatique de la nature humaine.

*
**

(23) *De l'Esprit*, discours IV, chap. XIV.

(24) *Loc. cit.*, p. 55. — Ce caractère du roman gothique anglais est l'un des thèmes originaux de l'analyse de M. Lévy, qui découvre dans ces fables « les formes dégradées d'une structure mythique archaïque » (*Le Roman gothique anglais*, p. 641). Aussi la thèse, qui se réclame à diverses reprises de Bachelard, veut-elle explorer « les couches les plus archaïques d'une psyché, d'un inconscient collectif » (p. IX).

(25) « *Le Vampire*, nouvelle traduite de l'anglais de Lord Byron, par H. Faber », in *Le Drapeau blanc*, 1er juillet 1819.

« ...une négation supérieure »

(Paul Eluard).

Pour dissiper un peu ce malentendu, il conviendrait tout d'abord d'apprécier la portée exacte de ce qu'on appelle la peinture du mal. S'aviser, au préalable, de cette chose fort simple : ouvrir le langage à l'interdit, nommer les objets tabous, *représenter* la torture, le meurtre, le viol ou l'inceste, ne constitue pas une véritable subversion. La subversion n'est nullement consommée, quand la loi, comme règle de vie, est prise à partie par le langage ; elle survient véritablement quand le langage lui-même est atteint. L'époque moderne l'a compris, qui, remarque G. Deleuze, « découvre la perversion » ; la littérature moderne « n'a pas besoin de décrire des comportements, d'entreprendre des récits abominables »[26]. Il n'y a pas d' « obscène en soi », l'obscène est « l'acte par lequel le langage se dépasse lui-même (...) »[27]. C'est pourquoi il nous fallait mettre en question, pour commencer, le trop manifeste *scandale* du roman gothique. Mais il nous importe davantage de saisir le geste par lequel cette pratique se porte, pour ainsi dire, à la rencontre de la modernité, et que le scandale ne fait que nous dissimuler.

Toute œuvre classique, en effet, cultive un mode particulier de dissimulation : elle multiplie les ruses pour dérober au lecteur son fonctionnement, elle invente des alibis propres à détourner d'elle-même l'examen *poétique*. Au temps où se développe le roman gothique, il n'est pas possible encore pour un écrivain de surmonter cette instinctif éloignement de l'idéologie à l'égard des problèmes spéciaux de l'écriture. C'est pourquoi nous voyons romanciers et critiques attentifs à susciter les alibis destinés à occulter les conditions de cette pratique : catharsis, plaisirs, authenticité ne sont que les motivations rassurantes, propres à légitimer une entreprise trop singulière, à désamorcer une *fiction*[28] excessivement « négativiste »[29]. C'est pourquoi l'ensemble du discours

---

(26) *Logique du sens,* Editions de Minuit, 1969, p. 325.

(27) *Ibid.,* p. 326.

(28) La *fiction,* qu'il faut, me semble-t-il, bien distinguer de la *fable,* n'est pas le contenu du récit, elle n'est pas ce que raconte l'écrit ; elle est, selon le mot de Mallarmé, « poésie » (*Œuvres complètes,* La Pléiade, p. 335) ; c'est dire que son rapport à la narration ne saurait être que perturbateur. — Sur ce point, voir « Fiction et idéologie dans le récit fantastique », *Revue d'Histoire littéraire de la France,* juillet 1972.

(29) Faut-il rappeler à quel point les poètes surréalistes devaient, les premiers ou peu s'en faut, aiguiser le sentiment du *négativisme* inhérent au processus poétique ? C'est dans l'*Introduction au discours sur le peu de*

de cette époque sur le roman, qu'il émane des romanciers eux-mêmes ou de leurs critiques, est pour nous fatalement piégé. A peine porte-t-il de faibles indices d'une option poétique vraiment inédite. Indice de rupture, certes, bien qu'aisément récupérable, cette définition du roman comme un « ouvrage fabuleux composé d'après les plus singulières aventures de la vie des hommes » [30]. En revanche, on conviendra que la pensée du réel est plus sévèrement mise en question, lorsque Sade précise que le romancier « doit nous faire voir l'homme, non pas seulement ce qu'il est, ou ce qu'il se montre (...), mais tel qu'il *peut* être, tel que doivent le rendre les modifications du vice (...) » [31]. La *conjecture* créditée au lieu de la connaissance ou de l'observation du réel : n'est-ce pas, pour le roman, l'amorce d'un typologie nouvelle ? Mais on sait que le vice, constitué dans le discours sadien en *valeur* équivalente quoique opposée à la vertu, procure à une typologie aberrante la caution d'une logique positive [32].

Aussi est-ce par son exécution seule, qui déroute si manifestement la critique, et lui inspire plus de curiosité que d'analyses, que le roman gothique nous renseigne sur le véritable niveau de sa revendication, sur le lieu précis de sa visée, c'est-à-dire le *statut poétique des signes de la narration*. Pour la première fois, peut-être, sont pris à partie et mis en échec les instruments du leurre romanesque, ces gages fallacieux de l'adéquation entre un certain discours et une soi-disant nature des choses, toutes les modalités de ce qu'on appelle une *fable*.

Les signes de la narration gravitent autour d'un objet privilégié : image que broche la lecture sur une collection de signifiés, et que garantit l'étiquette d'un nom : le personnage [33]. Procurer — ou préparer — l'absolue dépolarisation de cette constellation de signifiés est donc apparemment le premier moyen de l'écriture nouvelle. La singularité d'un Montoni et d'un Schedoni [34] repose donc, non pas sur la mise en œuvre d'une psychologie

---

réalité qu'en 1926, A. Breton lança l'épithète fameuse. On sait toutefois quelles considérations métaphysiques complètent un pressentiment aussi juste. L'attitude du P. Eluard à l'égard du roman de Walpole, que nous avons intentionnellement mise en vedette ici, illustre bien ces louvoiements.

(30) *Idées sur les romans*, édition de 1878, p. 5.

(31) *Ibid.*, p. 25.

(32) J'entends désigner ici tout ce qui autorise telle ou telle lecture de Sade dans l'idéologie. C'est sans doute ce que d'aucuns appellent la « puissance de la pensée » de Sade ou sa « sérieuse connaissance du monde et de l'homme » (M. Heine, *loc. cit.*, p. 229). Là n'est pas, pour l'instant notre problème.

(33) Je fais état ici de l'analyse bien connue de R. Barthes dans S/Z, Seuil, 1970, p. 74.

autre — subversive, approfondie ou simplement aberrante —, mais
sur la dégradation concertée de leur statut dans l'ordre même du
discours. Ce qui les spécifie comme objets de discours, ce qui,
en même temps, les dé-personnalise, c'est leur ambiguïté. Ainsi
en est-il de la figure, apparemment stéréotypée, du persécuteur.
Aspect physique déroutant, qui fait la part de la séduction : la
« taille admirable du signor Montoni, la « finesse de son tact fortement exprimée dans sa physionomie », son visage « beau »,
où transparaît la « vigueur de son âme » [35] ; aussi inspire-t-il à
Emilie, sa victime, à la fois admiration et crainte [36]. Dans *La Forêt
de Montalbano* [37], on souligne pareillement la beauté et les « traits
réguliers » de Salambini, pour ajouter que cette apparence flatteuse
n'inspire que de l'épouvante [38]. La déconstruction de l'entité per-
sinnage est particulièrement efficace dans *Les Visions du Château
des Pyrénées*. La figure affrontée par la victime — je ne puis la
nommer en termes plus précis — est constituée par un collectif
de brigands qui assurent en commun la garde et la défense du
château où Victoria est tout à la fois réfugiée et séquestrée. Le récit
des aventures de Victoria dans ce château a pour fonction de
moduler l'ensemble des comportements de ces brigands et les
impressions disparates de la jeune fille, selon qu'elle est confrontée
au farouche Manuel, qui prétend par ailleurs l'épouser, au brutal
Garcias qui ne reculerait pas devant un meurtre, au traître Alonzo,
au généreux et désintéressé Diego, à l'énigmatique Sébastien, qui
sera finalement un protecteur. Le tout-puissant Francisco, qui
peut passer pour le chef, et dont on pourrait attendre une cohérence qui justifie les autres est lui-même le moins définissable des
êtres : souvent bienfaisant, il n'en inspire pas moins une vive
terreur, par son apparence imposante et par les fonctions qu'il
cumule d'inquisiteur, de chef de brigands et de redresseur de
torts [39]. Pour l'héroïne, comme pour le lecteur, il n'y a donc
pas d'appréhension possible ni des êtres, ni des situations. Le

---

(34) Héros respectivement du *Château d'Udolphe* et de *L'Italien* de
Mrs Radcliffe.

(35) T. I, p. 41 et 224.

(36) Les impressions consécutives de la victime, pareillement ambiguës,
devraient être analysées dans le même sens.

(37) L'un des nombreux apocryphes d'Ann Radcliffe, publié à Paris en
1813.

(38) T. I, p. 126.

(39) L'un des plus célèbres apocryphes d'Ann Radcliffe, mais effectivement d'origine française, ce roman a inspiré à P. MACHEREY une remarquable étude consignée dans son livre *Pour une Théorie de la production
littéraire* (Maspéro, 1966). Les vues de Macherey sur ce genre maudit sont,
à mon avis, les plus pertinentes qui aient été émises à ce sujet dans la pers-

roman gothique n'est pas la représentation d'une série logique
d'actions, mais une succession de signes ambigus, proprement illisibles, ou dont la lecture, inlassablement différée, relève, au bout
d'un compte trop long, d'une inopérante machinerie [40]. Pas plus
que sa finition morale, la finition narrative du livre ne peut être
prise en considération : l'espace clos du récit repousse aussi bien
toute logique que toute moralité. Le temps du récit, de même qu'il
instaure la cessation des catégories du juste et de l'injuste, du
bien et du mal, implique la non-détermination des événements.
Etres et choses y participent plus ou moins du statut spectral,
que caractérisent l'instabilité, l'implantation simultanée dans
deux régions impénétrables l'une à l'autre.

L'être ambigu par excellence est, en effet, l'inévitable fantôme ;
la formule de son statut s'inscrit dans le titre étrange d'un roman
de Melle de Castéra : *Le Fantôme blanc ou le protecteur mystérieux.*
Ce n'est pas sans raisons que le rôle de protecteur est généralement
assumé par une figure effrayante. Dans ce roman, Alonzo devra
son salut à l'intervention d'une morte ; celle-ci se manifeste d'abord
comme le « spectre menaçant » et « chargé de chaînes » d'une
femme blessée à la poitrine, et prodiguant son sang pour nourriture
à un enfant nouveau né [41]. A l'image du spectre est modelé l'Inconnu mystérieux, sorte d'apparition inexplicable et indéfinissable. Dans *Le Tombeau*, sir Charles est constamment confronté
à un étranger, qui lui prodigue tour à tour des « témoignages
d'amitié » et des « menaces » [42], qui le regarde tantôt « avec tendresse », tantôt avec une « sombre fureur » [43], qui lui présente
soudain le bout de son pistolet et aussitôt se jette à ses pieds [44].

Vivant ou mort, séduisant ou terrifiant, bénéfique ou malé-
fique, l'être de roman est ici appréhendé de tant de manières
incompatibles que son entité se disperse, l'aimantation du nom
exhibant son inanité, son manque absolu de fondement. Ainsi se
désigne une situation qui n'a ni feu ni lieu dans la réalité telle

---

pective de la critique moderne. Je tiens à reconnaître ce que je lui dois, et
renvoie le lecteur à ces excellentes analyses des personnages et des situations
de ce roman (*loc. cit.*, p. 38-50).

(40) Je l'entends aussi bien de l'appel aux puissances surnaturelles que
de la fameuse « physique » d'Ann Radcliffe : des deux côtés, c'est bien un
système explicatif cohérent qui est convoqué.

(41) Ce roman parut en 1810 ; cette description se trouve au tome I,
p. 95-96.

(42) Roman faussement donné pour une traduction ; la première édition
est de 1799 ; je cite la réédition de 1821, t. I, p. 209.

(43) *Ibid.*, t. I, p. 11.

(44) T. I, p. 212.

qu'elle se pense, se représente dans les discours, se communique
par le langage.

Par cette prolifération de signes ambigus, le roman gothique
tend à mettre en échec la pensée du réel. Ainsi est justifiée l'appréciation de P. Eluard, qui reconnaît dans l'œuvre d'Horace Walpole
une forme de « négation supérieure » [45]. C'est dans le processus
qui répète à l'infini la *disjonction*, que s'inscrit cette négation,
l'identité, seul principe assuré de la lecture des signes, étant incessamment révoquée en doute. On peut rappeler ici les réflexions
de G. Deleuze touchant l' « usage diabolique » du syllogisme
disjonctif [46]. Reprenant les formules de cette remarquable analyse,
on constatera que, dans le texte gothique, l'objet de l'énoncé
« s'ouvre à l'infini des prédicats » ; on observera comment, du
même coup, « le moi dissous s'ouvre à des séries de rôles » [47].
Où l'on reconnaîtra sans peine la définition même de ces pseudo-
personnages dont nous venons de parler ; mais cette structure
insolite, explicitement prêtée à l'actant romanesque, figure en
même temps la condition du sujet écrivant, d'un *je* qui est « un
autre », perpétuellement entraîné dans des fluctuations qui « répondent à la pensée de chacun et de personne » [48].

Le romancier gothique, convenons-en, n'actualise que fugiti-
vement cette situation extrême, tout préoccupé qu'il est des compromis propres à édulcorer sa pratique. Il faut cependant reconnaître que la *fiction*, comme activité transgressive du discours,
affleure ici avec une insistance remarquable. A la faveur du
malaise qu'elle instaure dans la narration, se laisse entrevoir la
situation idéologique de toute entreprise romanesque : les cautions
dont elle a besoin, les alibis qu'elle se procure, les leurres qu'elle
produit. C'est pourquoi, loin d'opposer à la littérature cette « sous-
littérature » [49], je voudrais souligner la portée *poétique* de cette
intervention du roman noir à l'aube de l'époque moderne. Si l'on
se préoccupe de la genèse d'un genre nouveau, on conviendra,
certes, avec A. Breton, que l'événement relève du « grand trouble
qui s'empare de l'Europe à la fin du XVIIIᵉ siècle » [50], on y discer-

---

(45) Préface au *Château d'Otrante*.
(46) *Logique du sens*, p. 342. Deleuze analyse la « nouvelle critique de
la raison » selon Klossowski.
(47) P. 346.
(48) P. 346-347.
(49) Tentation trop suivie, me semble-t-il, mais à laquelle il faut résister ;
les critères de l'appartenance à la littérature méritent d'être révisés. Je ne
puis m'associer à l'appréciation formulée par Annie LEBRUN qui juge que le
genre noir est « moins événement littéraire qu'attitude collective » (*La Brèche, Action surréaliste*, vol. VIII, nov. 1965, p. 32, cité par M. Lévy, p. 608).
(50) Les pages consacrées au roman noir dans *Limites non-frontières*

nera « ce profond désir de bouleversement qui anime les esprits
de ce moment » [51]. Mais d'avoir ainsi désigné l'origine d'un phénomène ne suffit pas à justifier une expérience aussi étrange.
Comment ces auteurs, si souvent dépourvus de talent et de métier,
si éloignés, en apparence, des considérations techniques, et qui
n'écrivaient, comme ils l'ont reconnu parfois, que pour échapper
à une certaine misère, ont-ils pu, en l'absence de tout calcul, s'en
prendre justement aux modèles, aux types, aux structures, bref
aux catégories d'une *poétique* ? Concevaient-ils que le discours
autorisé par cette poétique, tout le système langagier à l'œuvre
dans les romans qu'on leur avait jusqu'alors donnés à lire, incor-
porait plus profondément, cristallisait plus durablement que ne
pouvaient faire les lois et les coutumes de la société le régime
d'assujettissement moral contre lequel ils protestaient ? Nous
n'irons pas jusqu'à soutenir qu'ils en aient fait la réflexion. Prétendra-t-on cependant que notre rapport au langage s'instaure exclusivement dans l'ordre de la conscience ? On sait maintenant qu'il
n'en est rien ; il est donc temps de s'aviser que le *mouvement*
en littérature procède moins des discours des poéticiens de métier
que de ces expériences peu réfléchies, qui apportent aux vrais
problèmes et aux désirs les plus profonds une réponse spontanée.

---

du surréalisme (*La Clé des champs*, édition J.-J. Pauvert, p. 20-28) mérite-
raient ici une lecture approfondie, mais aussi une critique serrée.
    (51) Annie Lebrun, *article cité* plus haut.

*que de petits esprits prendront pour une vision, est celle d'un
homme de génie »* [8]. (C'est Diderot lui-même qui souligne, prenant
ainsi le contre-pied des railleries de Voltaire.) Le patriarche de
Ferney, « petit esprit » ? Aucun nom n'était prononcé, bien sûr...
Un lecteur, au moins, dut sentir pénétrer la pointe et regretter
de n'avoir pas donné à Pangloss de confrère athée. Le jugement
porté sur la monade-miroir a-t-il valeur de symptôme et marque-
t-il, dans le paysage intellectuel des lumières, une ligne de partage des cosmologies ? Un fait, en tout cas, vaut d'être relevé :
nulle part, dans l'article « Leïbnizianisme », il n'est dit que le
« miroir représentatif de tous les êtres », le « miroir d'un monde
indestructible », l' « image représentative des choses » soit un
« miroir vivant ». Or Diderot, qui puise dans Brucker l'essentiel
de son information sur les monades, ne peut ignorer que chacune
d'elles est un miroir vivant perpétuel de l'univers, *speculum vivum
perpetuum universi* [9]. Simple hasard ou occultation intentionnelle
du prédicat « vivant » ? Risquons un argument à l'appui de la
seconde hypothèse : Diderot veut capter au profit de Leibniz
la bienveillance du lecteur ami des lumières et tente d'estomper
ce que l'image du « miroir vivant » avait de poétique ou même
de mystique ; scrupule et précaution dont Voltaire, quant à lui,
n'avait que faire, puisque son but était au contraire de discréditer
la métaphore du miroir et, à travers elle, toute une conception
du monde. On nous répondra peut-être par une nouvelle question :
les « miroirs vivants » appartenaient-ils ou avaient-ils appartenu
au vocabulaire mystique ? Leibniz les avait-il créés, lexicalement
parlant, ou préexistaient-ils à son œuvre ? Nous croyons pouvoir
répondre, sur ce dernier point du moins, par l'affirmative : avant

---

(8) *Encyclopédie,* art. « Leibnizianisme » ; et Assézat-Tourneux, t. XV,
p. 461.

(9) « Huic adaptationi rerum omnium creatarum ad unamquamque, et
uniuscujusque ad ceteras omnes tribuendum, quod quaelibet substantia sim-
plex habeat respectus, quibus exprimuntur ceterae omnes, et per consequens
speculum vivum perpetuum universi fit. » (BRUCKER, *op. cit.,* t. IV-II, p. 415.)
Diderot traduit : « Par cette correspondance d'une chose créée à une autre,
et de chacune à toutes, on conçoit qu'il y a dans chaque subtance simple des
rapports d'après lesquels, avec une intelligence proportionnée au tout, une
monade étant donnée, l'univers entier le serait. Une monade est donc une
espèce de miroir représentatif de tous les êtres et de tous les phénomènes. »
[Suit la phrase sur les « petits esprits ».] » (« Leibnizianisme » ; Assézat-
Tourneux, t. XV, p. 461.) Précise d'abord, la traduction glisse peu à peu vers
la paraphrase et l'image du « miroir vivant » s'affadit en « miroir représentatif ». On comparera utilement à ces deux gloses le texte original de
Leibniz (*Monadologie,* 56). Sur l'utilisation de Brucker par Diderot, voir J.
PROUST, *Diderot et l'Encyclopédie,* Paris, 1962 (notamment le ch. VIII)
et J. FABRE, *Lumières et romantisme,* Paris, 1963, p. 71-80.

d'exprimer chez Leibniz le rapport de la monade à l'univers et,
subsidiairement, celui de l'âme humaine à Dieu, l'image du miroir
vivant avait connu chez les Pères Grecs, puis dans la mystique
rhéno-flamande, un premier essor. Sa fonction était alors purement religieuse et l'apport personnel de Leibniz fut d'en étendre
(ou d'en dégrader...) l'emploi à l'expression du rapport intracos-
mique existant entre chaque substance individuelle et le tout
de l'univers. Posons, si le lecteur nous le permet, quelques jalons
sur la route lexicale des « miroirs vivants » [10].

   1. Dans l'état actuel de notre information, l'expression apparaît
pour la première fois chez Grégoire de Nysse. On lit en effet dans
sa *XVe Homélie sur le Cantique des Cantiques*, à propos de l'ascension spirituelle de l'âme :

> Quand le miroir est façonné avec art et disposé avec soin, la
> pure image qu'il reflète reproduit parfaitement le visage qui
> s'y mire : ainsi l'âme qui s'est adaptée avec soin, qui a effacé
> en elle toute souillure matérielle, reflète la pure image de la
> beauté sans tâche. *Ce miroir vivant et libre* semble dire :
> Quand je vois se mirer dans mon disque le visage de mon
> Bien-Aimé, toute la beauté de ses traits se peut contempler
> en moi [11].

   Un tel texte, qui n'est d'ailleurs unique ni dans l'œuvre de
Grégoire de Nysse [12], ni dans l'ensemble de la littérature patris-
tique grecque [13], reflète (lui-même vivant miroir...) deux traditions,
l'une biblique et l'autre hellénique. On sait que d'après la Genèse
(1, 26), Dieu a fait l'homme à son image et à sa ressemblance ;

---

(10) Ces jalons ne seront posés — et nous sommes conscient de cette grave
lacune — qu'en terre occidentale et proche-orientale. En ce qui concerne l'Inde
et surtout la Chine, le lecteur se reportera avec fruit à la très belle étude
de Paul DEMIÉVILLE : « Le Miroir spirituel », parue dans *Sinologica,* n° 1,
1947, p. 112-137.

(11) *In Cantica canticorum \Homilia XV\,;* MIGNE, *Patrologie grecque,*
1093 d - 1096 a. Nous citons ici la traduction donnée de cette page par le
P. Gabriel HORN, « Le « miroir », la « nuée » : deux manières de voir
Dieu d'après saint Grégoire de Nysse », *Revue d'Ascétique et de Mystique,*
t. VIII (1947), p. 121. (Les mots soulignés le sont par nous.) « Miroir vivant et
libre » traduit le grec : προαιρετικόν καί ἔμψυχον κάτοπτρον.

(12) Voir par exemple *La Création de l'homme,* 136 c : « Ainsi la nature
humaine, créée pour dominer le monde, à cause de sa ressemblance avec le
Roi universel, a été faite comme une image vivante (ἔμψυχος εἰκών)
qui participe à l'archétype par la dignité et par le nom. » (Traduction J. Laplace, Paris-Lyon, 1944, p. 95.) Pour une vue d'ensemble du problème de
l'image de Dieu chez Grégoire de Nysse, voir J. DANIÉLOU, *Platonisme et
Théologie mystique,* 2e éd., Paris, 1953.

(13) Voir notamment R. BERNARD, *L'Image de Dieu d'après saint Atha-
nase,* Paris, 1952.

et la théologie chrétienne devait distinguer à ce propos l'image (la parenté de structure) et la ressemblance (la parenté de visée ou de valeur) : la première est inaltérable, intangible, inamissible, la seconde au contraire se perd par le péché et se reconquiert avec l'aide de la grâce. Le livre de la Sagesse (7, 26) nous apprend que celle-ci est « un miroir sans tache de l'activité de Dieu » : formule que les chrétiens appliquèrent sans peine au Verbe, et donc à Jésus-Christ. Passe-t-on de l'Ancien ou Nouveau Testament ? Saint Paul enseigne (I Corinthiens, 13,12) qu'en cette vie nous voyons Dieu « comme dans un miroir, confusément » ; plus tard, nous le verrons « face à face ». Comparant les chrétiens aux juifs, le même saint Paul écrit (II Corinthiens, 3, 18) que les premiers « réfléchissent, comme en un miroir, la splendeur du Seigneur » [14]. A cet héritage biblique, la tradition néo-platonicienne était venue joindre ses richesses propres : Plotin observe (à propos des statues des Dieux !) que « la représentation imagée d'une chose est toujours disposée à subir l'influence de son modèle », qu'elle est « comme un miroir capable d'en saisir l'apparence » [15] : univers étagé, hiérarchisé — « en cascade », disait Emile Bréhier —, mais non figé : un double mouvement de procession et de conversion l'anime, assurant à la fois la diffusion du Bien et la remontée des âmes vers leur principe. Placé à la rencontre de ces deux filières spirituelles, un chrétien de culture grecque pouvait être en pleine harmonie avec lui-même quand il concevait l'âme humaine comme un « miroir vivant », terni d'abord par le péché, puis nettoyé par l'ascèse et par la prière.

2. L'image du « miroir vivant » reparaît au XIVᵉ siècle, en Occident cette fois-ci, dans l'œuvre de Ruysbroeck l'Admirable. Selon le mystique prieur de Groenendael,

> ...Dans la partie la plus noble de notre âme, domaine de nos puissances supérieures, nous sommes constitués à l'état de *miroir vivant et éternel de Dieu ;* nous y portons gravée son image éternelle et aucune autre image n'y peut jamais entrer. Sans cesse, ce miroir demeure sous les yeux de Dieu et participe ainsi avec l'image qui y est gravée à l'éternité même de Dieu [16].

---

(14) On peut également traduire : « contemplent ». Sur l'interprétation de ce verset, voir J. Dupont, O.S.B., « Le Chrétien, miroir de la gloire divine d'après II Cor., 3, 18 », *Revue biblique*, t. LVI (1949), p. 392-411. L'auteur conclut à donner un sens passif (refléter) au verbe κατοπτρίζεσθαι.

(15) *Ennéades*, IV, 3, 11, 7 (tr. Bréhier).

(16) *Le Miroir du salut éternel*, ch. VIII. (*Œuvres de Ruysbroeck l'Admirable*, tr. fr. des bénédictins de Saint-Paul-de-Wisques, 3ᵉ éd., Bruxelles,

La métaphore du miroir vivant exprime ici un contenu plus complexe que chez Grégoire de Nysse. Deux thèmes apparaissent au premier plan : l'un, venu de saint Augustin, est celui de la trinité des puissances de l'âme ; l'autre, emprunté à Eckhart, est celui de l'exemplarisme. Dans la perspective augustinienne du *De Trinitate,* les facultés (« puissances ») supérieures de l'âme — mémoire, entendement, amour — forment en nous une trinité créée, homologue — bien qu'inférieure — à la Trinité divine [17]. Dans la mystique d'Eckhart, cette homologie prend un sens nouveau, infiniment plus hardi, et se transmue en exemplarisme : la cîme de l'âme devient le lieu où s'accomplit, dans une sorte de présent intemporel, la génération éternelle du Verbe : « Dieu est immédiatement dans l'image et l'image est immédiatement en Dieu » [18]. Le but de la vie spirituelle sera donc, pour chaque âme, de rejoindre ce modèle éternel, ou plutôt de coïncider pleinement avec lui. Dans la lignée mystique de Ruysbroeck, Harphius et l'auteur — toujours inconnu — de *La Perle évangélique* reprendront pour leur compte cette thématique exemplariste et, tout naturellement, la métaphore du miroir vivant reparaîtra dans leurs textes [19]. C'est trop peu dire alors que de parler de métaphore. Dans la mouvance rhéno-flamande, le chevalier de la foi ne s'avance pas, cuirassé de

---

t. I, p. 87. Les mots soulignés le sont par nous.) « Miroir vivant » se retrouve plusieurs fois dans la suite du chapitre, ainsi que dans les *Douze Béguines,* ch. IX et XII (*op. cit.,* t. VI, p. 25, 31, 32). « Miroir vivant et éternel de Dieu » traduit le moyen néerlandais : « Een levende ewich spieghel Gods » ; la traduction latine de Surius donne tantôt *vivum,* tantôt *vividum speculum.*

(17) Voir la note complémentaire n° 13 (« Les images de la Trinité ») contenue au t. II, p. 586-588 de la traduction du *De Trinitate* parue dans la Bibliothèque augustinienne, Paris 1955. (Note du P. F. Cayré.)

(18) ECKHART, Sermon « Comme un vase d'or massif », dans *Maître Eckhart ou la joie errante,* Sermons allemands traduits et commentés par Reiner Schürmann, Paris, 1972, p. 188. Sur la dette intellectuelle de Ruysbroeck envers Eckhart, voir Melline D'ASBECK, *La mystique de Ruysbroeck l'Admirable,* Bruxelles, 1930, p. 90-100.

(19) 1) On lit dans HARPHIUS : « Quand nous adhérons au Père céleste amoureux et libéral par un certain esprit persévérant et importun, il fait alors descendre de soy au plus secret de notre pensée nue et élevée une certaine incompréhensible et claire lumière intellectuelle (...). Et quant à notre simple et nue pensée, c'est un miroir vivant auquel cette lumière brille, requérant de nous conformité et union avec Dieu. » (*L'Ecole de Sapience ou Théologie mystique,* tr. fr., Arras, 1605, p. 391.) (Il s'agit d'une traduction partielle de la *Theologia mystica* imprimée à Cologne en 1538. Harphius (Henri de Herp, Hendrik van Erp) était mort en 1477. 2) L'auteur inconnu de *la Perle évangélique* écrit : « Elle [la partie supérieure de l'âme] est dite encore la pointe et le sommet de l'esprit, parce que Dieu, sans intermission, reluit en icelle comme en un miroir. C'est aussi, selon ce qu'en dit le bon Père Ruusbroec, la suprême partie de l'âme. Car c'est je ne sais quoi de

miroirs : il est lui-même un miroir [20]. Transcrivons, pour montrer que la thématique spirituelle issue d'Eckhart et de Ruysbroeck ne disparut ni avec l'avènement de l'âge classique, ni même après la condamnation du quiétisme, quelques lignes publiées en 1714 — l'année même où, selon toute apparence, la *Monadologie* fut ébauchée [21]. Elles ont pour auteur Simon Gourdan, chanoine régulier de Saint-Victor :

> *Comme je vis par mon Père,* dites-vous, *aussi celui qui me mange vivra par moi.* Faites donc, ô Jésus, que nous soyons des miroirs vivants de votre naissance éternelle, temporelle et eucharistique, que nous possédions tous vos biens, tous vos mérites et toutes vos vertus, comme vous possédez par votre filiation divine toutes les richesses du Père [22].

Jésus étant l'image et l'héritier du Père, le chrétien, « miroir vivant » de sa triple génération, accède par là même — autant qu'une créature peut le faire — à ce que les mystiques appelaient alors la déiformité.

3. Leibniz, s'il lut cette page, pensa-t-il que Gourdan et lui-même avaient puisé aux mêmes sources ? L'hypothèse, en tout cas, n'aurait rien d'absurde. Si l'allusion que la *Théodicée* fait à Ruysbroeck n'est qu'à demi probante et peut à la rigueur provenir d'une information de seconde main [23], une lettre écrite le 15 mai 1688 au Landgraf Ernst semble bien, en revanche, attester que Leibniz a lu le prieur de Groenendael en même temps que d'autres mystiques rhéno-flamands :

> L'esprit n'agit jamais mieux que lorsque les sens extérieurs se taisent. Taulerus, Rusbrockius, Valentinus Weigelius et d'autres mystiques tant catholiques que protestants, parlent souvent d'une résignation ou anéantissement, *einer Gelas-*

---

nu et informe, et qui perpétuellement s'incline vers son origine, qui la fait être un éternel et vivant miroir de la divinité, recevant continuellement dedans soi l'éternelle génération du Verbe, en l'image de la bienheureuse Trinité. » (*La Perle évangélique,* I, 46, tr. fr. de Paris, 1608, f° 90 r ; cité d'après Louis COGNET, *Introduction aux mystiques rhéno-flamands,* Paris, 1968, p. 324. La B.N. ne possède qu'un exemplaire de la tr. fr. de Paris, 1602, que le texte de 1608 corrige fréquemment.)

(20) Le lecteur de *Don Quichotte* se souvient que le bachelier Samson Carrasco s'y déguise en chevalier des Miroirs (IIe partie, ch. XIV et XV).

(21) Voir la préface de M. A. ROBINET à son édition *des Principes de la nature et de la grâce* suivis de la *Monadologie,* Paris, 1954, p. 2.

(22) *Sacrifice perpétuel de foi et d'amour au Très-Saint Sacrement de l'autel,* Paris, 1714, p. 215.

(23) *Théodicée,* disc., § 9.

senheit. Mais je crois qu'ils l'entendent comme je viens d'expliquer, autrement ce serait une absurdité [24].

Leibniz n'étant pas homme à limiter le champ de ses curiosités ni à se vanter de lectures qu'il n'avait pas faites, nous croyons pouvoir faire nôtre la conviction qui fut naguère celle de Jean Baruzi [25] : Leibniz a très probablement lu Ruysbroeck. Lui a-t-il emprunté la métaphore du « miroir vivant » ? Cela nous semble également très probable. Qu'on ne se méprenne pourtant pas sur notre dessein. Nous ne voulons pas faire de Leibniz un rhéno-flamand du dehors et nous n'ignorons pas (pour nous en tenir au thème du miroir) que l'emprunt, s'il eut lieu, s'assortit d'importantes transpositions. Leibniz se mira, si l'on ose dire, dans ces miroirs et y imprima l'image de ses propres conceptions : expression universelle et mutuelle des créatures sous forme de correspondance réglée entre tous les phénomènes, descente des « miroirs vivants » du ciel sur la terre, extension aux relations intra-cosmiques d'un rapport et d'une image jusque-là purement théandriques : l'innovation était de taille. Ajoutons que si l'âme humaine est l'image ou le miroir de Dieu, c'est surtout à raison de son pouvoir « architectonique », autrement dit de ses puissances de synthèse, déjà impliquées dans l'image de la « concentration ». « Miroirs vivants » ? Oui, certes, mais aussi « petites divinités » [26]. Nous sommes sur le chemin qui conduira au « Je pense » kantien, à ce « Moi transcendantal » que Bergson devait qualifier de « Dieu formel » [27].

On voit — s'il nous est permis de revenir à notre point de départ — que l'ironie de Voltaire envers les « miroirs vivants » — ou, comme il aime à dire, les « miroirs concentriques » — ne manquait pas de justifications : la métaphore avait été mystique et le restait à bien des égards. On voit aussi que Diderot montrait quelque clairvoyance en gommant, comme il l'a fait, l'adjectif « vivant » : promus « représentatifs », les miroirs se délestaient

---

(24) Lettre publiée par Chr. VON ROMMEL, *Leibniz und Landgraf von Hessen-Rheinfels,* Frankfurt, 1847, t. II, p. 132.

(25) Voir J. BARUZI, *Leibniz et l'organisation religieuse de la terre,* Paris, 1907, p. 436, n. 1 : « Il (Leibniz) connaissait Jacob Boehme, Ruysbroeck, Jean de la Croix, Tauler, Weigelius, Silesius... » Conviction réaffirmée dans *Leibniz,* coll. « La Pensée chrétienne », Paris, 1909, p. 82.

(26) « ... chaque esprit étant comme une petite divinité dans son département » (*Monadologie,* art. 83).

(27) *L'Evolution créatrice,* chap IV. (*Œuvres,* éd. du Centenaire, Paris, 1959, p. 797.)

de leur import mystique et pouvaient entrer, dûment laïcisés, dans le magasin lexical des lumières.

Leur histoire s'arrêtait-elle là ? On sait assez qu'il n'en fut rien et que Jean Cocteau, de nos jours, leur a donné une place de choix dans sa mythologie personnelle. Mais ces lacs verticaux et à demi figés, où l'on plonge pour communiquer avec la mort, ne doivent plus grand-chose ni à la mystique chrétienne, ni aux lumières. Il en va autrement — et c'est sur cette résurgence que nous voudrions insister pour finir — du « miroir concentrique » dont Balzac, par deux fois, fit le symbole optique de sa mission littéraire. Campant, dans l'Avertissement du *Gars* (première version des *Chouans*), la figure du romancier Victor Morillon, frère spirituel de Louis Lambert et donc de Balzac lui-même, celui-ci écrit :

> ...Pas une pierre jetée dans l'eau n'a troublé la surface de cette vie pleine, limpide et profonde, semblable à un lac tranquille et inconnu où viennent se réfléchir des milliers d'images, et d'où s'élèvent aussi les vagues de la tempête. Cette âme était enfin, selon la magnifique expression de Leibniz, *un miroir concentrique de l'univers* [28].

L'expression devait reparaître, sans que Leibniz fût, cette fois, nommé, dans la préface de la première édition de *la Peau de chagrin* :

> ...L'écrivain doit être familiarisé avec tous les effets, toutes les natures. Il est obligé d'avoir en lui je ne sais quel miroir concentrique où, suivant sa fantaisie, l'univers vient se réfléchir ; sinon, le poète et même l'observateur n'existent pas [29].

Balzac avait-il puisé dans Voltaire l'expression (non leibnizienne dans sa lettre) de « miroir concentrique » ? Nous ne saurions, dans l'état actuel de notre information, le dire. Si cette hypothèse devait un jour se confirmer, on ne pourrait qu'admirer le renversement du pour au contre — ou du contre au pour — dont la métaphore leibnizienne fit alors l'objet. L'historien des idées doit, quant à lui, louer sans réserve la clairvoyance de Balzac : la monade leibnizienne, ou plutôt ce type supérieur de monade qu'est l'âme humaine, est bien cette ouvrière de synthèse architectonique et son pouvoir de « concentration » est bien celui auquel

---

(28) Voir *Les Chouans*, éd. Maurice Regard, Classiques Garnier, Paris, 1964, p. 417.

(29) Voir *La Peau de Chagrin*, éd. Maurice Allem, coll. citée, Paris, 1967, p. 309.

Balzac pense ici. Qui sait même si cette synthèse découronnée de son fondement théologique n'est pas l'espoir le plus sûr auquel l'homme puisse prétendre ? L'esthétique serait-elle la vérité de la métaphysique ? Au terme de cette brève promenade parmi les miroirs, on serait tenté de se le demander.

ASTOLPHE DE CUSTINE, CORRESPONDANT DE METTERNICH

par Jean-René DERRÉ

Personnalité attachante et singulière, Custine nous est mieux connu depuis le livre que lui a consacré le marquis de Luppé, et les documents que nous publions n'ont pas l'ambition de modifier le portrait composé par cet excellent biographe. Mais ils permettront peut-être de le nuancer sur quelques points, et de mieux connaître le modèle. Face à Metternich, le gentilhomme auquel sa mésaventure de 1824 avait interdit les salons du Faubourg Saint-Germain, l'esthète généreux, désœuvré et tourmenté si accueillant aux écrivains ou aux artistes n'est plus tout-à-fait le même que dans ses compagnies habituelles. Et ce nouveau personnage que lui suggèrent les circonstances n'est pas dépourvu d'intérêt.

C'est, précise le marquis de Luppé, le 29 avril 1835 qu'il quitta Paris pour Jérusalem, avec l'intention de rejoindre à Spalato, sur la côte dalmate, un groupe de voyageurs [1] ; et l'annonce de troubles en Serbie l'aurait amené à changer d'itinéraire. En fait il avait peut-être dès son départ le projet de passer par Vienne : avant d'utiliser, pour visiter les Lieux Saints, la lettre d'introduction que Chateaubriand lui avait remise pour le T.R.P. Gardien du couvent du Saint-Sauveur, il pouvait se recommander auprès du chancelier d'Autriche du billet que la duchesse d'Abrantès expédiait à son intention dès le 30 avril.

Bizarre initiative, en vérité, et bien dans la manière de cette femme singulière, que de solliciter en faveur de celui qu'elle cherchait pour lors à s'attacher les bons offices du plus illustre de ses amants ! L'événement, du reste, allait prouver qu'elle avait vu juste et qu'elle avait eu raison de manquer à la réserve. Certes,

---

(1) *Astolphe de Custine*, Monaco, 1957, p. 176.

quoi qu'aient prétendu certains de ses historiens [2], ni la fidélité
au souvenir ni même la délicatesse n'ont distingué la vie sentimentale de Metternich, longtemps homme à bonnes fortunes,
époux trois fois comblé, mais d'abord homme d'Etat et trop conscient de sa supériorité pour porter grande attention à celles dont
la route croisait la sienne. La seule comtesse de Lieven semble
avoir réussi à lui inspirer une inclination durable, parce que cette
femme énergique, intelligente et cultivée avait été une partenaire
à sa mesure. On se plait cependant à imaginer qu'au printemps
de 1835, le chancelier ne lut pas sans quelque princement de cœur
le message venu de Paris. Car le nom qui le terminait rappelait
un épisode notable, sinon émouvant, du début de sa carrière [3]. Rien
n'y avait manqué : la passion flatteuse d'une maîtresse en vue,
l'utile assujettissement d'une femme du monde à sa politique, le
romanesque des arrangements floraux par lesquels, avant chaque
rencontre, l'élue annonçait ses états d'âme à son galant visiteur,
et, pour finir, un scandale de belle taille qui avait failli dégénérer
en grave incident diplomatique avant d'amuser l'Europe. Vingt-cinq
ans bien sûr avaient passé, chargés d'événements et, pour l'ancien
ambassadeur à Paris, de glorieuses responsabilités ; mais le rappel
de ces heures ardentes et mouvementées avait de quoi le toucher.
Le ton du billet, du reste, évoquait le passé, par la formule tout
intime du début (que bien peu, même parmi les proches, auraient
osée) et la « tendre affection » offerte à la fin. Laure d'Abrantès
apparaît ici telle qu'on l'a dépeinte, fidèle comme certaines Grecques, ses ancêtres, au souvenir du dieu qui les avait une fois
possédées [4].

Paris, le 30 avril 1835

Mon cher Clément, voici une Personne que je vous supplie
d'accueillir avec votre bonté accoutumée. Soyez pour monsieur
le marquis de custine ce que vous seriez pour un ancien ami.
Croyez qu'il mérite toute la bienveillance que vous lui accor-
derez — oui j'en suis Garant — et de plus Je le suis du plaisir
que vous trouverez à rencontrer dans un homme bien plus
jeune qu'eux l'esprit aimable de M. de Narbonne, de M. le
chevalier de Boufflers son grand-père, et celui du comte de
Sabran son oncle.

accueillez-le pour lui-même, il le mérite, accueillez-le pour

---

(2) Par exemple G. DE BERTIER DE SAUVIGNY, *M. et son temps*, Paris, 1959,
p. 26, qui nous semble fort indulgent.

(3) Cf. R. CHANTEMESSE, *Le roman inconnu de la duchesse d'A.*, Paris,
1927, p. XIX sq.

(4) *Ibid.*, p. LIII/LIV.

moi. Je vous le demande au nom de notre ancienne amitié
vous ne pouvez la mettre en oubli, vous la rappelerez malgré
vous.

Adieu mon cher Prince donnez moi donc De vos nouvelles,
à moi qui vous aime toujours avec une tendre affection.

La Duchesse d'Abrantès [5].

Que les temps, cependant, avaient changé ! Tandis que le
séducteur poursuivait sa carrière avec une sûreté où l'entregent
avait sa part, l'amante délaissée n'était jamais parvenue, malgré
beaucoup d'efforts, à rétablir complètement sa position mondaine.
Son salon, ses relations, l'éclat qui s'attachait encore à son nom
avaient aidé Balzac en lui assurant le contact avec un monde
dans lequel il n'aurait pu prétendre, sans ce concours, être si vite
reçu. Mais leur liaison, celle d'un débutant ambitieux et d'une protectrice vieillissante, avait vite tourné au compagnonnage littéraire.
En se rapprochant de Custine, la duchesse avait-elle lieu d'attendre
davantage ? Eut-elle même jamais l'espoir ou l'ambition de l'épouser ? [6] C'aurait été pousser fort loin l'illusion. Malgré sa réputation
douteuse, le marquis restait de trop bonne maison pour consentir
à une telle alliance. Ses lettres établissent que règnait entre eux
une sympathie très vive ; il a été sensible — profondément — à
l'attachement d'un être qu'un dernier élan du cœur, la solitude
menaçante et peut-être le besoin poussaient vers lui. Mais après
quelques aveux sans lendemain il se déroba devant un engagement
décisif. Ils se rencontraient souvent, fréquentaient les même milieux et partageaient des goûts identiques : ces affinités ne susci-
tèrent finalement, de sa part, qu'une sincère et durable amitié [7].

La situation n'était pas encore aussi nette au moment du
voyage en Orient, et pour mieux servir celui qu'elle veut gagner,
Laure d'Abrantès déploie toute son habileté. Elle avait assez connu
Metternich pour savoir que, parfait homme du monde et hôte toujours courtois, il conservait toute sa faveur aux modes de sa
jeunesse. Peu porté vers le lyrisme, plein de dédain pour les
romans qui l'ennuyaient, il ne comprenait guère le romantisme,

(5) *Acta Clementina*, M.R.A., 81, A-2 ; c'est la cote de tous les documents
que nous publions, à une exception près que nous signalerons. Le dossier comprend en outre un billet daté du 28 mai (1835) dans lequel, se recommandant
de la duchesse, C. demande à l'archiduc Charles de lui préciser « le moment
où il me serait permis de Vous faire ma cour sans importunité ».

(6) Cf. LUPPÉ, *op. cit.*, p. 175.

(7) Cf. S. JEUNE, *Lettres inédites du marquis de C. à la duchesse d'A.*, in
R.H.L.F., 1958, p. 165-182.

qu'il tenait pour l'étalage indiscret des passions et le signe non équivoque du désordre social. Auprès de lui, Narbonne et Boufflers constituaient de meilleures cautions que Chateaubriand, qu'il détestait [8]. Aussi, pour créer d'emblée un préjugé favorable, choisit-elle de présenter le marquis comme un fidèle tenant de l'Ancien Régime, l'héritier des élégances de vieille société.

Etait-ce d'ailleurs totalement inexact ? Médiocre romancier et piètre auteur dramatique, Custine est d'abord pour nous, à cette date, l'un des témoins les plus lucides d'une époque dont il se jugeait la victime, celui qui avait su écrire dès le 8 mai 1812 : « Est-ce ma faute, à moi, si je suis né dans un siècle dont *René* est le chef d'œuvre littéraire ? » [9] Quand il analyse, par exemple dans les lettres à Rahel Varnhagen, son impuissance à se décider et à agir, fût-ce pour conduire sa propre vie, la qualité de son propos l'égale au meilleur Senancour, et l'on devine que l'éclat de ses réceptions, ses fréquentations littéraires ne sont qu'apparence. Nul n'a mieux illustré l'analyse de Pascal : riche, libre, mais surtout embarrassé de lui-même, ce raffiné dont le faste éblouit pratique le divertissement avec une clairvoyance cruelle. Mais la compagnie dans laquelle il avait, faute de mieux, choisi de s'étourdir, était-elle celle qu'appelaient ses préférences ? C'était dans un autre monde que la naissance avait marqué sa place, et il y a lieu de penser que cet aristocrate ne se sentait pas toujours pleinement à l'aise parmi ceux qu'il recevait parce que ses mœurs ne les choquaient point [10]. Cet organisateur de tant de brillantes soirées éprouve la lassitude du monde, et la nostalgie de réunions plus paisibles où les plaisirs de la conversation auraient constitué l'essentiel. Observateur délicat, profond et piquant, pour reprendre les termes de Sophie Gay [11] que l'examen de la correspondance confirme de tout point, Custine semble avoir bien rarement ressenti pour son propre compte, une fois maître de maison, la satisfaction que lui avait value, un soir de mai 1814, l'entretien de Madame de Staël : « Ce salon est plus qu'un lieu où l'on se divertit, c'est un miroir où se peint l'histoire du temps. Ce qu'on y voit et ce qu'on y entend est instructif autant que bien des livres et plus

---

(8) Les attaques contre lui sont nombreuses sous la plume du chancelier, et visent l'écrivain autant que le ministre, le journaliste ou l'ambassadeur. On en trouvera quelques-unes, parmi les plus violentes, dans notre *Metternich et Lamennais*, Paris, 1963, p. 23 sq.

(9) *Mémoires et voyages*, t. I, repris par LACRETELLE, *Marquis de C., Souvenirs et portraits*, Monaco, 1956, p. 76 ; de même p. 103 (26 mai 1817).

(10) A notre sens, le portrait le plus révélateur de C. demeure celui qu'a tracé Philarète CHASLES dans ses *Mémoires* (Paris, 1876, t. I, p. 309-310).

(11) *Salons célèbres*, Paris, 1864, p. 17.

gai que bien des comédies. Vous me demandez pourquoi je lis peu.
A quoi bon lire quand on passe sa vie à puiser à la source de
toutes les idées de son temps, à les voir en travail dans leur germe,
à prévoir leur effet quand elles seront en circulation dans le
monde ? Je retrouverais ailleurs mal employé ce que je découvre
ici sous la forme la plus séduisante... » [12] Cet hommage d'un
visiteur qui avoue plus loin « préférer à tout l'âme des gens
d'esprit » s'adresse d'abord, il est vrai, à la mémoire de celle qui
avait excellé à susciter par sa seule présence des échanges étin-
celants. Mais il semble bien que, pour Custine, l'escrime intellectuelle telle qu'il l'avait vu pratiquer rue du Bac demeura toujours
la perfection du genre. Pour cet insatisfait qui ne connut que
bien rarement l'accord avec soi-même, la réflexion sur les hommes
comptait plus que les discussions ou les jouissances esthétiques,
parce qu'elle seule aidait la recherche de soi. Les réceptions de
Saint-Gratien, les soirées données à l'hôtel de la rue de La Rochefoucauld parvenaient-elles à créer l'atmosphère excitante et policée
où son intelligence se sentait à l'aise ? Malgré leur génie ou leur
réputation les invités n'étaient pas vraiment de son milieu, ni lui
du leur. Plus qu'un égal il demeurait près d'eux un mécène.

Ainsi s'explique la profonde impression que fit le chancelier
sur son visiteur, et l'opinion tout-à-fait positive que celui-ci prit
d'abord de lui. « Depuis l'ancien temps, dont je me souviens encore,
écrit-il à Sophie Gay le 6 juin, je n'ai rien vu de si parfaitement
aimable, de si noble, de si simple que M. de Metternich. Cela repose
de toutes les sottises de nos hommes influents... C'est comme la
danse de Mlle Taglioni, qui paraît à la portée de quiconque la
regarde » [13]. Au Ballhausplatz ou dans la résidence du Rennweg,
Custine retrouvait ce que le Paris de la monarchie citoyenne ne
lui offrait plus guère, une atmosphère qui rappelait le XVIIIᵉ siècle
et la conversation d'un homme exceptionnel. Son hôte était assez
pénétré de suffisance pour trancher de tout sans appel, et n'aimait
rien tant qu'étaler devant les étrangers sa tranquille infaillibilité [14].
Or lui-même était depuis longtemps convaincu que l'action des
individus hors du commun assurait seule le salut de la société [15] ;

(12) *Ibid.*, p. 18. L'éloge prend tout son relief quand on sait qu'il a été
composé en décembre 1836, à la requête de Sophie Gay (cf. A.-M. RUBINO, *Alla
ricerca di A. de C.*, Roma, 1968, p. 143, note 2), et qu'en mai 1814 les Alliés
occupaient Paris !

(13) Cité par LUPPÉ, *op. cit.*, p. 176.

(14) Cf. ce mot tardif (janvier 1850) mais révélateur : « Je suis en quelque
sorte le titulaire d'un professorat de vérités fondamentales » (cité par BERTIER
DE SAUVIGNY, *op. cit.*, p. 47).

(15) LACRETELLE, *op. cit.*, p. 131 (janvier 1822).

d'autre part, rongé d'incertitude, il sentait que l'admiration était
son premier besoin [16]. Tout naturellement, il était devenu l'auditeur
attentif et déférent de ce prestigieux interlocuteur. Dogmatisme
satisfait d'un côté, disponibilité respectueuse de l'autre : ces deux
esprits d'apparence si dissemblable étaient faits pour s'entendre.

Cependant le projet de voyage en Orient demeurait, et il fallait
continuer la route. Malgré ses soucis d'homme d'Etat, Metternich
s'entremettait volontiers pour rendre service aux gens de son
monde, et il proposa à Custine d'accompagner deux princes autrichiens, Frédéric Schwarzenberg et François Lobkowitz à bord
d'une corvette en partance de Trieste pour Smyrne. Lobkowitz
voulait se consoler d'un amour malheureux et Schwarzenberg
avait, comme on dirait de nos jours, besoin de se changer les idées...
La lettre suivante, datée du canal de Corfou le 18 juin, nous renseigne sur le détail de la navigation et l'atmosphère qui régnait
à bord. Elle souligne d'autre part la respectueuse liberté que le
marquis croyait pouvoir se permettre avec le chancelier, en se
fondant sur l'amical intérêt que celui-ci venait de lui témoigner.

> Monseigneur,
>
> De toutes les bontés que vous avez eues pour moi, celle
> dont je suis le plus pressé de rendre grâce à Votre Altesse,
> c'est de la permission de lui écrire. J'aurais emporté un
> regret dans ce voyage rendu si facile grâce à votre protection,
> si je n'avais pu vous dire que de tant de souvenirs que je
> vais recueillir, un des plus intéressants pour moi sera toujours
> celui des heures passées près de Vous à Vienne. Il est si rare
> de rencontrer des hommes d'action, dont la pensée s'élève au
> dessus de ce qu'ils font journellement, et embrasse le fond des
> choses, comme des solitaires, tandis qu'ils combattent sur la
> brèche comme des soldats, que lorsque je trouve un tel homme,
> ce qui m'est arrivé une fois en ma vie, je reçois ses paroles
> comme des oracles. Je me dis en même temps, et peut-être
> trouverez Vous cette pensée bien présomptueuse, que l'habitude
> de conduire les hommes doit rendre la société semblable à un
> désert, qu'on doit se lasser de commander à des manœuvres
> qui ne vous comprennent pas, qu'on doit souffrir de n'être
> jugé que par des ennemis, des envieux ou des imbéciles, et
> que si l'on rencontre un esprit dont on soit compris, par une
> sorte d'analogie d'esprit qui se fait sentir dans toutes les
> situations de la vie, on aime à se reposer un moment, à oublier
> le tracas journalier, à se sentir apprécié comme on le sera
> par l'histoire !... pardon de me faire ainsi ma part dans une
> relation qu'il serait plus naturel de n'attribuer qu'à la bonté

---

(16) *Ibid.*, p. 137 (novembre 1823).

qu'on vous connait et à la généreuse hospitalité dont l'esprit s'est réfugié chez Vous. Je me flatte peut être ; mais [17] qui savez voir en peu de tems ce qu'il y a dans les hommes, Vous savez déjà que je dis tout ; et je n'ai pas besoin de m'excuser davantage.

Nous avons fait un voyage admirable, par la beauté du tems ; c'est une navitation toute pratique. Depuis sept jours que nous sommes en mer, je n'ai pas senti le mouvement du vaisseau, et nous touchons à Corfou, d'où j'enverrai ce soir j'espère, ma lettre à Votre Altesse.

J'ai employé tous mes talens diplomatiques à m'emparer de la Corvette Impériale où Vous m'avez fait recevoir : elle est maintenant à ma disposition pour tout le voyage. Voici comment : J'ai représenté au général Appel [18], qui voulait aller directement à Constantinople, qu'il ne s'accoutumerait jamais aux chaleurs de l'Orient s'il ne commençait par s'acclimater sur mer où l'on souffre toujours moins. Trois semaines ne sont pas suffisantes, un mois de plus est nécessaire à une organisation délicate ; d'ailleurs comment retourner en Allemagne sans avoir vu Jérusalem ; deux jours de voyage à cheval ne sont rien en comparaison de ce qu'une telle route offre de curieux ; le Pce de Lobkowitz avait le même intérêt que moi, le Pce de Schwarzenberg n'en avait aucun, que celui d'un bon vivant toujours prêt à faire plaisir, et à trouver qu'on lui en fait. Il a donc été arrêté à l'unanimité qu'on s'adresserait à l'autorité compétente à Athènes, et nous ne doutons pas que nous n'obtenions la corvette pour nous mener en Syrie et nous ramener à Smyrne, ce qui allonge la traversée d'un mois et abrège mon voyage de six. Voilà ce que je vous dois ! Si Vous Vous repentez, il n'est plus tems de donner contre ordre, car nous serons partis d'Athènes avant que Vous puissiez nous atteindre ! Quelqu'idée que j'aye de Votre pouvoir, je me sens donc à l'abri jusqu'à Constantinople.

Votre altesse a bien voulu m'y promettre des lettres pour la Russie ; le retard qui m'empêchera de profiter de ces recommandations avant la fin de la saison, ne m'empêchera surement pas de les trouver chez M. de Sturmer [19] quand j'arriverai à Constantinople.

Mes compagnons de voyage et le commandant de la corvette me comblent de soins ; Vous avez eu la bonté de me dire que

---

(17) *Vous* omis.

(18) Ce brillant combattant des guerres contre Napoléon occupait ses loisirs à voyager dans les pays méditerranéens. Il reprendra du service contre le Piémont en 1849 (1785-1854).

(19) Auteur du document suivant (*Acta Clementina*, M.R.A., 64, A-6). Esprit distingué, orientaliste d'honnête réputation, le comte de S. était un agent de confiance, ancien ministre autrichien à Sainte-Hélène.

je pouvais faire quelque bien au Pce Schwarzenberg :
j'ai peur de lui en faire trop, car je le contredis sur tout !
Au reste nos discussions sont très amicales, jusqu'au moment
où elles tombent sur les personnes ; mais quand l'éloge de
Robespierre arrive, je perds le sang froid et je me sauve !
De peur que Votre altesse n'en fasse autant avec cette lettre,
je me hâte de la terminer, en me recommandant à Vos bontés
et en Vous offrant l'hommage des sentiments de respect,
d'obéissance et de gratitude que Votre altesse doit déjà avoir
reconnus en moi.

                            A de Custine
                 dans le canal de Corfou ce 18 juin !

En fait, changeant une fois de plus ses projets, Custine n'est pas
allé à Constantinople, et a quitté la corvette autrichienne à Athènes.
Le marquis de Luppé parle à ce propos d'interruption en coup de
tête, provoquée par la crainte de la peste qui sévissait au Levant
et par une « fièvre inflammatoire » dont le marquis aurait été
alors atteint [20]. L'extrait suivant d'une dépêche du comte Stürmer,
ministre d'Autriche à Constantinople, permet d'expliquer autrement cette décision soudaine.

      Bujuk-Déré
      22 juillet 1835
      ...

      M. de Custines, qui avait accompagné le général Appel et
      les Princes Schwarzenberg et Lobkowitz à Athènes, parait avoir
      renoncé au projet qu'il avait de venir à Constantinople. Il a
      failli avoir de grands désagrémens à bord du Veloce [21] par
      suite d'obscénités dont il a été soupçonné et que la plume
      se refuse à tracer.

Il est remarquable que ce texte a été classé dans les archives
personnelles du chancelier. Aurait-il concerné une personnalité
de moindre rang, ou un adversaire de la monarchie, qu'il aurait
été communiqué sans tarder aux services de police. Mais, dans
l'Autriche du Vormärz, la discrétion était recommandée aux
bureaux, dès lors que la moralité de membres de la haute société
se trouvait en cause. Selon toute vraisemblance, Custine n'a jamais
su que les autorités de Vienne avaient été averties de sa conduite.
Aussi convient-il de tenir pour sincères, et non pas dictées par le
souci de faire oublier le scandale, les protestations d'admiration et

---

(20) *Op. cit.*, p. 178.
(21) C'était le nom de la corvette.

de reconnaissance qui ouvrent sa lettre à Metternich du 3 janvier
1837.

Ils s'étaient revus pendant l'été 1836, à l'occasion d'une cure
à Marienbad qui avait permis au marquis de pousser jusqu'à
Königswart. L'accueil du chancelier avait été plein de bienveillance, et Custine était en droit de penser que rien n'avait transpiré
des incidents de l'année précédente. Peut-être sentait-il mieux, à
mesure que le temps passait, combien sa vie était manquée. On
a l'impression, quand on le lit, que de cet échec la fréquentation
du grand homme lui avait donné une conscience plus nette. Sans
doute celui-ci, sensible aux qualités intellectuelles de son visiteur,
avait-il tout fait pour le mettre en confiance ; la mutuelle sympathie née à Vienne est sortie renforcée de ce nouveau tête-à-tête.
« Votre bonté m'aide à me réconcilier avec moi-même ». Cet hommage qui rappelle le ton de certaines lettres à Rahel Varnhagen
a chance de ne rien devoir à la courtoisie. Le marquis avait retrouvé
à Königswart l'atmosphère la mieux faite pour lui plaire : une
distinction qui n'excluait pas la simplicité, et à laquelle le maître
de maison joignait les fortes convictions dont il se savait totalement
démuni lui-même. Le pays gouverné depuis si longtemps par un
tel homme pouvait lui apparaître comme une patrie d'élection.
Plus soucieuse de fidélité dynastique que de nationalité, la diplomatie autrichienne n'avait-elle pas recruté ses agents un peu
partout en Europe, et singulièrement parmi les émigrés ? N'aurait-il
pu lui-même, avec un peu d'initiative, passer à son service lors du
Congrès de Vienne, auquel il avait accompagné Alexis de Noailles
sans posséder de fonction nettement définie, dans le seul but de
se faire des relations et de s'initier aux affaires ? Telles formules
de la lettre du 3 janvier, à la fois nostalgiques et ambiguës, suggèrent assez clairement le regret de n'avoir pas su, au moment
opportun, rejoindre l'homme d'Etat capable de l'associer à une
grande œuvre. Certes il serait aventureux d'insister. En 1837,
Astolphe de Custine s'est trop délibérément installé dans la société
parisienne pour s'imaginer longtemps autre qu'il a choisi d'être.
Mais il est significatif de ce perpétuel insatisfait que le regret
d'une carrière plus féconde l'ait un instant effleuré, et qu'il ait
éprouvé le besoin, pour excuser son inutilité présente, de rappeler
qu'un guide lui avait manqué [22].

Est-ce pour prolonger l'illusion ? Au lieu du billet que récla-
maient les convenances en ce début d'année, il s'autorise de la

---

(22) Son attitude face à M. n'est pas sans rappeler celle qu'il avait eue
en 1814 devant Talleyrand (cf. LACRETELLE, *op. cit.*, p. 87).

permission qui lui avait été donnée d'écrire « même sans prétexte » pour composer une chronique mondaine détaillée.

Monseigneur,

Il y a longtemps que j'aurais pu profiter de la permission
que m'avait donnée Votre Altesse de lui écrire *même sans
prétexte*. J'attendais toujours quelque chose de nouveau à lui
apprendre, mais je vois que cette attente, en se prolongeant,
me ferait paraître indigne de ses bontés par mon peu d'empressement à l'en remercier, et j'aime mieux lui répéter ce
qu'elle sait que de me donner l'ombre d'un tort envers elle.

L'idée qui me domine lorsque ma pensée se reporte vers
Königswart et vers Vous, c'est que Vous connaissez les hommes
mieux que personne et la dessus se fonde une grande sécurité.
Persuadé que je suis que je n'ai rien à vous apprendre sur
mes sentiments de gratitude et de respect et en même tems
sur la parfaite analogie de mes idées avec les Vôtres, je
remercie le sort, mais tout bas, de ce qu'il m'a permis d'approcher d'un homme si supérieur à tous égards, et ménagé
la surprise de me trouver d'accord avec lui sur tous les
points. Ceci n'est pas une explosion de vanité satisfaite, c'est
l'expression du bonheur involontaire que j'éprouve à reconnaître des rapports si inattendus entre l'homme qui a le plus
fait en ce monde et moi, qui suis un de ceux qui ont fait le
moins. Soit faiblesse, soit malheur, soit incapacité secrète qui
paralyse en moi la faculté de vouloir et d'agir : je n'ai jamais
eu le caractère nécessaire pour tirer parti de mon esprit, mais
le jugement bienveillant d'une personne telle que Vous,
Monseigneur, dédommage de bien des mécomptes, adoucit bien
des regrets, et même le repentir. L'inaction qui tient de la
paresse peut devenir une cause de remords ; mais Votre
bonté m'aide à me réconcilier avec moi-même : je me dis :
si j'avais eu un tel chef je serais devenu un autre homme. Vous
savez que je ne suis pas de ceux qui pensent qu'on peut se
passer de guide pour aller loin.

Je vis trop à l'écart pour pouvoir Vous donner aucune
nouvelle du grand monde ; c'est à Vous que je voudrais demander des aperçus sur l'état politique et même sur la société
de Paris. Depuis longtemps ce sont les étrangers qui nous font
les honneurs de chez nous ; et cette particularité peut avoir
des conséquences plus graves qu'on ne semble le penser ici.
L'esprit de parti arrivé au point où il est en France devient
une cause de mort, une maladie incurable. Je vois le mal ;
mais j'ignore le remède.

Je ne sais pas si Vous avez entendu parler autrement que
par les livres et les revues de Mme du Devant, qui signe ses
ouvrages : george Sand. Si vous ne la connaissez que par ses
écrits, ou ceux des autres le récit d'une soirée arrangée der-

nièrement pour me faire recontrer avec elle, Vous amusera
peut-être. C'était chez Choppin [23], un pianiste dont le talent
élégant, poétique et gracieux prête une voix et une âme à
l'instrument le moins fait pour toucher les cœurs. J'arrive de
bonne heure : la Corinne de l'abbé de Lamennais (du nouvel
abbé de Lamennais ; l'auteur de l'indifférence est bien loin)
sa Corinne n'était pas encore là. Elle entre à la fin, accompagnée de Mme d'Agout Mlle de Flavigny [24] qui se croit des
titres et en acquiert tous les jours de nouveaux à la place de
confidente *de la femme libre.* Mme Sand avait un costume qui
mérite une description détaillée : Une jupe de soie bordée
de rubans une ceinture cerise retombant en écharpe flottante,
une chemise de soie blanche froncée autour du col, en guise
de corsage et par là dessus une veste ouverte à la manière
des femmes orientales ou des danseuses de corde, la tête nue,
les cheveux entièrement plats ou séparés sur le sommet du
crane dont la forme est admirable et sur le front, mais retombant en grosses boucles sur les épaules. Elle est entrée vivement : une grande bourse pleine de cigarres à la main, et
avant de s'asseoir elle en a tiré un pour l'allumer à une bougie
de la cheminée, puis elle est tombée brusquement sur une
causeuse les pieds dans le feu. Voilà pour les yeux. Vous figu-
rez Vous cette apparition dans un salon de Paris ? Du reste
le plus beau front, le plus haut, le plus pensant, des yeux profondément noirs, et dont l'expression pleine de puissance est
d'accord avec le front. Un nez romain, mais d'homme et non
de femme, et cela pour cause à ce qu'on assure, une bouche
diabolique et misérable : toutes les passions, toutes les douleurs,
toutes les audaces et tous les naufrages : peu ou point de
menton, une petite taille, presque pas de corps : enfin la tête
et la queue d'une Syrène : telle est la femme qui aspire à prendre dans l'avenir la place de Mme de Staël dans le passé. Du
moins la voilà telle que mes yeux l'ont vue.

Maintenant Voici pour l'esprit : — Bonjour Monsieur, d'un
ton brusque et en détournant la tête de l'autre côté : telle fut
la réponse à mon salut quand le maître de la maison m'eut
mené et nommé à elle. A chaque question que je faisais, des
oui et des non les plus brefs possibles, jusqu'à ce que décou-
ragé je m'en fusse à l'autre bout de la chambre causer avec
Mme d'Agout que je connaissais. La musique commence, la
soirée s'avance, Mme Sand fume et échange en chuchottant
quelques monosyllabes avec nourry le chanteur [25] ; moi je

---

(23) Leurs relations dataient de l'été 1834. L'amitié et l'admiration de C.
pour Chopin sont bien connues, comme le nouvel éclat donné au piano par les
musiciens romantiques.

(24) Mme de Custine avait peut-être cherché à lui faire épouser son fils,
après le veuvage de celui-ci (cf. *Lettres inédites au marquis de La Grange,* éd.
Luppé, p. XV, note 2). Mme d'Agoult vivait avec Liszt depuis l'été 1835.

(25) Il s'agit bien sûr du célèbre Adolphe Nourrit.

me dis : rien ne sera gauche comme d'avoir demandé à rencontrer une personne célèbre pour passer tout le temps qu'on est avec elle sans lui parler : Je me creuse donc la tête à chercher une nouvelle phrase qui provoque une réponse et je profite d'un moment où la place est vide sur la causeuse pour aller me rasseoir à côté de la *femme libre.* puis sacrifiant mon amour-propre à mon orgueil je lui dis avec résolution : Mme je n'ai pas eu le bonheur de vous rencontrer (remarquez avec quel soin délicat j'évitais le mot honneur) depuis un jour mémorable pour moi. — lequel Monsieur ? — Un jour où je venais de faire représenter pour la première fois, une tragédie qui est tombée, la fessée [26]. — oh Monsieur ! Vous exagérez, elle n'est point tombée. En condescendant jusqu'à cette politesse indirecte, elle me regardait fixement. — Un demi succès, repris je, ou un revers me paraît la même chose en fait d'essais littéraires. — Le succès ne prouve rien dans les affaires de ce monde. — Il me semble pourtant Madame, qu'il prouve plus que le témoignage que chacun se rend à soi même dans le secret de son orgueil. — Point de réponse !... Je continue : Vous étiez ce jour là dans la loge de Mme Dorval (l'actrice qui jouait Beatrix) pour laquelle vous paraissiez avoir une admiration passionnée [27]. — Oui Monsieur, et je m'en glorifie, je suis toujours la même pour elle, mais je ne la vois plus ! Suit un grand éloge de l'actrice au bout duquel la bacchante littéraire se lève toujours aussi brusquement et va parler à un Polonais, le Pce Bernard Potocki [28]. Voilà tout ce que j'ai obtenu de l'héroïne de l'avenir [29].

Voilà avec moins de supériorité de talent l'échantillon de toutes les personnes qui se préparent à régénérer le monde, et Vous voyez comme elles commencent par réformer ce qu'elles appellent les grimaces et les mensonges de l'ancienne politesse. on m'assure que Mme Sand est souvent aussi maussade que je l'ai vue, surtout pour les personnes de bonne compagnie d'autrefois qu'elle déteste. Elle est dit-on petite fille du Mal de Saxe et de Mlle Lecouvreur [30].

Il y a ici un homme d'un siècle et d'un esprit bien différent : le vieux comte de Romanzow [31] qui arrive de Peters-

---

(26) Expression au moins inattendue pour désigner *Beatrix Cenci*, que Mme Dorval n'avait pu sauver en mai 1833. C. fait l'éloge de son interprète dans l'avant-propos de l'édition de la pièce.

(27) Cf. A Maurois, *Lelia ou la vie de George Sand*, Paris, 1952, p. 152 sq.

(28) Il est plusieurs fois question de lui, vers cette date, dans la correspondance de George Sand.

(29) La formule n'est pas gratuite : après *Indiana* et *Valentine,* les Saint-Simoniens avaient tenté de rallier G. Sand à leur cause et, peu après, Michel de Bourges l'avait amenée à s'intéresser à la question sociale, d'où sa sympathie pour Lamennais.

(30) Erreur bien sûr, mais combien révélatrice !

(31) Il s'agit sans doute de Sergeï Petrovitch Roumantsiev (1755-1838) der-

bourg pour revoir Paris après une absence de cinquante ans.
Dans ce tems là, il avait joué avec ma grand mère [32] et
chez elle, la comédie du Misanthrope, et Mr le Comte d'Artois
pour forcer la porte, s'était revêtu ainsi que le Bailly de
Crussol [33] de la livrée de Sabran. Ils furent reconnus à un
coup de sifflet qu'ils donnèrent vers la fin de la représentation ;
le prince soupa dans son déguisement et tout le tans de la
soirée, la comtesse Diane de Polignac l'appella *M. la France*.
C'est lui dont M. de Montbel vient de raconter la mort d'une
manière si noble et si simple dans une brochure qu'on ne peut
lire sans attendrissement [34].

M. de Romanzov, grâce au souvenir de ma grand mère, a
voulu que mon oncle, M. de Sabran, me conduisît chez lui. On
parlait des femmes qu'il avait connues autrefois ; n'allez pas
les voir dit un ami de Mr de Romanzov ; cela vous ferait de
la peine ; Peut-être cela me ferait encore plus de plaisir,
répond l'aimable vieillard ; surtout la charmante duchesse
d'Uzès que j'ai laissée si fraîche, si jolie, si gaie. Quant à celle
là, vous pouvez la revoir sans crainte, répond mon oncle qui
est toujours en distraction moitié naturelle, moitié jouée par
taquinerie, elle est conservée étonnament et sera très contente
de vous revoir. Sur cette assurance Mr de Romanzov se décide
à l'entrevue et que voit-il au fond d'un fauteuil à Bras : une
petite figure ridée ployée en deux, ou plutôt roulée comme
une feuille morte, sourde, malade et qui peut à peine se
rappeler le nom de son ancien adorateur. Voilà le plaisir perfi-
dement ménagé par mon oncle au vieil ami de ma grand
mère ! Cette visite et celle à Mme Sand peignent en mal il
est vrai les deux extrêmes de la société de Paris : celle qui
finit et celle qui va commencer.

Permettez-moi, Monseigneur, de n'ajouter pas un mot
d'excuse à ce long caquetage. Vous m'avez habitué à Votre
indulgence à Königswart où vous m'appreniez tant de choses
et même à ramer sur un lac ; mais surtout à rire des systèmes

---

nier représentant du nom, un temps diplomate mais aussi auteur de vers
français et ami des réformes qui, pour donner l'exemple, avait affranchi une
partie de ses serfs.

(32) La comtesse de Sabran, fidèle compagne du chevalier de Boufflers (qui
du reste, quoi qu'en dise plus haut Laure d'Abrantès, n'était pas le grand-père
de C.).

(33) Il doit s'agir d'Alexandre de Crussol (1743-1815), grand bailli d'épée de
Bar-sur-Seine, et fort ami du comte d'Artois qu'il avait accompagné comme
aide de camp au siège de Gibraltar en 1782. — Quant à la comtesse Diane de
Polignac, elle était dame d'honneur de Madame Elisabeth, sœur de Louis XVI,
et belle-sœur de l'amie de Marie-Antoinette. La comtesse DE BOIGNE (*Mémoires*,
éd. Berchet, Paris, 1971, t. 1, p. 45) fait d'elle « le scandale personnifié ».

(34) Ce travail intitulé *Dernière époque de l'histoire de Charles X...* connut
un vif succès auprès du public légitimiste. L'auteur avait eu soin de rappeler
les égards témoignés au roi exilé par la cour de Vienne.

de Philosophie qui placent exclusivement le bonheur dans la médiocrité : je l'ai vu précisément où les Sages des livres disent qu'il n'est pas : au faîte du pouvoir. Cela prouve qu'il peut être partout pour une ame digne de l'obtenir et de le conserver.

Daignez agréer l'hommage de la respectueuse reconnaissance avec laquelle j'ai l'honneur d'être, Monsieur, de Votre Altesse.

Le très humble et très obéissant serviteur

Paris, ce 3 janvier 1837   A. de Custine

J'éprouve encore le besoin de remercier Madame la Princesse de Metternich de ses Bontés pour moi, et d'offrir mes hommages à Madame la Ctesse Zichy. J'entends d'ici leurs exclamations hélas trop motivées contre tout ce qui arrive de mal chez nous.

Metternich prisait fort les lettres de ce genre, surtout quand elles lui arrivaient de Paris, capitale de l'art de vivre mais aussi refuge d'où exilés et libéraux narguaient sa politique. Hasard ou dessein, Custine aborde successivement ces deux thèmes. La relation de sa rencontre avec George Sand était de nature à confirmer le chancelier dans ses préventions de conservateur contre la littérature à la mode, tandis que l'évocation du comte Roumantsiev et de son ami Elzéar de Sabran rappelait le bon vieux temps.

Il se trouve que nous possédons plusieurs relations de la soirée organisée chez Chopin le 13 décembre 1836, qui avait constitué une manière d'événement mondain [36]. Quinze ans après, le compositeur polonais Brzowski en parle longuement dans ses souvenirs de voyage à Paris. Son récit, plus circonstancié et, selon toute vraisemblance, plus objectif que celui de Custine, aide à mieux comprendre ce dernier [37]. « L'éminent artiste » — c'est ainsi que son compatriote désigne Chopin — avait arrangé chez lui, rue du Mont-Blanc, un concert de musique de chambre auquel devaient participer Liszt et le chanteur Nourrit, et il avait eu soin de faire figurer leurs noms, outre celui de George Sand, sur les lettres d'invitation qu'il avait envoyées. Ces précautions avaient eu plein succès. Le moment venu, se pressait chez lui « une assemblée choisie et captivante, puisque composée pour l'essentiel de per-

---

(35) La mère de la princesse Mélanie, troisième épouse du chancelier.
(36) Cf. *Correspondance* de G. SAND, éd. G. Lubin, Paris, 1967, t. III, p. 596 et Th. MARIX-SPIRE, *George Sand et la musique*, Paris, 1955, p. 527-528.
(37) Nous le citons d'après la traduction qu'a bien voulu nous en faire notre collègue Th. Kowzan, que nous avons le plaisir de remercier ici.

sonnalités très connues de la littérature et des arts », parmi lesquelles Eugène Sue, Schoelcher, Pixis, Berryer, Ferdinand Denis,
les comtes Vladimir et Bernard Potocki. La présence de Custine
n'offrait guère, dès lors, de relief particulier. George Sand, en
revanche, attirait d'autant plus les regards qu'elle était avec la
comtesse d'Agoult la seule femme de l'assistance. L'opposition de
leurs deux silhouettes était saisissante. « La comtesse, une blonde
d'humeur enjouée et coquette, d'un commerce aimable, était par
sa grâce légère et sa toilette d'une exquise élégance, le modèle
même de la charmante Parisienne du plus haut rang. Madame
George Sand était tout le contraire : brune, sérieuse et froide,
comme si elle n'était pas française, elle avait des traits réguliers,
une physionomie calme ou plutôt engourdie, où l'on n'apercevait
que la sagesse, la pensée et l'orgueil ». Et Brzowski ajoute un peu
plus loin, après avoir noté que, dans cette société où tout le monde
se connaissait, « personne n'éveillait la curiosité des autres :
quant à nos deux dames, le contraste frappant de leurs types était
toujours aussi impressionnant. Tandis que la comtesse d'Agoult
animait avec espièglerie une conversation spirituelle et séduisante,
un doux sourire sur son visage entouré de longues boucles à l'anglaise, George Sand, figée sur une causeuse devant la cheminée,
et lançant de légères bouffées de son cigare, répondait cérémonieu-
sement et en comptant ses mots aux propos des hommes qui
s'asseyaient près d'elle, pleins de déférence et de respect ». Rien
n'interdit de ranger parmi ces admirateurs « le marquis C., de
haute taille, avancé en âge, le type même du grand noble légitimiste », dans lequel nous n'avons nulle peine à reconnaître le
correspondant de Metternich.

Brzowski n'était pas écrivain de profession. Mais l'attention
avec laquelle ce jeune étranger a observé les célébrités parisiennes
offre une sérieuse garantie d'authenticité, d'autant qu'il a pu
rédiger ses souvenirs en s'aidant des lettres qu'il avait envoyées
à sa femme sur le moment. Le croquis qu'il trace, par exemple, de
Madame d'Agoult semble suggestif et exact. Son texte mérite,
croyons-nous, le même crédit à propos de George Sand qui était,
à cette date, une personnalité fort en vue. Or, le cigare excepté,
rien de singulier ni d'excentrique n'apparaît dans le comportement
qu'il lui prête, celui d'une romancière consciente de ses mérites,
recevant avec une froideur étudiée les hommages qu'on lui adresse.
Aussi bien s'agissait-il, ce soir-là, d'une assemblée mondaine où
cette femme de haute intelligence se fût certainement interdit
tout manque de tenue qui aurait ressemblé à une faute de goût.
Quant à la robe turque sur laquelle Custine est si disert, elle ne
correspondait peut-être que de loin aux canons du Faubourg
Saint-Germain (ou de la cour de Vienne). Mais elle rappelle surtout,

de nos jours, la faveur de la génération romantique pour les mises singulières. A lire la description qui en est faite, elle semble du reste avoir été fort bien portée, et avoir traduit avec élégance le faible de sa propriétaire pour l'indépendance vestimentaire. Surprit-elle les assistants ? La relation de Brzowski n'en fait pas même mention.

Il suffit de rapprocher ce récit de celui du marquis pour sentir combien ce dernier durcit le trait, et deviner avec quelles arrière-pensées il a rédigé son texte. Nous avons relevé plus haut que, malgré ses dires, la réunion du 13 décembre avait peut-être un autre objet que de lui faire rencontrer « la femme libre » [38]. Mais les perfidies calculées qui accompagnent le portrait en action de « Mme du Devant » semblent autrement plus graves que ce trait d'amour-propre. A Vienne ou à Königswart, Metternich avait certainement parlé de Lamennais à son visiteur : depuis 1830 l'abbé était l'un des hommes dont il avait combattu l'influence et les idées avec le plus de constance. Il avait travaillé par tous les moyens à faire condamner ses thèses à Rome, et tenait les *Paroles d'un croyant* pour une œuvre satanique, destructrice de la société [39]. Custine au contraire avait d'abord témoigné une vive sympathie au programme de l'*Avenir* [40]... Certes les temps avaient changé, et l'intérêt que portait George Sand au prêtre qui venait d'abandonner le service de l'Eglise pour celui de la démocratie faisait jaser [41]. Mais s'autoriser des ragots parisiens pour présenter au chancelier l'auteur de *Lélia* comme « la Corinne du nouvel abbé de Lamennais » ressemblait assez à une médisance, voire à une indignité. Et évoquer, à propos de tel détail physique, les mœurs qu'on lui prêtait n'arrangeait rien, bien au contraire.

S'il s'était agi de quelque plébéienne, même marquée par le génie, Custine aurait sans doute été moins disert. Mais cette femme-écrivain qui avait conquis la gloire en offensant les idées reçues était la petite-fille du Maréchal de Saxe, elle avait pour intime amie l'ex-Mademoiselle de Flavigny, autre affranchie de haut rang, et elle faisait le principal ornement des réceptions parisiennes quand elle consentait à s'y rendre. Or, s'adressant à Metternich, le marquis Astolphe se sentait profondément aristo-

---

(38) F. Denis, il est vrai, précise que G. S. désirait rencontrer C. et E. Sue. Il note, d'autre part, le charme de son costume et l'ardeur avec laquelle elle fumait.

(39) Cf. notre *Metternich et Lamennais*.

(40) Comme l'atteste sa lettre à Stendhal du 6 novembre 1830 (STENDHAL. *Correspondance*, éd. Del Litto-Martineau, Paris (Pléiade), 1967, t. II, p. 856).

(41) *Cf.* G. SAND, *Correspondance*, op. cit., t. III, p. 623, lettre du 30 décembre 1836 (notamment la note 1).

crate. Malgré les incidents qui avaient marqué sa vie privée, il n'avait jamais donné dans la bohême ou le laisser-aller, et c'était à l'évidence sa naissance comme son éducation qui, plus que la recommandation de Laure d'Abrantès, lui avaient valu d'être admis dans l'intimité du chancelier. Rien de plus singulier pour lui, dès lors, et mieux de nature à choquer son correspondant (pour ne pas parler de la princesse Mélanie) que le cas d'une cousine de rois qui reniait ses origines et aimait se vanter de son ancêtre l'oiseleur [42]. Telle qu'elle nous est ici décrite, George Sand ignore à dessein la moindre politesse et se complaît en une incivilité de principe. La romancière finit par ressembler à son œuvre, c'est-à-dire qu'elle est devenue impossible à fréquenter à force d'avoir écrit tant de pages où la morale du beau monde ne trouvait guère son compte. La malveillance, du reste, n'altère nullement le talent du peintre. Custine, qui sait voir et excelle à se souvenir [43], livre de son modèle une image pleine de vie. L'apparence physique, l'allure orientale du costume, l'opposition bien tranchée des couleurs, la coiffure que le portrait de Delacroix et, plus encore, la gravure de Calamatta [44] ont popularisée, tout est rendu avec une belle maîtrise, qu'on retrouve dans l'évocation si vivante de l'entrée en scène, et du cigare allumé à la bougie de la cheminée en un geste qu'on sent familier. Pourquoi faut-il que, derrière le visage dont l'harmonie comble l'amateur de beauté, l'aristocrate imagine par complaisance le tumulte de tous les débordements ? C'était affaiblir de parti-pris un morceau bien venu, et composé avec un manifeste plaisir.

Mais c'est dans la suite que la critique se fait la plus vive. Nous avons rappelé le goût de Custine pour la conversation, qu'il jugeait l'un des plus sûrs moyens d'apprécier les êtres. Or, dans ce qu'il écrit, tout concourt à laisser entendre que « la femme libre » manque de ce don essentiel. Le rapprochement avec Madame de Staël prend de ce point de vue tout son sens. Telle que nous la découvrons ici, par incapacité ou dédain, George Sand semble hors d'état de soutenir dans le monde sa réputation d'intelligence, voire d'adopter le ton qui convient en ce genre de rencontres. Sa brusquerie à l'occasion sentencieuse décourage l'amabilité, et elle ne s'intéresse qu'à ceux parmi lesquels elle a décidé de vivre.

---

(42) La formule est d'A. MAUROIS, *op. cit.*, p. 237.

(43) Il confiait à Mme Récamier « n'avoir jamais bien su dire ce qu'il pensait qu'en écrivant » (lettre du 1er septembre 1834 citée par A.-M. RUBINO, *op. cit.*, p. 139).

(44) Ils constituent les nos 115 et 145 de G. LUBIN, *Album Sand*, Paris (Pléiade), 1973.

Tant par ses manières que par ses propos sa conduite ressemble
à un perpétuel défi [45].

Spectateur pourtant attentif, Brzowski n'avait rien noté de
pareil. En comparant les deux témoignages, on a le sentiment que
Custine, pour les besoins de sa démonstration, a combiné une
petite comédie dans laquelle il se réserve le meilleur rôle, celui
de l'homme du monde rudoyé par une « bacchante littéraire »,
pour reprendre ses propres termes. Devons-nous, pour autant,
admettre sans examen sa version des faits ? Une hypothèse vient
à l'esprit, que suggère la chronique scandaleuse. Si libre qu'elle se
voulût dans sa vie personnelle, George Sand a fort bien pu, lors
de cette première entrevue, éprouver peu d'attirance pour un personnage dont la réputation restait à Paris douteuse, en dépit de
sa culture et de son faste. Derrière l'amateur de musique et l'admirateur empressé, elle discernait peut-être le pitoyable héros du
« drame étrange » d'octobre 1824, dont elle avait presque été le
témoin et que, de son propre aveu, elle se refusait à raconter [46]. Mais
elle avait l'esprit large, beaucoup de générosité naturelle, et ces préventions ne durèrent pas ; après cet entretien manqué tous deux
se revirent, et échangèrent même quelque correspondance. Comme
Custine, faute de mieux, fréquentait avec prédilection les artistes,
leurs chemins ne pouvaient manquer de se croiser. Au début de
Juillet 1840 elle se rendit chez lui à Saint-Gratien, en compagnie
de Chopin, de Delacroix et d'autres intimes. Elle s'était annoncée
avec sa « caravane » par un billet où l'esprit se tempérait de familiarité étudiée, retrouvant ainsi l'urbanité dont il l'avait crue
d'abord si complètement démunie [47]. Lui-même lui fit peu après
l'hommage de son livre sur *La Russie en 1839*. Elle le remercia
en développant l'une des brèves remarques qu'il n'avait guère
appréciées en décembre 1836 : « Vous avez voulu écrire pour être
vrai, pour satisfaire votre conscience et votre cœur, et quand même
vous n'auriez pas le succès de foule, vous n'en auriez pas moins
atteint votre but » [48]. L'auteur apprécia-t-il ce compliment ? De
fait la publication de l'ouvrage les rapprochait, puisqu'il jugeait
sans indulgence le régime tsariste et la société servilement hiérar-
chisée qui en était issue. Ce fut, nous y reviendrons, la raison
pour laquelle le livre fit scandale à Vienne.

---

(45) Vigny, cet autre aristocrate, avait eu une réaction assez analogue
après leur première rencontre de mars 1832 (*Journal d'un poète* in *Œuvres
complètes*, éd. Baldensperger, Paris (Pléiade), 1948, t. II, p. 946-947).
   (46) Cf. *Œuvres biographiques*, éd. G. Lubin, Paris (Pléiade), 1971, t. II,
p. 47 et 1316.
   (47) *Correspondance*, op. cit., t. V, p. 79-80 (30 juin 1840).
   (48) *Ibid.*, t. VI, p. 137-138.

La situation était fort différente en janvier 1837, et Custine pouvait se prévaloir auprès de son correspondant d'un crédit intact. Plein du souvenir de leurs entretiens de l'été, il adopte le ton le mieux fait pour lui plaire, et cherche manifestement à donner à son « caquetage » l'allure de leurs conversations. S'il se dispense d'insister sur la politique du jour, c'est qu'elle n'était guère son affaire et qu'elle offrait une matière difficile à traiter avec un tel partenaire. On demeure cependant surpris de la discrétion désabusée avec laquelle il condamne ceux qui, à l'image de George Sand « héroïne de l'avenir », espéraient la transformation de la société. Même si on fait la part de la réserve aristocratique, sa réprobation paraît manquer de force, et dépourvue de toute illusion. Sentait-il, au fond de lui-même, que la victoire de ces révolutionnaires mal élevés était à la longue assurée ? La perspective d'achever ses jours en un monde si différent de celui qu'il aimait redoublait alors ses regrets de l'ancien art de vivre, qu'il avait retrouvé intact à Königswart.

Cette nostalgie pourrait, dans tous les cas, expliquer la surprenante anecdote qui termine sa lettre. Avec l'apparition, au moins inattendue, du comte Roumantsiev (dont Metternich connaissait sûrement la réputation et peut-être la personne, car cet héritier d'une illustre famille pétersbourgeoise avait beaucoup voyagé en Europe), nous passons soudain du Paris de Louis-Philippe à celui de Marie-Antoinette, et des incongruités modernes aux facéties du comte d'Artois ; le triste Charles X, qui venait de mourir sur le sol autrichien, avait dans sa jeunesse égayé la cour de son frère et compté peu de cruelles. On croirait, au lieu de Custine, lire la baronne d'Oberkirch ou mieux le Prince de Ligne. Les derniers beaux jours de l'Ancien Régime tiennent en ces quelques phrases, où l'on saisit sur le vif combien 1789 a marqué la fin d'une époque. Car, en 1837, de tels divertissements n'étaient plus de mise, faute d'acteurs comme de spectateurs. La nouvelle classe dirigeante les ignorait, et ceux qui en savaient le prix étaient morts ou sur le bord de la tombe. La dernière scène prend de ce fait allure de symbole, lorsque Roumantsiev ne se doutant de rien est amené chez la duchesse d'Uzès qui, fort malmenée par l'âge, le reconnaît à peine. Custine a trop de savoir-vivre pour approuver cette cruelle manigance de son oncle, qui avait tendance avec l'âge à confondre plaisanterie et sarcasme. Mais, telle qu'il la présente, la rencontre de ces vieilles gens forme le contre-point tragique des jeux de princes évoqués peu auparavant. Certes, quelque soixante ans plus tôt, Voltaire avait ainsi rendu visite, peu avant sa mort, à la marquise de La Tour du Pin-Gouvernet, ses amours de jeunesse quand elle s'appelait Suzanne de Livry, et tous deux s'étaient

séparés consternés de ce que le temps avait fait d'eux [49]. Mais du
moins pouvaient-ils espérer qu'autour d'eux le monde continuerait
tel qu'il avait favorisé leurs plaisirs. Désormais, aux ultimes survivants comme aux nostalgiques de l'Ancien Régime, cette mince
consolation elle-même manquait. Et c'est sans doute avec une
sincérité non dénuée d'envie que Custine, pour terminer, félicitait
Metternich d'opposer à la fuite des jours et aux dangereuses
rêveries des contemporains la sérénité du sage.

Les deux hommes se revirent pendant l'été 1837, à l'occasion
d'un nouveau séjour de Custine à Marienbad. Le billet suivant
accompagnait l'envoi des *Voix intérieures,* parues chez Renduel à
la fin de juin 1837. Les quelques indications données au lecteur
souvent pressé et peu amateur de poésie qu'était le chancelier,
témoignent de la fidélité légitimiste du marquis, mais aussi de la
sûreté de son jugement : même si une certaine redondance le
heurte, il sait reconnaître l'importance de la pièce *A Olympio,* préface des *Contemplations* et du haut lyrisme de l'exil.

> Monseigneur
>
> Voici le seul exemplaire des Voix intérieures que je possède
> ici : J'ai fait un pli aux vers sur la mort de Charles dix. Ceux
> à l'arc de triomphe à ses enfants, à son frère mort, et surtout
> à Olympio sont ce qui m'a le plus frappé dans ce recueil où
> le progrès de la pensée me paraît sensible malgré le système
> d'exagération dans l'expression adopté par l'auteur.
>
> Permettez-moi, Monseigneur de ne pas prendre congé de
> Votre altesse sans lui renouveler l'expression de ma gratitude
> pour ses bontés et du respect avec lequel j'ai l'honneur d'être
>
> Son très humble et très obéissant serviteur
>
> A. de Custine.
>
> Ce 10 août. Marienbad.

Ce fut la relation du voyage en Russie qui, selon toute vraisemblance, compromit leurs relations. Si nous ne savons pas directement ce que Metternich en pensa, le *Journal* de son épouse
contient des indications fort précises. L'ouvrage avait paru en
mai 1843, et dès le 11 juillet la princesse Mélanie le lit avec son
mari. Il y a lieu de croire que ses notes reproduisent assez exactement, ici comme ailleurs, l'opinion de celui-ci :

> « J'ai lu avec Clément le *Voyage en Russie* de M. de Custine ;

---

(49) Souvent rappelée, l'anecdote a été reprise par J. ORIEUX, *Voltaire ou
la royauté de l'esprit,* Paris, 1966, p. 764-765.

c'est un livre très remarquable, à cause de la sincérité dont il porte le cachet. Jamais on n'a, je crois, rien imprimé d'aussi méchant ; avec cela, l'ouvrage est bien écrit et très intéressant. On a de la peine à se séparer de ce livre, qui, sous l'apparence d'un grand amour de la vérité, d'une politesse parfaite, et souvent même à côté de vifs éloges, contient les plus amères critiques. » [50]

La première impression, donc, avait été mêlée. Mais dix jours plus tard (21 juillet 1843) le ton change. La lecture a été reprise avec le concours d'un expert, le comte Edouard de Woyna, diplomate autrichien arrivant de Saint-Pétersbourg.

« A sept heures et demie est venu Woyna, pour lire avec moi l'ouvrage de Custine. J'éprouve de l'intérêt à l'entendre se prononcer sur ce livre ; il est beaucoup plus à même de le juger que moi, attendu que je n'ai pas d'idées bien nettes sur la Russie. Bien que son cœur penche vers l'indulgence, Woyna est étonné et effrayé des vérités que renferme ce livre infâme, qui produit en Russie un effet écrasant. On dit que l'Empereur est très irrité de cette publication » [51].

Le chancelier d'Autriche avait toutes les raisons de partager le sentiment sévère du tsar Nicolas. On peut croire qu'il jugea au moins inutile de maintenir son amitié à l'auteur.

---

(50) *Mémoires, documents, écrits divers* laissés par le prince de Metternich, publiés par son fils le prince Richard de Metternich, Paris, 1880-1884, t. VI. p. 652.
(51) *Ibid.*, p. 654.

LE TITRE DU MANUSCRIT DE JEAN MESLIER :

« TESTAMENT » OU « MEMOIRE » ?

par Roland DESNÉ

La cause serait de celles qui sont vite entendues. Le seul titre donné par l'auteur à son ouvrage est : *Mémoire des pensées et des sentiments de J[ean] M[eslier]*... On ne peut donc plus — depuis l'authentification des manuscrits autographes — maintenir le titre apocryphe de *Testament* qui apparaît en 1762, soit trente-trois ans après la mort du curé d'Etrépigny.

Toutefois, de bons lecteurs de Meslier semblent s'obstiner à utiliser ce mot de *Testament,* consacré par la tradition. Celle-ci vient encore d'être renforcée par le sous-titre de la première traduction italienne de textes de Meslier : *Il testamento. Le ultime volontà di un prete ateo, comunista e rivoluzionario del ' 700*[1]. Certes, depuis le XVIIIe siècle, le nom de Meslier est associé à celui de *Testament*. C'est sous ce titre que Rudolf Charles a procuré en 1864 la première édition authentique de l'ouvrage, bien qu'il disposât d'une copie ne portant pas une telle indication. C'est également à la suite de l'éditeur hollandais, comme « Testament », que le livre a été traduit intégralement ou partiellement en russe, en tchèque, en polonais ou en espagnol[2]. Le prestige de ce titre a paru si fort que la dernière édition française du trop fameux *Bon sens du Curé Meslier* s'est présentée comme... *Le Testament du curé Meslier*[3].

Pourquoi ne pas s'accommoder de la tradition ? D'autres livres, après tout, et non des moindres, ont passé à la postérité sous un titre différent de celui que leur auteur avait choisi. Celui qui parlerait aujourd'hui de *Julie* ou de *La Folle Journée* serait mal en-

---

(1) Présentation et traduction de Mme Itala Tosi Gallo, Firenze, Guaraldi Editore, 1972, 256 p.

(2) Voir la bibliographie (n°s 37, 38, 39, 40 et 41) au tome III des *Œuvres complètes*, Paris, Anthropos, 1972, pp. 581-582.

(3) Paris, s. d. (1939), Ed. « Le Rouge et le Noir », 314 p. C'est cette édition qui a été prise comme texte de base pour une traduction hongroise en 1961. Ce qui fait que le *Bon Sens* de d'Holbach est lu en hongrois comme le *Testament* de Meslier...

tendu de lecteurs qui connaissent pourtant *La Nouvelle Héloïse* et
Le Mariage de Figaro ; il faut être un « spécialiste » pour savoir
que *Satire première* désigne — sous la plume même de Diderot
qui n'indique que ce seul titre — *Le Neveu de Rameau*. Mais,
dans des cas comme ceux-ci — on pourrait donner d'autres exemples — le titre retenu par la postérité était porté en sous-titre ou
en deuxième titre, ou bien il figurait sur une copie conservée dans
les papiers de l'auteur. Le plus souvent la tradition a abrégé un
titre trop long. On peut parfois regretter le parti adopté. (On a
perdu une indication utile en transformant le *Dictionnaire philosophique portatif* en *Dictionnaire philosophique* ; le simple titre
de *Portatif*, plus court, eût été une abrévation acceptable.) Mais
il est évident qu'on ne peut conserver les titres, parfois
fort étendus, auxquels se plaisaient les auteurs du XVIIᵉ et du XVIIIᵉ
siècle. Meslier lui-même avait donné à son ouvrage un titre in-
terminable qu'il nous faut bien citer ici, pour ne plus avoir à y
revenir :

> Memoire des pensées et des sentimens de J... M... pre[tre]
> cu[ré] d'Estrep[igny] et de Bal[aives] sur une partie des
> erreurs, et des abus, de la conduitte et du gouvernement des
> hommes ; ou l'on voit des demonstrations claires, et evidentes,
> de la vanité, et de la fausseté de toutes les divinités et de
> toutes les religions du monde, pour être adressé à ses parois-
> siens apres sa mort et pour leur servir de temoignage de verité,
> a eux et a tous leurs semblables ; in testimonium illis, et gen-
> tibus.

De tels titres sont encombrants, et un mot qui les résume fait
toujours l'affaire des lecteurs ou des commentateurs. Or le problème posé par le texte de Meslier — problème, à notre connaissance, unique en son genre — c'est que le mot de « testament »
ne résume pas le titre original mais tend à faire changer l'ouvrage
de catégorie. On peut transformer le premier titre d'un roman ou
d'une pièce : l'œuvre n'en demeure pas moins un roman ou une
pièce. Mais un testament n'est pas un mémoire. C'est ce que nous
voudrions montrer ici, avec l'espoir d'être assez convaincant pour
qu'on désigne, désormais, l'œuvre de Meslier par le mot qui en
respecte l'esprit et la lettre.

On se heurte, ici, répétons-le, à une tradition opiniâtre. En
1962, le *Grand Larousse encyclopédique* (tome IV) indique, dans
le bref article qu'il consacre à Meslier : « Curé de campagne et
prêtre exemplaire, il laissa pourtant à sa mort un manuscrit intitulé *Mon Testament*, libelle violemment hostile à la religion, aux
institutions politiques et sociales ». Le rédacteur de la maison
Larousse ne pouvait, à cette date, avoir connaissance de la subs-

tantielle monographie de M. Maurice Dommanget parue trois ans plus tard. Mais aurait-il, pour autant, modifié le titre attribué au manuscrit ? M. Dommanget tout au long de son livre, ne désigne-t-il pas lui-même l'ouvrage de Meslier par le terme de *Testament* ? Il estime que ce titre est « inexact mais non faux ». « Il a prévalu à la fois parce qu'il est plus commode et, il faut en convenir, parce qu'il caractérise au mieux l'œuvre du curé-philosophe. Pour cette raison, et comme il est passé à la postérité, nous l'employons donc après tous ceux qui ont écrit sur le curé Meslier »[4]. Avant de nous demander si ce titre « caractérise au mieux » l'ouvrage en question, observons qu'on a pu désigner ainsi celui-ci pendant un siècle sans avoir une connaissance précise de ce qu'il contenait : depuis 1762 on parlait bien, en effet, du *Testament ;* mais il a fallu attendre 1864 pour qu'on sache, en dehors de quelques collectionneurs et connaisseurs, ce que le prétendu *Testament* renfermait.

En réalité, le *Grand Larousse* répète (partiellement) en 1962 ce qu'écrivait Voltaire en 1768 : « On fut surpris de trouver chez lui trois gros manuscrits de trois cent soixante et six feuillets chacun, tous trois de sa main et signés de lui, intitulés *Mon Testament* »[5] L'année suivante Meslier entrait pour la première fois dans un dictionnaire : Le *Dictionnaire anti-philosophique* du bénédictin Chaudon. Rédigé contre Voltaire, ce livre n'en véhicule pas moins l'information élaborée par Voltaire : « On trouva chez lui [Meslier] une espèce de *Testament* en plusieurs cahiers, couvert d'un papier gris et adressé à ses paroissiens. »[6]. Le moine avait beau marquer sa surprise : « Ce testament ne renfermait pas des dispositions pour les pauvres, des legs pieux, et il n'offrait qu'une déclamation emportée contre les dogmes, écrite du style d'un forgeron des Ardennes » ; il n'en concourait pas moins à fonder une tradition qui tirait son origine de l'imagination fertile de Voltaire.

C'est Voltaire en effet qui a inventé ce titre[7]. Non sans hési-

---

(4) Maurice DOMMANGET, *Le Curé Meslier, athée, communiste et révolutionnaire sous Louis XIV,* Paris, Julliard, 1965 (Coll. « Les Lettres nouvelles »). 555 p. P. 101.

(5) *Lettres à S.A. Mgr. le Prince de **** (Brunswick) (Lettres sur les Français), dans *Nouveaux mélanges philosophiques, historiques, critiques etc.* Septième partie, 1768, p. 301.

(6) *Dictionnaire anti-philosophique,* nouvelle édition, 1769, t. I, p. 176. La mention du papier gris est aussi dans la *Lettre* de Voltaire de 1768.

(7) Peut-être — nous avançons l'hypothèse avec prudence — Voltaire a-t-il craint que ce *Mémoire* (au singulier) soit confondu avec des *Mémoires*. On lit dans l'*Encyclopédie,* à l'article « MÉMOIRES » (rédigé vers le temps où Voltaire édite et diffuse son *Extrait*) : « On nous a donné aussi une foule de livres sous ce titre. Il y a contre tous les écrits en ce genre une prévention

tation, semble-t-il. L'édition princeps de son *Extrait* de l'œuvre
de Meslier, telle qu'elle est conservée à la Bibliothèque nationale,
ne comporte aucune page de titre ; après l'*Abrégé de la Vie de
l'auteur,* elle donne au texte proprement dit ce seul titre de départ :
EXTRAIT / DES / SENTIMENS / DE JEAN MESLIER / *Adressé à ses
Paroissiens, sur une partie des / abus et des erreurs en général
et en / particulier* [8]. Si la brochure avait été munie d'une page de
titre disparue de l'exemplaire consulté, cette page ne faisait pas
référence à un quelconque *Testament,* comme on peut en juger
d'après un manuscrit copié (et très soigneusement) sur cette première édition [9]. Cependant, on trouvait bien, *in fine,* dans cette
version première, le paragraphe suivant : « Voilà le précis exact
du Testament in-folio de Jean Meslier. Qu'on juge de quel poids
est le témoignage d'un Prêtre mourant qui demande pardon à
Dieu ». Dès la seconde édition, la même année, le mot « testament »
passait aussi à la première page et servait de titre à l'ensemble de
la brochure, mais Voltaire conservait toujours, en page intérieure,
avant l'intitulé du chapitre I, le titre d'*Extrait des Sentimens* (...)
Toutes les éditions du XVIIIe siècle ayant maintenu ces dispositions,
on doit donc constater que le texte abrégé de Meslier a été mis en
circulation sous deux titres.

Antérieurement — et parallèlement — à cette diffusion imprimée, le texte de Meslier circulait sous forme de copies, les unes
reproduisant le manuscrit original plus ou moins complètement,
les autres n'en donnant qu'un extrait. Nous montrons ailleurs que
les divers extraits manuscrits, d'une part, dérivent d'un premier
modèle unique, et, d'autre part, que Voltaire n'a fait que reprendre
une de ces copies en la retouchant légèrement pour éditer la brochure de 1762 [10]. Or toutes ces copies, qu'il s'agisse de versions
complètes ou d'extraits — et quelles que soient les variantes d'un
manuscrit à l'autre — ne portent jamais le titre de *Testament.*

---

générale qu'il est très difficile de déraciner de l'esprit des lecteurs (...) on
peut dire encore que tous ceux qui ont écrit en ce genre n'ont pas assez
respecté le public, qu'il l'ont entretenu de leurs intrigues, amourettes et autres actions qui leur paraissaient quelque chose et qui sont moins que rien aux
yeux d'un lecteur sensé. »

(8) S.I. s.d. [Genève, 1762] 63 p. Cote B.N. : D² 14968.

(9) Collection Coquebert de Montbret. B.M. de Rouen, ms 753 (1573). Ce
manuscrit relié en peau, de 139 pages, reproduit exactement l'édition citée
à la note précédente, avec, toutefois, cette page de titre : *Extrait / des /
Sentimens de Jean Meslier / curé d'Etrépigny et de But en Champagne, /
Adressé à ses Paroissiens, / Sur une partie des abus et des erreurs / en
général et en particulier.*

(10) Dans notre édition de l'*Extrait* pour la collection des *Œuvres complètes de Voltaire* dirigée par M. Besterman.

pouvant, d'une certaine manière, être plus ou moins comparés à l'œuvre de Meslier, sont postérieurs à sa mort. Citons : *Le Testament des Jésuites, ou l'esprit de la Société infidèle à Dieu, au roi et à son prince* (Londre, 1738) [25], *Le Testament du chevalier Graaf* (Bruxelles, 1745) [26], *Le Testament politique de Louis Mandrin (..) écrit par lui-même dans sa prison* (Genève, 1755) [27].

Inutile d'allonger ces listes. Nous pouvons déjà faire quelques constatations : 1° L'emploi du mot de « testament » dans les titres d'ouvrages est relativement rare à l'époque de Meslier. 2° Cependant Meslier aurait pu écrire un « testament », n'eût-ce été que pour relever le défi que devaient constituer à ses yeux des livres comme le *Testament d'une âme sainte* ou le *Testament politique* de Richelieu. 3° Meslier n'a pas employé le mot « testament » en ce sens figuré, ni dans le titre, ni dans le corps de son ouvrage ; mieux même, citant ou paraphrasant le livre de Richelieu, il ne fait pas référence au « Testament » de celui-ci mais à ses « Réflexions critiques » ! [28] 4° Meslier a présenté son manuscrit comme le « mémoire » de ses « pensées ». Ce qui conduit à s'interroger sur l'emploi de ce mot de « Mémoire ».

« On s'étonne du titre de *Mémoire* donné à son œuvre par Meslier, écrit M. Dommanget, car enfin, ce titre employé au singulier n'était guère donné à l'époque qu'à des plaidoyers d'ordre judiciaire et à des dissertations sur des points d'érudition, de science et d'art » [29]. Ouvrons quelques dictionnaires. Furetière

---

(25) 119 p., in-12. Ce livre qui comprend une « Délibération de la Faculté de théologie... » (p. 21-23), une « Harangue faite par le général des Jésuites... » (p. 23-50) et un « Abrégé ou précis du procès de ces malheureux », est un réquisitoire en règle contre la société de Jésus, avec de nombreuses références aux textes des jésuites. C'est par ce caractère de dossier — sans parler du dessein polémique — qu'il pourrait ressembler, d'assez loin, au manuscrit de Meslier.

(26) *The Testament of a Free Maçon* (sic.), *ou le Testament du chevalier Graaf*, traduit de l'anglais..., 72 p., in-12. Pour l'essentiel ce livre contient, dans une présentation romanesque, un mémoire sur la Franc-maçonnerie (« Histoire abrégée de franc-maçonnerie », p. 28-61).

(27) [V] + 67 p., in-12. Ouvrage rédigé par Ange Goudar. Dans la préface l'auteur se réfère aux livres « qui ont paru sous le titre de Testament politique de Richelieu, Colbert et Louvois. Ces livres de ces hommes si administration sont toujours à pure perte pour l'Etat ; car en parlant du remède, ils ne pénètrent jamais jusqu'à la racine du mal ». C'est un peu le ton de Meslier... Sur ce pamphlet de Goudar, voir l'article de L.-S. GORDON « Le thème de Mandrin, le « brigand noble » dans l'histoire des idées en France avant la Révolution » (*Au Siècle des Lumières*, publ. de l'Ecole Pratique des Hautes Etudes — VIe section —, Paris, S.E.V.P.E.N., 1970), p. 201 à 204.

(28) Voir *Œuvres*, t. I, p. 49 et t. II, p. 238.

(29) *O.c.*, p. 101.

(1727) ne connaît, au masculin singulier, que le sens d' « écrit
sommaire qu'on donne à quelqu'un pour le faire souvenir de
quelque chose » ; dans les exemples proposés il ne recense que
deux types d'emploi : commercial (le mémoire d'un cordonnier)
et judiciaire (le mémoire d'une affaire). L'Académie, dans toutes
ses éditions de 1694 à 1798 distingue un « écrit fait soit pour
faire ressouvenir de quelque chose, soit pour donner des instructions sur quelque affaire » et un « état sommaire » (mémoire
de frais) (Académie 40). Trévoux, en 1771, mentionne trois emplois : « Ecrit sommaire qu'on donne à quelqu'un pour le faire
souvenir de quelque chose ou pour le mettre au courant de quelque
affaire... On appelle ainsi Mémoire, un imprimé, une facture qui
contient les faits et circonstances d'une affaire qui doit être jugée.
Enfin, on appelle mémoire un état de frais, de dépense (...) le
boucher, le boulanger etc. donnent des mémoires de fournitures
qu'ils ont faites ». Dans ce dernier emploi, il semble que « mémoire » ait été souvent usité là où nous employons « facture ».
Remarquons donc, au passage, que Jean Meslier, fils de marchand,
a pu entendre parler de mémoires autour de lui : le mot est de
ceux qui, très tôt, lui ont été familiers. Bien évidemment, ce n'est
pas dans cette direction qu'il faut chercher la meilleure explication de notre titre.

Observons d'abord que, au singulier comme au pluriel, le mot
se trouve dans un grand nombre de titres à l'époque de Meslier.
Si, comme nous l'avons dit, « testament » ne figure nulle part
dans les titres d'ouvrages recensés par les *Mémoires de Trévoux*
de 1716 à 1729, « mémoire », en revanche (au singulier ou au
pluriel) figure quarante-six fois [30]. Il existe un domaine particulier
où les mémoires abondent, à partir de 1713 (année de la *Bulle
Unigenitus*) : celui de la controverse janséniste. Or ce domaine
est de ceux que le curé Meslier, professionnellement, connaît bien.
D'après le *Catalogue de l'Histoire de France* de la Bibliothèque
Nationale qui inventorie une collection probablement incomplète [31],
on ne relève dans la série L d [4] (« Détails de l'histoire ecclésiastique de France ») que *deux* mémoires (tous deux de 1712) pour
la période 1696-1712 ; pour la période suivante, de même durée,
1713-1729, on en dénombre *soixante-huit*. Inutile d'entrer ici dans
un examen détaillé de tous ces textes. Remarquons seulement trois
faits dignes d'intérêt : 1° Ces divers mémoires, qui développent
une argumentation, portent tous (comme dans le manuscrit de

---

(30) Dont 25 fois au singulier. Il s'agit le plus souvent de dissertations
de caractère scientifique, technique ou théologique.
(31) T. V [Histoire religieuse]. Paris, 1858. Réimpression, 1968.

Meslier), un titre plus ou moins développé qui en indique le contenu précis [32]. 2° Dans toutes les pages de titres que nous avons examinées, le mot « mémoire » est typographiquement le plus important, le plus apparent ; le plus souvent en grandes capitales grasses, nettement détaché, il domine cette première page [33]. 3° Il n'y a pas de règle dans la composition de ces textes dont la longueur est variable [34] ; certains ne comportent aucune division ; d'autres une division en paragraphes (§), en articles, en chapitres ou en sections. Deux mémoires peuvent retenir l'attention : un mémoire de 1726 où le texte est divisé, sans indication de chapitres, en « Erreurs » [35]. Meslier, on le sait, trouvera dans la discussion suivie « des erreurs et des abus » un principe constant de composition pour l'exposé de ses opinions. Plus intéressant encore est le cas d'un mémoire de 1714 où la division en huit chapitres correspond à une succession de « preuves » [36]. Nul ne prétendra, bien sûr, que Meslier a trouvé dans ce mémoire-là l'idée de son plan en huit « preuves ». Mais on peut affirmer que c'est dans un milieu où se concevaient, s'écrivaient, se diffusaient et se discutaient des mémoires comme celui-là (et le diocèse de Reims, sur-

---

(32) Un exemple : MÉMOIRE, / OU L'ON PROUVE L'INJUSTICE / *et la nullité des Excommunications dont on menace / ceux qui ont appellé, ou qui appelleront au futur / Concile Général, de la Constitution UNIGENITUS, / et où l'on marque les moyens de s'en garantir.*

(33) Voir, à titre d'échantillon, les pièces contenues dans le recueil in-4°, probablement composé en 1722 (titre au dos : DOCTRIN[E] DE L'UNIVERS[ITÉ]. Cote B.N. : D 95185, pièces 11 à 22. Ces Mémoires datent de 1717 à 1722. Voir aussi le titre de départ cité à la note précédente.

(34) De 2 ou 3 pages à 134 (in-12) pour le *Mémoire sur l'amour naturel et les œuvres faites sans grâce.* En 1733, un *Mémoire sur les droits du second ordre du clergé* compte 144 p., in-4°.

(35) *Mémoire sur quelques propositions dictées par un professeur de philosophie dans le Collège de la Compagnie de Jésus, à Auxerre. Pour servir de réponse à l'ordonnance et à l'instruction pastorale de M. l'Evêque d'Auxerre, en date du 18 septembre 1725.* A Cologne, 1726. Le Mémoire (53 p. petit in-f°) est divisé en cinq parties : Erreurs attribuées au professeur sur la fin de nos actions (...) ; Erreurs attribuées au professeur sur l'ignorance ; Erreur du péché philosophique attribuée au professeur ; Erreur attribuée au professeur sur la conscience ; Opinion attribuée au professeur sur la crainte.

(36) *Mémoire pour les Evêques assemblés au sujet de la constitution du du 8 décembre 1713. Où l'on examine s'il est permis de condamner des propositions véritables et orthodoxes, à causes de l'abus.* 1er janvier 1714. 84 p., in-12. Chap. I : Etat de la question ; chap. II : Preuves de la thèse générale tirée de la tradition ; chap. III : Autres preuves tirées de la tradition ; chap. IV : Preuves tirées des maximes des Pères ; chap. V : Preuves tirées de la nature des censures et des définitions de la foi ; chap. VI : Continuation des mêmes preuves ; chap. VII : Preuves tirées des conséquences de cette maxime ; chap. dernier où l'on montre que l'on peut condamner les propositions énoncées dans la Constitution à cause de l'abus.

tout en terre ardennaise, était pays de jansénisme [37]) que Meslier,
à son tour, a produit ses propres thèses. D'autant que c'est vers
la même époque, et peut-être en relation directe avec l'explosion
de cette littérature militante, que le mot de « mémoire » supplante celui de « factum » dans la langue juridique [38].

L'indice, à notre avis le plus probant, du rapport générique
entre la forme (et le titre) du texte de Meslier et celle des plaidoyers ou des réquisitoires jansénistes, est fournie par le tout
dernier chapitre de son *Mémoire* qu'on peut lire comme une brève
postface plus que comme la dernière partie de sa conclusion. Ces
dernières pages sont ainsi désignées par l'auteur dans sa table
des matières : « L'auteur appelle comme d'abus de toutes les
injures, de tous les mauvais traitements et de toutes les injustes
procédures que l'on pourrait faire contre lui après sa mort, et
il en appelle comme d'abus au seul tribunal de la droite raison,
par devant toutes personnes sages et éclairées, récusant pour juges
dans cette affaire tous ignorants, tous bigots, tous partisans et
fauteurs d'erreurs et de superstitions, comme aussi tous flatteurs,
et favoris des tyrans, et tous ceux qui sont à leurs gages » [39].
L' « appel comme d'abus » est une procédure régulière par laquelle
on appelle « à un tribunal laïque d'un jugement ecclésiastique
qu'on prétend avoir été mal et abusivement rendu » (Académie
1718) [40]. L'année où il était puni par son archevêque — lequel,
d'ailleurs le notait comme « janséniste » — Meslier a pu lire
un *Mémoire pour les trois chanoines docteurs de la Faculté de*

---

(37) Dans le *Cri de la Foi ou Recueil des différents témoignages* (...) *au
sujet de la Constitution Unigenitus*, corpus janséniste en trois volumes
publié en 1719, on lit : « On aurait pu ajouter ici un plus grand nombre
de lettres des curés du diocèse de Reims... Si c'était le dessein de ce Recueil
d'y mettre les Appels, ces témoignages de l'Eglise de Reims grossiraient
considérablement, *n'y ayant guère d'Eglise dans le Royaume, où l'on se
soit empressé avec plus de zèle et de lumière à se joindre aux quatre illustres
évêques...* » (souligné par moi, R.D.), t. I, p. 306 (cote B.N. : 8° L4d 1116).
(38) A l'article « FACTUM » on lit dans l'*Encyclopédie* (t. VI, p. 1756) :
« Les avocats ont continué longtemps d'appeler leurs mémoires imprimés
factum ; il n'y a guère que vingt ou trente ans que l'on a totalement
quitté cet usage et que l'on a substitué le terme de mémoire à celui de
factum. »
(39) *Œuvres*, t. III, p. 171.
(40) Dans le long article « ABUS » de son *Dictionnaire de droit canonique*
(1770), Durand de Maillane commentera : « C'est une voie extraordinaire
établie dans ce royaume, pour la conservation des libertés et des privilèges
de l'Eglise gallicane, que nos rois jurent à leur sacre de garder et faire
garder inviolablement. C'est, disent les auteurs, le rempart de nos libertés
(t. I, p. 57)... L'appel comme d'abus n'étant qu'une réclamation des secours
que le roi doit à ceux de ses sujets qui sont dans l'oppression, est en soi
très légitime, conforme à la loi naturelle... » (P. 62.)

théologie de Reims, appelant comme d'abus d'une sentence d'ex-
communication, prononcée comme eux au sujet de la Constitution
Unigenitus, ainsi qu'un mémoire analogue pour trois docteurs et
curés de Reims [41]. Et il n'ignorait sans doute pas que son premier
archevêque — dont il fut un élève estimé —, Charles-Maurice Le
Tellier, avait déclaré que « cette procédure était un des plus fer-
mes appuis qu'on eût dans le royaume pour se maintenir dans
l'exécution des anciens canons et dans l'usage du droit commun » [42].
Ce qui est étonnant, c'est que Meslier conserve cette notion
d' « appel comme d'abus » tout en la dénaturant par la transposition qu'il lui fait subir. Du point de vue qui est le sien, les
« juges » auxquels il en appelle ne sont pas seulement des laïcs
puisqu'il se trouve certainement aussi des gens d'Eglise parmi
les « personnes sages et éclairées » qu'il veut gagner à sa cause ;
n'est-ce d'ailleurs pas dans cet esprit qu'il a écrit ses lettres à ses
confrères, les « curés du voisinage » ? Inversement, ce ne sont
pas seulement des prêtres mais aussi les « tyrans » et ceux qui
les servent « qui ne manqueront pas (...) de [le] persécuter et
de [le] traiter indignement et injurieusement après [sa] mort » [43] ;
les jugements iniques à son endroit, contre lesquels Meslier proteste par avance, ne seront pas seulement prononcés par des ecclésiastiques. D'autre part, il ne s'agit pas pour lui de se pourvoir
devant une instance judiciaire mais devant « le seul tribunal de
la droite raison ». Meslier aurait donc pu simplement dire qu'il en
appelait à la raison des personnes sages et éclairées. Mais profondément marqué par sa formation et par son milieu, il a, jusqu'au
bout, écrit son mémoire en homme d'Eglise. C'est aussi en homme
d'Eglise, contemporain de la grande querelle janséniste, qu'il a
voulu ouvrir son œuvre par le mot de « mémoire ».

Nulle part nous n'avons trouvé de « Mémoire des pensées... »
ou de « Mémoire des sentiments... » [44] ; certes, Meslier aurait pu
faire l'économie du premier mot et commencer l'énoncé de son
titre par « Pensées et sentiments... ». S'il ne l'a pas voulu ainsi,
c'est, comme le montre son usage de l'appel comme d'abus, qu'il
a tenu à se situer sur un plan juridique — qui serait, évidemment,

---

(41) Cote B.N: : 8°, Ld4 800 et 8°, Ld4 801.
(42)   Dans un rapport fait à l'Assemblée du Clergé en 1681. D'après TABA-
RAUD, *De l'appel comme d'abus,* Paris, 1820, p. 4.
(43) *Œuvres,* t. III, p. 173.
(44) Le seul titre que nous ayons trouvé où le mot est suivi d'un complément analogue est : *Mémoire des raisons qui ont obligé le roi à reprendre les armes, et qui doivent persuader toute la chrétienté des sincères
intentions de sa Majesté pour l'affermissement de la tranquillité publique.*
Paris, 1688, 19 p.

celui du droit naturel — et, surtout, à l'instar de tant de livres
et de brochures qu'il trouvait autour de lui, à présenter une
argumentation de portée générale, nourrie de raisonnements suivis
et appuyée sur un grand nombre de citations et de références[45].
Non pas des pensées plus ou moins détachées, mais un dossier
systématiquement établi, sur le « gouvernement des hommes ».
Non pas, comme le suggère Voltaire, l'aveu singulier d'un prêtre
qui, avant de mourir, libère sa conscience et demande pardon à
Dieu (!), mais une série de « démonstrations claires et évidentes »,
longuement muries et laborieusement muries et laborieusement
construites, constituant un « témoignage de vérité » qui, étant
donné sa nature, ne pouvait être transmis qu'après la mort. Que
l'on considère le choix même fait par l'auteur, que l'on tienne
compte de la personnalité de celui-ci et des particularités de son
époque, que l'on observe enfin l'orientation donnée par le titre
au sens de l'œuvre, on préférera toujours au terme de *Testament*
employer celui de *Mémoire* pour désigner l'ouvrage de Meslier.

Prétendra-t-on que le titre inventé par Voltaire est plus suggestif, frappe davantage l'imagination ? Que l'on nous permette,
pour lever cette objection, de recourir, une dernière fois, à un
dictionnaire. Dans le *Littré* on lit pour « mémoire » au masculin
singulier : « 1° écrit sommaire qui contient soit un exposé, soit
des instructions. "Vous ne me dites rien du Mémoire de M. de
La Chalotais : c'est, à mon avis, un terrible livre contre les
jésuites d'autant plus qu'il est fait avec modération" (D'Alembert à
Voltaire, 21 mars 1762). 2° Particulièrement, factum, ouvrage
manuscrit ou imprimé, contenant les faits et les moyens d'une
cause qui doit être jugée. "Les mémoires de Beaumarchais sont
ce que j'ai vu de plus singulier, de plus fort, de plus hardi, de
plus comique, de plus intéressant". (Voltaire à Florian, 3 janvier
1774) ». On pourrait, à ne s'en tenir qu'au *Littré*, estimer que
l'usage de Meslier oscille entre ces deux acceptions. Les deux
définitions offrent surtout, pour notre propos, cet avantage d'être
accompagnées d'exemples « voltairiens » : ainsi, pour un d'Alembert, pour un Voltaire, un mémoire pouvait être un « terrible
livre » et même ce qu'on avait vu « de plus singulier, de plus
fort, de plus hardi,... de plus intéressant »... Tel était bien, à
tous égards, le *Mémoire des Pensées et des Sentiments de Jean
Meslier*.

---

(45) Sur la nature et l'étendue des citations utilisées voir notre article
(« Les lectures du curé Meslier ») dans le volume des Mélanges offerts à M.
René Pintard (à paraître chez A. Colin en 1974).

LA SOCIETE DU « MARIAGE DE FIGARO »

par Jean EHRARD

> « Ainsi dans *Le Barbier de Séville,* je n'avais qu'ébranlé
> l'Etat ; dans ce nouvel essai plus infâme et plus séditieux, je
> le renversais de fond en comble... » (*Le Mariage de Figaro,*
> *Préface,* 1785).

Depuis 1781 et le propos fameux prêté à Louis XVI par Madame
Campan [1] la critique n'a cessé de s'interroger sur la portée sociale
et politique du *Mariage de Figaro* : comédie révolutionnaire, réfor-
miste, ou simplement frondeuse ? On a étudié les réactions des
contemporains, le soutien apporté à l'auteur par une fraction de
la haute aristocratie ; on a scruté les intentions de l'auteur,
commenté à l'infini le personnage de Figaro et ses propos les plus
percutants. Plus récemment on s'est avisé qu'indépendamment du
dessein délibéré de Beaumarchais et des mobiles qu'a pu lui prêter
son premier public la pièce porte en elle-même sa vérité : non
dans le seul discours social — cohérent ou contradictoire — que
tiennent les personnages, mais dans leur situation relative les
uns par rapport aux autres et dans les rapports de force qui
s'établissent entre eux dans le développement de l'action [2]. Mais
peut-être n'a-t-on pas encore prêté une attention suffisante aux
données sociales de base qui circonscrivent et orientent les péri-
péties de *La Folle journée.* L'ambition modeste de cette étude
sera donc d'analyser le cadre sociologique de l'intrigue, les structures et le fonctionnement de la société du *Mariage* : non pour
nous féliciter naïvement de ce que Beaumarchais, peintre fidèle

---

(1) « Cela est détestable, cela ne sera jamais joué... Cet homme joue tout
ce qu'il faut respecter dans le gouvernement... Il faudrait détruire la Bastille pour que la représentation de cette pièce ne soit pas une inconséquence dangereuse. » Propos reproduit notamment par A. Ubersfeld dans l'introduction (p. 2) de son édition du *Mariage* (« Les classiques du Peuple »,
Editions Sociales, 1968).

(2) Voir les travaux de J. Schérer, notamment « *Le Mariage de Figaro* »,
édition avec analyse dramaturgique, S.E.D.E.S., 1966.

des « conditions », applique le programme de son maître Diderot
et fasse œuvre de dramaturge « réaliste »... ni pour souligner, à
l'inverse, la part de fantaisie de cette comédie « espagnole »,
mais pour tenter de mesurer ce qu'est dans la pièce la réfraction
idéologique de la réalité, pour en extraire une certaine image
sociale, complexe mais incomplète, nécessairement déformante et
par là même significative [3].

*
**

Notons d'abord l'ampleur et la précision inhabituelles de ce
tableau. En réunissant un nombre de personnages insolite, nettement supérieur à celui du *Barbier de Séville* et des pièces du
répertoire Beaumarchais a sans doute cédé à un goût du spectacle — voire du spectaculaire — que cet amateur d'opéra et d'opéra-
comique partageait avec ses contemporains. Mais l'imagination du
metteur en scène n'est pas seule responsable de cette inflation
démographique, de ces effets de foule, non plus que de la richesse
des costumes à l'espagnole, soigneusement décrits. Aux personnages qui retiennent le regard des spectateurs — protagonistes,
seconds rôles et figurants — il faut du reste ajouter ceux qui
n'apparaissent pas mais ont cependant une présence indirecte :
les « vilaines gens de l'office » dont se plaint la petite Fanchette
(V, I), un braconnier en prison (II, 21), les habitants du bourg
tout proche (II, 22), un « laboureur » en conflit avec « le receveur
de la province » (III, 15), un hobereau en procès avec un jeune
écrivain (*ibid.*), et — plus loin — le monde des journalistes et
des gens de lettres, les bureaux où Figaro pourrait *s'avancer...*
s'il acceptait la règle du jeu (III, 5), la Cour et ses intrigues, le
Roi enfin dont le Comte va être l'ambassadeur à Londres. Tous
ces personnages se distribuent dans des lieux sociaux concentriques, du plus proche au plus éloigné, par rapport auxquels se
situe le lieu scénique : le château et ses dépendances, « le petit
sentier de la ferme » (I, 10), le bourg, la ville, la province, le
royaume et sa capitale. Cette géographie encadre une sociologie :
la société du *Mariage* est une société diversifiée mais strictement
ordonnée ; les éléments de décor mis en place entre le second et
le troisième acte — sous les yeux du public, selon la formule
des « jeux d'entr'acte » inaugurée en 1967 dans *Eugénie* — en
traduisent symboliquement la hiérarchie intangible :

---

(3) Les contraintes du calendrier ne nous ont pas permis de prendre
connaissance en temps voulu de la thèse du 3e cycle de M. Christian DRES-
SEN, *Essai d'analyse sociologique du théâtre de Beaumarchais*, Université de
Paris-Nanterre, 1971 (dactylographiée).

> « *Figaro* — Hé, qu'est ce qu'il manque ? le grand fauteuil
> pour vous, de bonnes chaises aux prud'hommes, le tabouret
> du greffier, deux banquettes aux avocats, le plancher pour le
> beau monde et la canaille derrière... » (III, 7).

Au sommet de la pyramide sociale, élégant dans sa tenue de
chasse « de l'ancien costume espagnol » ou magnifique dans ses
vêtements de cour, le comte Almaviva. Dès la liste des personnages est mis en évidence le pouvoir administratif et judiciaire
« du grand corrégidor d'Andalousie » : premier officier de justice
de la province de Séville, il siège au nom du Roi et sous son
portrait (III, 1). Comme seigneur d'Aguas-Frescas et autres lieux
il a d'autre part sur ses terres pouvoir de haute et basse justice.
Il importe cependant de ne pas confondre les deux sources de
son autorité : c'est sans doute de droit seigneurial qu'il tient en
prison un braconnier (II, 21), mais la requête de Marceline —
« Vous nous devez justice » (II, 22) — s'adresse au représentant de
la justice royale... la seule dont Beaumarchais ait eu à pâtir [4].
En 1784 il y a du reste longtemps que les seigneurs ont perdu
en France le droit de juger personnellement et qu'il leur faut
commettre à cette fin un bailli. Ce n'est pas à titre seigneurial
mais comme juge royal qu'au troisième acte le comte tranche une
première affaire civile, en renvoie une seconde à une autre juri-
diction, préside les débats du procès intenté à Figaro par Marceline,
innove en motivant son arrêt, et rend enfin celui-ci dans le sens
que l'on sait (III, 15). On verra plus loin l'intérêt de la distinction
entre le « grand seigneur » et le « premier juge de la province » (II, 22). Elle n'enlève rien à la constatation qu'une même
personne cumule les deux pouvoirs. Bien plus, noblesse d'épée
oblige, le nouvel ambassadeur à Londres est aussi un homme de
guerre ; il commande une « légion », c'est-à-dire un corps d'infan-
terie, en garnison en Catalogne, à l'autre extrémité du pays : qu'il
ait acheté ce régiment ou l'ait reçu du roi, il y dispose des grades
et peut accorder au tout jeune Chérubin un brevet d'officier (I, 10).
Enfin Almaviva possède le pouvoir économique attaché à la propriété foncière. Il est à remarquer que ni ce dernier aspect de
sa puissance ni le précédent ne sont à aucun moment mis en cause
dans la comédie : bien au contraire le grade donné à Chérubin
est immédiatement salué d'un « vivat » unanime. Le privilège
seigneurial est en revanche directement contesté, sous la forme

---

(4) La confusion est traditionnelle : on la retrouve encore dans l'excellente édition d'Annie UBERSFELD, *op. cit.*, p. 130, n. 1 ; tout au plus pouvons
nous accorder que Beaumarchais crée une équivoque en faisant siéger le tribunal au château.

du « droit de cuissage », mais seulement parce qu'il s'agit d'un droit auquel le comte avait renoncé spontanément et qu'il veut rétablir arbitrairement : c'est l'*abus* qui est visé, ou — si l'on veut — la réaction nobiliaire des dernières années du siècle, non l'institution. En elle-même celle-ci est présentée de façon positive ; le seigneur est le protecteur naturel de ceux qui vivent sur ses terres : « Je servirai mieux mes vassaux, en les protégeant près du roi » (III, 15).

« Eclairé » et généreux mais aussi plein de morgue et tenté d'abuser de sa puissance, tel est Almaviva : entre le bien et le mal et tout puissant pour l'un comme pour l'autre, ce qui nous indique que le caractère individuel compte moins ici que le statut social. Un abîme le sépare des autres, et il en est tellement conscient qu'il traduit ingénument cette distance sociale en termes de supériorité morale. De même qu'il pense triompher sans peine de la vertu d'une camériste il ne soupçonne pas que le mot ait un sens pour ses inférieurs : « Des libertés [*de mœurs*] chez mes vassaux, qu'importe à gens de cette étoffe ? » (III, 4). Ce sentiment de supériorité est tellement lié à la condition de grand qu'on le retrouve chez « l'aimable comtesse », touchante victime de la brutalité d'un mari jaloux ; lorsqu'elle se voit trahie par Suzanne et Figaro elle les écrase en effet d'un dédain qui n'est pas seulement moral : « Je vous sais par cœur » (IV, 3). La Rosine du *Barbier de Séville* n'aurait pas eu ce mot pour le chirurgien de son tuteur : mais précisément elle est devenue comtesse.

Bien loin en dessous du couple des maîtres, voici maintenant les représentants de la bourgeoisie. On cherche vainement parmi eux l'un de ces membres de la finance et du négoce que Beaumarchais avait précédemment portés à la scène dans l'exercice de leur profession (*Les deux amis*, 1770). Presque tous appartiennent à la moyenne et à la petite robe, au monde de la judicature et de la chicane, officiers de justice ou avocats : — entre ceux-ci et ceux-là le texte n'établit pas de différence, sinon pour déplorer la dégradation du « plus noble institut » (III, 15). Tous les gens de justice sont atteints par le ridicule qui frappe le grotesque Brid'oison. Assisté d'un huissier, d'un greffier servile, cauteleux et corrompu, et de juges subalternes, celui-ci nous arrive du bourg voisin dans la majesté dérisoire de son vêtement professionnel. Le « lieutenant du siège » — juge royal, lui aussi[5] —

---

(5) L'expression ne s'applique pas à un juge seigneurial et il n'y a rien d'invraisemblable à la présence d'un officier royal de justice dans un simple bourg : je remercie de ces précisions — que je n'avais pas trouvées dans le *Dictionnaire des institutions de l'Ancien Régime* de Marion — mon collègue historien A. Poitrineau.

est pourtant un personnage d'importance : dans la scène du procès lui seul a droit à une chaise, à côté du grand fauteuil du Comte ; et s'il tutoie Figaro, celui-ci ne manque pas de lui donner révérencieusement — fût-ce avec un respect lourd d'ironie — du « Monsieur le Conseiller » : titre français, comme le précédent, que Beaumarchais lui donne au mépris de la couleur locale, et allusion transparente à son ennemi le conseiller Goezman ; les manuscrits l'appelaient du reste « Don Guzman » et par une inadvertance calculée ce nom a été maintenu en 1785 dans la liste des personnages du texte imprimé. La solennité de la fonction contraste plaisamment avec le rôle que l'auteur a donné au personnage. Professionnellement Brid'oison n'est que l'ombre du comte ; incapable de penser par lui-même, sinon à contretemps (V, 16, 18, etc...), il n'est presque constamment qu'un écho complaisant. Une variante (V, 12) lui prêtait une velléité d'intervention en faveur de Figaro contre la colère aveugle d'Almaviva ; elle soulignait surtout, par la façon abrupte dont il se faisait rabrouer, sa dépendance de fait à l'égard du comte [6].

A la différence de ce personnage falot Bartholo est une assez forte personnalité. « Je suis tout de sang-froid », déclare-t-il dans une scène fébrile du cinquième acte (V, 16). Dans ce cas aussi le comportement exprime moins un caractère qu'une condition. Représentant de la bourgeoisie urbaine « à talent », Bartholo est le seul personnage de la pièce à ne dépendre ni du grand Corrégidor ni du seigneur d'Aguas-Frescas. Aussi bien peut-on s'interroger sur les motifs de sa présence au château : lui-même s'étonne d'y avoir été mandé (I, 4). Brid'oison et ses acolytes y sont sur l'ordre du comte et pour l'exercice de leur profession. En est-il de même pour Bartholo ? Rien n'interdit de penser qu'il a été appelé — mais par qui ? — pour soigner la *langueur* de Rosine : « Elle languit », précise Marceline, et le mot doit sans doute être pris dans sa double acception, physique et morale. Médecin attitré des maîtres du château, Bartholo doit avoir l'habitude — autant et plus par intérêt et respect des puissants que par devoir médical — de répondre à leur convocation : sa présence n'a donc rien d'invraisemblable. Reste que Beaumarchais n'a pas pris la peine de nous en donner clairement la raison. Cette facilité dramaturgique, excusable dans une scène d'exposition, n'est pas dépourvue de sens : elle insiste en effet, comme la question posée à Marceline par Bartholo, sur le fait que celui-ci appartient à la ville, non au château : les trois lieues — environ douze kilomètres — qui

---

(6) *Le Mariage de Figaro*, éd. Ratermanis (*Studies on Voltaire and the Eighteenth Century*, t. LXIII), Genève, 1968, p. 486-490.

séparent le second de la première sont la mesure de son indépendance. Aussi bien n'est-il nullement le « minable médecin » que nous peignent certains commentaires [7]. Dans le *Barbier* déjà il détenait assez d'autorité pour en abuser au détriment de sa pupille, disposait d'au moins deux valets et d'une femme de charge. Aussi était-il très conscient de ce qui distingue un honorable docteur d'un manieur de lancette ou d'un simple vétérinaire (II, 13). Avec le temps ce travers a plutôt empiré, et Marceline peut railler l'aspect « grave et compassé » de son ancien maître (I, 4), tandis que le *vous* et le « mon cher Monsieur » dont Bartholo use avec Figaro sont marqués d'un « dédain » sur lequel l'auteur attire notre attention (I, 3). Ne nous y trompons pas, Bartholo a une situation bien assise ; à Séville il est une manière de notable et Beaumarchais avait quelque raison de le donner comme père à Figaro : l'événement parachève en effet la promotion bourgeoise de notre héros.

Un groupe de personnages très inégaux en dignité ont en commun d'avoir leur résidence et leurs occupations permanentes au château : ils forment la *maison* du comte. Chérubin d'abord, à la fois compagnon et *domestique* dans sa situation de « premier page » d'Almaviva (il y a d'autres pages au château, II, 22). Sa naissance mérite des égards mais son jeune âge attire la familiarité, parfois la brutalité. Avec son page le comte passe du *vous* au *tu* (IV, 5) ; Figaro le tutoie avec affection (I, 11) ; Suzanne le traite de « morveux sans conséquence », mais c'est lui qui la tutoie alors qu'elle lui dit *vous* (I, 7), et la seule idée du soufflet que le comte se vante de lui avoir donné lui fait spontanément tirer l'épée contre celui qui est devenu son colonel (V, 19). Ce garçon bien né qui s'amuse avec la petite Fanchette dans l'attente d'autres conquêtes a devant lui un avenir de gentilhomme accompli, aussi brillant avec les femmes qu'à la guerre... si le sort lui permet de démentir la prédiction funeste de Figaro (I, 10). Dans l'immédiat il tire ingénument profit d'un statut ambigu qui a quelques inconvénients et beaucoup d'avantages.

A côté de l'épée le clergé, ou du moins ce qui en a l'apparence. Beaumarchais conserve à dom Bazile le costume vaguement ecclésiastique qu'il portait dans le *Barbier* : « chapeau noir rabattu, soutanelle et long manteau, sans fraise ni manchettes ». De l'ancien organiste de Séville il aurait pu faire le chapelain du château, mais à une satire trop visible il a préféré une allusion malicieuse. Bazile est seulement le « maître de clavecin » de la comtesse et,

---

(7) L'expression est d'Annie UBERSFELD, *op. cit.*, p. 37.

accessoirement, de sa camériste. Avec cela entremetteur (I, 1 ;
I, 9), espion (I, 10, mais imbu d'une dignité d'état que le comte
se plaît à bafouer. « Homme à talent », Bazile se targue de n'être
pas « entré au château pour en faire les commissions » (II, 22) :
il lui faut pourtant divertir de sa guitare un petit « patouriau »
qu'il méprise : on ne devient pas impunément l'amuseur privé
d'un grand seigneur.

Bazile prétend avoir des « droits » sur Marceline (*ibid.*, et
IV, 10). Comme il est difficile de prêter à ce Tartuffe au petit pied,
à ce « cuistre d'oratoire », des sentiments bien élevés, nous devons
penser qu'il agit par concupiscence — sous son habit de duègne
et son bonnet noir Marceline a encore de la fraîcheur — et aussi
par intérêt : la « femme de charge » du château, sorte de sous-
intendante pour le linge et l'argenterie, a une position plus discrète mais plus assurée que la sienne. Il n'est du reste pas indifférent que Marceline soit passée du service de Bartholo à celui
du comte : cette promotion sociale anticipe sur la transformation
morale qu'elle va subir au cours de la pièce ; ainsi pourra-t-elle
épouser son premier maître... bien que celui-ci n'ait pas été son
premier amant. La sérénité d'une vieillesse sage et rangée fera
donc oublier sa « jeunesse déplorable » (III, 16) ; dès l'acte III
l'image de la tendresse maternelle efface la silhouette un peu
ridicule de la duègne amoureuse ; nul doute que cette dignité
nouvelle ne rejaillisse sur son fils, principal bénéficiaire de la
métamorphose.

Dès le début de la comédie il apparaît que la situation de Figaro
a bien changé depuis l'époque où il exerçait à Séville son art de
barbier : les années incertaines qu'évoque le monologue appartiennent à un passé révolu. La nouvelle carrière de courrier diplomatique qui lui est proposée donnerait à son énergie l'occasion
de *s'évertuer* de façon honorable, mais l'emploi sédentaire qu'il
exerce au château fait de lui, dans le petit monde d'Aguas-Frescas,
un personnage considéré. Parler de lui comme d'un « valet »
en conflit avec son maître, c'est déformer beaucoup les données
de la pièce. Un « valet de chambre » n'est pas n'importe quel
laquais ; Figaro traite de haut les « coquins » auxquels il donne
ses ordres (V, 2). Sa fonction fait de lui l'homme de confiance
de la famille du maître. Avec lui le comte passe plusieurs fois
du *vous* au *tu* : un *vous* sévère et distant, insolite, trahit soit la
gêne de tromper un compagnon fidèle, soit la crainte d'être sa
dupe (I, 10 ; II, 20 ; III, 5 ; IV, 6 ; IV, 11), mais quelque chose
subsiste de l'intimité habituelle dans la brusquerie encore amicale
du *tu* qui succède aussitôt à ce *vous* (I, 10), et le comte sait du
reste en jouer par calcul : « Autrefois tu me disais tout » (III, 5).

D'autre part Figaro n'est pas seulemnet le valet de chambre
d'Almaviva, son confident naturel. Il est aussi le « concierge »
du château : charge honorable qu'il ne faut pas confondre avec
celle de simple portier. Selon le *Dictionnaire de Trévoux* (édit.
1743) un concierge est « celui qui a la garde, les clefs d'un château,
d'une maison de prince ou de grand seigneur [...]. On l'appelle
aujourd'hui plus ordinairement *capitaine* ». Le capitaine Figaro
n'est ni un Petit-Jean ni un monsieur Pipelet. Une référence littéraire relativement proche de la comédie de Beaumarchais peut
nous éclairer sur sa condition exacte. Dans *L'Epreuve* de Marivaux
(1740) Mme Argante, « petite bourgeoise » de village, est aussi
concierge du château de Lucidor (sc. 1). Socialement très inférieure à celui-ci, d'autant qu'elle a « peu de bien » (sc. 2) et
peut seulement donner à sa fille cinq mille livres de dot, elle
est en revanche d'une condition nettement plus relevée que celle
du premier prétendant d'Angélique ; sans le secours de Lucidor
l'aisance de Maître Blaise, le fermier, ne suffirait pas à combler
la distance qui le sépare de la jeune fille (sc. 2 et 18) ; malgré
la différence de fortune celle-ci, en revanche, ne paraît pas devoir
susciter grands commérages en épousant le fils d'un riche finan-
cier, propriétaire d'une seigneurie mais roturier. Sans doute Figaro
n'est-il pas promis à une union aussi brillante. Mais il va consolider une position déjà enviable en épousant la sémillante Suzanne,
« première camériste » et confidente de Rosine, dont la situation
au château est analogue à la sienne. « Fille du peuple », cette
Suzanne, nous dit-on [8], tandis que Figaro (« laborieux par nécessité mais paresseux... avec délices » !) représenterait le « tiers
état travailleur » [9]. Quelle distance pourtant entre l'artisan besogneux qu'a été Figaro et ce qu'il est devenu, comme entre Suzanne
et l'oncle Antonio ! Le jardinier s'oppose au mariage de sa nièce
avec un enfant trouvé : dans les mœurs du temps il en a le droit,
et l'honneur familial l'y oblige. Mais il dit *vous* à Figaro qui le
tutoie et le rudoie (II, 21). Subtile complexité d'une société d'Ancien Régime où la contrainte des valeurs morales traditionnelles
unanimement admises peut aller à l'encontre des exigences immédiates de la hiérarchie sociale.

Une fois nommé encore Pédrille, le piqueur, nous en avons
fini avec la « maison » du comte. Restent ses « vassaux », groupe
nettement distinct du précédent, dans la pièce comme dans la
réalité du XVIIIᵉ siècle français. Ce sont eux, et non Figaro, qui
représentent le petit peuple laborieux. Mais par une ambiguïté

---

(8) Annie UBERSFELD, *ibid.*, p. 46.
(9) *Ibid.*, p. 36. R. Pomeau voyait plus juste, me semble-t-il, lorsqu'il
découvrait à Figaro des « instincts bourgeois ».

qui n'est pas sans conséquence l'auteur en a fait à la fois de vrais
paysans, des « travailleurs » (V, 2), et des bergers d'opéra-comique.
Cette double référence à la réalité sociale et au monde délibérément artificiel de la pastorale est à rapprocher de ce que le
texte suggère, comme nous l'avons vu, des rapports des villageois
avec leur seigneur : une image archaïsante et quelque peu idéa-
lisée du système seigneurial français du xviiie siècle. Dans la
réalité le lien personnel de vassal à suzerain, avec ce qu'il impliquait de solidarité et d'assistance mutuelle, s'est depuis longtemps
effacé au profit d'un pur rapport économique : la protection ancienne révèle sa vraie nature d'exploitation. Dans la comédie
celle-ci n'apparaît que sur le plan de la sexualité ; si le droit
« honteux » (I, 1) auquel le comte a en principe renoncé est au
centre de l'intrigue, on voit bien qu'Almaviva n'a pas besoin de
s'en réclamer pour s'assurer des succès faciles auprès de petites
paysannes comme Fanchette (IV, 5). Mais il semble que ce comportement soit regardé d'ordinaire avec une certaine indulgence : le
libertin qui ne sait pas renoncer à une « fantaisie » (III, 4) reste
un « bon maître » (II, 21). Figaro lui-même ne serait certainement
pas homme à condamner très sévèrement ce libertinage, s'il ne
menaçait pas son bonheur et celui de Suzanne [10]. Quant au « Vous
en avez tant fait dans le pays » qu'Antonio décoche à Almaviva
lorsqu'il le croit victime d'un juste retour des choses (V, 14),
c'est un mot plus goguenard que vraiment hostile : il faudrait
beaucoup forcer le texte pour lui prêter ici un contenu de classe
revendicatif.

On peut dire que dans la société du *Mariage de Figaro* le libertinage du comte *figure* l'oppression seigneuriale, dans la mesure
où il en est à la fois le signe et le masque. La remarque a une
portée générale : la pièce ne présente jamais que de biais les
contradictions sociales. Il en va ainsi du privilège de la naissance et de la condition des femmes, deux problèmes qui tiennent
dans la comédie une grande place. La verve de Figaro rajeunit la
vieille opposition entre naissance et mérite personnel, opposition
qui en elle-même relève du lieu commun (V, 3) ; mais le mouvement
du monologue fait dévier la critique sociale en une méditation
métaphysique sur les *bizarreries* de la destinée. Glissement attendu,
dès lors que l'inégalité sociale est vécue de façon purement individuelle, comme un absurde accident de l'histoire. Très logique-
ment le vaudeville pourra proposer une compensation à l'infé-

---

(10) Voir le cinquième couplet du vaudeville — le couplet du comte —
dont l'entrain cynique fait écho, sans fausse note, à la sagesse « gauloise » de
Figaro (troisième couplet).

riorité présente appropriée à la nature de celle-ci, une revanche
intellectuelle auprès de la postérité :

> « Par le sort de la naissance,
> L'un est roi, l'autre est berger,
> Le hasard fit leur distance,
> L'esprit seul peut tout changer.
> De vingt rois que l'on encense,
> Le trépas brise l'autel ;
> Et Voltaire est immortel »

(Septième couplet).

Ajoutons que pour Figaro le « hasard » s'est montré encore
plus étrange que pour Voltaire. Figaro n'est pas seulement de
naissance commune, il est fils naturel, enfant trouvé, et dans sa
vie agitée il a moins souffert de sa roture que de sa condition de
« fils de je ne sais qui » : héros marginal dont l'étrange destinée
est un cas limite, et comme tel difficilement représentatif. Ici
encore le conflit de classe est autant gommé que montré[11].

Il est au moins deux façons de poser de travers un problème
collectif : ou bien en le réduisant à un ensemble de cas particuliers,
ou bien par excès de généralisation. D'un côté Figaro, de l'autre
« les femmes ». Beaumarchais n'ignore pas l'aspect économique
et social de la condition féminine : pour un grand seigneur les
petites Fanchette sont des proies faciles et d'autre part, comme
le dit avec chaleur Marceline, il n'y a pas loin de la misère à la
déchéance (III, 16). Mais le texte insiste moins sur cette idée que
sur les rapports entre les deux sexes. « Les hommes sont bien
coupables », soupire Rosine (II, 1) ; devant les « hommes » ou
à propos d'eux la comtesse, l'intendante et la camériste usent tour
à tour d'un *nous* chargé de sens (II, 19 ; III, 16 ; V, 8). S'il existe
dans la société du *Mariage* une solidarité des victimes de l'oppression, ce n'est pas celle des petits contre les grands mais,
comme dit encore Marceline, le soutien mutuel du « pauvre sexe
opprimé contre ce fier, ce terrible... et pourtant un peu nigaud de
sexe masculin » (IV, 16). Vue en partie fondée mais développée
de façon mythique, dans le déroulement même de l'action, au
détriment de l'analyse sociale.

---

(11) La même remarque s'appliquerait à d'autres personnages de la littérature du xviiie siècle. Figaro, note Mme Ubersfeld, « fait partie de cette
grande famille des héros déclassés, à travers lesquels s'exprime au xviiie
siècle l'audace de la bourgeoisie » (*op. cit.*, p. 49-50). Passons sur le vague
de la référence sociale : la question est de savoir pourquoi cette « audace »
s'exprime de façon indirecte et figurée, et surtout quelles conséquences en
résultent dans le fonctionnement du texte.

A deux reprises le texte de la comédie paraît pourtant autoriser une lecture sociale plus précise. Au premier acte (sc. 10)
Figaro essaie d'obtenir du comte qu'il confirme devant ses vassaux
rassemblés sa renonciation au trop fameux « droit » ; à l'acte V
il organise lui-même un rassemblement général des « domestiques » et des paysans pour leur faire constater la trahison
d'Almaviva (V, 2). « Action de masse », a-t-on dit (¹²)... Parlons
tout au plus de pression morale collective : à la manière éprouvée
des Philosophes..., et de leur disciple Beaumarchais, Figaro fait
appel à l'opinion publique. Mais pour être promus au rôle de
témoins les figurants ne deviennent pas des acteurs. En écho au
propos sarcastique du jardiner, déjà mentionné (V, 14), les versions manuscrites prêtaient aux paysans un « murmure général » :
si osé qu'il ait pû être, celui-ci n'annonçait pourtant ni révolution
ni même jacquerie. Dans l'optique de l'auteur le jugement public
a en lui-même son efficacité, on le voit à la scène suivante où
Bartholo et aussi Brid'oison s'en font les interprètes ; le comte
est obligé de prendre l'assistance à témoin : « Vous allez voir,
Messieurs... ».

Grand seigneur éclairé, Almaviva ne peut pas faire fi de la
conscience collective. Nous l'avons vu entre le bien et le mal : c'est
le poids de l'opinion qui fait pencher la balance du bon côté.
Beau joueur, le comte accepte sa défaite en riant (V, 19), et du
même coup il reconquiert la sympathie générale. Dès lors chacun
retrouve dans le petit monde d'Aguas-Frescas sa place et son rôle
habituels. « Tout finit par des chansons », dit le vaudeville. Ces
chansons ne sont pas des chants révolutionnaires... On peut
compter sur Almaviva pour contribuer encore à la disparition
de quelques « abus », l'ordre existant n'en sera pas fondamentalement changé. Quant à Figaro, il vieillira doucement auprès
de ses maîtres jusqu'au jour où, dans quelque tourmente, il
deviendra leur protecteur et leur sauveur : c'est du moins l'avenir
que lui promet le texte de la comédie, et l'auteur du *Mariage*
n'aura pas à se renier pour écrire *La Mère coupable* ¹³.

Le paradoxe des applaudissements de la haute société au

---

(12) J. Schérer, *op. cit.*, p. 101 et 351.
(13) La logique de l'histoire n'est pas toujours celle de la littérature, et
l'historien trouvera mieux son compte dans l'hypothèse de R. Pomeau
(*loc. cit.*) qui imagine Figaro acquérant « pour une bouchée de pain » le
château d'Aguas-Frescas vendu comme bien national...

Mariage de Figaro n'est peut-être pas aussi incompréhensible que le croyait la baronne d'Oberkirch. Avec ses hôtes des châteaux et des salons Beaumarchais joue à fleuret moucheté. Ses véritables coups, il les réserve à leur adversaire commun, le « despotisme ». Si le mot n'est pas prononcé, l'idée est omniprésente. Dans la société d'Aguas-Frescas, société inégalitaire mais néanmoins harmonieuse, malgré quelques tensions occasionnelles, le mal vient *d'ailleurs* : de la loi, ou plutôt « l'ordonnance » (III, 5), de l'arbitraire fiscal (III, 15), de la censure, du cabinet noir, des lettres de cachet, de l'incompétence des bureaux, du caprice des Ministres, « ces puissants de quatre jours » (V, 3), de la vénalité des charges (III, 12), et de la mauvaise organisation des tribunaux, de la sottise et de la corruption des juges et autres gens de justice. Le roi est épargné, bien entendu, mais il est présent en effigie dans la salle du procès... Louis XVI ne manquait donc pas de perspicacité. Alors que les échecs successifs de Turgot et de Necker manifestaient l'incapacité de la monarchie à se réformer la pièce avait, sur le moment, une portée politique certaine. Mais, éludant les vrais problèmes, elle ne devait pas tarder à être dépassée. Sur les antagonismes fondamentaux de la société contemporaine — privilégiés et tiers état, grandes propriétés seigneuriales et masses paysannes — *Le Mariage de Figaro* plaque l'image apaisante et trompeuse d'une alliance des élites contre les « abus » de l'ordre monarchique : alliance à laquelle le « bon peuple » dont parle le Vaudeville est tout au plus convié à applaudir... Si l'on tient à voir dans l'abolition volontaire du « droit du seigneur » l'annonce de la nuit du 4 août il faut reconnaître que la comédie ne laisse rien soupçonner de ce qui se passera immédiatement après, une fois le jour revenu et retombé l'élan idyllique... La vérité est qu'en écrivant le *Mariage* Beaumarchais n'a pas joué les prophètes : ce n'était pas dans son tempérament. Aussi la comédie est-elle à l'image de l'auteur, étincelante et superficielle.

LE XVIIIᵉ SIECLE JUGE PAR LE XIXᵉ

A PROPOS D'UN CONCOURS ACADÉMIQUE

SOUS LE PREMIER EMPIRE

par Roger FAYOLLE

Le siècle de Hugo avait à peine quatre ans que, déjà, la seconde classe de l'Institut, la classe de Langue et Littérature françaises, proposait comme sujet du prix d'éloquence le *Tableau littéraire de la France au XVIIIᵉ siècle*. Ce sujet fut annoncé lors de la séance publique d'avril 1804, un peu plus d'un an après le décret du 3 pluviôse An XI (23 janvier 1803) qui réorganisait l'Institut par la suppression de la classe des Sciences morales et politiques et qui restaurait en quelque sorte l'ancienne Académie française. Une telle initiative, probablement inspirée par le gouvernement, a bien évidemment une signification politique, au moment même où l'Empire s'instaure et prend des formes dynastiques et rétrogrades. Par delà l'épisode révolutionnaire, il s'agit sans doute d'affirmer une continuité et sans doute aussi un progrès (comme l'indique le sujet d'enquête prescrit à la classe tout entière : *Tableau historique de l'état et des progrès de la littérature française depuis 1789.*) La France continue et l'Empire naissant assume l'héritage du siècle écoulé et se hâte d'en dresser l'inventaire. Mais dans quelles conditions ? Quels vont être les jeunes candidats avides de lauriers académiques ? Qui sont leurs juges ? Quel sort réserveront-ils aux discours soumis à leur critique ? Le nouveau siècle ratifiera-t-il leur choix ?

La composition même de la seconde classe de l'Institut reflète parfaitement la situation historique de la France et les intentions conciliatrices du nouveau pouvoir : aristocratie et bourgeoisie se rejoignent ; après l'affrontement révolutionnaire, elles se réconcilient sous le signe de la propriété foncière et Bonaparte, garant de l'ordre, invite bourgeoisie possédante et aristocratie ralliée à consolider ensemble leur main-mise sur la France. Les conflits idéologiques peuvent encore masquer la réalité des choses mais ils ne sont plus guère qu'une survivance du siècle écoulé : c'est ainsi que, parmi les Quarante, cohabitent cardinaux et athées, ci-devant nobles et anciens conventionnels.

Entre 1803 et 1810, on y trouve beaucoup de dignitaires du

régime devenu impérial, des conseillers d'état, pour la plupart dépourvus de tout mérite littéraire, comme Merlin de Douai, Lacuée de Cessac, Bigot de Préameneu, Ségur, Portalis, Regnault, Maret et bientôt Daru. Pour eux les temps nouveaux sont évidemment bons, et sera bon tout discours qui célébrera le présent en soulignant comment le passé l'a préparé et comment on a su en retenir le meilleur et en bannir tous les excès (c'est-à-dire l'irréligion, les violences contre les biens et les personnes, l'ignorance). Les meilleurs courtisans souhaitent couronner le discours d'un bon courtisan. Ajoutons que l'abondance des tâches qui leur sont confiées par l'Empereur ne leur permet guère d'être des « académiciens » assidus : ils font, à l'Institut, figure de censeurs plutôt que de collègues.

Le seul groupe intellectuellement structuré est celui des idéologues. Représentants d'une élite bourgeoise cultivée, ils ont contribué à porter Bonaparte au pouvoir car ils comptaient sur lui pour assurer l'ordre dans une république aristocratique préservée de la tyrannie des ignorants, responsables de la Terreur. Ils ont bientôt compris que le Premier Consul n'accepte pas la coexistence entre le pouvoir personnel et un système représentatif garantissant les libertés publiques et ils sont entrés dans une opposition aussi bavarde que stérile. Pour la plupart anciens membres de la classe des Sciences morales et politiques devenue insupportable au pouvoir, ils apparaissent comme les continuateurs du siècle des Lumières. Liés à Benjamin Constant, ils avaient d'ailleurs formé au Tribunat un « Comité des Lumières » auquel participaient les « académiciens » Chénier et Andrieux et qu'appuyaient les sénateurs « académiciens » Cabanis, Garat, Volney, Sieyès, Destutt de Tracy... Seul Roederer a déserté le groupe en raison du caractère purement négatif de cette opposition à l'évolution du régime consulaire vers l'Empire : aussi est-il entré au conseil d'Etat, mais ses anciennes amitiés lui vaudront la défaveur de Napoléon. On peut imaginer ce qu'attendent les idéologues d'un *Tableau littéraire de la France au XVIII° siècle* : un éloge de la « philosophie », une célébration de la Raison et du Progrès, une dénonciation de toute mise en cause de la responsabilité des « philosophes » rationalistes dans les excès révolutionnaires mais une reconnaissance enthousiaste de la part qu'ils ont prise à la définition des heureux principes de 1789.

Il est bien difficile de savoir à quel parti rattacher la plupart de ceux qui doivent leur titre de membre de l'Institut à leur gloire littéraire du moment : Legouvé, Arnault, Parny, Lebrun, Picard occupent-ils une place particulière dans le conflit idéologique qui entoure la naissance de l'Empire ? Comment la préciser ? Le plus souvent, ils se sont accommodés des régimes successifs, encensant l'un puis l'autre. Il est certain qu'ils attendent surtout du dernier venu qu'il leur assure quelques prébendes. Ajoutons qu'ils ont écrit au XVIIIe siècle et qu'ils peuvent espérer des candidats quelques allusions élogieuses à leurs propres œuvres.

Outre la coterie des courtisans de l'Empire, à laquelle se rattachent peu ou prou les poètes lyriques et dramatiques vivant de leur seule plume, on peut sans doute opposer au clan des idéologues celui des nostalgiques de l'Ancien Régime, ces royalistes pour qui le Consulat devait être une étape vers la Restauration et pour qui l'Empire est un moindre mal qu'ils ont, profitablement, accepté. Rangeons dans ce groupe les fructidorisés de 1797 : Fontanes, Sicard, Suard, sympathisants du club de Clichy, mais aussi Lacretelle, Delille et la plupart des membres de l'Académie prérévolutionnaire comme Boufflers ou Roquelaure. Tous ceux-là peuvent souhaiter aussi un éloge de la littérature du XVIIIe siècle, mais sous ses aspects traditionnels. Ils applaudiront sans doute toute mise en garde contre les dangers de l'innovation et seront peu sensibles à un éloge de la philosophie progressiste.

Ce clan, résolument contre-révolutionnaire, a déjà eu son porte-parole en La Harpe (d'ailleurs nommé à l'Institut en janvier 1803, quelques semaines avant sa mort). Rouvrant son cours du Lycée peu de temps après le 9 Thermidor, La Harpe avait prononcé un discours retentissant publié sous le titre : *De la guerre déclarée par les Tyrans révolutionnaires à la Raison, à la Morale, aux Lettres et aux Arts.* Il y criait son horreur de ceux qui ont prétendu « faire succéder au langage savant et cadencé des Muses les chants horribles des Iroquois et le cri des cannibales » et son effroi devant le triomphe d'une anarchie qui, au contraire de ce qui se passe dans un « état libre », où « les citoyens se placent d'ordinaire en raison de leurs talents et de leurs vertus », permet à « tout ce qui était au dernier rang de la nature humaine » de « monter au premier rang dans l'état »[1]. Dans l'introduction aux deux volumes qu'il a plus spécialement consacrés à la philosophie du XVIIIe siècle — cours prononcé en 1797, remanié et rédigé en 1799 et publié après la mort du critique en 1803 — La Harpe raille ce siècle de s'être appelé lui-même « siècle de la philosophie » : il estime que « le caractère général, très marqué dans le XVIIIe siècle, surtout depuis cinquante ans, a été le plus honteux abus de l'esprit et du raisonnement dans tous les genres »[2]. Aussi « la postérité ne verra-t-elle dans notre siècle...

---

(1) LA HARPE : *Lycée*, édition de 1829, t. VIII, p. 12.
(2) *Op. cit.*, t. XV, p. 2.

que la plus désastreuse époque de dégradation et ce grand titre de *siècle philosophe* ne sera-t-il pour nos neveux que ce qu'il est déjà pour tous les gens sensés, une espèce de sobriquet très ridicule, une sorte de contre-vérité ». Parmi les « philosophes », La Harpe distingue trois classes. A la première appartiennent « cinq écrivains illustres qui, en différentes manières, ont rendu plus ou moins de services à la philosophie » : Fontenelle, Buffon, Montesquieu, D'Alembert et Condorcet. La seconde « se compose de quelques moralistes d'un mérite plus ou moins distingué », comme Vauvenargues et Duclos.

> « Mais la troisième, et malheureusement celle qui a eu le plus d'influence, n'offre que des sophistes qui, avec plus ou moins de talent pour écrire et quelquefois avec des titres de célébrité aussi étrangers à la philosophie que les caractères de leur esprit, ont été, sous le faux nom de « philosophes », d'abord les ennemis de la religion et ensuite, par une conséquence infaillible ceux de tout ordre moral, social et politique, et, pour tout dire en un mot, les pères de la révolution française » [3].

Car, La Harpe le répètera plus loin :

> « Qui peut douter que Diderot, Raynal, Rousseau, Voltaire et même Helvétius, n'aient été les premiers et les plus puissants mobiles de cet affreux bouleversement ? » [4].

Pourtant, en 1810, sur rapport de Marie-Joseph Chénier, et contre l'avis du jury chargé de proposer le prix décennal de littérature attribué « au meilleur ouvrage de littérature qui réunira au plus haut degré la nouveauté des idées, le talent de la composition et l'élégance du style », la seconde classe de l'Institut couronne le *Lycée*. Dans la longue analyse qu'il propose de ces seize volumes, Chénier déplore la violence antiphilosophique dont le critique fait preuve dans les cinq derniers tomes. Il regrette qu'il ait « cru devoir accumuler les palinodies, les confessions, les professions de foi et surtout les imprécations contre ce qu'il appelait le philosophisme » [5]. En s'exprimant ainsi, La Harpe est devenu l'écrivain d'un parti, et du parti de ceux qui le combattaient jadis. Il s'agit de le reprendre à ses nouveaux admirateurs pour le rendre à l'estime des « juges éclairés, dont l'opinion conforme aux lois invariables de la raison, de la décence et du goût, triom-

---

(3) *Op. cit.*, t. XV, p. 11.
(4) *Op. cit.*, t. XV, p. 96.
(5) M.-J. CHÉNIER : *Tableau historique de l'état et des progrès de la littérature française depuis 1789*, édition de 1816, p. 387.

phe des résistances accidentelles et devient tôt ou tard l'opinion publique ». Chénier conclut : « un tiers de l'ouvrage ne suffit pas à faire condamner l'ouvrage tout entier ». Habile et tardive manœuvre qui vise à présenter le *Lycée* comme un magnifique tableau de la littérature ancienne et moderne et même, pour l'essentiel, de la littérature du xviiiᵉ siècle, et non plus comme une simple machine de guerre des réactionnaires.

Cela suffit à indiquer combien l'étude du xviiiᵉ siècle était un sujet brûlant, les « académiciens » eux-mêmes se trouvant divisés par la diversité des expériences qu'ils avaient vécues au cours des quinze dernières années, et leurs clans s'opposant à l'occasion de chaque délibération.

Rien d'étonnant si, jusqu'en 1810, aucun accord n'a pu se faire pour désigner un candidat digne de remporter le prix d'éloquence : une médaille d'or de 1 500 francs. Dans son rapport lu en séance publique en avril 1807, le secrétaire perpétuel Suard souligne les difficultés du *Tableau littéraire de la France au XVIIIᵉ siècle* qui « demande de longues recherches, des connaissances variées et une réunion de goût et de philosophie qui sera toujours fort rare » [6]. Il regrette que la plupart des candidats aient paru croire que l'académie désirait « voir établir un parallèle entre le xviiiᵉ et le xviiᵉ siècles ». Or « ces sortes de parallèles sont plus favorables au bel esprit qu'au bon esprit et produisent plus d'erreurs que de vérités dans les jugements qui en sont le résultat ». En fait,

> « L'Académie a désiré qu'on lui présentât une appréciation fidèle et positive des richesses que le dernier siècle a ajoutées au trésor littéraire de la France, sans chercher à en faire la balance avec le fonds de richesses créé par le siècle précédent. Elle a désiré surtout qu'on observât les progrès qu'a faits la langue dans le même siècle, ce que tous les concurrents ont trop négligé jusqu'ici ; il est important aussi de relever l'éclat que les hommes de génie qu'il a produits ont ajouté à la gloire nationale et ce qu'on doit à beaucoup de bons esprits qui, sans atteindre aux premiers rangs de la renommée, ont concouru à la propagation des lumières, aux progrès de la raison et du goût ».

Suard rappelle enfin que les discours présentés au concours ne doivent pas être trop longs car ils sont destinés à être lus en séance publique, ce qui suppose une durée maximum d'une heure de lecture. Parlant au nom de l'Académie tout entière, il présente

---

(6) *Recueil de Discours de l'Académie française*, t. I, années 1803-1819, p. 87.

donc une importante mise en garde contre la prolixité des candidats, mais surtout contre leur tendance à dénigrer le xviii° siècle au profit du siècle de Louis XIV, sans tenir compte des progrès accomplis par la langue, la sagesse et le génie français. C'est assez laisser entendre que les diatribes de La Harpe étaient représentatives de l'état d'esprit des intellectuels bourgeois et aristocrates dans les années post-révolutionnaires. Paradoxalement peut-être, l'Académie napoléonienne est amenée à jouer un rôle progressiste face à la résurgence d'une idéologie féodale et réactionnaire, marquée par l'apologie de la monarchie absolue, par la foi totale en la Providence et par le refus de croire à la raison et au progrès.

Pourtant, dans ses articles du *Publiciste,* le vicomte de Bonald développait librement et abondamment de tels thèmes en brodant sur sa célèbre proposition : « la littérature est l'expression de la société ». Ainsi, en août 1806, sous le titre *Du style et de la littérature,* il avait montré comment, sous le règne de Louis XIV, « la littérature se monta en France au ton le plus noble et le plus naturel à la fois » et « fut ainsi l'expression fidèle de cette société où tout tendait au grand et à l'ordre ». Au contraire,

> « à mesure que la France, au commencement du XVIII° siècle, était entraînée par diverses causes hors de sa constitution naturelle de religion et d'état ; que la faiblesse gagnait le pouvoir, l'épicuréisme le ministre, que l'esprit de discussion et de révolte se glissait jusque dans le peuple, la littérature... se dénaturait... En même temps que les principes de la société étaient mis en problème dans des écrits impies et séditieux, les principes du goût étaient méconnus dans des poésies et l'autorité des modèles attaquée dans des poétiques » [7].

En mai 1807, Bonald répondait directement au rapport de Suard en constatant que « jamais l'Académie n'avait proposé de sujet qui offrît plus de difficultés aux concurrents et plus d'écueils aux juges du concours ; aux uns, des questions littéraires plus délicates à traiter ; aux autres, une question, on peut dire politique, plus fâcheuse à résoudre » [8]. Pour Bonald, « il n'était peut-être pas encore temps de faire le *Tableau littéraire de la France au XVIII° siècle* ». Contrairement à l'avis de l'Académie, il s'obstine à opposer xvii° et xviii° siècles, le premier riche en modèles littéraires parfaits, expression d'une société ordonnée et stable, et à partir desquels il est impossible de concevoir un pro-

---

(7) BONALD : *Œuvres,* édition de 1838, t. X, p. 328-329.
(8) BONALD : *Œuvres,* édition de 1838, t. XI, p. 47.

grès, car « que peuvent ajouter les copies aux richesses littéraires d'une nation qui possède les modèles ? » [9]. Il proteste aussi contre les limites imposées aux candidats qui devront se contenter de la « sécheresse d'un catalogue de librairie » alors qu'il leur faudrait pouvoir « considérer la littérature du XVIIIᵉ siècle sous un rapport plus vaste » et « décider si la partie morale de cette littérature, l'esprit général qui l'anime, le fond qu'elle embellit ou qu'elle déguise, les doctrines enfin qui y sont professées ajoutent quelque chose à nos richesses littéraires ; car la vérité seule est richesse et des erreurs, même revêtues du plus brillant coloris et relevées par tous les agréments de l'esprit ne sont qu'une fastueuse indigence » [10]. Il souhaite donc que soit démontré à nouveau, à l'occasion de ce prix d'éloquence, le funeste rapport qui unit la littérature du dernière siècle à la révolution sociale qui l'a terminé et l'effet déplorable des « sarcasmes irréligieux de Voltaire » et de la « toute-puissante philosophie ».

En 1808, selon le rapport de Suard, dix-neuf discours ont été admis au concours proposé pour la quatrième fois, mais « aucun n'a encore répondu aux intentions de l'Académie ». Le sujet est maintenu pour l'année suivante, afin que les meilleurs candidats puissent améliorer leur œuvre et que tous leurs travaux ne soient pas tout à fait perdus. Parmi ces candidats malheureux, le jeune ami de Madame de Staël, Prosper de Barante, ne se résigne pas à remanier son tableau pour le présenter à nouveau au suffrage de l'Institut. S'il en reprend la rédaction, c'est pour l'étoffer aux proportions d'un volume qu'il imprime en décembre 1808.

Depuis que son père est devenu, en 1803, à Genève, préfet du nouveau département du Léman (où il lui revient de surveiller la turbulente fille de Necker), le jeune Barante a fait une rencontre qui a bouleversé sa vie : après (et avant) beaucoup d'autres, il s'est épris de Germaine de Staël et, malgré la différence d'âge, (elle est de seize ans son aînée), il souhaite l'épouser. Une telle passion et surtout de tels projets inspirent une grande inquiétude à Monsieur le Préfet. En 1806, Prosper de Barante est devenu auditeur au Conseil d'Etat. Or, non seulement il maudit et néglige ses missions lointaines en Espagne et en Allemagne, mais encore ses liens avec la dame de Coppet ne peuvent que compromettre sa carrière en le rendant suspect aux yeux de l'Empereur.

Pourtant, en juillet 1807, il entre à son tour dans la carrière préfectorale : il est nommé sous-préfet à Bressuire. Retour d'Alle-

(9) BONALD : Œuvres, édition de 1838, t. XI, p. 56.
(10) BONALD : Œuvres, édition de 1838, t. XI, p. 57.

magne, il s'attarde à Paris avant de rejoindre son poste. Suard (qu'il connaît peut-être par Mme de Staël qui accueillit Suard à Coppet après le 18 fructidor) l'encourage à prendre part au concours de l'Institut. Il se met au travail avec ardeur, bien qu'il ne lui semble pas que « le moment soit bon ; on n'a plus d'opinion, même sur la littérature, et les journaux ne peuvent plus différer, même dans le jugement d'un vaudeville » [11]. Il lui faut se hâter car les envois doivent parvenir avant la mi-janvier. Il écrit à son amie, le 27 décembre 1807, qu'à l'occasion d'une halte de trois jours à Tours, il a terminé son *Tableau* : « Bref, le discours est lancé au concours, au milieu de tous ces gens de l'Académie qui en seront blessés par tous les points ; ainsi, il ne sera pas question de prix ; nous verrons après si je songerai à l'impression » [12]. En effet, formé à l'école du groupe de Coppet, il n'avait pas pu se limiter « au programme de l'académie ».

> « Je désirais, racontera-t-il dans ses *Souvenirs*, non pas exposer le caractère littéraire du siècle et le mérite des principaux écrivains de cette époque, mais rechercher et exposer l'esprit du temps, l'influence des mœurs, des opinions, des événements politiques sur la littérature et la philosophie... L'Académie se crut offensée par le jugement qu'un jeune homme osait porter sur un siècle dont les héritiers et les représentants régnaient encore » [13].

Pendant les longues semaines qui séparaient l'envoi du manuscrit et la décision du jury, de janvier à mars 1808, Benjamin Constant, alors à Paris, renseignait son rival et ami sur l'état des esprits. « Tout est enrégimenté » lui écrit-il en février, et si l'on n'est pas décidément du parti des philosophes ou du parti des dévots,

> « les pauvres diables comme vous, qui ont un habit de fantaisie, ne savent où se placer. Aussi, ce qu'ils peuvent faire de mieux, c'est de se coucher et de se taire.
>
> Vous sentez comme votre discours a irrité au milieu d'une pareille disposition. On vous a trouvé très irrévencieux et surtout n'ayant pas, c'est le grand mot, de direction fixe. Ce qu'on exige, c'est qu'un auteur attaque ou défende. Malheur à celui qui ne veut que juger ! » [14].

---

(11) *Lettres de ... Prosper de Barante à Mme de Staël (1804-1815)*, publiées hors commerce par la Baronne de Barante, Clermont-Ferrand, 1920, p. 270.

(12) *Idem*, p. 276.

(13) *Souvenirs du Baron de Barante*, publiés par son petit-fils, Calmann-Lévy, 1890, t. I, p. 268.

(14) *Lettres de Benjamin Constant à Prosper de Barante*, publiées dans la *Revue des Deux Mondes*, 15 juillet 1906, p. 250.

Instruit de ces nouvelles, Barante confirme ses inquiétudes à Madame de Staël :

> « Mon discours ne fait pas merveille, dit-on ; Chénier voulait qu'on n'allât pas au delà de la première page et chacun à l'Académie était assez de son avis ; Lacretelle s'y est opposé et on l'a chargé de faire un rapport. » [15].

En mars, l'affaire est entendue :

> « Mon discours a définitivement été conspué... Il paraît que MM. Suard et Chénier se sont trouvés d'accord sur mon peu de sens commun » [16].

Le *Tableau* tracé par Barante a donc réuni contre lui dévots et philosophes, royalistes et républicains de l'Académie. L'auteur est presque fier d'une telle performance et il reprend aussitôt son œuvre en vue d'une publication rapide et anonyme. C'est un volume de 267 pages qui paraît en décembre 1808 à Paris, sans nom d'auteur mais accompagné de l'épigraphe latine donnée par Barante à son manuscrit pour le concours académique [17]. Madame de Staël reçoit aussitôt un exemplaire, dans un moment où elle éprouvait beaucoup d'humeur contre son jeune adorateur qui s'est laissé prendre au charme d'une rivale : Juliette Récamier. Aussi rend-elle un verdict d'autant moins enthousiaste que le maladroit Barante a oublié de parler de l'illustre Necker ! Un tel oubli ne s'explique à ses yeux que par le souci de ne pas mécontenter l'Empereur et de ménager sa carrière. C'est ce qu'elle écrit d'ailleurs à Henri Meister le 2 janvier 1809 :

> « Je vous envoie par la diligence le discours de Prosper de Barante qui fait sensation à Paris. Vous y trouverez de singulières lacunes, que la prudence lui a dictées, mais il y a de l'esprit » [18].

Après quoi elle enchaîne aussitôt (association d'idées révélatrice).

> « Avec quel bonheur j'écrirai, une fois sur terre libre, la vie politique et littéraire de mon père. »

En somme, pour être agréable à Madame de Staël, le *Tableau*

---

(15) *Lettres...*, publiées par la Baronne de Barante, p. 280.
(16) *Ibid.*, p. 285.
(17) « Dedi cor meum ut scirem prudentiam atque doctrinam erroresque et stultitiam ; et agnovi quod in his esset labor et afflictio spiritus. » (Eccl.)
(18) *Lettres de Madame de Staël à Henri Meister*, Hachette, 1903, p. 203.

aurait dû être un monument à la gloire du fameux et malheureux ministre. Malgré ses griefs et malgré la furieuse dispute qui oppose les deux amants pendant tout le mois de janvier, elle rédige pourtant un extrait pour *Le Mercure de France* : de copieux éloges couronnés par une allusion perfide à « l'esprit de justice et de discernement » dont fait preuve ce jeune auteur qui « se destine à l'administration » et par le regret de voir ce « philosophe » trop défiant envers l'enthousiasme et l'action accorder trop de place à la « doctrine de la fatalité ». Dès février 1809, la nomination de Barante à la préfecture de la Vendée apparaît à Madame de Staël comme une éclatante confirmation de son jugement. Dans ses lettres, le nouveau préfet, que Napoléon voit d'un œil plus favorable que ne l'ont fait les académiciens, ne cache pas son embarras et prend acte du fait que son amie considère qu'il est passé « dans le camp ennemi » (lettres du 30 janvier et du 3 février 1809).

Ainsi, l'œuvre du jeune Barante n'a rencontré parmi ses premiers lecteurs que des juges sévères : les académiciens (toutes tendances réunies), Madame de Staël. Seul Benjamin Constant admire la vigueur de la pensée et le style, tout en déplorant les hésitations d'un scepticisme qui est aussi le sien :

> « Nous ne savons pas assez ce que nous voulons. Nous sommes dégoûtés de notre siècle ; et pourtant, nous sommes de notre siècle. Nous avons senti les inconvénients de la philosophie. D'ailleurs, ses ennemis ne valant pas mieux ou valant moins que ses apôtres, nous craignons de faire cause commune avec ses ennemis. Il en résulte qu'après nous avoir lus on se demande quel est notre but et c'est un défaut pour le succès » [19].

Pourtant Maret aurait commenté assez favorablement le *Tableau* devant l'Empereur pour obtenir l'avancement de l'auteur. Premier suffrage mais suffrage décisif et que viendra curieusement confirmer le long succès de l'ouvrage à travers les régimes réactionnaires du XIXᵉ siècle : le *Tableau* connaît en effet huit éditions jusqu'en 1856 [20]. En 1832, le ministre de l'Instruction publique le signale comme « très utile à l'enseignement » et le recommande aux bibliothèques universitaires. Il est donc bien représentatif de l'image officielle que la bourgeoisie veut transmettre du siècle des Lumières, tandis qu'elle affermit et préserve son propre pouvoir en combattant à son tour la « philosophie », l'athéisme, le pro-

---

(19) *Lettres de Benjamin Constant à Barante*, 22 avril 1808, dans la *Revue des Deux Mondes* du 15 juillet 1906, p. 257.
(20) 1808, 1810, 1822 (revue et augmentée), 1824, 1832, 1842, 1847 et 1856.

gressisme... Après 1860, la voix du rationalisme aura moins de
mal à se faire entendre et une autre image du xviiiᵉ siècle sera
peu à peu proposée, des forces sociales nouvelles ranimant le flambeau qu'avait brandi cent ans plus tôt la bourgeoisie révolutionnaire. Signe de cette évolution, en 1869, dans le *Grand Dictionnaire
Universel du XIXᵉ* siècle, à l'article « Barante », Larousse parle
du *Tableau* comme d'un livre « très légèrement écrit et conçu
dans cet esprit de réaction politique et religieuse mis en vogue
par Chateaubriand ».

Malgré la grande disproportion existant entre le *Tableau* de
Barante (un volume de 267 pages in-8°) et les deux discours
finalement couronnés par l'Académie en 1810 (56 pages in-4° chacun), nous essaierons, pour finir, de comparer l'ouvrage de Barante,
dont la célébrité fut durable, et les discours de Victorin Fabre
et d'Antoine Jay, qui furent aussitôt oubliés.

Dans son rapport de 1809, Suard ne put pas encore décerner
le prix d'éloquence mais il fit mention de trois discours dignes
d'intérêt et surtout de celui qui porte l'épigraphe choisie par
Victorin Fabre, jeune poète ardéchois, né en 1785, monté à Paris
en 1803 et régulièrement candidat à tous les concours académiques.
Ce jeune Fabre était reçu chez Destutt de Tracy, dans « le cercle
d'Auteuil » et professait une ardente admiration pour la philosophie des Lumières. Benjamin Constant le décrit ainsi à Barante :

> « J'ai fait connaissance avec une des espérances du parti
> (académique) : M. Victorin Fabre. Je l'ai trouvé plein de zèle
> pour la feue philosophie et en répétant, avec une mémoire
> admirable, et une chaleur plus admirable que sa mémoire,
> des tirades entières tant en vers qu'en prose. Il a en littérature
> toute l'orthodoxie et en opinion toute l'hétérodoxie qu'il croit
> encore à la mode. Il est plein de mépris pour les préjugés
> de Bossuet, mais plein d'admiration pour le génie poétique
> de Boileau. » [21]

Malheureusement pour lui, en 1809, son *Tableau littéraire du
XVIIIᵉ siècle* lui vaut encore trop de critiques de certains académiciens pour emporter le prix. Que dit Suard ?

> « Le sujet y est traité d'une manière plus complète que
> dans aucun autre ; le ton en est plus animé ; le style a du
> mouvement, de l'élégance et de la couleur ; les jugements sur
> les écrivains et sur les différents genres de littérature annon-
> cent des principes sains, un talent exercé, un esprit naturel

---

(21) *Lettres de Benjamin Constant à Barante*, 20 mars 1808, dans la *Revue
des Deux Mondes*, 15 juillet 1906, p. 253.

fortifié par la réflexion et par de bonnes études. Un mérite si peu commun était malheureusement déparé par des imperfections assez graves ; on y a remarqué des réflexions qui ont plus d'éclat que de justesse, quelques jugements superficiels ou hasardés, quelques négligences de diction... Nous ne pouvons dissimuler même qu'un morceau assez considérable de l'ouvrage contenait quelques observations que la classe n'a pu approuver et que l'auteur devait d'autant plus s'interdire qu'elles ne tenaient pas essentiellement au fond de son sujet. »

Ce morceau, qui a soulevé l'irritation des divers clans de l'académie, est une prosopopée dans laquelle J.-J. Rousseau se disculpe lui-même de toute responsabilité dans les excès de la Montagne. Selon le biographe de Fabre, « des comtes d'Empire qui ne voyaient rien de si beau que le despotisme de Napoléon se portèrent pour les défenseurs de la Montagne contre Victorin Fabre » et se rangèrent aux arguments de Chénier qui voulait subordonner l'attribution du prix à la suppression de ces pages [22]. Il s'agissait d'une imitation emphatique du mouvement de la célèbre prosopopée de Fabricius :

> « Ah ! si le grand homme qu'on outrage pouvait un moment sortir de cet éternel silence, s'il paraissait au milieu de vous, ce *Contrat social* et cet *Emile* dans les mains : « O vous, dirait-il, vous qui m'accusez de vos malheurs, de vos fautes peut-être, ne m'inculpez pas sans me lire, ne me condamnez pas sans m'avoir compris. Qu'y a-t-il entre ma philosophie et les principes de ceux que vous m'osez donner pour disciples ? Qu'ai-je dit, et qu'ont-ils fait ?... » [23].

Après avoir suivi les conseils du secrétaire perpétuel de la seconde classe, Fabre obtient, en 1810, les suffrages des idéologues et des « comtes d'Empire ». Mais les dévots et les royalistes sont décidément irréductibles. L'Académie se divise et le prix est finalement attribué à deux candidats : le discours d'Antoine Jay (1770-1854), ancien protégé de Fouché, est couronné en même temps que celui de Fabre.

Nous voilà donc en présence de trois ouvrages qui ont été très diversement reçus : celui de Barante a été unanimement rejeté, celui de Fabre a satisfait la « gauche » de l'Académie et celui de Jay a plu à la « droite ». Chacun d'eux trace ce difficile *Tableau littéraire de la France au XVIIIe siècle* en s'appuyant sur une

---

(22) J. SABBATIER, *Vie de V. Fabre*, p. 50 du tome I des *Œuvres de Victorin Fabre*, publiées en 1844.
(23) *Œuvres de Victorin Fabre*, t. II, p. 67.

vision de l'histoire différente, selon le rapport qu'ils veulent établir entre le développement des idées et de la littérature au XVIIIe siècle et la Révolution.

Barante insiste sur « la marche nécessaire des civilisations » et évoque une théorie des « époques critiques » selon laquelle « la civilisation, par des alternatives de repos et d'agitation, conduit plus ou moins vite les nations à leur décrépitude » (1re éd., 1809, p. 6). On reconnaît là le thème de l'éternel retour qu'avait utilisé Chateaubriand dans son *Essai sur les révolutions* de 1797, effort pour minimiser l'originalité et la portée de la révolution française en l'inscrivant dans un dessein inéluctable, l'homme étant, quoi qu'il fasse, enfermé « dans un cercle dont il tâche en vain de sortir ». Le XVIIIe siècle est donc pour Barante une « époque critique », une phase de désordre et de décadence, et la littérature, « expression de la société », est « un symptôme de la maladie générale » (éd. cit., p. 10). Suivant l'accentuation de ce déclin à travers les époques successives du siècle, Barante formule des jugements sévères sur tous les « philosophes ». Voltaire a eu le tort de corrompre son génie « en se laissant entraîner au torrent d'un siècle dégradé » (p. 56). Montesquieu « s'est fait une foule d'illusions » et « qui voudra proscrire ce qu'on a appelé la philosophie du XVIIIe siècle, ne pourra pas se dispenser de comprendre Montesquieu dans cette proscription » (p. 77) [24]. Les encyclopédistes sont sévèrement condamnés : Diderot est « au total, un écrivain funeste à la littérature comme à la morale » (p. 128), Helvétius, tout vertueux qu'il était, a mis à la mode une philosophie « grossière » (p. 130). Sans doute, dans la bouche de Rousseau, la philosophie retrouvera-t-elle « les armes dont on voulait alors la dépouiller : l'éloquence et le sentiment », mais ses œuvres « renfermaient mille germes dangereux » car il était à la fois « un révolté » et « un orgueilleux » (p. 164). Buffon enfin, que Barante considère (avec Voltaire, Montesquieu et Rousseau) comme l'un des quatre grands écrivains du siècle, qui « laissent loin derrière eux tous leurs contemporains » (p. 191), est digne de tous les éloges pour l'étendue de son génie et la perfection de son style, mais, prisonnier de son siècle, il a eu le tort de ne songer « qu'à la nature physique » (p. 198). Ainsi, quelles qu'aient pu être leurs vertus littéraires et morales, les écrivains de ce siècle n'ont pas pu échapper à « la domination absolue de la société » (p. 144)

---

(24) Il est curieux de constater qu'en remaniant son *Tableau* pour l'édition de 1822, Barante a corrigé les deux pages rapides et sévères qu'il avait consacrées à Montesquieu pour les remplacer par un éloge en cinq pages de *l'Esprit des Lois*.

et d'une société frivole et hardie, oublieuse des meilleurs principes religieux et politiques.

Cette vue d'ensemble (au total, plus sévère encore que la description proposée par le *Lycée* de La Harpe) correspondit, pendant la majeure partie du XIX° siècle, à l'opinion « officielle » qu'il convenait d'avoir sur le siècle des Lumières.

Pour Antoine Jay, le XVIII° siècle, loin d'être une « époque critique », annonciatrice de catastrophes, représente au contraire, pourvu du moins qu'on le considère dans « ses œuvres », « l'âge viril de l'esprit humain » [25]. Dès le début de son discours, il reconnaît un « principe commun » à toutes les œuvres de ce siècle : « l'amour de l'humanité » (p. 3), qui a inspiré les quatre grands philosophes, Voltaire, Montesquieu, Buffon et Rousseau. Sans doute les mœurs de ce siècle étaient-elles mauvaises et la corruption politique et sociale conduisait-elle à la Révolution comme à un châtiment du ciel, mais les meilleurs littérateurs ont échappé à cette immoralité de leur temps. Jay combat donc le principe cher à Bonald et à Barante : « la littérature est l'expression de la société ». Il oppose au contraire deux influences : « d'un côté, l'exemple du Monarque et de la Cour entraînait vers la corruption un peuple esssentiellement imitateur ; de l'autre, des écrivains courageux le rappelaient sans cesse à la pratique des vertus sociales » (p. 38). Seuls les écrivains de second ordre cédaient au flot corrupteur. Jay les condamne à l'oubli en ne citant pas même leurs noms mais l'on devine aisément qui sont ces dangereux propagandistes de l'athéisme, du sensualisme et de toutes les abominations sociales : Diderot, d'Alembert, Condillac,... Discours sagement moralisant donc et propre à satisfaire les bien-pensants, de Fontanes à Bernardin de Saint-Pierre, par cette image d'une saine tradition littéraire toujours défendue par de bons esprits, même dans les périodes les plus difficiles, et consacrée à l'éternelle célébration du Beau, du Juste et du Vrai.

Le ton de Fabre est évidemment très différent. Avec une ardeur toute jacobine, il commence par souligner l'intérêt « patriotique » du sujet proposé au concours et il s'enflamme à rappeler la grande tâche du XVIII° siècle qui s'inscrit dans le progrès continu de notre histoire nationale :

> « Après cet âge couvert d'une gloire éblouissante (le XVII°), que restait-il encore à faire pour l'honneur des Lettres françaises et les progrès de l'Esprit national ? La langue était fixée, il est vrai, mais on pouvait l'enrichir. L'art d'écrire était

---

(25) *Œuvres littéraires de M. A. Jay*, publiées en 1830, t. IV, p. 2.

connu, il avait ses modèles, mais on pouvait l'agrandir, l'appliquer à de nouveaux objets, répandre ainsi les Lumières sur de plus nombreuses classes de lecteurs et faire d'une Nation illustrée par quelques hommes de génie une Nation d'hommes éclairés. Alors devait s'achever l'ouvrage du XVIe et du XVIIe siècles ; ce commerce des esprits entre les Nations se changer en une confédération de travaux et de lumières, et toutes les républiques littéraires se réunir en un seul Empire dont les Citoyens seraient partout et les limites nulle part. » (éd. cit., tome II, p. 5).

C'est sous le signe du progrès et du rayonnement grandissant de la pensée française que Fabre retrace donc l'œuvre littéraire, philosophique, historique et scientifique du XVIIIe siècle, associant dans le même éloge Voltaire (sous ses différents aspects : poète épique et tragique, historien, philosophe...), Montesquieu, Buffon, Rousseau mais aussi Condillac, les encyclopédistes, les grammairiens, les savants, les académies de province... Il s'efforce de donner l'image d'une activité bouillonnante et diverse, mais qui tend obstinément au progrès des lumières et au recul de la barbarie. Posant pour finir la question de « l'influence des lettres et de la philosophie sur cette révolution qui devait renouveler la face du monde », il renonce à faire donner la réponse par Rousseau et préfère devancer le jugement de la postérité :

> « Loin de ces jours orageux de succès et d'infortunes célèbres, une postérité reculée pourra seule y porter des regards libres de passion et de crainte. Voyant dans les méditations de quelques hommes de génie des siècles d'événements, elle se dira sans doute : la ruine des institutions vieillies de nos pères était devenue inévitable ; elle aurait produit les mêmes agitations sans le progrès des lumières, mais, sans le progrès des lumières, aurait-elle jamais eu pour dernier résultat d'extirper dans l'Europe entière les plus profondes racines de la servitude féodale et d'effacer les vestiges de l'antique barbarie ? » (éd. cit., tome II, p. 57).

Une histoire honteuse qui échappe à l'action des hommes ; une histoire chaotique à laquelle les génies réussissent à dérober quelques pures idées dont ils entretiennent le culte ; une histoire hardiment construite par les penseurs d'une classe alors révolutionnaire, ardents à combattre l'injustice et l'ignorance. Voilà les trois images qu'en proposant le tableau du siècle écoulé, les académiciens du Premier Empire reçurent en réponse. Il est curieux de constater qu'ils hésitèrent entre les deux dernières et que, très vite, le pouvoir bourgeois donna la préférence à la première.

Il serait sans doute instructif de continuer à examiner de près les différents visages qu'a pu prendre le « Siècle des Lumières », depuis bientôt deux siècles qu'on l'interroge et qu'on le sollicite selon les variations de l'idéologie. Puissent ces quelques pages avoir apporté une contribution à cette histoire de l'histoire littéraire.

LE MALICIEUX GENIE DE BRIDERON,
OU LA NAISSANCE D'UNE ŒUVRE

par Michel GILOT

Livre de grand chemin, où passe une sève populaire, *le Télémaque travesti* est une texte énigmatique. Son audace politique suffirait à lui réserver une place à part dans la production littéraire du xviiie siècle. Peut-on le considérer comme une fantaisie sans signification ? Comme un « de ces coups d'essai d'une plume qui sort du collège » [1] ? L'auteur nous présente bien des héros de papier, une histoire de plume et d'encre dont il ne cesse de rappeler la gratuité, mais cet humour n'est au fond qu'une façon de prendre acte d'une certaine réussite : l'œuvre vit, transmet un mouvement, communique un état d'esprit et peut-être change le monde. Une œuvre naît : *le Télémaque travesti* ; mais on pourrait dire aussi qu'on assiste à la naissance de l'œuvre de Marivaux, dans ce qu'elle a de plus original, et sans doute de plus attachant.

Cette parodie se fonde sur une extrême fidélité. Les personnages ont « un sévère amour de la forme » [2], qui leur dicte jusqu'à leurs sentiments : ils veillent à être parfaitement stricts dans leur exercice d'imitation ; on goûte « même liaison et même suite d'aventures que dans le vrai Télémaque » [3] : même découpage, mêmes séquences narratives, qui commencent souvent par les mêmes mots. Mais cet illustre « poème en prose » peut se lire à plusieurs niveaux : c'est un texte marqué par un certain style, une nouvelle Odyssée et un récit d'initiation. Il s'agit donc pour le jeune écrivain de s'approprier une forme, une histoire et un esprit. Trois degrés dans la fidélité, auxquels vont correspondre trois degrés dans la subversion.

---

(1) *Bibliothèque française*, t. XXIII, 1re partie, p. 166. Texte cité par F. Deloffre dans son édition du *Télémaque travesti* (Droz - Giard, 1956), Introduction, p. 16, et dans celle des *Œuvres de jeunesse de Marivaux* (Bibliothèque de la Pléiade, 1972), p. 1247.

(2) *Le Télémaque travesti*, éd. citée, p. 54 (*Œuvres de jeunesse*, p. 725).

(3) *Ibid.*, p. 51 (*O. J.*, p. 722).

Donc, d'abord, une rhétorique enchanteresse, et peut-être une qualité particulière, délicieuse, de faux. Marivaux aime à mimer les phrases si amples et si souples de Fénelon ; il lui emprunte ses clichés syntaxiques les plus significatifs (procédés d'accumulation, tours négatifs), raffine sur son *onction* ou même nous restitue l'admirable *largo* fénélonien. Ainsi lorsqu'il évoque la situation de sa Calypso, Mélicerte, veuve de quarante ou quarante-cinq ans [4], nous décrit son séjour [5] ou fait le portrait de ses « nymphes » :

« Elles semblaient même se fier de tout à la nature ; leurs mains n'avaient point quitté ce que l'usage de servir à toutes sortes de choses joignait à leur blancheur, et loin des vains soins de celles qui, les ciseaux à la main, vont, en se coupant les ongles, en chercher jusqu'à la racine, ces aimables campagnardes laissaient à leur gré croître les leurs » [6].

Beaux passages de virtuose où il montre tout ce qu'il peut faire dans le genre : il se livre à ces pastiches d'entrée de jeu, comme pour signer sa parodie.

Le style de Fénelon traduit une façon d'appréhender les choses de la vie : un certain irréalisme, une certaine forme d'aveuglement, une sorte de volontarisme un peu naïf, ou de volonté euphorisante. Le propos du pédagogue-romancier peut sembler dérisoire : il s'agit de guider vers la sagesse un jeune écervelé, à travers mille folies, pour faire de lui un ange dans le monde, avec les pieds sur la terre. Mais Télémaque n'est au fond qu'un petit aventurier ; suivant ce diagnostic, Marivaux ne manque pas d'entourer Brideron, son imitateur, d'une kyrielle de dénominations finalement très flatteuses (« petit écervelé », « le brusque Télémaque » [7], « Télémaque de m... » [8], etc...).

« Regardez-le, le beau garçon ! il a son habit du dimanche ; il se carre ; il est aussi fier qu'un coq sur un fumier » [9]. Ce petit coq de village, un guide très sage croit pouvoir l'apprivoiser : or il faut lui laisser faire toutes ses bêtises, jusqu'au bout, vivre selon lui-même, bref vivre tout court. On n'apprivoise pas un jeune fou : Brideron, « jeune godelureau » [10], va courir le monde en faisant les cent-dix-neuf coups ; qui pourra lui imposer silence ?

---

(4) *Ibid.*, p. 60 (*O. J.*, p. 730).
(5) *Ibid.*, p. 64 (*O. J.*, p. 733-734).
(6) *Ibid.*, p. 69 (*O. J.*, p. 737).
(7) *Ibid.*, p. 59 (*O. J.*, p. 729).
(8) *Ibid.*, p. 85 (*O. J.*, p. 747).
(9) *Ibid.*, p. 67 (*O. J.*, p. 736).
(10) *Ibid.*, p. 91 (*O. J.*, p. 751).

« Ah ! jeunesse, jeunesse, n'auras-tu jamais sur l'oreille ? » [11]

Le jeune écrivain aime à dénoncer *les Aventures de Télémaque* comme des aventures cousues de fil blanc, mais, suivant la meilleure tradition burlesque, celle de *l'Enéide travestie*, il transforme des marionnettes un peu raides en êtres vivants. En quelques secondes il les fait apparaître, légers, charmeurs, un peu inquiétants, vraiment très doués pour se croquer les uns les autres : « Venez, mon cher enfant, dit à Brideron la charmante Mélicerte, vous me faites pitié, je vous aime déjà autant qu'une mère » [12]. Ainsi se succèdent des scènes de comédie ; la vie sourd de partout : la vie est simple, mais les êtres sont complexes ; de partout se développent des situations exquises. Voici Brideron transformé en poupée mécanique : il est en train de pleurer son père ; de grosses larmes coulent sur sa belle peau potelée ; une « mère » le console, tandis qu'une jeune fille le chante ;

> « Qu'il est biau,
> Qu'il est biau,
> Notre jeune jouvenciau !
> (...) Qu'il est biau !
> Qu'il est biau,
> Quand, aussi tendre qu'un viau,
> Il dit je t'aime » [13].

Naturellement, ce qui corse la saveur de la parodie, c'est qu'on assiste à une entreprise délibérée de démythification : aux chimères du cygne de Cambrai s'opposent les vrais mobiles qui meuvent les hommes et les femmes. Tantôt ce sont des coups de sonde psychologiques (on nous explique le caractère de Mélicerte en nous disant que, comme toutes les belles mortelles, elle a toujours été fort amoureuse de sa beauté [14]), tantôt des remarques sur le jeu des forces sociales. Dans l'Egypte du grand Sésostris l'abondance et la justice apparaissaient comme les fruits d'une admirable administration, les récompenses de *l'ordre* [15] : Brideron et son régent, Phocion, s'émerveillent de l'activité qui règne à Paris : « tout travaille, jusqu'au moindre marmouset » ! Merveilleux « remue-ménage » ! Mais sa source, c'est l'activité de production, le mouvement du commerce, bref l'initiative indivi-

---

(11) *Ibid.*, p. 295 (*O. J.*, p. 898).
(12) *Ibid.*, p. 63 (*O. J.*, p. 733).
(13) *Ibid.*, p. 72 (*O. J.*, p. 739).
(14) *Ibid.*, p. 55 (*O. J.*, p. 726).
(15) *Les Aventures de Télémaque*, éd. Jeanne-Lydie Goré ; Sansoni, Firenze, 1962 ; t. I, p. 72 et suiv.

duelle, la recherche du profit : l'ardeur de ce « bourgeois (...)
bouffi de graisse (qui), au lieu d'une petite soupe et d'une livre
de viande dans son pot, trouve le secret d'en mettre quatre ou
cinq, en se remuant comme vif argent, et en mentant comme
douze » [16].

> « O trois fois béni le peuple dont les magistrats arrangent
> la ville comme papier de musique ! »

Aux beaux survols de Fénelon Marivaux oppose les réalités
concrètes de la vie. On ne vit pas de l'air du temps...

> « Calypso vint conduire Télémaque dans sa grotte, mais il
> n'en fit pas mieux de la laisser venir ; et nous en sommes à
> présent plus honnêtes » [17].

> « Un sabotier (...) m'avait donné quelque ouvrage facile à
> faire, moyennant cinq sols que je gagnais (car il est permis
> de gagner sa vie quand on ne l'a pas ; et ce siècle est plus
> dur que celui de Télémaque) » [18].

Il ne suffisait pas de railler les *Aventures de Télémaque* : il
fallait aller jusqu'à leur donner un contenu concret, les refaire,
les récrire selon soi-même (comme Picasso a pu s'emparer des
Ménines). On assiste bientôt à une véritable ruée sur le réel. Les
noms des personnages tendent à devenir ceux de personnages bien
vivants, et que le jeune écrivain a pu connaître : Brideron [19],

---

(16) *Ibid.*, p. 89 (*O. J.*, p. 750).
(17) *Ibid.*, p. 113 (*O. J.*, p. 766).
(18) *Ibid.*, p. 107 (*O. J.*, p. 763).
(19) « Je suis Brideron. Ma mère accoucha de moi dans la chambre de
notre fermier. Mon parrain s'appelle Jacques Cizier ; le curé, Coulost ; la
sage-femme, Claudine Sarra » (p. 108. — *O. J.*, p. 763) : Claude Brideron,
avocat à Sens, fut le parrain de Catherine Bollogne, sœur de la femme de
Marivaux, morte en bas âge (F. Deloffre, Introduction, p. 31) et Michel François Brideron acheva ses études de droit à Paris, en obtenant la licence,
le 29 juillet 1706 (A. N. : MM 1.122, p. 287) ; Sarra était le nom de deux
fiefs auvergnats (appartenant respectivement à J.-J. Choussy et à Nicolas de
Frétat), et les Couleau sont encore nombreux à Clermont ; enfin si l'on ne
trouve pas le nom de Cizier dans les Archives du Puy-de-Dôme, au temps
où Marivaux écrivait le *Télémaque travesti* au moins une famille Croizier
vivait à Riom (Priest : C bis, t. I, p 19.; 1er janvier 1714. — Jean : C bis,
t. I, p. 18 ; 10 mai 1713).
(20) Il tient, p. 127-128 (*O.J.*, p. 777), des propos impressionnants par leur
austérité. Sans même parler de l' « inspiré » Abraham Mazel, auteur d'un
des journaux camisards les plus connus, on remarquera que plusieurs localités d'Auvergne portent ce nom ; c'était surtout celui d'une famille de
Riom (C bis, t. I, p. 11 ; acte du 10 septembre 1710, au nom de Marguerite
Mazel) et d'un prédicateur populaire de la région : Jean Mazel, dit Maze-
let (Fonds de l'Intendance, C 7.340).

Mazel [20], Noan [21] Tarbé [22], « le bon M. Vignard » [23]. La Tyr de
Fénelon, c'est Thiers, et Chypre, c'est Vichy. Le héros entre à
l'hôpital général de Riom, ce qui lui permet de vivre presque toute
son équipée en Auvergne et dans les provinces limitrophes : de
Riom au Nivernais, en passant par le sillon de l'Allier ; du nord
de Moulins [24] jusqu'au pays des Camisards (dans la région du Pont-
de-Montvert), comme en tapis volant. *Le Télémaque travesti* n'est
pas un livre à clef, mais on y voit vivre des paysages proches,
familiers, paysages géographiques et paysages humains. Ce « roman
comique » fournit des renseignements plus précis qu'on ne pourrait
croire sur l'Auvergne de la fin du règne de Louis XIV : les sabo-
tiers, les tisserands et les cordiers [25] ; les bals de village [26] ; les
transports de charbon jusqu'à Paris [27] ; la vie quotidienne à
l'hôpital général de Riom [28] ; Riom et ses juges [29] ; Riom, « la belle

(21) *Ibid.*, p. 176 et suiv. (*O. J.*, p. 814 et suiv.) Nom plus connu aujour-
d'hui sous une autre orthographe, Noan était une « seigneurie de Sologne »
(B. N., Ms. fr. 26.331, f° 2), sur la route de Paris à Bourges.

(22) Voir p. 110 et suiv. (*O. J.*, p. 764), ainsi que les remarques de M.
Deloffre, p. 31, sur ce « patronymique bien connu à Sens ».

(23) *Ibid.*, p. 62 (*O. J.*, p. 732). — cf. A.D. du Puy-de-Dôme, 4 C 472.

(24) Le château de Mélicerte se situe probablement dans la région de
Bagneux, au nord-est de Moulins, près de la forêt de Bagnolet.

(25) Voir en particulier la p. 107 (*O. J.*, p. 762).

(26) Voir dans l'*Histoire vue d'Auvergne*, de A.-G. Manry, R. Sève et M.
Chaulanges (G. de Bussac, Clermont-Ferrand, 1959), t. I, fasc. II, p. 554-556,
la « plainte du curé de Champeix sur l'immoralité de ses paroissiens »,
qui, pendant les bals masqués du Carnaval, « employ(aient) la plupart du
temps des phalasses pour prolonger le jour » jusqu'au petit matin et « rou-
l(aient) dans les rues comme des cyclopes » (A. D. 1 C 1.517). — Cf. p. 122-
123 (*O. J.*, p. 772-773).

(27) *Le Télémaque travesti*, éd. citée, p. 194 (*O. J.*, p. 826). — Cf., dans le
même fascicule de l'*Histoire vue d'Auvergne*, les p. 414 (organisation du
transport par eau, de Maringues à Paris. — A. D. 5 c, f° 111), 621 (la navigation sur l'Allier en 1720. — A. D. 1 c 6.859) et surtout 697 (l'acheminement jusqu'à Paris du charbon du village de la Roche, paroisse d'Auzat. —
A. D. 1 c 6.953).

(28) *Ibid.*, p. 269-272 (*O. J.*, p. 879, 881). Pour savourer cette évocation
comme elle le mérite, il faut avoir lu le règlement de 1660 où tout avait été
prévu pour « maintenir l'ordre et la discipline parmi les pauvres » (A. I'
du Puy-de-Dôme, 1 c 973. — Texte cité dans l'*Histoire vue d'Auvergne*, t. I,
fasc. II, p. 435-437). Les pensionnaires se levaient à six heures, « et à
cinq de Pâques à Toussaints », « se retir(aient) dans leurs chambres et au
travail », puis assistaient à la messe et « pren(aient) leur dîner » à dix
heures. Ils soupaient à six heures du soir et à neuf heures « se retiraient et quittaient le travail pour prendre leur repas, après avoir remer-
cié Dieu des grâces qu'ils (avaient) reçues pendant la journée ». Comme
nourriture, ils recevaient chaque jour une livre et demie de pain et « trois
quarts de livre de bœuf ; outre cela un potage » ; plus, « tous les ven-
dredis et samedis, quelques livres d'huile de noix » (« Adieu donc, ma pauvre soupe, où l'on mettait autant d'eau qu'il en fallait pour la rendre

endormie », toujours fière de conserver une lettre de Jeanne d'Arc (un des héros manipule à grand bruit le sabre de la Pucelle [30])... Par un comble de malice, quand il évoque le palais de Calypso, le jeune écrivain décrit la disposition de l'appartement de ses parents à la Monnaie et fait coucher ses héros dans sa propre chambre [31].

Il introduit aussi dans son roman tout un personnel familier : la veuve quadragénaire qui jouera tant de rôles encore dans le Paysan parvenu ; le jeune imaginatif à la recherche de son père [32] ; le vieil oncle encombrant [33], « d'une philosophie sévère, mais assez prudente » [34], qui est presque l'image du Père. Pour le croquer il a pu songer à son oncle, Pierre Bullet, cet homme austère qui s'accommodait de certains arrangements avec le monde ; plus sûrement encore à ses professeurs, les Oratoriens du collège de Riam, car il lui prête une doctrine assez peu fénelonienne, mais certainement très proche de la leur : quand Brideron lui dit : « Ah ! mon Père », c'est un malicieux petit collégien qui s'exprime par sa bouche :

> « Je ne le ferai plus, mon bon Père... Là, ne vous fâchez donc point » [35].

Dans cette fantaisie si personnelle qui lui permet toutes sortes de défoulements, Marivaux ne craint pas de s'engager tout entier. Comme Fénelon, il se décrit avec une belle franchise dans les scènes d'orgie, tout particulièrement dans la relation du rêve que fait Télémaque-Brideron lorsqu'il est embarqué pour Cythère dans

---

bonne... »). Le vin était « défendu à tous, fors aux vieillards incommodés, auxquels on don(nait) une mesure le matin et le soir ». Tous les lundis on distribuait « deux ballets à chaque appartement, (...) les chambres (devant être) balayées et tenues nettes avec un grand soin, matin et soir ». L'hôpital général de Riom comportait un Refuge, où l'on accueillait les filles de mauvaise vie qui étaient « mises au pain et à l'eau, fustigées pendant quinze jours et rasées, puis mises en liberté si elles (étaient) étrangères et si l'on ne (payait) leur pension ». « Le fouet (était / donné / aux filles par les dames de la Miséricorde » (Archives municipales, G G 144, lettres patentes enregistrées le 19 janvier 1690) : « Adieu coureuses, que je voyais si souvent fustiger... »

(29) « Les juges de ce pays sont bien dangereux » (p. 103. — O.J., p. 760).

(30) Ibid., p. 276, 279-282, 287, 289, 335 et suiv. (O. J., p. 884, 886-888, 892, 894, 929 et suiv.).

(31) Voir l'article « Maître Nicolas Carlet et son fils, Marivaux », R.H.L.F., mai-août 1968, p. 490, n. 4. Mais il ne s'agit là que d'une hypothèse.

(32) Comme dans les Effets surprenants de la sympathie.

(33) Comme dans Pharsamon.

(34) Ibid., p. 61 (O. J., p. 730-731).

(35) Ibid., p. 67 (O. J., p. 736). Voir déjà p. 58 (O. J., p. 728).

mot du nihilisme libertin ? Elle s'oppose sans doute à la sagesse
à laquelle Fénelon s'arrête dans ses moins bons moments, mais
certainement plus encore à la pensée de Fontenelle ou à l'esprit
du roman picaresque, revue désenchantée des divers cercles d'une
société. Sans compter Phocion, en qui Marivaux raille, mais respecte ses maîtres oratoriens, Brideron rencontre toutes sortes
d'êtres qui, sans avoir besoin de discours ou de théories, ont une
ligne dans leur vie [80] : tous ceux qui sont les porte-parole et les
représentants d'une communauté ; ces témoins, ces justes, im-
plantés un peu partout : Simon le boulanger [81] ; l'autre Simon (le
sage de l'hôpital), admirable figure d'homme du peuple [82]. Il n'y
qu'un Mentor dans *Télémaque*, mais une multitude de justes
dans cette France du *Télémaque travesti*, et l'on apprend à les
reconnaître. Sur ce point encore, le jeune écrivain perpétue l'esprit
de Fénelon en le radicalisant.

Dans cette œuvre irréfléchie, sans prétention, où il refuse en
principe toute pensée « sérieuse », Marivaux a beaucoup mis
de lui-même. Douze ou treize ans plus tard, à un autre tournant
de sa vie, il éprouvera le besoin de refaire une sorte de *Télémaque
travesti : l'Indigent philosophe*. Obsédé par *Paris* (« la nouvelle
Babylone », comme on pourra dire trente ans après), hanté par
l'injustice sociale, il aura perdu le secret de la participation joyeuse
à une communauté : dans sa carrière *l'Indigent* joue un peu le
même rôle que *la Chute* dans celle de Camus. Mais on peut considérer *le Télémaque travesti* comme une des rares épopées modernes, puisque (pour reprendre une terminologie commode) il y
présente un héros non problématique au sein d'une communauté
qui ne l'est pas non plus, et il n'a certainement jamais renié l'esprit
qui l'avait poussé à l'écrire. Dans ses « grands romans », il lance
à l'assaut de la vie de jeunes êtres aussi emportés, aussi « fous »
que Brideron : la *Vie de Marianne* et *le Paysan parvenu* se
comprennent mieux si l'on y voit, non pas des épopées dégradées,
mais des épopées naissantes, qu'il n'était plus possible d'écrire
jusqu'au bout.

---

(80) « Le plus malheureux de tous les malheureux, c'est celui-là qui vit
sans savoir comment il vit. » (*Ibid.*, p. 137. — *O. J.*, p. 785).
(81) *Ibid.*, p. 144-146 (*O. J.*, p. 790-791).
(82) *Ibid.*, p. 268-272 (*O. J.*, p. 878-881).

QUESTIONS SUR LA SIGNIFICATION POLITIQUE
DES LETTRES PERSANES

par Jean-Marie GOULEMOT

On a beaucoup écrit sur la signification des *Lettres Persanes*, et l'affaire semble entendue. Mal entendue pourtant, si l'on en croit les questions qui demeurent posées, puisque les recherches les plus récentes en sont encore à s'interroger sur l'opposition politique de Usbek, Rica, Montesquieu qu'il faut ranger « parmi les partisans d'une restauration aristocratique » en se demandant néanmoins s'il s'agit d'une opposition féodale ou d'une opposition « libérale » [1].

Une telle question rejoint le débat engagé depuis quelques années déjà sur les forces en présence dans les Lumières et dont on sait l'ampleur polémique et la violence qu'il revêt [2].

Jusqu'à une date relativement récente, les *Lettres Persanes* étaient rangées par la critique dans le clan philosophique parce qu'il était d'entrée admis que Montesquieu appartenait à la tétralogie reconnue des Lumières, ou réduites à une leçon de scepticisme élégant et sans profondeur réelle. Le plus souvent, elles étaient dédaignées. Faut-il rappeler que Louis Althusser qui, dans son *Montesquieu, la politique et l'histoire*, démasqua le libéralisme trop sereinement affirmé du Baron de la Brède fonde son analyse sur *l'Esprit des Lois* et néglige totalement les *Lettres Persanes*, preuve, peut-être, d'une difficulté à intégrer la pierre des *Lettres* dans son déduisant et magistral édifice [3] ? Il semble, par ailleurs aujourd'hui admis, par une analyse fondée, que Montesquieu, en 1721, participe d'une pensée qu'il est impossible de rattacher

---

(1) EHRARD Jean, « La signification politique des Lettres Persanes » in *Archives des lettres modernes*, n° 116, p. 33-50 La présente étude prend appui sur cette analyse sans laquelle elle n'aurait pu se construire. Elle lui est redevable des questions qu'elle pose et des doutes qu'elle émet.

(2) Faute d'en revenir aux pièces d'un déjà volumineux dossier, voir la pertinente analyse de WALTER Eric, « Sur l'Intelligentsia des Lumières » in *XVIIIᵉ siècle*, n° 5, 1973.

(3) ALTHUSSER Louis, *Montesquieu, la politique et l'histoire*, P., 1959.

dans son intégrité et sa cohérence à une opposition « féodale ». En nous référant à l'étude de Jean Ehrard, nous voudrions rappeler les points sur lesquels s'appuie une telle démonstration et la méthode qu'elle met en œuvre.

Le « libéralisme » (prenons momentanément l'expression pour ce qu'elle vaut, et oublions, si faire se peut, les connotations qui sont les siennes) des *Lettres Persanes* se donnerait à lire d'abord dans ce qu'il conviendrait d'appeler un discours qui va du général au particulier sur le despotisme et la monarchie. Il s'articule sur une condamnation de l'absolutisme de Louis XIV et une dénonciation sans cesse reprise des méfaits du despotisme oriental. A ces bilans (généralisants ou historiquement datés), il faut rattacher une analyse plus générale du devenir monarchique qui insiste sur sa fragilité, sur la tentation despotique qui l'habite et contre laquelle il convient de lutter. A un deuxième niveau, le « libéralisme » de Montesquieu pourrait se lire dans les réactions de ses héros à la conjoncture politique. Usbek est favorable à la cause parlementaire, sympathise avec les théoriciens anti-absolutistes anglais, se réjouit des poursuites engagées contre les traitants à la mort de Louis XIV, tout en se déclarant partisan d'un développement économique fondé sur la paix, la tolérance et la liberté qui le pousse même à critiquer le droit d'aînesse injuste. Approbation de la Régence qui pourtant ne dure guère puisque les Persans de Montesquieu passent à l'opposition dès 1719 et s'acharnent contre Law accusé de mettre en danger l'ordre traditionnel de la société monarchique. N'en viennent-ils pas à rêver d'un « ordre terrien et patriarchal », à ce temps aboli des assemblées aristocratiques de la nation, tout en définissant leur « vert paradis » politique à travers les exemples de la Suisse, de la Hollande et, à demi-mot, de l'Angleterre ?[4].

Ce sont là, entremêlés, les éléments de la chaîne politique apparente des *Lettres Persanes* bien difficile à interpréter, d'où l'on peut déduire aussi bien une politique naturelle qu'un exposé des revendications de la noblesse d'épée et de robe. Propositions qui semblent parfaitement inconciliables et entre lesquelles il serait néanmoins possible de choisir en s'en référant à la nature romanesque du propos de Montesquieu. Car « les *Lettres Persanes* ne sont pas un traité ou une dissertation arbitrairement morcelés, mais l'expression romanesque d'une prise de conscience politique ». Ce qui revient à dire qu'il faut tenir compte pour fonder son choix (ou à la rigueur refuser de choisir) de la structure même

---

(4) Ce résumé, dont nous espérons qu'il n'est pas une trahison, renvoie à l'analyse de EHRARD, *art. cit.*, p. 37-47.

du roman des *Lettres*. Soit en faisant intervenir les rapports qui, par leur situation dans une chronologie fictive quant aux héros, et réelle quant à l'histoire politique, unissent les lettres entre elles, en modifient le sens ou le nuancent, soit en prenant en charge les contrepoints que construisent la pluralité des correspondants, le regard privilégié d'Usbek et l'étalement sur une durée d'une pensée qui se confronte à des événements et réagit à l'histoire. Mais plus encore, c'est dans le roman du sérail qu'il faut aller chercher, métaphore et détour, confirmation ou jeu d'oppositions, la signification réelle des *Lettres*[5]. Le destin du sérail, les rapports d'autorité qu'entretient Usbek avec ses femmes et ses eunuques constituent le révélateur d'un ailleurs, dit ou caché. Révélateurs en eux-mêmes, mais aussi par la discordance qu'ils donnent à lire entre le discours politique d'Usbek sur l'Europe et son comportement envers son sérail, par la révolte de Roxane et son suicide, refus « sans appel de l'ordre établi et du conformisme social », par le sort énigmatique auquel Montesquieu abandonne son héros.

*
**

Nous voudrions ici, après cet exposé rapide, non point aux dépens d'une analyse dont Jean Ehrard a eu le mérite, nous livrer à un excercice de pose de bandérilles et, au nom d'on ne sait trop quel saint privilège, jouer les inquisiteurs ombrageux, ni même avancer, sans crainte et sans remords, une lecture nouvelle et insoupçonnée des *Lettres* mais poser un certain nombre de questions au texte de Montesquieu lui-même et aux procédures mises en œuvre pour l'analyse de ses significations politiques et, par là, tenter d'apporter une contribution modeste à l'explication d'une œuvre sur laquelle le discours critique achoppe.

Un des points essentiels sur lesquels repose l'affirmation d'un « libéralisme » des *Lettres Persanes*, et par suite de Montesquieu, est la condamnation du despotisme oriental, de l'absolutisme de Louis XIV et de la tentation despotique qui habite, de par sa nature, tout gouvernement monarchique. Condamnation indiscutable, mais dont il semble peu fondé de déduire, par inversion, un « libéralisme positif ». Pour qui connaît les positions politico-

---

(5) EHRARD, *art. cit.*, p. 47-50. La recherche sur la « forme-sens » des *Lettres* a été entreprise par LAUFER Roger, « La réussite romanesque et la signification des *Lettres Persanes* », R. H. L., avril-juin 1961, MERCIER Roger, « Le roman dans les *Lettres Persanes* », R. S. H., juillet 1962, et KRA Pauline, « The invisible chain of the *Lettres Persanes* », *Studies on Voltaire*, vol. XXIII.

idéologiques en présence à la fin du xvii° et au début du xviii°
siècles, une telle condamnation peut relever d'un courant « libéral »
à l'anglaise dont on peut par ailleurs se demander s'il a survécu
à l'éclatement du Refuge, d'une opposition aristocratique — qu'on
relise la *Lettre à Louis XIV* de Fénelon, la *Lettre Anonyme au
Roi* de Saint-Simon, et aussi les *Aventures de Télémaque !* —
et de marginaux comme Meslier ou Gueudeville. Sur le plan théorique, le rejet des thèses de Filmer ou de Bossuet est tout aussi
vague : il n'est pas en soi significatif d'une option politique précise puisqu'il peut provenir de lieux idéologiques et politiques parfaitement divergents. La même remarque peut être faite pour
l'analyse, si justement célèbre, que Usbek propose du gouvernement monarchique. Tout le discours aristocratique — politique,
théorique, historiographique, si ces distinctions ont un sens —
voit dans le despotisme une corruption de la monarchie, et dans
la révolution qui la menace — républicaine ou despotique — la
figure de son devenir. A cet égard, les recherches historiques d'un
Boulainviller sur les origines et l'histoire de la monarchie française,
les prophéties directes ou distanciées quant à l'avenir du gouvernement français d'un Fénelon sont exemplaires.

Jean Ehrard a cependant raison de souligner que contrairement à l'opinion admise, Montesquieu n'a pas « dédaigné ou
rejeté » les théories du pacte social [6]. Leur acceptation peut
apparaître d'entrée comme un indice, autrement valable que la
condamnation du despotisme, d'une appartenance probable de
Montesquieu au courant « libéral » qui va des Monarchomaques
à Locke en passant par Claude Joly et le Refuge. On ne saurait
pourtant admettre, comme le fait Althusser, une opposition simpliste et schématique entre les positions idéologiques des tenants
de la sociabilité naturelle qui relèveraient de l'idéologie féodale et
celles des partisans de la doctrine du contrat qui appartiendraient
à l'idéologie bourgeoise [7]. Car alors où placer le discours d'un
Du Bos qui, reprenant à son compte le discours institutionnel de
l'absolutisme qui refuse la convention originelle, l'utilise pourtant
à la défense du Tiers-Ordre contre les prétentions aristocratiques.
On peut se demander, par ailleurs, s'il existe, en cette aube du

---

(6) MONTESQUIEU, *Esprit des Lois*, extraits, édition de Jean Ehrard, P.,
1969, p. 31 sq.

(7) La formulation de L. ALTHUSSER montre les limites de sa proposition : « La doctrine de la sociabilité naturelle ou de l'instinct de sociabilité
désigne une théorie d'*inspiration* féodale, et la doctrine du contrat social une
théorie d'*inspiration* « *bourgeoise* » (souligné par nous). » (*Op. cit.*, p. 17.)
J. EHRARD par ailleurs fait sienne, même s'il n'en accepte pas les conclusions tirées, l'opposition de L. ALTHUSSER.

siècle trop souvent interprétée par le midi de la Révolution, une idéologie bourgeoise constituée et autonome — et en passant, la bourgeoisie d'alors qu'est-elle elle-même socialement, et idéologiquement que peut-elle penser ? —, si la roture enrichie, pour formuler ses revendications, ne doit pas nécessairement recourir à des représentations et des discours ambigus qui lui sont extérieurs et qu'elle déplace.

Pour en revenir aux *Lettres*, si un passage de la lettre XCIV peut laisser croire que Montesquieu se gausse des spéculations vaines sur l'origine des sociétés, Usbek refuse d'assimiler société civile et société familiale. L'une est naturelle, l'autre, comme l'autorité politique, repose sur des conventions. L'analyse de ces conventions est par ailleurs ici fragmentaire et souvent distanciée : discours rapporté des Anglais pour justifier leur opposition à la monarchie absolue, argument qui, par une mise en parallèle, sert à légitimer le droit au suicide, variante plus tard supprimée de la lettre XCV [8]. Il est bien difficile, si l'on prend en compte le caractère sommaire des énoncées, leur procès d'énonciation (rapport, parallèle) de porter au crédit de Montesquieu une théorie contractuelle de la société et du pouvoir politique. Le placer dans le sillage de Locke, quitte peu après à le situer dans celui de Boulainviller, au gré de la vague sans doute, est pour le moins abusif et revient à caricaturer le *Traité sur le Gouvernement Civil*. Montesquieu reconnaît une convention originelle. En posant que toute forme politique est historique, il refuse la définition naturaliste de la théorie absolutiste qu'avaient formulée avant lui Filmer, Bossuet, Le Moyne, Senault, Merlat et Amyraut. Mais en contre-partie, un des points essentiels de la théorie contractuelle est ici omis, à savoir le caractère « populaire » de la souveraineté. Les parties contractantes, telles qu'elles sont définies dans la lettre CXXXI montrent qu'au-delà du vêtement contractuel, le roi est nu puisque se donne à lire, par le biais des « assemblées de la Nation » où dominaient les seigneurs, la continuation du discours aristocratique sur les origines de la monarchie française que Boulainviller, un des premiers, avait énoncé. L'essentiel est là et non pas dans les références vagues et imprécises au contrat.

---

(8) Cette lettre réfute le réalisme politique dans les rapports internationaux et Montesquieu se préoccupe d'établir « le droit des gens ou celui de la raison » en posant l'existence probable d'une convention : « Une société ne peut être fondée que sur la volonté des associés. Si elle est détruite par la conquête, le peuple redevient libre. » MONTESQUIEU, *Lettres Persanes*, éd. P. Vernière, P., 1960, p. 374-375. La dernière phrase ne figure ni dans la nouvelle version de la lettre XCV du *Supplément* de 1754, ni dans l'édition posthume de 1758.

Pas plus que l'habit ne fait le moine ou le noble, l'existence d'une convention admise et reconnue ne fonde un discours libéral. La convention, selon les parties contractantes, peut servir des intérêts divergents. De même, et Du Bos en fait foi, l'absence d'une théorie contractuelle du pouvoir ne rejette pas nécessairement dans les ténèbres d'une idéologie « réactionnaire ». A bien y regarder, l'espace idéologique de l'aube du siècle ne s'organise pas autour de pôles ausi nettement dessinés. Contrat, non-contrat ne représentent pas une opposition pertinente, pas plus que « féodal » et « libéral ». Quand bien même le langage employé est celui du philosophe qui parle au nom de tous, la « douce liberté » des temps barbares, chantée et revendiquée par Rica, est celle d'une caste. Prenons garde au piège des mots dont les premières victimes (alouettes que fascine leur miroir) sont ceux qui les emploient en croyant qu'ils traduisent leur pensée. Mais Montesquieu connaissait trop bien l'histoire de France pour ignorer que cette liberté passée n'était douce qu'à quelques-uns et étrangère à la servitude de ceux que les princes chrétiens, contre la volonté des seigneurs, et par pur calcul politique, affranchirent (lettre LXXV). Dans cette même lettre CXXXVI, Rica emprunte ses références à la libre Suisse, à la Hollande commerçante, à l'Angleterre « maîtresse de la mer ». Sans doute y a-t-il en cette apologie dernière et contradictoire (temps barbares et monde contemporain, liberté aristocratique et liberté constitutionnelle) un hiatus, un décalage qu'on ne peut nier et dont il faudra plus avant tenter de chercher les raisons d'être et la portée.

Il faut en revenir à cette condamnation du despotisme plus haut évoquée. De quel lieu vient-elle ? La mise au jour des attendus de ce jugement sévère est peut-être la plus pertinente quant à la signification politique qu'il revêt que sa simple et nue présence, nécessairement ambiguë. L'analyse critique de l'absolutisme de Louis XIV est double : saisi dans son actualité, il l'est ensuite dans son héritage historique. En sa première forme, elle s'ouvre — et ici la distribution des éléments a une signification — sur un portrait politique du Roi, maître sans contrôle des hommes, de leur pensée et de leurs richesses (lettre XXIV) et se continue par une analyse des formes que revêt la société absolutiste : rôle de l'église (lettres XXIX, LVII), peinture de la noblesse avilie (les courtisans de la lettre XXXVII), divisée (noblesse d'épée et de robe dans la lettre XLIV), vivant sur le mode du paraître et non de l'être (peinture du grand seigneur de la lettre LXXIV), peinture de la dégradation des parlements et des magistrats par l'usage de la vente des charges (lettre LXVIII), évocation d'une tendance à l'égalité dangereuse (lettre LXXXVIII). Image donc d'une société monstrueuse reposant sur des valeurs erronées : fausse gloire,

abandonne finalement son personnage aux questions du lecteur et
écrit une œuvre ouverte puisqu'on s'est empressé de la clore quelques pages auparavant. Notre ironie est facile, mais elle s'exerce
aussi sur nous-même qui n'avons point échappé aux défauts que
nous soulignons. Nous sommes de la même galère et à clouer au
même pilori.

On peut d'ailleurs se demander s'il est possible d'échapper à
ces ambiguïtés de méthode sans s'interroger à nouveau sur la
nature romanesque des *Lettres*. Longtemps refusée, elle est aujourd'hui complaisamment admise. Est-elle pourtant réelle ? Peut-
on considérer l'ensemble du texte comme un roman ? Montesquieu
n'a-t-il pas bien tardivement reconnu la nature romanesque de
son livre ? Et qu'était pour lui un roman ? Qu'est-ce que le roman
au XVIIIᵉ siècle ? Plus généralement qu'est-ce qu'une fiction et quels
sont ses rapports au réel ? Autant de questions qu'il faut nécessairement poser en se résignant à n'avoir point, pour une fois,
des réponses immédiates à leur fournir [10].

Intuitivement il semble que le roman n'est véritable, et ceci
quel que soit le sens que l'on donne au terme, que dans l'histoire
du sérail, et c'est elle, et non seulement sa fin, qu'il faudrait prendre
en compte. Les lettres qu'Usbek échange avec ses femmes et ses
eunuques avant que n'éclate la crise finale ne peuvent être relé-
guées au bazar des accessoires exotiques. Mais comment les interpréter ? Sont-elles de simples analogies qui illustrent le texte
« européen » qu'il faut continuer à prendre au pied de la lettre ?
On revient bien vite aux questions initiales à moins d'admettre que
le séjour décrit des persans en Europe ne relève pas du genre romanesque ou du même procédé que l'histoire du sérail, qu'il y a là
aussi un hiatus signifiant. Tout reste à refaire et à repenser et
avant tout à redéfinir, même si nous demeurons convaincu que
la discordance entre Usbek despote ici et prêt aux conciliations là
est justiciable d'une lecture qui irait dans le sens de notre analyse
précédente puisqu'elle est à la mesure des illusions perdues et
des rêves déchirés par l'Histoire elle-même.

On goûtera peu, sans doute, les volte-face de notre démarche
qui à une suite d'affirmations fait succéder le doute, sans renier
complètement ses certitudes passées. Image peut-être de tout discours critique qui est jeu et mime sur le texte offert à son approche.
Elle nous aura pourtant permis de rappeler qu'une idéologie n'est
pas, parce que plurielle à nos yeux, autre ou incohérente, qu'il est

---

(10) BENREKASSA Georges, « Montesqieu et le roman comme genre littéraire » in *Romans et Lumières au XVIIIᵉ siècle*, P., 1970.

des questions qu'il faut obstinément poser et reposer, sans grand
espoir de leur apporter des réponses, et au risque de voir s'ouvrir
chausse-trapes et escaliers dérobés sous sa plume, mais avec
l'espérance de finir par trouver, au lieu de certitudes, de nouvelles
questions qui, constitutives d'un autre objet, sont l'amorce de
réponses possibles. L'enjeu mérite le détour et les quelques entre-
chats que, bon gré mal gré, il oblige à exécuter.

NECKER, MADAME de STAEL
ET LA CONSTITUTION DE L'AN III

Par Henri GRANGE

A l'occasion d'une étude remarquable consacrée à Mme de Staël et la Constitution de l'An III [1], B. Munteano manifeste son étonnement devant les connaissances en matière de droit constitutionnel que révéla soudainement l'ambassadrice de Suède, au cours des mois de l'année 1795 où, revenue à Paris, elle se lança avec B. Constant dans la bataille politique, pleine d'une débordante énergie :

« Il faut, écrit-il, observer que la compétence législative semble tout récemment acquise, dont Mme de Staël, pour la première fois dans sa carrière littéraire, fait étalage dans les *Réflexions sur la paix intérieure*. Avait-elle donc tant réfléchi à Coppet sur la division du Corps législatif, sur le juste équilibre du pouvoir et sur le droit de veto ? Il est probable que son éducation politique se complète à la veille même de la publication du projet des Onze et qu'elle s'achève par la lecture et l'étude critique de ce projet. » [2]

Rendons grâce à B. Munteano d'employer à l'égard de Mme de Staël l'expression de « compétence législative » et de traiter ses idées avec la considération qu'elles méritent, ce qui n'est pas toujours le cas. Son étude rend pleinement justice à l'intelligence et à la ténacité avec lesquelles elle a poursuivi à travers mille difficultés des objectifs politiques très précis, mais la question qu'il pose et la surprise qu'il éprouve sont bien caractéristiques d'une attitude couramment répandue envers un personnage dont le moins qu'on puisse dire est qu'il n'éveille guère de curiosité et encore moins de sympathie. Car enfin, Mme de Staël n'était pas seule à Coppet, dans cette demeure vivait aussi un vieux monsieur plein d'expérience et de savoir, le maître de céans, son

---

(1) B. MUNTEANO, *Les idées politiques de Mme de Staël et la Constitution de l'An III*, Paris, Belles Lettres, 1931.

(2) B. MUNTEANO, *op. cit.*, p. 47.

propre père. Qu'il ne soit pas venu à l'idée de l'auteur de ce brillant essai que Necker lui-même ait pu faire l'éducation politique de sa fille durant les longs mois qu'ils passèrent ensemble, avant ce printemps de 1795, prouve combien est complet l'oubli dans lequel sont tombées les œuvres du ministre de Louis XVI, combien surtout il paraîtrait insolite de penser qu'il pût avoir des idées, en quoi que ce soit, et en matière de politique en particulier.

Et pourtant, si l'on veut savoir où Mme de Staël a puisé sa science, qui lui a inculqué les convictions pour lesquelles elle a si courageusement lutté après Thermidor, il faut et il suffit de lire les ouvrages publiés par son père après sa retraite définitive, en particulier, *Du pouvoir exécutif dans les grands états*, paru en 1792 et *De la Révolution française* paru en 1796. Ecrits en présence de Mme de Staël, il n'est guère douteux qu'ils n'aient été l'objet de discussions sans fin au cours desquelles cette élève douée eut tout le loisir d'approfondir ses connaissances et de recevoir une formation dont la solidité n'a pas manqué de frapper un critique ausi avisé que B. Munteano. Mme de Staël est la première à reconnaître cette paternité spirituelle et il ne faut pas voir seulement, dans l'hommage qu'elle rend à l'auteur de ses jours, la marque d'une affection d'une exceptionnelle qualité, mais l'expression de la plus stricte vérité.

Nous ne pouvons envisager dans le cadre de cet article de présenter l'ensemble du système neckérien [3] pour apporter la preuve, non pas seulement d'une influence, mais d'un véritable enseignement, d'une éducation complète aussi bien sur le plan de l'idéologie que sur celui des institutions proprement dites. Nous nous bornerons donc à l'examen d'une seule question, celle de la séparation des pouvoirs, qui s'est posée avec une particulière acuité à propos de la Constitution de l'An III. L'analyse des idées partagées par le père et la fille sur ce sujet présente l'avantage de faire apparaître une originalité de pensée remarquable à cette date, et comme il s'agit d'un problème d'une certaine technicité, notre démonstration sera, nous l'espérons, plus convaincante que si nous restions sur le seul plan d'une plus vague communauté d'inspiration.

Dans un ouvrage que Mme de Staël ne publia jamais [4] et qui, composé à la fin du Directoire, porte un titre programme : *Des circonstances actuelles qui peuvent terminer la Révolution et des*

---

(3) Voir à ce sujet notre thèse : *Les idées de Necker*, Paris, Klincksieck, 1974.

(4) Il ne fut publié qu'en 1906 par J. Vienot, Paris, Fischbacher.

principes qui doivent fonder la république en France ; on retrouve cette phrase significative : « Un penseur éloquent l'a dit : c'est à l'unité du pouvoir qu'il faut tendre et l'on confond sans cesse la séparation nécessaire des fonctions avec une division des pouvoirs qui les rend forcément ennemis les uns des autres »[5].

Ce penseur éloquent n'est personne d'autre que son père ; dans l'ouvrage paru en 1792 et consacré à une véritable réhabilitation de l'exécutif, il attaque de front le fameux principe de la séparation des pouvoirs qu'à la fin du XVIIIᵉ siècle, tant d'esprits considéraient comme le fondement de la science politique, et que les Constituants jugèrent indispensable de faire figurer dans la *Déclaration des droits de l'homme et du citoyen*. Ils étaient persuadés en effet, dans leur immense majorité, que le secret de la liberté résidait dans l'attribution du pouvoir exécutif et du pouvoir législatif à deux instances distinctes, enfermées chacune dans leur domaine propre : à la première d'appliquer les lois, à la seconde de les faire. Pour que le bon fonctionnement des institutions soit assuré, il faut qu'elles accomplissent leur tâche dans la plus complète indépendance. Seul, le chef du gouvernement décide de la politique à suivre, mise en œuvre par des ministres de son choix, pris en dehors de l'assemblée et soumis uniquement à une responsabilité pénale ; inversement, les assemblées sont seules chargées de l'élaboration des lois en dehors de toute influence, de toute pression émanant de l'exécutif. Sans doute au premier abord, dans ce schéma simpliste, le droit de veto peut-il apparaître comme un illogisme, mais pour les tenants de cette doctrine, et c'était en particulier l'argument des Monarchiens, ce droit n'a qu'une valeur défensive, il n'a pas pour raison d'être de permettre au chef de l'état de participer à la fonction législative, c'est une arme jugée indispensable pour lui donner le moyen de résister aux entreprises du Parlement ; conçus comme deux adversaires en puissance, ils doivent être en mesure d'assurer leur autonomie, de faire respecter les prérogatives qui leur sont propres et, comme le dira Mounier :

« Pour que les différents pouvoirs restent à jamais divisés, il ne faut pas les séparer entièrement ; si le roi n'était pas une partie du Corps législatif, si l'on pouvait faire des lois sans son consentement, il ne jouirait plus de sa puissance en souveraineté. »[6]

Necker, avec un courage dont on ne lui sait guère gré, s'inscrit radicalement en faux contre une pareille thèse et défend au

---

(5) *Des circonstances...*, p. 179.

(6) Mounier, *Discours du 4 septembre 1789*, Arch. Parl., t. VIII, p. 589.

contraire le principe de l'union des pouvoirs. Sans doute conserve-
t-il lui aussi le dualisme de ses adversaires, mais il lui donne une
tout autre signification : chacune des deux grandes instances,
gouvernement et parlement, exercent l'une et l'autre le pouvoir
dans sa totalité, aussi bien sous sa forme exécutive que sous sa
forme législative, elles ne diffèrent, et profondément, que par le
mode de leur action : à l'une l'élan, l'impulsion, le leadership, à
l'autre la surveillance permanente, le contrôle incessant de l'activité gouvernementale. Les deux expressions de pouvoir exécutif
et de pouvoir législatif se trouvent ainsi vidées de leur signification habituelle et pourraient avantageusement être remplacées
par celles d'organe de gouvernement et d'organe de contrôle, l'un
et l'autre collaborant harmonieusement à la gestion des affaires
publiques. En une véritable profession de foi qui est aussi une
énergique protestation contre la Constitution de l'An III, l'auteur
de *De la Révolution française* définit clairement sa doctrine :

> « On doit chercher à établir une liaison constitutionnelle
> entre le pouvoir exécutif et le pouvoir législatif ; on doit songer
> que leur prudente association, leur ingénieux entrelacement
> seront toujours la meilleure caution d'une circonspection mu-
> tuelle et d'une surveillance efficace. Cependant, je l'ai déjà dit,
> les législateurs français ont pris à tâche de séparer en tous
> sens les deux autorités suprêmes, et ils se sont imposé cette
> obligation sur la foi périlleuse d'un axiome absolu trouvé en
> quelques livres, et au mépris des instructions fournies par
> l'expérience. » [7].

Concrètement, au niveau des institutions, il s'agit pour atteindre ce but, de mettre au point les mécanismes qui permettront à
l'exécutif, à l'organe de gouvernement, de participer à l'élaboration
des lois, voire même d'en avoir l'initiative, qui permettront d'autre
part au Parlement d'exercer une influence constante sur la politique suivie et de l'infléchir à chaque instant suivant ses désirs.

Envisagée dans cette perspective, en fonction de ces objectifs,
l'activité politique de Mme de Staël, du printemps de 1795 au coup
d'état de Brumaire, s'éclaire et se justifie parfaitement et l'on
s'étonne, devant la persévérance et la lucidité dont elle a fait
preuve durant toute cette période, aussi bien dans ses actes que
dans ses écrits, qu'on ait pu invoquer, pour expliquer sa conduite,
la seule défense de ses intérêts de classe, le désir de récupérer
les millions de son père, ou un simple besoin d'agitation [8]. Sans

---

(7) NECKER, *De la Révolution française*, Oc, C., t. X, p. 133.
(8) Comme le fait H. GUILLEMIN dans *Constant Muscadin*, 1795-1799, Paris,
Gallimard, 1958.

doute obéit-elle à des motivations complexes, mais tout cela ne doit pas faire oublier qu'elle s'inspire également d'une doctrine politique bien définie et qui a une valeur en soi, indépendante de circonstances historiques données. Il n'est rien d'aussi mûrement réfléchi que le combat mené par elle contre la séparation des pouvoirs où elle voyait, comme son père, le vice fondamental de la Constitution de l'An III.

Pour réaliser, en ce qui concerne la fonction législative, la collaboration, qu'elle juge indispensable entre le gouvernement et les assemblées, Mme de Staël en 1795, va penser à un premier procédé classique, celui du veto ; mais dans son esprit, il s'agit d'une prérogative qui, ni dans sa signification ni dans sa forme, ne ressemble à l'idée que s'en faisaient les Monarchiens :

> « Le veto absolu, écrit-elle dans ses *Réflexions sur la paix intérieure,* ne peut être accordé à un pouvoir exécutif républicain. Cette prérogative royale est une pompe de la couronne, plutôt qu'un droit dont elle puisse user et, dans une constitution où tout est réel, la situation d'un homme arrêtant la volonté de tous est aussi invraisemblable qu'impossible : mais il est bien différent d'éclairer ou d'arrêter la volonté ; les connaissances que seul le pouvoir exécutif peut réunir sont nécessaires à la confection de la loi et s'il n'a pas le droit d'obtenir par ses observations la revision du décret qu'il croirait dangereux, s'il n'a pas ce droit dont le président est revêtu en Amérique, les lois seraient souvent inexécutables. » [9]

L'ambassadrice de Suède sait trop bien que les Conventionnels éprouvent pour le pouvoir exécutif la même méfiance que les Constituants, et qu'il faut afficher le plus grand respect pour la volonté générale, aussi fait-elle campagne pour un veto à l'américaine, qui correspond d'ailleurs fort bien au but qu'elle veut atteindre : le veto « reviseur » en effet n'est pas un refus brutal, définitif, qui ferme la porte à toute négociation ; bien au contraire, il offre le moyen pour l'exécutif d'ouvrir le dialogue avec le législatif, de faire profiter ce dernier des « connaissances qui sont nécessaires à la confection des lois », et d'instaurer entre les deux grandes instances étatiques la collaboration souhaitée.

Elle se dépensera sans compter dans les mois décisifs de l'été 1795, pour faire triompher son projet. Les dîners de la rue du Bac, où elle s'efforçait d'endoctriner les membres de la commission des Onze et les Conventionnels, sont restés célèbres et, comme le

---

(9) Mme DE STAËL, *Réflexions sur la paix intérieure,* Oe, C., t. II, p. 125.

pensé B. Munteano, elle n'est certainement pas étrangère à l'intervention de Lanjuinais, le 30 Thermidor [10], en faveur de la motion du député Erhmann, dont elle regrette amèrement l'échec, dans une note de ses *Réflexions sur la paix intérieure* :

> « Le veto reviseur a produit dans la Convention le même effet que la proposition de deux chambres, par M. de Lally, causa dans l'Assemblée Constituante : six ans de malheur ont fait adopter cette dernière idée. Est-ce au même prix que le pouvoir exécutif acquerra la force nécessaire au maintien du gouvernement et par conséquent de la République ? (Voyez Adrien de Lezay, Journal de Paris du 5 Fructidor). » [11]

Mais pour la fille de Necker, le veto suspensif n'est qu'un pisaller, car il laisse l'exécutif dans une position d'infériorité par rapport au législatif, seul à disposer de l'initiative. Sur ce point, l'opinion de l'auteur de *Du pouvoir exécutif dans les grands Etats* est formelle, et il cite à l'appui l'exemple des états républicains, où la proposition des décrets doit émaner ou du conseil exécutif ou du chef de l'état et, précise-t-il, dans cette forme connue sous le nom d'initiative, c'est antérieurement à la délibération et à la volonté du corps législatif que le pouvoir exécutif concourt à la confection des lois » [12]. Nul en effet mieux que celui qui gouverne ne peut savoir quelles lois conviennent à un pays, nul n'est plus qualifié que lui pour les concevoir et les mettre au point.

Soutenir un pareil point de vue en 1795 eût été pure folie, il n'était pas possible dans la conjoncture du moment de réclamer ce droit pour les Directeurs, sans soulever les plus violentes protestations. Mais on a également appris à Mme de Staël comment fonctionnent les mécanismes constitutionnels en Angleterre et que

> « les ministres anglais n'ont pas à solliciter un décret de la chambre des communes, ils n'ont pas à transiger avec elle, pour obtenir la parole, puisqu'ils jouissent de tous les droits attachés à leur qualité de représentants du peuple, s'ils ont séance dans la chambre basse ou à leur qualité de pairs du royaume, s'ils ont séance dans la chambre haute... Aussi, la véritable participation du gouvernement à la législation ne consiste point dans la nécessité constitutionnelle de l'adhésion

---

(10) Cf. B. MUNTEANO, *op. cit.*, p. 55.

(11) Mme DE STAËL, *Réflexions sur la paix intérieure*, Oe, C., t. II, p. 126, note. La référence à Lezay-Marnesia est relative à un article en faveur du veto, paru à cette date dans ce journal.

(12) NECKER, *Du pouvoir exécutif dans les grands Etats*, Oe, C., t. VIII, p. 405.

> « La question, écrit-elle, est de savoir... si les ministres (nommés de fait par la Chambre des Communes en Angleterre, puisqu'il n'y a presque point d'exemple que le roi conserve un ministre qui a perdu la majorité dans cette Chambre) si ces ministres sans un roi auraient un pouvoir suffisant pour l'intérêt général.
>
> En Angleterre, le roi pourrait rester toute sa vie dans un nuage sans que la marche du gouvernement s'en ressentit. Il faut connaître seulement jusqu'à quel point le mystérieux de ce nuage est nécessaire pour étouffer toutes les ambitions particulières. » [22]

La référence à l'Angleterre est caractéristique. Pour Necker, la Constitution britannique fournit en effet la démonstration la plus éclatante de l'immense avantage que présente la monarchie quand il s'agit d'assurer le contrôle du pouvoir, et l'on ne peut que féliciter l'élève d'avoir trouvé l'image du nuage, nuage olympien de la majesté royale, cachant aux regards du vulgaire le chef semi-divin de la communauté nationale.

Dans ce texte écrit en 1795, Mme de Staël n'en est qu'au stade de la réflexion, de l'interrogation. Consciente de la difficulté que fait surgir le refus de la sacralisation monarchique, elle se demande si la combinaison si commode et si efficace dont l'Angleterre donne l'exemple sera valable dans le cas de la république directoriale.

Dans Des *Circonstances...*, écrit quelques années plus tard, l'incertitude a disparu et, pleine de confiance, elle fait des propositions précises :

> « Il faut établir pour le Directoire une inviolabilité absolue, excepté dans le cas de rebellion dont les circonstances doivent être précisées à l'avance, comme elles l'étaient pour le roi dans la Constitution de 1791... Il faut que la responsabilité soit pour les ministres mais qu'il s'établisse même pour eux une sorte d'usage qui fasse la loi, c'est qu'il donnent leur démission, lorsqu'ils auront perdu manifestement la confiance du Corps législatif. » [23]

Mme de Staël en est donc venue à la conviction qu'il était possible d'établir entre les Directeurs et leurs ministres le même type de rapports qui existait entre le roi d'Angleterre et les membres du cabinet, et elle envisage la même procédure en cas de conflit entre le gouvernement et le Parlement :

---

(22) *Réflexions sur la paix intérieur*, Oe, C., t. II, p. 126-127.
(23) *Des circonstances...*, p. 125.

> « Un Directoire se considérera toujours et doit se considérer
> comme représentant de la nation et comme délégué du corps
> législatif. Le corps législatif en l'élisant, n'est à son égard
> qu'une Assemblée électorale. Or, il faut que cette branche du
> pouvoir public ait une manière d'en appeler au sentiment du
> peuple, si elle était en différend avec l'autre et le véritable jury
> constitutionnel, c'est le seul pouvoir supérieur à tous les autres,
> la volonté du peuple exprimée par de nouvelles élections qui
> lui sont redemandées par le Directoire exécutif qui en rappelle
> à lui de la conduite de ses représentants. » [24]

avec cependant une notable différence : c'est qu'au cas où le
verdict de la nation serait défavorable, les Directeurs se trou-
veraient dans l'obligation de démissionner :

> « Si le Directoire par son ascendant dans la chambre per-
> manente, par son veto suspensif, par le recours aux nouvelles
> élections n'obtenait pas qu'on rejetât la loi qu'il propose, il
> devrait s'établir de fait qu'il y aurait alors une démission dans
> le Directoire, si ce n'était pas à l'époque de son renouvellement,
> qui en changeât la majorité. » [25]

Tout cela semble fort bien raisonné, mais Necker pourrait faire
à sa fille des objections auxquelles il lui serait difficile de répondre et tout d'abord si la démission des Directeurs est dans la
plus parfaite logique d'un régime républicain, elle crée cependant
ce vide, elle débouche sur ce type de crise que, dans sa prudence,
il voudrait à tout prix éviter, et que, seule, la monarchie permet
d'éliminer en toute sécurité. De plus, en régime républicain, celui
qui a la responsabilité est le véritable chef : des Directeurs invio-
lables et irresponsables ne seront bientôt plus que des fantoches :

> « Si dans une république, on pouvait en réalité changer ainsi
> les gradations naturelles et rendre le ministre garant de tous
> les faits du gouvernement, c'est lui bientôt qui serait l'homme
> marquant, qui serait l'homme en autorité car il parlerait sans
> cesse au nom de la nation et son opinion, ses démarches
> deviendraient l'objet constant de l'intérêt public. » [26]

Le système proposé par Mme de Staël vient donc toujours buter
sur la même difficulté, jugée insoluble par son père : « La responsabilité du ministre et l'inviolabilité du chef de l'état sont
des conditions monarchiques et nullement républicaines » [27].

------

(24) *Ibid.*, p. 180.
(25) *Ibid.*, p 180.
(26) *Dernières vues de politiques et de Finances*, Oe, C. t. XI, p. 71.
(27) *Ibid.*, p. 71.

Peu importe que Mme de Staël ne soit pas arrivée à concilier rationalisme républicain et contrôle du pouvoir, l'essentiel pour nous est qu'elle l'ait voulu et que, dans son infidélité sur le plan du régime ,elle soit restée fidèle aux principes qu'on lui avait inculqués, et à cette exigence de contrôle qui est fondamentale dans la pensée libérale.

Sur ce plan, la comparaison avec Roederer est encore une fois très instructive. Il ne s'intéresse guère à ce problème et rejette, avec d'ailleurs d'excellentes raisons, mais sans contre-propositions, la combinaison inviolabilité des Directeurs et responsabilité des ministres. Enfermé dans le cadre traditionnel de la séparation des pouvoirs, il reste indifférent devant l'immense avantage d'un procédé qui joint la souplesse à l'efficacité. Il admet sans doute la nécessité d'assigner une limite à l'arbitraire de l'exécutif et il est résolument opposé à l'inviolabilité des Directeurs mais, plein de défiance pour les assemblées, il se préoccupe beaucoup plus d'affermir leur autorité que de prendre des précautions contre eux et, dans ce but, son vrai souci est avant tout de voir définir avec précision les cas exceptionnels où le corps législatif pourra les mettre en accusation, afin de laisser au gouvernement la plus grande autonomie, la plus grande marge d'action possible [28].

A l'inverse de Mme de Staël, convaincue que « la balance des pouvoirs, c'est la suite de combinaisons qui les amène à être d'accord » [29] l'auteur de *Du gouvernement* cherche à réduire au strict minimum leurs rapports et à les faire vivre côte à côte dans un cloisonnement rigoureux, et l'on sent chez cet homme, qui fut membre de la Constituante, un dégoût de l'expérience révolutionnaire et du gouvernement d'assemblée qui explique la facilité avec laquelle il se ralliera à Bonaparte.

Des deux textes proprement politiques composés par Mme de Staël et qui encadrent la période du Directoire, *les Réflexions sur la paix intérieure* et *Des circonstances...*, aucun ne fut publié. Il est d'autant plus remarquable qu'après le coup d'état du 18 Brumaire, elle ait jugé bon de faire réimprimer les chapitre de *De la Révolution française*, consacrés à l'examen de la Constitution de l'An III, en y joignant un avertissement dont nous citerons le début :

« Quelques personnes éclairées regrettent encore la Constitution de l'An III ; d'autres, en beaucoup plus grand nombre, qui depuis longtemps avaient jugé ses défauts, hésitent à publier

(28) Cf. *Du gouvernement*, Roederer, Oe, C., t. VII.
(29) *Des circonstances...*, p. 180.

dans ce moment ce qu'elles en pensent, parce qu'une institution détruite ressemble presque à un ennemi vaincu, et qu'il
est toujours difficile aux caractères élevés de se rappeler les
sentiments et les idées qui les animaient contre les hommes,
et même contre les choses, lorsque ces hommes et ces choses
ne gouvernent plus. Mais que peut-on trouver de plus impartial
qu'un examen écrit il y a près de trois ans, avant toutes les
époques où les événements amenés par les défauts de la constitution ont brisé sa garantie ? Il paraît donc utile de réimprimer à part ce chapitre extrait du dernier ouvrage de M.
Necker sur la Révolution française. » [30]

A un moment délicat, où il est risqué de prendre personnellement parti, Mme de Staël juge habile de faire entendre, par personne interposée, les vérités qui lui sont chères, et c'est en son
propre père qu'elle trouve alors le meilleur interprète de sa pensée. Rien ne nous paraît plus significatif que ce filial hommage,
qui est aussi celui d'un disciple à un maître, et il est bien vrai
que, dans le cadre de la République, elle n'a pas tenté autre
chose que de réaliser l'idéal politique qu'on lui avait transmis,
et qui se résume dans la très simple formule : un pouvoir fort
mais un pouvoir contrôlé.

Obsédés une fois de plus, comme les Constituants, par le
dogme de la séparation des pouvoirs, les Thermidoriens ne furent
pas capables de réaliser cet équilibre et le régime directorial,
de secousses en secousses, ne fit qu'ouvrir la voie au despotisme
napoléonien. Comme Necker en 1789, Mme de Staël en 1795 a
raté sa constitution.

Les textes que nous avons cités et les rapprochements que
nous avons établis ne présentent pas qu'un intérêt documentaire.
S'ils permettent de fixer un point d'histoire, ils peuvent aussi, pen-
sons-nous, être proposés utilement à la réflexion de nos contemporains car l'évolution des idées rend justice à des prises de
position qui, à l'époque où elles furent exposées et défendues ne
rencontrèrent guère d'écho. Le ministre de Louis XVI et l'ambassadrice de Suède ne seraient pas aujourd'hui des voix criant
dans le désert. La situation a bien changé, et l'on assiste, de la
part des constitutionnalistes, à une radicale remise en question
de la doctrine de la séparation des pouvoirs : on n'hésite pas à
l'appeler « the most hallowed concept of constitutionnal theory

---

(30) *De la Révolution française*, Oe, C., t. X, p. 113, note. *Le journal typographique et bibliographique* annonce dans son numéro du 30 brumaire an
VIII cette réimpression.
(31) K. LOEWENSTEIN, *Political power and the gouvernmental process*. The
university of Chicago press, 1965, p. 92.

and practice » [31] et l'on s'emploie à innocenter Montesquieu d'avoir inventé un système aussi discutable [32].

Repoussant un dualisme jugé impraticable et source d'inefficacité, on en propose un nouveau, celui-là même que préconisèrent le père et la fille, où le gouvernement gouverne au plein sens du terme, à la fois législateur et exécutant, sous le contrôle vigilant et paisible des assemblées.

Si cette définition, pour sommaire qu'elle soit, correspond à ce que l'on entend généralement par régime présidentiel, il nous semble être en droit de dire qu'il n'est rien de plus moderne que la pensée politique de Necker et de Mme de Staël.

---

(32) Cf. les articles de Ch. EISENMANN : *L'Esprit des Lois et la séparation des pouvoir* in Mélanges Carré de Malberg. Sirey 1933, p. 190 sqq. *La pensée constitutionnelle de Montesquieu* in Recueil Sirey du Bicentenaire de l'Esprit des Lois. 1934, p. 133 sqq. *Le système constitutionnel de Montesquieu et le temps présent.* Actes du Congrès Montesquieu, p. 241 sqq.

A PROPOS DU MYTHE D'ORPHÉE
ET DE LA CRISE DU LYRISME AU XVIIIᵉ SIECLE

Par Edouard GUITTON

Si le xviiiᵉ siècle littéraire a changé de face depuis une trentaine d'années, il n'est pas exagéré de dire qu'en France nous le
devons principalement à Jean Fabre. Sa puissance de travail,
son dynamisme, la perspicacité, l'ampleur, la fécondité de ses
vues, son inlassable dévouement aux entreprises de ses cadets,
qu'il a su guider sans leur imposer une tutelle abusive, son ouverture d'esprit et sa générosité intellectuelle, héritage de Diderot
et Rousseau (ses auteurs de prédilection), ont permis et provoqué
un renouvellement sans précédent dans la connaissance des
lumières. Les effets de son magistère n'ont pas fini de se faire
sentir.

Jean Fabre a eu le singulier mérite de ne négliger aucun des
compartiments de la littérature du xviiiᵉ siècle et si le domaine
des idées a reçu de sa part une priorité tout à fait justifiée, ce
ne fut pas au détriment intégral des « beaux-arts » et notamment
de celui qui avait été jusqu'à présent, même auprès des universitaires, l'objet d'un décri unanime : la poésie. L'intérêt porté
à la poésie du xviiiᵉ siècle, la volonté de dépasser à son égard les
poncifs reçus et répétés depuis Sainte-Beuve, le désir de scruter
le mystère de son échec en le présumant aussi instructif pour
l'historien des lettres qu'une trop éclatante réussite, le passage
d'un état d'esprit (le mépris délibéré, encore sensible chez un
Lanson ou un Mornet) à un autre (le souci de compréhension des
écrits poétiques en les reliant aux courants de pensée et à la
révolution philosophique qui traversent tout le siècle, et en donnant aux problèmes esthétiques une place équivalente à celle
que leur avait impartie les apôtres des lumières), cette « conversion » a pris naissance avec les travaux de Jean Fabre [1]. Son

---

(1) Il est juste de citer également le nom de Jacques Vier dont le chapitre
sur la poésie, dans sa récente *Histoire de la Littérature Française, Le XVIIIᵉ
siècle* (A. Colin, t. II, 1970), a été remarqué pour sa pertinente nouveauté.

Chénier fait date dans la mesure où il nous invite à ne plus
considérer cet authentique poète comme un phénomène exceptionnel égaré dans une époque réfractaire à la poésie, mais comme
le produit doté de génie de son « environnement » poétique. C'est
lui qui a eu le courage de déclarer : « *On ne peut oublier Delille* »
(même Delille !) et qui a su le prouver. A propos de nuages, il
a montré, *en marge de « Pan Tadeusz » et de la poésie descriptive*,
que les Saint-Lambert, Delille, Fontanes, Chênedollé, Joseph
Michaud n'étaient pas égarés par leurs intentions descriptives
et que ces médiocres « marchands de nuages » souffraient moins
d'un manque d'inspiration que d'une disette de moyens imputable
au langage et à la « mentalité » avant de l'être aux hommes.

Sommes-nous à l'aube d'un renouveau ? Deux ouvrages récents
permettent de l'espérer, le *Sacre de l'Ecrivain (1750-1830)* de
M. Paul Bénichou [2], et la somme consacrée par M. Brian Juden
aux *Traditions orphiques et tendances mystiques dans le Romantisme Français (1800-1855)* [3]. L'un et l'autre font la part belle
aux questions poétiques sans adopter le ton du dédain pour évoquer la poésie du XVIIIe siècle. Toutefois la périodisation choisie
des deux côtés tend à privilégier le XIXe siècle par rapport à son
prédécesseur, ce qui ne lève pas l'hypothèque d'un « préromantisme » implicitement réduit à un rôle secondaire, même si le
mot n'est pas employé, et comme minorisé. Ce n'est certainement
pas l'intention consciente des auteurs, mais c'est l'effet presque
assuré de leur découpage.

Le mythe d'Orphée, qui fait l'objet de l'enquête de M. Juden,
n'est pas absent de celle de M. Benichou lorsqu'il étudie l'avènement d'un sacerdoce laïque dans la France moderne. L'attention
portée à la mythologie en général ou à tel mythe en particulier
dans la poésie n'est pas nouvelle : s'agissant de la Renaissance,
du XVIIe, du XIXe et du XXe siècles, les noms et les titres affluent
à l'esprit. On ne saurait en dire autant pour l'époque des lumières [4].

---

(2) Paris, J. Corti, 1973.
(3) Paris, Klincksieck, 1971. — Rendons un égal hommage au petit livre
d'Henri PEYRE, *Qu'est-ce que le Romantisme ?*, Paris, P.U.F., 1971.
(4) Voici, à titre d'exemple révélateur, les journées de l'A.I.E.F. qui font
référence à la mythologie au cours des dernières années : *La poésie d'inspiration païenne au XIXe siècle* (C.A.I.E.F., n° 10, mai 1958) où figure une communication de L. CELLIER sur *Le Romantisme et le Mythe d'Orphée* (p. 138-
159) ; *Le Mythe d'Orphée au XIXe et au XXe siècle* (*ibid.*, n° 22, mai 1970) ;
La mythologie dans la Littérature au XVIe et au XVIIe siècle (*ibid.*, n° 25,
mai 1973). La journée intitulée *Hermétisme et Poésie* (*ibid.*, n° 15, mars 1963)
fait une petite place au XVIIIe siècle avec l'étde de Mme Goré sur le *Télémaque*. C'est peu.

Je n'ai pas la prétention de combler cette lacune en quelques pages trop brèves. En attendant la rédaction, à laquelle il faudrait songer, d'une étude sur la création mythologique dans la littérature du XVIIIe siècle (à commencer par les grands écrivains et sans exclure les petits), je me contenterai d'esquisser quelques remarques à propos du mythe d'Orphée après avoir rappelé, pour en excuser l'insuffisance, que cette « approche » n'est qu'un préliminaire.

On n'a pas épuisé la connaissance d'une époque littéraire quand on a recensé les tenants et aboutissants de son idéologie, quand on a démonté le mécanisme et analysé le fonctionnement de sa rhétorique. Rationalisme-illuminisme, naturalisme-sensualisme, mécanisme-vitalisme, utilitarisme-utopie, résistance ou désuétude du « discours classique » face à la montée d'un nouveau langage, tous ces concepts ont été splendidement éclairés par la critique contemporaine, et ils le méritaient. Puisque le retard qu'on pouvait craindre en ce domaine par rapport à d'autres siècles (le XIXe par exemple) a été comblé, il faut aller plus loin : il faut sonder l'imaginaire de *l'âme sensible* dans ses détours secrets et jusque dans ses arrière-fonds ténébreux, au-delà du langage clair et des aveux lucides. Car c'est aux frontières de la conscience et de la subconscience que se fait le contact entre l'esprit et le monde où il baigne, que se résolvent les antinomies de la pensée et que se définit, en dernier ressort, l'originalité d'un artiste. On a étudié la création mythologique chez Victor Hugo, l'imagination de Vigny : pourquoi ne pas procéder de même avec Voltaire ? Les lois d'un « discours », si intellectualisé qu'il paraisse, ne sont-elles pas assujetties aux appétances et aux réticences de l'imagination qui le conçoit ? Et ces dernières ne dépendent-elles pas à leur tour d'un contexte qui les conditionne ?

C'est à ce carrefour, à ce foyer, à ce nœud gordien qu'on doit essayer d'atteindre. L'étude des mythes et de la mythologie peut y mener car elle nous place au confluent des traditions culturelles et de l'élan inventif. Si l'héritage gréco-latin a pu paraître un moment oblitéré par le modernisme des lumières, il n'a pas tardé à refaire surface et à être récupéré par la philosophie sensualiste : il s'agissait de bien autre chose que d'un « retour à l'Antique » dicté par la mode. L'âme sensible retrouvait en profondeur une espèce de paradis perdu : ou plutôt elle accédait à la connaissance d'elle-même et du monde qui l'environnait et découvrait le sens caché de phénomènes réputés mystérieux en reliant le passé le plus ancien au présent immédiat. Le mythe, réinséré dans la trame d'une continuité temporelle, tendait à se définir comme la traduction allégorique d'un fait naturel, incessamment recommencé, et non plus comme une légende fabuleuse aux origines incertaines. Un structuralisme avant la lettre était né.

Le xviiiᵉ siècle place Orphée au nombre des archétypes de la connaissance et de la poésie universelles. Privilège qu'il partage, entre autres, avec Apollon, Hermès, Homère, Moïse, Pythagore. Comme Hermès, il mériterait d'être appelé *trismégiste*, puisqu'il fut à la fois roi, prêtre et philosophe, civilisateur des peuples auxquels il apprit à aimer la justice et les dieux. Mais comme l'a rappelé pertinemment M. L.-J. Austin[5], le mythe d'Orphée est sans doute celui qui rassemble de la manière la plus complète les ingrédients de la création poétique : n'implique-t-il pas, plus que ses concurrents, initiation et communication avec l'au-delà ? pouvoir d'incantation et collusion en profondeur de la poésie avec la musique ? Mais aussi purification, nécessité d'une ascèse et, à la limite, isolement du poète au milieu des hommes, voire persécution, malédiction, épreuves pouvant aller jusqu'au sacrifice ? Dans sa partie la plus humaine, le mythe affirme le rôle indispensable de la femme, présente ou absente, perdue, retrouvée ou reperdue, dans l'inspiration poétique. Enfin il exalte le triomphe de l'art sur la mort et l'immortalité promise aux créateurs. « En un mot, Orphée ou la puissance de la poésie »[6]. L'on serait tenté d'ajouter, s'agissant du joueur de lyre : « dans la mesure où la poésie est lyrisme ».

Or, c'est à une crise du lyrisme plus encore qu'à une crise de la poésie que le xviiiᵉ siècle nous donne d'assister. Que reste-t-il du mythe d'Orphée si on l'ampute de ses éléments mystiques et sentimentaux, de la descente aux enfers et de la quête d'Eurydice ? Les dons intellectuels, le pouvoir de charmer, peut-être aussi certaine frustration de l'être égaré au milieu de ses semblables. L' « Orphisme » des poètes du xviiiᵉ siècle nous frappe autant, voire davantage, par ses lacunes que par ses éléments positifs. C'est à partir de ses restrictions qu'il se laisse analyser de la manière la plus fructueuse.

Que le poète ait reçu du ciel des dons particuliers qui font sa grandeur et son malheur, qu'il s'entretienne avec les dieux et qu'il ait le pouvoir de dompter les puissances infernales, que la poésie soit une divination, un idiome sacré dont le profane ignore

---

(5) *C.A.I.E.F.*, n° 22, mai 1970, p. 170.
(6) *Ibid.*

les règles et qu'elle voue le poète à la malédiction de ses semblables, Jean-Baptiste Rousseau en a la conviction profonde. Il y a
mieux que les traces d'un orphisme dans l'œuvre de ce méconnu [7].
Caractère sombre, âme trouble et tourmentée, Rousseau n'a ni
cherché ni obtenu la popularité, mais l'opinion a reconnu en lui
le dernier des « grands lyriques » français. Il se croyait déposi-
taire d'une mission sublime dans laquelle il s'est entêté contre
le jugement des hommes de son siècle, dont il dénonce l'aveuglement. Fut-il ou non victime d'une erreur judiciaire ? La matérialité des faits importe moins que leurs conséquences : la fuite, l'exil,
le bannissement sans espoir de retour ont fait du nouvel Orphée
le symbole du poète maudit, livré vivant à la vindicte populaire.

Sa conception de la poésie suppose un certain mysticisme
puisqu'elle implique la référence souvent affirmée à l'au-delà.
L'expression *langage des dieux* pour lui n'est pas une clause de
style. L'authenticité de sa foi importe moins que la conviction
en vertu de laquelle il identifie l'exercice des vers à un sacerdoce qui le met également au service de Dieu et de Pindare par
l'effet de ce qu'il faut appeler une contamination plutôt qu'un
syncrétisme. Car ce n'est point chez lui affaire de doctrine, mais
assimilation de l'art à une religion. Le haut lyrisme est un paradis
intellectuel où l'âme communie avec le sublime qu'elle qu'en soit
la source, et l'histoire contemporaine peut en fournir au même
titre que les psaumes ou la mythologie. Les thèmes diffèrent mais
la lyre entre les doigts du poète reste la même.

Son ode *Sur les divinités poétiques,* justement remarquée par
M. Juden [8], expose en octosyllabes marmoréens qu'on pourrait
croire écrits par Paul Valéry les lois d'un art difficile, espèce de
symbolisme métaphysique et alchimie verbale exigeante. L'homme,
réduit à l'indigence et à l'obscurité par la misère de ses sens,
trouve dans le commerce des Muses la seule voie d'accès à la
lumière et aux « mystères les plus secrets » du ciel. Pour maté-
rialiser l'incompréhensible, le poète dispose du langage, non pas
le langage courant des sociétés temporelles, mais

> Ces déités d'adoption,
> Synonymes de la pensée,
> Symboles de l'abstraction...

---

(7) L'Université française néglige cruellement Jean-Baptiste Rousseau :
sa bibliographie est quasi inexistante. On dirait que l'ostracisme dont il fut
victime de son vivant se poursuit au-delà de la mort.
(8) *Traditions orphiques et tendances mystiques,* p. 141.

un langage capable « de peindre l'esprit à l'esprit » grâce auquel

> Tout sentiment s'exprime aux yeux,
> Tout devient image sensible,
> Et, par un magique pouvoir,
> Tout semble prendre un corps visible,
> Vivre, parler et se mouvoir.

La poésie opère une transsubstantiation et

> ...consacrant le système
> De la sublime fiction,
>
> ...
>
> Change, par la vertu suprême
> De ses accords doux et savants,
> Nos destins, nos passions même,
> En êtres réels et vivants.

Mais seuls les initiés ont accès à ce langage, seuls ils peuvent jouir de l'entretien des doctes Sœurs : arrière donc les

> Réformateurs austères
> De nos privilèges sacrés,
> Et vous non encore éclairés
> Sur nos symboliques mystères...

Il est possible que Jean-Baptiste Rousseau ait été la poule aux œufs d'or couvant un trésor fictif. Son système de référence le met en contradiction totale avec l'évolution de la pensée à la charnière des deux siècles. En cet âge critique de son existence (sur lequel les recherches de Sylvain Menant nous apprendront beaucoup [9]), la poésie se voit contester, par l'effet des découvertes de Newton et de Locke, le recours à l'infini, à l'invisible, au surnaturel. Pour l'intelligent et subtil La Motte, la descente aux enfers est tout juste un thème d'école, *ad usum Delphini* [10]. Jean-Baptiste Rousseau s'obstine, à ses risques et périls, dans la voie d'un « surnaturalisme » périmé : son drame est celui d'une déshérence, d'un exil ici-bas, d'un déchirement entre des intuitions justes et des concepts frappés de mort provisoire. Ouvert à un symbolisme, mais à un symbolisme figé dans l'abstraction, il est, dans l'histoire de la poésie française, à l'orée du classicisme et en attendant la

---

(9) Sylvain MENANT rédige une thèse sur *La Crise de la poésie au début du* XVIIIᵉ *siècle.*

(10) Houdar DE LA MOTTE a écrit *Descente aux Enfers, Ode à Monseigneur le Duc de Bourgogne,* et *Pindare aux Enfers,* ode pindarique. Il y montre au moins qu'il connaît bien sa mythologie.

résurrection romantique, le dernier des poètes-voyants, le dernier qui ait assumé le caractère ésotérique de l'inspiration [11].

Il a compté beaucoup d'admirateurs et peu de disciples. Il revenait à l'un d'eux de lui élever un trophée digne de son génie :

La France a perdu son Orphée...

L'*Ode sur la mort de Jean-Baptiste Rousseau*, écrite en 1741 par Lefranc de Pompignan, fut saluée comme un chef-d'œuvre, même par Voltaire, et conserva longtemps sa célébrité. Il ne suffit pas de constater sa noble allure ni le souffle qui la soutient pour en déchiffrer la beauté. Cette ode, à la bien entendre, va au-delà des mots et des images dont elle se compose. Bâtie tout entière sur le mythe d'Orphée, avec la présence en fond de tableau de la Thrace et de l'Egypte, elle tire un parti multiple, paradoxal, pathétique et quasi absolu de l'identification du poète défunt avec le chantre légendaire. Elle chante sur le mode sublime déjà condamné par l'Histoire la mort du lyrisme et consacre la chute de l'idole autant que son apothéose.

La première image qui nous y est offerte est celle d'un corps déchiqueté dans le décor d'une nature mythologique. Le dernier tableau est, *dans la nuit du séjour funèbre,* celui d'une consolation et d'un couronnement. Enterrement ou résurrection ? Rousseau a subi dans sa chair les mêmes épreuves qu'Orphée, victime de la méchanceté fondamentale du genre humain :

Jusques à quand, mortels farouches,
Vivrons-nous de haine et d'aigreur ?
Prêterons-nous toujours nos bouches
Au langage de la fureur ?
Implacable dans ma colère,
Je m'applaudis de la misère
De mon ennemi terrassé :
Il se relève ; je succombe,
Et moi-même à ses pieds je tombe,
Frappé du trait que j'ai lancé.

Dans cette strophe prophétique, Pompignan prédit vingt ans à l'avance son propre sort : lui aussi connaîtra l'exil et l'humiliation nationale, victime au premier chef de son emportement, de sa démesure, voire de sa démence : cette *manie* du poète qui le rend

---

(11) Il faut donc rectifier l'analyse de Victor Hugo citée par H.-B. RIFFA-TERRE (*L'Orphisme dans la Poésie Romantique*, Paris, Nizet, 1970, p. 8) selon laquelle la contemplation du mystère fait la différence essentielle entre le romanstisme et le classicisme.

différent du reste des humains. Son ennemi terrassé s'appellera
Voltaire ou la Philosophie qu'il osera insulter dans le sanctuaire
académique. Une telle prescience donne un relief supplémentaire
à l'incantation. Seulement, avec Pompignan, la voyance prend
l'allure d'une parodie. Le mimétisme ne sera probablement pas
absent de son retour définitif à Montauban : comme Rousseau,
le parfait disciple doit finir ses jours dans l'exil et répondre par le
mépris aux insultes, à l'instar du soleil qui sur les rivages du
Nil

> Versait des torrents de lumière
> Sur ses obscurs blasphémateurs.

Splendide revanche du génie que cette immortalité promise aux
vrais poètes. Mais si *la France a perdu son Orphée,* cela ne signifie-
t-il pas l'échec assuré de ses successeurs ?

> La mort a frappé votre maître,
> Et d'un souffle a fait disparaître
> Le flambeau qui vous éclairait.

Une page est définitivement tournée : la poésie sacrée est morte,
voilà au fond ce qu'avoue (en a-t-il conscience ?) l'auteur des
Poèmes Sacrés [12]. Son histoire à lui est celle d'une délégation
manquée. L'*Ode sur la mort de Jean-Baptiste Rousseau* est parfaite parce qu'elle contient en elle-même sa propre fin et la fin
d'un genre poétique. Lefranc de Pompignan s'y exprime avec
une plénitude verbale rarement atteinte et s'y montre réellement
inspiré mais son orphisme n'est plus que le reflet d'un phantasme
disparu.

Dès lors le lyrisme subit en France une éclipse de vingt ans.
« La poésie lyrique est à naître », proclamera (vers 1762 ?) le
Neveu de Rameau. Orphée est comme bâillonné. En attendant qu'on
invente la poésie nouvelle réclamée par le siècle, les tempéraments
doués pour la poésie souffrent de leur impuissance temporaire à
chanter. Et s'ils osent essayer, quels sarcasmes les attendent !
Sans vouloir rendre la Philosophie (ou le Philosophisme, comme
disent ses adversaires) directement coupable de ce tarissement,

---

(12) *Sacrés ils sont car personne n'y touche,* raillait méchamment Voltaire.
Lefranc de Pompignan est lui aussi relégué aux oubliettes par l'Université
française.

il faut reconnaître que la bataille des idées, autour de 1760, n'a pas du tout favorisé l'essor du lyrisme.

> Je vois partout, avec l'acharnement,
> Régner la haine et le dénigrement :
> Les froids bons mots, l'insipide ironie
> Versent leur fiel sur les fruits du génie.

déclare dans son *Epître à Minette* (1762) Colardeau qui ajoute :

> Du dieu de l'Inde on croit revoir les jeux :
> Précipitée à flots impétueux,
> L'horrible orgie, au combat échauffée,
> Met en lambeaux le malheureux Orphée.

A quoi Lebrun lui réplique sur le même rythme :

> Tu crains l'orgie au combat échauffée :
> Rassure-toi : va, tu n'est pas Orphée.

Ce n'est qu'un *froid bon mot*. La poésie est en train de mourir d'esprit. N'en croyons pas Lebrun : Colardeau avait l'étoffe d'un authentique poète, mais il était peu armé pour les combats en première ligne. « Ce jeune homme », dira Marmontel en guise d'oraison funèbre, « à qui les lettres tenaient lieu de tous les biens, même de la santé ; qui suspendait ses douleurs comme Orphée, digne d'en rappeler l'exemple par la douceur de ses accents » [13]. De santé fragile et de complexion délicate, Colardeau était timide : il avait une sensibilité maladive. Il aimait beaucoup les fleurs, les oiseaux et les femmes. Il mourut dans sa quarante-quatrième année, alors qu'il venait d'être élu mais non reçu à l'Académie Française.

Loin d'être usurpée, l'identification de Colardeau avec Orphée se justifie par des motifs essentiellement psychologiques : il a vécu dans une double détresse parce qu'il assistait à la fois à la ruine d'une poésie selon son cœur et au fiasco de ses amours pour Mlle Verrière. Cet écorché vif a-t-il souffert d'une peur de la castration mal dominée et entretenue par une déficience chronique ? Son lyrisme prend racine dans le foyer où sentiment, sensibilité et sensualité ne font qu'un. L'union des sexes l'obsède, une union qu'il satisfait surtout en rêve, dirait-on. Il pratique dans la vie et dans ses vers un érotisme libertaire dont il faudrait sonder les mobiles en se référant aux théories d'un Georges Bataille et

---

(13) Réponse au discours de réception à l'Académie Française de La Harpe.

en analysant les implications mystérieuses de la nuit, de la mort,
du sang et de la volupté qu'il recèle. « Athée avec délices » : la
formule lui conviendrait mieux qu'à André Chénier, car il n'hésite
pas à défier Dieu ou à le supplanter hardiment, quitte à accepter
sa propre immolation comme une conséquence inéluctable du
choix qu'il a fait de vivre en homme libre.

On voit à quel point se personnalisent avec Colardeau des
thèmes comme la descente aux Enfers et la quête d'Eurydice.
Le mode élégiaque, qu'il pratique avec grand talent dans ses
héroïdes ou dans ses poèmes *A toi* (*Bouquet, Epîtres, Etrennes*),
prend ainsi le relais du mode héroïque. En 1758, l'année même
où Diderot écrit ses pages fiévreuses sur la poésie et où Rousseau
conçoit son *Héloïse*, Colardeau démontre par l'exemple que la
poésie est avant tout d'essence sentimentale en publiant la *Lettre
amoureuse d'Héloïse à Abélard*, vrai brûlot dont l'image centrale
est celle d'une mutilation (et quelle mutilation !), cri de la passion
charnelle frustrée de ses droits, défi rageur aux lois et à la religion,
plaidoyer pour l'union libre :

> Crois-moi, l'hymen est fait pour des âmes communes,
> Pour des amants livrés à l'infidélité [...]
> Aimons-nous, il suffit ; et suivons la nature.

hymne hardi en l'honneur de l'orgasme, d'autant plus désiré qu'il
est devenu impossible, alors qu'il était l'unique idôlatrie pour
des êtres de chair :

> Viens donc, cher Abailard, seul flambeau de ma vie [...]
> Viens, nous pourrons encor connaître le plaisir [...]
> Quels moments, Abailard ! Les sens-tu ? Quelle joie !
> O douce volupté ! plaisir où je me noie !
> Serre-moi dans tes bras, presse-moi sur ton cœur...
> Nous nous trompons tous deux ; mais quelle douce erreur !
> Je ne me souviens plus de ton destin funeste :
> Couvre-moi de baisers... Je rêverai le reste.

Puisque Dieu n'est pas capable de remplacer l'homme dans la
vie d'Héloïse, l'issue fatale est le désespoir et le suicide de l'héroïne : nihilisme il est vrai corrigé et apparemment amendé par
le *Fragment d'une réponse d'Abailard à Héloïse*, mais la page
est inachevée, peut-être par manque de conviction.

Sensualisme et paganisme fiévreux, révolte contre un destin
absurde, appétits inassouvis, insatisfaction, difficulté d'être, peur
de sa propre impuissance à dompter les monstres qui nous entourent (la perfidie féminine, la méchanceté humaine), aigreur
désabusée, tous ces traits font de Colardeau le témoin, le « révé-

du poète y fait passer son phosphore ». C'est pourtant contre une
pareille évanescence de la poésie que Lamartine, puis les Romantiques auront à lutter.

*
* *

Dernier relais dans la chaîne du lyrisme entre le classicisme
et le romantisme, l'âge descriptif voit s'ébaucher les grandes migra-
tions de l'imaginaire. On ne peut honnêtement mesurer la portée
de la « révolution » romantique sans se référer aux périodes qui
l'ont immédiatement précédée. On ne peut davantage ignorer les
secousses, les inhibitions, les tentatives, les souffrances, les ambitions d'un siècle entier de poésie. Malgré les éclipses, la chaîne
du lyrisme s'est-elle jamais brisée en France ? Je souhaite avoir
montré que l'application du mythe d'Orphée à la poésie du XVIIIe
siècle n'était, à y bien regarder, ni présomptueuse ni déplacée et
qu'elle témoigne, envers et contre toutes les incompréhensions
(celle des contemporains autant que la nôtre), d'une continuité
d'idéal maintenue sans défaillance de génération en génération.

DON JUAN AU SIECLE DES LUMIERES

par Henri LAGRAVE

Des cinq *Don Juan* [1] représentés à Paris sous le règne de Louis XIV, que reste-t-il au début du xviiie siècle ? Les pièces de Dorimond, Rosimond et Villiers n'ont pas survécu. Le canevas italien a disparu avec le départ des Comédiens Italiens en 1697. Seule subsiste la comédie de Molière, un *Festin de Pierre* mutilé, arrangé, édulcoré, mis en vers, en 1677, par Thomas Corneille, et qui poursuit sa carrière, « servi avec ce nouvel assaisonnement » [2], pendant tout le xviiie siècle et une bonne partie du siècle suivant [3].

C'est du moins tout ce que retient, sur la fortune du sujet, une chronique hâtive, trop prompte à éliminer les formes dramatiques marginales ou non-officielles, et à négliger l'activité des théâtres autres que la Comédie Française. Or, s'il est vrai que l'œuvre de Molière ne doit sa survie qu'à un traitement qui en modifie singulièrement la portée, que ni Rosimond, ni Dorimond, ni Villiers ne sont restés au répertoire, le thème de Don Juan (il serait imprudent de supposer, à l'époque, un « mythe » de Don Juan) s'est fixé, solidement établi, et s'impose, plus que jamais, à l'attention des hommes de théâtre de tout acabit. On a tort de croire qu'il n'y a rien entre Molière et Mozart. Les 122 années qui séparent *Dom Juan* (1665) et *Don Giovanni* (1787) ont vu successivement apparaître, outre la version de Thomas Corneille, des arrangements divers, un scénario italien renouvelé, un opéra-comique remanié plusieurs fois, des ballets-pantomimes.

L'étude d'une telle survie peut apporter une contribution à la connaissance de la gloire posthume de Molière — car *Don Juan*, en dépit de l'habit d'emprunt dont on l'a revêtu, continue à lui être constamment attribué — ; elle présente aussi l'intérêt d'éclai-

---

(1) Celui de Dorimond, joué en 1659 ; celui de Villiers, joué en 1660 : celui de Molière, joué en 1665 ; celui de Rosimond, joué en 1670, et enfin le canevas italien.

(2) La Porte et Chamfort, *Dictionnaire dramatique*, 1776.

(3) La pièce de Molière ne sera reprise, sous sa forme originale, qu'en 1841, à l'Odéon, et en 1847, à la Comédie française.

rer, grâce à l'examen de quelques pièces mineures, cet aspect de
l'histoire culturelle trop souvent négligé que constitue l'attitude
du public à l'égard d'une œuvre littéraire ou dramatique, ses réactions spontanées souvent en contradiction avec la critique patentée
ou le goût officiel. Enfin le sujet même de *Don Juan* et son interprétation en font une utile pierre de touche de l'esprit public et
de la lutte philosophique dans le siècle des lumières.

   Les Italiens, les concurrents français de Molière avaient fait
jouer leurs *Don Juan* en toute liberté et avec le plus grand succès.
Seul Molière se voit inquiété et, de peur d'incidents graves,
contraint de retirer sa pièce après 15 représentations. Et l'on sait
ce qui s'ensuivit : Rochemont lance contre l'ouvrage d'éloquentes
et sévères *Observations*, des amis de Molière prennent sa défense,
la querelle s'enfle autour de *Don Juan*, bientôt confondue dans
l'affaire du *Tartuffe*. Après la mort de Molière, non seulement les
adversaires de *Don Juan* ne désarment pas, mais l'anathème
s'étend au moins à l'un des rivaux de Molière. En 1678 — très
exactement le 13 décembre — les docteurs de la Sorbonne prononcent contre *Le Festin de Pierre*[4] une condamnation sans équivoque. La décision avait été motivée par la consultation de quelques
confesseurs, qui demandaient notamment s'ils pouvaient admettre
aux sacrements « une troupe de comédiens qui représentent et
qui sont dans la disposition de représenter à l'avenir la comédie
qui a pour titre *Le Festin de Pierre,* sous prétexte que les princes
qui les ont à leurs gages veulent qu'elle soit représentée devant
eux ». La demande était accompagnée d'ailleurs de considérations
qui ne pouvaient qu'attirer infailliblement une réponse négative :

> Cette comédie est très pernicieuse et pleine d'impiété ; car
> non seulement elle représente les vices les plus horribles, mais
> elle apprend à les commettre. Celui qui y fait le personnage
> d'athée s'y moque de Dieu ouvertement, et son fripon de valet,
> qui fait semblant d'y prendre le parti de la religion et de
> défendre la vertu, s'en acquitte d'une manière si impertinente
> et si badine, que tous ses discours sont une nouvelle dérision.

---

   (4) Il s'agit sans aucun doute du *Dom Juan* de Villiers ou de celui de
Rosimond, comme le prouve l'allusion, dans la « demande », à la « préface »
de l'auteur ; ces deux pièces sont en effet précédées d'une préface. La pièce
de Molière, qui n'en comporte pas, n'était d'ailleurs pas imprimée à cette
date.

Le sujet de cette comédie et la manière dont il est traité sont détestables. Il est vrai que l'athée y est puni à la fin, mais le but de l'auteur est de réjouir les spectateurs, comme il le déclare dans sa préface, et non de leur inspirer une véritable horreur de l'impiété et du crime.

Les attendus de la décision sont fort clairs :

Il est aisé de voir quel jugement on doit faire de la comédie qui a pour titre *Le Festin de Pierre* ; comme il n'y en a point qui soit plus remplie d'obscénité, d'impureté et d'impiété, on peut dire qu'elle porte sur le front sa condamnation. La religion y est partout insultée, quoiqu'on y introduise pour la défendre un misérable valet, qui détruit par ses fades plaisanteries tout ce qu'il dit en sa faveur, afin de répandre un ridicule sur les choses les plus saintes. Cette pièce ne saurait donc être trop censurée, et il est indubitable qu'on ne peut sans un très grand péché jouer en public pour divertir les spectateurs une pièce qui afflige tous ceux qui ont de la piété et qui aiment Dieu.

Peu importe qu'il s'agisse ici de la pièce de Villiers, de celle de Rosimond, ou de celle de Molière : toutes les trois se ressemblent par le trait qui constitue le principal chef d'accusation. Au reste, l'essentiel est de savoir que le jugement de 1678 se trouve mot pour mot reproduit, *en 1733*, dans l'ouvrage de casuistique le plus répandu, le *Dictionnaire des cas de conscience* de Lamet et Fromageau, qui en donne la citation intégrale, immédiatement après un long exposé sur les *Questions concernant la Comédie*, où se trouvent minutieusement examinés et formellement condamnés la comédie et l'opéra[5]. La controverse sur le théâtre, si riche en ouvrages et brochures pour et contre la comédie, de Louis d'Orléans à Rousseau — d'ailleurs muet sur *Don Juan* —, en passant par Louis Racine, Desprez de Boissy, Voltaire, Fréron, Riccoboni et tant d'autres, témoigne de l'importance du débat, aussi actuel qu'à la fin du XVIIe siècle, au temps de la célèbre querelle entre Bossuet et le Père Caffaro, et de l'extrême acuité, en plein XVIIIe siècle, du problème religieux qui continue à se poser aux fidèles comme aux directeurs de conscience et aux théologiens.

L'examen de cette abondante littérature ménage une surprise :

---

(5) LAMET et FROMAGEAU, *Dictionnaire des cas de conscience*, Paris, Coignard et Guérin, 1738, 2 vol. in-f°. Les textes cités se trouvent au t. I, p. 805 et 809. En ce qui concerne *Don Juan*, les auteurs renvoient aussi au *Dictionnaire* de Pontas.

la rareté relative des références au *Festin de Pierre*. Le fait est
que, dans la bataille, du moins pour ce qui touche les sujets
proprement religieux portés au théâtre, le grand sujet de contestation reste toujours *Tartuffe*. Mais, même lorsqu'il n'est pas
nommé, *Le Festin de Pierre* est implicitement évoqué dans les
arguments qui se déploient pour et contre, et qui sont aussi
valables pour une pièce que pour l'autre. *Don Juan* n'est qu'un
cas particulier de *Tartuffe* ; les reproches faits au second s'appliquent aussi bien au premier, comme en témoigne cet exemple [6] :

> ...On tourne la religion en ridicule. Une des plus fameuses
> pièces de Molière, *Tartuffe*, ne fut faite que dans ces vues.
> Une mélange monstrueux d'irréligion et de piété, de modestie
> et d'obscénité, de maximes chrétiennes et de principes de
> débauche en forme le scandaleux tissu.

Partout ailleurs, *Le Festin de Pierre* est englobé dans une
condamnation générale de Molière. En quelques occasions pourtant, la pièce est nommément désignée. Répondant à Fagan qui,
en 1751, avait fait paraître ses *Nouvelles Observations au sujet
des condamnations prononcées contre les comédiens*, où l'auteur
défendait la pièce contre l'accusation la plus courante qui lui
était faite [7], un certain Meslé le jeune répète avec obstination l'un
des arguments préférés de Rochemont en 1665 : Don Juan est
« un libertin décidé, dont la punition théâtrale ramène moins
à la vertu, que sa conduite n'inspire le vice par les couleurs qu'il
lui prête ».

Des années encore après la *Lettre à d'Alembert* (1758), les
passions ne sont pas éteintes. Cette fois *Don Juan* fait l'objet
d'un développement important dans l'ouvrage de l'abbé de La
Tour, *Réflexions morales, politiques, historiques et littéraires
sur le théâtre*, paru en 1763. Parlant de la comédie en général,
l'abbé reconnaît que « deux ou trois pièces sur mille paraissent
faites dans la vue de défendre les droits de Dieu : *Le Festin
de Pierre*, *Les Philosophes*, *Le Préjugé à la mode*, mais sans

---

(6) Abbé DE LA TOUR, *Réflexions morales, politiques, historiques et littéraires sur le théâtre*, Avignon, Chave, 1733, in-8°, p. 122.

(7) « L'on se récrie beaucoup sur ce que, dans cette pièce, les intérêts
du ciel sont remis entre les mains d'un valet, et sur ce que Don Juan est
puni par une ridicule fusée. Quelle solidité y a-t-il dans une pareille critique ? Cette pièce adoptée par Molière est, comme l'on sait, tirée de l'espagnol, et l'on y reconnaît aisément le goût de la nation pour mettre des mo-
ralités dans la bouche des valets. Le Sganarelle de *Don Juan* n'est autre
chose que le Sancho de *Don Quichotte*, qui rend mal de fort bonnes
pensées. » (P. 29.)

succès, et avec un succès contraire ». Mais bien vite, il en vient
à déclarer, comme Baillet jadis : « Molière est un des plus dangereux ennemis que le monde ait suscités à l'église ». Sans doute
Tartuffe est-il « la plus scandaleuse de toutes ses pièces », mais
Le Festin de Pierre est une « nouvelle batterie que dressa le
théâtre contre la religion, en faisant semblant de la défendre ».
Là-dessus, l'auteur se récrie contre « la témérité d'un histrion
qui plaisante de tout ce qu'il y a de plus saint, tient école de
libertinage et rend la majesté de Dieu le jouet d'un valet de
théâtre, qui en rit et qui en fait rire ». Il consent à croire que
« Molière avait quelque bonne intention, et peut-être voulait
réparer ses fautes : le dénouement de la pièce est une juste punition de l'impiété ». Mais il n'y réussit point « et ne pouvait y
réussir ». Et l'abbé de La Tour ajoute : « Qu'est-ce encore que
ce mélange affreux de blasphème et de quelques mots de dévotion,
de morale et de crimes, de pruderie et d'obscénité, où le mal
l'emporte cent fois sur le bien ? » [8]

Sans doute une bonne partie du public se moque-t-elle des
foudres brandies par l'Eglise à l'encontre du théâtre. Au demeurant, l'Eglise elle-même n'a ni les moyens ni peut-être le désir
d'obtenir la suppression de la Comédie. Comme le rappellent déjà
les théologiens de la Sorbonne, en 1678,

> L'Eglise condamne bien des choses qui se font publiquement
> par un usage ou plutôt par un abus qu'elle ne saurait empêcher.

Il n'en demeure pas moins que la pièce de Molière, ou, pour
mieux dire, toute pièce écrite sur le sujet de *Don Juan*, continue,
jusque vers la fin du XVIIIe siècle, à encourir l'anathème, et qu'aux
yeux de l'Eglise, les spectateurs qui y assistent, comme les comédiens qui la représentent, sont en état de péché mortel.

En dehors de l'Eglise, des écrivains comme Desprez de Boissy,
Meslé, plus tard Mercier tiennent Molière en suspicion et lui
reprochent son immoralité. Gresset abjure le théâtre, et Luigi
Riccoboni, pieusement, brûle ce qu'il a adoré ; dans ce curieux
ouvrage qui a pour titre *De la réformation du théâtre*, paru en
1743, il fait un tri dans l'héritage classique, distinguant entre les
« comédies à conserver », comme *Le Misanthrope*, « à corriger »,
comme *L'Avare*, et « à rejeter », comme *L'Ecole des maris*,
L'Ecole des femmes et *Georges Dandin*. S'il ne classe pas express-
sément *Don Juan* dans cette dernière catégorie, les raisons avancées

---

(8) Abbé DE LA TOUR, *op. cit.*, p. 119, 122, 126-128.

par l'auteur pour décider de l'élimination de certaines pièces laissent à penser qu'en son for intérieur, il ne pouvait lui faire grâce [9].

Les théologiens et les adversaires du théâtre ne sont pas les seuls à s'armer contre *Don Juan*. Voilà une pièce qui choque, aussi bien que les gens d'Eglise et les moralistes, les hommes de lettres et tous ceux qui font profession de bon goût. Déjà, en 1734, le Père Nicéron [10] s'étonne que Molière ait traité un « aussi mauvais sujet ». Quelques années plus tard, dans le *Sommaire de Don Juan* qui suit sa *Vie de Molière* [11], Voltaire qualifie la pièce de « comédie bizarre », et regrette lui aussi qu'un aussi « bizarre sujet » ait tenté l'auteur du *Misanthrope* [12]. Comédie « bizarre », répètent les frères Parfaict en 1746 [13] ; « bizarre sujet », disent encore Léris, en 1763 [14], les *Anecdotes dramatiques* en 1775 [15], et le *Dictionnaire dramatique* de La Porte et Chamfort, en 1776 [16], ces derniers auteurs ajoutant à l'épithète *bizarre* celle d' « absurde ». Voltaire a donné le ton, et tous s'empressent de le répéter, condamnant à l'envi un sujet que le bon Loret, en 1665, avait trouvé « admirable ».

Comment Molière avait-il pu se tromper à ce point ? Le XVIIIe siècle, à la suite de Grimarest, refait à sa manière la genèse de *Don Juan*. Grimarest [17] prétend que Molière, « qui avait accoutumé le public à lui donner souvent des nouveautés, hasarda son *Festin de Pierre*... » Tous les chroniqueurs s'accordent pour constater le « prodigieux succès » remporté par le scénario italien

---

(9) La discrétion de Riccoboni sur ce point s'explique sans doute par le fait que le scénario italien de *Don Juan* figure au répertoire du théâtre qu'il avait dirigé jusqu'en 1728.

(10) *Mémoires pour servir à l'histoire des hommes illustres*, Briasson, 1734, in-12, t. XXIX, p. 188-189.

(11) 1739 ; éd. Moland, t. XXIII, p. 107.

(12) *Bizarre* signifie, selon RICHELET (*Dict. de la langue française*, éd. de 1728) « fantasque, capricieux, bourru ». *Le Dictionnaire de l'Académie française* donne du mot une analyse beaucoup plus intéressante (reproduite par le *Dict. de Trévoux*), selon laquelle les « qualités » d'un homme bizarre ou d'une chose bizarre « sont bien l'effet et en même temps l'expression d'un goût particulier, qui s'écarte mal à propos de celui des autres (...) Le bizarre est celui qui est dirigé dans sa conduite et dans ses jugements par une affectation de ne rien dire ou faire que de singulier. S'écarter du goût par une singularité d'objet non convenable, c'est être bizarre, dit l'abbé Girard. Le bizarre dit proprement quelque chose d'extraordinaire ».

(13) *Histoire du Théâtre français*, t. IX, p. 343, note a.

(14) *Dictionnaire portatif des théâtres*, p. 192.

(15) T. I, p. 361.

(16) Au mot *Molière*.

(17) *La Vie de M. de Molière*, Paris, 1705, p. 73. Grimarest ajoute : « ... On en jugea dans ce temps-là comme on en juge en celui-ci. »

et les premières versions françaises de la pièce : « Ce ne fut point par son propre choix que Molière traita le sujet de *Don Juan* », écrit La Serre en 1734 [18] ; selon Léris, il s'y décida, poussé par « l'empressement de vouloir enlever les spectateurs que la pièce de Villiers donnait à l'Hôtel de Bourgogne ». Cailhava [19] pense, avec d'autres, qu'il fallut les sollicitations pressantes de ses camarades pour décider Molière à monter cette pièce impossible. Second volet de la légende : la chute de la pièce au XVII° siècle. Molière a eu tort de risquer un sujet d'aussi mauvais goût : « Sa complaisance fut punie par le peu de succès de sa pièce », conclut Cailhava, qui ne fait ici que répéter La Serre, Nicéron, Voltaire, Léris et d'autres sans doute. Voilà une bonne leçon donnée à Molière, qui aurait dû se méfier d'un sujet aussi étrange ; « Que diable allait-il faire en cette galère ? » C'est encore Cailhava qui donne ici de la férule [20] :

> Nous avons dit que Molière avait traité ce sujet malgré lui : nous voilà donc les maîtres de critiquer hardiment le fond de sa pièce. Ses défauts nous serviront mieux que les beautés des autres ; ils nous apprendront, lorsque nous voudrons nous emparer d'un sujet étranger, à méditer sur les traits les plus frappants de l'ouvrage, à voir de quelle nature ils sont, si on ne les affaiblira pas en les transplantant, même s'ils ne déplairont pas hors de leur pays natal.

Avant lui, Voltaire avait insisté sur le caractère exotique du sujet, conçu en Espagne, et remodelé en Italie, avant d'être importé en France. Au nom du goût français, qui prétend légiférer dans toute l'Europe, les critiques s'abandonnent à l'un de ces accès de chauvinisme littéraire, beaucoup plus fréquents qu'on ne le croirait en ce siècle cosmopolite. D'Argenson lui-même, peu enclin à s'enfermer dans le culte des règles, relève « l'irrégularité » du sujet ; Voltaire explique le succès du scenario par le caractère « irrégulier » du théâtre qui le jouait ; les plus sévères sont Cailhava, qui ne voit dans cette « pièce informe » qu'un « monstre dramatique », et Goldoni, qui, parlant en réformateur de la Comédie italienne, reproche à ses concitoyens d'avoir emprunté cette « mauvaise pièce espagnole », cette « farce » que, pour sa part, il a toujours regardée « avec horreur » [21]. Luigi

---

(18) *Mémoires sur la vie et les ouvrages de Molière,* au t. I de l'éd. Jolly, Paris, 1734, 6 vol. in-4°, p. XXXI.

(19) *De l'Art de la comédie,* 1772 ; éd. de 1786, p. 175.

(20) *Ibid.,* p. 190.

(21) *Mémoires,* 1787, t. I, p. 309.

Riccoboni, qui, lui aussi, renie la *Commedia dell'arte*, relève comme un défaut majeur, la « double action » de la comédie :

> *Bélisaire, Le Festin de Pierre* et tant d'autres pièces contiennent non seulement deux actions du même homme, mais encore tout ce que cet homme a fait dans sa vie. On a senti depuis combien le bon sens et la vraisemblance étaient blessés dans une telle conduite.

Après La Serre, Voltaire proteste contre « le monstrueux assemblage de bouffonnerie et de religion, de plaisanterie et d'horreur » et « contre les prodiges extravagants qui font le sujet de cette pièce » [22]. Cailhava critique encore le choix du titre, les changements de décors à vue, sous prétexte qu'ils détruisent l'illusion.

Mais les reproches les plus vifs qui furent adressés à la pièce concernent l'emploi de la prose et la présence du merveilleux.

Sans doute excuse-t-on Molière, sur le premier point, en faisant état de la nécessité où il se trouvait d'aller vite. Pourtant, très tôt, le cas de *Don Juan* est lié à celui de *L'Avare* : « La prose dérouta le public », dit Grimarest à propos de cette dernière pièce [23]. Au cours de la fameuse querelle sur la poésie, qui opposa notamment Voltaire à La Motte au début du siècle, l'auteur de *Brutus,* dans le *Discours sur la tragédie* [24] qui précède sa pièce, rappelle que « la rime plaît aux Français, même dans les comédies », et il poursuit :

> Non seulement elle est nécessaire à notre tragédie, mais elle embellit nos comédies mêmes. Un bon mot en vers en est retenu plus aisément : les portraits de la vie humaine seront toujours plus frappants en vers qu'en prose, et qui dit *vers,* en français, dit nécessairement des vers rimés : en un mot, nous avons des comédies en prose du célèbre Molière, que l'on a été obligé de mettre en vers après sa mort, et qui ne sont plus jouées que de cette manière nouvelle [25].

La forme donnée à la pièce est souvent présentée, à la suite de Grimarest, comme une des raisons du prétendu insuccès du *Don Juan* de Molière. C'est ce qu'affirment La Serre [26], et Léris,

---

(22) *Sommaire* de *Don Juan,* éd. Moland, t. XXIII, p. 107.
(23) *Op. cit.,* p. 107.
(24) 1730 ; éd. Moland, t. II, p. 314.
(25) « Il n'y a que *Le Festin de Pierre,* mis en vers par Thomas Corneille, qui soit joué. Mais les autres tentatives de mettre en vers la prose de Molière n'ont point eu de succès. » (Note de Beuchot.)
(26) *Mémoires...,* p. XXXII.

qui pense aussi que « c'était une nouveauté presque inouïe alors
qu'une pièce de 5 actes en prose, et que les Français ne croyaient
pas qu'on pût supporter une longue comédie qui ne fût pas
rimée » [27]. Il faut croire que le préjugé était bien enraciné, puisqu'en 1772 encore, Cailhava donne la préférence à la version en
vers de Thomas Corneille, « qui fut applaudie, et l'est encore »
sur la pièce originale, « qui ne réussit pas » [28].

Quant à Voltaire, sans prendre parti pour Molière ou pour
Thomas Corneille, il reconnaissait, en cet exemple, la force de
« l'habitude » [29] ; et s'il admet plus tard [30] « qu'il y a des
plaisanteries de prose, et des plaisanteries de vers », qu'il serait
absurde de « versifier le *George Dandin* », il incline à souhaiter
la contrainte du vers pour les grands sujets, pour les « grandes
pièces remplies de portraits, de maximes, de récits, et dont les
personnages ont des caractères fortement dessinés », et il avoue
hautement sa préférence pour le vers. Ce même préjugé qui
condamna Marivaux aux yeux des gens de goût exclut *Don Juan*
de la « grande comédie ».

Il y a pis : l'introduction du merveilleux — et d'un merveilleux
chrétien — dans un sujet déjà passablement baroque. Encore un
« mélange monstrueux » qui fait l'unanimité contre lui. Les
âmes dévotes, comme Rochemont, ne voient qu'un objet de risée
dans la « fusée » du dénouement : ce « prétendu foudre » n'est
qu'un « foudre en peinture, qui n'offense point le maître et qui
fait rire le valet » [31]. Les esprits forts, rebelles au miracle, s'en
offusquent et rejettent le même dénouement, comme invraisemblable et puéril. Tout au long du siècle, l'esprit philosophique
s'allie au bon goût pour repousser les données d'une fable tout
juste bonne pour la populace, et d'autant plus inacceptable que
le surnaturel s'y mêle au bouffon. Evoquant le succès du sujet,
Voltaire tente de le comprendre, non sans s'en étonner :

> On ne se révolta point contre le monstrueux assemblage de
> bouffonneries et de religion, de plaisanterie et d'horreur, ni
> contre les prodiges extravagants qui font le sujet de cette pièce.
> Une statue qui marche et qui parle, et les flammes de l'enfer
> qui engloutissent un débauché sur le théâtre d'Arlequin, ne
> soulevèrent point les esprits, soit qu'en effet il y ait dans cette
> pièce quelque intérêt, soit que le jeu des comédiens l'embellît,

---

(27) *Dictionnaire portatif*, p. 192.
(28) *De l'Art de la comédie*, éd. de 1786, p. 198.
(29) *Sommaire* de *Don Juan*, éd. Moland, t. XXIII, p. 107.
(30) *Dictionnaire philosophique*, 1764 ; article « Art dramatique », éd.
Moland, t. XVII, p. 417.
(31) *Observations...*, dans l'éd. Despois, t. V, p. 227.

soit plutôt que le peuple, à qui *Le Festin de Pierre* plaît beaucoup plus qu'aux honnêtes gens, aime cette espèce de merveilleux » [32].

Cailhava renchérit, prenant appui sur une vision de la psychologie des peuples bien retardataire, et pourtant fort en honneur
jusqu'à la fin du siècle, surtout lorsqu'il s'agit des pays méditerranéens :

> Il est tout naturel qu'une nation romanesque, superstitieuse,
> amoureuse du merveilleux, ait vu avec grand plaisir des filles
> simples subornées par un scélérat, des rendez-vous nocturnes,
> des combats, un mélange de religion et d'impiété, le spectacle
> d'une statue qui marche et la punition miraculeuse d'un homme
> odieux par ses crimes. Il est aussi peu surprenant que les
> mêmes choses aient charmé les Italiens, aussi romanesques,
> aussi superstitieux, aussi amoureux de merveilles que les Espa-
> gnols, mais plus bouffons ; aussi ont-ils ajouté un ridicule de
> plus à l'ouvrage, qui est le mélange de la morale avec la
> bouffonnerie » [33].

La cause est entendue : les « honnêtes gens », dans un pays
aussi « éclairé » que la France, au siècle des lumières, ne sau-
raient ajouter foi à des contes pour enfants, dont se repaît l'imagination d'hommes appartenant à des pays moins avancés dans
la voie du progrès.

C'est pourtant l'Italien Goldoni qui se révolte avec le plus de
vigueur contre « l'ombre » et la « fusée » : « Dans ma pièce,
écrit-il, la statue du Commandeur ne parle pas, ne marche pas,
et ne va pas souper en ville ». Et il ajoute :

> Je crus ne devoir pas supprimer la foudre qui écrase Don
> Juan, parce que l'homme méchant doit être puni ; mais je
> ménageai cet événement de manière que ce pouvait être un
> effet immédiat de la colère de Dieu et qu'il pouvait provenir
> aussi d'une combinaison de causes secondes, dirigées toujours
> par les lois de la Providence » [34].

C'était bien, comme le dit Goldoni, « *Le Festin de Pierre*
réformé ».

Ainsi, pour des raisons diverses, religieuses, littéraires, philo-

---

(32) *Sommaire...*, éd. Moland, t. XXIII, p. 107.
(33) *De l'Art de la comédie*, éd. de 1786, p. 190. Cailhava félicite Molière
d'avoir mis en récit « une infinité de choses que les Espagnols et les Italiens
mettent hardiment sous les yeux du spectateur ».
(34) *Mémoires*, 1787, t. I, p. 310 et 313.

Voulez-vous ?... et s'étonne de ce que celui-ci se refuse à son empressement, parce qu'il ignore le service que Don Juan vient de rendre à Don Carlos. Il n'y a rien là que de noble des deux côtés. Je demande pourquoi on fait de ce personnage un valet poltron, qui s'enfuit après avoir reçu de Don Juan un coup de pied au cul ? (...) Mais la bouffonnerie qui est en usage fait rire le parterre.

Cette tradition devait être durable, puisqu'en 1802 encore, Cailhava reproche aux acteurs de son temps d'abuser de certains effets : il a vu Sganarelle « retourner la salade à pleines mains », et « mordre une cuisse de volaille avant de la servir à son maître » ; Don Louis « crie » son rôle ; Don Juan se livre au « pompeux étalage de toute sa garde-robe : habits d'été, d'hiver, de printemps, de cour, de ville, de campagne, de deuil, tous ont pris l'air... » [45]

Cependant, soucieuse de ménager les loges, la Comédie Française ne pouvait aller plus loin dans cette voie. Il revient aux théâtres de second rang, comme la Comédie Italienne, et marginaux, comme les petits théâtres de la Foire, d'adapter le sujet aux couches populaires du public. Rouvert, pour les Italiens de retour, en 1716, le vieil Hôtel de Bourgogne, par sa situation excentrique, ses programmes, le genre de son comique, est réputé plus « bourgeois » que la Comédie Française. Quant à l'Opéra-Comique, au début de la Régence, il n'est pas encore confisqué par la bonne compagnie. Artisans et même laquais s'y pressent en foule [46].

Espérant retrouver leur succès d'antan, les Italiens, dès leur arrivée, remettent au théâtre les anciens scenarii qui avaient tant fait rire les contemporains de Louis XIV, et parmi eux celui du *Festin de Pierre*, où s'était illustré le grand Dominique. Les frères Barfaict et Desboulmiers nous en ont conservé le canevas [47]. Très romanesque, bourré de spectacle, de récits comiques, de lazzi, la pièce pousse aussi loin qu'il est possible le « monstrueux mélange... » Arlequin y tient la vedette, multipliant ses tours [48] ;

---

(45) *Etudes sur Molière*, Paris, an X, p. 128-129. C'est au cours d'un souper (imaginaire) que des comédiens amis se livrent à ces critiques.

(46) Sur cette question, cf. H. LAGRAVE, *Le Théâtre et le public...*, IIe Partie, chap. III.

(47) *Histoire de l'ancien Théâtre italien*, 1753, p. 265-280 ; *Histoire anecdotique et raisonnée du Théâtre italien*, 1769, t. I, p. 85-94.

(48) Voici le plus célèbre : « Lorsque la statue qui vient au repas de Don Juan buvait à la santé d'Arlequin (Thomassin), il se renversait en repoussant sa chaise, faisant la culbute avec son verre plein de vin, et se

au XVIIIᵉ siècle, Thomassin, puis Carlin y brillèrent. Quant au
dénouement, on peut croire que les Italiens, grands artificiers, n'y
ménageaient pas « l'arcanson » pour la fusée finale. Et, si l'on
en croit Gueullette, le luxe de la mise en scène ne fit que croître
au cours du siècle [49]. Or ce scenario, dont personne ne parle, fait
une belle carrière à l'Hôtel de Bourgogne, depuis 1743 surtout [50]
jusqu'en 1779 : à cette date, les Italiens ont pratiquement abandonné leur répertoire national. Ainsi, *Le Festin de Pierre* fait
partie du petit groupe de canevas qui ont été représentés, en
italien, jusqu'au bout ; et il a attiré 32 684 spectateurs pour 64
représentations connues (les Registres sont incomplets), soit, en
moyenne, 511 spectateurs. Moyenne très remarquable, presque
surprenante si on la compare à la moyenne générale de la Comédie
Italienne, et d'autant plus significative que, la plupart du temps,
la pièce est jouée seule, sans l'appui de petites pièces ou de divertissements. Plus d'un siècle de succès confirme l'extraordinaire
prestige d'une imagerie particulièrement goûtée par les spectateurs des Italiens, qui ne lisent ni les critiques ni les commentaires
de M. de Voltaire, et font passer leur plaisir avant l'observation des
règles de l'art classique.

Il ne manquait plus au sujet que d'emprunter la forme la plus
populaire qui fût à l'époque, celle de l'opéra-comique. Ce fut
chose faite dès 1713. Cette année-là, pour l'ouverture de la Foire
Saint-Germain, le 3 février, Octave, associé à Dolet et à La Place,
offrit à son public un *Festin de Pierre,* dû à Letellier, « qui eut
une pleine réussite », si l'on en croit les frères Parfaict. Ce succès
se prolongea, puisque la pièce fut reprise « en différents temps,
et toujours avec assez d'applaudissement ». L'entrepreneur connut
même la gloire d'avoir, comme Molière, des ennuis avec l'autorité :

> On fit chicane à Octave, au sujet d'un divertissement dans
> lequel on représentait l'Enfer ; cette troupe eut ordre de le
> supprimer ; cela dura peu de jours, et le magistrat, mieux
> informé, révoqua cette sentence » [51].

---

relevait sans avoir rien répandu. Carlin ne fait pas ce jeu de théâtre. »
(GUEULLETTE, *Note et Souvenirs*, p. 82.)

(49) « Depuis cinq ou six ans (1750) on sert un repas pour Don Juan,
dont l'appareil est magnifique. » (*Ibid.*, p. 82.)

(50) Le regain de faveur du vieux canevas coïncide avec l'arrivée du nouvel Arlequin, Carlo Bertinazzi, dit 'Carlin, qui avait débuté le 10 avril 1741.

(51) PARFAICT, *Mémoires pour servir à l'histoire des spectacles de la Foire,*
Paris, 1743, 2 vol. in-12, t. I, p. 153. Les auteurs ajoutent que l'acteur Ra-
guenet « joua d'original le rôle de Don Juan, dans lequel il fut très
applaudi ».

La pièce était écrite en trois actes, comme la plupart des opéras-comiques à vaudevilles de l'époque ; c'est en cinq actes qu'elle fut reprise l'année suivante. Elle ne fut point imprimée, mais la Bibliothèque Nationale en conserve trois manuscrits [52], très voisins les uns des autres.

L'auteur a simplifié l'action, ne retenant que l'épisode paysan, celui du monument et celui du souper et du dénouement, les deux derniers agrémentés cependant par l'intervention d'une pêcheuse, d'une mariée, d'une paysanne et d'un paysan. C'est dire l'importance accordée ici à l'idylle campagnarde ; déjà, en 1677 et en 1681, Champmeslé avait fait jouer quatre scènes de l'acte II de Molière (cousues à une scène des *Fourberies de Scapin* !). Ce choix s'explique par le goût permanent du populaire pour la vieille pastorale, qui fera peau neuve et ressurgira plus tard, précisément grâce à l'Opéra-Comique. Letellier suit l'argument traditionnel, en adoucissant considérablement le rôle de Don Juan, tandis qu'il développe celui d'Arlequin (car l'opéra-comique en est encore à emprunter les personnages du Théâtre Italien). La bouffonnerie règne dans toute la pièce, soit sous la forme de lazzi, soit dans ce ton de gaîté leste propre au vaudeville, et que les esprits chagrins, en ce temps, nommaient obscénité. Ainsi Arlequin, sortant de l'eau, s'écrie :

> Je sens quelque chose qui frétille,
> Cela me chatouille la chair.
> Qu'aurais-je pris dedans la mer ?
> C'est une grosse anguille.*

> (*Arlequin montre une anguille)

Don Juan fait à la pêcheuse une cour expéditive, et la jeune fille lui répond :

> Sensible à votre malheur,
> Touchée de votre aventure,
> Je vous offre de bon cœur,
> Turelure,
> Mon lit et sa garniture,
> Robin Turelure (*bis*).

Et Arlequin de conclure :

> Ma fille, ta pêche est parfaite,
> Tu as pêché un maquereau.

---

(52) *B.N.*, f. f. 9.251, 9.312 et 25.480.

Le comique, on le voit, ne recule pas devant les mots drus. Le plus long épisode est celui du souper, où Arlequin rivalise de drôlerie avec son camarade italien. Mais, outre la verdeur des propos, propre à l'opéra-comique, Letellier use de certains moyens d'expression qui appartiendront au genre, et dont le caractère populaire est évident. Au début de l'acte II, il fait chanter à Arlequin une complainte, dont nous ne citons que la première strophe :

> Or écoutez petits et grands
> Ma fortune et mes accidents.
> Depuis vingt ans je sers un maître,
> Un fourbe, un scélérat, un traître,
> Dont je n'ai touché que dix sous
> Et reçu plus de mille coups...

Puis il ménage, peu avant le dénouement, un intermède pastoral — en même temps que grivois — entre Pierrot et Colombine.

La première version, après « la pluie de feu, le tonnerre et les éclairs », retient le célèbre mot : « Mes gages ! mes gages ! », mais ajoute une moralité bouffonne :

Arlequin

> Vous voyez la fin misérable
> D'un débauché ;
> Mais son maître était un bon diable,
> J'en suis fâché.
> Hélas ! si j'avais pu prévoir
> Son aventure,
> Je l'aurais bien pourvu ce soir
> D'onguent pour la brûlure.

Enfin, pour en terminer avec les avatars de *Don Juan* au XVIII° siècle, il faut signaler un ballet-pantomime sur le sujet, monté par L'Auchery à Cassel en 1770 (Gluck en avait composé un en 1761), ainsi qu'une comédie anonyme, en 5 actes et en prose, malheureusement perdue, *Le Festin de Pierre à la Foire,* qui fut représentée à la fin du siècle au théâtre des Grands-Danseurs. Ainsi se poursuit, sans interruption, la carrière d'un sujet propre à prendre toutes les formes et à s'adapter à l'évolution du théâtre et des publics.

Stigmatisé par les gens d'église, vilipendé par les critiques, dédaigné par les philosophes, le sujet de *Don Juan* est abandonné au peuple, auquel il revient et qui en fait son profit. Le sujet en général et la pièce de Molière en particulier gênent tout le monde : les gens de goût parce qu'elle n'est pas dans les règles, les dévots parce qu'ils pensent qu'on y joue le Ciel, les libertins ou les déistes parce qu'ils rejettent le miracle.

En bonne logique, les philosophes auraient dû défendre *Don Juan* contre les gens d'église. Ils ne l'ont pas fait. Sans doute estimaient-ils qu'il s'agissait là d'un combat douteux. La survie de *Don Juan*, autorisé, sous des formes moins ambiguës peut-être, mais encore plus irrespectueuses, par l'Eglise et par la police, la fidélité de spectateurs admiratifs et émerveillés, attestent non seulement le succès du thème, mais la bonne foi d'un public qui cherche dans le spectacle du *Festin de Pierre*, outre le plaisir des yeux et d'un franc rire, la satisfaction de voir s'exercer sur un méchant la justice divine. Voltaire et d'autres renvoient aux Espagnols, aux Italiens, aux enfants, au peuple, une fable à laquelle ils ne croient pas. Le peuple, lui, y croit. Il n'y a aucune raison de supposer que le spectateur naïf de l'Opéra-Comique, du Théâtre Italien, et même de la Comédie Française ne voit dans le « foudre » de la fin qu'un feu d'artifice.

L'abbé de La Tour fait une étrange erreur quand il écrit dans ses *Réflexions* [53] :

> Que penser, dans un siècle où les apparitions des morts, les possessions du démon, les flammes de l'enfer passent pour des rêveries (...) que penser d'un revenant affublé d'un linceul, que Molière fait venir sur le théâtre parler à son athée et l'inviter à souper avec lui dans l'autre monde ? A quoi servent cette mascarade et ce sarcasme, qu'à ridiculiser la créance d'une autre vie ?

La philosophie n'a touché que les intellectuels, la couche cultivée de la société ; le peuple croit encore aux revenants, au diable, au « loup-garou ». « L'infâme » est loin d'être écrasée, la « superstition » résiste. Parmi les esprits forts, certains sont plus clairvoyants (peut-être aussi plus chrétiens en leur for intérieur) : tel, le marquis d'Argenson, qui reproche à Legrand de jouer, dans une de ses comédies, la peur du diable, et qui écrit, à propos du *Don Juan* de Molière, ce texte révélateur :

> C'est un sermon qui étonne et qui frappe, le réel caché sous le miracle annonce aux méchants les malheurs qu'ils s'attirent, et ce spectacle frappe davantage que de simples discours... »

_____

(53) *Op. cit.*, p. 128.

Comme le marquis d'Argenson [54], le peuple, loin de soupçonner chez Molière l'intention cachée d'insulter la religion, prend au sérieux la leçon de la pièce. *Don Juan*, à ses yeux, est une pièce édifiante, même si l'agréable s'y joint à l'utile. C'est peut-être au siècle des lumières que *Don Juan*, en dépit des dévots, a le mieux servi l'Eglise.

---

(54) *Notices sur les œuvres de théâtre*, éd. par H. Lagrave, *Studies on Voltaire* (éd. T. Besterman), Genève, 1966, 2 vol. in-8°, XLII-XLIII, t. II, p. 245. — Le marquis d'Argenson n'est pas offusqué par le « monstrueux mélange » de piété et de bouffonnerie. Il conclut en disant : « C'est une grande leçon aux amateurs qui traitent le sérieux de savoir l'égayer par un comique divertissant. »

OBSERVATIONS PHYSIQUES
SUR LES « FABLES CHOISIES » DE LA FONTAINE

Par Roger LAUFER

Analyser la structure d'un recueil revient souvent à chercher un ordre plus fort que celui que l'auteur a su y mettre. La prudence invite du moins à tenir compte des faits observables et en particulier des données matérielles, c'est-à-dire, du signifiant bibliographique. Dans les *Fables choisies* de La Fontaine, l'étude diachronique fait apparaître des variations dans le titre du recueil, la numérotation et la division des livres, la numérotation et l'ordre des fables enfin.

Le titre

Les *Fables choisies* sont devenues tout simplement les *Fables* de La Fontaine. Le succès du recueil et le vieillissement d'un genre lié à la tradition populaire expliquent le changement subreptice du titre. Une œuvre ouverte prend ainsi l'apparence d'une œuvre close, malgré les nombreuses références du texte aux fabulistes antérieurs et les pages liminaires sur Esope le Phrygien.

Les douze livres

Nos *Fables* de La Fontaine en douze livres sont une ingéniosité du XVIII⁰ siècle.

Jusqu'en 1709, le recueil était divisé en cinq parties, elles-mêmes divisées en un nombre inégal de livres : « irrégularité » peut conforme à une certaine idée du classicisme, disons du classicisme « palladien » ou néo-classicisme, que le Siècle des « Lumières » conçut à son image. A dire vrai, les cinq parties subsistent en 1709 (édition partagée entre David, Guignard, Charpentier, Cavelier, Osmont, Ribou et Clousier — voir B.N. Ye 12611), mais désormais les livres sont numérotés continûment de I à XII. L'innovation semble modeste et d'ailleurs surprenante, si on ignore que jusque-là les parties première et deuxième contenaient *six* livres, numérotés de I à VI, les parties troisième et quatrième *cinq* livres, numérotés de I à V, et la partie cinquième *un* seul, portant le numéro VII. Plus précisément, la distribution des livres entre les parties était la suivante : $3 + 3 + 2 + 3 + 1$. En 1709, chaque partie correspond encore à un tome : le livre XII reste disproportionné aux autres.

En 1742 seulement, Coste résout la difficulté dans une édition en un seul volume : « Ce douzième et dernier Livre, qui ne contient que 25 fables, en contient 29 dans l'édition de Claude Barbin imprimée en 1964 in-12, y compris *Philémon et Baucis, Les Filles de Minée, La Matrone d'Ephèse* et *Belphégor* ; quatre pièces qu'on a jugé à propos d'imprimer ici séparées des Fables du douzième livre, parce que ces quatre pièces sont d'une genre fort différent, quoiqu'elles portent le nom de Fable[1] dans l'édition de Barbin ».

Que penser de l'originale du tome V, dont la page de titre porte ces mots : « Fables choisies, Livre septième » ? Il s'agit d'un recueil de poésies diverses, comme La Fontaine en avait déjà publié plusieurs, avec, cette fois, une majorité de fables. L'auteur voulait-il dissimuler la publication de contes innocents ou l'éditeur pensait-il sous ce titre mieux écouler la marchandise ?

L'auteur n'a-t-il eu pourtant aucun souci d'équilibre en composant les parties et les livres de ses *Fables* ? Considérons le nombre de pièces (pièces et non « fables », afin de donner un numéro séparé aux épîtres et autres pièces non numérotées) originellement comprises dans chaque livre : 23, 20, 20 - 20, 21, 22 - 19[2], 27 ; 21[3], 15, 10 ; 29. Si nous additionnons les pièces par partie, c'est-à-dire par tome pour les éditions in-12, nous obtenons des chiffres plus significatifs : 63, 63, 46, 46 et 29. Ainsi, dans les éditions originales de 1668 et 1678-79, les deux tomes publiés conjointement contiennent le même nombre de fables. Le nombre progressivement décroissant de fables (63, 46 et 29) s'explique par la longueur croissante de celles-ci.

Or dès la réédition en 1678 des deux premières parties se produit un fait surprenant : les deux fables *L'Œil du maître* et *L'Alouette et ses petits avec le maître d'un champ,* qui terminaient le livre II, et donc le premier tome in-12, sont reportées à la fin du livre IV. S'agit-il d'une inadvertance de l'imprimeur ou d'une

---

(1) *Les Filles de Minée* ne portent pas le nom de fable, non plus que la pièce *A Mgr le Duc de Bourgogne... Le Chat et la Souris.*
(2) En comptant séparément *Le Héron et la Fille.*
(3) En comptant séparément *Les deux Rats, le Renard et l'Œuf.*

intention artistique nouvelle de l'auteur ? Comment expliquer ce déséquilibrage du nombre des fables dans les deux premières parties (61 contre 65) ? Par une raison matérielle.

La première édition des *Fables choisies* porte un achevé d'imprimer du 31 mars 1668. Un volume in-4° contient les six premiers livres : les préliminaires ne sont pas paginés, mais le texte l'est de manière continue. En voici la formule de collation :

in-4° 172ff. a — 2e^2 A — 2N^4 blanc)
(pagination : (56) + 1-284 (285-286, 287-288 blancs).

La seconde édition porte un achevé d'imprimer du 19 octobre 1668. Cette fois, la matière est répartie sur deux tomes in-12. Le premier contient l'épître dédicatoire, la préface et La Vie d'Esope le Phrygien, puis les trois premiers livres des fables ; le deuxième les trois derniers livres. Le déséquilibre créé par le format in-12 apparaît en comparant les deux formules de collation :

I in-12 146ff. a^{12}e^{12}i^6 A — I^{12}K^{6}L^2
(pag. : (60) + 1-228 (229-231, 232 bl.)

N.B. — Les signatures de l'alphabet de voyelles comportent des tildés.

II in-12 112 ff.   A — I^{12} K^4
pag. : (1-2) 3-220 (221-223, 224 bl.)

L'écart entre les deux tomes était de 34 feuillets.

Voici maintenant les formules de collation de 1678 :
I in-12 140 ff. a — u$^{8/4}$ A — S$^{8/4}$; pag. : (64) + 1-216

N.B. — Les signatures de l'alphabet de voyelles comportent des tildés.

II in-12 188ff.   A — S$^{8/4}$ T^8 V^2 ; pag. : (1-2) 3-232 (233-236)
(N.B. : il existe un feuillet disjoint d'errata signé « ad », lequel porte aussi en signature la mention « Tome I. », et dont il n'est pas ici tenu compte).

L'écart est réduit à 22 feuillets.

Le fait que la seule modification apportée à l'ordre des fables consiste en une translation de la fin du livre III à la fin du livre IV confirme l'interprétation matérielle des faits : il s'agissait de ne pas dépareiller la suite des tomes en les faisant d'inégale grosseur. A l'égalité numérique apparent voulue par le poète en 1668 dans le nombre égal des pièces a été substituée une considération concrète, l'épaisseur des volumes.

Mais en ajoutant deux fables au livre IV, on le grossissait, La Fontaine ne se souciait peut-être pas outre mesure de la di-

20

mension relative de chaque livre, puisqu'il publiait en 1678 une troisième partie de deux livres comprenant 87 et 125 pages et en 1679 une quatrième partie de trois livres faisant 93, 73 et 51 pages. Pourquoi trois parties aussi inégales, alors que deux auraient mieux répondu au volume de 1678 ?

Les *Fables choisies* en quatre parties (de 1679 à 1694) pouvaient se relier en deux volumes ; avec la cinquième et dernière partie de 1694, il fallut faire cinq volumes, ou bien, comme dans de nombreuses contrefaçons, inclure des fables de divers auteurs pour grossir le troisième volume. On ne revint que plus tard à la publication en un volume, quand les fables furent devenues un ouvrage scolaire.

La numérotation et l'ordre des fables

Certaines pièces ne portent pas de numéros : épîtres dédicatoires des livres I et « VII » actuel, épilogues des livres VI et « XI », la deuxième pièce du livre XI (Pour Mgr le Duc du Maine) et la quatrième du livre XII (A Monseigneur le Duc de Bourgogne). Ces anomalies s'expliquent par l'idéologie non-égalitaire de l'Ancien Régime et les circonstances de la publication, dont le recueil conserve des traces indélébiles.

Signalons que dans la quatrième partie de 1679 au livre III d'alors (= « IX »), les fables *18* (*Le Milan et le Rossignol*), *19* (Le Berger et son troupeau) et *20* (*Les Deux Rats, le Renard et l'Œuf*, comprise dans le *Discours à Madame de la Sablière*) n'ont pas de numéro mais comportent une vignette suivie d'un filet d'ornements typographiques avant le titre. Il peut s'agir d'une simple omission. En tout cas le *Discours* et *les Deux Rats* forment une seule pièce : la vignette illustrant la fable n'est pas placée en haut de page. Il en est de même du *Discours à Monsieur le Duc de La Rochefoucauld* dans le livre « X », bien que, cette fois, la vignette paraisse en tête.

Quelques fables sont présentées par deux, de la manière suivante :

LIVRE I (titre courant)

(vignette)

(1 filet d'orn. de fonderie)

XV.
La Mort et le Malheureux

XVI.
La Mort et le Bûcheron

UN malheureux appelait tous les jours
La mort à son secours
    (...)

UN pauvre Bûcheron tout couvert de ramée

Cette disposition de I, xv-xvi est celle de II, xi-xii (*Le Lion et le Rat, La Colombe et la Fourmi*), IV, xv-xvi (*Le Loup, la Chèvre, et le Chevreau, Le Loup, la Mère, et l'Enfant*), VI i-ii (*Le Pâtre et le Lion, Le Lion et le Chasseur*). Dans tous ces cas, chaque fable comporte une lettrine initiale et une seule vignette (dont certaines doubles, c'est-à-dire qu'elles illustrent synoptiquement les deux fables). Au livre VII, fable iv, enfin, cas voisin : *Le Héron, La Fille* portent un seul numéro et une vignette initiale illustrant *Le Héron*, mais *La Fille* commence sans lettrine.

Sur l'ordonnance des fables, nous disposons d'un document important, l'ordre des huit fables publiées en 1671 dans un recueil de poésies diverses, modifié en 1678-79 : seules les troisième et quatrième pièces sont interverties (*Le Trésor et les deux Hommes, Le Rat et l'Huître*). Trois fables sont insérées dans la troisième partie, dont Le Rat et l'Huître, les cinq autres sont reprises dans la quatrième partie. L'interversion s'explique très simplement : deux fables de 1671 mettaient en scène une huître : Le Rat et l'Huître et l'Huître et les Plaideurs ; elles avaient les numéros 4 et 8, par un effet de symétrie. La Fontaine décida de les éloigner, conformément à un principe de variété qui se vérifie en bien d'autres cas. A cette exception près, il est remarquable que le fabuliste ait conservé leur ordre premier aux fables qu'il insérait en divers lieux des nouveaux livres. Il a bien peu battu ses cartes, parce qu'il ne se souciait sans doute pas de combinaisons savantes [4].

Conclusion

La Fontaine n'a pas laissé une édition testamentaire en douze livres de ses *Fables choisies*. La structure du recueil est faible. Tant pis pour une certaine idée du classicisme.

---

(4) Les fables XI, vi et XII, ix portent le même titre : *Le loup et le Renard.*

JEAN-JACQUES ROUSSEAU
DANS LA SPHERE D'INFLUENCE PLATONICIENNE

Par Michel LAUNAY

Partis du texte de Rousseau pour découvrir progressivement les liens de sa pensée et de celles de ses prédécesseurs ou contemporains[1], essayons d'esquisser la démarche inverse : prenons l'histoire de la théorie politique telle qu'implicitement elle s'ordonne grâce à l'accumulation des lectures que nous avons pu faire, et définissons, autant que faire se peut, l'originalité de Jean-Jacques Rousseau dans cette histoire.

Dans cette perspective, nous ne voyons que deux jalons qui, avant Rousseau, permettent de le situer par rapport aux sociétés, et aux visions du monde qui les expriment : Platon et Hobbes. Nous tenterons ultérieurement de définir en quoi ces individus, en quoi Rousseau lui-même expriment et déforment des exigences ou des évolutions sociales plus profondes et qui les dépassent. Restons-en pour l'instant à l'étude des systèmes de pensée, et des attitudes intellectuelles face aux problèmes posés par l'histoire des sociétés.

Il est peut-être imprudent d'affirmer, mais il nous semble indispensable de le faire, que jusqu'à Hobbes, les différences et les oppositions que peuvent présenter les théories politiques supposent un postulat commun, explicite ou implicite : l'homme est un animal politique et il n'y a pas à s'interroger sur la sociabilité. Si Platon ne s'est pas expressément posé le problème de la « sociabilité » naturelle ou artificielle de l'homme, il semble bien que le fonctionnement de sa pensée implique qu'il l'ait tranché de deux manières complémentaires : d'une part l'homme ne saurait vivre seul et ses besoins l'unissent aux autres hommes ; d'autre part il y a un ordre du monde qui inclut l'ordre auquel aspire la société des hommes, il y a des désirs et des idées innés en l'homme

---

(1) Nous renvoyons ainsi à notre thèse, préparée sous la direction de Jean Fabre de 1957 à 1970, et publiée sous le titre *Jean-Jacque Rousseau, écrivain politique*, C.E.L.-A.C.E.R., éditeur, B.P. 282, 06403 Cannes, 1971.

qui fondent ou qui renforcent moralement les liens tissés entre eux par l'histoire. Il faudra attendre Hobbes pour qu'une telle vision du monde et de la société soit radicalement remise en cause, par l'affirmation de l'individu comme absolu solitaire, qui crée à partir de rien, à partir de sa crainte de son semblable, autre solitaire absolu, la société humaine. Si ces affirmations sont exactes, il est aisé d'en conclure que toutes les parentés ou oppositions qu'on peut apercevoir entre Rousseau et ses prédécesseurs ne sont que des relations secondaires par rapport à une problématique dont les deux pôles sont la conception platonicienne de l'homme dépendant organiquement du monde et de la société, et l'affirmation par Hobbes de la souveraineté de l'individu. Les plus grands écrivains ou penseurs politiques auxquels Rousseau peut s'opposer ou se référer, Calvin, Machiavel, Bodin, Althusius, Grotius, Pufendorf, Spinoza, Locke, Montesquieu, ne remettent pas en cause la double sociabilité, de fait et de droit, de l'animal humain dont Platon nous présentait discrètement l'image ; l'Ancien et le Nouveau Testaments eux-mêmes n'apparaissent, de ce point de vue, que comme des confirmations de la même vision du monde politique.

Dans cette vision qui ne remet pas en cause radicalement la sociabilité de l'homme, peut-on distinguer, du moins, diverses manières de poser les problèmes politiques, qui nous permettraient de mieux situer Rousseau ? Si l'on prend le problème sous l'angle de la théorie de l'histoire, et des hypothèses concernant son sens, on doit de nouveau remonter à Platon et constater que sa conception cyclique de l'histoire humaine se développant en une suite de renaissances provoquées par des décadences, sous-tend la réflexion des théoriciens qui précédèrent Rousseau, et de Rousseau lui-même. Quant à l'attitude dite scientifique, reliant les phénomènes sociaux et politiques aux réalités géographiques, historiques, climatiques et économiques, elle remonte aussi, même si Bodin avant Montesquieu lui a donné une forme expressive, aux *Lois* de Platon. C'est encore chez Platon qu'on retrouve la formulation de l'importance du grand homme, du Législateur, du Politique, du Politique, dans la formation et l'évolution des sociétés. La distinction de la réflexion politique sur l'origine et les fondements de la société, et des théories sur les formes de gouvernement, est elle aussi hellénique et platonicienne ; Rousseau se réfère même directement à Platon plutôt qu'à Montesquieu, pour le classement et la nomenclature des formes de gouvernement. L'importance accordée à la religion mise au service de la cité, l'importance de l'opposition des riches et des pauvres dans le fonctionnement réel de la vie politique, et le rêve d'une société de type spartiate, libre et pauvre, absorbant toutes les énergies des individus, sont des traits qui distinguent sans doute Rousseau de la plupart des penseurs politiques de son temps, mais qui le rattachent encore plus étroitement à Platon [2].

Il faudrait donc réaliser le projet, esquissé et malheureusement esquivé par Hendel [3], d'un ouvrage sur « Rousseau le platoniste », qui montrerait à quel point l'œuvre de Jean-Jacques dépend, dans les détails ou dans la manière même de poser les problèmes, directement ou par le biais de Plutarque [4] et de Sénèque [5], de la pensée politique du disciple de Socrate. Avant même qu'une telle étude soit menée à bien, on entrevoit, dès qu'on essaie de préciser ce qui distingue Rousseau de Platon, l'importance décisive de Hobbes qui, faisant table rase de toutes les traditions philosophiques et juridiques, sur la sociabilité naturelle de l'espèce humaine, fonde un nouveau rationalisme politique sur les individus pleinement souverains et contraints, par la mécanique des forces humaines, à se désister de leurs pouvoirs et de leurs droits absolus en faveur d'un tiers, qui devient par là même le Souverain absolu [6]. Mais avant de voir si la pensée politique de Rousseau ne peut pas s'expliquer par une synthèse, géniale certes, de celles de Platon

---

(2) Sur Platon, on peut consulter : PLATON, *Œuvres Complètes*, traduction nouvelle et notes par Léon Robin avec la collaboration de M.-J. Moreau, Paris, 2 volumes, 1960 (bibliothèque de la pléiade) ; P. LACHIEZE-REY, *Les idées morales, sociales et politiques de Platon*, 2 éd. Paris, 1951 ; Maurice VENHOUTTE, *La Philosophie Politique de Platon dans les « Lois »*, Louvain, 1954 ; Jean LUCCIONI, *La pensée politique de Platon*, Paris, 1958 ; Karl R. POPPER, *The Open Society and Its Enemies*, Princeton, 2 volumes, 5e éd. 1966.

(3) Charles W. HENDEL, *Jean-Jacques Rousseau moralist*, Londres et New York, 2 vol., 1934.

(4) Voir : André OLTRAMARE, « Plutarque dans Rousseau », *Mélanges d'histoire littéraire et philologie offerts à M. Bernard Bouvier*, Genève, 1920, p. 185-196 ; Jean-Emile MOREL, « Jean-Jacques Rousseau lit Plutraque », *Revue d'Histoire Moderne*, n° 2, avril-mai, 1926, p. 81-102 ; Georges PIRE, « Du bon Plutarque au Citoyen de Genève », RLC, octobre-décembre 1958, p. 510-547.

(5) Voir : BODSON, *La morale sociale des derniers stoïciens, Sénèque, Epictète et Marc-Aurèle*, Paris, 1957 ; Françoise HUART, *Rousseau et Sénèque*, Mémoire de Maîtrise préparé sous la direction de M. Launay, Nice, 1969 (multigraphié).

(6) Sur Hobbes et Rousseau, voir : Thomas HOBBES, *Eléments Philosophiques du bon citoyen*, traduction française de Sorbière, Paris, 1651 ; Thomas HOBBES, *Leviathan*, traduction française de R. Antony, Paris, 1921 ; Raymond POLIN, *Politique et Philosophie chez Thomas Hobbes*, Paris, 1953 ; Georges DAVY, *Thomas Hobbes et J.-J. Rousseau*, Oxford, 1953 ; Th. REDPATH, « Réflexions sur la nature du concept de *Contrat Social* chez Hobbes, Locke, Rousseau et Hume », *Etudes sur le « Contrat Social »*, Paris, 1964, p. 55-64 ; Georges DAVY, « Le Corps politique selon le *Contrat Social* » de J.-J. Rousseau et ses antécédents chez Hobbes, Etudes sur le « Contrat Social », Paris, 1964, p. 65-94.

et de Hobbes, distinguons diverses régions du domaine platonicien, pour chercher dans quelle mesure l'œuvre de Rousseau se rattache à l'une ou à l'autre. Il faut ici repérer au moins trois régions de la théorie politique : celle des valeurs politiques fondamentales, où Rousseau se rattache fondamentalement à Locke dans la mise au premier rang de la liberté individuelle, tout en se séparant de lui à propos de la propriété [7] ; celle du rapport du droit et du fait, où il donne à Locke, à Sydney [8], à Montesquieu [9], et aux juriconsultes précédents [10], des leçons de rigueur et des leçons de liberté, par sa conception du contrat qui n'emprisonne pas le peuple dans la forme de gouvernement qu'il s'est donnée ; enfin la région des rouages et des formes de la machine politique, où Rousseau s'inspire de Machiavel [11] pour mieux lutter contre Bossuet, Hobbes et tous les serviteurs de la monarchie absolue.

Dans la région de la sphère d'influence platonicienne où l'on s'interroge sur les rapports du fait et du droit, il reste à préciser ce qui sépare la conception rousseauiste du contrat de celles qu'Althusius et Spinoza avaient présentées. Les rapprochements que l'on peut faire entre ces trois penseurs sont en effet si saisissants, qu'on ne peut esquiver la question, même si elle est purement théorique, puisque, si l'on peut démontrer et préciser l'influence réelle de Platon, Machiavel, Hobbes, Sidney, Locke et Montesquieu sur Rousseau, on ne peut parler à propos d'Althusius et de Spinoza, que de parallélismes fortuits, et qu'il n'est pas certain que Rousseau les ait lus. La différence essentielle entre le contrat social d'Althusius et celui de Jean-Jacques [12] réside dans

---

(7) Sur Locke et Rousseau, voir : John LOCKE, *Du Gouvernement Civil*, traduit de l'anglais, Londres, 1783 ; John LOCKE, *Deuxième traité du Gouvernement Civil*, traduction française par Bernard Gilson, Paris, 1967 ; Raymond POLIN, *La politique morale de John Locke*, Paris, 1960.

(8) Algernon Sydney, *Discours sur le Gouvernement*, traduit de l'anglais par M.-A. Samson, 3 vol., La Haye, 1702.

(9) Sur les rapports de Montesquieu et Rousseau, voir Robert DERATHÉ, « Montesquieu et J.-J. Rousseau », *Revue internationale de Philosophie* n° 33-34, 1955, fasc. 3-4 ; M. LAUNAY, « Le Discours sur les Sciences et les Arts » : *J.-J. Rousseau entre Mme Dupin et Montesquieu* », dans *J.-J. Rousseau et son temps, Paris*, 1969, p. 93-104.

(10) Voir : Robert DERATHÉ. *J.-J. Rousseau et la Science Politique de son temps*, Paris, 1950.

(11) Voir : MACHIAVEL, *Œuvres Complètes*, éd. Barincou, Paris, 1958 (Bibliothèque de la Pléiade) ; Yves LÉVY, « Machiavel et Rousseau », *Le Contrat Social*, mai-juin 1962, vol. VI, n° 3 ; Paolo Cucchi, « Rousseau lecteur de Machiavel », *J.-J. Rousseau et son temps*, Paris 1969, p. 17-35.

(12) Voir : Johannes ALTHUSIUS (Althaus), *Politica methodice digesta*, éd. Carl Joachim Friedrich, Cambridge (USA), 1932 ; Bayle, *Dictionnaire historique et critique*, article « Althusius » ; Otto VON GIERKE, *Johannes Althusius*

Hobbes comme par rapport à Platon : aboutissant aux conclusions de Platon après avoir choisi les prémisses de Hobbes, il les dépasse l'un et l'autre en affirmant que le ressort de la sociabilité artificielle n'est pas la rationalité du monde des Idées, ni la rationalité de la mécanique des craintes, mais le caractère sensible, positivement sensible, de la nature humaine. Sans les germes de pitié qui permettent d'affirmer que « l'homme est fait pour devenir sociable », même s'il ne l'est pas par nature, et sans le sourd travail de l'imagination sur les sens, par l'entremise du langage, du chant, de la danse et de l'habitude de se rencontrer, nul contrat social n'aurait véritablement de sens ni de solidité. L'affirmation de la nature essentiellement sensible et perfectible, malléable, de l'homme, permet à Rousseau de concilier les exigences nouvelles du matérialisme scientifique, qui ne peut concevoir la raison, la vie morale et les valeurs sociales que comme les produits d'une histoire, et la nostalgie du monde platonicien et chrétien des hommes accordés secrètement les uns aux autres selon une harmonie préétablie qu'il s'agirait seulement de redécouvrir ou de se rappeler.

Cette synthèse est-elle finalement un simple aménagement du platonisme et du christianisme, ou la découverte de la sensibilité perfectible comme source de la morale et de la sociabilité ouvre-t-elle un domaine vraiment nouveau à la théorie politique ? Nous sommes enclins à penser que c'est effectivement une découverte de grande importance qu'on doit à Jean-Jacques lorsqu'il remplace de la « Raison » statique des théoriciens du Droit naturel, et la « raison » calculatrice de Hobbes, par un processus complexe qui part de l'animalité pour aboutir à une « raison » toute pétrie de l'affectivité animale et de la sensibilité humaine, et aux efforts d'affectivité. C'est grâce à l'attention qu'il a portée aux rapports de l'affectivité animale et de la sensibilité humaine, et aux efforts qu'il fit pour ne pas juger de l'homme primitif en fonction des préjugés de l'homme civilisé, que sa démarche pour tirer parti des récits de voyage et des témoignages des missionnaires sur les peuples sauvages ou sur les nations barbares a ouvert enfin les esprits européens à un autre monde : ce « Nouveau Monde » était auparavant figé et masqué par le mythe commode du bon sauvage ; Rousseau pressent qu'il a une histoire au moins aussi complexe que celle du monde dit civilisé. Non seulement les efforts de l'anthropologie structurale, résumés dans l'œuvre de Claude Lévi-Strauss, sont un long commentaire de la pensée de Rousseau sur les peuples primitifs [20], mais même la critique de l'anthropo-

---

(20) Outre les grands ouvrages de C. Lévi-Strauss, mentionnons : C. LÉVI-STRAUSS, « The social and psychological aspect of chieftain-ship in a primitive tribe : the Naonbikuara of Northwestern Moto Grosso », *Transactions of the New York Academy of Sciences*, Séries II, vol. 7, n° 1, p.

logie sociale considérée comme une nouvelle manière de coloniser idéologiquement « les formations économiques-sociales dont le monde de production capitaliste est absent » [21] pourrait, au même titre qu'elle cherche dans une relecture de Morgan ses premiers outils théoriques, trouver dans la dialectique de Rousseau une préfiguration de son propre système de concepts : de même que l' « objet de Morgan n'est pas de décrire les différentes étapes de l'évolution humaine, n'est pas d'écrire une histoire de l'humanité », mais plutôt « d'élaborer une *théorie* de cette histoire, c'est-à-dire un système de concepts qui permette de la penser scientifique-ment » [22], de même « l'histoire hypothétique des gouvernements » et les « raisonnements hypothétiques et conditionnels » qu'offre le *Discours sur l'inégalité* ne doivent pas être pris pour des « vérités historiques », mais pour un moyen de laisser enfin le champ libre à l'investigation scientifique débarrassée des interdits religieux, nationaux, sociaux ou politiques sur l'origine et la légitimité des sociétés.

Mais l'idée d'une genèse de la sociabilité s'articule-t-elle néces-sairement sur le modèle de contrat social que Rousseau substitue aux doubles, triples ou simples contrats de Grotius, Pufendorf, Locke ou Hobbes ? Et, si oui, selon quel type de nécessité le système de Rousseau a-t-il trouvé son unité en reliant la théorie de la sociabilité à celle de la légitimité politique ? Avant de répon-dre à cette question, nous devons, pour achever de reconnaître le domaine platonicien et chrétien de la réflexion politique et la place que Rousseau y accepte tout en le remettant en cause, nous interroger sur l'originalité, au sein de ce domaine, de ce qu'on peut appeler la tendance protestante ou calviniste des écrivains politiques de l'époque moderne. Il ne s'agit pas de confondre l'école du Droit naturel et la Réforme luthérienne ou calviniste : on sait que le Droit naturel a pris racine aussi bien chez les catho-liques que chez les protestants, même si Althusius, Grotius, Pufendorf, Sidney, Loke, Burlamaqui et Barbeyrac lui ont donné

16-32, novembre 1944 ; « Jean-Jacques Rousseau, fondateur des sciences de l'homme », *Jean Jacques Rousseau,* collection Langages, La Baconnière, Neu-châtel, 1962, p. 239-248 ; Ethnologue avant l'heure », *Les Nouvelles Litté-raires,* 29 novembre 1962 ; « Portrait souvenir de J.-J. Rousseau », inter-view de Claude Lévi-Strauss, Radio-Télévision française, 13 juillet 1962 (dac-tylographié) ; « Rousseau, père de l'ethnologie », *Courrier de l'UNESCO,* Pa-ris 1963, p. 10-14 ; une anlyse pénétrante du « rousseauisme » de Lévi-Strauss a été faite par Jacques Derrida, *De la grammatologie,* Paris, 1967, p. 145-202.

(21) Emmanuel TERRAY, *Le marxisme devant les sociétés « primitives »,* Paris, 1969, p. 173.

(22) *Ouvr. cité,* p. 29.

un éclat et une diffusion qui solidarisèrent aux yeux de bien des catholiques le « Droit naturel » et « l'école protestante » [23]. Mais deux problèmes plus précis doivent nous arrêter : l'éloge de Calvin qu'on trouve dans le *Contrat Social* de Rousseau [24] est-il la reconnaissance d'une filiation profonde, ou un simple hommage tactique du citoyen de Genève, destiné à susciter les applaudissements de la majorité de ses concitoyens ? Ce problème supposé résolu, quel rôle Rousseau tient-il au carrefour du courant calviniste et du développement du capitalisme sur lequel Weber, Troeltsch, Tawney et Hauser ont, contradictoirement, attiré notre attention ?

De même qu'il n'existe pas encore de confrontation satisfaisante des œuvres de Platon et de celles de Rousseau, de même les rapports de Calvin et du calviniste fort indépendant qu'était Rousseau réclament une mise au point en langue française [25]. L'effort de Calvin pour être « chrétien dans l'intérieur » et pour équilibrer de manière complexe les fonctions de l'Eglise et celles de l'Etat, en distinguant et en précisant leurs champs d'action et leur autorité respective, ne fut pas vain dans le peuple de Genève, et favorisa un esprit d'examen qui eut des conséquences sur l'attitude politique des citoyens. Calvin lui-même, par son idée des magistratures inférieures inspirées de l'institution des éphores

---

(23) Comme jalons sur le chemin qui va des protestants du XVIIe siècle à Rousseau, il faut lire la thèse de Pierre Rétat sur l'influence de Bayle au XVIIIe siècle, et consulter : Guy Howard Hodge, *The political theory of the Huguenots of the Dissersion*, New York, 1947; Lionel Rothkrug. *Opposition to Louis XIV. The political and social origines of the french Enlightenment*, Princeton, 1956 ; nous remercions J.-M. Goulemot de nous avoir communiqué les deux premiers chapitres de sa thèse sur « l'idée de Révolution au XVIIIe siècle » : chapitre I : L'idée de révolution et ses modèles au XVIIIe siècle ; des guerres de religion à la Révolution d'Angleterre », chap. II : « La deuxième Révolution d'Angleterre de 1688 et les développements de l'idée de révolution » (dactylographié). Les indications de J.-M. Goulemot sont à compléter par les travaux d'Olivier Lutaud cités dans notre bibliographie. A titre d'hypothèse, nous émettons l'idée que c'est surtout par Bayle que Rousseau a entendu parler des Monarchomaques.

(24) P. III, 382.

(25) Nous regrettons de n'avoir pu lire l'ouvrage, écrit en hollandais, de Anthony-Johannes-Maria Cornelissen, *Calvijn en Rousseau, een vergelijkende studie van beider staatsleer*, Nimègue-Utrech, 1931. Deux ouvrages du XIXe siècle, aux titres prometteurs, sont à peu près inutiles : « *L'ombre de Calvin la Vénérable Compagnie des pasteurs de Gnenève, et l'ombre de Rousseau*, en réponse à l'ombre de Calvin, anonyme Rousseau (en fait, par le curé Vuarin), Toulouse, 1845 ; et Jean Garebel, *Calvin et Rousseau*, 1878. En revanche, on pourra consulter sur la pensée politique de Calvin trois excellents ouvrages : Marc-Edouard Chenevrière, *La Pensée politique de Calvin*, Genève, 1937 ; André Bieler, *La pensée économique et sociale de Calvin*, Genève, 1961 ; Huerbert Luthy, *Le passé présent. Combats d'idées de Calvin à Rousseau*, Monaco, 1965.

de Sparte et des tribuns de Rome prépare l' « Aristocratie tempérée de démocratie » qui tend à devenir, dans la *Dédicace du
Discours sur l'inégalité* et dans le *Contrat Social,* une « démocratie
sagement tempérée ». Quand Rousseau, dans le *Contrat Social* et
l'*Emile,* ironise en écrivant : « toute puissance vient de Dieu, je
l'avoue ; mais toute maladie en vient aussi. Est-ce à dire qu'il
soit défendu d'appeler le médecin ? » [26], il sait que son ironie
attaque la théorie catholique de la monarchie de droit divin, et
va dans le sens de l'effort de Calvin pour rendre à César ce qui
est à César, et à Dieu ce qui est à Dieu : « les puissances sont
de Dieu, non point comme la pestilence, la famine, la guerre et
les autres punitions des péchés » [27], précisait Calvin, invitant par
là le peuple et les magistrat, à accomplir leur tâche séculière sans
y faire intervenir directement le Créateur ; mais Calvin ajoutait
— et c'est le point sur lequel Rousseau devait rompre avec le
conformisme de l'Eglise de Genève — que Dieu avait institué les
puissances « pour le légitime et droit gouvernement du monde » ;
Calvin refusait explicitement la doctrine de la souveraineté populaire : « l'autorité n'est point une délégation du peuple. Le magistrat a charge et commission de Dieu » [28]. Les pasteurs qui succé-
dèrent à Calvin accentuèrent encore les tendances aristocratiques
du fondateur de leur Eglise, et le peuple de Genève ne tarda pas
à leur donner le sobriquet que Théodore de Bèze craignait à juste
titre de les voir affubler : « Si nous restions silencieux, que dirait
le peuple ? Qu'ils [les prédicateurs] sont des chiens muets » [29].
Même si Rousseau n'employa pas cette expression, qu'on trouve
effectivement sous la plume de Delachanas [30], son œuvre philosophique et politique contribua à tracer, au sein du clergé calviniste, la ligne de démarcation qui sépara les ministres solidaires
de l'aristocratie d'argent, et les pasteurs ayant choisi la cause
du peuple. Ce n'est pas non plus entre le calvinisme et le capitalisme d'une part, et d'autre part les autres formes de christianisme
et de rapports de production, que se fait la coupure essentielle,
mais bien au sein de chacune des idéologies chrétiennes : comme
de l'Evangile, on peut tirer de Calvin une doctrine sociale allant

---

(26) P. III, 355, 413, et E, 601.
(27) André BIELER, *ouvr. cit.,* p. 283. et CHENEVIÈRE, *ouvr. cit.,* p. 141.
(28) CHENEVIÈRE, *ouvr. cit.,* p. 162.
(29) BIELER, *ouvr. cit.,* p. 506.
(30) BPU, Ms. fr. 263. (MS. Delachanas) « Advis sur les faibles vers
qui suivent ou qui rampent ci-après », fol. 10 v°, (Bibl. Publique et Universitaire de Genève).
(31) Voir : R.-H. TAWNEY, *Religion and The Rise of Capitalism,* Penguin
Books, traduction française, Paris, 1951, voir aussi : André BIELER, *ouvr.
cité,* p. 477-518.

aussi bien dans le sens du capitalisme libéral que vers un socialisme rigoureux. Par ce détour, nous allons retrouver la question
que nous avions écartée provisoirement : selon quel type de nécessité s'est élaborée, dans sa cohérence profonde et son équilibre
précaire, l'idéologie politique de Rousseau ? Pourquoi a-t-il, d'un
même mouvement, refusé l'idée de la sociabilité naturelle ou
rationnelle, et affirmé la souveraineté populaire ?

Ce n'est pas, à notre avis, au niveau de la théorie pure, mais
à celui d'un choix plus profond, celui de la solidarité affective
avec les gens simples, avec le petit peuple qui ne se pique pas
de bel esprit, mais qui sait que le cœur et la conscience font toute
la dignité des êtres humains, que Jean-Jacques construit son système. Ces gens simples, s'ils sont lucides, savent que le monde
où ils sont placés et exploités est un monde qui contraint l'homme
à devenir un loup pour l'homme. Les discours sur la sociabilité
naturelle, en face de leurs expériences de la vie, ne peuvent leur
apparaître que comme une imposture. Mais comme l'expérience
de leur propre sympathie pour leurs compagnons de misère les
amène à refuser l'idée que la nature implique l'état de guerre
de tous contre tous, ils cherchent dans une société mal faite, et
non pas en l'Histoire Sainte ou en la nature humaine, la cause
de leurs maux. La connaissance de la cause amenant celle du
remède, ce dernier est formulé : c'est le pacte social qui, pour
être sincère et durable, suppose que la ruse des propriétaires,
qui était de demander aux prolétaires eux-mêmes de militer pour
la sauvegarde des propriétés, soit éventée, que l'inégalité sociale
soit tempérée, c'est-à-dire progressivement diminuée, et que la
force des lois tende à atténuer ce que les structures ont tendance
à accentuer. Qu'un fils d'artisan, qu'un écrivain resté fidèle à
l'idéologie des artisans et au mode de vie artisanal, tendant même
de renforcer son intérêt en l'alliant à l'idéologie et au mode de
vie des petits propriétaires terriens, lui donne son expression la
plus achevée en tirant parti de Platon, aristocrate et esclavagiste
désenchanté, et de Hobbes, bourgeois soucieux de trouver un monarque absolu pour garantir la règle du jeu de tous contre tous,
il n'y a pas à s'en étonner outre mesure, sinon pour chercher par
quelles bizarres aventures individuelles la conscience d'une classe
sociale se découvre à elle-même.

Nous avons bien conscience, dans ce survol des idéologies qui
ont pris part, positivement ou négativement, au développement de
la pensée politique de Rousseau, du caractère sommaire de nos
hypothèses. Elles valent moins que les découvertes de détail que
nous avons pu faire dans le cours de notre enquête. Mais il fallait
suggérer que les analyses de détail, où la complexité du réel tend
à faire perdre le sens du vrai et du faux, seront peut-être un jour

reliées à une théorie plus sérieuse des idéologies politiques. Cette
théorie ne pouvant progresser que si des monographies précises,
et suffisamment nombreuses, peuvent donner accès aux rapports
réels qui unissent les penseurs et les milieux dont ils sont, parfois
à leurs corps défendant, les porte-parole, il nous suffit pour l'instant d'avoir montré, à travers les œuvres de Rousseau, les hésitations de la classe artisanale de Genève, prise entre la nostalgie
d'une pauvreté se suffisant à elle-même et le désir d'une alliance,
voire d'une fusion avec la classe des négociants, ou encore d'une
bonne entente avec les aristocrates. Il manquait à cette classe, et
à Rousseau, une conscience claire des réalités économiques et
une définition des classes sociales plus précise que ne l'est l'opposition des riches et des pauvres. Mais cette carence, qui découle
de leur situation même, leur permit d'aller très loin dans l'analyse
de l'efficacité des ressorts moraux de la vie politique.

BACULARD, OU L'EMBONPOINT DU SENTIMENT

Par Jean-Louis LECERCLE

Pourquoi aller chercher Baculard, que personne ne lit plus, et à juste titre ? Ecrivain à succès, il a cessé d'être publié en 1815 et a sombré dans l'oubli tout aussitôt. Rien ne peut l'en tirer, parce qu'il est illisible. Il ne peut être à lui seul l'objet de cette étude. Il a été considéré en son temps, il s'est donné lui-même comme le grand spécialiste de la littérature du sentiment (Voir *Les épreuves du sentiment, Les délassements de l'homme sensible*). C'est lui-même qui, paraît-il, pour caractériser sa manière, a trouvé cette expression d' « embonpoint du sentiment » [1]). Or le senti-ment, sans embonpoint, règne aussi dans des chefs-d'œuvre comme *Manon Lescaut* et *La nouvelle Héloïse*. Baculard, dont l'œuvre est très copieuse et dont la carrière littéraire a été très longue (de 1736 à 1802) peut être un utile instrument de comparaison. L'étude de ce médiocre permettra de mieux situer à leur place les grandes œuvres. En dépit de l'existence de bons travaux qui ont réfuté cette légende (ceux de Servais Etienne par exemple) on trouve encore des auteurs pour attribuer à l'influence de *La nouvelle Héloïse* les excès de la rhétorique du sentiment dans la littérature postérieure à 1760. Telle est la question que je voudrais examiner ici.

Pour ce faire il y a un texte de Baculard qui est particulière-ment précieux, c'est son roman intitulé *Les époux malheureux*. Rappelons que Baculard s'est inspiré d'un fait divers. Le fils d'un procureur général au Parlement de Bretagne, La Bédoyère, avait épousé malgré son père une actrice des Italiens, Agathe Sticoti. Il fut déshérité, et son mariage annulé en 1745, à l'issue d'un procès retentissant. Basculard a exploité l'actualité : la première édition de son roman parut l'année même du procès, avec un grand suc-cès. Dans l'avertissement de l'édition de 1803 (*Œuvres complètes*, Paris, tomes IX et X) on lit : « on compte plus de soixante édi-tions ». Il se vante peut-être ; mais il est sûr que la vogue de cet

---

(1) Voir G. VAN DE LOUW : *Baculard d'Arnaud, romancier ou vulgarisa-teur*, citant La Harpe, p. 134 (Paris, 1972).

ouvrage a duré, puisqu'en 1783 Baculard a jugé bon de reprendre
ce petit volume en quatre parties, pour en faire deux volumes
(comprenant deux parties supplémentaires) qui étaient entièrement réécrits. Voilà donc une œuvre-témoin privilégiée, puisque
sa première édition est postérieure aux plus grandes œuvres de
Prévost et antérieure à *La nouvelle Héloïse,* tandis que l'édition
refaite se place après la mort de Rousseau.

Pour gonfler son petit roman, Baculard a ajouté à l'histoire
déjà romancée de La Bédoyère deux épisodes purement imaginaires
insérés dans la trame selon la technique traditionnelle du roman
à tiroirs. Son talent ne lui permet pas de rivaliser avec la simplicité
de l'intrigue de la *Julie* ; pour allonger, il doit compliquer. Son
but est de vendre deux volumes au lieu d'un ; il tire à la ligne.
Mais il se donne des raisons noblement morales. Les deux épisodes sont symétriques et démontrent l'influence bivalente de
l'amour. Dans le premier, Lesseville est un bon jeune homme qui
tombe sous l'influence d'une femme perverse et devient un voleur,
aux dépens de son bienfaiteur La Bédoyère. Il finit galérien. A
l'opposé, Sélincourt est un homme du monde corrompu par la
société. Il s'éprend de la sublime Laurence et acquiert toutes les
vertus. Après la mort de sa bien-aimée, il finira à la Trappe. Ce
héros subit évidemment l'influence du rousseauisme. Elle est plus
sensible dans les deux dernières parties, ajoutées en 1783. Tout
au début de l'œuvre on trouvait un éloge de Paris qui est resté
inchangé : « c'est là que se forment le corps, l'esprit, les mœurs
(...) c'est une terre féconde qui devient naturelle aux arbres qu'on
y transplante, et où, loin de dégénérer, ils se fortifient » (IX, 5) [2].
Sans souci de la contradiction Baculard, au début de la cinquième
partie, se met à déclamer contre les villes et à vanter « la candeur
de la simple nature » (X, 91). Le couple La Bédoyère, désespéré,
se décide à fuir la société. Un ami aussi providentiel que généreux
met à leur disposition une Thébaïde où ils se font passer pour des
fermiers et où Agathe se déguise coquettement en paysanne. Elle
veut allaiter elle-même sa fille, elle tombe malade, et le médecin
lui ayant interdit d'allaiter, héroïne de la maternité, elle donne le
sein en cachette, malgré la présence d'une nourrice. Baculard
célèbre la beauté de la campagne, les plaisirs des travaux rustiques, et même il s'applique à décrire la splendeur d'un lever de
soleil ; pour dépasser Rousseau il y ajoute le coucher. Bref, il a
lu *Emile* comme la *Julie.* La cinquième partie contient, chose
absolument nouvelle, des attaques contre « la philosophie du
siècle » (X, 141) Baculard est un dévôt qui utilise le rousseauisme.

_____

(2) Les références renvoient à l'édition *Œuvres complètes,* paris, 1803.

Le roman a été revu de ce point de vue. Dans la première version, la mère de La Bédoyère refuse de pardonner à son fils parce qu'elle est sous l'influence d'un prêtre scélérat nommé Audoin, véritable Tartuffe. Plus tard Baculard ajoute, en face d'Audoin, un autre prêtre, dévôt à la manière de Fénelon, qui réunit la religion et la vertu, et à la fin Audoin lui-même meurt après s'être repenti de la façon la plus édifiante.

Ce n'est pas sans raison que Baculard a été cloué au pilori dans *Le Neveu de Rameau*. Il est maintenant engagé contre la philosophie, alors que la première version de son roman était pour le moins neutre et pouvait même être utilisée par les philosophes puisqu'elle se présentait comme un plaidoyer contre les préjugés défendus par un homme d'église. Le dévôt Baculard utilise des thèmes rousseauistes. Sans doute la valorisation de la vie rustique est dans la deuxième moitié du siècle un fait très général qui dépasse l'influence de Rousseau ; celle-ci n'en est pas moins certaine, du point de vue idéologique tout au moins, quand on lit les derniers avatars de La Bédoyère et de son épouse.

Pour les détails de l'expression les faits sont beaucoup plus difficiles à saisir.

L'examen de nos quatre œuvres-témoins fait d'abord apparaître qu'entre 1731 et 1783 il existe un langage de la passion et sur la passion qui n'a pas varié. Certains thèmes traditionnels sont déjà fixés chez Prévost, et cela dépasserait notre champ d'étude de chercher quand et comment ils se sont constitués. Baculard les reprend, et Rousseau à son tour. Le héros du roman d'amour garde des traits permanents, bien qu'il soit difficile de mettre sur le même plan l'amant de la vertueuse Julie, le vertueux La Bédoyère, héros de la fidélité conjugale, et ce fripon de Des Grieux. Tous trois sont voués au malheur par l' « ascendant » de leur « destinée ». « Il était décidé que mes jours devaient être un tissu de chagrins et d'infortunes » écrit La Bédoyère à son père (IX, 129). Les héros de Prévost ne parlent pas autrement, et l'on trouverait chez Jean-Jacques beaucoup de formules très voisines. Les images que fait naître cette destinée hostile sont les mêmes chez les trois auteurs : l'abîme, le précipice, la chaîne des malheurs. Ces âmes sensibles sont ainsi faites qu'en l'absence de la grande passion qui doit remplir leur vie, elles éprouvent une impression de vide : les distractions de Paris, dit La Bédoyère « laissaient dans mon cœur un vide qui m'était insupportable (...) c'est là l'espèce de tourment attaché aux âmes sensibles » (IX, 6). La société leur interdisant le bonheur dans l'amour, elles rêvent de solitude en un monde lointain. La Bédoyère voudrait se réfugier chez les sauvages (IX, 172). On sait combien de héros de son siècle partagent ce désir.

Mêmes caractéristiques de la passion chez les trois auteurs.
Elle surgit en coup de foudre, pour durer jusqu'à la mort. Elle
est ambivalente : elle fait vivre et elle tue, elle procure d'indi-
cibles jouissances et impose les souffrances les plus intenses. Elle
enferme le couple sur lui-même et l'isole du monde entier. « Je
verrais périr tout l'univers sans y prendre intérêt » s'écrie Des
Grieux (126) [3]. Et La Bédoyère répond : « qu'est-ce que la société
pour un amant véritable ? (...) rien n'existe à ses yeux » (IX, II).
Saint-Preux se laisserait aussi égarer de cette façon si la noble
Julie n'était là pour lui rappeler les devoirs envers autrui. On
ne trouve pas dans Manon l'image du poison, mais La Bédoyère
dit, comme les amants de la Julie, en parlant de sa « blessure »,
« je m'enivrais, je m'abreuvais à longs traits du poison que je
me préparais moi-même » (IX, 20).

Depuis le moyen âge la femme aimée est divinisée ; thème
repris à travers tout le siècle. Des trois héroïnes c'est évidemment
Manon qu'il est le plus difficile de faire monter au ciel. Aussi
Prévost n'use-t-il de cette outrance qu'avec discrétion. Elle est
la « maîtresse », la « souveraine », « l'idole » du cœur de Des
Grieux ; son port est « divin » (159), sa « figure est capable de
ramener l'univers à l'idolâtrie » (214), elle « eût occupé le premier trône du monde, si tous les hommes eussent eu mes yeux
et mon cœur » (89). On sait combien ces expressions abondent
dans *La Nouvelle Héloïse*. Mais comme Manon n'est pas Julie,
Prévost, habilement, souligne par la bouche de son héros le caractère purement subjectif et délirant de ces figures : « si tous les
hommes eussent eu mes yeux ». Baculard fait une véritable débauche de ces formules. « Divine Agathe ! » « femme céleste », « divinité de mon cœur » s'exclame La Bédoyère à toutes les pages.
Agathe aussi « mériterait d'occuper le premier trône de l'univers »
(IX, 227). Et Julie : « celle qui devrait être sur le trône de l'univers » (N.H. 100) [4]. Invariance de l'expression. Il en est pourtant une
qui est le propre de Rousseau, qu'il n'a certes pas inventée mais
à laquelle il a donné une extension considérable ; il s'agit de
« l'empire » de Julie [5]. On la trouve une seule fois dans Manon
avec une nuance de galanterie (120) ; on ne la trouve pas dans
la première édition des *Epoux malheureux*. Mais en 1783 Baculard
ajoute : « il était impossible d'échapper à cet *empire* que son air
de sensibilité et de vertu lui donnait sur les âmes les plus difficiles

---

(3) Les citations sont tirées de l'édition Maurice Allem, Paris, Garnier,
1957.
(4) Références tirées de l'édition de La Pléiade.
(5) Voir LECERCLE, *Rousseau et l'art du roman*, p. 168.

« J'aurais embrassé les conditions les plus aviliés, les professions qui paraissent les plus honteuses » (218), mais quand on lui offre un emploi de « commis aux barrières » (245) ce sont des cris d'horreur : « le même grade que celui d'un manant ». La contradiction est si criante que Baculard, pour une fois, a éprouvé le besoin de l'expliquer. Certes, il n'y a pas d'emploi dégradant ; mais on est bien forcé d'être « asservi aux préjugés honteux ».

Contradiction entre les paroles et les actes qui est seulement plus habilement camouflée chez les personnages de *La nouvelle Héloïse*. Et l'autosatisfaction est la même : « peu de personnes, dit Agathe en pensant à elle-même, ont la force de se contenter de leur estime, parce qu'il en est bien peu qui la méritent (IX, 13). Réflexion qui ne surprendrait pas de la part de Julie. Cette phrase est d'ailleurs de 1783.

Tout ce que l'on trouve de vieilli aujourd'hui dans le roman de Rousseau se trouvait déjà chez Baculard. Il est donc radicalement faux de faire de ce dernier un disciple de Jean-Jacques. Il nous reste à nous demander si, à l'égard de l'expression du sentiment, Baculard a subi l'influence de la *Julie*. La question ainsi posée est probablement insoluble. En examinant les deux versions successives des *Epoux Malheureux*, on peut cependant saisir dans quel sens le goût de Baculard a évolué. Il serait fastidieux, et d'ailleurs impossible, de relever toutes les variantes. Mais une lecture attentive nous conduit à une conclusion certaine. Toutes les additions de Baculard vont dans le sens de l'hyperbole, du pathétique accru. La passion qu'il dépeint ne lui paraît jamais assez intense, assez unique au monde ; les amants prennent plus souvent l'univers à témoin ; les appels à la mort sont plus fréquents ; La Bédoyère déifie sa belle davantage. Bref, Baculard aggrave ses défauts. Je présenterais volontiers les faits de la façon suivante : Rousseau écrit après bien d'autres un roman sensible. Son génie arrache des larmes aux lectrices les plus délicates, et il donne ainsi à la littérature sensible ses lettres de noblesse. Alors s'ouvre une veine à exploiter pour un Baculard. Il reprend son roman sensible pour le rendre encore plus sensible ; le sentiment prend de l'embonpoint.

Qu'a pensé Rousseau de cette frénésie du sentiment qu'il avait contribué à encourager ? Les faits connus sont contradictoires. Mornet [7] cite un jugement attribué à Jean-Jacques sur Baculard : « La plupart des gens de lettres écrivent avec leurs mains ou avec

---

(7) *Le sentiment de la nature en France de Rousseau à Bernardin*, p. 308.

leur tête, et M. d'Arnaud écrit avec son cœur » ; mais cette phrase tirée d'un prospectus de libraire est d'authenticité douteuse.

Reportons-nous de préférence aux *Dialogues* (Pléiade, 810) qui parlent des « énergumènes de la sensibilité ». A qui pouvait bien s'appliquer cette formule, mieux qu'à Baculard ? Rappelons aussi qu'à cette époque Rousseau était complètement dégoûté des romans, qui dans leur grande majorité étaient devenus pour lui illisibles. Les défauts caricaturaux de Baculard ne pouvaient pas lui échapper. Cela rend suspect le jugement flatteur cité par Mornet. Le langage du sentiment n'est pas une caractéristique de *La nouvelle Héloïse* ; Rousseau à cet égard n'a rien inventé ; il a repris, et ce n'est pas ce qu'il a fait de mieux, ce qui est d'usage commun en son temps. Ce qui lui est propre, c'est la simplicité de l'intrigue, la justesse et la profondeur de la psychologie, l'éloquence, la poésie, toutes qualités inaccessibles à Baculard. Rousseauisme et sentimentalisme littéraire sont deux notions étrangères l'une à l'autre.

JEAN POTOCKI,
AUTEUR DU MANUSCRIT TROUVE A SARAGOSSE,
ET SES LIENS AVEC LES INTELLECTUELS FRANÇAIS DES LUMIERES

par Zygmunt MARKIEWICZ

Le grand succès du *Manuscrit trouvé à Saragosse* auprès du public français, après 150 ans de purgatoire auquel il fut soumis, attire de plus en plus l'attention des lecteurs sur l'attachante personnalité de son auteur.

Jean Potocki (1761-1815) commence à être connu comme « littérateur » (*Manuscrit* et *Parades*), mais une partie importante de son œuvre scientifique, pourtant tout entière écrite en français, reste encore ignorée.

Cet aristocrate, qui s'exprimait plutôt avec difficulté dans sa langue maternelle, baigna dès sa naissance dans l'ambiance française. Sa mère, Anne-Thérèse née Ossolinski (1746-1810) ne parlait presque pas le polonais ; elle a transmis à son fils aîné, dès la tendre enfance de celui-ci, la prédilection pour la culture française. Elevé par des précepteurs suisses (1773-1776), il a utilisé ses années de service dans l'armée autrichienne comme lieutenant du génie (1777-1782) pour approfondir ses connaissances des sciences exactes (mathématiques et géométrie). Déjà en 1779, participant à l'expédition autrichienne contre les corsaires berbères près de Malte, il y fit connaissance de l'abbé Joseph Beauchamp (s) (1752-1802), bernardin connu par ses travaux d'astronomie. Il le rencontrera pour la seconde fois en 1784, aussi à Malte, lors de son premier voyage scientifique qui de Pologne le conduira en Turquie, Egypte et Italie.

Potocki a passé la période de mars 1785 jusqu'à mars 1788 à Paris et la plupart de ses relations avec les savants français datent de cette époque. Marié avec Julie Lubomirski, fille d'Elisabeth née Czartoryski (1733-1816), il noua, grâce à sa belle-mère, très bien introduite dans les cercles parisiens en tant qu'amie de Mme de Genlis, plusieurs connaissances intéressantes. Hôte assidu du salon de la veuve d'Helvétius, Potocki y fit entre autres connaissance de Condorcet et de La Fayette ; plus tard ses opinions

politiques favorables aux partisans de la révolution le feront
appeler « La Fayette polonais » par le roi de Pologne Stanislas-
Auguste Poniatowski.

Surtout deux savants attirent alors l'attention du comte-voya-
geur : l'abbé Jean-Jacques Barthélemy (1716-1793) et Constantin
Volney (1757-1820). Dans sa relation du *Voyage dans les steppes
d'Astrakhan et du Caucase,* publiée à Paris seulement en 1827
par l'orientaliste Jules Klaproth, l'auteur du *Manuscrit trouvé à
Saragosse* parle de son *Atlas de l'Asie* « qui lui a coûté 5 années
de travail fastidieux et l'estime de Barthélémy » [1]. Evidemment le
Nestor des savants français et le jeune auteur du *Voyage en
Turquie et en Egypte* (Paris, 1788) avaient plusieurs sujets
communs de conversation.

Quant à Volney, de quatre ans son aîné et auteur du *Voyage
en Egypte et en Syrie,* ses relations avec le comte polonais durent
se développer presque sur un pied d'égalité. Dans son excellente
thèse sur l'auteur des *Ruines,* M. Jean Gaulmier mentionne une
lettre (non retrouvée) de Volney à Jean Potocki, datée du 4 avril
1787 et concernant les Kurdes [2]. D'autre part Edouard Krakowski
dans son livre *Le comte Jean Potocki* (qu'on doit utiliser avec
beaucoup de méfiance) a écrit « en 1791 Volney échange avec Jean
Potocki et nombre d'amis et conseillers du roi (Stanislas-Auguste
Poniatowski — Z.M.) des lettres enthousiastes » [3] mais, malheureusement, il n'en dit pas davantage.

Récemment dans une communication au Colloque Jean Potocki
à Varsovie en avril 1972 (elle fera partie des Actes du Colloque
quand ils seront publiés) ainsi que dans une étude en polonais [4].
M. Marian Skrzypek a décelé plusieurs traces de la lecture de
Volney dans l'œuvre de l'écrivain polonais.

Il y a beaucoup de points communs entre Volney et Potocki
surtout au début de leur activité. Ils ont voyagé tous les deux
presque en même temps sur un parcours en partie commun
(Egypte) et leurs livres respectifs, concernant leurs déplacements,
parurent à quelques mois de différence à Paris.

Les deux écrivains s'emploient à appliquer de nouvelles méthodes d'investigation dans l'histoire ancienne, tout en soulignant

---

(1) *Voyage dans les steppes d'Astrakhan et du Caucase,* éd. polonaise,
Varsovie, 1962, p. 275.

(2) Jean GAULMIER : *L'idéologue Volney,* Paris, Thèse Lettres, 1949, p. 89.
note 1.

(3) Edouard KRAKOWSKI : *Le comte Jean Potocki,* Paris, Gallimard, 1963,
p. 158.

(4) Przegld Humanistycny, Reveue Humaniste, 1972, n° 6/93, p. 1-16.

la véracité d'Hérodote. Aux *Mémoire sur la chronologie ancienne,*
1782, *Chronologie des douze siècles antérieurs au passage de
Xerxès en Grèce,* 1790, *Mémoire sur la chronologie d'Hérodote,*
1808 et *Nouvelles recherches sur l'histoire ancienne,* 1814 de
Volney répondent *Chronologie de deux premiers livres de
Manethon,* 1805 et *Principes de la chronologie pour les temps
postérieurs aux Olympiades,* 1810, de Potocki

Epris d'égalité et de liberté, ils font voir leur attachement aux
idées démocratiques et, s'ils consentent à admettre la monarchie,
ils s'opposent à Napoléon, usurpateur du pouvoir. Ils proclament
des opinions semblables sur la religion et étudient l'origine de
différents cultes en y appliquant les critères de l'analyse scientifique. Ce que Volney a entrepris avec les *Ruines* (1791) et avec
son *Histoire de Samuel* (1826) Potocki a essayé de le faire passer
en contrebande dans *Manuscrit trouvé à Saragosse.*

A la lumière des faits connus de leurs biographies respectives
on voit qu'ils ont pu se rencontrer souvent entre mai 1785 et
mars 1788 (avec une interruption de juin 1785 à l'automne de la
même année). Leur connaissance a pu avoir lieu grâce à Cabanis,
lié avec Volney depuis 1778. N'oublions pas que Cabanis, ayant
séjourné en Pologne en 1773-1775 comme instituteur et fréquen-
tant même la cour de Stanislas-Auguste Poniatowski, était tout
indiqué pour servir d'intermédiaire entre les deux voyageurs. C'est
sans doute encouragé par Cabanis que Jean Potocki, à l'exemple
de sa belle-mère Elisabeth Lubomirski, est allé faire sa cure chez
Mesmer en 1787 ; l'idéologue précité recommandait à ses connaissances et patients la thérapeutique du magnétisme animal (v. le
contrat entre Mesmer et Cabanis in J. Gaulmier : *L'idéologue
Volney*).

Pour la seconde fois Potocki a pu revoir Volney en 1791 soit
en août-septembre, quand parurent les *Ruines,* soit en décembre,
au moment de son départ en Pologne.

La période allant de la fin mars 1788 jusqu'à juin 1791 constitue l'étape *polonaise* dans la vie de Potocki. Elu député de la
Diète qui prépare la Constitution du 3 mai 1791, il se jette avec
ferveur dans l'activité politique à côté du roi. Ceci ne l'empêche
pas néanmoins de monter en ballon avec Jean-Pierre Blanchard
(1753-1809) à Varsovie, le 14-5-1790.

Libéré de ses obligations de député, Potocki entreprend aussi-
tôt un autre voyage au Maroc, Espagne, Portugal, en Angleterre.
Il passera environ 6 mois à visiter Tanger, Tétouan, Rabat, Cadix,
Lisbonne, Coïmbra, Madrid, Londres et, de retour, s'arrêtera à
Paris qu'il quitte le 6-12-1791. C'est de ce séjour que date sa

connaissance avec le célèbre acteur Talma ; il lui dessine un costume grec pour la tragédie.

Ayant assisté aux dernières tentatives malheureuses pour sauver l'indépendance de la Pologne, dès 1794 Potocki trouve dans les études sur les antiquités slaves le moyen de ne pas désespérer de sa patrie. *Recherches des antiquités slaves faites en* 1794, publiées à Hambourg en 1795, *Histoire des peuples du Taurus, Caucase et de la Scythie,* Vienne 1796, et le voyage d'Astrakhan au Caucase (1797-1798) témoignent alors de l'activité infatigable de Potocki.

Il se remarie avec Constance Potocki, fille de son cousin Félix (Szczesny), en 1798. C'est vers cette époque qu'il a dû faire la connaissance de Marie-Gabriel-Florent-Auguste de Choiseul-Gouffier (1752-1817). L'ancien ambassadeur de France à Constantinople a rejoint les émigrés français en Russie vers la moitié de 1793. Bien reçu par Catherine II, puis par son fils, Paul Ier, qui l'avait nommé directeur de la Bibliothèque Impériale à Saint-Pétersbourg, Choiseul séjourna en Russie jusqu'en 1802. En 1798 le tsar fit épouser à Octave, fils aîné de l'ancien ambassadeur, une autre fille de Félix Potocki, Victoire.

D'après un historien polonais [5] le jeune Choiseul-Gouffier espérait se marier avec Constance, mais la volonté du star lui imposant la fille cadette l'a emporté. Ainsi notre écrivain, dont la fortune a beaucoup souffert à la suite des voyages, recherches et malheurs qui se sont abattus sur sa patrie, put épouser Constance, sœur aînée, boîteuse et moins belle que Victoire. Les deux mariages eurent lieu presque en même temps ; il est donc impensable que l'auteur des travaux sur la Grèce et notre écrivain ne se fussent rencontrés entre 1798 et 1802 chez Félix Potocki. En effet, grâce aux travaux de Léonce Pingaud on sait depuis longtemps que l'ancien ambassadeur « demanda et obtint sa radiation (de la liste des émigrés — Z.M.) et reparut à Paris en mars 1802, muni d'une lettre pressante de recommandation de Kourakine pour Talleyrand » [6].

Attaché en 1804 à la Direction des Affaires Etrangères de la Russie, Potocki publia alors le premier « Décameron » du *Manuscrit* et aussitôt après participa à la mission de Golovkine, chargé de négocier un traité de commerce avec la Chine. Parmi les lettres

---

(5) Mgr Michel Godlowski : Arcybiskup Siestrzencewicz i Stanislaw August w Petersburgu (Archevêque S. et le roi Stanislas-Auguste à Saint-Pétersbourg) Przeglad Powszechny, Revue Universelle, Krakow, 1928, p. 9.
(6) Léonce PINGAUD, *Les Français en Russie et les Russes en France,* Paris, Perrin et Cie, 1886, p. 462.

écrites pendant ce long voyage jusqu'aux frontières de l' « Empire céleste » (finalement les membres de l'expédition ne seront pas autorisés à y entrer) on trouve au verso de la copie d'une lettre à l'astronome allemand Théodore Schubert (1758-1825), écrite entre le 7 octobre 1805 et janvier 1806, le brouillon d'une missive adressée au célèbre physicien français, Jean-Baptiste Biot (1774-1862). Celui-ci, en imitant Jean Potocki, fit avec Gay-Lusac un voyage aérostatique à Paris, le 28-8-1804.

Comme la lettre, elle, semble être inconnue, je transcris son premier état conservé, en respectant l'orthographe un peu fantaisiste de Jean Potocki et de l'époque :

M. La lettre que vous m'avés fait l'honn. de m'écrire de Paris le 7 mai, ne m'est parvenue qu'à une distance de 6000 verstes de St. Pet., lorsque j'étais sur le point de repartir de (nom illisible — Z.M.) pour Pet. Je n'ai pas besoin de vous dire, M., combien j'ai été flatté par cette lettre et avec quel empressement j'aurais taché de me rendre digne de la confiance dont m'honore un savant aussi distingué que M. Biot, s'il avait dépendu de moi. Mais malheureusement des obstacles imprévus m'ont empêché d'entrer en Chine ; et come mon retour tomba au milieu d'un hiver de Sibérie, je le trouvai tout à fai imposs. de faire des obs. en route.

Etant revenu à St. Pet. après un voyage extrem. long, pénible et fatiguant, une des prem. choses que je fais avec plaisir, est de vous répondre, M., pour vous remercier des expressions flatteuses que vous mettés dans votre lettre, et pour dire combien je suis charmé de cette occas. que Vous m'offrés de vous assurer de la haute considér. que votre nom m'a inspirée (sic !) depuis longtems. Certainement, vous n'aviés pas besoin du grand nom que vous nommés dans votre lettre, pour m'eng. faire tout ce qui dépendra de moi pour m'acquitter des comiss. que vous me donnerés. Pour vous témoigner du moins mon zèle, je vous envoie le peu d'obs. que j'ai pu faire sur la décl. (inaison — Z.M.) de l'aigu aim. mais il faut que je vous prévienne que ces obs. ont été faites avec des instr. fort médiocres, le déclinatoire n'étant divisé par le Nom (?) que de 3 en 3 min. et l'inclinat. construit d'après la méthode de Bern. (ouilli — Z.M.) s'étant cassé par le cahot de la voiture en suite réparé en Sib. de façon que la frict. (ion ? — Z.M.) était très sensible. J'ai taché de remedier à celà par un très grand nombre d'obs. dont je vous comunique le résultat. Oserai-je vous prier de présenter mes respects à M. Laplace et mes remerciements du 4 vol. de la méc. cel. (mécanique céleste) qu'il m'a fait l'honneur de m'envoyer par M. Raihmanof (? — Z.M.). Je ne saurais vous dire, combien je suis charmé de posséder ce gage de l'estime de ce grand génie. Agrées, M.

l'expression de la haute considération avec laquelle j'ai l'honneur.

	Lat.	Long. de Paris	Declin.	Inclin.	Cal.	Grég.
Casan (Kasan)	55°41'51"	3° 3'38"	2°2'5	or.	1805	6 juill.
Perm	58° 1'13"	3°31'46"	1°10	or.	»	15 »
Cathrinb. auj.						
Sverdlovsk	56°50'43"	3°48'47"	5°40	or.	»	22 »
Tobolsk	58°11'56"	4°18'30"	7°9	or. 78°	»	2 avril
Tara	56°54'46"	4°42'27"	6°6	or.	»	14 »
Tomsk	56°29'42"	5°30"	5°37	or.	»	26 »
N. (illis.) prob.						
Nijny Oudinsk	54°55'21"	6°26'46"	2°40,5	or.	»	12 sept.
Irkoutsk	52°16'44"	6°47'25"	0°32	or. 67°	»	27 » [7]

L'écrit pose une énigme. Il est daté sans aucun doute du 1er février 1806. Probablement l'auteur aurait reçu la lettre de Biot à Nijny Oudinsk, mais il répond seulement de Saint-Pétersbourg donc dans la deuxième moitié de 1806. En outre, il ressort du texte examiné que Potocki a connu aussi le grand astronome Pierre-Simon Laplace (1749-1827).

Quelques Français émigrés, au service de la Russie, faisaient partie de l'expédition Golovkine. Les sources russes nous en livrent au moins trois noms dont deux des Français d'origine. C'étaient probablement le comte Charles Lambert (1773-1843) à moins que ce ne fût Henri-Joseph Lambert, mort en 1808, futur général et sénateur russe, fondateur d'une famille établie depuis en Russie, et un certain Théodore d'Auvray dont « otchestvo » (le nom patronymique) était Philippe. Le troisième, Jules Klaproth (1783-1835), plus tard l'orientaliste bien connu en France, engagé alors grâce à Jean Potocki, dut à ses conseils de devenir professeur d'Université de Wilno en 1810 et, naturalisé français, termina sa brillante carrière scientifique à Paris.

Klaproth a été le seul savant à proclamer, même à plusieurs reprises, sa dette de reconnaissance envers Potocki. On lui doit la première notice biographique sur le comte polonais dans la *Biographie ou la Galerie universelle* en 1819 [8]. Un an plus tard dans sa *Notice sur l'archipel de Jean Potocki situé dans la partie septentrionale de la Mer Jaune* (39-40 latitude Nord et 120-121 longitude à l'Est de Paris), pour motiver l'octroi du nom de son bienfaiteur à ces îles, il écrivit :

---

(7) Bibliothèque nationale, Varsovie, manuscrit n° 2674, f. 269.
(8) *Biographie ou la Galerie universelle*, Paris, Eymery, 1819, t. II, p. 66, col. 2.

A ses qualités généreuses M. le comte Potocki joignit le caractère le plus doux et le plus aimable qui faisaient rechercher sa société par toutes les personnes qui le connaissaient. Je lui ai personnellement le plus grandes obligations et je lui dois une grande partie de la collection précieuse de livres et de manuscrits orietaux que je possède. Toutes ces considérations m'ont déterminé à donner aux îles que j'ai découvertes et qui sont représentées sur la carte ci-jointe, le nom de ce savant si recommandable à tant de titres [9].

Trois ans plus tard Klaproth dédie son livre *Voyage au mont Caucase et en Georgie* à son ancien protecteur disparu, en ces termes :

A mon retour de la frontière qui sépare l'empire russe et l'empire chinois (il s'agit évidemment de la mission Golovkine — Z.M.), feu M. le comte Jean Potocki fit agréer à M. de Novossiltzov, président de l'Académie des Sciences de Saint-Pétersbourg, la proposition de m'envoyer dans le Caucase. Le but principal de ce voyage était de faire des recherches sur la géographie, l'histoire, les antiquités et les mœurs des habitants de ce mont célèbre. Muni des instructions de M. le comte Potocki et de quelques membres de l'Académie, je partis de Saint-Pétersbourg en septembre 1807, et, après seize mois d'absence, je fus de retour dans cette capitale au mois de janvier 1809.

Quoique des circonstances imprévues aient abrégé inopinément mon voyage, je pense néanmoins qu'il aurait été impossible de recueillir en si peu de temps plus de résultats positifs que ceux que je présente au public dans ma relation. D'ailleurs je me suis efforcé de remplir, autant qu'il dépendait de moi, les intentions de l'illustre personnage qui avait conçu l'entreprise dont j'ai été chargé. J'espère avoir justifié par cet ouvrage la confiance dont il m'avait honoré ; car il désirait que le Caucase fût mieux connu qu'il ne l'avait été auparavant, et je n'ai rien négligé pour parvenir à ce but.

Paris, ce 1er mai 1823.

Jules Klaproth [10].

Le sénateur Novossiltzov a joué un rôle important dans l'entourage du tsar Alexandre Ier. Après la mort de Félix Potocki en 1805, il a été lié avec la célèbre « Sophie la Grecque », troisième femme de celui-ci. J. Potocki a pu connaître Novossiltzov par le prince Adam-Georges Czartoryski ; il devait le rencontrer plus

---

(9) Jules KLAPROTH : *Notice sur l'archipel de Jean Potocki situé dans la partie septentrionale de la Mer Jaune*, Paris, 1820, p. 6.
(10) Jules KLAPROTH : *Voyage au mont Caucase et en Géorgie*, Paris, 1823, t. I, Avant-Propos.

tard à Tulczyn, splendide résidence d'abord de F. Potocki puis
de sa veuve, près de Human.

La quatrième fois Klaproth présente J. Potocki comme son
bienfaiteur dans la notice de la *Biographie universelle et portative* :

> ...il ne cessa pas de s'intéresser vivement pour l'objet prin-
> cipal des études de M. Klaproth, proposa au président de l'Aca-
> démie de Saint-Pétersbourg de lui faire entreprendre un voyage
> aux montagnes du Caucase pour y continuer ses recherches
> sur les peuples asiatiques [11].

Enfin la cinquième preuve de la reconnaissance de Klaproth
se trouve dans la *Nouvelle Biographie Générale* de Firmin-Didot,
où la notice (probablement d'Eyriès) sur la vie de l'orientaliste
contient le passage :

Le comte Jean Potocki, informé de la gêne de son ancien
protégé, lui conseilla de s'établir à Paris [12].

Approximativement en même temps, c'est-à-dire vers 1803-
1804, l'auteur du *Manuscrit* a fait la connaissance d'un illustre
écrivain français séjournant alors à Saint-Pétersbourg comme
envoyé extraordinaire et plénipotentiaire du roi de Sardaigne. Il
s'agit évidemment de Joseph de Maistre (1753-1821) que Potocki
rencontrait souvent dans les salons de la capitale russe entre 1807
et 1810.

L'essentiel du différend qui les a opposés se dessine bien dans
les *Lettres et opuscules inédits de de Maistre,* publiés en 1851. Les
deux hommes avaient sans doute des préoccupations communes :
le goût des lectures sérieuses, des idées rapprochées sur le rôle
de l'histoire, l'aversion pour Napoléon. Pourtant leurs vues sur
la religion différaient trop. Aussi la première occasion de la
mésentente s'est-elle présentée en 1807.

Avant de partir avec la mission Golovkine en avril 1805, Potocki
publia à Saint-Pétersbourg sa *Chronologie des deux premiers livres
de Manethon.* Loin de considérer les écrits des théologiens comme
l'objet de la révélation divine (il restait sous l'influence de Charles
François Dupuis (1742-1809), ancien ecclésiastique défroqué et
auteur d'un ouvrage autrefois célèbre *L'origine de tous les cultes,*
1795), il s'est exprimé avec ironie au sujet de Moïse. Ceci lui a
valu une lettre de Joseph de Maistre qui, en novembre 1807
(Potocki — rappelons-le — est rentré seulement dans la deuxième
moitié de 1806), a relevé le gant, d'ailleurs de façon très polie.

---

(11) *Biographie universelle et portative*, 1826-1861, t. V, p. 601, col. 11.
(12) *Nouvelle biographie générale*, Paris, Firmin-Didot, 1861, t. 27, p. 816.

La discussion entre les écrivains aux idées diamétralement opposées sur la religion s'est poursuivie en 1810 ; deux lettres de Joseph de Maistre, la première du 5/17 juin 1810 et l'autre de la même année, reprochent en somme à Potocki son manque de foi, son penchant pour la libre pensée et surtout sa façon irrespectueuse de parler des choses graves.

Pour ramener son ami dans le droit chemin, Joseph de Maistre recourt alors à la menace du jugement de la postérité :

> Vous aurez un fils, un petit-fils, etc. qui pensera comme moi : la chose est infaillible... Ce Potocki aura aussi un fils... Un beau jour il lui dira avec une gravité sombre : « Ecoutez Casimir, je vous défends de lire les livres de votre aïeul Jean ». Et vous en serez inconsolable, mon cher comte [13].

Comme la suite de la lettre le montre, maître à utiliser la logique implacable dans son raisonnement, l'ambassadeur de Sardaigne avait une haute opinion de Potocki ; c'est pourquoi il aurait voulu le ramener à des sentiments plus favorables à la religion :

> J'espère que vous lirez ces feuilles avec votre philosophie ordinaire, et de plus avec la bonté que vous m'accordez et à laquelle j'attache beaucoup de prix. Si elles sont raisonnables, comment vous fâcheraient-elles ? et si elles sont folles, comment vous fâcheraient-elles ? Je crois d'ailleurs qu'un homme de votre portée ne se trompe jamais sur le sentiment qui dicte les écrits. Vous êtes donc persuadé, Monsieur le Comte, que mon intention est de vous donner la plus grande preuve qui dépende de moi du cas infini que je fais de votre personne et l'extrême envie que j'aurais de vous voir marcher la tête levée dans la route hors de laquelle il n'y a point de raison (souligné par J. de Maistre — Z.M.) [14].

L'argumentation de J. de Maistre qui dans le même livre traite les « idéologues » de « possédés » [15] n'a pas paru persuader Potocki ; cinq ans plus tard celui-ci terminera sa vie par le suicide, acte condamné par l'Eglise catholique. Le défenseur de la religion a pourtant remporté la victoire outre-tombe. Les descendants de Potocki ont réussi à faire oublier par la postérité leur grand aïeul, en imposant le silence sur l'écrivain taxé d'impiété.

---

(13) Joseph DE MAISTRE : *Lettres et opuscules inédits*, Paris, 1851, t. I, p. 154.

(14) Joseph DE MAISTRE : *Lettres et opuscules inédits*, Paris, 1851, t. I, p. 271.

(15) Joseph DE MAISTRE : *Lettres et opuscules inédits*, Paris, 1851, t. I, p. 271.

C'est pourquoi nous sommes aujourd'hui si mal renseignés sur les relations intellectuelles de Jean Potocki avec les représentants des sciences de son temps. Dans l'ignorance presque complète concernant ses années de jeunesse, n'ayant que des indices très fragiles de ses rapports épistolaires avec les hommes supérieurs de son époque, nous sommes obligés d'extrapoler sur la base des rares informations qui ont réussi à franchir le mur du silence établi par la famille.

Il se peut que le nombre d'intellectuels français ayant connu Potocki soit plus élevé. Ainsi par exemple on mentionne le nom d'Arthaud de Montor (1772-1829) comme connaissance supposée du temps de leur séjour commun à Rome. Pourtant, à la lumière de la biographie respective des deux auteurs, les doutes à ce sujet paraissent motivés, d'autant plus qu'on ignore leur correspondance. De même il n'y a pas de preuve qu'une rencontre ait pu avoir lieu entre Potocki et Mme de Staël. Lors du bref séjour de la romancière dans le château de Lancut appartenant à Mme Lubomirska, belle-mère de celui-ci, il n'a pu être présent ; il est peu probable qu'il l'ait vue lors de son rapide passage par l'Ukraine vers Saint-Pétersbourg. Pourtant une même aversion envers Napoléon les unissait.

Néanmoins les faits rappelés plus haut permettent de constater les relations de Jean Potocki avec plusieurs représentants des Lumières. Le goût pour les sciences exactes, la volonté de sortir au-delà des frontières imposées par les partisans de l'Ecriture Sainte et de la révélation comme source des recherches historiques, l'application de la méthode rétrospective dans ses investigations — constituent les principaux traits intellectuels qui lient cet homme au siècle de Voltaire.

En poursuivant les recherches sur les relations de Potocki avec les intellectuels des Lumières dans les archives et les bibliothèques privées de France, assurément mieux conservées que celles de Pologne détruites à plusieurs reprises par les guerres, on apportera — il faut l'espérer — des preuves nouvelles de son appartenance à cette famille spirituelle qui, par le fait de son éducation et surtout de sa formation scientifique, lui était particulièrement chère.

LE TRAITÉ « DU SENTIMENT » DE P.-S. BALLANCHE : UN PROGRAMME LITTÉRAIRE ANTIPHILOSOPHIQUE ET POST-RÉVOLUTIONNAIRE

par *Roland MORTIER*

Le problème du passage des « lumières » au romantisme commence seulement à se poser en termes appropriés, et le maître-livre de Jean Fabre, *Lumières et Romantisme : énergie et nostalgie* (Paris, Klincksieck, 1963) a largement contribué à clarifier les perspectives de ce qui fut, historiquement, un composé mixte de rupture et de continuité.

Dans le contexte français, plus nettement encore que dans les autres, il faut accorder une place déterminante au rôle de la Révolution. Non que celle-ci ait procédé d'élans romantiques ou qu'elle les ait suscités, — puisque le style de la Révolution et de l'Empire se veut résolument néo-classique —, mais elle a modifié une certaine idée de l'homme, bouleversé la philosophie de l'histoire, radicalisé des positions jusque-là conciliables. Pour un certain nombre de Français nourris de la « philosophie des lumières », elle représente plus qu'un simple fait idéologique : une véritable expérience intérieure, une tragédie existentielle, la révélation au grand jour d'incompatibilités et de contradictions à peine ressenties auparavant.

Aussi ne faut-il pas commettre l'erreur d'identifier la Révolution avec la poussée enthousiaste (et assez unanime) de 1789 et de la Constituante. Le sentiment d'une cassure, d'un divorce irréversible n'est ressenti que sous la Convention, et plus précisément sous la Terreur. L'arbitraire, la délation, la menace quotidienne de la mort ont marqué, bien plus que l'émigration (dont le rôle n'est pas négligeable, mais a été surfait), la conscience d'une importante partie de l'opinion. Dans une large mesure, cette fraction du public était pourtant tout acquise, en principe, à l'esprit des « philosophes » et à l'idée d'une transformation profonde des structures de l'Etat ; et ceci vaut pour des hommes de la noblesse aussi bien que pour des représentants de la bourgeoisie (où faut-il placer Rivarol, Constant, Madame de Staël, Gérando et Mallet du Pan ?).

Dans bien des esprits, un glissement va s'opérer, contestable selon la rigueur des faits, indiscutable pourtant dans sa réalité psychologique. Par la vertu d'un manichéisme rudimentaire, mais efficace, la philosophie du XVIIIᵉ siècle sera tenue pour responsable des excès de la Terreur : massacres collectifs, exécutions sommaires, justice expéditive. Le déferlement de la violence, qui peut aller jusqu'à l'anarchie, est sommairement mis au compte (négatif) de la pensée critique et de la philosophie irréligieuse du siècle qui s'achève. Sans doute était-il commode d'attribuer à l'action de Voltaire, de Diderot ou de Rousseau, et non à des causes économiques, sociales, institutionnelles, la faillite d'un système en pleine désagrégation et qui s'était effondré au premier choc. Beaucoup faisaient ainsi l'économie d'une analyse sérieuse et d'un examen de conscience.

Fondée ou non (la question n'est pas là, et elle nous entraînerait très loin), cette mise en accusation de la pensée et de la littérature des lumières est, autour de 1800, très largement répandue [1]. Ce qui n'était, au XVIIIᵉ siècle, qu'un phénomène minoritaire, reflétant surtout des groupes à forte motivation religieuse, devient alors un raz-de-marée qui va déferler librement après le Directoire. Ce mouvement de contestation est plus qu'un conflit de générations, plus aussi qu'un choc d'intérêts ; il est, pour certains esprits libéraux, l'expression d'un déchirement intérieur et du besoin parallèle de se redéfinir (p. ex. Constant) ; pour d'autres, il est comme un retour au passé, à l'enracinement, à l'authenticité (Chateaubriand). Il serait abusif de tenir ce courant pour le principe générateur du romantisme (puisque Stendhal, Michelet et même Hugo ne récuseront jamais l'ensemble de l'héritage de la pensée éclairée), mais on peut assurément y voir l'inspiration première d'*un certain* romantisme, celui de Joubert, de Fontanes, de Chateaubriand, de Ballanche, du jeune Lamennais et, dans une mesure moindre, celui du livre *De l'Allemagne*.

L'héritage intellectuel du XVIIIᵉ siècle est ramené, par ces critiques, à un rationalisme analytique, sans vie ni chaleur, desséchant et corrosif. Madame de Staël s'en prend à Voltaire et à

---

(1) On en trouve l'écho, encore direct et passionné, dans les réponses très diverses qui seront données au concours institué par l'Académie à la fin de 1804, et prolongé d'année en année jusqu'en 1810. Voir notre étude *Le « Tableau littéraire de la France au XVIIIᵉ siècle ». Un épisode de la guerre philosophique à l'Académie française sous l'Empire*, Bruxelles, Académie Royale, 1972.

son goût funeste pour le « persiflage » ; d'autres préfèrent réserver leurs coups à la morale de l'intérêt de Helvétius, défigurée sans vergogne pour les besoins de la cause ; d'autres encore (comme Barruel) subodorent dans toute cette littérature un complot pervers et machiavélique contre l'Eglise, la Monarchie et l'ordre social. Si les libéraux s'efforcent de sauvegarder l'essentiel en mettant l'accent sur les idées de progrès, de justice, et d'émancipation, en dissociant les lumières et l'irréligion ; si les ultras, pour mieux exalter les vérités révélées et les principes de l'ordre social vont jusqu'à ravaler la raison (à défaut de pouvoir brûler les livres) [2] ; il est des natures plus conciliantes et plus tendres qui se contentent de plaider pour la primauté des valeurs de sentiment sur les valeurs intellectuelles. C'est le cas de celui que ses contemporains ont appelé « le bon Ballanche », homme doux, modeste, généreux, iréniste sincère, mais que l'expérience de la Révolution a marqué à tout jamais dans sa psychologie et dans sa philosophie de l'histoire.

Pierre-Simon Ballanche n'avait que seize ans lorsqu'éclata la célèbre insurrection armée de Lyon (mai 1793), suivie presque aussitôt d'un siège impitoyable, puis d'une terrible répression (octobre 1793). Réfugié à Grigny avec sa mère, l'enfant ne vécut pas les heures atroces où l'associé de son père fut fusillé dans la plaine des Brotteaux, où son père lui-même n'échappa à la mort que grâce à l'intervention de ses ouvriers (mais se vit confisquer l'imprimerie dont il était co-propriétaire), où son oncle fut condamné à la déportation. Mais le choc qu'il en ressentit devait le bouleverser à jamais, et plus profondément encore que la plupart de ses concitoyens [3].

Illuministe, théosophe, mystique, il en tirera une doctrine de l'expiation, cette « palingénésie sociale » qui réintégrait le finalisme et la divinité dans l'histoire. Son premier ouvrage se présente comme une apologie du sentiment, mais qui s'absorbe rapidement dans le sentiment religieux, et par là dans le christianisme. Dans la grande lignée des apologistes français, Ballanche ouvre cependant une ère nouvelle, qui fait suite à une longue étape de « triomphalisme » de moins en moins efficace. Ballanche

---

(2) Le philosophe allemand F.-H. Jacobi s'indigne de ces propos délirants, entendus dans la bouche de certains émigrés (lettre du 20 janvier 1793, à Schlosser, dans *Nachlasz*, t. I, p. 169).

(3) La Convention décréta que le centre de la ville serait détruit et que Lyon s'appellerait dorénavant : Commune-affranchie. Aucune de ces décisions ne fut intégralement exécutée.

est sans doute le premier à tirer, sur le plan religieux, la leçon des événements : de juge et de persécuteur qu'il était, le christianisme est devenu victime ; le malheur et l'échafaud l'ont dissocié du pouvoir politique ; il ne peut qu'y gagner en attrait et en prestige.

Le traité *Du sentiment / considéré dans ses rapports / avec / la littérature / et les arts /* fut publié à Lyon, chez Ballanche et Barret, et à Paris, chez Calixte Volland, l'an IX, vraisemblablement dans les derniers jours de 1801[4], donc quelques mois à peine avant *Le Génie du Christianisme,* qui parut le 24 germinal an X, soit le 14 avril 1802. La proximité des dates a fait problème, et la question a été débattue par tous ceux qui se sont intéressés à la première œuvre de Ballanche[5].

Faux problème, où tous les éléments concourent à laisser la priorité à Ballanche et à ratifier ainsi le jugement formulé dès 1849 par J.-J. Ampère. D'abord — et J. Buche semble avoir été le premier à s'en apercevoir — une note de Ballanche (p. 284, relative à la p. 104 du texte) précise que son *Essai* « fut lu pour la première fois dans le courant de l'an cinq [= 1796-1797] » au sein d'une petite société littéraire lyonnaise qui avait pris pour devise *Amicitiæ et Litteris,* et qui se réunissait (selon Buche) dans les bureaux de l'imprimerie Ballanche. L'essai *Du Sentiment* date donc de la vingtième année de l'auteur, et il fut conçu comme une sorte de discours académique, ce qui peut expliquer ses gaucheries, sa composition encore maladroite, sa verbosité et l'abondance de ses citations. En revanche, les notes sont de 1800-1801, comme en fait foi l'unique référence faite à Chateaubriand[6].

Avec de légers aménagements[7], il y reproduit un passage de la fameuse *Lettre au citoyen Fontanes*[8] *sur la seconde édition de l'ouvrage de Madame de Staël* (c'est-à-dire *De la Littérature considérée dans ses rapports avec les institutions sociales*[9]) consa-

---

(4) La page de titre donne la date de 1801, mais la première annonce du livre ne sortit que le 16 ventôse an X, c'est-à-dire le 8 mars 1802, dans le *Mercure de France.* Voir A. MONGLOND, *La France révolutionnaire et impériale,* t. V, col. 503, anno 1801. Joseph BUCHE l'antidate donc d'un an dans son ouvrage *L'école mystique de Lyon, 1776-1847,* Paris, Alcan, 1935, p. 49-50.

(5) C. HUIT, *La vie et les œuvres de Ballanche,* 1904, p. 29-32 ; Ed. HERRIOT, *Madame Récamier et ses amis,* 1904, t. I, p. 295 ; J. BUCHE, *op. cit.,* p. 49-84 et déjà auparavant chez J.-J. AMPÈRE, *Ballanche,* 1849, p. 15. Sur l'ensemble de la question, on lira avec profit L. TRÉNARD, *Lyon de l'Encyclopédie au préromantisme,* Paris, 1958, t. II, p. 705 et suiv.

(6) Ballanche, qui ne le connaît pas encore, écrit « Châteaubriant » (notes, p. 311). P. 249, Ballanche cite de mémoire un passage du traité *De la littérature,* de Mme de Staël, qui est de 1800.

cré à la grandeur des historiens chrétiens, et spécialement au génie de Bossuet. Ballanche connaît donc parfaitement la lettre où le nouvel apologiste s'écriait : « Vous n'ignorez pas que ma folie à moi est de voir Jésus-Christ partout, comme Madame de Staël la perfectibilité. J'ai le malheur de croire, avec Pascal, que la religion chrétienne a seule expliqué le problème de l'homme » [10]. Mais Ballanche, fort curieusement, évite de citer exactement sa référence puisqu'il renvoie à un livre qui serait intitulé *Des beautés poétiques du christianisme*, « un titre qui ne se trouve nulle part », s'il faut en croire J. Buche. On peut s'étonner d'une telle affirmation de la part d'un historien aussi familier avec l'œuvre de Chateaubriand. Celui-ci n'avait conçu sa lettre que comme un prospectus du *Génie*, explicitement annoncé d'ailleurs, et présenté comme étant sous presse depuis deux ans : « Ce que je vais dire dans cette lettre sera tiré en partie de *mon livre futur sur les beautés de la religion chrétienne* ». La citation de Ballanche est donc imprécise, mais nullement fantaisiste, et tout le problème des rapports initiaux entre Chateaubriand et lui-même apparaît donc comme un faux problème, chacun d'eux ayant élaboré sa doctrine séparément, et en fonction d'une expérience personnelle [11].

Les questions d'influence et de priorité ainsi réglées, examinons le contenu et les intentions de cette apologie du sentiment en littérature et en esthétique.

La rupture avec le XVIII° siècle n'est pas aussi radicale qu'on pourrait le supposer, puisque les maîtres à penser de Ballanche s'appellent Fénelon, Charles Bonnet, Delisle de Sales et surtout

---

(7) Chateaubriand : *Mon ami, nous...*, *Ball.* : *Nous...* ; Chat. : *dit-elle*, Ball. : *osons-nous dire* ; Chat. : *Je pensais...*, Ball. : *Moi, je pensais* ; in fine : Chat. : *genre humain.*, *Ball* : *genre humain ! ! !*

(8) La *Lettre* parut dans le *Mercure de France* du 1er nivôse an IX (22 décembre 1800). Elle était signée « l'auteur du *Génie du Chritianisme* », alors que le *Génie* ne parut qu'en 1802.

(9) On notera la similitude avec le titre adopté par Ballanche en 1801.

(10) Chateaubriand y disait aussi : « J'entre dans une sainte colère quand on veut rapprocher les auteur du XVIII° siècle des écrivains du XVII°... Sans religion, on peut avoir de l'esprit, mais il est presque impossible d'avoir du génie ; qu'ils me semblent petits, la plupart des hommes du XVIII° siècle... Tout écrivain qui refuse de croire en un Dieu... bannit l'infini de ses ouvrages. »

(11) Ce qui n'a pas empêché Ballanche de lire la *Lettre* avant de publier *Du Sentiment*, ni Chateaubriand d'avoir connu *Du Sentiment* avant de publier le *Génie*, mais l'essentiel de ces deux livres était constitué avant 1800. Il se pourrait cependant que la similitude d'intention et la supériorité littéraire du livre de Chateaubriand soient les raisons qui ont poussé Ballanche à ne pas inclure *Du sentiment* dans l'édition générale de ses Œuvres qu'il donna en 1830.

Bernardin de Saint-Pierre, de même que ses préférences littéraires vont à Florian, à Saint-Lambert et à celui qu'il appelle « l'honneur de notre Parnasse », l'abbé Delille.

L'inspirateur direct de l'essai *Du Sentiment,* de l'aveu même de son auteur, est le Bernardin de Saint-Pierre des *Etudes de la Nature* (1784), que Ballanche se borne parfois à développer dans un sens plus ouvertement chrétien. Les *Études IV* à *VIII* offraient des « réponses aux objections contre la Providence », l'*Etude IX* rassemblait les « objections contre les méthodes de notre raison et les principes des sciences », mais surtout l'*Etude XII,* consacrée à « quelques lois morales de la nature », se voulait une apologie sans réserve du sentiment (*Faiblesse de la Raison ; Du Sentiment ; Preuves de la divinité et de l'immortalité de l'âme par le sentiment... Du Sentiment et de la Mélancolie ; Plaisir de la Ruine ; Plaisir des Tombeaux... Du Plaisir de la Solitude ; Du Sentiment de l'Amour ; De quelques autres Sentiments de la Divinité, et e.a. de celui de la Nature*).

Ballanche reprend les thèmes de Bernardin pour leur donner un fondement littéraire classique[12] (l'épigraphe est tirée de *De Oratore* et les citations latines sont légion) et pour les exploiter dans la veine du spiritualisme catholique. Il ne rompt nullement avec les « lumières » dans son attachement aux valeurs de sentiment, mais il le fait lorsqu'il exclut l'athée des bénéfices de cette sensibilité à laquelle un Diderot accordait tant de prix. Le sentiment, selon Ballanche, postule un cœur vertueux, mais avant tout « cette conviction intime de l'existence d'un Dieu et de l'immortalité de l'âme » (où nous trouvons l'écho d'un chapitre de la XIIᵉ *Etude* de Bernardin). Dans les beaux-arts et les belles-lettres, il s'identifiera à « cette inspiration créatrice qui élève » et à « cet abandon d'un cœur qui se déborde » (p. 15). Son projet primitif, il le confie (p. 16), était d'édifier une *Poétique du Sentiment,* mais il a reculé devant cet objectif trop ambitieux. En fait, ce titre rendait plus exactement la mesure des ambitions initiales du jeune essayiste que le long intitulé adopté en 1801.

Quels sont donc les éléments de cette *Poétique* de 1797 ? Ils sont assez malaisés à ordonner méthodiquement, car la composition du livre est floue et capricieuse. Ballanche en était très conscient et il répète à deux reprises (p. 8 et 78) que son livre est « un jardin anglais ».

----

(12) Conjuguant ainsi des velléités romantiques à une esthétique qui reste, nous le verrons, très attachée aux Anciens.

I. *La primauté du sentiment.*

Sans humilier la raison, car il est resté pénétré de la pensée du XVIIIᵉ siècle, Ballanche lui retire la suprématie dont elle avait joui. Les motifs n'en sont pas exempts de résonances politiques (« La raison produit cette vaine philosophie sujette à tant d'erreurs, et que sa versatilité rend l'esclave des gouvernemens et des opinions vulgaires », (p. 48). On notera qu'il distingue soigneusement (p. 24) le *sentiment* et la *sensibilité,* la seconde gardant une consonance nettement plus teintée de matérialisme scientifique.

Ce sentiment est la vertu par excellence, et qui engendre toutes les autres (tendresse, amour, modestie, sociabilité, sens de la beauté). Ballanche va jusqu'à parler d' « homme sentimental » (p. 50), de « lecteur sentimental » (p. 81), mais il ne fait pas mystère de ses sources philosophiques : c'est à Pythagore qu'il est redevable de sa croyance dans l'harmonie et dans la sensibilité universelles. En revanche, il prend ses distances par rapport à Jean-Jacques Rousseau (p. 57-58 : « Le sentiment illumina Jean-Jacques Rousseau, et Jean-Jacques Rousseau employa toutes les forces de son génie à combattre le sentiment... il voulait la sanction de cette raison orgueilleuse, qui se révoltait de son insuffisance et de sa nullité »).

II. *Liaison entre nature et morale.*

Le sentiment étant « la seule source du vrai et du beau » (p. 44), il constitue la meilleure manière de retrouver les secrets de la nature. Dans un monde fondé sur l'harmonie, il est le révélateur de toute réalité authentique. L'artiste ne s'en approchera qu'en retrouvant au fond de lui-même la transparence et la candeur, une fraîcheur d'âme qui incite à la sympathie et à l'amour. L'essai s'ouvre, dès lors, sur une invocation à Homère, « le père des poètes », et sur un hommage à la Pudeur et à la Naïveté, évoquées dans un style qui confine à l'extase, et parfois à la mièvrerie (p. 43).

Cette liaison d'une poétique de l'authenticité à l'exigence de « naïveté », c'est-à-dire de transparence, n'est pas sans analogie avec l'esthétique développée à la même époque par Schiller.

III. *Sentiment et politique.*

Le sentiment étant le protecteur du « sanctuaire mystérieux de nos illusions contre l'impie curiosité d'une raison altière », qui a osé « renverser, d'une main sacrilège, l'arche des vérités éternelles » (p. 55), le déclin du spiritualisme a conduit à la Révolution, « devenue le fruit de cette guerre cruelle à toutes les illusions ». La liaison entre philosophie et politique est un des aspects fondamentaux de ce livre [13].

Apologiste du sentiment et de la religion, Ballanche sera donc aussi celui des victimes de la Terreur. Dans une longue prosopopée coupée d'interjections et de suspensions, il se propose de devenir « le barde des héros de Lyon » (p. 104-107), de ceux qui, « au milieu de la France esclave, osèrent faire entendre les accens de la vraie liberté ». Ballanche sera l'Ossian des Lyonnais insurgés et massacrés, en même temps que le dénonciateur des méfaits du « philosophisme » [14].

IV. *Une thématique du sentiment.*

Ballanche propose aux écrivains une série de sujets propices à l'expression du sentiment : charmes de la campagne, nostalgie des lieux de notre enfance, solitude, ruines, images funèbres et sépulcrales, toute une poétique de la mélancolie (définie par lui, p. 113, « ce *je ne sais quoi d'amer* »). Il est vrai que l'essentiel de cette thématique figurait déjà, sous une forme moins lyrique, dans les *Etudes de la Nature* de Bernardin de Saint-Pierre.

V. *La poésie du malheur.*

L'originalité de Ballanche, par rapport à Bernardin, consiste à faire du malheur un des ressorts de la poésie et comme le sel de l'existence. Dans sa vision illuministe de l'histoire, conçue comme un mouvement de chute, d'expiation et de palingénésie, il est évident que « le malheur est nécessaire à l'homme », qu'il « est son élément ». Les pages 131 à 133 sont un hymne aux effets

---

(13) Ainsi, p. 142-143 : « La même puissance divine, qui s'est réservé le droit d'établir et de consolider toutes les institutions sociales, a voulu en placer la garantie sacrée derrière un voile que jamais la main des novateurs ne leva impunément. Toute chartre constitutive d'un état doit descendre du Ciel, pour être placée ensuite dans un sanctuaire impénétrable aux regards du vulgaire, et même des sages, parce que les plus sages deviennent insensés, lorsqu'il veulent sonder les vues de la Providence. Cette chartre ne peut être gravée sur le bronze, ni propagée par l'art magique de l'imprimerie... Tous les peuples... ont toujours été d'autant plus attachés à leurs institutions, qu'elles ont été plus enveloppées de ces augustes ténèbres, de ces illusions mystérieuses, qui commandent le respect... »

(14) Il écrira, p. 163, que « le renversement des idées religieuses entraîne à sa suite la décadence des mœurs, les calamités des révolutions, la ruine des empires : mais je ne pourrais faire ce terrible tableau sans rappeler des souvenirs cruels ; et je me tais. »

salutaires du malheur [15], en rupture totale avec la morale du bonheur chère au XVIIIᵉ siècle : le renversement paraissait si choquant vers 1800 que Chateaubriand lui-même s'en offusquera.

Le lien entre cette doctrine et la pensée initiatique traditionnelle est reconnu par Ballanche, qui évoque l'exemple de l'Egypte ancienne et se réfère au *Sethos* de l'abbé Terrasson, roman dont le retentissement fut considérable dans la pensée occultiste et illuministe du XVIIIᵉ siècle.

Apanage de l'homme, le malheur l'est aussi, et davantage encore, du grand homme. Le génie, selon Ballanche, est toujours malheureux : l'image romantique du génie voué aux sarcasmes de l'envie et aux vicissitudes de l'adversité est déjà présente, en 1797, à l'esprit de notre auteur.

VI. *Religion et vie intérieure.*

Ballanche reprend à son compte l'aphorisme de Harrington [16], adopté ensuite par Bernardin de Saint-Pierre, que « l'homme est un animal religieux ». Dès lors, point de grandes idées, point de sublime, point de génie sans convictions religieuses. Les beaux-arts et la littérature ne se conçoivent pas sans religion ; Lucrèce et Voltaire ne sont grands que lorsqu'ils oublient d'être impies.

L'athéisme n'est concevable qu'en des hommes blasés et sans élan, ou bien parmi les philosophes et les savants, chez qui la chaleur du sentiment s'est éteinte.

Seul le christianisme entretient la flamme de la vie intérieure, préserve l'intégrité de la morale [17] et favorise ainsi l'élan artistique où l'homme inscrit sa destinée dans l'harmonie universelle.

Le recul de la religion est l'indice du déclin moral et de la subversion politique : Voltaire, trop occupé de sa gloire, a voulu conquérir l'immortalité en renouvelant « l'odieux stratagème d'Erostrate » (p. 156).

VII. *Une poétique du catholicisme.*

En raison de l'analogie de certaines pages de Ballanche avec

---

(15) « Le malheur retrempe l'âme et rend la sensibilité plus profonde et plus exquise... (il) fait naître... cette mélancolie qui donne de la douceur aux larmes même de la douleur... les épreuves du malheur étendent leurs effets salutaires sur toute la vie... »

(16) L'auteur de l'utopie *Oceana* (1652).

(17) Ballanche méprise les aspects indécents de la mythologie païenne

les thèses du *Génie du Christianisme,* cet aspect est sans doute celui qui a été le plus souvent mis en relief. Il ne faudrait cependant pas exagérer la portée du parallèle (le chapitre *De la religion catholique* tient en moins de vingt pages), ni vouloir à tout prix revendiquer pour Ballanche la priorité de cette nouvelle forme d'apologétique : on sait que M. Jean Seznec a pu déceler dans les *Salons* de Diderot les linéaments d'une telle poétique.

Reste que l'on trouve déjà dans l'essai de 1797 l'essentiel des grandes idées que Chateaubriand saura orchestrer avec une maîtrise exceptionnelle.

Pour Ballanche, le propre de la religion catholique, « c'est son harmonie avec les facultés, les sentimens, les passions de l'homme, avec les scènes de la nature, sous toutes les latitudes, dans tous les climats, dans toutes les localités » (p. 168).

Si sa morale est admirable et universelle, ses monuments ne sont pas moins vénérables. Rien n'approche de la beauté de son culte et de ses cérémonies. La religion catholique sera donc l'inspiratrice des poètes et des artistes, et le précepte de Boileau n'est qu'un scandaleux blasphème. Les plus grands génies sont ceux qui ont cherché leur inspiration dans le fonds inépuisable du christianisme : le Tasse, Klopstock, Milton, Young, les deux Racine, Pascal et Bossuet.

Le dogme et le rituel sont également poétiques : cérémonies qui jalonnent l'existence, « une croix dans un cimetière, une chapelle au fond d'un bois, un hermitage sur le sommet d'un rocher... une sainte Vierge tenant un enfant dans ses bras » (p. 181). Quelle erreur, quelle absurdité de vouloir s'en tenir, « par une vieille habitude, aux tableaux surannés de la mythologie » (p. 182) !

Au risque de choquer son lecteur, Ballanche proclame la supériorité des écrivains chrétiens sur les plus grands poètes de l'antiquité païenne. *Télémaque* l'emporte sur Homère et sur Virgile dans la mesure où il dépasse la mythologie et développe ces belles et nobles idées « qui n'ont pu être inspirées que par le *génie du Christianisme* ! » (p. 182). Cette fois, le mot est dit en même temps que la chose. Faut-il en retirer le bénéfice à Chateaubriand ? Ce serait oublier que les mots appartiennent à tout le monde, et surtout ce serait passer à côté de cette constatation beaucoup plus importante : dès la fin des années 1790, le projet d'une réhabilitation philosophique, morale et artistique du chris-

---

(p. 159 : « Ah ! laissons tomber un voile sur ces épouvantables archives de bêtise et de barbarie »).

tianisme est dans l'air ; elle correspond à un besoin, à une réaction, à un réexamen général des valeurs. Ballanche est le premier à l'avoir formulée, mais il lui manquait le génie de « l'enchanteur » pour en tirer toutes les variations de la pensée et du style.

VIII. *Les modèles de la littérature sentimentale.*

Comme tous les novateurs, Ballanche se cherche des ancêtres, et il élaborera plus loin une véritable histoire littéraire du sentiment. La liste de ses modèles est très révélatrice de ses goûts, et ceux-ci restent foncièrement classiques : Homère et Virgile d'abord, mais aussi Sophocle, Euripide, Eschyle, Térence, Horace, Tacite, Lucain et bien d'autres ; l'Ancien et le Nouveau Testament ensuite, riches en « morceaux de sentiment » où passe le souffle de l'esprit divin ; puis les bardes calédoniens, chez qui la nature « prend une attitude colossale » et dont la poésie respire « ce ton de mélancolie qui plaît tant aux âmes sensibles et qui s'allie si bien à tous les grands effets d'une nature majestueusement sévère » ; en Italie, Dante, Pétrarque, mais surtout Le Tasse, si injustement décrié par Boileau ; en France, la liste ira de Montaigne à Saint-Lambert, Léonard et Berquin, en passant par ses auteurs préférés : Fénelon, Madame de Sévigné, Bernardin de Saint-Pierre et Delille, « le cygne de la Limagne » exilé sur une rive étrangère ! A l'étranger, ses goûts le portent vers Young et Gessner, vers Milton et Klopstock, mais davantage encore vers Sterne (dont il retient surtout les *Lettres à Eliza*), vers Richardson (qu'il célèbre sur le même ton et pour les mêmes raisons que Diderot [18] dans son *Eloge* fameux). Mais, en définitive, c'est l'ombre de Rousseau qu'il évoque avec le plus de ferveur, ce Rousseau dont il connaît les faiblesses et les erreurs, dont il condamne les dangereux paradoxes (que la Révolution a pris à la lettre), mais qui « fut bon par excellence » et que seules des mains criminelles ont pu inhumer au Panthéon à côté des restes de Marat. L'ambiguïté du prestige de Rousseau et la fascination irrésistible qu'il exerce sur des esprits antagonistes [19] pourraient difficilement trouver un meilleur exemple que celui-ci.

_____

(18) Ballanche connaît aussi le passage sur le petit défaut qui transforme la tête idéale en une tête belle et vraie (dans la *Post-Face* aux *Deux Amis de Bourbonne*), mais il l'attribue par erreur à Gessner, dont l'édition de 1772 associait les *Idylles* aux *Contes moraux* du « philosophe » français.

(19) Sur les reproches graves formulés par Ballanche à son égard, voir p. 57-59 (Rousseau maître à penser de la Révolution) et p. 83 (à propos des exécutions capitales).

IX. *Une esthétique de l'irrégularité et de la mélancolie.*

Dans ses intentions, l'esthétique de Ballanche se veut déjà romantique (sans employer le mot), alors que son contenu réel est toujours essentiellement classique.

La litérature devra se nourrir de mélancolie, « cette affection à la fois sombre et voluptueuse » (p. 113) que les Grecs n'ont guère connue, et qui tient au « sentiment confus de notre faiblesse et de notre misère ». Esthétique qui recherche les effets de contraste : les paysages nocturnes associés à l'idée de deuil, « un arbre frappé par la foudre, un tombeau caché dans un bosquet, les *Et in Arcadia ego* du Poussin, des ruines au bord d'un ruis-seau, inspirent des idées mélancoliques qui sont recherchées par les âmes sensibles » p. 100). Veut-on des effets plus extraordi-naires ? « Tantôt sur des rochers escarpés, tantôt au bord des précipices, tantôt sur la cime effrayante d'où le torrent verse en bruyantes cascades ses flots tumultueux... cherchez quelquefois l'orage ; ne craignez pas les météores précurseurs de la tempête. Que la foudre déchire la nue..., que l'aquilon mugisse dans les anfractuosités des rochers, qu'il se replie en rapides tourbillons dans les cavernes souterraines..., que l'obscurité enveloppe ces sites menaçans... C'est au milieu de ces grands spectacles que la pensée s'agrandit, que la nature révèle l'harmonie de ses lois, que l'homme devient susceptible de recevoir dans son sein les brûlantes inspirations du génie » (p. 101-102).

Mais ces emportements frénétiques, s'ils enthousiasment l'ima-gination de Ballanche, restent dans le registre littéraire et corres-pondent peu à ses goûts réels. Le flottement de l'époque entre le grandiose et le tendre, entre Ossian et Berquin, se trahit ici une fois de plus. Ballanche en convient honnêtement : cette véhé-mence romantique n'est guère dans sa nature et tient de l'imaginaire plutôt que du vécu. « Pour moi », confesse-t-il, « je préfère une nature riante », celle de l'*Astrée,* de Pétrarque, de Florian et de Rousseau, et plus que tout « l'aimable retraite » de Grigny (p. 102-103), paysages assurément mieux accordés à son tempérament de Méridional que la haute montagne intimide et que le grand Nord fait frissonner [20]. Pouvait-on imaginer nature moins frénétique que celle du bon Pierre-Simon, du doux mystique qui écrira une *Antigone* et un *Orphée ?*

Le fait est que, si Ballanche, comme ses contemporains, s'ac-corde volontiers un frisson romantique, sa sensibilité reste impré-

---

[20] Ballanche croit, comme Mme de Staël, à l'influence du climat sur les mœurs et sur la littérature, voir p. 117.

gnée d'équilibre classique, qu'elle répugne à toute violence et à toute rupture. Son esthétique reste fondée (comme celle du XVIII° siècle, de Batteux à Diderot) sur la notion de *beau idéal* (p. 32). La primauté des Anciens, là où la religion n'est pas en cause, lui semble intangible. Ce n'est pas par hasard, ni par souci des conventions, que l'essai s'ouvre sur un hommage ému rendu à Homère, dont l'œuvre immortelle reste debout parmi les ruines du temps ; mais il n'est pas indifférent non plus que l'essai s'achève, brusquement interrompu, sur un hommage à Vauvenargues. L'esthétique de Ballanche oscille entre ces deux pôles ; c'est dire qu'elle n'a rien de révolutionnaire. Comment l'eût-elle pu, d'ailleurs, puisque son objectif vise essentiellement à restaurer une harmonie détruite, à refaire du christianisme une religion de l'amour, à rétablir un ordre social violenté par des « juges iniques » et « d'intrépides scélérats », à laver son pays de « l'horreur du parricide ». Car on ne saurait dissocier, dans l'ouvrage de Ballanche, le propos esthétique du propos philosophique, religieux, moral et politique.

Face à l'apologie de la guerre et du bourreau, à la vision apocalyptique de Joseph de Maistre, Ballanche représente moins le désir d'une contre-révolution que celui de nier la Révolution en l'absorbant dans un illuminisme pénétré de douceur, d'irénisme et de ce principe fondamental qui restitue l'homme à l'harmonie naturelle : le Sentiment.

« DU MERITE PERSONNEL »
REMARQUES SUR LA COMPOSITION
D'UN CHAPITRE DES « CARACTERES » DE LA BRUYERE

par Alain NIDERST

On admet communément que les *Caractères* ne forment qu'un assemblage de notes et de remarques sans plan, ni progression. N'est-ce pas le reproche que les polémistes du *Mercure Galant* adressèrent, dès 1693, à La Bruyère ? Ne doit-on pas juger que sa réplique est faible, lorsqu'il veut nous persuader que les quinze premiers chapitres de son ouvrage « ne tendent qu'à ruiner tous les obstacles qui affaiblissent d'abord, et qui éteignent ensuite dans tous les hommes la connaissance de Dieu ; qu'ainsi ils ne sont que des préparations au seizième et dernier chapitre » [1], où la vérité de la religion chrétienne est enfin démontrée ? En ce cas, La Bruyère, dans son livre, n'a pas su appliquer sa doctrine ; ce défenseur des Anciens s'est montré, sans le savoir, l'adepte de l'esthétique et de la philosophie des Modernes ; comme Fontenelle qu'il haïssait, il a concouru à remplacer le dogmatisme et la pompe des classiques par un empirisme décousu, mais précis et lucide. Son œuvre devient ainsi un admirable témoignage des métamorphoses de la pensée et du goût à la fin du XVII° siècle.

Cette interprétation nous paraît séduisante, mais un peu simple. C'est oublier ce travail lent et scrupuleux, auquel l'écrivain s'est astreint. D'une édition à l'autre, peut-on supposer qu'il intercale à n'importe quelle place les nouvelles remarques ou les nouveaux portraits qu'il ajoute ? Enfin, dans sa *Préface* au *Discours à l'Académie,* il explique, d'une manière un peu hâtive, mais assez nette, la composition de son dernier chapitre ; il nous dit en effet qu'on doit y retrouver trois parties, l'une « où l'athéisme est attaqué et peut-être confondu » ; l'autre « où les preuves de Dieu, une partie au moins de celles que les faibles hommes sont capables de recevoir dans leur esprit sont apportées » ; la dernière « où la providence de Dieu est défendue contre

---

(1) *Préface* au *Discours à l'Académie,* éd. Pléiade, p. 485-486.

l'insulte et les plaintes des libertins » [2] ; or ces trois mouvements se discernent aisément : les vingt-huit premiers fragments sont consacrés à la polémique contre les libertins ; les fragments 29 à 42 contiennent diverses preuves du christianisme : preuves morales et philosophiques, inspirées de Pascal et de Descartes ; les fragments 43 à 49 montrent la splendeur de la création, et s'élèvent ainsi à l'adoration de la providence qui apparaît dans l'univers entier et dans toute la société humaine.

Il nous semble donc logique de postuler que les *Caractères* ont « un plan et une économie ». Mais leur composition, comme celle des *Pensées* de Pascal, est vraisemblablement assez savante et assez subtile. Peut-être se laissera-t-elle mieux discerner en envisageant un chapitre isolé ; nous avons choisi le second, *Du Mérite personnel*, mais nous tenterons à partir de cet exemple d'arriver à des conclusions générales.

Les trois premières remarques soulignent la facticité des valeurs mondaines : l'homme qui a « les plus rares talents et le plus excellent mérite... laisse en mourant un monde qui ne sent pas sa perte » (1) ; bien des gens ont un nom glorieux, mais « quand vous les voyez de fort près, c'est moins que rien » (2) ; « il se peut faire qu'il y ait au monde plusieurs personnes... que l'on emploie pas, qui feraient très bien ; et je suis induit à ce sentiment par le merveilleux succès de certaines gens que le hasard seul a placés... » (3). Ainsi la gloire, si elle est justifiée, s'évanouit à la mort ; mais elle n'est pas toujours justifiée : elle ne paraît souvent tenir qu'à une rumeur, ou qu'à un hasard.

Il est bien difficile de parvenir — tel est le sens des fragments 4 à 12 : c'est une « horrible peine à un homme qui est sans prôneurs et sans cabale » (4) ; les hommes discernent rarement le mérite des autres (5) ; les occasions peuvent manquer (6) ; l'esprit ne suffit pas, il faut savoir se servir du sien, ou faire valoir celui des autres (7) ; il convient de choisir l'outil adapté à la fin qu'on se propose (8) ; c'est donc un « pénible métier que celui de se faire un grand nom » (9), et nous ne pouvons travailler « qu'à nous rendre très dignes de quelque emploi : le reste ne nous concerne point, c'est l'affaire des autres » (10) ; la meilleure maxime est de « se faire valoir par des choses qui ne dépendent point des autres, mais de soi seul, ou renoncer à se faire valoir » (11) ; et en fait, il « faut, en France, beaucoup de fermeté et une grande étendue d'esprit pour se passer des charges et des emplois, et consentir ainsi à demeurer chez soi,

---

(2) *Ibid.*, p. 486.

et à ne rien faire » (12). Ce passage a donc son unité et sa progression : le mérite personnel existe, mais l'opinion et les circonstances ont un tel poids, qu'il est souvent méconnu ; la sagesse consistera à nous parfaire nous-mêmes, à mépriser ce que nous ne pouvons contrôler, et peut-être à préférer l'oisiveté studieuse aux aléas de l'ambition. Les « affaires » et le « mérite », qui semblaient d'abord complémentaires, deviennent presque contradictoires : la solitude et le repos demandent un mérite éminent ; il est rare d'avoir « assez de fond pour remplir le vide du temps, sans ce que le vulgaire appelle des affaires » (12).

Les fragments 13 à 24 semblent consacrés à définir l'homme de mérite : il « n'est jamais incommode par sa vanité » (13) ; il est modeste (14) ; il ne cherche dans son travail que « le plaisir qu'il sent à le faire » (15) ; comme « le couvreur songe à couvrir », l'homme de cœur n'est appliqué « qu'à bien faire » (16) ; enfin, la modestie et la simplicité, si elles sont authentiques, rehaussent le mérite (17). D'autre part, la véritable valeur ne saurait s'acheter avec de l'argent, si les dons manquent (18) ; elle transcende la bonne ou la mauvaise fortune (19) ; elle est fort rare et méconnue (20) ; elle fait oublier la naissance (21), au point que les hommes les plus exquis « n'ont ni aïeuls, ni descendants » (22) ; peut-être tient-elle plus au bon esprit qu'au courage (23), et la perfection dans un art conduit ceux qui l'atteignent, tels Mignard, Lully et Corneille, à sortir « en quelque manière » de cet art, et à égaler « ce qu'il y a de plus noble et de plus relevé » (24). Dans ce développement, nous discernons un éloge, de plus en plus insistant, de la modestie ; puis une définition, de plus en plus approfondie, de la « valeur » — définition surtout négative, puisque le moraliste la distingue tour à tour de l'argent, de la réussite sociale, de la naissance, et même de l'art où elle triomphe.

On revient ensuite aux jugements des hommes. Le célibat permet de s'élever au-dessus de son ordre (25) ; mais « les éminentes dignités et les grands titres » (26), l'or et la magnificence, tels qu'ils éclatent sur Philémon (27), et même le vêtement et la coiffure (28), sont d'autres apparences qui nous égarent plus gravement.

Au fragment 29, La Bruyère reprend sa définition du mérite. C'est d'abord le courage. Chez nous, le brave soldat n'a pas le génie universel qu'avait le Romain « tout ensemble... soldat et... homme de robe » (29) ; une hiérarchie apparaît entre le héros qui fait la guerre, le grand homme qui est « de tous les métiers » et « l'homme de bien » (30). Ces distinctions sont souvent délicates (31), mais Aemile — le grand Condé — est un héros, un grand homme, et aussi un cœur sincère pour Dieu et pour les

hommes « ...vrai, simple, magnanime » (32). Après le courage,
vient le mérite intellectuel, qui éclate, dès l'enfance, chez « les
enfants des Dieux » (33) ; la sagesse chez Socrate, comme la
virtuosité chez Mignard, Lully et Corneille, comme l'héroïsme
chez Condé, aboutit à une sorte d'universalité, qui concilie « les
grâces du corps » et « les dons de l'âme » (34).

Même l'homme le plus « accompli » et le plus « nécessaire aux
siens » n'est pas toujours regretté (35). Même l'homme d'esprit,
s'il est « d'un caractère simple et droit », « peut tomber dans
quelque piège » (36). Pourtant, on doit distinguer, fût-ce par les
manières, la façon d'entrer, de s'asseoir, de se lever, de se taire,
le sot de l'homme d'esprit (37). Le sot a l'impudence de Mopse
(38), l'arrogance et les chimères de Celse (39) ; il est, comme
Ménippe, « l'oiseau paré de divers plumages » (40). Le véritable
mérite ne se connaît qu'en cherchant l'intention, et non en jugeant
les actes (41) ; il est « noble et facile » (42) ; il est au-dessus de
l'ambition (43) ; il réside enfin dans la bonté, où éclate une vertu
« héroïque » et « parfaite » (44).

Il y a donc une composition dans ce chapitre. Ce n'est pas
le plan linéaire et dogmatique, que La Bruyère indiquait pour le
seizième chapitre. Ce ne peut être qu'un « ordre du cœur » — d'apparentes répétitions, des suggestions, d'abord ébauchées, qui reviennent, qui se renforcent, qui s'approfondissent, de fines nuances,
qui aboutissent à de véritables oppositions.

Le propos de La Bruyère est évidemment de distinguer le
vrai du faux mérite, l'apparence de la réalité. C'est ce que suggèrent
brièvement les trois premières remarques. Viennent ensuite deux
fils qui s'entrecroisent. L'un, celui de la réussite publique ; l'autre
celui de la valeur authentique. Le premier occupe les fragments
4 à 12, 25 à 28, 38 à 40. Le second, les fragments, 13 à 24, 29 à
34, 41 à 44. Ainsi le chapitre paraît-il discontinu, mais ce n'est
pas la discontinuité qu'indique La Bruyère par ses alinéas et
ses numéros ; des suites se distinguent, et chaque phrase ne révèle
son sens véritable que dans le contexte où elle est placée ; le
fragment 8 :

« Il y a plus d'outils que d'ouvriers, et de ces derniers plus de
« mauvais que d'excellents : que pensez-vous de celui qui veut
« scier avec un rabot et qui prend sa scie pour raboter ? »

semble absurde, s'il n'est rapproché des remarques précédentes,
où La Bruyère indique maintes difficultés, qui empêchent le mérite
d'éclater aux yeux des hommes. De même, le fragment 37 :

« Il n'y a rien de si délié, de si simple et de si imperceptible, où
« il n'entre des manières qui nous décèlent. Un sot ni n'entre, ni

« ne sort, ni ne s'assied, ni se lève, ni ne se tait, ni n'est sur
« ses jambes, comme un homme d'esprit »

ne contient pas seulement une considération de psychologue, qui
signifierait que le comportement trahit la nature de chacun ;
c'est aussi l'annonce des derniers mouvements du chapitre, où les
sots et les sages sont opposés de façon éclatante.

La démarche du moraliste se caractérise donc par un incessant va-et-vient, de l'erreur à la vérité, de l'authenticité à l'illusion. L'erreur et l'illusion, c'est l'estime publique ; La Bruyère
nous montre d'abord qu'il est difficile de la conquérir ; ce paraît
pourtant une valeur respectable, même s'il est peut-être plus sage
de se retirer des affaires (4 à 12)... Mais bientôt nous découvrons à
quel point cette estime s'attache à des apparences superficielles :
les hautes dignités, l'or, et même la coiffure (25 à 28). Ce mouvement s'achève par les terribles caricatures des sots présomptueux,
Mopse, Celse et Ménippe. A cette dégradation progressive de la
grandeur apparente s'opposent l'élévation et la purification pro-
gressives du mérite véritable. C'est d'abord la modestie, puis la
virtuosité (13 à 24), puis la bravoure (29 à 32), puis l'intelligence
(33 à 34), enfin la pureté de cœur et la bonté (40 à 44).

Si la sinueuse composition de ce chapitre évoque les *Pensées*
de Pascal, la définition du mérite, telle que l'indique la composition, rappelle « les trois ordres ». Il est vrai que La Bruyère
commence par les virtuoses — Mignard, Lully et Corneille —
que Pascal semblait oublier. Mais les figures exemplaires qu'il
nous peint ensuite — Aemile, Socrate, l'homme bon — paraissent
bien appartenir à l'ordre du corps, à l'ordre de l'esprit, à l'ordre
du cœur. Dans la dernière maxime, La Bruyère nous dit que
l'homme bon atteint à une vertu *héroïque* : ce terme, qui doit
évidemment nous faire songer à l'agonie du Christ, nous rappelle
aussi l'héroïsme d'Aemile et du « brave soldat » ; il signifie donc
que la charité contient les perfections des deux premiers ordres,
et qu'en elle se fait la synthèse de tout le « mérite personnel ».

Alors qu'au début du chapitre la réussite sociale et le mérite
authentique ne paraissaient pas absolument opposés, nous abou-
tissons, au terme de ce va-et-vient, à la confrontation du lamentable Ménippe et du Christ adorable, qui, par respect, n'est pas
nommé. Le mérite, qui semble une idée simple, contient deux
notions, qui, chaque fois que nous passons de l'une à l'autre, révèlent un peu plus leur éloignement, puis leur contradiction. Seule
la composition permet de comprendre ce qu'a signifié l'écrivain.
Son chapitre est donc, comme sans doute tout son livre, une
introduction subtile, astucieuse, faussement hésitante, à la vie
dévote.

Dans ce cadre reviennent plusieurs thèmes, qui semblent, chaque fois qu'ils reparaissent, relever d'un registre différent, et nous conduire d'une question à une réponse, d'une ébauche à une conclusion. Ainsi *la retraite* : ce n'est d'abord qu'une attitude raisonnable, que nous conseillent les aléas de l'ambition (12) ; ce devient enfin la véritable ambition, puisque le sage comprend que la gloire le plus pure ne peut venir des hommes (43). Ainsi *la modestie* : elle accompagne le mérite (13) ; elle le rehausse (17) ; elle est, au terme du chapitre, l'indice le plus sûr, de « la véritable grandeur » (42). Ainsi *l'excellence* ou *l'universalité* : le grand artiste transcende son art (24) ; le Romain dépasse nos distinctions entre la bravoure et la science (29) ; Aemile est un homme vrai autant qu'un grand général (32) ; Socrate danse aussi bien qu'il raisonne (34). Mais il ne s'agit pas de viser à une sorte d'éclectisme, et les souvenirs de Montaigne, que nous pourrions reconnaître ici, risqueraient de nous égarer. Mignard, le Romain, Aemile, Socrate, ne sont que des indications, des esquisses de la perfection ; ils signifient simplement que l'homme accompli doit dépasser sa réussite, ou plutôt que toute réussite réelle suppose son propre dépassement. Celui qui incarne le mieux l'universalité du véritable mérite, c'est le sage, ou le Christ. Son renoncement aux « trésors », aux « postes » à la « fortune », et à la faveur », s'explique parce qu'il les possède implicitement, et peut donc les dédaigner. L'universalité, qui se devine à la lisière de toute réussite particulière, ne sera enfin atteinte que par le sacrifice de toutes ces réussites. « Le sage guérit de l'ambition par l'ambition même » (43). Modestie, retraite, universalité, ces trois indications, qui semblaient éparses ou isolées, se révèlent complémentaires ; ce ne sont que des visages différents de la même vérité. Mais on ne le comprend qu'à la fin du chapitre.

Peut-être avons-nous présenté notre interprétation de façon un peu trop rigide, et avons-nous trop insisté sur la *discontinuité* de ce chapitre. Les blocs que nous avons discernés existent ; certains fragments, plus amples, plus pompeux, plus profonds, semblent bien constituer la conclusion d'un développement, ou le couronnement d'une réflexion (12, 24, 34). Mais d'autres morceaux sont plus difficiles à classer. Ainsi 35, 36, et 37, qui semblent former une transition : si les grands mérites sont oubliés à leur mort, et que l'homme d'esprit peut tomber dans un piège, c'est que la vraie valeur ne pourra obtenir des hommes sa récompense ; le morceau 37 affirme, nous l'avons vu, le dogmatisme qui éclatera dans la confrontation de Ménippe et du Christ... On peut également hésiter sur la signification des trois premiers fragments... En fait, la démarche de La Bruyère est peut-être plus subtile — au moins

dans ce chapitre — que nous ne l'avons dit. L'essentiel demeure : l'écrivain nous conduit de l'art de parvenir au mépris de l'ambition ; par son va-et-vient, il fait peu à peu éclater le conflit d'abord suggéré, entre la vénération publique et la grandeur réelle ; l'une ne cesse de se détériorer, l'autre de se purifier...

Comment expliquer cette recherche ? Elle s'explique évidemment par le refus du pédantisme et du didactisme, par la certitude que l'on persuade mieux en s'insinuant qu'en démontrant. A l'art de la composition s'ajoute l'art de la présentation : l'enchaînement d'un fragment à l'autre est voilé. Suivons par exemple les morceaux 9, 10 et 11. Le premier n'est qu'une maxime qui émane de ce qui précède :

« Il n'y a point au monde un si pénible métier que celui de se
« faire un grand nom : la vie s'achève que l'on a à peine ébauché
« son ouvrage ».

On croit ensuite passer à un portrait ; on s'amuse à en chercher la clef ; elle existe ; mais *Egesippe* signifie qu'en se croyant propre à tout on n'est propre à rien ; on en conclut qu'il vaut mieux se rendre « très digne de quelque emploi », mais il y a le reste qui est « l'affaire des autres ». Le fragment 11 nous explique que plutôt que de solliciter et de tenter d'infléchir ce qui nous échappe, il est préférable de renoncer à se faire valoir. Ainsi le raisonnement est le suivant :

— il est difficile de parvenir ;

— il faut donc se spécialiser et tenter d'acquérir quelque capacité particulière ;

— le reste ne nous appartient pas, et mieux vaut y renoncer que de s'obstiner à de vaines et déshonorantes « sollicitations ».

Mais, si La Bruyère s'était exprimé ainsi, il aurait affaibli sa démonstration. Comme il semble passer d'une maxime à un portrait, d'un portrait à une méditation, on croit qu'il ne vise qu'à nous distraire par une agréable variété. La chaîne est cachée sous ces fleurs qui sont les pointes, les chutes, la diversité, les ruptures. Au lieu d'un raisonnement que nous pourrions combattre, nous subissons une sorte de cahotement qui nous amuse et nous empêche de sentir la rigueur qui s'insinue, et la continuité qui subsiste sous cette fausse dislocation. C'est comme si des expériences absolument hétérogènes enfermaient de façon évidente la même vérité, ou plutôt l'approfondissement de la même leçon... Nous pouvons donc juger à sa vraie valeur l'empirisme de La Bruyère. Ce n'est pas l'empirisme de Fontenelle qui conduit au scepticisme. La Bruyère est pascalien et cartésien, mais Pascal lui a appris qu'une

fausse discontinuité qui semble *réelle*, qui plaît à notre *cœur*, était la ruse la plus adroite.

Toutefois, comme chez Pascal, ce n'est pas seulement une ruse. Notre pensée est chassée d'un fragment à l'autre, d'une vérité à l'autre — et surtout d'un contraire à l'autre. La réalité est essentiellement dynamique. Cassée, écartelée, contradictoire, elle s'achève dans le silence sous les yeux de Dieu. Le rationalisme s'écroule devant cette démarche inquiète : oscillations, fragments apparemment décousus, « style affecté, dur et interrompu » [3], tout, dans cette œuvre, s'oppose à la mollesse mélodieuse et fleurie, où se complaisent les premiers adeptes des « lumières » ; à ces flatteries de l'empirisme, du rationalisme et même du scepticisme, à ces caresses, à cette nonchalance, à cette coquetterie, le moraliste préfère le doute « tragique », blocs épars, « contrariétés », insatisfaction devant une réalité trop forte et trop mobile, qui ne permet ni le triomphe, ni le repos, ni le détachement.

Nous n'oserions pas, au terme de cette étude, assimiler La Bruyère à Pascal. Il faudrait mieux connaître la biographie du moraliste, et les divers visages qu'emprunta le jansénisme à la fin du XVIIe siècle. Mais, quoiqu'on retrouve dans les *Caractères* les preuves métaphysiques de la théologie cartésienne, l'influence des *Pensées* nous semble prépondérante. Elle s'affirme d'ailleurs dans certaines inflexions, certains élans, certaines chutes. Et ne parlons pas d'un ascendant subi malgré soi, et de manière presque inconsciente : si la composition est aussi concertée que nous l'avons montré, c'est évidemment que La Bruyère a médité la rhétorique de Pascal, et s'est persuadé que c'était le seul moyen d'exprimer sa conception de la vie humaine, et de conduire au silence, à la retraite, à l'adoration. Sans doute faut-il faire justice ici de ce La Bruyère goguenard, un peu amer, mais fin observateur, que la critique a traditionnellement campé, et prendre au sérieux cette méditation religieuse, qui est l'unique chef de ces tableautins et de ces caricatures.

Certes, nous n'avons voulu étudier que le chapitre *Du Mérite Personnel* et il n'est pas certain que tout l'ouvrage témoigne exactement des mêmes intentions. Certaines analogies sont pourtant évidentes : ce cahotement qui nous pousse d'un fragment à l'autre, nous pousse aussi d'un chapitre à l'autre ; fausse et vraie discontinuité, concret brûlant, effets de résonnance, tout cela se retrouve d'un bout à l'autre du livre. Il convient surtout, répé-

---

(3) *Ibid.*, p. 490.

tons-le, de ne plus lire cet ouvrage comme un recueil de notes ;
dans chaque chapitre, comme dans celui que nous avons étudié,
les fragments, les phrases même, n'ont de sens que dans leur
ensemble : ici le moraliste prolonge ce qu'il vient de suggérer ;
là il se fait l'écho de ce qu'il avait ébauché ; les portraits ne
se rattachent pas seulement à des modèles vivants ; ils complètent
ou approfondissent la réflexion. Est-ce par hasard que la confrontation de Giton et de Phédon sert de conclusion au chapitre *Des
Biens de Fortune* ? La Bruyère n'a-t-il pas voulu nous dire, au
terme de son examen des négociants et des financiers, que dans
ce monde régnaient les riches, présomptueux et *charnels*, tandis
que l'autre royaume appartenait aux pauvres, humiliés, et presque
dépouillés de leur corps et presque diaphanes ? De même, le
chapitre, *De la Société*, s'achève sur *Nicandre et Elise* : au bavar-
dage insipide et grossier du prétendant, s'oppose le silence courageux et résolu de la jeune fille... N'est-ce pas la meilleure manière
de condamner la « société » et la « conversation » et de préparer
l'ultime fragment du chapitre : « Le sage quelquefois évite le
monde, de peur d'être ennuyé » ? Le procédé même du portrait
signifie sans doute l'échec de la réflexion théorique : pour rendre
cette réalité qu'on ne peut maîtriser, il faut le concret, et tout ce
qu'implique le style : c'est là, comme dans la composition, que se
trouve la vérité, souvent inexprimable selon « l'ordre des raisons ».

Pascal écrivait :

« Pyrr.

« J'écrirai ici mes pensées sans ordre et non pas peut-être
« dans une confusion sans dessein. C'est le véritable ordre et
« qui marquera toujours mon objet par le désordre même.

« Je ferais trop d'honneur à mon sujet si je le traitais avec
« ordre puisque je veux montrer qu'il en est incapable » [4].

La Bruyère a médité ces formules. Ainsi, malgré la cohérence
de son livre, la composition des chapitres est-elle différente ; elle
doit dépendre du sujet : n'avons-nous pas vu que l'ordre du
dernier chapitre, *Des esprits forts* tel que La Bruyère l'indique,
et tel qu'il apparaît à la lecture, est bien plus simple, que celui
que nous avons discerné dans *Du Mérite personnel* ? Cette remarque peut sans doute se généraliser ; il faudrait analyser chaque
partie de cet ouvrage pour révéler et expliquer la diversité qui
doit y apparaître.

---

(4) *Pensées*, éd. Lafuma, *Papiers non classés*, série XXIII, p. 373.

Oserons-nous, au terme de nos réflexions, proposer une structure d'ensemble des *Caractères* ? Nous savons que, selon La Bruyère, les quinze premiers chapitres s'attachent à « découvrir le faux et le ridicule qui se rencontrent dans les objets des passions et des attachements humains » et à ruiner « tous les obstacles » qui nous empêchent de connaître Dieu[5].

Le premier chapitre, *Des Ouvrages de l'esprit,* révèle assurément le ridicule, qui se trouve dans la littérature et le théâtre, mais il contient aussi des conseils précis ; nous y verrions volontiers l'introduction de tout le livre : La Bruyère y laisse percer l'essentiel de ses intentions et de sa rhétorique. De même, le second chapitre, *Du Mérite personnel,* n'est pas seulement satirique : il pose, comme nous l'avons vu, la question essentielle : la valeur sociale et la valeur authentique n'ont rien de commun ; la première n'est qu'illusion ou mensonge...

C'est à partir du troisième chapitre qu'on en vient aux obstacles qui nous séparent de Dieu. Ils tiennent d'abord à la nature humaine ; ils sont, si l'on ose dire, d'ordre « métaphysique » : ce sont nos passions peintes dans *Des Femmes* et *Du Cœur ;* elles ont leur douceur ; « il y a dans le cours de la vie de si chers plaisirs et de si tendres engagements... », mais il faut « savoir y renoncer par vertu »[6].

On passe ensuite aux obstacles extérieurs et même « historiques ». La vie collective (*De la Société et de la Conversation*), l'argent (*Des Biens de Fortune*), Paris, avec ses robins, ses parvenus et ses oisifs (*De la Ville*), Versailles, où règnent la brigue, et où l'on est esclave (*De la Cour*), la noblesse dure et capricieuse (*Des Grands*), tout cela est méprisable et dangereux : « Le sage quelquefois évite le monde »[7] ; Phédon vaut mieux que Giton : la bourgeoisie moderne a perdu ses vertus ancestrales[8] ; « un esprit sain puise à la cour le goût de la solitude et de la retraite »[9] ; « l'on doit se taire sur les puissants : il y a presque toujours de la flatterie à en dire du bien ; il y a du péril à en dire du mal pendant qu'ils vivent, et de la lâcheté quand ils sont morts »[10]. Cette enquête s'achève sur la vie politique : guerres, ministres

---

(5) *Préface,* p. 485.
(6) *Du Cœur,* p. 85.
(7) *De la Société,* p. 83.
(8) *De la Ville,* p. 22.
(9) *De la Cour,* p. 101.
(10) *Des Grands,* p. 56.

et favoris, luxe inutile : « Que de dons du ciel ne faut-il pas pour bien régner » [11].

Ces mensonges et cette corruption de la société, où notre âme peut se perdre, s'expliquent par la nature humaine. On en revient donc aux obstacles métaphysiques : nos vices (*De l'Homme*), notre sottise (*Des Jugements*). Mais pour bien se persuader de notre « petitesse », il faut à nouveau jeter les yeux sur le monde concret, le siècle et ses manies ; ainsi notre « assujettissement aux modes, quand on l'étend à ce qui concerne le goût, le vivre, la santé, et la conscience » [12]. Cette misérable dépendance est peinte dans *De la Mode* et aussi dans *De quelques usages*. Enfin, même *la chaire* est envahie par la frivolité et l'ambition.

Entrelaçant ainsi les méditations générales et les observations précises, La Bruyère nous présente un tableau, qui est de plus en plus noir : les passions ont, malgré tout, leur charme, et le cœur n'est pas inutile ; la vie sociale est catastrophique, mais on croit pouvoir échapper à ses poisons ; en revanche, nos vices, notre sottise, notre frivolité, sont les obstacles presque insurmontables. Pour reprendre les mots du moraliste, nos « attachements » sont encore plus pitoyables et plus pernicieux que nos « passions » ; celles-ci « affaiblissent », ceux-là « éteignent » en nous « la connaissance de Dieu ».

Nous avons légèrement nuancé ce que nous disait La Bruyère : les deux premiers chapitres nous sont apparus comme isolés de ceux qui suivent, nous y avons vu plutôt une introduction générale qu'une satire de la littérature et du mérite. Mais, à cette réserve près, nous acceptons finalement sa sentence, nous retrouvons dans son livre ce qu'il y indique, et nous sommes simplement surpris qu'on ait si longtemps refusé de se rendre à l'évidence, et qu'on ait préféré parler de « l'impressionnisme » ou du « pointillisme » de La Bruyère, au lieu de méditer son esthétique et de lire attentivement son ouvrage. Il est vrai toutefois que cette composition est plus subtile encore que nous ne l'avons montré : la religion, qui éclate dans le dernier chapitre, est discrètement indiquée dans les conclusions des chapitres précédents ; elle occupe une part importante dans *De la Mode,* avec la fausse dévotion, dans *De la Chaire,* avec les bons et les mauvais prédicateurs. Ce

---

(11) *Du Souverain,* p. 35. Il ne nous appartient pas ici de discerner la part de sincérité ou de convention qui existe dans cet éloge de Louis XIV. Mais on remarque quelque ambiguité : le roi semble parfait ; l'Etat semble malade.

(12) *De la Mode,* p. 1.

n'est pas seulement l'aboutissement d'une enquête et d'une réflexion ; c'est un thème d'abord furtivement suggéré, puis de plus en plus insistant. La composition est musicale autant que dialectique ; l' « art de persuader » ne se borne pas à présenter un constat tragique ; par des touches successives, de discrets appels, des promesses voilées, il ménage notre adhésion, qui est presque acquise, avant qu'on n'en arrive aux arguments et aux preuves du dernier chapitre.

PETITE HISTOIRE D'UN TABOU
OU
LES PRÉSUPPOSÉS DE L'ANTIBIOGRAPHISME

par Claude PICHOIS

Deux expériences personnelles sont à l'origine des réflexions suivantes. Des relations avec Pierre Jean Jouve sur qui j'ai donné à l'Université de Bâle, il y a une dizaine d'années, un cours dans lequel Jouve m'avait fait promettre de ne pas dire mot de sa vie et de son œuvre antérieure à 1925. Promesse que j'ai alors assez bien tenue, en constatant que l'interdit prononcé rendait difficile, sinon impossible, l'interprétation globale de *Paulina 1880*. Cette œuvre admirable suppose, en effet, des interprétations à différents niveaux : psychanalytique, psychologique, esthétique. En voulant la faire apparaître comme une comète, indépendante de tout système préalable, en interdisant tout recours à sa biographie, Jouve suscite nécessairement une interprétation biographique. Même si l'on n'adopte pas entièrement les conclusions de Mme Simonne Sanzenbach [1], on en arrive à penser que l'œuvre est de délivrance, à la fois sur le plan conjugal et sur le plan idéologique et littéraire. Laissons le premier. Sur le second, Paulina tuant le comte Michele Cantarini, n'est-ce pas la psyché de Jouve tuant l'admirateur de Romain Rolland ? Rolland fut, en effet, le grand homme de Jouve pendant la première guerre mondiale [2]. Et il faut bien avouer que la copieuse oraison jaculatoire adressée par Jouve à son héros [3] est l'un des ouvrages les plus vains consacrés à Rolland [4].

---

(1) *Les Romans de Jouve. Le Romancier en son miroir*, Vrin, 1972.
(2) Voir le *Journal des années de guerre* de R. ROLLAND, Albin Michel, [1952].
(3) Albin Michel, 1922.
(4) Ayant eu pendant quelques années (après que j'eus proposé Jouve pour le doctorat *honoris causa* de l'Université de Bâle) le redoutable hon-

Autre exemple. En 1971, le grand écrivain américain qu'est Robert Penn Warenn publie New York chez Random House un roman : *Meet me in the Green Glen,* traduit l'année suivante chez Stock par Robert André sous le titre *Les Rendez-vous de la clairière.* Impossible de ne pas noter des analogies entre ce roman et *La Veuve Couderc* de Simenon (1942), célèbre par lui-même et par le film tourné avec Simone Signoret et Alain Delon. La rencontre était intéressante. Que Stendhal parte d'une chronique de la Renaissance italienne, que Robert Penn Warren reprenne un schéma de Simenon et l'adapte aux circonstances des Etats du Sud, il y a là matière à réflexion sur la création romanesque. Robert Penn Warren a fait ses études avec le groupe des « Fugitives », à l'Université Vanderbilt (Nashville). Il y a des amis ; il a des amis dans les environs de Nashville. Je les interrogeai : lui qui a séjourné en Europe et notamment en France, a-t-il lu Simenon ? Réponses : Je n'ose pas l'interroger. — Red [5] Warren ne travaille pas ainsi. J'avais l'impression d'avoir commis un sacrilège.

Chacun de ceux qui s'intéressent à la littérature vivante a pu faire de semblables expériences. Les autres se rappelleront que le lieu de la création littéraire est souvent comparé à la chapelle la plus retirée d'un temple, à un laboratoire ou, par une dérision redoutable, à une cuisine. Baudelaire projetant de dissiper, dans une préface, le « malentendu » provoqué par *Les Fleurs du Mal,* notait : « Mène-t-on la foule dans les ateliers de l'habilleuse et du décorateur, dans la loge de la comédienne ? » [6]. Gide accusé d'avoir plagié Saint-Simon dans un chapitre des *Faux-Monnayeurs* se justifie en une réponse (1927) qu'il fait imprimer à la suite du *Journal des Faux-Monnayeurs* et reproche à sa correspondante « l'erreur où peut nous entraîner cette manie moderne de voir influence (ou « pastiche ») à chaque ressemblance que l'on découvre, manie qui transforme la critique de certains universitaires en police et qui précipite tant d'artistes dans l'absurde par la grande crainte d'être soupçonnés de pouvoir ressembler à quelqu'un » [7]. Valéry, en 1937, est péremptoire : « La connais-

---

neur d'être l'un de ses exécuteurs testamentaires, j'aurais eu pour mission de poursuivre — comment — tous ceux qui oseraient mentionner ses œuvres antérieures à 1925.

(5) C'est son surnom : il a le teint brique.

(6) *Œuvres complètes,* éd. Y.-G. Le Dantec et Cl. Pichois, « Bibliothèque de la Pléiade », [1968], p. 1279 et 188.

(7) *Journal des Faux-Monnayeurs,* Gallimard, [1948], p. 112.

sance de la biographie des poètes est une connaissance inutile, si elle n'est pas nuisible » [8].

Une timide protestation, à propos de Valéry précisément ; elle est due à Valery Larbaud :

> [...] s'il est certain que l'écrivain, le poète, le penseur ne sont pas ailleurs que dans leur œuvre, il est vrai aussi que, pour mieux comprendre cette œuvre, il n'est pas inutile de savoir comment elle a pu s'élaborer, se développer, et l'histoire d'un tel développement doit forcément se baser sur quelques données biographiques, telles que : études, lectures, séjours, voyages — le reste : traits de caractère, habitudes, vie privée, étant anecdotique et superflu [9].

Si, à cette rare exception près, on constate qu'un interdit est jeté par les auteurs et par nombre de critiques sur les recherches biographiques, — on doit, d'autre part, constater que le goût de la biographie est un besoin incoercible, besoin qui est ressenti par beaucoup, sinon par tous, et dont témoigne la vogue des biographies. Qu'il soit suffisant de citer par ordre décroissant : Stefan Zweig, Emil Ludwig, feu André Maurois. Leurs livres ont été lus avidement, même s'ils sont médiocres, même s'ils donnent raison aux adversaires de la biographie. Ils ont des successeurs.

Il y a plus grave : les auteurs eux-mêmes reconnaissent l'existence de ce besoin et se préparent directement ou indirectement à le satisfaire en proposant à leurs futurs lecteurs une version magnifiée ou même légendaire de leur vie.

Cela commence avec Rousseau, se poursuit avec Chateaubriand, devient systématique avec Malraux. Celui-ci a procédé par des voies diverses, pour ne rien laisser au hasard. Personnellement, en publiant les *Antimémoires*. En ne craignant pas de se laisser faire violence par Pierre Galante, journaliste de *Paris-Match*, périodique réputé pour ses images. Lorsqu'un universitaire a de l'esprit critique, comme André Vandegans, qui a démonté quelques légendes, Malraux le tient à distance. Mais s'en trouve-t-il qui soit, tel Walter Langlois, d'une naïveté de triste aloi : à moi, mon ami ! Le plus beau porte-voix d'André Malraux s'appelait Georges Pompidou, alors maître de conférences aux « Sciences Po ». Depuis la disparition des « Classiques illustrés Vaubour-

---

(8) Cité par Raymond Lebègue, introduction au colloque *Problèmes et Méthodes de l'histoire littéraire* organisé par la Société d'Histoire littéraire de la France, dans les *Publications* de cette Société, 1974.

(9) Valery LARBAUD, « Paul Valéry », *Ce vice impuni la lecture*, *Œuvres complètes*, t. VII, Gallimard, 1957, p. 331.

dolle », il devient difficile de se procurer les *Pages choisies* (*romans*) *avec une notice biographique, une notice littéraire et des notes explicatives* (Hachette, 1955). La « Vie d'André Malraux » — la notice biographique — ne peut devoir ses éléments qu'à Malraux lui-même. On lit, page 3 : « Ses ancêtres ont pendant trois siècles été armateurs à Dunkerque jusqu'au jour où la tempête enleva à son grand-père une flotte qu'il avait, par principe, refusé d'assurer ». J'ai eu l'infâme curiosité de m'informer auprès d'un membre de la Chambre de Commerce de Dunkerque : une flotte ? non, un chalutier. Et que dire de cet autre passage : « En 1923, il part pour l'Asie, Chine, Indochine, archéologie et révolution. Il lutte aux côtés de Tchang-Kaï-Chek, dans le Kuomintang, puis avec les communistes ». Nul doute que M. Pompidou ne soit allé en Chine pour vérifier l'exactitude de son dire. Jean Lacouture l'avait pourtant déjà détrompé [10] : à l'époque considérée, Malraux n'a fait qu'un rapide voyage, à Hong-Kong, en août 1925. Malraux quitte Saïgon le 30 décembre 1925. Il ne verra la Chine continentale qu'en 1931.

Ainsi coexistent contradictoirement un besoin de biographie et l'interdiction de le satisfaire, du moins en satisfaisant également des exigences de vérité. Un essai d'explication tente un esprit libre.

Une cause semble devoir être cherchée au moment où l'interdiction commença à être prononcée, c'est-à-dire aux dernières années du XIXᵉ siècle et aux premières du XXᵉ. En 1887, Eugène Crépet, qui avait été en relations contrastées avec Baudelaire, publia sur celui-ci un fort volume intitulé : *Œuvres posthumes et correspondances inédites précédées d'une étude biographique*. D'un haut niveau scientifique et résultant d'enquêtes menées auprès des survivants, cette étude faisait vraiment accéder Baudelaire au niveau de l'histoire littéraire. Quelque vingt ans après, elle fut rééditée par le fils d'Eugène Crépet, Jacques, qui la compléta et la modifia en certains point afin de tenir compte des recherches récentes. Jacques Crépet me disait, en 1951, combien il avait été amertumé par l'article dont Catulle Mendès avait voulu annuler le fruit de ses patients efforts.

Cet article étale sa hargne dans le grand quotidien parisien *Le Journal* à la date du 21 février 1907. Il est fort révélateur. Mendès y traite non seulement du *Baudelaire* d'Eugène et Jacques Crépet (Messein, 1906), mais aussi du volume de *Lettres* 1841-1866

---

(10) Jean Lacouture, André Malraux. Une vie dans le siècle, Le Seuil, 1973, p. 112-115. Le malheur est que le livre de Lacouture transforme Malraux en l'idéal de Lacouture : le super-journaliste.

publié par Féli Gautier (Mercure de France, 1906). Cet éreintement
de première force commence par une évocation des « résurrection-
nistes » : ceux qui, en Angleterre, déterraient les cadavres pour
les vendre aux anatomistes.

> C'est à eux que ressemblent les gens qui apportent aux
> libraires, volés à des parents ou achetés à des domestiques,
> les papiers intimes, les lettres des poètes, des romanciers,
> hommes, femmes, qui, vivants, furent célèbres. Or, ces gens,
> qui déterrent des âmes, sont plus exécrables que les résurrec-
> tionnistes, déterreurs de corps. Ceux-ci avaient pour excuse
> l'utilité des cadavres sous le scalpel des anatomistes ; ceux-là
> n'ont d'autre but que de livrer, non sans profit, à la méchan-
> ceté curieuse les secrets, les fautes peut-être, des personnalités
> fameuses ; et ce qu'elles dérobèrent, par orgueil ou réserve,
> — quel être humain, hélas ! n'a point ses pudenda moraux ? —
> est étalé tout nu.

Même favorables à la renommée des auteurs, ces révélations
devraient être interdites. Que dire de celles qui nous font « connaître, en leur minutie quotidienne, les petites manies, les petites
misères, les petits désastres d'un grand poète » ? Ainsi, des lettres
de Baudelaire ; ainsi, de l'étude biographique des Crépet. Mendès
reconnaît la pureté de l'intention des Crépet : « ils ont cru, par
une accumulation d'anecdotes souvent lamentables, grouper plus
de sympathies autour de sa chère mémoire ». Mais ils « ont eu
tort. A quoi nous sert de savoir que Baudelaire n'est pas allé à
Calcutta ? Il ne nous importait en aucune façon de connaître ses
différends avec le second mari de sa mère. Qu'il ait rencontré
dans l'Inde, ou sur un boulevard de Paris, la Noire qu'il aima,
ou qu'il n'aima point ; qu'il ait été ou non l'amant de Mme
Sabatier, qu'on appelait la Présidente, [etc.], nous n'en avons point
souci ». « Seuls nous appartiennent et seuls nous importent les
poèmes du poète ; et son idéal ne peut que déchoir à être expliqué,
commenté par la réalité. »

Mendès s'en prend même à Asselineau dont l'étude biographique des Crépet contient des *Baudelairiana* : « Abominable besoin
de ravalement, de rapetissement ! Quelle inutilité, sinon quel
crime ! » Et ce crime paraît plus détestable encore d'avoir été
commis contre Baudelaire qui, « lointain des hommes et jaloux
de soi-même plus qu'aucun autre mortel, [...] affectait, non sans
une élégante impertinence, d'un détournement de regard, avec
un revers des doigts au jabot du gilet entre-bâillé, le dandysme
de l'impénétrable, et comme le défi du mystère ».

> La Critique — conclut Mendès — devait faire le silence sur
> ces sortes de publications.

On soulignera au passage le paradoxe : demander à la critique de faire le silence et en même temps déverser un flot d'anathèmes propre, plutôt, à piquer la curiosité du public et à provoquer celui-ci à acheter les œuvres condamnables des biographes impénitents.

Mendès avait joint l'action au précepte. S'il n'avait pu empêcher la publication des *Lettres* de 1906, il était intervenu vers 1895 auprès des éditions Calmann-Lévy pour que les lettres de Baudelaire à sa mère, déjà composées typographiquement, restassent à l'état d'épreuves dans les caves de l'éditeur. Mendès mourut en 1909. Ce n'est toutefois qu'en 1917, dans *La Revue de Paris*, que ces lettres seront publiées. Jacques Crépet fait allusion à cette « influence toute-puissante » de Mendès dans sa préface aux *Lettres inédites* [de Baudelaire] *à sa mère,* lorsqu'il en édita le bon texte chez Louis Conard en 1918.

Influence dont on peut se faire une idée en ouvrant le *Rapport à M. le Ministre de l'Instruction publique et des Beaux-Arts sur le mouvement poétique français de* 1867 *à* 1900 publié par l'Imprimerie nationale en 1902, à l'occasion — dépassée — de l'Exposition universelle de 1900. C'est à Mendès que fut demandé ce rapport. Le précédent, à l'occasion de l'Exposition universelle de 1867, avait été demandé à Théophile Gautier. Il est à remarquer que Mendès, en cherchant à montrer la grandeur des poètes : Mallarmé, Verlaine, Villiers de l'Isle-Adam, chaque fois proteste contre la légende — la légende de la bohème, de la misère, de l'alcoolisme. Il ne veut voir que l'éminente dignité de ces prêtres de l'art. Qui lui donnera tort ?

Dans la préface de 1918 où il répliquait à Mendès, J. Crépet feignait d'utiliser un argument *ad hominem,* pour le refuser presque immédiatement

> Faut-il croire, comme l'ont chuchoté des expliqueurs, que Catulle Mendès, tout en se flattant que les bio-bibliographes bientôt soulèveraient la lourde dalle de son tombeau, ne se sentait pas autrement flatté de la perspective ?... Mais non ; pour ma part, je suis persuadé qu'il était tout désintéressé dans son horreur du document biographique. Les esprits les plus souples sont parfois impuissants à secouer les préventions épousées au temps qu'ils se formaient.

La bourgeoisie condamnait l'artiste — et même au sens judiciaire, qu'on pense à Baudelaire précisément —, le considérant comme un semeur de révolte et un mystificateur. D'où pour les poètes l'obligation de ne rien livrer d'eux-mêmes à la malignité publique. « *Ergo* — poursuivait J. Crépet en cherchant à expliquer l'attitude de Mendès — la biographie d'un artiste constituera une constante apologie ; le profane ne connaîtra jamais le dessous de la tunique ; l'œuvre se suffira à elle-même ; l'effigie du poète demeurera celle qu'il a gravée pour la postérité ; toute curiosité qui s'appliquera à pénétrer l'homme qu'il fut sera réputée impie ; les biographes qui sondent les cœurs et les reins sont des nécrophores [*sic*]. »

On voit bien ainsi d'où procède la condamnation portée par Mendès : de la pure doctrine du Parnasse (si le Parnasse a jamais existé), c'est-à-dire de la pure doctrine de Leconte de Lisle. Né en 1841, Mendès, dans son *Rapport* de 1902, attribue toute la gloire de la poésie française au Parnasse. Le symbolisme n'est pour lui qu'un canton de ce Parnasse dont il a contribué à accréditer l'existence pour le plus grand profit des auteurs de manuels.

Dans leur refus de la biographie, certains de nos modernes critiques jurés sont ainsi les petits-enfants de Leconte de Lisle et les fils de Catulle Mendès. Cela leur fera de la peine : ils voudraient descendre de Proust. Qu'on me permette d'imiter en une familiarité celui que nous honorons ici : Proust, « ça fait chic » [11].

C'est Proust, bien entendu, qu'on attendait ici.

Il est bon de noter d'emblée que le texte de base est connu sous deux formes. Le premier *Contre Sainte-Beuve* est assez cohérent et systématique : c'est celui qu'on doit à Bernard de Fallois. Il a le malheur de ne pas exister. Le second, édité par Pierre Clarac et Yves Sandre dans la « Bibliothèque de la Pléiade » et fidèle à l'état des manuscrits conservés à la Bibliothèque Nationale, n'est qu'une série d'ébauches qui hésitent entre le roman, l'autobiographie et l'essai. L'intention de Proust y est beaucoup moins certaine.

Proust, après l'échec de *Jean Santeuil* (environ 1895-1900) — œuvre à deux dimensions seulement —, rêve d'écrire un autre roman tout en se livrant à ces étonnants exercices de style que sont ses pastiches. Et, vers 1905, il cherche à définir son esthétique contre celle de Sainte-Beuve. Essai critique et roman se mêlent inextricablement. La mise en question de Sainte-Beuve eût-elle été un réquisitoire objectif ou se fût-elle présentée en guise de discussion pour ajouter aux relations du narrateur et de sa mère le piment d'un conflit intellectuel ? Les considérations théoriques

---

(11) A la soutenance de M. Marcel Crouzet sur Duranty, M. Jean Fabre montrait en ce romancier un ancêtre direct du nouveau roman. Et rappelant que ces nouveaux romanciers revendiquaient Flaubert pour père, il ajoutait : « Flaubert, ça fait chic. »

ne sont pas rares dans *A la recherche du temps perdu*, mais elles
y ont parfois moins la valeur d'un exposé de principe que la fonction d'un argument romanesque. Pourquoi les éléments du *Contre
Sainte-Beuve* ne seraient-ils pas comparables, par exemple, à l'enquête que mène le narrateur, dans *Le Temps retrouvé*, au sujet
de ses prédécesseurs qui ont fait place à la mémoire involontaire
— recherche qui est interrompue brusquement par la réapparition
du thème romanesque ? Et si brusquement interrompue que, si on
la prêtait non au narrateur, mais à l'auteur, il faudrait reprocher
à celui-ci d'avoir oublié *Le Flacon*. En 1909, c'est bien l'aspect
romanesque qui l'a emporté sur l'aspect théorique. Proust écrit
à Valette le 12 août : « Je termine un livre qui malgré son titre
provisoire, " Contre Sainte-Beuve. Souvenirs d'une matinée ", est
un véritable roman [...]. Le nom de Sainte-Beuve ne vient pas
par hasard. Le livre finit bien par une longue conversation sur
Sainte-Beuve et l'esthétique [...] [12] ».

Résumons d'une formule le propos de Proust, plus simple
qu'on n'a voulu le dire : Henri Beyle a caché Stendhal à Sainte-
Beuve. Un déni de justice. Comparable à celui qu'Hippolyte Babou
a reproché à Sainte-Beuve, lors d'un épisode que Proust connaît
bien [13]. Rappelons la phrase célèbre, qui, à elle seule, constitue
déjà un *Contre Sainte-Beuve* : « Se risquer sottement dans un acte
de conscience et de vertu, ce serait à son avis une fantaisie de
dupe, ou un trait de folie. Il glorifiera *Fanny*, l'honnête homme, et
gardera le silence sur *Les Fleurs du Mal* ». C'est bien là l'argument principal de Proust. Mais n'est-il possible d'appliquer la
phrase à Proust lui-même, sans aucunement mettre en cause le
plus grand chef-d'œuvre de la littérature romanesque française
au XXᵉ siècle ? Si Proust critique avait eu son Babou, ce Babou
aurait pu lui décocher le trait suivant : « Il glorifiera la comtesse
de Noailles, l'honnête homme, et gardera le silence sur l'œuvre
de Péguy ». Jacques Viard a bien montré les affinités méconnues
qui unissent Proust et Péguy, en constatant d'abord que Proust
avait opposé à Péguy un refus d'admiration. Proust lui-même
racontera en 1921 à Louis de Robert :

> Halévy me dit : « Veux-tu souscrire aux *cahiers* d'un de mes
> amis, Péguy ? mais seulement si tu aimes cela » — J'ai lu,
> j'ai répondu : « je trouve ton ami sans talent pour telle et
> telle raison, mais puisqu'il est malheureux, je souscris quand
> même » [14].

---

(12) Vente à l'Hôtel Drouot, le 2 avril 1962, par Mme J. Vidal-Mégret.
(13) *Contre Sainte-Beuve*, « Bibliothèque de la Pléiade », p. 247.
(14) Jacques Viard, *Proust et Péguy. Des affinités méconnues*, University of London, The Athlone Press, 1972, p. 7.

L'obole de Proust à Péguy...

Quant à la conception que Proust aurait de Sainte-Beuve, s'il fallait attribuer à Proust lui-même le propos du *Contre Sainte-Beuve*, elle serait singulièrement pauvre. Et même injurieuse pour le lecteur subtil et infatigable qu'il fut. A maints indices, il n'y a pas lieu de douter qu'il a lu tout ce qui de l'œuvre de Sainte-Beuve était alors accessible.

Que l'on fasse de Sainte-Beuve avec Thibaudet le créateur de la critique créatrice ou, déjà, avec Baudelaire celui de la critique thématique [15], impossible de le réduire à l'image que Proust propose.

C'est parce qu'il a donné de Sainte-Beuve une caricature que Proust a demandé qu'on opérât une distinction entre le moi créateur et le moi social. Une distinction ? Une dissection plutôt. Comment procéder à cette dissection ? Est-elle possible, au reste ? Ce n'est pas la question qui nous retient ici. Mais celle-ci : pourquoi Proust voulait-il qu'on y procédât ?

Moins par préférence esthétique que par crainte. Crainte du demi-juif qu'il était dans une société où l'antisémitisme atteignait des proportions inquiétantes. Crainte que l'on ne cherchât à expliquer son œuvre par son homosexualité, par sa relation à la mère. Crainte qu'en recourant à ses manuscrits, à ses brouillons, à ses notes, on n'interprétât mal ses intentions ; c'est dans ce sens qu'il écrivait à Sidney Schiff : « La pensée ne m'est pas très agréable que n'importe qui (si on se soucie encore de mes livres) sera admis à compulser mes manuscrits, à les comparer au texte définitif, à en induire des suppositions qui seront toujours fausses sur ma manière de travailler, sur l'évolution de ma pensée » [16]. Toujours fausse ? Pourquoi donc ? N'a-t-il pas fallu recourir à ces manuscrits pour rendre plus fidèle le texte d'*A la recherche du temps perdu* ?

---

(15) Les textes sont connus. Ils ont été rappelés récemment par Richard M. CHADBOURNE dans un excellent article, « La Comédie humaine de Sainte-Beuve », *Etudes françaises* (Montréal), vol. IX, n° 1, février 1973, et par Gérald ANTOINE dans sa communication, « Sainte Beuve et l'esprit de la critique dite " universitaire ". au colloque Sainte Beuve organisé à Liège par André VANDEGANS du 6 au 8 octobre 1969 et dont les actes, *Sainte-Beuve et la critique littéraire contemporaine*, ont été publiés en 1972 (Paris, Les Belles Lettres). Pour Baudelaire, voir *Œuvres complètes, op. cit.*, p. 735, où « le critique » sur lequel il s'appuie n'est autre que Sainte-Beuve. Gérald Antoine, dans sa communication, corrige, comme on corrige un écolier qui a mal appris sa leçon, la communication précédente due à Michel Otten.

(16) Cité par Georges CATTAUI, *Marcel Proust*, « Classiques du XXe siècle », [1958], p. 59, n. 37.

Mais, surtout, crainte que le gentil Marcel, le chérubin des belles dames, ce personnage que Proust a joué dans la société de son temps n'empêchât le public de reconnaître le génie, que risquait, en effet, de masquer ce mondain. Sur Sainte-Beuve Proust a cristallisé une peur. Proust-Beyle craint pour Proust-Stendhal.

Mendès demandait qu'une distance respectueuse s'établît entre le lecteur et le créateur. Proust craignait qu'on ne confondît l'homme et l'auteur.

Les classiques n'avaient pas de telles prétentions, de telles appréhensions. Les artisans, les bons joueurs de quilles n'exigent pas d'être traités en demi-dieux.

C'est avec les philosophes et avec Rousseau que tout a changé vers 1750-1760, ainsi que l'a montré récemment Paul Bénichou dans un maître livre : *Le Sacre de l'écrivain, 1750-1830. Essai sur l'avènement d'un pouvoir spirituel laïque dans la France moderne* [17]. Un transfert s'est opéré du domaine proprement religieux au domaine laïque : le poète devient un *vates*, un prophète, un guide des peuples. Dans cette grande fuite en avant, voici que les critiques forcent l'entrée du temple [18].

Ces prêtres sont les serviteurs privilégiés des dieux ; avec un peu de chance ils deviennent demi-dieux ou dieux même. Or il est interdit de scruter l'existence des dieux. Ou bien il faut accepter de donner à leurs accidents biographiques une signification mythologique. Hugo surpris avec Mme Biard, ce n'est pas un banal et flagrant délit d'adultère : c'est Jupiter qui rend visite à Léda.

Ce procès de divinisation a pour résultat que toute recherche biographique se heurte à un tabou. Les réactions de Mendès, de Proust et de bien d'autres ne sont que des effets. La cause est à chercher plus loin : dans l'archétype qui s'est constitué depuis Rousseau.

L'interdiction que nous signalions en commençant ne peut avoir de force pour des esprits libres qui, refusant la religion, en refusent par là même les avatars.

Au texte de Baudelaire cité plus haut et qui est postérieur à 1857, ils opposeront ce passage du premier article du même Baudelaire sur Pierre Dupont, qui date de 1851 :

(17) Librairie José Corti, 1973.
(18) Jean STAROBINSKI écrit dans *L'Œil vivant, II, La Relation critique* (Gallimard, [1970]) : « [...] la critique ne peut pas demeurer dans les limites du savoir vérifiable ; elle doit se faire œuvre à son tour, et courir les risques de l'œuvre. » Une déclaration entre autres.

Le public aime à se rendre compte de l'éducation des esprits auxquels il accorde sa confiance ; on dirait qu'il est poussé en ceci par un sentiment indomptable d'égalité. « Tu as touché notre cœur ! Il faut nous démontrer que tu n'es qu'un homme, et que les mêmes éléments de perfectionnement existent pour nous tous. » Au philosophe, au savant, au poète, à l'artiste, à tout ce qui est grand, à quiconque le remue et le transforme, le public fait la même requête. L'immense appétit que nous avons pour les biographies naît d'un sentiment profond de l'égalité [19].

Ce qui ne va pas sans quelque ironie.

---

(19) BAUDELAIRE, Œuvres complètes, op. cit., p. 607.

LAPEROUSE PHILOSOPHE

par René POMEAU

La destinée de Lapérouse fait rêver à ce qui aurait dû être : le navigateur, après avoir exploré de vastes zones du Pacifique, rentrant à Brest en juin ou juillet 1789 ; intervenant, lui homme de progrès, auréolé de gloire, dans les événements révolutionnaires...

Mais après l'escale de Botany Bay (février 1788), on était resté en France sans nouvelles de Lapérouse et de ses deux frégates *La Boussole* et *L'Astrolabe*. En mai 1793, l'expédition de secours de d'Entrecasteaux, remontant au nord de l'archipel actuel des Nouvelles Hébrides, passe devant l'île de Vanikoro, sans s'arrêter. A cette date pourtant on y aurait retrouvé, survivants du naufrage, sinon Lapérouse lui-même, du moins plusieurs de ses compagnons. Par malheur, d'Entrecasteaux, mortellement atteint de scorbut, avait hâte de regagner une colonie européenne. Le sort ensuite ne cessera pas d'être hostile. C'est seulement en 1827 et 1828 que le capitaine anglais Dillon puis Dumont d'Urville découvrent à Vanikoro les débris du désastre. Il faudra même attendre 1964 pour que soient identifiés, grâce à la plongée sous-marine [1], par quarante mètres de fond dans une faille du récif, les restes de la frégate *La Boussole,* commandée par le chef de l'expédition.

Périodiquement, le relief du personnage comme le mystère de sa fin retiennent l'attention d'un chroniqueur. En dépit cependant d'une littérature assez abondante, Lapérouse tend à n'être plus qu'un nom. De lui, il reste, sur la carte du Pacifique un Lapérouse Pinnacle (à l'ouest des Hawaï), un détroit de Lapérouse (au nord d'Hokkaïdo) — souvenirs lointains de ses découvertes. Dans Albi, sa patrie, il a sa statue. A Paris une rue des beaux quartiers de l'Etoile construits à la fin du XIX⁰ siècle lui est dédiée. *La Recherche du temps perdu* y situe l'appartement de la demi-mondaine Odette

---

(1) Recherches entreprises par le contre-amiral de Brossard, et MM. Reece Discombe et Haroun Tazieff. Voir l'ouvrage du contre-amiral DE BROSSARD, *Rendez-vous avec Lapérouse à Vanikoro,* Paris, France-Empire, 1964.

de Crécy. Ironie, de placer sous le vocable de l'explorateur les
errances de Swann épiant les trahisons de sa maîtresse ! Il n'est
pas sûr que Proust s'en soit avisé. On oublie Lapérouse. Il fut
en France à la tête de la première entreprise méthodiquement
conduite d'enquête anthropologique : or son nom n'est pas cité
dans l'important ouvrage de Michèle Duchet, *Anthropologie et
histoire au siècle des lumières* (lequel sans doute ne prétendait
pas rendre compte de tous les récits de voyages au XVIIIe siècle).
Lapérouse est absent aussi des *Hommes de la liberté*, ce panora-
mique grouillant de personnages que nous projette Claude
Manceron [2]. « Homme de la liberté », pourtant, ce marin non-
conformiste. Dans un ouvrage estimé, il ne figure qu'en parent
pauvre parmi les grands navigateurs du XVIIIe siècle, comme étant
le seul dont l'expédition « se termina en catastrophe ». Encore
commet-on à son propos une étonnante erreur de date [3]. Un Bougainville, un Cook, non sans injustice, éclipsent sa réputation.
Quand fut imprimée la relation de son voyage [4], d'après les longs
rapports qu'il avait envoyés à ses escales de Manille, du
Kamtchatka, de Botany Bay, c'était en 1797 — hors de saison :
le public du Directoire avait d'autres soucis que les expéditions aux
Terres australes. Il ne se trouva alors aucun Diderot pour enrichir
d'un *Supplément* son *Voyage*. Et lorsque Giraudoux exerça sa
fantaisie sur ces thèmes exotiques, ce fut un *Supplément au voyage
de Cook* qu'il porta à la scène.

On osera avancer cependant que par la variété des observations, la qualité des analyses, la largeur des perspectives, le récit
de Lapérouse l'emporte sur celui de Bougainville (assez terne,
mise à part l'escale tahitienne), et même sur celui de Cook. Une
personnalité attachante s'y affirme. Comme le souligne son plus
récent historien, depuis le jour où, à seize ans, il s'était embarqué
sur un vaisseau du roi, il n'avait cessé d'être « à la mer, soit en
guerre, soit en campagnes lointaines » [5]. Combats, blessures, capti-
vité, commandements difficiles avaient fait de lui un homme de
forte trempe. Après la paix de 1783, le ministère français décide

---

(2) Du moins son nom n'apparaît-il pas à la fin du t. I, *Les Vingt ans
du roi, 1774-1778*, P. Laffont, 1972, dans la liste des séquences prévues pour
le t. II, *Le Vent d'Amérique, 1778-1788*.

(3) *Le XVIIIe siècle*, t. V, de *l'Histoire générale des civilisations*, par R.
MOUSNIER. E. LABROUSSE et M. BOULOISEAU, P., P.U.F., 1959, p. 235, 237. Ce
n'est pas en 1837 mais en 1827 que furent retrouvés les restes de *l'Astrolabe*
à Vanikoro.

(4) *Voyages de Lapérouse autour du monde*, « rédigés par M.L.A. Milet-
Mureau », 4 vol. in-4°, P., Imprimerie de la République, an V (1797). Milet-
Mureau dans sa préface déclare avoir fait certaines corrections de forme.

(5) DE BROSSARD, *Rendez-vous...*, p. 34.

A l'escale de Manille, Lapérouse pousse plus loin la même analyse. Il blâme les Espagnols de n'avoir eu, « jusqu'à présent », pour objet dans leur colonie des Philippines que « le bonheur de leurs peuples en l'autre vie ». « On ne songea qu'à faire des chrétiens et jamais des citoyens. » [21] Chaque péché est publiquement puni, par une ration de coups de fouet, à la porte de l'église, sur l'ordre du curé. Régime qui « énerve l'âme », la croyance que la vie d'ici-bas n'est que passage engendrant la paresse. Conjointement un dirigisme inquisiteur et tatillon paralyse l'économie. Un commerçant français qui a tenté d'installer à Manille son entreprise va plier bagage. Car le port est fermé, sinon à quelques rares marchands privilégiés. Politique absurde : à Manille, terre riche, située à proximité de l'immense Chine, « une liberté absolue de commerce pour toutes les nations assurerait un débit qui encouragerait toutes les cultures » [22].

Lapérouse répète les mêmes critiques à l'encontre des missions établies, sur la côte occidentale de l'Amérique, chez les Indiens de la baie de Monterey (au sud de San Francisco). Il rend hommage à ces religieux dont la « conduite pieuse et sage » fait un heureux contraste avec les vices de leurs confrères chiliens. Mais, ajoutet-il, il aurait quant à lui, « plus ami des droits de l'homme que théologien », désiré « qu'aux principes du christianisme on eût joint une législation qui, peu à peu, eût rendu citoyens [on notera le retour du mot] des hommes dont l'état ne diffère presque pas aujourd'hui de celui des nègres des habitations de nos colonies régies avec le plus de douceur et d'humanité » [23]. En effet, les religieux exerçant sur leurs Indiens une autorité absolue, le régime monastique des missions a dégénéré en une sorte de système concentrationnaire. A heures fixes, au son de la cloche, tout le monde sort des baraques, prie, va au travail sous la conduite d'un père, absorbe le brouet communautaire, retourne se coucher. En punition des manquements au règlement, les fers, la prison ou le fouet, pour les hommes comme pour les femmes. Toute tentative de fuite est sévèrement réprimée.

A la place de ce paradis infernal, Lapérouse rêve de ce qui pourrait être tenté : « Serait-il impossible à un zèle ardent et à une extrême patience, de faire connaître à un petit nombre de familles les avantages d'une société fondée sur le droit des gens ; d'établir parmi elles un droit de propriété, si séduisant pour tous les hommes ; et, par ce nouvel ordre de choses, d'engager chacun à cultiver

---

(21) *Voyage*, p. 217.
(22) *Voyage*, p. 220.
(23) *Voyage*, p. 163.

son champ avec émulation, ou à se livrer à tout autre genre de travail ? » [24]

Pour ces pages, Lapérouse et ses compagnons seront, au début du xx° siècle, véhémentement accusés par l'historien des missions californiennes d'être des « philosophes sans religion » [25]. En réalité, le philosophe français admet une fonction de la religion, conforme à l'esprit des lumières. Tâche combien pénible, celle d'instituer une civilisation moderne parmi les « sauvages ». « Les motifs humains, estime Lapérouse, sont insuffisants pour un pareil ministère. » « L'enthousiasme de la religion peut seul, croit-il, faire accepter les sacrifices d'une telle entreprise. » [26] Ainsi conçue la religion aurait pour mission de promouvoir une société destinée à assurer le bonheur terrestre de l'homme. Il ressort que la philosophie sociale de Lapérouse, si elle n'est pas nécessairement incompatible avec la foi chrétienne, se définit néanmoins indépendamment de celle-ci. Les jugements formulés dessinent une politique cohérente, reposant sur la propriété privée, la liberté d'entreprise, conduisant à la prospérité économique par l'expansion des échanges. Après Voltaire et maints autres, le marin Lapérouse fait l'apologie du commerce [27]. Non seulement il se réclamait par là des valeurs nouvelles qui allaient s'imposer en Europe : il désignait en même temps les systèmes antagonistes, à savoir les expériences « collectivistes » tentées au xviii° siècle dans quelques missions, le prototype étant fourni par les colonies jésuites du Paraguay. Se référant expressément à une entreprise qui avait fait tant de bruit, Lapérouse accuse « ce *système de communauté* si contraire au progrès de la civilisation » [28]. Les voies du progrès, c'est dans une direction opposée qu'il les veut chercher : « Le régime des peuplades converties au christianisme, écrit-il, serait plus favorable à la population, si *la propriété* et une *certaine liberté* en étaient la base » [29].

On appréciera la lucidité de ces analyses. Lapérouse a la notion la plus nette de ce qu'on désignera comme l'idéologie du capitalisme naissant. Dans la cohérence de sa pensée, il décèle, à travers les formes collectivistes qu'il peut connaître, les vices de constitution que de plus savants économistes se plairont à stigmatiser après lui, jusqu'à nos jours.

**
*

---

(24) *Ibidem.*
(25) Frère Zéphyrin Engelhardt, O.F.M., 1912, dans Chinard, p. 34.
(26) *Voyage*, p. 163-164.
(27) Notamment p. 221.
(28) *Voyage*, p. 174, souligné par nous.
(29) *Voyage*, p. 176, souligné par nous.

Parmi les savants de l'expédition, aucun n'avait pour spécialité ce que nous nommerions l'anthropologie. Il était seulement prévu que le dessinateur Duché de Vancy peindrait les costumes des peuples exotiques [30]. Apparemment on n'avait pas pris au sérieux la recommandation de Rousseau de faire voyager, en vue de connaître l'homme, des philosophes dans les terres lointaines [31].

Pourtant le chapitre anthropologique n'est pas absent du programme scientifique du voyage. Lapérouse a reçu de la Société de médecine une liste de questions. On l'invite à observer « la structure ordinaire des hommes et des femmes » ; à mesurer le diamètre de la tête, la longueur des membres, la circonférence du bassin, etc. ; à étudier le régime alimentaire, les maladies [32]. En fait, dans sa relation, il ne s'en tiendra pas à ces données médicales. S'il va découvrir des peuples inconnus, c'est qu'il a l'ambition de « compléter l'histoire de l'homme » [33].

Il ne va pas se contenter non plus d'un pittoresque superficiel. Rencontrant dans l'île de Pâques la première population indigène de son voyage, il consigne des observations ayant trait non seulement aux statues, mais aussi aux cultures, à l'habitat. Il lui semble que ces insulaires sont politiquement peu organisés, sans hiérarchie marquée. Pratiquent-ils la communauté des biens, des femmes ? La brièveté de l'escale ne permet pas de répondre. Mais la question posée indique l'orientation de l'enquête.

Le séjour plus prolongé chez les Indiens de l'Alaska, à l'étape du Port-des-Français (aujourd'hui Lituya Bay, d'après le nom indien du site) donne matière à une étude détaillée. Lapérouse décrit avec précision les cases, les habits, le mode de vie (ce sont des chasseurs et pêcheurs, ignorant l'agriculture), les techniques (ils fabriquent de grandes pirogues solides, couvertes de peaux). Il discerne que la base du groupe est le clan familial, de dix ou vingt individus, possédant une hutte et une barque. Ses voyages l'ont mis à même de pratiquer la méthode comparative [34] : il voit que les Indiens du Port-des-Français par le physique diffèrent des Esquimaux et ressemblent aux autres indigènes d'Amérique du Nord. Il les juge supérieurs par leurs techniques aux insulaires du Pacifique, puisqu'ils savent forger le fer, façonner le cuivre, filer et tisser. Pour finir, il donne la notation musicale d'un de leurs chants et une transcription de leurs noms de nombres : renseigne-

---

(30) *Voyage*, p. 25.
(31) *Emile*, livre V, section « Des Voyages ».
(32) Edition Milet-Mureau, t. 1, p. 180.
(33) *Voyage*, p. 90.
(34) Il le dit p. 133.

ments recueillis par M. Lamanon, le géologue de l'expédition
— tant il est vrai que l'antropologie, dans l'éventail des sciences,
n'a pas encore acquis son autonomie. Il apparaît que le meilleur
anthropologue des deux frégates est Lapérouse lui-même. Sur les
populations du détroit de Sakhaline, sur les insulaires de Maouna
(aux Samoas) sa relation rassemble d'attentives observations du
même ordre. Sans connaître peut-être, ou sans se rappeler le texte
de l'*Emile,* il est ce philosophe explorateur des populations australes que Rousseau appelait de ses vœux.

Mais un philosophe non rousseauiste. Il ne croit pas à la
bienveillance de la nature pour l'homme. Il ne croit pas à la bonté
de l'homme naturel. Il vise Rousseau (sans le nommer), lorsqu'il
critique l'optimisme naturaliste de certains philosophes : « Ils font
leurs livres au coin de leur feu, et je voyage depuis trente ans :
je suis témoin des injustices et de la fourberie de ces peuples
qu'on nous peint si bons, parce qu'ils sont très près de la nature » [35].
A Maouna, les apparences donneraient raison aux idylles primiti-
vistes. Sous le plus beau des climats, dans l'abondance de toutes
choses, on supposerait que les insulaires sont « les plus heureux
habitants de la terre », qu'ils « coulent au sein du repos des jours
purs et tranquilles ». Quelle erreur ! Les corps couverts de cica-
trices indiquent assez que ces hommes de la nature sont souvent
en guerre ou en querelle entre eux. La férocité est d'ailleurs inscrite sur leurs visages : « La nature avait sans doute laissé cette
empreinte sur la figure de ces Indiens pour avertir que l'homme
presque sauvage et dans l'anarchie est un être plus méchant que
les animaux les plus féroces » [36].

A l'égard de tels « sauvages », l'attitude de Lapérouse demeure
pourtant inspirée par des principes humanitaires. Il s'abstient de
réprimer brutalement chapardages et vexations des indigènes
— du moins jusqu'au massacre de Maouna. Il reconnaît même
le droit de ces peuples à leur indépendance [37]. Fait exceptionnel
en une époque d'expansion coloniale, il refuse de prendre posses-
sion de telle île, au nom du roi de France. Son objectif : non pas
conquérir, mais « rendre plus heureux les insulaires » [38]. Une
exploration comme la sienne procède de l'amour des hommes
éclairés pour tout « ce qui peut contribuer au plus grand bien-
être de tous les hommes » [39]. Il ne voit nulle difficulté à concevoir
le bonheur des « Indiens » sur le modèle d'un développement à

---

(35) *Voyage,* p. 128.
(36) *Voyage,* p. 360.
(37) *Voyage,* p. 89.
(38) *Voyage,* p 90.
(39) *Voyage,* p. 24.

l'européenne. Il se montre voltairien encore en ceci que son pessimisme au sujet de la nature humaine s'accompagne d'une grande confiance dans le progrès de la civilisation. Lorsqu'il espère qu'un jour on verra « fleurir les arts et les sciences de l'Europe » dans ces contrées du Kamtchatka « habitées aujourd'hui par quelques hordes de Tartares errants, et plus particulièrement par des ours et d'autres animaux des forêts » [40], on pense aux pages de Voltaire sur la Russie civilisée par Pierre le Grand.

S'agissant du devenir des sociétés, Lapérouse se prononce contre Rousseau, pour l'option voltairienne. Ce sont les sciences, affirmet-il, qui « en adoucissant les mœurs ont peut-être, plus que les bonnes lois, contribué au bonheur de la société » [41]. Il regrette que chez les Indiens du Port-des-Français la civilisation « qui polit les mœurs, adoucit la férocité, soit encore dans l'enfance » [42]. Comment de ces êtres effroyablement grossiers, brutaux, malpropres, faire des hommes ? En enseignant à des tribus de chasseurs nomades l'agriculture, cet art « qui, en rendant l'homme casanier, assurant sa subsistance et lui laissant la crainte de voir ravager la terre qu'il a plantée, est peut-être plus propre qu'un autre moyen à adoucir ses mœurs et à le rendre sociable » [43]. On voit que Lapérouse, selon la leçon du *Discours sur l'Inégalité* reconnaît, dans l'histoire de l'humanité, l'importance de la révolution provoquée par l'invention de l'agriculture et l'avènement de la propriété. Mais il en apprécie les conséquences en termes de progrès, conformément aux principes qui inspiraient sa critique de l'état des choses constaté tant à Conception qu'à Manille et à Monterey.

**
*

Le contact entre les navires européens et les petites sociétés indigènes du Pacifique était fréquemment marqué d'épisodes sanglants. Déjà le premier explorateur, Magellan, avait péri dans un engagement avec les insulaires des Philippines. Récemment, après beaucoup d'autres, Cook était tombé, poignardé par les Hawaïens au cours d'une rixe. De ces affrontements le récit de Lapérouse fait comprendre le mécanisme. Les indigènes du Pacifique, avant la colonisation, disposaient dans l'environnement d'abondantes ressources alimentaires. Mais tout à fait dépourvus d'objets manu-

---

(40) *Voyage*, p. 311.
(41) *Voyage*, p. 24.
(42) *Voyage*, p. 128.
(43) *Voyage*, p. 134.

facturés (métaux, outils, tissus, verroterie), ils ressentaient d'irré-
sistibles convoitises pour les trésors dont regorgeaient les navires
au mouillage. Les Européens, de leur côté, épuisés par de longues
traversées, avaient d'ordinaire le plus urgent besoin d'eau, de vivres
frais, de bois [44]. L'avidité réciproque rendait malaisés les échanges,
encore compliqués par l'ignorance du langage de l'autre et de ses
us et costumes. Jusqu'à l'escale de Maouna, Lapérouse avait évité
les incidents majeurs. Mais en cette île des Samoas il rencontre
des guerriers fort agressifs, que ne désarme nullement la modération dont il fait preuve. De Langle, commandant de l'*Astrolabe,*
commet l'imprudence d'aller à l'aiguade, avec un détachement,
dans une baie écartée, hors de la vue et de la portée des frégates.
Alarmé par l'attitude de la population, il donne l'ordre de rem-
barquer, avant qu'on ait procédé aux échanges habituels. Les
indigènes, furieux de voir leur échapper les denrées attendues,
attaquent : de Langle et onze de ses hommes sont massacrés.

La tragédie mettait à une très dure épreuve la philosophie
de Lapérouse. Les marins des deux frégates criaient vengeance.
Lui-même est profondément touché par la mort de son vieil ami
de Langle, et de ses autres compagnons ; l'atrocité de la tuerie
le consterne. Qu'allait-il décider ? Il ne s'agissait plus là d'une
de ces questions théoriques qui se règlent sur le papier. Il eut du
mérite à résister à la tentation de rendre coup sur coup. Il ne
voulut pas exercer sur les pirogues, exposées à portée de canon,
des représailles faciles mais qui auraient frappé des innocents,
et bien inutilement.

Le sinistre événement ne confirmait que trop son pessimisme.
Il se reprocha alors comme une erreur son parti-pris de mansué-
tude, et décida d'user désormais de rigueur : « La crainte seule
peut arrêter l'effet des mauvaises intentions » des « sauvages »
(lettre du 7 février 1788). Fatigue, dégoût. On sent que l'expédition,
qui tient la mer depuis deux ans et demi, penche vers le déclin.

A Botany Bay, Lapérouse fait établir à terre un camp retran-
ché : il est assailli par les autochtones, à coups de sagaies. La
dernière escale attestée [45], celle de l'île des Pins (au sud-est de la
Nouvelle-Calédonie), fut ensanglantée aussi. Les indigènes « émerveillés de toutes leurs richesses » veulent empêcher les embarca-
tions envoyées à terre de repartir. Fusillade pour se dégager, et
un coup de canon à titre de semonce.

---

(44) Pour ne rien dire des femmes, objets d'échange et causes de querelles.
(45) Connue par un témoignage recueilli en 1858. Voir DE BROSSARD,
postface, *Voyage,* p. 411.

A partir de cette étape, Lapérouse se confond dans l'anonymat des hommes blancs montés sur les deux frégates. Les témoignages tardifs d'insulaires, seule source d'information, ne savent pas distinguer un chef parmi les « Maras » (ainsi nommaient-ils les marins naufragés) jetés sur la plage de Païou, à Vanikoro[46]. Les phases du désastre sont à peu près connues, mais non le rôle qu'a pu y jouer le commandant en chef. Des deux frégates, l'*Astrolabe* est restée immobilisée sur le banc de corail, et a pu ainsi résister aux vagues. Malgré les assauts des indigènes, une partie de l'équipage réussit à installer un camp sur le rivage. Avec les débris de l'*Astrolabe,* ils construisent un autre navire. *La Boussole,* où se trouve Lapérouse, s'est au contraire brisée sur les écueils et a rapidement coulé. Le commandant est-il mort sur le récif avec ses hommes ? Hypothèse vraisemblable. Cependant en 1828 un vieillard de Vanikoro rapporte que quelques hommes gagnèrent la terre et se joignirent aux naufragés de l'autre bateau[47]. Lapérouse fut-il de ces rescapés ?

Les « Maras » eurent à subir l'hostilité des insulaires. Ceux-ci n'avaient jamais vu de navire européen. Ils prennent les blancs pour des « esprits » : fantômes ou démons, surgis de la mer. Mais d'après la mythologie polynésienne l'homme se peut mesurer victorieusement avec les esprits. Les témoignages de 1828 font état de combats, avec des morts des deux côtés. En outre le climat très déprimant de l'île et le paludisme durent faire des ravages[48]. Après quelques mois les survivants reprirent la mer, sur l'embarcation qu'ils avaient fabriquée. Furent-ils massacrés à la sortie de la passe ?[49] Sombrèrent-ils définitivement dans les Salomon, où l'on aurait aperçu une épave ?[50] Quelques-uns, n'ayant pas pu ou pas voulu partir, restèrent à Vanikoro. Deux semblent y avoir vécu assez longtemps.

Supposer que Lapérouse a pu survivre jusqu'à telle péripétie qu'on voudra, se représenter comment il aborda les épreuves du désastre, relève de l'imagination romanesque, ou romancière. Pour que le roman soit vraisemblable, on évoquera sur les sables polyné-

---

(46) Que vaut le témoignage recueilli en 1883, selon lequel les indigènes auraient retenu comme nom du chef des Maras « Pilo » (pilote ?).

(47) DUMONT D'URVILLE, *Voyage de la corvette « L'Astrolabe » exécuté par ordre du roi pendant les années 1826-1829,* P., Tastu, 1830, t. V, p. 154, 191-192.

(48) Les indigènes accumulèrent sous un rocher les crânes des « Maras ». Le contre-amiral de Brossard a pu les retrouver en 1964, enfouis sous une épaisse végétation. Voir *Voyage,* p. 424.

(49) DE BROSSARD, *Voyage,* p. 424-426.

(50) DUMONT D'URVILLE, t. V, p. 227.

siens un Lapérouse tel qu'il fut. Un homme des lumières, pénétré de la philosophie de son siècle. Un disciple de Voltaire qui ne ressemble en rien à M. Homais. Un caractère fait d'énergie et de raison, lequel sut, n'en doutons pas, affronter avec détermination, dans une situation désespérée, l'agonie et la mort.

LE JUGEMENT DERNIER DES ROIS

par Jacques PROUST

> « Et ses mains ourdiraient les entrailles du prêtre,
> Au défaut du cordon pour étrangler les rois. »
>
> Diderot, *Les Eleuthéromanes.*

Les Eleuthéromanes furent publiés dans la *Décade philoso-phique* le 30 fructidor an IV (septembre 1796). La Conspiration des Egaux avait été découverte quelques mois plus tôt. Les nantis en tremblaient encore, et s'apprêtaient à laver l'affront dans le sang des communistes, en attendant de porter Bonaparte au pouvoir.

Il n'importe guère de savoir si Babeuf et ses camarades avaient puisé dans Diderot l'idée de subversion — comme l'insinua aussitôt le parti antiphilosophique — [1], mais il n'est pas sans intérêt de voir comment le *thème* du jugement des rois a été traité dans la littérature et par l'estampe, du vivant de Diderot, puis pendant la Terreur, et même plus près de nous encore.

Maurice Dommanget a consacré au *Jugement dernier des rois,* de Sylvain Maréchal, « égalitaire » et babouviste notoire, la quasi-totalité d'un chapitre de son livre sur *L'Homme sans Dieu* [2], qu'il n'y a pas lieu de reprendre pour l'essentiel, mais qui appelle quelques compléments.

Dommanget a bien montré que la donnée même du *Jugement dernier* était contenue dans une œuvre de Maréchal intitulée *Leçons du fils aîné d'un roi,* publiée au commencement de 1789. Les édi-

---

(1) Voir sur ce point J. PROUST, *Diderot et l'Encyclopédie,* éd. de 1962, p. 9-11.

(2) Maurice DOMMANGET, *Sylvain Maréchal, l'égalitaire,* « *l'homme sans Dieu* » *(1750-1803). Vie et œuvres de l'auteur du Manifeste des Egaux,* Paris, éd. « Spartacus », 1950, chap. X, p. 258 et suiv.

tions connues du *Jugement dernier* [3] reproduisent d'ailleurs tout au long ce morceau de littérature authentiquement *carnavalesque* [4] :

> « En ce temps-là : revenu de la cour, bien fatigué, un visionnaire se livra au sommeil, et rêva que tous les peuples de la terre, le jour des Saturnales, se donnèrent le mot pour se saisir de la personne de leurs rois, chacun de son côté. Ils convinrent en même temps d'un rendez-vous général, pour rassembler cette poignée d'individus couronnés, et les reléguer dans une petite île inhabitée, mais habitable ; le sol fertile n'attendait que des bras et une légère culture. On établit un cordon de petites chaloupes armées pour inspecter l'île, et empêcher ces nouveaux colons d'en sortir. L'embarras des nouveaux débarqués ne fut pas mince. Ils commencèrent par se dépouiller de tous leurs ornements royaux qui les embarrassaient ; et il fallut que chacun, pour vivre, mît la main à la pâte. Plus de valets, plus de courtisans, plus de soldats. Il leur fallut tout faire par eux-même. Cette cinquantaine de personnages ne vécut pas longtemps en paix ; et le genre humain, spectateur tranquille, eut la satisfaction de se voir délivré de ses tyrans par leurs propres mains ».

Le dénouement de la pièce ne diffère de celui de la fable que par l'intervention providentielle d'un volcan qui précipite la fin des tyrans.

Dommanget a montré que le thème n'était pas sans rapport avec *l'Ile des esclaves,* de Marivaux, et il est même tenté de voir dans les *Leçons du fils aîné d'un roi* et dans *le Jugement dernier* une « imitation et une modification » de Marivaux. Il ne lui a pas échappé, cependant, que dès le début de la Révolution le thème était littéralement *dans l'air.* Il cite en particulier *Les Emigrés aux terres australes,* de Gamas, et une gravure ancienne envoyée au Comité d'Instruction publique en floréal an II. Cette gravure représente une éruption volcanique détruisant les attributs du fanatisme et de la tyrannie.

Un jeune dix-huitiémiste prématurément enlevé à l'affection de ses amis, Claude Cristin, m'avait communiqué quelque temps avant sa mort un petit livre fort curieux intitulé *le Procès des trois rois,* publié à Londres en 1780. Ce livre, qui semble ignoré

---

(3) Essentiellement Paris, Patris, an II de la République française, et Vienne, Labbé, sans date (réimpression). L'excellent dix-huitiémiste polonais Marian Skrzypek m'a signalé un exemplaire de la pièce à la Bibliothèque royale de La Haye, qui pourrait être une contrefaçon de l'édition de Paris.

(4) Je prends le mot au sens que lui donne Bakhtine, bien entendu.

de Maurice Dommanget, pourrait bien avoir eu quelque part dans la genèse de la pièce de Sylvain Maréchal. Il témoigne en tout cas d'une certaine popularité du thème bien avant que n'éclate la Révolution.

Claude Cristin avait quelques raisons de penser que *le Procès des trois rois* était d'Ange Goudar, auteur notamment des *Intérêts de la France mal entendus* (ouvrage signalé par la *Correspondance littéraire* de Grimm dès 1756, et loué par Diderot dans une lettre du 30 septembre 1760), de *l'Espion chinois*, et du *Testament politique de Louis Mandrin* [5].

Les trois rois dont il s'agit dans le pamphlet de Sir Jamé (c'est ainsi que l'auteur signe son avant-propos), sont Louis XVI, Charles III d'Espagne, et Georges III de Hanovre, roi d'Angleterre. Le tribunal devant lequel ils sont jugés n'est pas populaire, comme il le sera chez Maréchal. Il est composé d'autres princes souverains et de représentants des républiques. Le Grand-Turc en est le président et le roi de Prusse y fait fonction d'avocat général.

Un des traits remarquables de cette bouffonnerie est la manière dont y sont chargés les personnages mis en scène : le Duc de Wurtemberg fait fonction de cuisinier, l'Electeur de Cologne est pâtissier, le Prince Ferdinand de Prusse, rôtisseur, le Prince d'Orange, marmiton, le Duc d'Orléans, boulanger en chef, le Comte de Provence, « frère du nommé Louis, sieur roi de France », meunier patenté, le Doge de Venise, maître tapissier, le Grand-Duc de Russie, maître cordonnier, la Reine de Hongrie, couturière, l'Impératrice, blanchisseuse, et ainsi du reste, sans oublier les « vuidangeurs patentés des Nobles Puissances » (ce sont tous les bourgmestres, échevins et baillis des Pays-Bas), les « garçons d'écurie » (Dey et Bey de Tunis, Tripoli, Alger, Khan des Tartares, Hospodar et Voïvode de Moldavie et Valachie), et les eunuques du sérail mis par le Grand-Turc au service des nobles puissances (le roi de Prusse, le roi de Pologne, l'Electeur palatin et quelques autres). Dans la même veine populaire, Maréchal représentera le roi de Sardaigne en « roi des marmottes », le roi de Pologne en valet porte-queue, etc.

Le principal motif d'accusation du *Procès* est la politique

---

(5) Le chevalier Goudar est très souvent mentionné dans les *Mémoires* de Casanova, et le Dr Mars lui a consacré il y a quelques années une bibliographie dans *Casanova's gleanings*. Le savant soviétique L.S. Gordon compte justement Goudar au nombre des « égalitaristes » du xviiie siècle et analyse longuement le *Testament politique de Louis Mandrin* dans un article sur « le Thème de Mandrin » (*Au Siècle des Lumières*, recueil collectif franco-soviétique, Paris, Moscou, 1970, p. 201-204).

guerrière des puissances « qui humains font écharper, font mas-
sacrer, par caprice, par ambition, par colère, par volupté ». Et
avant même qu'ils ne soient jugés, le Grand-Turc prophétise que
les rois « seront un jour par l'Ange noir décrétés, et dans la
région des ténèbres précipités. Ils mourront comme les Chiens ;
leurs os seront confondus avec ceux des bêtes immondes, avec
ceux des pourceaux et des porcs sauvages ; et leurs cendres seront
jetées dans des lieux infects, dans les cloaques, dans les lieux
puants où l'on va se décharger le ventre » [6]. Opposant la conduite
des empereurs « nazaréens » à l'enseignement divin du « prophète » Jésus, le Grand-Turc dit encore :

> « Que ces Princes infidèles se battent, se déchirent, s'assas-
> sinent, mais qu'ils se brisent comme un verre sur le rocher de
> leur propre ambition : qu'un fer aigu serve à leur percer le
> flanc : que leur tête criminelle tombe sous le cimeterre redou-
> table [...] ; qu'ils soient à jamais couchés dans la poussière
> de l'oubli : que leurs cadavres soit enfouis dans les sables
> brûlants de soufre du Tophet : que leur âme se consume dans
> ce séjour de ténèbres, où jamais il n'y eut de lumière que
> celle des foudres et des éclairs qui font tressaillir le gouffre
> infernal. »

Ce sont déjà les deux temps forts du dénouement de la pièce de
Sylvain Maréchal : les tyrans s'entredéchirent, puis la lave du
volcan les engloutit.

Par la suite, le pamphlet de Sir Jamé s'étire un peu longuement.
Chaque prince y prend la parole à son tour et ce n'est pas ici
le lieu de rapporter le détail de l'implacable réquisitoire qu'ils
prononcent les uns contre les autres. Maréchal est beaucoup plus
bref, parce que le genre dramatique l'y oblige, mais lorsqu'ils
s'affrontent, ses rois se font en substance les mêmes reproches.

Pourtant le Procès ne se termine pas comme le Jugement.
Dans le pamphlet de 1780, il est décidé que Louis sera pour sa
peine hissé sur une haquenée, « la tête de lauriers couronnée et
d'un bout du monde à l'autre en fanfares promené » ; Charles,
monté sur une « rossinante », recevra une corne de bouc, « pour
en chemin les bêtes appeler et en être complimenté » ; Georges
enfin, juché « sur un âne à longues oreilles », la face « vers la
queue tournée », portera en guise de jarretière — « honni soit
qui mal y pense » — une longue queue de singe [7]. Mais les condamnés en appellent au Pape. Pour être élevé au-dessus des rois,

---

(6) Le Procès des trois rois, éd. citée, p. 12.
(7) Ibid., p. 160-161.

JEU DE QUILLES RÉPUBLICAIN. 10 AOUT 1793.

L'ACTEUR MICHOT.

Arsenal. Fonds Rondel.

L'ACTEUR DUGAZON.

il fait de l'héroïne, avant Michelet, l'incarnation de la rectitude et du patriotisme du bon peuple de France [45]. Puis c'est, en 1801, le *Pausanias français* qui ne vise pas seulement à rendre compte du Salon de 1806, mais entend, à cette occasion, faire l'historique de « l'Ecole française » et en définir l'esthétique [46]. La même année, *Les Anténors modernes* rééditent, à propos du XVII° siècle l'expérience historico-romanesque d'*Héliogabale* [47].

Environ ce temps, Chaussard, se voit promu à la chaire de poésie latine de la Faculté des Lettres de Nîmes. L'occupa-t-il vraiment ? La chose est contestée. En 1811, en tout cas, Fontanes, tout en lui conservant son traitement de Nîmes, le nomma « chargé de travaux classiques à Paris. Les biographes malveillants parlent à ce propos de sinécure et incriminent la bienveillance du Grand-Maître. Il ne semble pourtant pas qu'il dût y avoir beaucoup d'affinités entre un Fontanes et un Chaussard ; d'autre part, plutôt que dans l'Université impériale, c'était aux Droits réunis que, grâce à Français de Nantes, on trouvait des sinécures pour gens de lettres besogneux. Héreau, dans sa notice, parle d'une traduction des *Odes* d'Horace à laquelle Chaussard aurait longtemps travaillé sans jamais la publier ; il mentionne également des matériaux rassemblés en vue d'un ouvrage sur la poésie latine et française. C'étaient là des travaux que Fontanes pouvait vouloir encourager ; le second même pourrait bien avoir été entrepris à sa demande. La brutale diminution que connaît, dans ces années, la production personnelle de Chaussard, viendrait à l'appui de cette hypothèse. On ne peut citer, en effet, qu'une *Epître sur quelques genres dont Boileau n'a pas fait mention dans son « Art poétique »*, parue en 1811 [48]. Encore ce poème pourrait-il n'être qu'une sorte de fragment détaché d'un ouvrage plus vaste et à usage universitaire.

Dès 1814, la Restauration crut pouvoir se passer des services de Chaussard. Il n'était ni de ces « criminels » assez imposants pour qu'on traitât avec eux de puissance à puissance, ni de ces

---

(45) *Jeanne d'Arc*, recueil historique complet. Orléans, A. Maurant, 1806, in-8°, 2 vol.

Selon la *Biographie Michaud*, Chaussard aurait amplement utilisé un mémoire de L'Averdy sur le procès de Jeanne, paru dans le 3° volume des *Notices et extraits des manuscrits de la Bibliothèque du Roi*.

(46) *Le Pausanias français*, état des arts du dessin en France à l'ouverture du XIX° siècle ou salon de 1806, Buisson, in-8°, 28 fig. h.-t.

(47) *Les Anténors modernes* ou Voyage de Christine et de Casimir en France sous Louis XIV, esquisse morale et particulière des mœurs du XVII° siècle d'après les mémoires secrets de deux ex-souverains continués par Huet, évêque d'Avranches, Buisson, in-8°, 3 vol.

(48) Nouvelle édition très augmentée sous le titre *Poétique secondaire* ou Essai didactique sur quelques genres, etc., poème en 4 chants.

prestidigitateurs qui surent à point nommé transformer en drapeau blanc une soie tricolore. En outre, à cause surtout de son
Héliogabale et de ses *Fêtes et Courtisanes de la Grèce*, il s'était
fait une solide réputation d'auteur licencieux.

Le révoqué s'inclina. Il avait hérité un peu de bien de son
père et se retira à la campagne. En 1818, sa mauvaise santé le
ramena à Paris, où il pouvait trouver des médecins plus compé-
tents. La lutte politique était ardente. Le vétéran Chaussard décida
de reprendre du service dans les rangs libéraux. Il donna quelques
articles à la *Revue encyclopédique,* héritière du *Magasin encyclopédique* de Millin, où l'on retrouvait presque tous les survivants
de l'ancienne *Décade* [49]. Sa collaboration fut de courte durée : il
s'éteignit le 1er octobre 1823. On devait trouver dans ses papiers
des matériaux pour une traduction, selon un système de son invention, des Poésies lyriques de Schiller. Il avait chargé Lemercier
de publier en quatre ou cinq volumes un choix de ses œuvres
au bénéfice d'élèves nécessiteux du Collège de France. Nous ignorons pourquoi ce vœu ne fut pas exaucé. Lemercier n'était pourtant pas homme à faire fi des dernières volontés d'un ami. Peut-
être ne trouva-t-il point simplement d'éditeur. Malgré son importante production, Chaussard n'était pas parvenu à se faire un
nom : étroitement liées à une époque révolue, ses œuvres n'étaient
pas de celles que leur perfection formelle soustrait à l'empire
du temps.

Ce n'est pas qu'il n'ait eu un certain talent. Mais il y a dans
ses écrits quelque chose de hâtif, de superficiel et d'inachevé. Il
était né vulgarisateur et journaliste plutôt que penseur et écrivain.
Son vol n'était point assez haut pour qu'il pût embrasser de vastes
perspectives, ordonner de grandes compositions. Pour ses œuvres
de quelque envergure, il choisit d'instinct les formes discontinues
de roman-galerie [50] ou du catalogue illustré de petites scènes et
de « quadri » [51]. C'est pourquoi ses Salons représentent certaine-

---

(49) Notamment Andrieux, Barbier, Michel Berr, de Gérando, Langlès, Jean-
Baptiste Say.

Chaussard a donné à la *Revue encyclopédique* le compte rendu des *Œuvres choisies de Lebrun* (t. XII, 1821, p. 113-123) et celui des traductions par
Delille et par Fontanes des *Essais sur l'homme* de POPE (t. XIII),, 1882, p.
109-125).

(50) Nous entendons par là un ouvrage où l'intrigue romanesque n'a
d'autre but que de permettre la présentation d'une suite de tableaux ou
d'anecdotes, e. g. *Le Diable boiteux,* surtout dans sa première version, *le
Sopha, les Bijoux indiscrets. Le Nouveau Diable boiteux* appartient bien
sûr à ce genre.

(51) C'est le cas des *Fêtes et courtisanes de la Grèce.* Le découpage et
les sujets font songer à André Chénier, c'est pourquoi nous employons le

ment le meilleur de son œuvre. Le genre convient à son inspiration asthmatique et, pour peu qu'un tableau excite son enthousiasme ou sa verve satirique, Chaussard sait se montrer alerte et brillant.

Son incontestable érudition lui est un fardeau plutôt qu'un tremplin. Il n'échappe à la compilation qu'en se jetant dans la fiction : honnête représentant de ce genre faux du roman pédagogique, s'il ne choisissait d'ordinaire des sujets qui conviennent peu aux enfants et aux jeunes personnes.

Poète [52], on regrette qu'il n'ait point appliqué à ses propres œuvres la sévère analyse qui lui a permis d'isoler et de tourner en dérision les tics de Delille. Ses odes, dans le goût de Lebrun, ne manquent pas de souffle et témoignent d'un certain sens de l'éloquence versifiée et de la chute. Mais l'épithète ronflante vient trop facilement sous sa plume et, dans sa recherche des « har-

---

mot « quadro » que celui-ci utilise à plusieurs reprises dans des notes et projets. On peut aussi penser aux *Déguisements de Vénus* ou Tableaux imités du grec, de Parny.

(52) La plupart de ses travaux poétiques ont paru dans la *Décade :* Fragment d'un Poème sur les victoires nationales, 30 ventôse, an VI, p. 544-548.

L'Industrie ou les Arts, Ode lue au Lycée républicain à l'occasion de la première exposition des produits industriels, 20 frimaire an VII, p. 483-491.

La défaite de l'armée napolitaine, chant de triomphe mis en scène et exécuté au Théâtre de la République et des Arts, le 16 nivôse an VII, p. 103-104.

Hymne funèbre sur la mort du général Joubert, exécuté à la cérémonie funèbre du Champ-de-Mars, musique de Chérubini, 30 fructidor an VII, p. 552-553.

Chant de paix et de victoire, ode, 10 frimaire an VIII, p. 424-428.

L'Enlèvement d'Europe, traduit de Moschus et lu au Lycée républicain, 30 fructidor an VIII, p. 552-556 (figure dans les *Fêtes et Courtisanes de la Grèce*).

Le tombeau d'Adonis, traduit de Bion et lu au Lycée républicain, 10 frimaire an IX, p. 429-432 (et *Fêtes et Courtisanes*).

Odel sur le combat d'Algésiras, 20 thermidor an IX, p. 303-305.

Poème sur la fondation de la République, présenté à l'Institut pour le prix de poésie et classé second, après le poème de Masson, 10 brumaire an X, p. 240-246.

Héro et Léandre, chant funèbre mis en musique par Méhul, 30 thermidor an XI, p. 370-372 (et *Fêtes et Courtisanes*).

Distique pour placer au bas du portrait de Lebrun, 20 messidor an X, p. 123.

L'Ombre de Nelson au peuple anglais, ode, 1er février 1806, p. 242-245.

Honneur et patrie, trait héroïque de l'interprète Jaubert, ode, 21 juillet p. 179-183.

Inauguration du buste de Lebrun exposé au salon, ode, 1er novembre 1806, p. 239-241.

Le génie lyrique, ode adressée à Pindare Lebrun, 11 août 1807, p. 310-311.

Le Début des conquêtes, ode, 21 août 1807, p. 368-370.

diesses » pindariques, il lui arrive de franchir le pas qui sépare le sublime du ridicule [53]. Surtout, outrant un travers de son maître, il s'abandonne à une débauche d'allusions mythologiques qui font de ses poèmes de véritables logogriphes. Forcé de présenter la glose avec le texte, il hérisse ses vers d'innombrables appels de note [54].

Prosateur, il confond trop aisément l'enthousiasme avec l'emphase et, comme il n'a pas le sens de la période, tombe parfois dans l'amphigouri. Quoiqu'il ait condamné l'auteur des trop fameux *Eloges* [55], il fournirait plus d'un exemple de ce que Voltaire appelait plaisamment le gali-Thomas. Sans parler de quelques essais de prose poétique qui sentent leur bon élève [56], il est plus à son aise dans le style coupé. Il y fait montre de verve, de brio, du sens de la formule et de l'effet de surprise. De ce point de vue aussi, c'est dans ses Salons qu'il est le plus heureux. La raison est fort simple : il a trouvé pour ce genre un modèle qui exalte ses dons et pallie ses défaillances. Dialogues avec le peintre, les personnages du tableau ou un interlocuteur imaginaire, envolées lyriques, truculences, pirouettes : qui ne reconnaîtrait Diderot [57] ?

---

(53) Chaussard a un goût marqué pour l'adjectif « vaste » qu'il accole souvent à des noms abstraits : la « vaste frénésie » d'un tyran (Chant de paix et de victoire) ; « ... La torche incendiaire / Qui lance un vaste trépas » (Ode sur le combat d'Algésiras). Il s'écrie, à propos de la mort de Joubert :
« Oui, c'est du char de la Victoire
Qu'il est tombé dans le cercueil. »
(Hymne funèbre.)

(54) Voici, à tire d'exemple, la première strophe de l'Ode sur le combat d'Algésiras.

Qui des colonnes d'Alcide
Peut ébranler le repos ?
Quel Briarée homicide
S'élève du sein des flots ?
Dressant sa triple tête,
Il vole sur la tempête,
Il dévore l'univers ;
Et, tyran de la fortune,
A l'un et l'autre Neptune
Son regard promet des fers.

Ces quelques vers ne sont pas assortis de moins de quatre notes. Qu'est-ce lorsque Chaussard entreprend de chanter le procédé de stérotypage d'Erhan, l'échappement libre à force constante de Bréguet ou l'échelle comparative de la pesanteur des métaux de Lenoir ! (L'Industrie et les Arts.)

(55) Dans son *Appel aux principes*. Pour lui, Thomas est en prose ce que Delille et Bernis sont en vers, un produit du faux goût et de la « manière ». En cela, il est meilleur critique qu'un Ginguené qui, faisant probablement passer la philosophie avant l'art, reste un admirateur de Thomas.

(56) Principalement dans les *Fêtes et Courtisanes de la Grèce*.

(57) Le *Salon de 1765* avait été publié en 1795, chez Buisson, à la suite

Cela tient du pastiche sans doute, mais pastiche si habile, si continu et qui vient si naturellement qu'il finit par constituer un mérite authentique et suppose au moins quelque affinité. Avec le génie et beaucoup de talent en moins, il y a chez Chaussard, comme chez Diderot, une incontestable modernité. C'est cette modernité qui, sous les espèces du néologisme, a jadis attiré sur notre obscur héros l'attention d'Albert Mathiez [58].

Mais c'est surtout comme idéologue que Chaussard peut intéresser aujourd'hui. Le classement par genres que nous avons adopté pour ses œuvres ne doit point masquer leur essentielle unité : toutes sont, en dernière analyse, des œuvres « idéologiques ». Entendons toutefois qu'elles relèvent de l'Idéologie militante plutôt que de l'Idéologie spéculative. Quoiqu'il ne soit point étranger aux discussions sur le problème du langage [59], Chaussard n'est point un philosophe au sens technique du terme. Outre une adhésion globale aux thèses de l'école, l'idéologie philosophique ne se traduit guère chez lui que par une méthode rigoureuse et constante qu'on pourrait définir comme l'application de l'analyse génétique à l'histoire. C'est ainsi qu'avant d'examiner l'*Homme des champs* lui-même, il étudie d'abord, en général, les origines du faux goût et de la « manière » dans les arts, pour ensuite reporter ce schéma explicatif sur l'époque particulière où s'est formé le talent de Delille. De façon analogue, sa traduction d'Arrien est précédée d'une importante étude sur les historiens d'Alexandre, qui s'ouvre elle-même par deux séries de considérations générales :

---

des *Essais sur la peinture*. Il séduisit manifestement Chaussard. Dès 1797, dans le *Nouveau Diable boiteux* (t. II, ch. LXXXIII, p. 163), celui-ci concluait en ces termes sa sortie contre les ballets immodestes de l'Opéra : « Terminons par une phrase cinique (*sic*), c'est le lieu qui l'inspire. Nos peintres modernes, disait Diderot, ne nous montrent, dans leurs portraits de femme, que des culs et des tétons. J'aime beaucoup à les voir, mais je ne puis souffrir qu'on me les montre. Je suis de l'avis de Diderot. » (Souvenir assez précis de la critique du tableau de Boucher, « Angélique et Médor », dans le *Salon de 1765*.) Au reste, Chaussard paraît se réclamer plus souvent de Diderot que les autres idéologues.

(58) MATHIEZ (A.), « Publicola Chaussard inventeur du mot nihiliste », *Annales révolutionnaires*, t. X (1913), p. 409-410. C'est dans un article de l'*Antiféderaliste* (14 octobre 1793) que Chaussard désigne par le mot « nihilistes » les gens qui, n'ayant point d'idées, suivent moutonnièrement l'opinion dominante. Dans ses Salons, sans doute sous l'influence de Diderot, Chaussard use volontiers de l'adjectif substantivé, v. g. « le technique de l'art ».

(59) Il a publié dans la *Décade* une « Exposition analytique du système lexicologique de Butet, de la Sarthe », 30 brumaire et 10 frimaire an IX, p. 326-331 et 395-398.

« Section I. Influence exercée sur les récits par le caractère des Grecs, celui du héros, le climat de l'Asie, la corruption et l'orgueil national.

Section II. Du rapport de la littérature et surtout de l'histoire avec la constitution et les événemens politiques ».

Cette manière qui procède à la fois de Montesquieu — ou plutôt d'Helvétius — et de Condillac est caractéristique de l'idéologie appliquée. Le but n'est point la connaissance du passé pour lui-même ; il s'agit bien plutôt, à l'aide d'axiomes philosophiques, de donner une certaine rationalité à l'histoire, pour en tirer ensuite les règles d'édification d'une cité nouvelle. C'était déjà la démarche de Condorcet, et les Idéologues ne font, en dernière analyse, que reprendre, compléter ou nuancer l'*Esquisse d'un tableau historique des progrès de l'esprit humain*.

Toutes leurs œuvres sont de ce fait militantes ou pédagogiques, ce qui revient pratiquement au même. Celles de Chaussard ne font point exception: œuvres militantes voire engagées et polémiques, même sous des apparences distrayantes et érudites.

Les Fêtes et Courtisanes de la Grèce, par exemple, sont à rapprocher de la *Guerre des Dieux* de Parny. Il s'agit, en vulgarisant le système de Dupuis, de lutter contre la réaction religieuse que Bonaparte s'apprête à entériner et à endiguer à la fois et dont Chateaubriand va se faire le chantre. Anti-Génie du Christianisme avant la lettre ; l'ouvrage eût fort bien pu s'intituler « Le Génie du paganisme ».

Avec son introduction et son appareil de notes, l'*Histoire des expéditions d'Alexandre* vise à démythifier le héros guerrier et conquérant. L'année suivante, *Héliogabale* a pour objet de dénoncer les effets nécessairement corrupteurs du pouvoir absolu. Ce n'est peut-être point la personne même de Napoléon qui est en cause [60], mais bien certainement, sous le couvert de l'histoire romaine, le système impérial. Car un système est intrinsèquement mauvais, qui permet qu'à des César, des Auguste ou des Marc-Aurèle, succèdent des Claude, des Néron, des Caligula et des Héliogabale.

C'est encore une œuvre de combat que les *Anténors modernes*. En ces jours-là, les écrivains traditionalistes, ralliés faute de mieux à l'Empire, s'efforçaient du moins d'amener le régime à leurs vues et de le purger de toute trace d'esprit novateur. Aux Français et

---

(60) Les idéologues furent toujours gênés dans leur opposition à Napoléon : ils avaient été les premiers à saluer le général de l'armée d'Italie, ils avaient contribué à le porter au pouvoir, ils le voyaient réaliser plusieurs de leurs projets (par exemple la statistique des départements).

à leur chef, infatigablement, ils présentaient le modèle de Louis XIV et de son temps. C'est à contrecarrer cette manœuvre insidieuse que Chaussard destinait son livre. Prenant dès l'épigraphe le contre-pied du *Siècle de Louis XIV* [61], il entend restituer au génie de la Nation la gloire usurpée par son roi. Oui, il fut grand, ce siècle, et plus même qu'on ne l'a dit, mais ce fut bien plutôt malgré le monarque que grâce à lui [62].

Que s'il fallait isoler le trait dominant de Chaussard, nous le verrions volontiers dans la parfaite convergence en lui de l'idéologie et du néo-classicisme. Car le néo-classicisme n'est point seulement une esthétique ; c'est, plus largement, un esprit. Existe-t-il d'ailleurs une esthétique qui ne soit le reflet d'une mentalité ?

Sous sa forme complète, le néo-classicisme est philosophiquement et psychologiquement un néo-paganisme. Chaussard fut très certainement athée. Sa conception du monde procède de Lucrèce, un Lucrèce revu et corrigé par la science contemporaine et plus particulièrement, semble-t-il, par Jean-Claude de La Métherie [63]. Au bachelier du *Nouveau Diable boiteux,* qui se scandalise de voir des jeunes gens danser dans un ancien cimetière, Asmodée, portant manifestement la parole de l'auteur, fait cette réponse : « Eh ! mon ami, partout vous marchez sur les tombeaux des générations : cette terre qui vous porte, qui se couvre de fruits et de fleurs n'est composée que des débris de toutes les substances animales et végétales. C'est la mort qui vous nourrit, qui vous ombrage, qui vous donne ces roses et ces fraises. Sans la poussière éternellement féconde de tous les êtres détruits, ce globe n'offrirait qu'un tuf aride, une craie, un sable, une matière vitrée... » [64].

Disciple de Dupuis, Chaussard voit ainsi l'histoire des religions. Au commencement était le cycle de la nature, vie et mort indéfiniment alternées de la végétation. Les doctes en formulèrent les lois à l'aide de symboles exprimant la position du soleil par rapport aux constellations. Vinrent ensuite les poètes qui

---

(61) L'ouvrage a pour épigraphe : « Le siècle fut plus grand que son héros. »

(62) Louis XIV, selon Chaussard, n'encouragea que les artistes qui le flattaient. Il laissa Corneille et La Fontaine languir dans la misère, méconnut Lesueur et Poussin, ne s'intéressa pas à Blondel ni à Perrault, n'employa pas Puget. Cette thèse était déjà soutenue dans l'*Essai sur la dignité des Arts.*

(63) Géologue et naturaliste, matérialiste et évolutionniste hardi, La Métherie qui appartint à la loge des Neuf Sœurs et dirigea longtemps le *Journal de physique* mériterait l'attention des historiens des idées.

(64) *Le Nouveau Diable boiteux,* t. II, ch. XLIX, p. 1-9. Les Cimetières et la danse.

brodèrent sur cette trame de brillantes fictions. Ainsi se constitua
peu à peu un système d'où la fourberie intéressée des prêtres
allait enfin tirer les absurdités théologiques. La théocratie s'ins-
taura lorsque le spectacle du renouvellement annuel de la nature
eut inspiré aux hommes l'idée d'une possible résurrection. Spéculant habilement sur la peur et sur l'espérance, le clergé, en effet,
ne tarda pas à se rendre l'arbitre des individus et des sociétés [65].
Mais il y a religion et religion. Sinistre et fait pour des esclaves,
le Christianisme a poussé la perversion jusqu'à prêcher la haine
de la vie. Participant de la luminosité du ciel grec et façonnée par
des poètes, la mythologie des Anciens épousait au contraire les
affections et les sentiments humains. Cette mythologie, Chaussard
l'accepte, non point certes comme une vérité, mais comme un
système emblématique qui conserve le sens des grandes réalités
naturelles. Aussi, réchauffé par le mythe des éternelles noces du
Ciel et de la Terre-Mère, son athéisme n'exclut-il pas une sorte
de lyrisme pananimiste. Après avoir rappelé à son compagnon
que les Anciens n'attachaient point aux tombeaux d'idées lugubres,
oubliant sa condition de diable, Asmodée conclut la discussion par
cette envolée : « Oh ! mes amis ! plantez des myrthes et des lilas
sur mon cercueil ; venez boire sous leur berceau et caresser votre
maîtresse à l'ombre de ce délicieux feuillage embaumé de son
haleine ; au bord de cette onde pure qui réfléchit vos baisers, qui
murmure vos soupirs, que cet arbre alimenté de ma substance, la
racine plongée dans mon cadavre, les rameaux inclinés sur vos
tête, semble alors, agité du zéphyr, tressaillir lui-même de
volupté. »

Ce dernier mot mérite qu'on s'y arrête. Chaussard, nous l'avons
vu, a été tenu par ses adversaires pour un auteur licencieux. Il est
exact que ses dialogues de courtisanes n'ont guère à envier à ceux
de Lucien [66] et qu'il parsème volontiers ses ouvrages de propos ou
de descriptions peu chastes [67]. Mais il n'y a rien là de vulgaire ni
de pervers ; tout, au contraire, s'y veut enveloppé de grâce, comme
Aphrodite d'onde au jour de sa naissance. Culte d'Eros et non
pornographie, reviviscence d'une conception pré-chrétienne de
l'amour qui, sans ignorer les délicatesses ni les tourments du
cœur, exclut absolument l'idée de péché.

---

(65) Pour l'ensemble de ces idées, voir le chapitre indiqué à la note
précédente.
(66) T. IV des *Fêtes et Courtisanes de la Grèce*.
(67) Voir par exemple, *Le Nouveau Diable boiteux*, t. II, chap. LI, p. 19-21. La
Walse. La valse, qui venait de faire son apparition en France, scandalisait
les moralistes.

Sans doute il s'agit là d'un aspect particulier de ce qu'on est convenu d'appeler « le retour à l'antique ». Mais n'oublions point que ce retour a eu pour cause une vision nouvelle de l'antiquité. Chaussard, comme nombre de ses contemporains [68], a nourri la nostalgie d'une antiquité toute proche encore de la nature, où les corps étaient libres et beaux, les mœurs simples, les âmes et les passions énergiques ; où l'on savait goûter le charme d'un paysage pastoral, la mélancolie de la lune, la terrible grandeur d'un orage [69]. Néo-classicisme qui est aussi un préromantisme et concilie Winckelmann, Gessner et Diderot.

Si, comme critique d'art, Chaussard est favorable à l' « Ecole française », restaurée par Vien et illustrée par David et ses disciples, il est loin de mépriser la peinture de genre. Il voudrait même effacer la frontière qui la sépare de peinture d'histoire, puisque toutes deux peuvent également remplir une fonction morale [70]. Au goût du trait pur et du modelé antique [71] s'ajoute chez lui un constant souci de la « signification » « *Ut poesis pictura* », comme l'a bien compris chez les modernes, Poussin, « le peintre philosophe » [72].

Car l'art chez les Anciens n'était point un pur ornement, de belles formes dépourvues de sens. Ce qui faisait, ce qui fera toujours sa dignité, c'est d'être à la fois l'expression et le guide de l'esprit public [73]. L'esthétique rejoint la politique, l'histoire de l'art est liée à celle des gouvernements. C'est seulement dans les républiques que l'art atteint sa perfection ; il dégénère nécessairement sous un régime despotique. Ou bien le despote, comme Louis XIV, a des prétentions à la grandeur, et l'on obtient la boursoufflure du courtisan Lebrun ; ou bien il cherche sa sûreté dans la légèreté et l'avilissement de la nation et voici qu'apparaissent la « manière », « le genre de boudoir » [74], quand ce ne sont pas les grâces frelatées et corruptrices d'un Boucher.

---

(68) Est-il besoin de faire remarquer combien le néoclassicisme de Chaussard, avec ses implications idéologiques, ressemble à celui d'André Chénier.

(69) Voir notamment, au tome II du *Nouveau Diable boiteux*, les chapitres L (p. 10-18 : Du besoin des distractions) et LII (p. 22-35 : Idalie, Tivoli, etc.).

(70) Salon de l'an VII, *Décade*, 10 brumaire an VIII, p. 212-213. Le tableau d'histoire est assimilé à la tragédie, le tableau de genre au drame. Or, Chaussard est un ardent défenseur du drame (*Le Nouveau Diable boiteux*, t. II, chap. LXXXV, p. 171-176 : Le drame).

(71) Voir par exemple, salon de l'an VI, sur le Cyparisse de Chaudet (*Décade*, 30 fructidor an VI, p. 539-540).

(72) Voir par exemple dans le salon de l'an VII, l'étude du « Retour de Mercus Sextus » de Guérin (*Décade*, 20 vendémiaire an VIII, p. 94-97).

73) Voir notamment l'*Essai sur la dignité des Arts*.

(74) Dans le domaine du théâtre, les maîtres de ce mauvais genre sont,

Par quoi l'on peut voir que le retour à l'antique n'est point un rêve naïf d'archéologue. Chaussard ne prétend pas transporter Athènes dans l'Ile-de-France. Il ne s'agit point de copier l'antique, mais de l'imiter. « Sur des pensers nouveaux... » Et le critique d'art de regretter que les peintres d'histoire demandent toujours leur inspiration à la Grèce ou à Rome. La Révolution française n'offre-t-elle donc point de sujets dignes du pinceau d'un artiste patriote ? [75]

La leçon des anciens, — qui est aussi celle d'Helvétius — c'est que tout dans une nation doit s'ordonner à la cité. La France s'est donné une institution républicaine, mais la République n'existera vraiment que lorsqu'elle sera inscrite dans les mœurs et pas seulement dans les textes. A cette fin, il faut, sur le modèle antique, coordonner toutes les institutions, réunir en faisceau tout ce qui est capable de façonner les esprits et les cœurs. Plus encore que de s'imposer par la terreur et les ténèbres, Chaussard reproche au catholicisme d' « enlever l'homme à sa sphère naturelle », de « renverser les rapports de société » [76]. Ainsi s'explique que cet athée se soit fait théophilanthrope et qu'il ait entrepris de prêcher ses compatriotes dans la ci-devant église de Saint-Germain-l'Auxerrois.

La religion et l'art ne sont en définitive que deux branches de l'éducation nationale ; et si, comme l'avait compris Platon, le second requiert particulièrement la vigilance du philosophe et du législateur, c'est dans la mesure où son influence, plus subtile que celle des exhortations directes, est en même temps plus profonde [77].

Tel fut Pierre-Jean-Baptiste Chaussard. Mais il y eut à la même époque des dizaines de Chaussards. Ils abondaient surtout dans la fonction enseignante ; et beaucoup passèrent des Ecoles centrales du Directoire aux Lycées de l'Empire, puis de la Restauration.

---

pour Chaussard comme pour les critiques de la *Décade*, Marivaux et Dorat.

(75) Voir Salon de l'an VI, à propos d'un tableau de Barbier intitulé « Otryade, spartiate » (*Décade*, 10 fructidor an VI, p. 413) ; ou encore, Salon de l'an VII à propos du tableau de Peyron, « Le Temps et Minerve » (*Décade*, 30 fructidor an VII, p. 551).

(76) *De la Maison d'Autriche*, p. 14-15.

(77) De ce point de vue, le théâtre occupe une place de choix dans les préoccupations de Chaussard. Il n'y consacre pas moins de 19 chapitres (chap. LXXII à XC) dans le tome II du *Nouveau Diable boiteux*. (Voir particulièrement chap. LXXII, p. 119-128 : Les Théâtres, questions politiques ; chap. LXXIII, p. 129-133 : suite de l'histoire philosophique du théâtre ; chap. LXXXVII, p. 180-191 : statuts dramatiques).

Plus obscurs encore que le nôtre, ils ne s'étaient point désignés à l'attention du public ni des autorités. Ils n'en demeuraient pas moins des Chaussards et peut-être convient-il de s'en souvenir, si l'on veut comprendre pleinement la première moitié du XIX° siècle.

LE DEFI DANS LE « NEVEU DE RAMEAU »

par Pierre RÉTAT

La personnalité du Rameau « réel » que Diderot rencontre au printemps de 1761 a été assez clairement définie par l'érudition moderne, grâce au témoignage de ses amis, ou à son poème de la *Raméide*[1]. En revanche, la signification du personnage dans le *Neveu de Rameau*, sa transfiguration, les liens secrets qui l'unissent à Diderot, ont donné lieu à un grand nombre d'hypothèses et d'interprétations. N'est-il qu'un double de Diderot, expression de ses nostalgies et de ses doutes ; ou faut-il maintenir entre eux une irréductible opposition, celle du philosophe et de l'antiphilosophe, du militant des lumières et du vil complice d'une société corrompue ? Choix extrêmes, entre lesquels oscillent les tentatives de compréhension de l'œuvre, et que J. Fabre, dans l'introduction de son édition, a tenu à garder également présents, et également éloignés d'un juste point d'équilibre : le Neveu « fascine », « envoûte » le Philosophe, qui perçoit en lui comme un appel et un reproche, une provocation à se remettre en cause (p. LXV et suiv.) ; mais le dialogue n'est pas le soliloque d'un Moi dédoublé : « ce Moi se heurte à Lui, un Lui qui ne se laissera pas abstraire ni dévorer. Sans doute l'échange se fait-il alors : *Moi* devient cet autre, et *Lui* s'enrichit du plus secret de Moi. Mais il reste Jean-François Rameau [...] » (p. LXLVI). Et ce Rameau du dialogue tire toute sa vraisemblance foncière de son drame propre : celui du raté qui s'enferme dans « sa vocation idéale de fainéant, de sot, de vaurien [...], dérisoire et pathétique revanche sur la médiocrité réelle de sa vilenie » (p. LVI).

Les quelques pages qui suivent ont pour but d'analyser ce drame du Neveu, d'en chercher la signification dans un type de

---

(1) Voir le *Neveu de Rameau*, éd. critique par J. Fabre, Droz, 1963, p. 46-55 (toutes nos références au dialogue renvoient à cette édition) ; M.-F. Seiden, « J.-F. Rameau and Diderot's Neveu », *Diderot Studies*, I (1949). p. 143-183.

conduite spécifique, le défi. Etre de contradiction, Rameau passe
sans cesse de la plainte au défi, de l'humilité ou de l'humiliation de
soi à l'insolence du rire diabolique. Ces mouvements alternés forment une des trames profondes de sa personnalité, ils la constituent
dans ce qu'elle a à la fois de plus lamentable et de plus agressif.
Rameau reste finalement cet autre hostile, qui refuse toute conversion : « N'est-il pas vrai que je suis toujours le même » (p. 109) ?
L'intensité de vie du dialogue, les formes les plus diverses de
l'expression, du paradoxe à la pantomime, s'expliquent toujours
par la revanche désespérée du gueux sur son destin [2], par la
violence d'un sursaut vital. L'unité primordiale du Neveu consiste
dans cette protestation qu'il élève, et dans toutes les compensations
imaginaires qu'il se crée. La folie de « Rameau le fou » n'est pas
pur désordre ; sous l'apparente déraison se cache encore une
raison.

La conscience et l'aveu de sa misère naissent chez Rameau
d'une contemplation intérieure, d'un retour amer sur soi, de
l'expérience intime du malheur. « Pauvre diable de bouffon »
(p. 12), « pauvre hère » (p. 17), il considère clairement sa condition de parasite et d'amuseur comme la rançon d'une dépendance
alimentaire : « Qui est-ce qui peut s'assujettir à un rôle pareil,
si ce n'est le misérable qui trouve là, deux ou trois fois la semaine,
de quoi calmer la tribulation de ses intestins » (p. 49 ; voir p. 88-89,
103)? Epuisé par sa grande pantomime musicale, désespéré de sa
médiocrité, Rameau trouve les accents les plus émouvants dans
la révélation de son abjection et de son dénuement ; à l'humiliation
du pauvre s'ajoute celle de l'artiste raté, du créateur stérile. Il
accède alors à une sincérité absolue et pitoyable, qui s'exprime
par la mimique de la misère, la confidence plaintive, et la quête
de l'approbation (p. 88-90, 97-104).

Il s'en faut toutefois que ces moments de vérités soient les
plus fréquents. Rameau ne se laisse pas enfermer longtemps
dans la conscience de soi comme être misérable et inférieur. Par
une mutation quasi instantanée, elle bascule dans son contraire,
pour affirmer sa supériorité et narguer l'adversaire. Rameau
avoue impudemment sa vilenie, la revendique cyniquement, et

---

(2) « Il est, ou plutôt il joue mille personnages, puisqu'il lui est refusé
d'être une personne. La gouaille, la gaieté, le cynisme, vrais ou feints, lui
seront autant de revanches contre son impuissance à être lui-même » (J.
Fabre, p. LXXXIII).

discrédite du même coup les valeurs qui la condamnent. La misère n'est plus subie, mais orgueilleusement assumée.

La franchise de Rameau frappe le plus souvent par son ambiguïté. « Vous savez que je suis un ignorant, un sot, un fou, un impertinent, un paresseux, ce que nos bourguignons appellent un fieffé truand, un escroc, un gourmand... » (p. 18). A quel sentiment répond cette litanie du mauvais garçon ? Rameau vient d'évoquer son exil de chez Bertin, il succombe au découragement, et ne trouve de soulagement que dans l'aveu : mais c'est encore un moyen de supporter sa misère que de se traîner, avec complaisance, dans la boue, de récupérer une intensité, une valeur, dans le mal ou la médiocrité mêmes. « Il n'y en a pas un mot à rabattre » : par l'intransigeance de l'affirmation, l'humilité devient humiliation de soi, mécanisme compensateur et vital [3].

C'est pourquoi aussi Rameau adopte si facilement le ton du défi, défi dirigé contre le Philosophe, et, au delà, contre le destin, contre sa propre misère. La hauteur familière avec laquelle il s'adresse à Moi : « Ah, Ah, vous voilà, M. le philosophe » [4], révèle d'emblée une hostilité profonde et provocante. Le Philosophe est un reproche vivant, l'incarnation de la vie indépendante que Rameau se refuse à mener. Sa seule grandeur, il la trouve dans le mépris de l'autre et dans la parade de son propre abaissement.

Ainsi s'éclaire la fonction psychologique du paradoxe, auquel se plaît tant Rameau. Le parti paradoxal qu'il affiche au début contre le génie et l'héroïsme répond à la volonté de choquer le Philosophe [5]. Mais le goût de l'opinion inattendue vise bien au-delà ; la logique hyperbolique, triomphante de Rameau n'est pas seulement un jeu, aux limites de la simple rhétorique mystificatrice, parodie ou caricature de raison [6] : elle est une plongée dans l'imaginaire, une tentation du rêve par le recours à l'hypothèse, l'accession à cette vie de substitution que le Neveu se forge idéalement. Lorsqu'il célèbre les avantages de l'opulence (p. 12), il insiste sur la cohérence de son propos. Il s' « entend » : mais les prémisses

(3) Voir aussi p. 56 : « Je crois qu'au fond vous avez l'âme délicate. Lui.— Moi, point du tout ». Dès le début du dialogue, Rameau dérive spontanément, avec un plaisir évident, vers la confession cynique : « Je serois mieux entre Diogène et Phryné. Je suis effronté comme l'un, et je fréquente volontiers chez les autres », p. 8.
(4) P. 7 ; voir p. 12, 39, 76, 109.
(5) P. 7, 11. Le parasite évoque avec une affectation fastueuse et détachée « la table d'un ministre du roi de France »(p. 9). Il oppose au Philosophe une conscience sociale hautaine ; il représente toute la meilleure société (p. 12, 35). Il y a du snob en Rameau.
(6) Voir par exemple les variations sur le mépris de soi, p. 22-24.

les plus innocentes donnent naissance à des conclusions aberrantes.
Si Racine avait été un riche marchand, il serait devenu le soutien
du bouffon et la providence du maquereau. Rameau peut exulter :
sa logique est impeccable, mais grâce à une déviation de la pensée
dont le mouvement traduit le déraillement et le délire. De la même
façon, les pages célèbres sur les idiotismes, sorte de dialogue socra-
tique inversé, où Rameau boucle avec ivresse le circuit de son
syllogisme (p. 26-38), ne se comprennent que par la théorie de
la « restitution » qui les couronne, et par l'image paradisiaque de
Rameau restituant. Le défi à la morale mène (et il n'y mène que
parce qu'il en vient) à un nouveau phantasme, à un nouveau rêve
de vengeance et de jouissance, à l'exaltation lyrique de la grande
vie et de la puissance [7]. Le paradoxe est aussi parade, démonstration dans tous les sens du mot. Le Neveu donne un sens à sa vie,
il dispose des valeurs et se les approprie. Lorsqu'il sombre dans
le désespoir, le paradoxe disparaît, précisément parce qu'il est lié
à son triomphe imaginaire. Rameau a au fond « l'âme délicate »
(p. 56). Sa morale cynique n'est qu'une morale d'emprunt, la
revanche d'une nature frustrée, même et surtout lorsquelle prend
les proportions d'un monstrueux système, celui de l' « unité de
caractère » et du « sublime » dans le mal (p. 72).

Comme le paradoxe, la pantomime n'a de signification que
comme négation du destin, comme accession à un monde onirique
où s'accomplit magiquement l'objet du désir. Dans certains cas
elle accompagne seulement, par l'effet du dynamisme spontané de
Rameau, son discours ou celui de son interlocuteur [8]. Mais, en
général, comme le remarque J. Fabre, elle est « un signe révélateur
d'une personnalité, d'un caractère, mais aussi de quelque chose
qui est une vision du monde » [9], et d'abord la vision de Rameau
lui-même. Dès qu'elle apparaît, la pantomime exprime un rêve
de grandeur : « On diroit : c'est lui qui a fait les jolies gavotes
(et il chantoit les gavotes) » [...] (p. 16-17). Rameau conjure sa
médiocrité. Le geste est évocation, vengeance, acte magique. Le
désir se réalise immédiatement, dans une fête de l'imaginaire où

---

(7) Le placage de tons opposés ,le lyrisme bas et vulgaire qui caractérisent souvent le « ramage saugrenu » (p. 94) de Rameau traduisent l'enca-
naillement voulu, le cynisme ostentatoire, mais aussi la bassesse transfigurée
par le rêve, la plénitude physique du bonheur désiré (voir par ex. l'évocation du sommeil béatifique de Rameau riche, p. 17). Le langage est, dans son
épaisseur vitale, participation, mimique de la prospérité ou plainte de la
frustation.

(8) Voir la belle étude de J.-Y. POUILLOUX sur l'évolution de la pantomime, et son échec dans les Entretiens sur « Le Neveu de Rameau », dirigés
par M. Duchet et M. Launay, Nizet, 1967, p. 88-101.

(9) Ibid., p. 102.

déjà Rameau se livre à la vanité et à la jouissance avec une
âpreté brutale. Il s'objective, pour mieux se complaire à soi-même,
en Rameau dormant : « et le grand homme, Rameau le neveu,
s'endormiroit au doux murmure de l'éloge qui retentiroit dans
son oreille [...] ; et il imitoit le sommeil heureux qu'il imaginoit »
(p. 17). La pantomime lui permet justement de créer la totale
illusion dont il a besoin, la croyance et la participation à l'irréalité
du rêve.

Ce rêve est toujours dirigé par une intense volonté de puissance.
Il s'agit pour Rameau de renverser les rôles, de devenir le « finan-
cier » qui ronfle magnifiquement, et d'exercer l'autorité la plus
versatile sur ses « adulateurs insipides » [10]. Par la pantomime du
proxénète (p. 20), celle du violon et du clavecin (p. 26-28), celle
du flatteur (p. 50), il se représente complaisamment dans l'exercice
de ses talents. Il se donne, plus encore qu'il ne donne au Philosophe, le spectacle de sa virtuosité. La pantomime vise toujours à
restaurer une vitalité menacée, à écarter le spectre de la misère.
Elle constitue le temps fort d'une existence prête à basculer dans
le néant, d'une conscience qui par pulsations successives se
contracte et se détend. De son talent, Rameau fait donc un « système » dont il se prévaut, il avoue avec fierté que son art est au
service de la plus basse flatterie : il en exécute les mouvements
devant le Philosophe (p. 50), pour s'affirmer jusque dans l'abjection. Sa verve dans le paradoxe est alors à la mesure de son
triomphe rêvé. Mais l'inversion des valeurs, comme son génie
d'exécution, n'est jamais que le palliatif de sa souffrance. Rameau
oscille de la conscience de l'abjection à la parade de l'abjection :
de là le sentiment d'être « sans conséquence » (p. 7, 16, 18, 56, 58),
l'abandon au temps, la résignation douloureuse, ou au contraire
la domination du destin par l'art, l'enthousiasme du mal, l'affirmation mordante et hautaine d'être le représentant de toute une
société, le mépris de la philosophie et de tous les « petits Catons »
(p. 39).

Le paradoxe immoral, l'amplification progressive de la pantomime, la montée haineuse du défi antiphilosophique forment un
unique mouvement de révolte, qui atteint son paroxysme dans la
fugue du *Vivat Mascarillus* (p. 76) : « chant de triomphe », hymne
à la joie que Rameau s' « exécute » et se « compose à lui-même »,
où sa supériorité veut s'affirmer de la façon la plus insolente et
la plus jubilante. Il est sans doute significatif que Rameau, partisan
comme Diderot et Rousseau de la musique italienne [11], ait choisi

---

(10) Voir p. 13 : « J'aime à commander. »
(11) Rousseau n'a que mépris pour les « fugues, imitations, doubles des-

pour s'exprimer la forme contrapuntique, où la figure se donne
sa propre représentation dans un jeu incessant de miroirs :
réflexion sur soi, contemplation de sa propre essence, la fugue
suscite l'image lyrique de l'ordre et de la perfection idéale. La
fugue de Rameau sonne comme une perversion de l'ordre, comme
un paradoxe ironique, mais peut-être aussi comme une nostalgie
de l'ordre, comme un rêve de perfection impossible, et parodiée [12].
La plénitude esthétique traduit une plénitude morale désirée, l'euphorie d'une libération. Rameau tente pour la première fois de se
réaliser dans un chant original. Mais cette réalisation ne peut
passer que par la représentation, par une déviation esthétique de
la grandeur réelle à laquelle il aspire, et par la grimace caricatu-
rale. Rameau n'est pas sorti de l'imaginaire.

Dans la grande pantomime musicale, il atteint au sublime parce
qu'il devient capable, en s'abstrayant de lui-même, d'exprimer la
gratuité pure. Le rêve n'est plus au service de valeurs dépravées,
mais d'une sensibilité humaine et cosmique qui fait confiner la
pantomime à la création authentique [13]. Comme le Vernet du Salon
de 1767, Rameau est un magicien qui embrasse et transfigure
l'univers entier. Mais, comme on l'a souvent remarqué, son étonnante création n'est en fait qu'une imitation d'imitation, un chaos,
la quête fiévreuse et vaine d'un génie qui lui échappe. Il se donne
l'illusion de créer, et l'amertume du réveil est à la mesure de l'enthousiasme et de l'aliénation qui l'ont précédé. Rameau se livre

---

sins et autres beautés arbitraires et de pure convention qui n'ont presque
de mérite que la difficulté vaincue », « restes de barbarie et de mauvais
goût » (Lettre sur la musique française, Œuvres complètes, éd. Furne, Paris, 1844, t. III, p. 532).

(12) Comment Rameau, seul, peut-il interpréter une forme par définition
polyphonique ? Sa prouesse confine au fantastique. En outre, ce traitement
de l'acclamation (Vivat) presque toujours en style homophonique dans l'histoire de la musique, a quelque chose de paradoxal. La fugue étant tombée
en désuétude en France dès le XVIIᵉ siècle, on peut se demander si Diderot
n'a pas voulu créer un effet de dérision, d'autant que cette écriture musicale
était réservée presque exclusivement, à l'étranger, aux œuvres religieuses.
Berlioz crée un semblable effet de parodie dans l'Amen des ivrognes de la
Damnation de Faust.

(13) Rameau reste toutefois prisonnier, au moins au début, de ses propres fatalités, et des conduites sociales qui le hantent : « successivement
furieux, radouci, impérieux, ricaneur [...] ; là il est prêtre, il est roi, il est
tyran, il menace, il commande, il s'emporte; il est esclave, il obéit » (p. 83 ;
voir p. 98). Les « passions violentes » que la musique italienne fait naître
dans l'âme de Saint-Preux sont sensiblement différentes : « Je croyois entendre la voix de la douleur, de l'emportement, du désespoir ; je croyois voir
des mères éplorées, des amants trahis, des tyrans furieux. » (Nouvelle Héloïse,
I, lettre 48, éd. Pomeau, Garnier, 1960, p. 108.)

ici à une tentative désespérée de croyance magique, en jouant le
génie et en mimant l'inspiration [14].

A partir de ce moment s'amorce la retombée des pantomimes,
la chute après le paroxysme [15]. Rameau épuisé, dégrisé par l'échec
de son ultime négation du destin, reste seul et sans force devant
la misère de sa condition. Mais ce n'est pas sans sursauts, et la
pantomime continue jusqu'à la fin d'assurer la même fonction
vitale, d'une manière de plus en plus ambiguë. Par l'adoration du
louis d'or devant son fils (p. 92), pédagogie par le geste et liturgie
sociale, Rameau joue de nouveau sa propre revanche, dans l'avenir : « Je veux que mon fils soit heureux ». Le défi brutal, mépri-
sant, lancé au Philosophe prouve assez que Rameau n'a guère
changé : « Il aura de l'or, c'est moi qui vous le dis. S'il en a
beaucoup, rien ne lui manquera, pas même votre estime et votre
respect » (p. 93). Le Philosophe, avili, est magiquement anéanti ;
la pièce d'or, qui permet à Rameau de jouer la « fierté » et l'assurance du riche, étend indéfiniment son pouvoir de commandement.

Rameau se libère d'une autre façon : par le rêve ironique d'une
malédiction, où la conscience, devenant son propre bourreau, se
déprend de soi et acquiert encore une paradoxale puissance.
« Pagode hétéroclite », il imagine la nature qui le « fagota » (p.
96-97), il se « pétrit » lui-même et se jette parmi les autres
pagodes. Il joue la fatalité de l'échec pour le supporter ; il la
transcrit en conte grotesque, en création mythique, il se dédouble
dans l'imaginaire pour mettre à distance une réalité insoutenable.
Devenu Dieu, souverain plasmateur, en même temps que pagode
absurde, il peut rire de lui-même. Mais, alors que jusque là il rêvait
par la pantomime d'un avenir riche de jouissances, il se penche
ici sur un présent sans issue, qui se réfléchit dans un passé gri-
maçant : sa vie a un sens, mais il la trouve dans la vérité irré-
futable et primordiale d'un mythe tragique.

Rameau ne peut pas accepter longtemps sa misère : c'est
pourquoi la fin du dialogue manifeste un regain de vitalité, une
ranimation progessive [16]. Dans la dernière pantomime, il assume

_____

(14) Diderot signale la continuité qui unit cette pantomine aux autres,
continuité d'une conduite et d'un refus forcené de soi : « Et je dis, bon ;
voilà la tête qui se perd, et quelque scène nouvelle qui se prépare. » (P. 82-83.)
(15) J.-Y. POUILLOUX, ouvr. cité, p. 97-101.
(16) Voir les remarques de M. LAUNAY, ouvr cité, p. 231. Les mimiques du
génie impossible (p. 98) et du pauvre diable (p. 102) avaient mené Rameau au
plus profond du désespoir. Mais, dans celle des positions (p. 104-105), représentation immédiate du gueux, Rameaux se place en bonne compagnie : un
seul homme « marche », le souverain. La pantomine des gueux a des implications universelles, elle englobe à peu près toute l'humanité. Rameau retrouve

de nouveau son abjection, avec une goujaterie voulue, dans l'évocation impudente de sa femme (p. 108). Pour lui, « se démener
de la croupe », c'est rêver de succès, rappeler par l'expression du
corps ses « espérances de fortune » (p. 109). L'image du fermier
général vient hanter encore l'esprit de Rameau : il joue la provocation érotique pour mieux appeler la fortune. Mais cette magie
gestuelle, très proche de celle des premières pantomimes, est
d'autant plus dérisoire qu'elle se réfère à un passé révolu, et cherche son ultime efficacité dans une communication avec la mort.
La pantomime n'est plus réalisation de l'avenir, mais réalisation
du passé.

Il n'en faut pas plus en tout cas pour que Rameau reprenne ses
espérances, et surmonte la tentation momentanée du désespoir. Ses
derniers mots ne sont pas une simple « pirouette » [17], mais un
nouveau défi lancé au Philosophe, la bravade du cynique : l'avenir
reste riche de revanches et de jouissances possibles [18].

*
**

Il ne suffit pas de juger esthétiquement la pantomime, de la
considérer comme le jeu gratuit du virtuose Rameau. La réussite
prodigieuse de l'art gestuel dans le dialogue doit inviter à en
chercher la source profonde dans la conscience du Neveu, au cœur
de son drame, de même que sa volubilité logique ne doit pas être
réduite à l'énoncé de thèses audacieuses, mais abstraites. Pantomime et paradoxe ne font qu'un avec la conduite polémique,
agressive qui est si souvent celle du Neveu, d'un bout à l'autre
de l'œuvre. Ils constituent autant de mécanismes compensateurs,
dans la parade antiphilosophique, dans l'outrance sophistique, ou
dans l'évasion du rêve. La verve de la bravade haineuse ou du
langage dévié est analogue à celle du geste imaginé. Il s'agit toujours pour Rameau de se prouver à lui-même, par la parole et
par le corps, sa valeur et son existence. Il s'engage presque toujours

---

donc, dans sa misère même, une sorte de plaisir et de supériorité ; il
s' « amuse des positions qu' [il] voit prendre aux autres ». La pantomime
remplit encore son rôle de distanciation ironique.

(17) R. LAUFER. « Structure et signification du Neveu de Rameau », *Revue
d'histoire littéraire de la France*, 1960, p. 410 ; M. LAUNAY, *Entretiens sur
le « Neveu de Rameau »*, p. 20-21.

(18) Il faut rapprocher cette bravade finale de celles des pages 39 (« Nous
en donnerons sur dos et ventre à tous ces petits Catons, comme vous, qui nous
méprisent par envie ») et 93 (« il aura de l'or ; c'est moi qui vous le dis »,
etc.).

des réservoirs souterrains, avoit brisé et déplacé de sa main toute puissante un grand nombre de lits auparavant horizontaux, et les avait élevés à la surface du globe » [17]. Krüger, en 1746, avait préféré supposer un tremblement de terre universel [18]. Buffon n'avait pas ignoré le fait, mais, cherchant l'ordre plutôt que le désordre et refusant les catastrophes, il n'avait voulu y voir que le résultat d'accidents locaux et secondaires, l'effondrement de vastes cavernes sous l'action des eaux primitives :

> Ce désordre causé par les tremblemens de terre, ne fait néanmoins que masquer la Nature aux yeux de ceux qui ne la voient qu'en petit, et qui d'un effet accidentel et particulier, font une cause générale et constante. C'est l'eau seule qui, comme cause générale et subséquente à celle du feu primitif, a achevé de construire et de figurer la surface actuelle de la terre ; et ce qui manque à l'uniformité de cette construction universelle, n'est que l'effet particulier de la cause accidentelle [19].

Faute d'imagination, peut-être, Saussure n'avait pas le sentiment, en contemplant les Alpes, de voir la Nature « en petit ». Or les couches calcaires du Mont Salève avaient bien été coupées d'un côté par une révolution inconnue. Celles du Jura montent, se plient et redescendent ; celles du Mont Vergi, d'abord horizontales, sont courbées soudain à angle droit, comme « ployées par un violent effort », « séparées et éclatées en divers endroits » [20]. Comment expliquer ces phénomènes lorsqu'on est, comme Saussure, un tenant du système neptunien et de la théorie de la terre [21] ? Quelle cause assigner à ces « secousses du globe » dont on pressent la nécessité [22] ? Werner n'est pas plus heureux que les autres : au simple dépôt horizontal des sédiments, il veut substituer un processus de cristallisation, grâce auquel on pourrait expliquer des couches inclinées, et même verticales [23]. Après 1802, John Murray défend toujours cette explication contre

(17) *Histoire de l'Académie des Sciences*, 1708, p. 31.

(18) *Histoire des anciennes révolutions du globe terrestre*, tr. fr., Amsterdam et Paris, 1752, chap. XXVIII. L'original allemand date de 1746.

(19) *Epoques de la Nature* (Paris, 1962), 4e Epoque, p. 129. P. 147 de l'édition originale.

(20) *Voyages dans les Alpes*, t. I, pp. 184, 272 et 370-371.

(21) Cf. *ibid.*, § 577, 594 et 606.

(22) *Ibid.*, § 595, p. 529.

(23) Cf. *Kurze Klassification...* Voir aussi JAMESON, *System of Mineralogy*, t. III, chap. V, p. 73 sq. et D'AUBUISSON DE VOISINS, *Traité de Géognosie*, t. I, p. 327-344.

les idées de Hutton [24]. De Luc, ouvertement préoccupé de réintroduire Dieu dans cette histoire, met en cause les fondements même de la théorie de la terre, c'est-à-dire « L'*eau* et la *lenteur* des opérations » [25]. Il faut qu'une « révolution subite » ait déplacé la mer, et cet événement est récent [26]. Par un curieux retour des choses, la théorie de la terre, parce qu'elle ne fait intervenir que l'eau, se voit obligée de faire une place à des catastrophes inconnues, voire, si l'on en croit De Luc, à l'intervention divine. Et il serait hasardeux de considérer De Luc comme un original isolé : son influence a été grande, et surtout sans doute sur la pensée de Cuvier. Mais il est évident que déjà la théorie de la terre est en train de perdre ses caractères constitutifs.

Un autre de ces caractères, à savoir l'universalité, commençait également à passer de mode. Elle faisait de la théorie une explication générale de tout le relief terrestre, et tenait à la double origine de la théorie même, la cosmogonie cartésienne et le récit de la *Genèse*. Sans doute tenait-elle aussi à la récente découverte d'une autonomie du globe terrestre par rapport à l'univers. Kircher faisait graver le schéma de tous les canaux souterrains qui permettaient aux eaux de l'Océan de remonter au sommet des montagnes, et Sténon construisait une théorie de la terre à partir du relief de la Toscane, comme Füchsel, presque un siècle plus tard, devait écrire une *Histoire de la terre et de la mer*, *basée sur l'histoire des montagnes de Thuringe*. Il y avait toujours eu, cependant, des gens moins portés à la généralisation. Réaumur était allé jusqu'à supposer l'existence d'un mer qui aurait recouvert une partie de la France, de Montreuil-sur-Mer à La Rochelle [27], mais il n'avait pas laissé sa pensée vagabonder beaucoup plus loin. Guettard avait publié des centaines de mémoires sur autant de sujets particuliers. Le défaut de ces études, vivement animées par la haine de « l'esprit de système », c'est qu'elles se bornaient à accumuler des faits disparates et ne menaient rigoureusement à rien. Il n'en va plus de même, à la fin du XVIII° siècle, avec un chercheur comme Nicolas Desmarest. Son mémoire sur les volcans d'Auvergne, pour ne prendre que cet exemple connu, est un modèle d'étude limitée, mais cohérente

---

(24) *A comparative view of the Huttonian and Neptunian Systems of Geology*, Edinburg, 1802. Tr. fr. à la suite de l'*Explication de Playfair sur la Théorie de la Terre par Hutton*, Paris, 1815. La discussion se trouve au chap. III, p. 82 sq. Saussure est cité à l'appui de la théorie de la cristallisation.

(25) *Lettres physiques et morales*, 2° éd., t. I, p. 379.

(26) *Ibid.*, p. 8-9.

(27) *Remarques sur les coquilles fossiles*, in *Mémoires de l'Académie des Sciences*, 1720, p. 414.

et raisonnée [28]. Son objet a une unité géologique évidente, dont ses conclusions expliquent la structure et la formation. Aussi se sentait-il autorisé à critiquer à la fois les observations fragmentaires et désordonnées de Guettard et les vues trop générales et systématiques de Buffon [29]. Ce nouveau type d'études convenait assurément mieux au nouvel esprit scientifique. Il était favorisé par la popularité d'un nouveau genre littéraire, le voyage scientifique, qui, au moins dans certains cas comme celui de Saussure, imposait à la recherche l'unité d'une région. C'est beaucoup plus par leurs examens précis et méthodiques de certains types de formations que par leurs systèmes généraux, que Werner ou Saussure acquirent leur renommée. Sans doute, on ne renonça pas aux systèmes, mais les études particulières se firent plus nombreuses. L'idée même d'une histoire générale du globe risquait de se trouver compromise : les « époques » dont Desmarest avait établi la succession ne valaient que pour les volcans d'Auvergne et les roches éruptives qui en étaient sorties. D'autres massifs pouvaient avoir eu d'autres époques. L'histoire générale se fragmentait en une multitude d'histoires particulières, qui se voulaient exactes et précises, et nul ne se souciait de refaire une histoire universelle en remettant bout à bout ou côte à côte ces histoires particulières. Le temps n'en était pas venu, ou le goût en était passé. « La théorie de la terre est à la géographie physique ce que la fable est à l'histoire » écrivait Desmarest en 1795 [30]. Quant à la « géologie », il ne savait pas encore ce que c'était [31].

C'est en cette même année 1795 que James Hutton porta le coup mortel à la théorie de la terre, sans le vouloir, semble-t-il, car il intitula précisément son livre *Theory of the Earth* [32]. Hutton était fort conscient de son originalité, mais prétendait être le seul à présenter une vraie « théorie de la terre » [33]. Une revue rapide

---

(28) *Précis d'un mémoire sur la détermination de quelques époques de la nature par les produits des volcans*, Paris, 1779.

(29) Cf. ses articles *Buffon* et *Guettard* dans l'*Encyclopédie Méthodique*, section *Géographie physique*, t. I (1795).

(30) *Ibid.*, Préface.

(31) Voir son commentaire sur cette « science nouvelle » à la fin du même volume.

(32) *Theory of the Earth, with proofs and illustrations*, Edinburgh, 1795, 2 vol. in-8°. Toutes nos références renvoient à cette édition. Hutton présenta d'abord sa théorie en 1785 à la Société Royale d'Edimbourg et sa communication fut publiée dans le premier volume des *Transactions* de la Société en 1788. Un résumé de 32 pages avait été imprimé dès 1785. Avec quelques modifications mineures, le texte publié en 1788 est devenu le chapitre I de la *Théorie* de 1795, dont les autres chapitres ne sont que des « preuves et illustrations ». D'où la forme décousue de l'ouvrage.

(33) « Si je compare ce que j'ai présenté comme théorie de la terre avec

« des systèmes physiques et des théories géologiques en général » [34]
le confirmait dans cette vue : Burnet n'avait écrit « qu'un rêve,
formé sur la fiction poétique d'un âge d'or suivi d'un âge de
fer » (I, 271) ; le *Telliamed* n'était qu'un « roman de physique »,
bien qu'il ait « quelque chose d'un système régulier » (*ibid.*)
Buffon — il s'agit des *Epoques de la Nature* — a fondé sa théorie
« sur un pur accident, ou plutôt sur l'erreur d'une comète »
(I, 272). De Luc nous a donné « l'histoire d'un désastre » (I, 273).
« Outre ces grandes opérations imaginaires dans l'histoire naturelle de la terre, nous avons encore certaines suppositions de
géologues et de minéralogistes sur l'action de l'eau », mais elles
sont sans intérêt (*ibid.*). Ceux qui ont voulu utiliser le feu n'ont
pas mieux réussi : ils « n'ont formé aucune théorie cohérente.
Ils voient des volcans dans tous les coins du globe et d'après
ces montagnes brûlantes, ils imaginent la formation des autres
montagnes. Mais une montagne qui brûle n'est qu'un fait ; et ils
n'ont formé sur ce fait aucun principe général pour établir
quelque chose qu'on puisse appeler une théorie de la terre ». Il
ne suffit donc pas d'utiliser le feu pour plaire à Hutton. Ces
savants n'ont vu dans le feu « qu'un agent de destruction, semblable à ces déluges d'eau auxquels d'autres ont attribué les
changements survenus dans l'état naturel des choses. Ils n'ont
vu dans ces opérations que des accidents de la nature » (I, 278).
On sait depuis longtemps que Hutton n'aime pas les accidents.
Mais Buffon ne les aimait pas non plus, ni Lehmann, ni Werner,
ni beaucoup d'autres. Le recours exclusif aux causes lentes et
actuelles ne suffit pas plus que l'utilisation du feu, à définir
l'originalité de Hutton.

Brièvement résumée, sa théorie se ramène à ceci : les phénomènes d'érosion entraînent incessamment vers la mer des
quantités de matières minérales qui vont se déposer en couches
sédimentaires au fond des océans. Là, elles sont « consolidées »
sous l'action du « feu, ou chaleur, des régions minérales », jusqu'au moment où, sous l'action de la force expansive de ce même

---

les théories que d'autres ont présentées sous ce nom, je trouve si peu de ressemblance dans ce que l'on peut comparer, que la seule conclusion à tirer
est qu'elles n'ont rien, ou presque, de semblable. Je vois certains traités,
intitulés Théories de la Terre, mais je ne trouve rien qui permette de les
considérer comme telles, sauf peut-être un effort pour expliquer les phénomènes que l'on observe sur la terre. » *Theory*, t. I, p. 270. On remarquera
que la concision n'est pas la première vertu de Hutton !

(34) Chap. III, t. I, p. 269 sq. Dans la suite de cet article, nous indiquons
directement dans notre texte, entre parenthèses, les références à la *Theory*
de 1795 (tome et numéro de page).

« feu, ou chaleur », ces sédiments sont soulevés et forment un nouveau continent, tandis que l'ancien continent, nivelé par l'érosion, est à son tour submergé [35]. Le cycle alors recommence : érosion, sédimentation, soulèvement, et il peut recommencer indéfiniment. On connaît la phrase célèbre qui termine le mémoire de 1785 et le premier chapitre de la *Théorie* de 1795 : « Le résultat de cette enquête physique, c'est donc que nous ne trouvons ni vestige d'un commencement, ni perspective d'une fin » (I, 200).

La généralité de l'explication est donc toujours celle de la théorie de la terre, mais l'argumentation de Hutton porte sur deux points précis, fort discutés à l'époque. Tout d'abord l'origine de certaines roches, en particulier le basalte, mais aussi le granit et le marbre. Pour Guettard [36] comme pour Werner et ses élèves [37], le basalte est d'origine aqueuse ; pour Buffon [38], Desmarest [39] ou Saussure [40], c'est une roche volcanique ; mais Saussure admet l'origine aqueuse du granit [41]. Hutton au contraire prétend que ces roches, et même le marbre, portent la trace d'une fusion par la chaleur (I, 39), ce qui témoigne de la présence d'un « feu » ou d'une « chaleur » dans la « région minérale ». Le second point, dont nous avons déjà parlé, est la disposition des couches sédimentaires, inclinées, pliées, fracturées, disposition qui impose l'idée d'un soulèvement postérieur à la sédimentation (I, 127-128, etc.). Le second tome de la *Théorie* cite Saussure interminablement, mais réfute son interprétation, empruntée à Werner, par une cristallisation aqueuse. Or, s'il y a eu soulèvement, comment l'expliquer mieux que par la puissance expansive du feu ? Contrairement à Hooke ou Moro, Hutton ne conçoit pas le feu, ou la chaleur, comme « un agent de destruction ». Ami du physicien Black, il a développé une longue théorie

---

(35) Il y a sur ce point quelque embarras dans la pensée de Hutton, qui imagine aussi que les continents, une fois soulevés, reposent « comme sur des piliers » et sont susceptibles de s'effondrer (t. I, p. 374). Ce serait là une « catastrophe », contraire à l'esprit du système, et pour laquelle aucune cause n'est proposée.

(36) *Mémoire sur le basalte des Anciens et des Modernes*, 1770.

(37) Du moins avant la conversion de ces élèves. Cf. J.-F. D'AUBUISSON DE VOISINS, *Mémoire sur les basaltes de la Saxe* (1803. Origine aqueuse) et *Sur les volcans et les basaltes d'Auvergne* (1804. Origine ignée). Evolution analogue, mais moins complète, chez Leopold VON BUCH, entre le tome I (1802) et le tome II (1809) des *Geognostische Beobachtungen*.

(38) *Epoques de la Nature*, 3e Epoque, p. 128 (p. 145 de l'édition originale).

(39) *Mémoires sur l'origine et la nature du basalte*, in *Mémoires de l'Académie des Sciences*, 1771, p. 707-775 et 1773, p. 599-670.

(40) *Voyages dans les Alpes*, t. I (1779), p. 122 sq.

(41) *Ibid.*, p. 102 et 537.

de la chaleur, fondée sur le *phlogiston*[42]. Ami de James Watt, il connaît le développement de la machine à vapeur[43], qui pourrait presque servir de modèle aux mouvements géologiques qu'il imagine[44]. Modèle que ses prédécesseurs ne possédaient pas.

Mais les exigences fondamentales de Hutton vont au-delà de la science ou de la technique. Sa démarche, telle du moins qu'il nous la présente, ne part pas de la géologie, mais de l'homme. « Le globe de cette terre est évidemment fait pour l'homme » (I, 17-18). La terre est habitée, et tout le système doit fonctionner de manière à permettre le maintien de la vie. La vie de l'homme et des animaux exige la vie végétale, qui exige elle-même un sol fertile[45]. Ce sol fertile est produit par la décomposition des roches sous l'effet des agents atmosphériques, qui sont en même temps des agents d'érosion. « Nous pouvons donc prévoir la fin de ce beau mécanisme, une fin qui ne sera pas le résultat d'une erreur dans sa construction, mais le résultat de cette propriété du sol grâce à laquelle il se décompose ; propriété si nécessaire au système du globe et à l'économie de la vie et de la végétation » (I, 15). Il doit donc exister un mécanisme « qui puisse réparer une constitution détruite, et procurer durée et stabilité à la machine, en tant qu'elle est un monde qui soutient la vie végétale et animale » (I, 17). Sinon, « nous aurions lieu de conclure, ou bien que le système de cette terre a été intentionnellement rendu imparfait, ou bien qu'il n'est pas l'œuvre d'une puissance et d'une sagesse infinies » (*ibid.*). Mais le mécanisme de réparation existe : c'est le soulèvement d'un nouveau continent par le feu. L'analogie avec les corps vivants, capables de réparer leurs pertes, permettait d'ailleurs de le prévoir[46]. « Nous serons donc conduits à reconnaître un ordre, non indigne de la sagesse divine, dans un sujet qui, selon d'autres vues, a passé pour l'ouvrage du hasard, ou pour un désordre et une confusion absolus » (I, 6).

---

(42) Publiée dans ses *Dissertations on different subjects in natural Philosophy* (Edinburgh, 1792), 2ᵉ partie.

(43) Cf. Gordon-L. DAVIES, *The Earth in Decay* (Londres, 1969), p. 174-176. On trouvera dans ce livre une intéressante étude sur Hutton (chap. VI, p. 154-199) et une bibliographie.

(44) La machine atmosphérique de Newcomen fournit d'ailleurs un meilleur modèle que celle de Watt, ce qui rend moins nécessaire une influence directe de Watt, discutée par G.-L. DAVIES, *ibid.*, pour des raisons de chronologie.

(45) Hutton s'était intéressé à l'agriculture et l'avait pratiquée personnellement de 1754 à 1768. Cf. *id.*, *ibid.*, p. 155-156.

(46) *Theory*, t. I, p. 16, Cf. Davies, *op. cit.*, p. 173-174. Hutton était docteur en médecine de Leyde, et sa thèse de doctorat avait pour titre *De Sanguine et Circulatione Microcosmi* (Davies, p. 155).

plus de changement dans le système général de ce monde, quoique cette terre particulière que nous possédons actuellement doive disparaître dans le cours de la nature » (II, 550). Cette vision des choses n'est pas sans rappeler Aristote ; mais surtout, elle participe de ce que l'on pourrait appeler l'ultra newtonisme magnifiquement représenté par Laplace. C'est en 1796, un an après la *Théorie de la Terre* de Hutton, que paraîtra l'*Exposition du Système du Monde* où, toutes irrégularités expliquées, la stabilité du système solaire éclate dans la périodicité de tous ses mouvements.

En faisant intervenir le feu — ou la chaleur — comme source perpétuelle du renouvellement du relief terrestre, Hutton avait mis fin à l'histoire rectilinéaire et irréversible de la théorie de la terre, à tous les problèmes de datation exacte et de chronologie absolue qui avaient tourmenté les savants, et Buffon en particulier. Mais surtout, il se détournait de ce qui avait été l'objet de la théorie de la terre depuis Descartes et Burnet [53], c'est-à-dire la description des états successifs de la surface du globe, pour s'intéresser essentiellement aux processus actuels de transformation du relief, aux forces qui agissent dans ces processus et aux lois qui régissent ces forces. Au modèle cartésien d'une science des structures, il tentait de substituer la science newtonienne des lois. Il n'est peut-être pas excessif de dire que, ce faisant, il a fondé la géologie du XIX° siècle dans ses caractères propres.

---

(53) **Cf.** notre article « La Théorie de la Terre au XVII° siècle ».

LA LIBERTE D'EMILE ET LA RUSE DU GOUVERNEUR

par *Jean ROUSSEL*

Le malaise de la pensée libérale face à Rousseau est connu. Le plus illustre des libéraux du XIX° siècle, Benjamin Constant, admettait que J.-J. Rousseau avait le sentiment de la liberté. Il admirait l'éloquence qui communiquait au lecteur ce sentiment. Mais il n'en considérait pas moins l'auteur du *Contrat social* comme un fauteur du despotisme. Aujourd'hui encore, il n'est pas rare que l'on propose une telle interprétation. Rousseau, par sa doctrine politique, menace la liberté, et cela dans les meilleures intentions, ou en prétendant même donner des leçons aux tyrans.

Les études rousseauistes de ces vingt dernières années devraient pourtant inciter à plus de pondération. A l'évidence, la pensée politique de Rousseau ne peut être séparée de sa réflexion fondamentale sur l'homme. Il construit sa philosophie parce qu'il ne renonce pas à chercher les moyens de l'union de la politique, et de la morale. Chez lui comme chez Platon, l'éducation est un élément de la politique, la politique un élément de l'éducation, par une étroite imbrication et en raison d'une exigence venue du plus secret de l'être. Aussi, sans qu'on prétende surmonter des objections que tant de travaux remarquables n'ont pas vaincues, n'est-il peut-être pas inutile de verser au débat quelques observations sur la manière dont Rousseau, dans son ouvrage de pédagogie, a traité et résolu le problème de la liberté de l'homme.

1. *La liberté comme donnée première.*

Pour qui veut connaître l'homme et l'éduquer, la liberté est le fait primordial. Le *Contrat social* l'a dit d'éclatante façon : « Renoncer à sa liberté, c'est renoncer à sa qualité d'homme » [1]. L'*Emile* repend constamment cette idée ; l'ouvrage tout entier est orienté par rapport à elle. Au XVII° siècle, pédagogues et théologiens s'accordaient pour voir dans l'enfance le spectacle d'une nature déchue que seul le Rédempteur peut sauver de l'esclavage et réta-

---

(1) *Œuvres complètes*, Pléiade, t. III, p. 356.

blir dans ses droits [2]. L'optique de Rousseau est différente. Il
ne pense pas avoir à lutter avec le Malin, à porter le fer dans une
corruption qui a envahi l'être humain. Le but du gouverneur
d'Emile, le principe de son action, est simple : il s'agit qu'Emile
soit en mesure de ne pas renoncer à sa qualité d'homme libre.
Le Vicaire savoyard, dont la profession de foi éclaire l'ensemble
de l'ouvrage, déclare que la liberté est un don de Dieu, « Dieu,
le seul être absolu, le seul être vraiment actif, sentant, pensant,
voulant par lui-même et duquel nous tenons la pensée, le sentiment, l'activité, la volonté, la liberté, l'être » [3]. L'homme se distingue de l'univers matériel, n'est pas incorporé à un immense organisme, dont le fonctionnement unirait les parties. Dans l'univers,
matière éparse et morte, il est un principe d'activité ; en lui,
comme aussi dans les animaux, une spontanéité se fait jour :
émergence de la liberté [4]. L'homme de la nature fait l'expérience
de cet état de liberté, et connaît le bonheur. Mais Rousseau y
insiste : dans l'hypothétique état de nature lui-même, l'homme
est à sa place, maillon dans la chaîne des êtres. Ses forces sont
limitées ; il n'est pas Dieu ; il est libre à l'intérieur de ses limites,
qu'il ne cherche pas à dépasser. Dans le monde actuel, l'enfant,
jusqu'à l'âge de raison, reproduit la condition de l'homme naturel.
Essentielle, sa liberté s'exerce cependant conformément au jeu des
nécessités physiques.

2. *Le regard salutaire du maître.*

La liberté de l'enfant, dans le récit pédagogique, doit avoir
un témoin. Le gouverneur est d'abord un observateur, qui voit
se révéler la nature de l'enfant dans ses initiatives et sa spontanéité. Il faut que la liberté naturelle se donne en spectacle à
l'esprit lucide du gouverneur. Celui-ci est une sorte d'espion bienveillant. L'acuité de son talent est telle qu'on peut se demander
même si la bienveillance ne cède pas la place parfois au plaisir
d'observer, si la mise à l'épreuve de l'enfant laisse toujours le
maître dominer la ruse qu'il ourdit [5]. « Homme prudent, épiez

---

(2) Voir sur ce point, G. Snyders, *La pédagogie en France aux* xviie *et*
xviiie *siècles*, Paris, P.U.F., 1965.
(3) *Emile, O.C.*, t. IV, p. 593.
(4) *Ibid.*, p. 575.
(5) Faut-il, avec J. Starobinski, parler du « sadisme » du précepteur (*La
transparence et l'obstacle*, p. 155) ? Le « secret plaisir » aux larmes qu'on
fait couler doit en tout cas rester parfaitement secret. L'hypothèse de Rousseau est que toute contrainte abusive ferait dévier l'élève.

longtemps, la nature » [6]. L'enfant ne doit en tout cas ressentir aucune contrainte venant du gouverneur. « Laissez le germe de son caractère en plein liberté de se montrer » [7]. L'absence de contrainte est destinée à préparer l'avenir. Elle permet au maître de « voir tout entier » [8] l'enfant et de prévoir quelle action sera possible sur lui. La durée qui précède l'éducation proprement dite est comme vide, mais elle est précieuse et il ne faut pas craindre de l'étendre. La plus utile règle de toute éducation, « ce n'est pas de gagner du temps, c'est d'en perdre » [9]. Ce principe paradoxal ne doit pas tromper. La vigilance du gouverneur ne se relâche pas un instant : elle lui donne les moyens de son efficacité future.

Sans qu'il ressente une rupture, l'enfant abandonne cette liberté, où il se révèle, pour une autre, où il n'est plus libre qu'en apparence. « Que votre élève, dit Rousseau, croie toujours être le maître, et que ce soit toujours vous qui le soyez » [10]. *Toujours* : de l'attention scrutatrice du jeu libre, le maître passe à un exercice souverain de sa volonté, où l'attention n'est pas moins requise, ni la ruse. Le sentiment de liberté doit rester intact. En croyant être le maître, l'enfant se découvre lui-même. Il prend une juste perception de la liberté. Le gouverneur se garde de toute contrainte tyrannique : il évite ainsi à l'enfant de se livrer à « l'unique soin de sauver sa liberté naturelle des chaînes de son tyran » [11]. Il organise la nécessité, par une médiation permanente entre la personne de l'enfant et le monde. Il amène son élève à ne pas se fixer sur un désir nocif d'indépendance absolue. D'un tel désir périrait inéluctablement la liberté. Par une série d'obstacles surmontés ou d'accords conclus, un cheminement se fait. « Au lieu d'aiguiser sa ruse à éluder un incommode empire, vous le verrez s'occuper uniquement à tirer de tout ce qui l'environne le parti le plus avantageux pour son bien être actuel » [12].

La liberté est conçue comme un instrument. Rousseau ne s'intéresse vraiment qu'à ce caractère opératoire de la liberté. « On a essayé tous les instruments, hors un, le seul précisément qui peut réussir : la liberté bien réglée. Il ne faut pas se mêler d'élever un enfant quand on ne sait pas le conduire où l'on veut par les

---

(6) *Emile, op. cit.*, p. 324.
(7) *Ibid.*
(8) *Ibid.*
(9) *Ibid.*, p. 322.
(10) *Ibid.*, p. 362.
(11) *Ibid.*
(12) *Ibid.*, p 363.

seules lois du possible et de l'impossible » [13]. Ainsi la liberté
n'est-elle pas pour lui seulement ce don précieux entre tous,
par lequel l'homme se distingue dans le monde. Il pense que ce
donné initial doit se développer dans la succession, et n'a de réalité
actuelle que par la traversée des obstacles. Jamais le gouverneur
ne perd de vue la liberté de l'enfant, jamais non plus il n'oublie
les modalités de l'apprentissage de la liberté. Platon, que Rousseau
aimait à lire, fait dire à l'Athénien des *Lois* que « pour être un
artisan, un gardien parfait en quelque matière que ce soit, il faut
être capable non seulement d'envisager le multiple, mais aussi de
pousser jusqu'à la connaissance de l'un, et (...) d'y ordonner synoptiquement tout le reste » [14]. Le gardien d'Emile est semblable
au gardien de la cité. Et pour Rousseau la passion qui s'empare
de tout homme, comme d'Emile, lorsqu'il sent sa liberté menacée,
est révélatrice d'un caractère essentiel. Elle n'est pas suffisante
et ne dispense pas du pragmatisme. La pensée de Rousseau affronte
le réel sans renoncer à l'essentiel. Emile n'a pas à être instruit
de l'idée de liberté, il a à découvrir les conditions dans lesquelles
cette liberté, sise au cœur de son être, peut s'exercer.

L'éducation négative (seule méthode vraiment active) empêche
l'apparition du moindre pli d'esclavage. « De loin », le gouverneur
prépare pour l'enfant le « règne de sa liberté et l'usage de ses
forces, en laissant à son corps l'habitude naturelle, en le mettant
en état d'être toujours maître de lui-même, et de faire en toute
chose sa volonté, sitôt qu'il en aura une » [15]. Il « veille sans
cesse » [16] sur l'enfant, mais n'écarte pas le risque. Il parie sur
sa liberté, sans le jeter dans des situations trop dangereuses. Ce
faisant, il préserve pour l'avenir les facultés de réaction et d'adaptation, et surtout il garde au jeune homme la gaieté propre à
l'enfance et à l'homme libre [17].

3. *L'âge de raison.*

L'étape décisive est celle où l'on va recueillir les fruits du
« temps de liberté ». A l'âge de raison se fait le passage des fantaisies aux volontés, d'un état de faiblesse à la pratique d'un
certain pouvoir. Les pièges où risquait de périr la liberté pendant

---

(13) *Ibid.*, p 321.
(14) *Op. cit.*, t. XII, p. 965 b, Les Belles Lettres, t. IV, p. 82. Cité par P.-M.
SCHUHL, *L'Œuvre de Platon*, p. 178.
(15) *Emile*, p. 282.
(16) *Ibid.*, p. 256.
(17) *Ibid.*, p. 301 et p. 372.

l'enfance, et qu'un bon gouverneur a su déjouer, étaient déjà ceux de l'état de société. Les parents manquent souvent de lucidité à cet égard. Etant donné la faiblesse de l'enfant, l'attachement des pères et des mères est une nécessité de nature. Mais il peut avoir « son excès, son défaut et son abus ». « Des parents » qui donnent à leur enfant plus de besoins qu'il n'en a « ne soulagent par sa faiblesse, ils l'augmentent » [18]. Le problème que le gouverneur d'Emile a eu à résoudre pour préparer l'âge de raison, c'est précisément celui de la liberté dans la faiblesse. Sa faiblesse conduit l'enfant à rechercher des compensations, à utiliser les adultes pour satisfaire ses fantaisies. L'enfant en arrive ainsi à exercer un empire : ce règne du caprice est à l'opposé de la liberté, puisqu'il prépare l'esclavage social. « Le désir de commander ne s'éteint pas avec le besoin qui l'a fait naître ; l'empire éveille et flatte l'amour-propre et l'habitude le fortifie : ainsi succède la fantaisie au besoin, ainsi prennent leurs premières racines les préjugés et l'opinion » [19]. Rousseau édicte des maximes destinées à éviter que l'on quitte ainsi « la route de la nature ». Son idée est « d'accorder aux enfants plus de liberté véritable et moins d'empire, de leur laisser plus faire par eux-mêmes et moins exiger d'autrui. Ainsi s'accoutumant de bonne heure à borner leurs désirs à leurs forces, ils sentiront peu la privation de ce qui ne sera pas en leur pouvoir » [20]. La sagesse classique, et Platon encore, l'avaient proclamé : l'esprit de domination mène l'homme à sa perte.

Si Hobbes a pu affirmer que le méchant est un enfant robuste, c'est faute de comprendre que dans l'enfant et dans l'homme se trouve un « principe actif », en soi ni bon ni mauvais moralement, qui cherche à se trouver une issue dans le mal comme dans le bien, que des situations de faiblesse dévient. Le gouverneur, en comprenant cette faiblesse et en empêchant le processus de compensation, préserve le « principe actif », autre nom de la liberté.

Le « temps de liberté » a eu un double aspect : l'enfant n'y a pas subi des contraintes tyranniques, il n'a pas commencé à se comporter en tyran. Si bien qu'Emile n'a pris aucune horreur de la règle, et est apte à vivre dans la mesure. Différent des autres, « comme il a passé son enfance dans toute la liberté qu'ils prennent dans leur jeunesse, il commence à prendre dans sa jeunesse la règle à laquelle on les a soumis enfants : cette règle devient leur fléau, ils la prennent en horreur, ils croient ne sortir de

---

(18) *Ibid.*, p. 310.
(19) *Ibid.*, p. 289-290.
(20) *Ibid.*

l'enfance qu'en secourant toute espèce de contrainte » [21]. Emile aura pu rester lui-même. Il aura accédé à l'âge de raison sans devenir « disputeur ni contredisant », complaisant ou flatteur : il sait le bon usage de la raison. « Il dit son avis sans combattre celui de personne parce qu'il aime la liberté par-dessus toute chose, et que la franchise est l'un de ses plus beaux droits » [22]. Les ruses du gouverneur, en protégeant le sens de la liberté, ont aussi permis le développement du goût de la vérité. La raison n'est pas apparue à Emile comme une contrainte tyrannique ; Emile « s'honore de se faire homme et de s'assujettir au joug de sa raison naissante » [23]. La liberté s'insère dans un ordre. Le sentiment qu'en a l'homme se renforce et s'approfondit à mesure qu'il se connaît mieux lui-même dans l'ordre universel. Rousseau, avec des accents stoïciens, affirme ; « O homme [...] ta liberté, ton pouvoir ne s'étendent qu'aussi loin que tes forces naturelles et pas au-delà. Tout le reste n'est qu'esclavage, illusion, prestige » [24].

4. *Les lois.*

Au terme de son éducation, Emile rêve d'une vie en autarcie, il ne veut pour tout bien « qu'une petite métairie dans quelque coin du monde ». Il mettra « toute son avarice à la faire valoir », et vivra « sans inquiétude » [25]. Mais ces limites sont trop étroites, et le gouverneur conseille au jeune homme de voyager. Après avoir parcouru l'Europe, Emile médite avec son maître sur « les matières de gouvernement de mœurs publiques et de maximes d'Etat » [26]. Il apparaît alors que le problème de la liberté réellement vécue dans la société est celui du droit et des lois : le *Contrat social* trouve ainsi sa place naturelle dans ces moments ultimes de l'éducation. Le gouverneur médite avec Emile sur le droit politique. Non seulement alors le *Contrat* est présenté, en une sorte de rapide résumé qui conclut la partie consacrée aux voyages, mais il est constamment soumis à l'examen du jeune homme et de son maître. De cette réflexion, il résulte à nouveau que, dans le domaine du droit et des lois civiles, la liberté de l'homme n'est préservée que par une intégration à un ordre vrai. L'intelligence du contrat social est analogue à ce qu'a été, lors

---

(21) *Ibid.*, p. 637.
(22) *Ibid.*, p. 666.
(23) *Ibid.*, p. 637.
(24) *Ibid.*, p. 308.
(25) *Ibid.*, p. 835.
(26) *Ibid.*, p. 856.

d'une étape antérieure, la découverte de la raison. « Nous verrons comment chaque homme, obéissant au souverain, n'obéit qu'à lui-même et comment on est plus libre dans le pacte social que dans l'état de nature » [27]. Toute l'éducation d'Emile l'a préparé à admettre une telle idée. La liberté ne saurait lui apparaître comme le règne du caprice et de la fantaisie, ou comme la recherche d'une indépendance dont même l'état de nature ne donne pas l'image.

Toutefois le concept de volonté générale n'apporte pas une solution définitive au problème de la liberté. Le gouverneur et son élève ne s'arrêtent pas à ce concept comme à un dogme dont la vérité les satisferait totalement. Leur enquête se poursuit : « Nous rechercherons comment se manifeste cette volonté, à quels signes on est sûr de la reconnaître, ce que c'est qu'une loi et quels sont les vrais caractères de la loi ? Ce sujet est tout neuf : la définition de la loi est encore à faire » [28]. On assiste alors à une reprise à nouveaux frais du *Contrat social,* et ce qui est mis principalement en évidence, c'est la problématique de toute action politique. L'accent est mis sur la « multitude » [29] des formes possibles de gouvernement. Emile cherche à se faire une doctrine sur « les droits et les devoirs du citoyen », et à savoir « ce que c'est que la patrie, en quoi précisément elle consiste et à quoi chacun peut connaître s'il a une patrie ou s'il n'en a point » [30].

Or, de l'échange de lettres qui constitue la conclusion d'*Emile,* il se dégage clairement que la réflexion politique, complétée par les voyages, n'a pas amené le jeune homme à intégrer sa liberté personnelle dans un système de contrat. Il n'a découvert nulle part la possibilité d'une harmonie selon la volonté générale, entre le moi et la société. « Plus j'examine l'ouvrage des hommes dans leurs institutions, plus je vois qu'à force de vouloir être indépendants, ils se font esclaves et qu'ils usent leur liberté même en vains efforts pour l'assurer » [31]. La déception de n'avoir pas rencontré de bonnes institutions rejette Emile dans un « désintéressement outré » [32], qui pourrait être le point de départ de conceptions libertaires ou d'un pessimisme radical. Simple tentation : l'ultime dialogue avec le gouverneur reste positif. « Il me semble, dit Emile, que pour se rendre libre on n'a rien

---

(27) *Ibid.,* p. 841.
(28) *Ibid.,* p. 842.
(29) *Ibid..* p. 847.
(30) *Ibid.,* p. 848.
(31) *Ibid.,* p. 856.
(32) *Ibid.,* p. 857.

à faire ; il suffit de ne pas vouloir cesser de l'être. C'est vous, ô
mon maître, qui m'avez fait libre en m'apprenant à céder à la
nécessité » [33]. La réponse du maître est celle d'un homme qui,
même à ce dernier stade de l'éducation, a vu plus loin que son
interlocuteur. D'avance, il savait qu'Emile connaîtrait la déception
politique. « Avant tes voyages, je savais quel en serait l'effet ; je
savais qu'en regardant de près nos institutions, tu serais bien éloigné d'y prendre la confiance qu'elles ne méritent pas. C'est en
vain qu'on aspire à la liberté sous la sauvegarde des lois. Des
lois ! où est-ce qu'il y en a, et où est-ce qu'elles sont respectées ? »
Le résultat de l'éducation d'Emile ne lui paraît pas menacé. Les
lois écrites, dans leur imperfection, ont leur utilité. Sans doute
Emile n'a pas trouvé une patrie, il a « du moins un pays ». L'homme de bien tire profit de ces lois qui n'en sont pas ; grâce à elles,
parmi les méchants, il a le courage d'être juste. « Il n'est pas vrai
qu'elles ne l'ont pas rendu libre, elles lui ont appris à régner sur
lui » [34]. Ainsi est écarté un pessimisme qui ôterait toute valeur
aux lois et du même coup à la liberté humaine. Le gouverneur
invite Emile à garder présente à son esprit l'idée de la nécessité.
« Partout, tu n'as vu régner sous ce nom de lois que l'intérêt particulier et les passions des hommes. Mais les lois éternelles de
la nature et de l'ordre existent. Elles tiennent lieu de loi positive
au sage » [35] L'exigence morale demeure intacte et l'homme conserve
sa dignité d'homme. Peut-être Emile vivra-t-il finalement dans
l'exil — tel Jean-Jacques hors de Genève —, l'exil ne sera pas
du moins le désespoir.

« La liberté, écrit le gouverneur, et la formule sera célèbre,
n'est dans aucune forme de gouvernement, elle est dans le cœur
de l'homme libre, il la porte partout avec lui » [36]. Le maître ne
revient pas ainsi à une conception toute subjective de la liberté.
La liberté demeure pour lui une postulation fondamentale, un
caractère essentiel inséparable de l'idée de l'acceptation d'un ordre.
Au long de ce récit d'éducation, Emile n'a pas connu un seul instant
de liberté « pure », hors du regard ou de la prévision du gouverneur. Il n'a pas eu non plus à subir un seul instant de tyrannie.
Ayant peu à peu dominé ses propres turbulences, il a découvert
la mesure et l'harmonie. Une liberté réelle, pour Rousseau, ne
peut se vivre ni dans l'esprit de domination, ni dans les seules
délices du sentiment intime.

---

(33) *Ibid.*, p. 856.
(34) *Ibid.*, p. 858.
(35) *Ibid.*, p. 857.
(36) *Ibid.*

LES LECTEURS POLONAIS DE MARMONTEL

par Ewa *RZADKOWSKA*

L'importance du livre français pour la Pologne à l'âge des Lumières est un fait incontestable et souvent évoqué. On connaît bien les tendances des esprits éclairés et les initiatives des patriotes polonais cherchant, au long des siècles, des suggestions, des conseils, des encouragements en France qu'on appelait chez nous « sœur aînée » de la République nobiliaire [1].

Toutes les fois qu'un remous venait agiter la torpeur du pays ruiné par les troupes suédoises et la politique des rois saxons, au temps de la Guerre du Nord (1700), de l'élection de 1733 et de l'avènement au trône de Stanislas-Auguste Poniatowski (1764) — on remarque un redressement inattendu des volontés et des intelligences [2]. Ce qui est caractéristique, c'est que malgré les efforts de la Contre-Réforme, il existe la liberté presque illimitée de publier, de lire, de faire venir les livres de l'étranger [3]. Le noble polonais ne se soucie pas de la censure ecclésiastique ou royale — (c'est l'opinion de ses confrères qui compte vraiment) et c'est grâce à cette tradition de tolérance, diminuée il est vrai, mais toujours sous-jacente, que se forme un climat unique en Europe, climat très favorable à l'explosion de la littérature politique, morale, philosophique précédant l'époque de la Grande Diète.

C'est dans cette dernière période où, paradoxalement, l'Etat est condamné à périr et la nation à se régénérer pour survivre que l'influence du livre français se fait voir de plus en plus. Jusqu'à aujourd'hui, tout en admettant l'importance de ce phénomène, on le regardait en bloc, à travers les grands noms et les grandes œuvres. Or, il n'est pas possible de mesurer la teneur et la complexité du problème sans se référer aux méthodes quantitatives

---

(1) La thèse magistrale de Jean FABRE : *Stanislas-Auguste Poniatowski et l'Europe des Lumières*, Paris, 1952, reste toujours la meilleure source et une mine inépuisable d'informations à ce sujet.

(2) Voir Wtadystaw KONOPCZYNSKI : *Polscy pisarze polityczni XVIII w.* (Les écrivains politiques polonais au XVIIIᵉ s), recueil posthume d'études éditées par Emmanuel Rostworowski, Warszawa, 1966, p. 11.

(3) *Ibid.*, p. 6-7.

et à l'analyse des fonctions exercées par les livres français en Pologne.

Je me permets de présenter ici un bref compte rendu d'un sondage très instructif, entrepris dans les grandes bibliothèques polonaises à propos d'un auteur français « du deuxième rayon », Jean-François Marmontel.

Ce sont, en premier lieu, les chiffres qui apportent des constatations surprenantes. Comme on le sait, la critique littéraire imprimée n'en était qu'à ses débuts au temps de Stanislas-Auguste Poniatowski [4]. Il y avait peu de sources d'information, hors quelques avis insérés dans des périodiques rares. Et pourtant, toutes les nouveautés pénétraient en Pologne et, malgré les prix élevés des livres étrangers, on les achetait volontiers.

Si nous le savons aujourd'hui ce n'est pas grâce à l'enseignement des bibliothèques privées ou des catalogues conservés comme c'est le cas de la France et de tant de pays que la dernière guerre mondiale n'a pas mis en ruines. Les enquêtes doivent être faites dans des bibliothèques centrales ou des dépôts où on a réuni tout ce qui était encore à sauver de la débâcle. Or, malgré les pertes énormes, impossibles à mesurer et à définir, ce qui reste témoigne encore de la grande curiosité, sinon activité intellectuelle, des Polonais qui par là même affirment leur appartenance à l'Europe des Lumières.

Dans le cas de Marmontel, très estimé dans son pays et hors de la France, il faut constater qu'il devient presque un livre de chevet en Pologne. Plus de quatre cents exemplaires conservés et dont les ex-libris et les signatures parlent d'une façon convaincante, attestent sa grande popularité [5]. On le lit dans le texte et traduit en polonais et, il faut le dire, les meilleurs stylistes de l'époque s'appliquent à rendre fidèlement les charmes de sa prose élégante. Ce sont, bien sûr, les magnats polonais qui, en premier lieu, s'intéressent aux élégances de ses « Contes moraux » ou aux enchantements de ses opéras-comiques. Mais c'est Marmontel aussi qu'on lit et commente partout où les cercles patriotiques de la petite noblesse et des riches bourgeois éclairés préparent la grande œuvre de renouvellement. Dans ce cas, on se fie surtout à son

---

(4) Cf. Zdzistaw LIBERA : *Zycie litrackie w Warszawie w czasach Stanistawa Augusta* (La vie littéraire à Varsovie au temps de Stanislas-Auguste), Warszawa, 1971, p. 13-62.

(5) L'enquête concernant la popularité de Marmontel n'étant pas encore terminée, je me permets de rappeler ses œuvres les plus connues et traduites en polonais : *Contes Moraux, Bélisaire, les Incas* et *Nouveaux Contes Moraux*. L'influence de ces textes se laisse voir jusqu'aux années 40 du xix⁰ siècle.

Bélisaire dont l'enseignement paraît le plus adapté à la situation de la Pologne. Et, après le dernier démembrement, on se plaît à lire et à relire les pages de ses *Incas* où l'opposition d'une cause juste à l'oppression barbare porte une consolation ou une promesse vague.

C'est le point de vue géographique qui dénonce encore la présence des livres de Marmontel dans toute la Pologne. On retrouve aussi bien ses traces à Varsovie que dans les bibliothèques cracoviennes, aussi bien en Poméranie qu'à Wilno ou dans la région subcarpathique.

Quels étaient ces lecteurs, le plus souvent inavoués, de Marmontel et quelle fonction pouvaient remplir ses œuvres dans un pays si différent du sien et dont les réalités lui étaient complètement étrangères ? A titre d'exemple je me bornerai à présenter trois hommes, dont chacun occupe un rang différent et provient d'une autre province et dont chacun commente ou comprend Marmontel à sa façon.

Le premier d'entre eux, Stanislas-Auguste Poniatowski, dernier roi de Pologne, non seulement lit les œuvres de l'écrivain français, mais échange avec lui des lettres pleines d'élégance et de politesse, ayant de son activité littéraire la meilleure opinion grâce à Madame Geoffrin, sa protectrice.

Eh bien, c'est à lui que nous devons, faute d'une critique officielle, le premier jugement sur Marmontel formulé en Pologne dans sa lettre de remerciements adressée à l'auteur de *Bélisaire*. Marmontel qui, d'après l'excellent mot de Jean Fabre, connaît tous les secrets de l'art de parvenir [6], n'a pas manqué d'envoyer à toutes les têtes couronnées de l'Europe son livre qui avait provoqué récemment une violente attaque de la Sorbonne [7]. Stanislas-Auguste n'est pas le premier sur sa liste — il y a des princes beaucoup plus puissants et plus riches — mais sa voix compte aussi dans le chœur des louanges qui vient bientôt encenser l'auteur persécuté pour la cause de la philosophie. Marmontel, dans sa dédicace au roi de Pologne, insiste sur le portrait de son héros, peint « dans toute la simplicité et la candeur de la nature » et doté « de l'ingénuité d'un enfant » [8].

---

(6) **Cf.** Jean Fabre : « Autour de Marmontel », dans *De l'Encyclopédie à la Contre-Révolution* », Clermont-Ferrand, 1970, p. 326.

(7) *Ibid.*, John Renwick : « L'affaire de Bélisaire », p. 249.

(8) « Lettres relatives à Bélisaire - Lettre de Marmontel au Roi de Pologne », dans les *Œuvres* de Marmontel, Paris, 1819, p. 319.

C'est donc de la « tendresse » de Stanislas qu'il attend une
approbation spéciale et il ne manque pas de se tromper totalement.

C'était méconnaître le roi et la situation de la Pologne que
d'exalter l'innocence et la naïveté de Bélisaire. Si le livre parut
précieux à Stanislas, c'est pour d'autres raisons qui ne sont qu'ef-
fleurées dans sa réponse à l'auteur. Le roi est un excellent critique
et il ne manque pas de se prononcer sur les *Contes Moraux* qu'il
trouve « amusants, peu profonds, mais qui font sentir qu'il y a
quelque chose de plus à savoir ». Bélisaire, d'après lui, représente
ce « quelque chose de plus », il est « un livre fort », « un traité
de morale très sérieux » [9].

En effet, c'est de la morale menacée par les forfaits de la politique des voisins de la Pologne qu'il s'agissait dans ce cas-là.
Marmontel aurait été bien étonné en apprenant dans quel sens
allaient les interprétations de son roman à Varsovie. Elles visaient
surtout ces têtes couronnées qu'il estimait le plus, et qui le
comblaient de compliments et de cadeaux.

Combien révélatrice est l'attitude de Stanislas-Auguste au moment où l'on délibère sur une traduction de *Bélisaire* en polonais. Il
approuve le projet du raisonnable piariste Stanislas Konarski et
donne son privilège royal au livre, à l'exception du xvᵉ chapitre
ayant rapport à la tolérance et étant le plus attaqué par la Sorbonne. La Pologne, qu'on appelait généralement « Etat sans bu-
chers », serait donc aussi fanatique que quelques docteurs de la
Faculté de Théologie de Paris ? C'est ici que se montre de nouveau
la différence des interprétations possibles de Bélisaire en France
et en Pologne. Comme on le sait, Catherine II profitait des moindres conflits pour se mêler aux affaires de la Pologne et se disait
protectrice des « dissidents » en vue de partages futurs du pays.
Entre ses mains, le chapitre xv de *Bélisaire* qu'elle avait honoré
de suprêmes louanges, devenait un argument de plus en faveur
d'une intervention armée. Ce chapitre, traduit en polonais, aurait
pu servir de moyen de propagande dans les milieux orthodoxes
et c'est pourquoi ni le roi ni ses conseillers ne voulaient le
publier, tout en semblant se soumettre à la censure ecclésiastique
qui, dans d'autres cas, était inefficace.

Encore plus significatif est le cas d'un fervent patriote, soldat
et écrivain, à qui la Pologne doit son hymne national, Joseph
Wybicki. Issu de la petite noblesse provinciale, il affiche avec fierté
son ascendance balte, parce que, à l'époque, la Prusse Orientale
constituait encore une province polonaise. Son profond respect

_____

(9) *Ibid.*, p. 319-320.

pour les vertus sarmates, ses exploits lors de la Confédération de Bar ne l'empêchent pas de blâmer l'éducation qu'il avait reçue chez les jésuites de Gdansk et de recourir, pendant toute sa tumultueuse vie, à l'autorité des philosophes français. Nous le voyons, à un moment, révolté contre Stanislas-Auguste qu'il rend responsable du premier partage de la Pologne, mais bientôt engagé dans le parti des réformateurs collaborant avec le roi. C'est alors qu'il tire profit de ses études en Hollande et de nombreuses lectures, et qu'il donne à ses concitoyens des leçons de civisme dans ses *Pensées politiques* (1772) rédigées sous le coup du premier démembrement et, quelques années après, dans ses *Lettres patriotiques* publiées pour frayer les voies aux projets d'une législation nouvelle [10].

Parmi bien des écrivains français que cite Wybicki (et il connaît toutes les œuvres qui comptent des « philosophes » en vogue), on rencontre deux ou trois fois le nom de Marmontel [11]. Wybicki trouve en lui un excellent forgeur d'arguments servant à convaincre ses lecteurs de la nécessité des réformes en Pologne. Il ne faut pas oublier que Marmontel, logicien subtil et rhétoricien élégant, répondait bien aux exigences d'un public élevé dans les collèges des jésuites et aux besoins d'un publiciste enthousiaste qui dote en plus cet homme de salons du qualificatif flatteur de « profond ».

C'est Bélisaire qui apparaît, plus d'une fois, derrière les suggestions de Wybicki adressées aux Polonais. Je laisse de côté les problèmes politiques et économiques, complexes et embrouillés, pour rappeler la question essentielle, celle de l'injustice sociale qui, aux yeux de Wybicki, est la plus grande injure faite à l'humanité. Sans vouloir y remédier d'un seul coup (vu le traditionalisme de la noblesse polonaise), Wybicki plaide en faveur des paysans-serfs en citant les paroles de Bélisaire : « croyez-moi, je connais le peuple, il n'est pas tel qu'on vous le peint. Ce qui l'énerve et le rebute, c'est la misère et la souffrance ; ce qui l'aigrit et le révolte, c'est le désespoir d'acquérir sans cesse, et de ne posséder jamais » [12].

---

(10) On peut se documenter sur cet intéressant personnage dans les livres suivants : W. KONOPCZYNSKI, *op. cit.*, ; A. SKALKOWSKI : préface à *Zycie moje*, de Wybicki, Krakow, 1927 ; R. KALETA : préface à *Utwory dramatyczne*, de Wybicki, Warszawa, 1963 ; Emmanuel ROSTWOROWSKI : *Ostatni krol Rzeczypospolitej*, Warszawa, 1966 ; J. LECHICKA : *J. Wybicki - zycie i tworczosc*, Torun, 1962 et surtout K. OPALEK : préface aux *Lettres patriotiques de Wybicki*, Wroctaw, 1955.

(11) Voir K. OPALEK, *op. cit.*

(12) La citation provient du chapitre XII de *Bélisaire* (3ᵉ vol., p. 261, dans l'édition des *Œuvres* de Marmontel, Paris, 1819).

Wybicki semble connaître aussi un autre écrit de Marmontel, se rapportant à la question, son « Discours en faveur des paysans du Nord » adressé à la Société Economique de Pétersbourg. Les espérances naïves de l'encyclopédiste et sa foi aveugle en Catherine II lui sont étrangères, mais l'insistance sur la nécessité d'une loi agraire trouve écho dans les écrits patriotiques du publiciste polonais.

Wybicki doit-il quelques-uns de ses arguments contre Rome et ses privilèges en Pologne au « roman philosophique » de Marmontel ? C'est très probable. Mais, il faut le souligner une fois de plus : ce Polonais têtu ne suit pas aveuglément les raisonnements de ses maîtres français ou allemands. S'il favorise Marmontel, s'il l'appelle « profond », c'est parce qu'il trouve chez lui des arguments qui renforcent sa polémique contre la noblesse anarchique et arriérée. Ce qu'il sait voir autour de lui, ce qui le révolte et l'indigne n'a pas besoin d'être expliqué à l'aide des propos des autres. Mais c'est la gravité du moment, c'est la volonté de satisfaire la raison et le cœur (suprême exigence des Lumières) qui le poussent à puiser dans ses lectures.

Les espérances et les rêves de Wybicki tendant à introduire une nouvelle législation ont sombré avec le déclin de l'Etat polonais, mais paradoxalement, c'est après le dernier partage que s'accroît l'activité intellectuelle des grandes masses de la société. Les livres français sont toujours recherchés et lus, bien que leur utilité immédiate semble précaire.

En suivant la fortune de Marmontel en Pologne dans ces années accablantes et mornes il faut rappeler sa vogue, toujours grande, dans des provinces éloignées de Varsovie, telles que l'arrondissement de Wilno, faisant partie de l'Empire Russe ou, à l'autre extrémité, la Galicie — butin de l'empereur d'Autriche. C'est loin de tout centre intellectuel, dans un petit village au pied des Carpathes, que vit un hobereau, Walenty Gurski, poète et dramaturge dont la plus grande ambition est de secouer la torpeur qui gagne peu à peu la noblesse polonaise sous le joug autrichien, le plus lourd et le plus pénible à l'époque[13]. Gurski est un lecteur acharné de Marmontel et c'est à lui que nous devons le premier remaniements des *Incas*. Certes, le roman a été bien accueilli en Pologne et le jeune Stanisław Kltokocki en a donné une excellente traduction en 1781. Mais, c'était l'époque de la Grande Diète, et la voix

---

(13) Walenty Gurski, poète médiocre, est complètement oublié en Pologne et je dois une précieuse information à son sujet à M. J. TAZBIR, auteur du livre : *Szlachta a konkwistatorzy*, Warszawa, 1969. Gurski n'avoue pas la source de son poème, mieux : il copie mot à mot les notes de Marmontel concernant la conquête du Pérou.

de Marmontel en faveur de la justice avait une signification toute spéciale. Gurski exploite le roman de Marmontel dans un sens différent : avec une intention cachée de faire le parallèle entre la cruauté des Espagnols en Amérique et la méchanceté des Autrichiens maîtres absolus de la Galicie. Il s'inspire aussi bien du roman que de la préface et des notes de Marmontel et il en compose un long poème épique qui raconte les malheurs d'un esclave indien condamné aux travaux forcés dans une mine[14]. La partie la plus intéressante du poème montre, à l'aide d'un dialogue entre l'esclave et un gardien espagnol, l'incompréhension totale et irrémédiable qui sépare les vaincus et leurs oppresseurs. C'est à l'aide d'un tel tableau que le poète polonais voulait expliquer à ses concitoyens le fond de la mentalité autrichienne. La lecture de l' « Esclavage indien » permettait de démasquer tous les arguments sophistiques de l'oppresseur et de tenir tête aux injustices les plus flagrantes. Gurski invitait les Polonais, par la bouche du héros créé par Marmontel, à adopter une attitude stoïque vis-à-vis du malheur total. Dans le mépris et la patience il espérait trouver un remède au mal de la sujétion.

Ces quelques exemples, choisis dans la riche galerie de lecteurs polonais de Marmontel, permettent de formuler certaines conclusions. La plus banale confirme le grand besoin que ressent la Pologne des livres français à la portée de tous, au moment où elle fait preuve de sa maturité morale. Certes, un Montesquieu, un Voltaire, un Rousseau sont lus, admirés, traduits, mais l'influence discrète des auteurs connaissant à fond leur métier d'écrivains et aptes à présenter des vérités difficiles dans un style coulant et sous une face attrayante, est inestimable. Tandis que les « philosophes du premier rang trouvent des lecteurs raffinés mais rares parmi les aristocrates, c'est la masse anonyme de nobles et de bourgeois éclairés qui commence à faire connaissance avec les idées neuves grâce à Marmontel. On est certes autorisé à le critiquer aujourd'hui et à rappeler toutes les déficiences de l'auteur et de ses livres. Et pourtant les différents usages qu'on faisait de ses tirades abstraites et guindées, les interprétations assez inattendues de ses dires et affirmations prouvent qu'au XVIIIe siècle c'était une source vivante d'idées, d'enseignements, de préceptes. L'histoire littéraire ne peut pas rester indifférente vis-à-vis de ses mérites qui, surtout hors de la France, doivent attirer l'attention des chercheurs.

---

(14) Les malheurs de l'Indien et son débat avec le gardien espagnol forment un cadre à l'histoire touchante d'Alonzo et de Cora qui annonce l'approche du romantisme. Le poème de Gurski intitulé *Niewolnik indyjski* (Esclave indien) figure au 2e volume des Œuvres réunies (*Rozne dzieta*), Krakow, 1804.

L'EXPÉRIENCE DE LA SOLITUDE DANS
« OBERMAN » DE SENANCOUR

par Mieczysława SEKRECKA

Le thème de la solitude est une des constantes de l'œuvre de Senancour. Cependant il a trouvé le développement le plus complet et pris l'accent le plus personnel dans *Oberman,* roman dont le caractère autobiographique a été deviné, avec une perspicacité qui lui était propre, par Sainte-Beuve [1] et démontré, avec tout l'appareil critique, par André Monglond [2]. Il importe pourtant de préciser que c'est une autobiographie d'un genre spécial. Il y est peu question des événements arrivés, des personnages rencontrés. C'est une autobiographie qui ne prétend pas être une histoire de la vie ni un journal de voyage. Il s'agit là surtout de raconter les impressions saisies souvent sur le vif et vécues au cours de plusieurs années. Cette tendance, Senancour l'a soulignée lui-même dans son roman. « Vous n'attendez de moi ni des narrations historiques, écrit Oberman à son ami, ni des descriptions comme en doit faire celui qui voyage pour observer, pour s'instruire lui-même, ou pour faire connaître au public des lieux nouveaux. Un solitaire ne vous parlera point des hommes que vous fréquentez plus que lui. Il n'aura pas d'aventures, il ne vous fera pas le roman de sa vie. Mais nous sommes convenus que je continuerais à vous dire ce que j'éprouve, parce que c'est moi que vous avez accoutumé, et non pas ce qui m'environne » [3]. Suivant cette perspective, la solitude dans *Oberman* n'est pas une idée abstraite ni une réflexion poursuivie sur un thème fréquemment débattu dans la littérature, surtout de la seconde moitié du XVIIIᵉ siècle ; au contraire elle se situe dans le champ d'une expérience intime et se traduit comme une expression du vécu.

Au départ, la fuite d'Oberman dans la solitude est provoquée par sa déception devant la réalité qui l'entoure, elle est un refus

---

(1) Sainte-Beuve, *Portraits contemporains,* nouv. éd., t. I, pp. 185-197.
(2) André Monglond, *Le Journal intime d'Oberman,* éd. B. Arthaud, 1947.
(3) Oberman, *Lettres publiées par M... Senancour,* coll. dirigée par Michel-Claude Jalard, Bibliothèque 10-18, 1965, p. 280.

de la société telle qu'elle existe de son temps. Donc, dans son premier aspect c'est un acte purement négatif et, en tant que tel, il n'a d'autre sens que la recherche d'un asile où l'homme peut se sauver contre les influences néfastes de la société qui lui impose ses rigueurs sans prendre souci d'aucun de ses besoins véritables. Destiné par ses parents à prendre une profession pour laquelle il n'éprouvait que répulsion, Oberman — de même que Senancour quelque temps auparavant — décide de quitter la maison natale et de se réfugier en Suisse sans avoir d'autre but que de couler ses jours paisiblement dans un lieu librement choisi. L'acte de rupture avec son milieu accompli, il ne se repent pas de sa décision, au contraire, un sentiment de soulagement s'empare de lui. « Je ne vois qu'avec une sorte d'indignation, confesse-t-il, cette vie ridicule que j'ai quittée » [4]. Donc, l'attitude d'un solitaire dans l'œuvre senancourienne est, à son départ, franchement antisociale et c'est là un trait commun qui l'apparente au courant issu du sentimentalisme. Le tableau de la société que Senancour donne dans *Oberman* n'est pas optimiste, il est peint souvent avec un pinceau trempé dans la palette de Rousseau et de Saint-Martin.

Le choix de la solitude étant une révolte contre l'ordre établi, il est aussi, dans la pensée senancourienne, l'accusation sévère de celui-ci. Dans la société contemporaine, l'homme, à son avis, ne connaît pas une existence véritable, ce privilège auquel a le droit de prétendre chaque être sur la terre. En proie à l'ennui, il y traîne sa vie stérile, coupée d'entreprises inutiles, d'efforts manqués, semblable à cet égard « à ces insectes toujours mobiles qui perdent leurs efforts en vaines oscillations ». Entraîné par la hâte, il poursuit ses jours dans le mensonge et l'hypocrisie sans trouver les conditions nécessaires pour sonder le sens de son existence ni pour scruter la nature de son être. Il y souffre sans cesse d'un insupportable éparpillement de son être. Déchiré par les convoitises de l'ambition démesurée, possédé par l'avidité des biens terrestres qui l'usent prématurément, il ne connaît, dans le tourbillon du monde, ni calme ni bonheur. En fin de compte, il vit avec le sentiment d'une existence avortée et avec une conscience malheureuse, hanté sans cesse par la nostalgie d'une vie meilleure, telle qu'il l'avait rêvée dans sa jeunesse.

Pourtant, si la société était seulement incapable d'assurer le bonheur à l'homme, sa faute aux yeux de Senancour serait excusable. Mais son principal grief contre la société contemporaine

_____

(4) *Ibid.,* p. 56.

est plus grave. « (...) l'ordre social actuel, dit-il, s'éloigne de l'harmonie éternelle (...) » [5]. Par conséquent, la société actuelle, en
voie de dégradation, a oublié, d'après lui, le but primitif qui lui
a été assigné dès son origine et, en tant que telle, elle n'est plus
en état d'assumer aucune de ses responsabilités, surtout celle
qui est de veiller au bien des hommes. La conséquence la plus
grave en est l'altération de la nature humaine. Appelée à protéger
le libre développement de l'homme, la société actuelle en est
devenue, hélas, le principal obstacle. C'est que sa tendance est
de ramener tous les hommes à un dénominateur commun, de les
mettre dans le même moule d'où sort une foule incolore, anonyme.
Or, la société d'aujourd'hui est responsable, d'après Senancour,
d'effacer et de tuer ce qu'il y a de plus précieux dans l'être humain :
son individualité. Soumis « aux contraintes sociales », l'homme
cesse d'être lui-même et prend une manière de vie uniforme.
Formé d'après le même modèle, il n'ose ni penser ni agir par lui-
même. De là cet aspect de monotonie, cette absence de variété,
surtout dans les grandes villes, dont Senancour romantique est
écœuré au même degré que le sera le Chateaubriand des *Mémoires
d'outre-tombe*.

Pour la solitude, Oberman choisit un lieu propice. Ayant rompu avec la société, il ne cherche sa retraite ni dans la grotte déserte,
ni dans le manoir abandonné mais, à l'exemple de Saint-Preux [6],
il va tout droit au sein de la nature. Pourtant, arrivé dans le
pays de Vaud qui l'éblouit par la vue majestueuse des Alpes et
l'enivre du bruit des « sons mesurés » du lac de Genève, il ne
s'y attarde pas trop. Une lassitude cède vite la place au charme
des premières impressions. C'est que le pays, en dépit de ses
beautés, ne lui offre rien qui puisse le distinguer des autres régions
de la terre. C'est seulement après une course dans le Val de Travers qu'il découvre les beautés du paysage qui le séduisent bien
davantage. « Mais ce vallon, écrit-il, creusé dans le Jura, porte
un caractère grand et simple ; il est sauvage et animé ; il est à
la fois paisible et romantique, et quoiqu'il n'ait point de lac, il m'a
frappé davantage que les bords de Neuchâtel et même de Genève.
La terre paraît ici moins assujettie à l'homme, et l'homme moins
abandonné à des convenances misérables » [7]. Donc, la nature
qui convient à Oberman fait un grand contraste avec celle de
Jean-Jacques ou de S. Gessner. Elle n'a rien d'idyllique, invitant

---

(5) *Ibid.*, p. 68.
(6) Sur l'idée de la solitude dans l'œuvre de J.-J. Rousseau, voir l'excellent livre de Bronistaw BACZKO : *Rousseau : Samotnosc i wspólnota*, Warszawa, 1964, P.W.N.
(7) *Oberman*, p. 46.

au rêve. Au contraire, c'est une nature sauvage, vierge, où l'homme n'a jamais mis le pied, nature « affligée et embellie de toute l'austérité des déserts ». Le paysage typiquement senancourien est celui de la Dent du Midi, « région des glaces perpétuelles » et des neiges éternelles, couverte de rocs et de forêts vierges, jonchée de débris d'arbres séculaires, où l'on ne rencontre que « des bêtes fauves errantes », et où l'on n'entend que les hurlements des loups et le « ranz » des vaches, tout « sous le ciel froid, sous le soleil ardent ». L'élément indispensable du paysage, d'après l'esthétique senancourienne, est surtout l'eau se présentant sous la forme tantôt d'une cascade, tantôt d'un torrent. Et, de loin en loin, des arbres isolés — dont le bouleau, d'après Senancour, est le symbole le plus expressif de la solitude — de temps en temps des fleurs sauvages. Et au-dessus de tout cela, le silence absolu, rompu de temps en temps par le cri farouche d'un aigle poursuivant sa proie. Donc Senancour, Mme B. Le Gall [8] et M. Raymond [9] l'ont déjà souligné, fait entrer certains éléments qui deviendront caractéristiques pour l'esthétique du paysage romantique : le désert, l'infini de l'espace, la verticalité des montagnes, le silence, l'immobilité.

Mais le spectacle grandiose de la nature qui s'étend devant Oberman n'impose pas seulement par sa majesté. Le paysage senancourien a surtout une signification morale. Il exprime les grandes possibilités régénératrices de la nature. Non mutilée par la civilisation, elle garde, à son avis, tous les vestiges de la nature primitive — notion que Senancour tenait de Rousseau et de Saint-Martin dont il étudiait *De l'Esprit des choses* [10] au cours de la rédaction de son ouvrage et, — en tant que telle, elle est douée de propriétés merveilleuses. Représentation parfaite de la première création, intacte dans ses qualités, elle est l'expression visible, le miroir le plus pur de l'invisible dont le reflet s'est effacé depuis longtemps dans la nature des plaines. En tant que telle, elle est l'image non ternie dans laquelle se révèle l'Absolu. Surtout le sommet de la montagne est ce lieu sacré où, comme le dira plus tard M. Barrès, souffle l'Esprit et qui met l'homme en contact avec le monde de l'au-delà « (...) là, écrit Senancour, la nature entière exprime éloquemment un ordre plus grand, une harmonie plus visible, un ensemble éternel (...) [11]. De là la grande importance de ces lieux privilégiés sur la formation de l'âme.

---

(8) Voir Béatrice Le Gall, *L'imaginaire chez Senancour*, Paris, José Corti, 1966, 2 tomes.

(9) Marcel Raymond, *Senancour*, Jose Corti, 1965.

(10) *Oberman*, p. 396.

(11) *Ibid.*, p. 67.

Dans la pensée senancourienne, ils exercent la même influence sur la vie psychique de l'homme que les sources thermales sur son corps.

C'est à la solitude au sein de la nature qu'Oberman demande ce que la société en voie de dégradation n'est pas en état de lui donner. Toutes les valeurs y étant écroulées ou avilies, il ne peut y emprunter aucune règle de vie. Persuadé que « (...) la vie réelle de l'homme est en lui-même (...) » [12] il ne lui reste qu'à s'adresser à son propre moi et lui créer les conditions favorables à son développement. Par son attitude, Senancour s'opposait donc d'emblée à l'opinion devenue courante dans son siècle. Alors que les philosophes dénonçaient la solitude comme un état anormal où l'homme, à l'exemple des moines, risquait de se déformer, l'auteur d'*Oberman,* en suivant Rousseau dans cette voie, soutenait juste le contraire : c'est dans la solitude, loin des influences destructrices de la société, que l'homme peut s'affirmer et se créer.

En face de la nature, où règne l'harmonie éternelle, l'homme retrouve, en premier lieu, le sentiment de la paix et du calme. Plongé « dans l'air pur » de la montagne, il lave son être de la corruption du monde et l'épure de tous les éléments étrangers que la vie dans la société a introduits. Dans ce processus, un grand rôle est joué par l'eau qui, dans l'œuvre senancourienne, revêt la valeur d'un symbole. C'est l'épisode de la Drance qui est significatif à cet égard. D'après Mlle M. Noel [13], l'eau, chez Senancour, traduit l'énergie, le besoin de l'action. Mais il semble que l'eau, dans la pensée senancourienne, en accord avec les archétypes anciens [14], signifie aussi l'ascension à une vie nouvelle dont le premier degré est la purification.

Mais la solitude, dans l'œuvre de Senancour, est surtout une situation favorisant la connaissance. « C'est dans l'indépendance des choses, comme dans le silence des passions, que l'on peut étudier son être » [15] écrit Oberman. En effet, il y retrouve une partie cachée de lui-même, une force qu'il avait ignorée jusque-là. Effectuant une plongée en soi, il découvre deux êtres qui l'habitent : un être superficiel, soumis à toutes les influences de la société et un être véritable, authentique, « altérable mais indes-

---

(12) *Ibid.,* p. 33.
(13) Martha Noel, *Le thème d'eau chez Senancour,* Revue des sciences humaines, 1962, janvier-mars, p. 363-364.
(14) Mircea Eliade, *Sacrum, mit, historia,* P.J.W., p. 142-143.
(15) *Oberman,* p. 35.

tructible ». C'est grâce à cette découverte que, se nourissant de sa propre substance, il aborde la vie réelle. Perdu dans l'immensité sans bornes, plongé dans « l'immobilité silencieuse » où l'être humain échappe au temps, il conçoit tout sous la forme de l'éternité. Sous l'influence de ce sentiment, inconnu dans la plaine, où tout est variable et précaire, il éternise l'instant et sort de la vie sujette au temps. Frappé du sublime des montagnes, d'où émanent les voix du monde invisible, il lui suffit d'une nuit pour vivre dix ans d'existence. Grâce à la capacité du recueillement devenu intense, il apprend à distinguer deux ordres : l'un permanent, éternel et celui qui est passager, éphémère. Affranchi des préjugés, il accède à une connaissance parfaite, qui tient de la révélation : des mystères de l'homme et de l'univers lui sont révélés. Il s'élève vers l'infini, il pénètre dans le monde de l'au-delà, il perce le voile qui sépare le monde visible de l'invisible. « Enfin je crois, dit-il, être sûr de moi. Il est des momens qui dissipent la méfiance, les préventions, les incertitudes, et où l'on connaît ce qui est, par une impérieuse et inébranlable conviction » [16]. Grâce à l'autonomie morale et intellectuelle, il distingue l'essence des choses de ses apparences, il voit les valeurs absolues, universelles, existant dans l'ordre éternel, découvre les vérités oubliées depuis longtemps et se forme une nouvelle vision du monde. Donc, dans l'œuvre de Senancour, la solitude, à force d'être pratiquée, prend un sens nouveau et positif. Elle cesse d'être un refus, une révolte, pour devenir une voie pour s'affirmer et se recréer.

Pénétré « de la grandeur des lieux » de sa solitude, l'homme éprouve le besoin de briser ses entraves et de s'affranchir des habitudes qu'il a contractées sur la terre. Devenu libre de la tradition, des conventions sociales, du monde extérieur, il retrouve son indépendance pour s'approcher de l'attitude d'un sage qui ne cherche son bonheur qu'en lui-même. Au lieu de l'expansion de son être et par conséquent de son éparpillement, propre à l'homme vivant dans la société, c'est dans la solitude que s'accomplit sa concentration, le retour au centre. Au lieu d'étendre son être il le circonscrit, mais loin de l'appauvrir, il l'approfondit. Déjà dans les *Rêveries sur la nature primitive de l'homme* Senancour écrivait : « C'est limitant son être qu'on le possède tout entier (...) l'on ne jouit, l'on ne vit véritablement qu'au centre » [17]. Donc, chez Senancour, pour employer les mots de Pizzorusso, « Le désir de solitude n'est pas tellement volonté de

---

(16) *Ibid.*, p. 68.
(17) Cité d'après Jules LEVALLOIS, *Senancour*, Paris, Champion, 1897, p. 6.

se couper des autres, mais d'habiter en soi » [18]. En effet, c'est dans l'isolement, d'après l'auteur d'*Oberman* que l'homme acquiert le sens de la vie intérieure, c'est dans le silence des passions qu'il entend ses « voix intérieures ». En interrogeant et en écoutant son moi, il aboutit à la conscience véritable de son être. L'âme tirée de sa léthargie, l'intensité de son existence devient plus grande, si bien que là « (...) une heure de vie peut valoir une année d'existence » [19]. Heureux de posséder son être, l'homme prend le courage de suivre son propre chemin. Livré aux dangers de l'ascension, se traînant souvent entre deux précipices et ne pouvant compter que sur ses propres forces, il retrouve son énergie et sent son être s'agrandir.

Un autre bienfait de la solitude, d'après *Oberman*, est de communiquer à l'homme le sens véritable de sa propre existence. C'est là que sa vocation lui est révélée, celle qui est en accord avec ses talents et non celle que la société cherche à lui imposer. C'est là aussi que les conditions favorables lui sont données pour développer ses dons. A l'instar de Le Tourneur [20], Senancour croit, lui aussi, qu'un talent original dans n'importe quel domaine ne peut s'épanouir que dans l'isolement, loin de la société où la pensée préservée de tout esclavage devient libre et indépendante. C'est alors, qu'en échappant à la routine, aux habitudes contractées dans la vie sociale, que l'écrivain ose voir les choses d'après sa propre optique et éviter les routes battues. Toutes les grandes œuvres dont l'humanité est fière, d'après Senancour, étant le fruit de leurs méditations, sont dues aux solitaires, à ceux qui au moment de créer savaient rompre avec le monde et mener une vie d'anachorète. Tous les grands législateurs, écrit-il, se retiraient « dans une solitude profonde et dans les antres des montagnes (...) pour méditer les institutions qu'ils préparaient (...) » [21]. La vocation qu'Oberman se découvre est celle d'un écrivain. « Je crois définitivement qu'il ne m'est donné que d'écrire » [22] affirme-t-il. Mais il entend le métier de l'écrivain, qui dans sa pensée est synonyme « d'instituteur des hommes », comme un service à la société, comme un accomplissement de la mission envers les hommes. Or, chose paradoxale, c'est dans la solitude et non dans la société que le devoir social est révélé à Oberman. C'est dans l'isolement que

---

(18) Arnaldo Pizzorusso, *Studi sulla Letteratura dell'età preromantica in Francia*, Pise, 1956, p. 162.

(19) *Oberman*, p. 38.

(20) Le Tourneur, Discour préliminaire à la traduction des *Nuits*, d'Young, Amsterdam et Paris, t. I, p. XIV, XXII, LX.

(21) *Oberman*, p. 390.

(22) *Ibid.*, p. 432.

s'est accomplie la conversion de son être, au début égoïste, en un
être social comme une conséquence naturelle de la transmutation
des valeurs qu'il a subies. Ce devoir social, il est aussi bien un
appel de sa conscience formée dans la solitude qu'un message de
la nature. A l'exemple de la nature où tout ce qui existe contribue
comme un élément indispensable à la vie d'ensemble, l'homme, lui
aussi, prend conscience de son appartenance à l'humanité et se
rend responsable de sa destinée. Le refus de la société ne signifie
donc pour Oberman une évasion dans le rêve ou dans le monde
imaginaire. Au contraire, c'est un désir de retrouver un modèle
de société idéale, telle qu'elle fut à son origine. Devenu maître
de lui-même, mûri par la méditation, il se sent appelé, sans porter
tort à sa vie intérieure, à indiquer à l'humanité sa voie, à lui transmettre les vérités altérées au cours des siècles qu'il a découvertes
en lui-même et qu'il s'est mis lui-même à pratiquer. Point lourd
de signification dans la pensée senancourienne, soit dit en passant.
L'auteur d'*Oberman* demande, suivant le courant issu du cercle piétiste, un accord entre les idées et les actes de l'écrivain,
profondément convaincu que c'est avant tout de cette conformité
que découle son autorité dans la société. « Il est absurde et révol-
tant, écrit-il, qu'un auteur ose parler à l'homme de ses devoirs,
sans être lui-même homme de bien » [23].

Cependant, les bénéfices de la solitude exaltés, Oberman -
Senancour commence à se démentir. A mesure que le temps passe,
son isolement finit par l'accabler. Au lieu d'éprouver le sentiment
du bonheur, il ressent une angoisse profonde. La même nature où
il trouvait jadis le calme, le décourage. Les paysages dont il jouissait autrefois, sans lui apporter de consolation, le fatiguent. Beaucoup de sites, Chillon entre autres, où, il y a sept ans, il a vécu
des moments heureux, n'ont fait sur lui, à son retour, aucune impression. « Je me suis assis auprès de Chillon sur la grève (...).
J'étais là, écrit-il, comme j'eusse été ailleurs. J'ai retrouvé les
lieux, je ne puis ramener les tems » [24]. Bien que l'harmonie
continue de régner dans la nature, elle est absente de son cœur.
C'est que l'homme, même dans la solitude, — tel est l'effet de
l'expérience d'Oberman — ne se sépare pas de lui-même, il n'y
est préservé ni contre la souffrance ni contre l'ennui qui ne cesse
de le ronger. En face du silence majestueux des sommets de la
montagne, il n'échappe ni aux « fantômes » qui « veillent » dans
son cœur ni à l'obsession des souvenirs qui s'emparent parfois de
lui comme un vautour de sa victime. Or, las de son long isolement,

---

(23) *Ibid.*, p. 279.
(24) *Ibid.*, p. 279.

LA LITTERATURE DES CAUSES CELEBRES

par Jean SGARD

Au début de 1734 parut chez la Veuve Delaulne un petit volume intitulé : *Causes célèbres et intéressantes avec les jugements qui les ont décidées,* « Par M. xxx avocat au Parlement ». Titre discrètement flatteur mais ambigu ; auteur établi mais peu connu : François Gayot de Pitaval, écrivain sans génie mais fort bien averti du goût du public et décidé à faire fortune à tout prix, venait de lancer un genre littéraire. Constamment réédité, augmenté ou abrégé, récrit ou continué, le corpus des *Causes célèbres,* porté à vingt volumes par Gayot, allait comprendre, un siècle plus tard, une trentaine de recueils totalisant environ sept cents volumes. Bien qu'un peu étonné de son succès, Gayot avait bien conscience de lancer un genre nouveau. Il associe en fait deux formes d'expression apparemment contradictoires : la relation populaire « intéressante » mais éphémère, anonyme, indigne d'un « recueil », et l'exposé juridique (minute du procès, plaidoiries, jugements, attendus), autrement dit, le récit et sa transcription dans le langage spécialisé de la procédure. Il satisfait ainsi le « cœur » et l' « esprit » : « l'histoire des procès singuliers où il entre du merveilleux, et les jugements qui ont été rendus sur ces célèbres controverses du Barreau, en satisfaisant parfaitement la curiosité, instruit en même temps l'esprit... » [1] De cette avidité pleinement satisfaite, de cette conjonction du mystère, du merveilleux, et de solutions rationnelles, naît un « plaisir pur » qui n'est pas celui du roman ou de la tragédie, ni celui de l'histoire. Une longue postérité de romanciers populaires ou d'historiens conteurs, et une production illimitée de « crimes célèbres », d'évasions, de mystères, d' « affaires », de vies d'illustres criminels, sous la forme de récits romancés, de romans historiques, de romans policiers, de bandes dessinées ou de feuilletons télévisés (« dossiers » de l'écran, ou de l'histoire, « évasions célèbres », etc.) nous invitent à définir la nature d'un genre dont Gayot a déjà posé les limites.

---

(1) Avertissement de l'auteur en tête du t. I, p. V; nous citons d'après l'édition revue et corrigée de Le Gras de 1738.

Mais il n'est pas inutile d'en prendre d'abord la mesure : une simple énumération des recueils de causes célèbres, au vu des catalogues imprimés donne l'ampleur du phénomène.

1 — 1734-1743 : *Causes célèbres et intéressantes avec les jugements qui les ont décidées...*, Paris, Veuve Delaulne, 20 vol. ; approbation du premier volume le 9 mars 1733, privilège pour la collection (portant le nom de Gayot de Pitaval) le 30 juin 1733 ; publication à raison de 2 volumes par an jusqu'à la mort de l'auteur. A la suite d'un partage du privilège, l'ouvrage est diffusé en même temps par Le Gras et Cavelier.

2 — 1735-1739 : réédition partielle à La Haye, en 13 volumes.

3 — 1738-1740 : réédition partielle chez Delaulne, en 16 volumes.

4 — 1738-1748 : réédition augmentée chez Le Gras, en 20 volumes.

5 — 1739-1750 : réédition à Paris, chez Poirion, en 20 volumes.

6 — 1742- ?   : réédition à Paris, chez Cardier Fils.

7 — 1750-1754 : réimpression de l'édition Poirion.

8 — 1753- ?   : réédition à Paris, chez Durand.

9 — 1757- ?   : *Faits des causes célèbres et intéressantes, augmentés de quelques causes*, Amsterdam, Chastelain, un volume, dû à François-Alexandre Garsault qui réduit l'exposé au récit événementiel.

10 — 1766-1769 : *Continuation des causes célèbres et intéressantes*, Paris, Desaint, 3 volumes, attribués à Jean-Claude de La Ville.

11 — 1769   : Réédition de la *Continuation* chez Le Clerc.

12 — 1769-1770 : *Causes amusantes et connues*, à Berlin, en 2 volumes de R. Estienne.

13 — 1773-1788 : *Causes célèbres et intéressantes rédigées de nouveau*, Amsterdam, M. M. Rey, 23 volumes ; la collection, due à François Richer, comporte à la fois une rédaction méthodique des *Causes* de Gayot et une continuation portant sur les procès récents (1773-1780).

14 — 1773-1774 : « Première série » des *Causes célèbres, curieuses et intéressantes de toutes les cours*, en 16 volumes, attribués à Desmarets.

15 — 1773-1789 : « Seconde série » des *Causes célèbres, curieuses et intéressantes* publiée par Nicolas-Toussaint Le Moyne des Essarts. Cette série, qui comporterait plus de cent volumes,

est publiée, semble-t-il, à raison d'un volume par mois, présentation brochée, sans adresse définie ; sans doute s'agit-il du « Journal des Causes célèbres » souvent mentionné par les contemporains.

En 1777 paraît une *Table alphabétique et raisonnée des matières contenues dans les volumes du Recueil des Causes célèbres, curieuses et intéressantes qui ont paru jusqu'à la fin de 1776 inclusivement...* Cette table, due à Des Essarts, porte sur les 16 volumes de la première série et sur les 24 volumes parus de la seconde série.

16 — 1785-1787 : *Choix de nouvelles causes célèbres,* Paris, Moutard, 15 volumes.

17 — 1786 : *Abrégé des causes célèbres et intéressantes avec les jugements qui les ont décidées,* par P.-F. Besdel, Rouen, Veuve Machuel, 1786, 3 volumes. Cet abrégé conçu selon la méthode de Garsault, reprend l'essentiel du recueil de Gayot ; il connaît un grand succès, attesté par une « 4ᵉ édition » en 1786.

18 — 1801-1803 : *Recueil de causes célèbres* de P. Lebrun, à Paris, chez l'auteur, 24 volumes.

19 — 1807-1813 : *Recueil de causes célèbres* de Méjan, Paris, 18 volumes.

20 — an XIII (1805) : *Causes célèbres* de Carondeley du Boucher.

21 — 1813 : *Annales du crime ou de l'innocence,* de Roussel et Pauchet de Valcour, à Paris, en 20 volumes.

22 — 1820-1830 : *Causes célèbres anciennes et modernes,* Paris, Belin, 3 volumes.

23 — 1827-1828 : *Causes célèbres étrangères,* Paris, Panckoucke, 5 volumes.

24 — 1835 : *Répertoire général des causes célèbres* de Saint-Edme, 16 volumes.

25 — 1844 : *Nouvelles causes célèbres françaises ou étrangères* de Gardembas, à Paris, 3 volumes.

26 — 1844 : *Causes célèbres* de A. Fouquier.

27 — 1855 : *Petites causes célèbres* de F. Thomas.

28 — 1857 : *Causes célèbres de tous les peuples* de A. Fouquier.

29 — 1867 : *Causes célèbres du jour, journal quotidien,* Paris, 1 volume.

Cette liste, certainement très lacunaire, ne mentionne pas les œuvres dérivées des *Causes célèbres* (*Crimes de l'amour* de Sade

ou *Crimes célèbres de Dumas*, etc.) ; elle se limite aux transfor-
mations du recueil de Gayot. Telle quelle, elle fournit quelques
indications utiles.

Plusieurs phases apparaissent : 1) De 1734 à 1757, le recueil
de Gayot de Pitaval est réédité et augmenté ; l'abrégé de Garsault
en donne une version populaire, centrée sur l'intérêt narratif des
histoires ; la carrière des *Causes célèbres* semble s'achever en
fournissant aux romanciers un recueil de scénarios ou d'arguments. — 2) De 1766 à 1789 se développe le mouvement inverse :
les continuations se multiplient, les recueils tiennent compte de
l'actualité judiciaire ; du même coup, la procédure et l'argumentation trouvent un regain de faveur, et c'est un jurisconsulte,
François Richer, qui définit pour toute cette période la formule
à la fois romanesque et méthodique, qui avait fait le succès de
Gayot. Celui-ci est si peu oublié que Besdel peut constituer en 1786,
une sorte de vulgate des *Causes célèbres*, à l'usage des romanciers
à venir. — 3) La période révolutionnaire met fin à toutes les publications de *Causes célèbres* pour des raisons sur lesquelles il serait
facile de gloser[2] ; mais c'est précisément à cette époque que le
roman s'empare des recueils de criminologie, si bien que les anthologie de causes célèbres viennent satisfaire, au XIXe siècle, un
goût général, de nature définitivement littéraire. L'échec d'un
« journal quotidien » consacré à l'actualité judiciaire montre assez
bien que le genre créé par Gayot ne pouvait se maintenir que par
un rapport subtil entre le mythe et la réalité.

Or, François Gayot de Pitaval, qui sut si bien allier le mythe
et la réalité, ou satisfaire « le cœur et l'esprit », n'a pas de
génie, mais il illustre assez bien un statut privilégié, qui est celui
de l'écrivain public. Né le 24 juillet 1673 à Lyon[3], et selon ses
propres termes « cadet et noble de naissance »[4], mais de noblesse
de robe, il peut se réclamer d'un père échevin à Lyon — en 1683 —

---

(2) SADE a constaté à plusieurs reprises cette disjonction entre l'actualité
révolutionnaire et la littérature des grands crimes ; celle-ci n'en est pas moins
connue, comme il le remarque en 1791 en tête de *Justine :* « Redoutera-t-on
de dévoiler des crimes qui paraissent faits pour ne sortir jamais des ténèbres ?
Hélas ! qui les ignore de nos jours ? Les bonnes les content aux enfants, les
filles de mauvaise vie en embrasent l'imagination de leurs sectateurs, et par
une bien coupable imprudence, les magistrats, alléguant un très faux amour
de l'ordren, osent en souiller les annales de Thémis... »
Par les « annales de Thémis », il faut entendre les *Causes célèbres*.
(3) Voir la *Biographie lyonnaise* de Breghot du Lut et Pericaud, le *Dictionnaire* de Moreri, la *Biographie Universelle* de Michaud.
(4) Placet à M. Trudaine, édité à la fin du tome V des *Causes célèbres*,
p. 606.

et Conseiller au Présidial [5], mais sa carrière est plus que médiocre. Après avoir, dit-on, pris le petit collet puis tenté le métier des armes, il se résigne à faire son droit. En 1723, il est inscrit sur la liste des avocats au Parlement de Paris (*Almanach Royal*), après avoir été reçu le 23 novembre (Moreri). A en juger par quelques pièces publiées dans les *Causes célèbres*, il avait déjà, à Lyon, prêté sa plume à quelques plaideurs malchanceux, tel ce dentiste attaqué par un client qui avait perdu toutes ses dents (t.V) ; rédiger des mémoires, des placets, des requêtes sans nom d'auteur, tel est son premier et principal métier, qui ne suffit pas à le faire vivre. Vers 1700, il sollicitait déjà une réduction de capitation ; il implore successivement Guyet, Trudaine (intendant à Lyon de 1704 à 1710), Méliand (intendant à Lyon de 1710 à 1718), Poulletier (intendant à Lyon de 1718 à 1739), puis à Paris, les présidents Lambert et Turgot de Saint-Clair : marié, accablé d'une « grosse famille » [6], il est en outre, à partir de 1740, valétudinaire ; il a « lutté plusieurs fois contre la mort » et sa bourse est « à l'agonie ». Sur la recommandation de l'abbé Bignon, il s'adresse, à la fin de 1740, à Maurepas, qui l'éconduit poliment [7]. En 1742, on publie la nouvelle de sa mort, un peu trop tôt (préface du tome XIX des *Causes célèbres*) : il est mort le 1er janvier 1743.

Ecrivain public, il l'est encore par son œuvre littéraire. Après avoir publié en 1712 une relation de la *Campagne de Villars,* il se consacre à la compilation : *Recueil des énigmes les plus curieuses de ce temps* (1717), *Bibliotèque des gens de cour* (1722), *L'Art d'orner l'esprit en l'amusant* (1728), *Esprit des conversations agréables* (1731), *Saillies d'esprit* (1732). Son projet avoué est de donner, dans des manuels de conversation, à la fois un modèle de ton agréable et un fonds d'anecdotes à raconter. Jamais il n'a rien inventé, il orne simplement de fleurs de rhétorique et d'images démodées, tantôt des requêtes douteuses, tantôt des historiettes colportées. Bons mots d'Henri IV ou de Louis XIV, traits gascons ou contestations plaisantes réapparaîtront d'ailleurs dans les *Causes célèbres* au même titre que les crimes célèbres : l'objet de Gayot, c'est la matière de conversation, le recueil des

---

(5) D'après le P. DE COLONIA dans l'*Histoire littéraire de la ville de Lyon,* p. 830.

(6) Tous ces placets sont publiés en fin du t. V des *Causes célèbres,* p. 597-610.

(7) Voir le texte de la réponse de Maurepas à Bignon, du 20 novembre 1740, dans le *Bulletin de la Société d'Histoire de France* (1853-1854), Paris, Renouard, n° 1, p. 30. Gayot demande une remise de capitation pour les années 1733-1734. Il évoque cette détresse et sa maladie de nouveau à la fin de 1740 en préface au t. XVII des *Causes célèbres.*

histoires colportées. Il ne fait que leur prêter sa plume ; il est, par vocation, mythologue.

Dans son recueil des *Causes célèbres*, il n'a fait que compiler et orner ; il a, par là même, constitué un corpus « encyclopédique » — c'est le terme qu'il emploie lui-même — et l'a présenté sous la forme de récits, ce qui suppose un talent de narrateur ; et dans ces deux fonctions, il s'est finalement imposé. Une encyclopédie, ou une histoire des procès, tel serait le véritable titre de son recueil ; car il ne se limite pas aux « causes », c'est-à-dire à la procédure et aux plaidoiries — seule une raison d'euphonie lui a fait éviter l'expression de « procès célèbres » (préface du tome I). Son ouvrage ne se compare pas aux recueils de plaidoyers fort courants au XVIIᵉ siècle, ni même à ce *Recueil de plaidoyers notables de plusieurs anciens et fameux avocats de la Cour du Parlement, faits en causes célèbres,* paru en 1644. Gayot choisit des histoires étonnantes, célèbres ou non, rassemble une documentation hétéroclite, faite de « mémoires publics », de libelles, de relations anonymes aussi bien que de mémoires d'avocats, de plaidoiries, de recueils d'arrêts, d'extraits du *Journal du Palais* ou de minutes d'interrogatoires (avertissement du tome III). Ces documents, il les réduit en un seul récit chronologique, étayé de pièces à l'appui, précisément comme fera l'abbé Prévost dans l'*Histoire des voyages.* Le procès, ou le processus, de chaque affaire devient intelligible ; il n'intéresse plus seulement les techniciens mais aussi le public le plus large, et surtout le public féminin (avertissement du tome III). Gayot, partisan résolu des Modernes et adversaire déclaré de l'abbé Desfontaines [8], prétend éclairer la jurisprudence comme Descartes la philosophie, Pascal la théologie ou Fontenelle les sciences. Ce qui manque malheureusement à son recueil, c'est un ordre, historique ou logique ; travaillant au jour le jour, sans autre dessein que de plaire, et recherchant pour cela la variété — ou le disparate —, Gayot reste compilateur. Si les cinq premiers tomes, les meilleurs de la collection, rassemblent des causes effectivement célèbres ou intéressantes (Martin Guerre, René Corbeau, Saint-Geran, la Brinvilliers, Urbain Grandier, La Pivardière, Madame Tiquet, la marquise de Ganges, etc.), les suivants trahissent souvent la pénurie. Le tome VII réunit, au nom de la variété, l'histoire de Cinq-Mars, des preuves d'impuissance

---

(8) Attaqué par DESFONTAINES dans le t. I du *Nouvelliste du Parnasse,* dans la lettre 21 du t. II du *Pour et Contre* de PRÉVOST (mais l'auteur réel, Desfontaines, est désigné par GAYOT dans l'avertissement du t. III des *Causes célèbres*), puis dans les *Observations* (lettre 94), GAYOT a répliqué avec vigueur dans les préfaces de ses t. III, VIII et XV, ainsi que dans un pamphlet intitulé : *Le Faux Aristarque reconnu.*

par « congrès », des jugements célèbres empruntés à Salomon, à Charles Quint ou à Cervantès... Au tome XI apparaissent des querelles littéraires (Saurin et Rousseau), au tome XVI, à côté de Furetière et de Charles Ier, des réflexions sur les mœurs des Anglais ; Jeanne d'Arc figure au tome XIX parmi des testaments cassés, des enfants rétablis, des femmes adultères et divers outrages ; et ainsi de suite. Définir l'objet même des *Causes célèbres* se révèle difficile : on y trouve à la fois des affaires de droit commun, des procès historiques, des anecdotes littéraires, des histoires plaisantes, sans limites chronologiques (Salomon ou J.-B. Rousseau), sans limites sociales (servante qui perd ses dents, Marie Stuart décapitée). Une anthologie thématique dont l'intérêt littéraire aussi bien que sociologique serait grand, ferait apparaître sans doute en bonne place le crime crapuleux, la substitution d'enfants, l'adultère, la sorcellerie ; encore l'enquête serait-elle plus probante en matière de goût romanesque qu'en observations sur la société.

Gayot de Pitaval est avant tout un conteur passionné d'histoires vécues. Les romans l'ont déçu : « Les faits étranges et surprenants qui frappent dans ces Histoires agréables qui sont l'ouvrage de l'imagination, causent un plaisir empoisonné, disons-le, par la fausseté des événements. Cette beauté feinte n'est pas une vraie beauté... » (tome I, p. v) Or la réalité dépasse la fiction ; la nature crée elle-même le merveilleux « dans un tissu de faits où il semble qu'elle ait emprunté d'un génie heureux des embellissements » (p. vi). Notre conteur va donc imiter la nature dans la mesure où celle-ci imite le roman ; il va retrouver dans la réalité les archétypes du récit, essentiellement ceux de la nouvelle tragique. Jean Fabre a su le premier replacer l'entreprise de Gayot de Pitaval dans une longue tradition : les *Causes célèbres*, ce « recueil de criminologie édifiante » [9] qui fournira tant de motifs au roman noir, doivent en effet beaucoup à une tradition qui remonte aux nouvellistes italiens, en particulier à Bandello et à ses imitateurs français mais surtout à Jean-Pierre Camus [10]. L'évo-

---

(9) « L'abbé Prévost et la tradition du roman noir », dans *L'Abbé Prévost*, Ophrys, 1965, p. 41. Cette importante contribution comporte une suite dans « Sade et le roman noir », *Le Marquis de Sade*, A. COLIN, 1968.

(10) On trouvera dans l'ouvrage de G. HAINSWORTH, *Les Novelas Exemplares de Cervantes en France au XVIIe siècle*, Champion, 1933, 2e partie, chap. I, un très bon aperçu de l'expansion de histoire tragique en France au XVIIe siècle. L'auteur note que dans le recueil de Bandello, 60 récits sur 214 sont de nature tragique : Boaistuau, Belleforest, Yver, Nervèze, Rosset, Sylvain (*Procès tragiques...*, 1575-1581), Laffemas, Tristan l'Hermite (*Plaidoyers historiques*, 1643) et Camus sont les maîtres du genre. Dans son histoire du roman avant la Révolution, Henri Coulet, qui reprend cette filiation, note précisément :

cation du forfait se double chez celui-ci d'un commentaire moral :
« Le récit ou plutôt le « spectacle » d'actions généralement horribles alterne avec des « leçons » (au sens que la liturgie donne
à ce terme), des déplorations ou des homélies dont l'auteur, le
narrateur interposé ou les personnages mis en scène se répartissent la charge »[11]. Or Gayot n'apparaît jamais comme un juriste
affronté à un dossier épineux ; il connaît la vérité de l'histoire et
il plaide la cause de Dieu, celle des victimes innocentes. Tout le
récit recomposé prend un sens que le conteur sait mettre en
valeur : « Admirons la Providence » qui donne au voiturier de
la marquise de Fresne une âme d'ange gardien (t. XIV, p. 625) ;
considérons avec épouvante des caractères si noirs : « ...ce sont
des hommes que Dieu semble n'avoir formés dans sa colère que
pour être les fléaux du genre humain » (t. XIV, p. 632) ; sachons
voir dans le meurtrier de la marquise de Ganges « un Démon rusé,
artificieux, prenant toutes sortes de formes » (t. V, p. 379), alors
que la beauté de la marquise était faite pour « confondre un
athée » (t. V, p. 374). Cette finalité supérieure entraîne derrière
elle toutes sortes de manifestations magiques ou romanesques :
les pressentiments (t. V, p. 393), la vengeance divine (t. V, p. 436),
la voix du sang (Histoire de Saint-Géran, t. I), miracles de l'amour
(Histoire de Renée Corbeau, t. I), retour du vengeur (Histoire de
Jean Maillard, t. XII). Les motivations sont élémentaires et quasi-
surnaturelles : La jalousie aberrante, la pure méchanceté, la tyrannie des passions et l' « horoscope » suffisent à expliquer le crime,
tout comme la religion et le pur amour font l'innocence.

Gayot sait fort bien qu'il fait œuvre de conteur, que l'histoire
du sieur d'Anglade (t. I) provoquera l'attendrissement aussi bien
qu'une « belle tragédie », que ses deux premiers tomes ont « tout
l'agrément d'un Roman » (t. III, p. 4). S'il osait, il parlerait d'imagination : « Dès que j'ouvre un livre, écrit-il, mon premier objet
est de regarder si un auteur a de l'imagination » ; il reprendrait
volontiers à son compte la phrase de Prévost citée par Desfontaines : « Le talent de peindre et s'embellir par des images n'est
pas inséparable des meilleures qualités de l'esprit » (t. VIII, p. v).
Mais il a garde de vendre la mèche. Ses lecteurs, eux, liront les
Causes célèbres comme un recueil de nouvelles. Le Journal littéraire de 1736 ne craint pas d'associer dans un même éloge les
Cent nouvelles de Madame de Gomez, le Doyen de Killerine et
les Causes célèbres : « Ceux qui aiment des événements singuliers

---

« ... entre Rosset et Sade, il y a un chaînon assuré, la collection des Causes
célèbres » (Le Roman avant la Révolution, A. COLIN, 1967, p. 156).
   (11) « Sade et le roman noir », p. 264.

et incroyables, des événements tragiques, et qui les cherchent dans les romans, trouveront aussi de quoi se contenter dans ce Recueil » (t. XXIII, 1ʳᵉ partie, p. 205). Le journaliste souligne en même temps une conjoncture qui explique en partie le succès des *Causes célèbres* : quinze romans viennent de sortir, et la demande reste insatisfaite ; les *Cent nouvelles,* la *Nouvelle mer des histoires* de Madame de Gomez ou les *Veillées de Thessalie* de Madame de Lussan répondent au même besoin d'histoires courtes, tragiques, magiques, surprenantes. En 1733, Prévost vient de lancer le *Pour et Contre* dont les histoires anglaises feront en bonne partie le succès : on y trouve l'histoire et le procès d'illustres criminelles, Sara Malcomb (t. I, nʳ 1), Jones (t. I, nʳ 11), Molly Siblis (t. IV, nʳ 59) et toutes sortes d' « événements singuliers » (t. I, nʳ 9) tirés de la réalité : traits horribles de jalousie, suicide au vitriol, enfants substitués, enterrés vifs, etc. Ces annales du crimes annoncent de très près les *Causes célèbres.* Déjà dans les *Mémoires d'un homme de qualité* apparaissaient des histoires criminelles (Histoire de M. d'Erletan, livre XIII ; Histoire de la Princesse de R., livre XV) qui donnaient au genre un nouveau style. Gayot tente de faire du Prévost à moindres frais en faisant l'économie du roman, dont il donne seulement l'argument et le dénouement.

C'est peut-être ici qu'apparaissent le mieux l'originalité et les limites des *Causes célèbres.* Dire que Gayot fit œuvre de romancier, qu'on lut les *Causes* comme des romans, ou qu'il fournit un relais entre Rosset et Sade, ce n'est dire pour autant que les *Causes célèbres* forment une anthologie de nouvelles, et encore moins de romans. Gayot a tenté de répondre, d'une façon très heureuse à un besoin que Prévost avait constaté dans le public : « On ne lit plus les anciens romans ; ils sont trop longs et par là ennuyeux (...). Serait-ce que les Français se lasseraient de tant de préliminaires ménagés autrefois à dessein pour conduire imperceptiblement à la fin d'une aventure ? Commenceraient-ils à ne plus goûter que la conclusion d'un roman ? Ce n'est qu'une conjecture » (*Le Pour et Contre,* t. II, p. 48). Gayot, lui, nous donne le mystère, le nœud de la tragédie, et aussitôt son dénouement. Il élimine les transitions, les progressions dramatiques, la psychologie, la mise en scène. S'il compare son propre récit de l'histoire de la marquise de Fresne au roman qu'en avait tiré Sandras de Courtilz en 1701 [12],

---

(12) *Mémoires de Madame la Marquise de Fresne,* Amsterdam, J. Malherbe, rééditions en 1702, 1711, 1714, 1722, 1734. Le roman est donné sous la forme d'un mémoire justificatif de la marquise, vendue par son mari à un corsaire pour 25 000 écus. Les faits réels, donnés par Gayot sont assez différents : la marquise redoute ce marché et s'enfuit ; rattrapée par son mari, elle est contrainte d'écrire de fausses lettres galantes, d'où un procès jugé en mars 1673.

il constate, non sans fierté, que le « romaniste » a transformé le corsaire en « céladon » et que la vérité de l'histoire en est bien diminuée ; en quoi, il a raison : le récit qu'il donne, au tome XIV des *Causes célèbres,* par sa rudesse, sa naïveté, sa fidélité à la stricte succession des faits, possède une qualité simple, une sorte d'éloquence populaire très supérieure à l'amplification laborieuse de Sandras. A comparer de la même façon la version de l'histoire de la marquise de Ganges fournie par les *Causes célèbres,* au roman de Sade, on constate que Gayot possède un style de narration très particulier auquel Sade doit beaucoup, mais qui n'est pas celui du roman [13]. Plus que Sade, de façon inattendue, Gayot met en relief l'horreur élémentaire ; s'il songe à un modèle littéraire, c'est moins à un romancier qu'à un dramaturge, Crébillon le père, dont le « barbare plaisir » est de nous faire dresser les cheveux sur la tête (t. V, avertissement). Il lui arrive, malheureusement, de se guinder et de « romancer » : un portrait de la marquise, quelques méditations solennelles, des efforts de style soutenu tombent à plat. Mais la succession des faits, dans sa rigueur, dans son réalisme assez cru, dans son manichéisme naïf, ne manque pas d'éloquence. Gayot, dans ses récits dramatiques, ne prend pas de gants, ne fait pas de littérature. Dans la mesure où le travail littéraire, au XVIIIe siècle, traduit toujours une connivence entre gens de grande classe, Gayot nous donne, assez souvent, un modèle de narration populaire : par son honnêteté, sa rudesse, son réalisme tragique, son exigence d'une justice simple, qui sépare les bons et les méchants. Il ne s'agit pas vraiment de littérature populaire, ni d'infra-littérature. Gayot se moque du petit peuple, prétend bien écrire et plaire aux dames du monde ; mais par son expérience d'écrivain public, il a acquis un regard net sur toutes les réalités, et le pouvoir de les nommer. Quand il prend sa belle plume pour orner le récit de fleurs de rhétorique, de préambules solennels, de digressions en vers ou en prose, il est exécrable ; mais comme écrivain public, chargé de colporter l'histoire « célèbre », d'en exprimer l'horreur ou la signification éclatante, il a de la force, à la manière de l'orateur public à qui Jacques confie l'histoire de Monsieur Le Pelletier dans *Jacques le Fataliste.*

Les *Causes célèbres* nous invitent ainsi à nous interroger sur la littérature. Il y a une littérature des causes célèbres : un corpus étendu, homogène, dont Gayot de Pitaval a donné la formule initiale, histoire vraie et jugement, crime et châtiment, drame abrégé lu dans la perspective d'une justice immanente. Partant,

_____

(13) Cette comparaison n'a jamais été faite, parce que l'on donnait traditionnellement comme source du roman de Sade la version Garsault dans

un certain type de discours : le crime, le vol, l'imposture sont
isolés dans l'infinie chronique de la délinquance, et retenus en
raison de leur valeur mythique (causes *célèbres*) et de leur rapport
avec l'imagination collective (causes *intéressantes*). Les faits sont
disposés en fonction de leur dénouement (causes *décidées*) re-
classés ou transcrits selon l'ordre rationnel de la justice établie
(*avec les jugements*) : imagination et raison, horreur et exorcisme,
cœur et esprit s'équilibrent pour provoquer un « plaisir pur ».
Gayot parvient ainsi à résoudre à sa façon le problème de l'histoire
vraie, forme privilégiées de la littérature populaire : la donnée
de l'histoire est réelle et sa vérité est consacrée par un jugement
collectif ; la matérialité des faits et les attendus du jugement sont
scrupuleusement respectés, ils s'équilibrent, ils se constituent l'un
l'autre. Cette justice qui donne un sens à l'histoire n'est pas forcément la justice d'institution : c'est bien la voix populaire qui
absout La Pivardière du crime de bigamie, et qui approuve
Louis XIV d'avoir accédé à l'émouvante supplique de l'épouse illé-
gitime (tome III) ; et comme dans l'histoire de Monsieur Le
Pelleter, de *Jacques le Fataliste,* cette justice n'a « qu'une voix » [14].

Et pourtant ce discours ne nous paraît pas « littéraire ». Tout
d'abord du fait de l'insuffisance de Gayot et de ses imitateurs :
Gayot éprouve le besoin d'une mise en forme ; il ne peut la
concevoir que sous l'angle des conventions mondaines de la
conversation (fleurs de rhétorique, images précieuses et pauvres
à la fois, fausse solennité, bel esprit). Son ambition reste de faire
goûter au beau monde le pittoresque ou l'horreur des relations
populaires ; entre le discours anonyme et collectif dont il s'inspire
et la belle littérature à laquelle il prétend, l'écart est flagrant.
Il écrit mal ; il trahit sa cause. On pressent seulement qu'avec
un peu plus de « cœur » et un peu moins d' «esprit », il aurait
fait un bon chroniqueur. D'autre part, notre conception même de
la littérature romanesque, telle qu'elle s'est établie à la fin du
XVII° siècle, a exclu l'histoire vraie. Attentifs à la subjectivité, au
monde intérieur des passions, à l'impossibilité de juger, à l'obscurité des destinées, Prévost, Diderot, Baculard, Restif ou Mercier
n'ont pratiquement rien emprunté aux *Causes célèbres* ; ils ont
eu recours plus volontiers aux périodiques, à la tradition orale,

---

l'Abrégé de 1757. Visiblement, Sade a connu la version complète de Gayot,
seule à mentionner les pressentiments de la marquise, sa chute par la fenêtre,
en « jupe de taffetas », le verre cassé entre les dents, et le jugement du 21
août 1667. La déclamation de Gayot a laissé elle-même beaucoup de traces
dans le roman de Sade — ou attribué à Sade...
  (14) *L'histoire de Monsieur de La Pivardière* a pu être portée à l'écran en
1972 (« Evasions célèbres ») sans modification de récit ni de signification.

aux sources directes des procès [15]. Et ceux-là même qui, à la fin
du siècle, ont eu en mémoire les récits de Gayot, Anne Radcliffe,
Sade, ont pris leurs distance : l'aspect romanesque de la réalité [16]
les a retenus plus que la réalité. Entre le roman, produit d'une
culture individualiste, et l'histoire vraie, considérée comme populaire, une frontière s'est établie. Dans l'histoire vraie, telle que
la raconte Gayot de Pitaval, on trouve à la fois une représentation
fidèle d'une action mémorable ou frappante, retenue par la mémoire collective, et un accord, non moins collectif sur le caractère
ou la signification de cette histoire : le fait et le sens sont donnés
d'avance. Cette littérature d'évidence exclut la psychologie, la
vision personnelle, la vie intérieure. Les *Causes* n'ont donc prêté
aux romanciers qu'un argument, un matériel. Leur rudesse, leur
laconisme, le choix du détail qu'on n'invente pas, la simple pitié
et la simple terreur, l'exigence de justice ne sont pourtant
pas, par nature, intra-littéraires. D'où vient que les annales,
les feuilletons, les relations dites populaires n'ont jamais
trouvé leur style ? Les *Causes célèbres* attendent toujours un
auteur, comme elles l'ont attendu des siècles durant. Des ensembles
apparaissent [17] sans qu'une œuvre émerge ; c'est là une sorte de
littérature étrangère, enfouie dans les profondeurs de l'âme
collective ; elle a trouvé parfois des traducteurs, jamais des poètes.
L'écrivain public n'est lui-même qu'un traducteur, usant d'un
langage emprunté, et qui trahit toujours son texte, en « faisant
de la littérature » : mais en dénonçant notre littérature comme
mensonge, les *Causes célèbres* nous posent, aujourd'hui encore, une
question.

---

(15) Prévost utilise parfois des relations de presse anglaise, dans le *Pour
et contre* ou des comptes rendus de journaux ; Baculard d'Arnaud reste indifférent à la procédure judiciaire ; Diderot, qui manifeste un intérêt exceptionnel pour les faits de justice, de police ou de répression, ne se réfère qu'à
l'actualité. Une influence directe des *Causes célèbres* sur le roman n'est déce-
lable qu'à la fin du siècle.

(16) Charlotte Smith a publié en 1787 *The Romance of real life*, recueil de
nouvelles tirées des *Causes célèbres*.

(17) Des bibliographies partielles en ont été données par G. Reynier (*Le
Roman sentimental au XVI*e *siècle, Le Roman réaliste au XVII*e *siècle*),
G. Hainsworth (*les Novelas Exemplares de Cervantes en France au XVII*e *siècle*),
R. Mandrou (*Magistrats et sorciers en France au XVII*e *siècle*).

DEUX IMITATIONS DES « FEMMES SAVANTES »
AU SIECLE DES LUMIERES,
OU MOLIERE ANTIPHILOSOPHE ET CONTRE-REVOLUTIONNAIRE

par Jacques TRUCHET

> Messieurs, n'imitons pas les pédants de Molière.
>
> (*Les Philosophes*, acte III, sc. III, v. 922 [1])

On sait qu'en dépit de l'immense prestige théoriquement attaché au nom de Molière, son théâtre, au XVIIIᵉ siècle, ne jouissait à la représentation que d'un succès limité et sélectif, les pièces les plus proches de la farce se trouvant négligées au profit des « grandes comédies ». Mais peut-être n'a-t-on pas assez remarqué une particularité qui vient compliquer la question de la fortune de son œuvre : le fait que l'intérêt porté aux grandes comédies elles-mêmes ne présentait pas, pour toutes, la même signification ; tout se passait comme s'il eût existé plusieurs Molière prêts à se mettre au service des causes les plus opposées : l'auteur du *Misanthrope*, par exemple, que Rousseau soupçonnait d'avoir ridiculisé la vertu, mais que la Révolution embrigada au nom, précisément, de la vertu d'Alceste (Fabre d'Eglantine et son *Philinte de Molière*) ; l'auteur de *Tartuffe*, garant toujours disponible de la philosophie et de l'anticléricalisme ; mais aussi, tout à l'opposé, l'auteur des *Femmes savantes*, parrain de Palissot et de Laya pour la comédie des *Philosophes* et pour *L'Ami des lois*, deux pièces de combat écrites l'une contre les encyclopédistes, l'autre contre les Montagnards.

La première fut créée à la Comédie-Française, à la suite mani-

---

(1) Sauf indication contraire, *Les Femmes savantes* seront citées d'après l'édition Couton des *Œuvres complètes* de Molière « Pléiade », t. II, 1971, *Les Philosophes* et *L'Ami des lois* d'après le *Théâtre du XVIIIᵉ siècle*, « Pléiade », t. II, 1974.

festement d'une pression gouvernementale, le 2 mai 1760, au moment où l'*Encyclopédie,* privée depuis un an de son privilège, et d'autre part condamnée à Rome, semblait aux abois ; Palissot y lançait contre la philosophie les accusations les plus dangereuses et s'attaquait haineusement à Dortidius (Diderot). La seconde fut jouée pour la première fois au Théâtre de la Nation le 2 janvier 1793, pendant le procès de Louis XVI, alors que s'affrontaient Girondins et Montagnards ; tous les ouvrages qui, au long du XIX° siècle, ont refait l'histoire du théâtre à l'époque révolutionnaire insistent sur les événements dramatiques qui marquèrent ces représentations : efforts de la Commune de Paris pour les faire interdire, avis contraire de la Convention, atmosphère d'émeute au théâtre, et à quelques mois de là (en septembre) fermeture de celui-ci et arrestation de ses acteurs.

Il y a là un phénomène assez curieux qui mérite qu'on s'y arrête : pourquoi cette utilisation particulière des *Femmes savantes ?* Mais à cette interrogation nous ne répondrons — si nous y répondons — qu'en conclusion : il faut d'abord examiner *Les Philosophes* et *L'Ami des lois.*

Une remarque s'impose à la première lecture ; entièrement vouées à la polémique, et d'ailleurs sensiblement plus courtes que les *Femmes savantes,* ces deux pièces simplifièrent la structure de leur modèle pour n'en retenir que ce qui convenait à leur propos (au reste *Les Femmes savantes* sont une œuvre exceptionnellement complexe, la plus longue des comédies en vers de son auteur [2]). Cette réduction eut pour effet principal de supprimer deux rôles de femmes savantes sur trois : seule subsista la maîtresse de maison ; plus d'Armande (donc disparition de la rivalité entre deux sœurs), plus de Bélise. Disparut aussi l'élément comique apporté par les bévues de la servante.

Quelles étaient, dans ces conditions, les données utilisables fournies par la pièce de Molière ?

Restait essentiellement ce qui fait des *Femmes savantes* un réquisitoire dirigé contre une tyrannie idéologique et culturelle. En cela, leur structure ne se distingue en rien de celle de *Tartuffe ;* l'attaque y est menée par les trois même moyens principaux :

1° la création d'une saisissante figure d'imposteur, qui se trouve livrée à la vindicte des spectateurs ;

2° l'instauration d'amples discussions de fond, dans lesquelles

---

(2) Cinq actes, 1778 vers. *Les Philosophes* n'ont que trois actes (1192 vers) ; *L'Ami des lois* a cinq actes, mais seulement 1470 vers.

on reconnaît assez aisément les porte-parole, sinon de l'auteur, du moins d'un certain bon sens ;

3° la peinture sur le vif des effets de la tyrannie considérée ; ces effets sont d'ailleurs de deux sortes : envoûtement psychologique exercé sur des personnages de bonne foi, et obstacles mis au mariage d'un couple d'amants sympathiques [3].

Mais le schéma des *Femmes savantes* diffère, à d'autres égards, de celui de *Tartuffe* :

1° C'est sur des femmes — le titre même de la comédie l'indique — que s'exerce la tyrannie culturelle.

2° La coterie visée a dans la pièce deux représentants, entre lesquels éclate une dispute.

3° Les jeunes amants font preuve d'une intelligence et d'une maturité exceptionnelles ; pas de scène de dépit, pas de timidité à l'égard des parents ; ils savent ce qu'ils veulent, ils savent parler et lutter.

4° Ce dernier trait rend inutiles (ou disponibles pour d'autres rôles) des personnages qui, dans mainte comédie de Molière, auraient eu pour tâche essentielle d'aider le couple menacé : le bon oncle perd presque entièrement son rôle de raisonneur au profit de Clitandre ; la servante n'a pas à voler au secours d'Henriette et peut se permettre d'être idiote ; le père peut de même s'installer dans l'épaisse médiocrité qui l'a rendu célèbre [4].

L'héroïne de la comédie des *Philosophes*, Cydalise, appartient comme Philaminte à la « bonne bourgeoisie » [5]. Elle a fiancé sa fille Rosalie à un jeune officier, Damis : mariage d'amour en même temps que socialement assorti ; mais, s'étant entichée depuis peu de philosophie, elle entend désormais ne donner sa fille qu'à un philosophe ; heureusement on lui prouve à temps que ses nouveaux amis se moquent cruellement d'elle. Dans cette pièce se retrouvent tous les éléments relevés ci-dessus dans le schéma des

---

(3) Les mêmes moyens seront employés encore dans *Le Malade imaginaire* : mise en scène de médecins, discussions sur la médecine, envoûtement exercé sur Argan et obstacle mis au bonheur d'Angélique et de Cléante.

(4) Au contraire, dans *Tartuffe*, le conjoint raisonnable, Elmire, participait utilement à la lutte contre l'imposteur.

(5) *Bon bourgeois* est l'indication qui accompagne le nom de Chrysale dans la liste des personnages en tête des *Femmes savantes*. Le mari de Cydalise était, exactement, magistrat (*Les Philosophes*, acte I, sc. V, v. 303-307).

Femmes savantes, à deux exceptions près : Palissot tire radicalement les conséquences de la nullité du père de famille en faisant de Cydalise une veuve, et une veuve que n'accablent pas les regrets :

L'être le plus borné que la nature ait fait,

dit-elle du défunt (acte I, scène V, v. 296). L'autre exception concerne les rôles de domestiques : Palissot revient sur ce point à une tradition dont Molière s'était écarté, en confiant la conduite de l'intrigue à une Marton spirituelle et rusée, secondée par un Crispin qui ne l'est pas moins (personnages particulièrement chers aux auteurs de comédies du XVIIIᵉ siècle).

On a trop dit, de confiance, que cette pièce était médiocre, voire nulle. Ce n'est pas vrai ; elle n'aurait pas tant inquiété les philosophes si elle n'avait possédé de la verve, de l'éloquence et du rythme. En ne retenant des *Femmes savantes* que leurs éléments les plus polémiques, Palissot appauvrit assurément la création de Molière, mais il ne l'affadit pas ; il la durcit au contraire, il force le trait.

Molière avait mis en scène deux pédants ; il porte le nombre de ses philosophes à quatre : Dortidius, Valère, Théophraste, Carondas, — sans parler d'un rôle de faux philosophe joué à la fin par Crispin pour démasquer les autres (ce fut, on le sait, le clou de la représentation : Crispin arrivant à quatre pattes et mangeant une laitue, sous prétexte de se conformer à la nature ; n'incarnait-il pas le rousseauisme ?). Dorditius-Diderot était naturellement le plus malmené de tous, et le raisonnable Damis ne lui reconnaissait d'autre qualité

Qu'un froid enthousiasme imposant pour les sots.

(acte II, sc. V, v. 656).

Mais Palissot ne se contentait pas d'attaquer individuellement les philosophes [6] ». Il les attaquait aussi en tant que corps. « Une secte impérieuse, formée à l'ombre d'un ouvrage dont l'exécution pouvait illustrer le siècle [*l'Encyclopédie*], exerçait un despotisme rigoureux sur les sciences, les lettres, les arts et les mœurs », écrit-il dans une lettre-préface [7]. Dans la première

---

(6) Pour les philosophes autres que Dortidius-Diderot, les clés se contredisent parfois. En tout cas la scène du colporteur (acte III, sc. VI) mentionne nommément des œuvres non seulement de Diderot, mais encore de Duclos, de Grimm, et aussi de Rousseau.

(7) *Lettre de l'auteur de la comédie des Philosophes au public pour servir de préface,* ajoutée en cours de tirage à l'édition originale.

scène de l'acte II, Valère expose à son confrère (en réalité son valet) Carondas toute la stratégie de cette « secte », son art notamment de manipuler l'opinion en faisant sonner bien haut des mots qui produisent un effet irrésistible,

> Ces grands mots imposants d'*erreur*, de *fanatisme*,
> De *persécution* [...]
> C'est un ressort usé qui réussit toujours.
>
> (vers 434-436).

Au troisième acte, une vive querelle éclate entre Dortidius et Valère, souvenir évident de la dispute de Vadius et de Trissotin ; mais, alors que dans *Les Femmes savantes* les adversaires restaient ensuite brouillés, ils sont ici réconciliés par les soins d'un troisième philosophe, Théophraste, qui leur rappelle avec un rare cynisme les intérêts supérieurs du parti :

> Il n'est pas question, messieurs, de s'estimer ;
> Nous nous connaissons tous. Mais du moins la prudence
> Veut que de l'amitié nous gardions l'apparence.
> C'est par ces beaux dehors que nous en imposons ;
> Et nous sommes perdus si nous nous divisons.
>
> (acte III, sc. III, v. 928-932).

L'on serait tenté de dire que sur ce point Palissot a corrigé Molière, et c'est ce qu'il a lui-même insinué en faisant dire à Théophraste :

> Messieurs, n'imitons pas les pédants de Molière.
>
> (*ibid.*, v. 922)

Mais n'est-ce pas encore à Molière qu'il emprunte de quoi faire cette correction ? Dans *L'Amour médecin* (acte III, sc. I), M. Filerin apaisait de même une dispute survenue entre deux de ses confrères en leur montrant « quel tort ces sortes de querelles font [aux médecins] parmi le monde ».

Le rôle de la maîtresse de maison est également précisé et même approfondi. Philaminte travaillait à un plan d'académie dont huit chapitres étaient sur le point d'être achevés ; mais elle n'y faisait qu'une assez rapide allusion (acte III, sc. II, v. 844-850) ; au contraire l'activité de Cydalise écrivain tient une grande place : elle expose à sa fille le sommaire de son traité, *Les devoirs tels qu'ils sont*, dont elle affirme qu'il constituera « en morale une encyclopédie » (acte I, sc. V) ; elle y travaille avec Carondas pendant toute une scène (acte II, sc. III) ; et c'est encore ce

traité qui provoque la dispute entre Valère et Dortidius. Par
ailleurs Cydalise insiste volontiers sur le sentiment d'enrichissement intérieur que lui procure une conversion encore récente à
la philosophie :

> J'ai suivi trop longtemps les frivoles erreurs
> D'un monde que j'aimais.
>
> (acte II, sc. V, v. 615-616).

> J'avais des préjugés qui dégradaient mon être.
>
> (*ibid.*, v. 666)

Il lui arrive même d'avoir quelque peine à se maintenir au niveau
de son nouvel idéal : lorsque sa fille tente de réveiller en elle la
tendresse maternelle, elle ne peut s'empêcher de se sentir « un
peu émue » (indication scénique), mais elle s'efforce aussitôt de
réagir :

> Ma fille !... Eh quoi ! pour vous l'erreur a tant de charmes !
> Vous me faites pitié. Consultez la raison ;
> Ces puérilités ne sont plus de saison.
>
> (acte I, sc. V, v. 254-256).

Enrichissement certain par rapport au rôle de Philaminte ; mais
là encore une autre pièce de Molière peut fort bien l'avoir suggéré :
Orgon, ému par le désespoir de sa fille Mariane, ne s'exhortait-il
pas à se défendre de cet attendrissement ?

> Allons, ferme mon cœur, point de faiblesse humaine.
>
> (*Tartuffe*, acte IV, sc. III, v. 1293).

Enfin, et surtout, la comédie des *Philosophes* s'attaque avec précision à une doctrine. Les ridicules des femmes savantes ne
mettaient en cause qu'une question vraiment grave : le refus du
mariage et de la maternité considérés comme « bas » ; dans *Les
Philosophes* Palissot orchestre l'ensemble des accusations les plus
redoutables auxquelles était en butte la pensée encyclopédique.
Ce qu'il lui reproche, d'une manière générale, c'est son caractère
destructeur :

> Ils ont l'art de détruire ;
> Mais ils n'élèvent rien, et ce n'est pas instruire.
>
> (acte II, sc. V, v. 761-762).

A l'en croire, cette destruction s'adresse universellement aux valeurs traditionnelles, à savoir, outre la famille (déjà mise en

cause, on l'a vu, dans *Les Femmes savantes*), la morale, la patrie, la religion.

La famille : Cydalise traite de « vaines chimères » les sentiments qui lient naturellement parents et enfants (acte I, sc. V, v. 241), et elle déclare à sa fille :

> Si je vous aime enfin, c'est en qualité d'*Etre*
>
> *(ibid.,* v. 246),

façon de penser qui lui vaudra, de la part de la jeune fille, cette protestation :

> Si ce sont là les droits de la philosophie,
> Souffrez que j'y renonce, et pour toute ma vie.
> Je perdrais trop, madame, à m'éclairer ainsi.
>
> *(ibid.,* v. 313-315).

La morale : en privé, les philosophes professent que tout est permis,

> Excepté contre nous et contre nos amis
>
> (acte II, sc. I, v. 444),

et que la morale n'est qu'un préjugé. En public, ils n'ont à la bouche que l'*humanité,* mais cet idéal ne convainc nullement Damis, porte-parole de l'auteur :

> Je ne sais ; mais enfin, dussé-je vous déplaire,
> Ce mot d'*humanité* ne m'en impose guère,
> Et par tant de fripons je l'entends répéter
> Que je les crois d'accord pour le faire adopter.
> Ils ont quelque intérêt à le mettre à la mode.
> C'est un voile à la fois honorable et commode,
> Qui de leurs sentiments masque la nullité
> Et prête un beau dehors à leur aridité.
> J'ai peu vu de ces gens qui le prônent sans cesse
> Pour les infortunés avoir plus de tendresse,
> Se montrer, au besoin, des amis plus fervents,
> Etre plus généreux, ou plus compatissants,
> Attacher aux bienfaits un peu moins d'importance,
> Pour les défauts d'autrui marquer plus d'indulgence,
> Consoler le mérite, en chercher les moyens,
> Devenir, en un mot, de meilleurs citoyens ;
> Et pour en parler vrai, ma foi, je les soupçonne
> D'aimer le genre humain, mais pour n'aimer personne.
>
> (acte II, sc. V, v. 689-706).

Passant plus particulièrement à la question du patriotisme, Damis caractérise ainsi les philosophes :

> Louant, admirant tout dans les autres pays
> Et se faisant honneur d'avilir leur patrie [8],

— attaque singulièrement perfide en ces années de la guerre de Sept ans.

Enfin Damis en vient aux accusations concernant l'irréligion de ses adversaires :

> *Crédule* est devenu l'équivalent de *sot.*
> Aux yeux de bien des gens du moins la chose est claire.
> Pour moi, que ces gens-là ne persuadent guère
> Et que leur ton railleur n'épouvante jamais,
> J'ai mon avis, madame, et si je leur déplais,
> J'en gémis, mais sur eux. Je crois ce qu'il faut croire ;
> J'ose le déclarer, je le dois, j'en fais gloire.
> Ces messieurs peuvent rire, et sans m'humilier :
> Il faut bien leur laisser le droit de s'égayer.
> Mais moi, j'ose à mon tour les trouver ridicules,
> Et souvent la bêtise a fait des incrédules.
>
> (*ibid.*, v. 744-754).

Ces discours ne manquent pas de mordant, et l'on peut conclure que Palissot a tiré le meilleur parti du schéma que lui offraient *Les Femmes savantes,* compte tenu de sa volonté de dégager l'essentiel en fonction des besoins de la polémique.

Il s'en faut de beaucoup que l'on retrouve le même talent chez Laya, et l'âpreté des luttes révolutionnaires ne favorisait pas la verve et la fantaisie qui existaient encore dans la pièce de Palissot. Bien que *L'Ami des lois* soit intitulé *comédie,* et malgré quelques traits comiques assez mal venus et d'étranges affectations de badinage jusque chez les personnages les plus graves, il s'agit en vérité d'un drame, pour ne pas dire un mélodrame, où l'on entend gronder l'émeute et dont les protagonistes risquent à tout moment la prison et même la mort.

---

(8) Nous avons préféré citer ici le texte de l'édition originale, celui de 1777, adopté dans la « Pléiade », étant sur ce point moins énergique :
> Préférant à l'honneur de servir leur pays
> Celui de colporteur de la philosophie. (vers 729-730.)

Les époux Versac, riches ci-devant, ont promis leur fille à un ami, Forlis. Mais le ménage est politiquement divisé : alors que Versac garde les sentiments d'un aristocrate, sa femme donne à fond dans les idées les plus avancées ; elle ouvre son salon aux Montagnards, et, sans retirer son amitié à Forlis, révolutionnaire modéré — et porte-parole de l'auteur —, elle refuse désormais de lui donner sa fille, qu'elle réserve pour l'un de ses nouveaux amis (elle ne sait pas encore lequel). Mais ils lancent une accusation de complot contre Forlis, provoquent son arrestation et le pillage de sa maison. Il se défend avec un sang-froid et un courage admirables, et confond ses accusateurs, qui seront à leur tour déférés à la justice du peuple. Mme Versac reconnaît alors son erreur, promet derechef sa fille à Forlis, et conclut

> Que le seul honnête homme est le vrai citoyen.

(dernier vers de la pièce).

Par rapport à la comédie des *Philosophes,* un pas de plus est franchi dans le sens de la schématisation. Et d'abord l'amour ne joue plus aucun rôle : la promesse de mariage révoquée puis confirmée ne subsiste que comme un ressort théorique de l'intrigue ; la jeune fille ne paraît même pas dans la pièce, et Forlis ne semble pas s'inquiéter sérieusement pour ce mariage ; au reste on n'a pas l'impression qu'il s'agisse d'un jeune homme [9]. Disparaissent également les rôles de domestiques (il y a bien des laquais, mais ce sont de simples utilités).

En revanche on note la résurrection du chef de famille, décédé dans la comédie des *Philosophes*. Ce n'est pas un Chrysale : il possède infiniment plus d'intelligence et de distinction. De Chrysale, il garde pourtant dans une certaine mesure la faiblesse à l'égard de sa femme. Mais cette faiblesse n'est plus un trait de caractère ; Laya lui confère une signification sociale qu'elle n'aurait pu avoir au temps des *Femmes savantes* : le mariage des Versac a été un arrangement où l'homme apportait la noblesse, la femme l'argent ; jusqu'à la Révolution Versac gouverna le ménage non seulement comme mari, mais aussi comme noble ; maintenant sa noblesse est abolie, alors que la richesse de sa femme

---

(9) « L'audace est encor la vertu de votre âge », lui dit Mme Versac (acte I, sc. IV, v. 201) ; mais le ton sur lequel il s'entretient avec elle et avec son mari ne marque pas une grande différence d'âge, et d'ailleurs le mot *encor* montre qu'il n'est plus tout jeune, — sans parler de l'autorité très grande qu'il possède déjà dans les milieux politiques ; on lui donnerait volontiers quelque trente-cinq ans.

demeure ; comme de plus le divorce vient d'être institué, il se
trouve à la merci de son épouse ; les révolutionnaires, avoue-t-il
avec humour, l'ont rendu « roturier », sa femme peut le rendre
« garçon » (acte I, sc. I, v. 47-48).

Dès lors le féminisme de la maîtresse de maison, intellectuel
et théorique chez Philaminte, atténué chez Cydalise, acquiert une
dimension nouvelle. Néanmoins le personnage de Mme Versac est
décevant, et peu cohérent. En effet elle apparaît comme très
franche, fidèle dans ses amitiés, généreuse au fond, à tel point
que Forlis refuse de prendre au sérieux ses refus de lui donner
sa fille :

> Si vous aviez l'esprit moins juste, au fond de l'âme,
> J'aurais bien quelque droit de m'effrayer, madame

(acte I, sc. IV, v. 213-214) ;

et pourtant cette même femme est capable des sentiments les
plus bassement intéressés :

> Le mieux doté des deux, mon cher, aura ma fille,

dit-elle des deux prétendants entre lesquels elle hésite, et elle
compare le monde à une loterie

> Où le sort suit sa roue, avec elle varie,

et où présentement ce qu'il faut à sa fille, « puisqu'il n'est plus
de princes », c'est un « gouverneur de deux ou trois provinces »
(*ibid.*, v. 274 à 282). A aucun moment elle ne manifeste de véritables convictions politiques, alors que Philaminte et Cydalise
avaient au moins le mérite d'être menées par un idéal.

En fait ce drame est une affaire d'hommes. Aux hommes de
débattre les grandes questions relatives à la forme du gouvernement, aux régions (important problème : en un temps où les
Girondins étaient accusés de *fédéralisme*, Laya entreprend de
démontrer que ce sont les Montagnards qui tendent à démembrer
le pays), à l'émigration et à la guerre, à la hiérarchie sociale,
au divorce, à la propriété. Aux hommes d'être éloquents, dans le
ton volontiers déclamatoire qui avait cours dans les assemblées
et les clubs. En voici un exemple : traité de *modéré* par un adversaire, Forlis relève le mot :

> Si ce mot, dont souvent l'on peut faire un injure,
> Désigne en ce moment ces gens froids par nature,
> Ces égoïstes nuls, ces hommes sans élans,

Endormis dans la mort de leurs goûts nonchalants,
Et de qui l'existence équivoque et flétrie
D'un inutile poids fatigue leur patrie,
Je hais autant que vous ces honteux éléments,
D'une nature inerte obscurs avortements.
Mais si vous entendez par ce mot l'homme sage,
Citoyen par le cœur plus que par le langage,
Qui contre l'intrigant défend la vérité,
En dût-il perdre un peu de popularité,
Sert, sachant l'estimer et parfois lui déplaire,
Le peuple pour le peuple et non pour le salaire,
Patriote, et non pas de ceux-là dont la voix
Va crier *Liberté* jusqu'au plus haut des toits,
Mais de ceux qui sans bruit, sans parti, sans systèmes,
Prêchent toujours la loi qu'ils respectent eux-mêmes ;
Si fuir les factions, c'est être modéré,
De cette injure alors j'ai droit d'être honoré !

(acte III, sc. III, v. 623-642).

Il y avait quatre philosophes dans la comédie de Palissot. Il y a de même quatre Montagnards dans *L'Ami des Lois,* mieux typés d'ailleurs, plus nettement différents les uns des autres : Nomophage (*mangeur de lois*), en qui l'on reconnut Robespierre, le journaliste Duricrâne (Marat ?[10]), l'*agrairien* Plaude, et un égaré, Filto, qui se repent de s'être laissé entraîner et que Forlis saura ramener à la vertu. Bien entendu, ces personnages sont, à l'exception du dernier, d'abominables crapules. *Jongleurs, patriotes de places, faux adorateurs, charlatans, populaires larrons, de patriotisme insolents fanfarons, brigands,* voilà quelques-uns des noms dont les flétrit Forlis (acte III, sc. III, v. 655-672). Pourtant, pour les besoins du drame, Laya a conféré à Nomophage une incontestable grandeur ; plus on avance dans cette singulière « comédie », plus elle prend l'allure d'une lutte inexpiable entre deux personnages hors série, Nomophage et Forlis. Le vertueux Forlis, en état d'arrestation, sous le coup d'une accusation terrible, se donne l'élégance d'aller tranquillement déjeuner :

On a servi... Mais oublions à table
Un sujet qui pour moi n'a rien de redoutable.
Ce mystère d'horreurs où je suis compromis
Ne peut être effrayant que pour mes ennemis.

(acte III, sc. VI, v. 815-818).

---

(10) Certains crurent reconnaître Marat, non en Duricrâne, mais en Plaude, en qui l'on reconnut aussi Hébert et Chaumette ; pour Filto on parla de Prieur de la Marne. Aucune hésitation, en tout cas, en ce qui concerne Nomophage-Robespierre.

Nomophage, sa vivante antithèse, est de la même trempe, et s'en fait gloire : « Il faut être enfin Forlis ou Nomophage », déclare-t-il à l'inconsistant Filto (acte IV, sc. I, v. 846) ; à la fin, vaincu, il lancera à son adversaire :

> Adieu, monsieur Forlis, vous pouvez l'emporter ;
> Mais j'étais avec vous digne au moins de lutter.

> > (acte V, sc. IV, v. 1405-1406).

*
**

Revenons à notre question initiale : pourquoi *Les Femmes savantes,* précisément, ont-elles pu connaître ces avatars ?

La Rochefoucauld prétend que « les seules bonnes copies sont celles qui nous font voir le ridicule des excellents originaux », — ou, dans d'autres éditions, des « méchants originaux »[11] ; *excellents* ou *méchants,* peu importe pour l'instant ; laissons aussi de côté le mot *ridicules,* qui de toute façon ne s'appliquerait pas à Molière ; reste une idée, féconde : les copies aident à mieux connaître les originaux. L'utilisation faite des *Femmes savantes* projette certainement sur elles un éclairage révélateur.

D'autant plus révélateur que cette utilisation est très constante : il ne semble pas que cette comédie ait jamais été exploitée autrement que dans le sens de la lutte contre la philosophie et la Révolution, contre les intellectuels, ou contre les femmes ; elle continua de l'être ainsi tout au long du XIXᵉ siècle, une bourgeoisie très traditionaliste allant volontiers jusqu'à ériger Chrysale en modèle et reconnaître en lui l'idéal de Molière. On dira qu'elle ne pouvait connaître un autre sort, étant donné son sujet même. Ce n'est pas sûr : en vertu du même principe, on s'attendrait à ce que *Tartuffe* n'eût été exploité que dans le sens contraire, pour les besoins de la propagande philosophique, anticléricale ou révolutionnaire, et certainement il le fut surtout ainsi ; il n'empêche que Népomucène Lemercier a fait applaudir en 1795 un *Tartuffe révolutionnaire* d'une inspiration proche de celle de *L'Ami des lois ;* Laya lui-même, dans la préface de sa comédie, se recommandait de *Tartuffe* en même temps que des *Femmes savantes :*

---

(11) Maxime 133. — On lit *excellents* dans la 2ᵉ édition (où cette maxime apparut pour la première fois), *méchants* dans les suivantes.

Tartuffe et Trissotin
Ont fait montrer au doigt et Pirlon et Cotin [12],

et avant lui Palissot, dans un Avis préliminaire aux *Philosophes*
(1777), avait comparé les attaques dirigées contre sa pièce à celles
que *Tartuffe* avait values à Molière.

Il semble que la question du féminisme ait joué dans cette
affaire un rôle déterminant. Nous n'entrerons pas ici dans l'insoluble questions des *idées* de Molière : A-t-il dans *Les Femmes
savantes* un porte-parole, et lequel ? Réprouve-t-il entièrement
les prétentions de Philaminte ? Ne reconnaît-il pas quelque intelligence à la conception qu'elle se fait de la contribution des femmes à la recherche scientifique [13], et quelque grandeur à son
attitude stoïque lorsqu'elle se croit ruinée ? N'est-il pas vrai pourtant qu'il a fait créer son rôle par un homme, preuve qu'il désirait
en accentuer le grotesque ? Quels sont d'autre part les rapports
entre *Les Femmes savantes* et des pièces plus anciennes, notamment *L'Ecole des femmes* ? Evolution de l'auteur ? Accès de mauvaise humeur ? Politique de bascule [14] ?... Ce qu'il y a de sûr, c'est
que la postérité a très vite vu dans cette pièce un réquisitoire
pur et simple contre le féminisme et contre un certain intellec-
tualisme. En 1672, c'est un fait, féminisme et science avaient partie
liée ; mais toute une bourgeoisie conservatrice allait s'emparer
durablement des *Femmes savantes* et en figer la signification.

Toute femme est, monsieur, un animal changeant.

(*Les Philosophes*, acte I, sc. I, v, 16).

As-tu donc oublié que Cydalise est femme ?
Crois-moi, suppose encore un piège plus grossier ;
L'amour-propre est crédule, et l'on peut s'y fier.
Les femmes sur ce point sont même assez sincères.

(*ibid.*, acte II, sc. I, v. 406-409),

---

(12) P. 1233. — Pirlon, hypocrite qui met tout en œuvre pour empêcher les
représentations de *Tartuffe,* est une invention de Goldoni dans sa comédie
Il Moliere ; on le retrouve dans les deux adaptations qu'en a données Sébastien Mercier, *Molière* et *La Maison de Molière.*
(13)   réunir ce qu'on sépare ailleurs,
            Mêler le beau langage et les hautes sciences,
            Découvrir la nature en mille expériences,
            Et sur les questions qu'on pourra proposer
            Faire entrer chaque secte, et n'en point épouser.
                            (acte II, sc. II, v. 872-876.)
(14) « On sait qu'il procède par « coups de barre », écrit à propos de cette
pièce R. Jasinski (*Molière*, Paris, 1969, p. 253).

voilà, selon Palissot, le fond de la question ; l'instabilité et la
vanité des femmes font que toute imposture intellectuelle trouve
en elles un terrain favorable, et que l'on peut compter sur elles
pour répandre les nouveautés les plus impertinentes. De même,
dans *L'Ami des lois*, Mme Versac est dépeinte d'emblée comme
« ivre » des idées nouvelles (acte I, sc. I, v. 15) [15].

Mais ce qui vient d'être dit n'explique pas tout : si *Les Femmes
savantes* ont donné lieu à ce genre d'exploitation, la cause en
est aussi dans un certain ton qui caractérise cette comédie et
que l'on ne trouve pas d'habitude dans l'œuvre de Molière : un
ton quelque peu dur et grinçant. Philaminte, Chrysale, Bélise,
Martine..., tous ces personnages ont quelque chose de forcé ;
curieusement, ils relèvent de l'esthétique de la farce, alors que
ni la structure de la pièce ni la nature du sujet n'en relèvent.
Trissotin lui-même apparaît sans nuances et sans humanité :
beaucoup moins humain à coup sûr que Tartuffe, quoique celui-ci
soit encore plus odieux, compte tenu de son hypocrisie sacrilège
et de l'ampleur de ses méfaits. Sur Tartuffe on peut s'interroger,
se demander s'il ne lui arrive pas de se laisser prendre à son
propre rôle ; on peut d'autre part remarquer qu'il n'est pas maître
de lui au point de se garder du piège que représente Elmire. Mais
Trissotin ! Un coureur de dot sans mystère et sans arrière-plans,
d'un cynisme parfait (on se rappelle sa scène avec Henriette :

> Pourvu que je vous aie, il m'importe comment,
>
> (acte V, sc. I, v. 1536).

Voilà bien le genre de personnage — de même que Vadius —
propre à être utilisé dans une satire, et dans une satire visant à
l'attaque personnelle : Trissotin-Cotin, Vadius-Ménage.

A. Adam écrit que « *Les Femmes savantes* sont avec *Dom
Garcie* [la] plus mauvaise pièce » de Molière, et que celui qui
aime cet auteur « ne l'y reconnaît qu'avec peine » [16] ; sans aller
aussi loin, G. Couton s'étonne de ce que cette pièce « peut avoir
d'apprêté, et même — que l'on nous pardonne cette réserve —
d'un peu froid » [17]. Ce malaise, que partagent plus ou moins beau-

---

(15) Un état d'esprit analogue se perçoit souvent, au XVIIIe siècle, dans des
pièces dirigées contre le snobisme, et qui n'imitent pas spécialement *Les
Femmes savante* : par exemple *Le Méchant* de Gresset, *Les Mœurs du temps*
de Saurin, *Le Cercle* de Poinsinet. Au XIXe siècle encore : *Le Monde où l'on
s'ennuie* de Pailleron.

(16) *Histoire de la littérature française au XVIIe siècle*, t. III, « L'Apogée
du siècle », Paris, 1952, p. 392.

(17) *Œuvres complètes* de Molière, éd. citée, t. II, p. 975.

coup d'admirateurs de Molière, explique d'une certaine manière les imitations de Palissot et de Laya, mais en même temps il se trouve expliqué par elles : *bonnes copies,* pour reprendre les expressions de La Rochefoucauld, dans la mesure où elles font ressortir les défauts de l'*original* (un original *excellent* certes, *méchant* cependant si l'on se réfère à d'autres comédies du même auteur, ainsi qu'à une certaine idée que l'on se fait de son œuvre). Y aurait-il décidément plusieurs Molière ?

Si paradoxale que cette affirmation puisse paraître, il se dégage plus de chaleur humaine de *Tartuffe,* pièce de combat écrite dans des circonstances très graves sur un sujet très dangereux, que des *Femmes savantes,* dans lesquelles il s'agissait seulement d'un règlement de comptes entre gens de lettres [18]. Mais il n'est que juste d'ajouter qu'il s'en dégage encore moins de la comédie des *Philosophes,* et surtout de *L'Ami des lois.*

---

(18) Dans un intéressant article, *Molière, le pédant et le pouvoir* (*R.H.L.F.*, 1955/2), S. Jeune a d'ailleurs montré que Molière ici se mettait au service du pouvoir, intéressé à voir défendre devant l'opinion les principes qui présidaient à la répartition des gratifications, principes dont Ménage et Cotin venaient d'être les victimes. Toutes proportions gardées, c'était déjà le rôle joué par Palissot contre l'*Encyclopédie.*

MÉTALÉGOMÈNES A L'ÉDITION DE LA
CORRESPONDANCE DE DIDEROT

par Jean VARLOOT

La charge de la *Correspondance* de Diderot m'a été confiée par Jean Fabre en 1966. L'édition fut terminée en trois années [1] au cours desquelles, tout en parant au plus pressé [2], j'ai fait l'expérience la plus immédiate des difficultés que rencontre l'éditeur de textes anciens, et plus spécialement d'une correspondance. Il peut être de quelque utilité d'en faire le bilan, à la faveur d'un certain recul [3].

On a attiré, une fois n'est pas coutume, la pitié du grand public sur les malheurs de ces « explorateurs désintéressés de microcosmes pleins d'embûches » que sont les éditeurs de correspondance [4]. Leur entreprise est marquée de la pire tare artisanale : celle d'être individuelle. Tant qu'elle ne sera pas collective,

---

(1) L'achevé d'imprimer du tome XVI et dernier, pour les Editions de Minuit, est du 30 juillet 1970 ; j'ai assuré la responsabilité des quatre derniers tomes. Cette édition n'aurait ni vu le jour, ni continué, ni trouvé son achèvement sans l'autorité, la chaleur convaincante et la persévérance de Jean Fabre.

(2) J'avais borné mon premier projet à la « mise en ordre, la mise à jour, la mise au point » (*Avertissement* du tome XIII) des matériaux que me laissait Georges Roth. Il a fallu les compléter, les revoir et finalement, sans changer l'ordonnance fixée, rédiger entièrement les deux derniers tomes, y compris les compléments, les errata, les concordances et les index qui portent sur l'ensemble des seize tomes, et constituent la plus grande partie du dernier.

(3) Je n'avais pu qu'égrener quelques remarques en conclusion du colloque organisé le 20 avril 1968 par la Société d'Histoire littéraire de la France (voir *Les Editions de Correspondances*, Paris, A. Colin, 1969, p. 74-75 ; cette brochure sera désignée ci-après par *Ed. de Corr.*), auquel m'avait invité mon maître Jean Pommier (auquel je tiens à rendre ici un hommage attristé). J'ai tenté un premier bilan en 1971 dans une causerie prononcée au *Centre d'études et de recherches marxistes* en présence de Jean Fabre (voir les *Cahiers* ronéotés de cet organisme, n° 92) : je m'y considérais encore comme « au ras du texte » (o.c. p. 22). Je reprends cependant ici une partie des idées que j'y exposais.

(4) Mme Guitard-Auviste dans « Le Monde » du 9 août 1969. R. A. Leigh m'a écrit, au reçu du tome XVI, cette réflexion amère : « Ainsi vous touchez au port, tandis que moi, je suis toujours balloté en pleine mer. »

dans tous les sens du mot, elle restera un travail de Sisyphe, elle
sera entachée de lenteurs, de repentirs, d'erreurs et de lacunes
provisoirement définitives. Au reste toute édition d'œuvre ancienne,
qui exige la recherche et l'histoire des textes, qui veut les élucider
par un commentaire dans tous les domaines, ne pourra être faci-
litée et rendue meilleure que par la création d'une formation
dotée de grands moyens, et disposant de chercheurs spécialisés
dans des disciplines multiples. C'est là la première et la principale
leçon que je tiens à énoncer : seul un organisme doté d'autorité
et du patronage de l'Etat peut assurer la recherche des textes [5].

Au colloque de 1968, la plupart des orateurs mentionnèrent les
difficultés rencontrées auprès des conservateurs de bibliothèques
aussi bien que des marchands d'autographes et des propriétaires
privés de fonds d'intérêt culturel [6].

Les bibliothèques publiques sont loin d'avoir livré tous leurs
secrets. Selon un orfèvre, M. H. Martin, la moitié seulement des
bibliothèques de France ont été cataloguées : c'est ainsi qu'une
lettre de Diderot à Devaines (n° 673 bis) n'a été découverte que
par hasard à la bibliothèque municipale de Senlis [7]. Tout laisse
à penser qu'on en découvrira d'autres, dans nos petites ou grandes
villes. Bien plus, on trouve encore des lettres, sinon de Diderot,
du moins à Diderot, dans les imprimés, brochures ou périodiques,
et surtout par l'intermédiaire des périodiques. C'est ainsi que
j'ai découvert une lettre de Boyer à Diderot [8]. Quand il s'agit de
textes d'abord publiés à l'étranger ou en langue étrangère, la
recherche du texte original peut en devenir amusante sinon acro-
batique : la lettre de Vespasiano qu'on trouvera plus loin a dû
être traduite, et le texte d'une lettre à Wilkes pose, en matière

---

(5) Il existe un organisme de ce genre, dont l'efficacité est déjà prouvée.
Mais l'actuel *Institut de recherche et d'histoire des textes* se borne aux textes
du Moyen-Age. Dans les Avertissements du tome XVI, j'ai sans doute un peu
trop cédé à l'image utopique du chantier permanent ouvert aux bénévoles :
la défaveur dont souffre actuellement chez la jeune critique le travail ingrat de l'édition de textes a pris la relève du mépris, traditionnel chez tant
d'universitaires français, pour les « maçons » de la philologie.

(6) Voir *Ed. de Corr.*, p. 16-17 pour Voltaire, p. 34-35 pour Balzac, p. 50
pour Mallarmé.
Il est utopique d'espérer, comme M. Viallaneix (p. 65), quelque chose
d'une réunion des éditeurs et marchands d'autographes. L'obligation d'une
copie telle que la préconise M. Austin (p. 67) pour tous les documents
culturels passant en vente est encore du domaine des vœux pieux.

(7) Par Jean Sennelier, qui n'en avait publié qu'une copie fautive dans
les *Nouvelles littéraires*. On trouvera en annexe une lettre inédite à Mme Necker.

(8) Voir ma communication, au colloque d'Aix-en-Provence consacré au
thème du Jeu, sur la lettre de Pascal Boyer, et *Corr.*, t. XVI, p. 86, n° 446 bis.

de traduction d'une langue en l'autre, le problème de l'œuf et de la poule [9].

Quant aux commerçants en autographes, tous ne concilient pas leurs devoirs civiques avec leurs intérêts de marchands. Intérêts mal compris d'ailleurs, quand ils refusent de laisser collationner à nouveau une lettre déjà publiée [10].

Quant aux propriétaires privés, il en reste encore qui refusent de communiquer des lettres de Diderot, moins pour les transmettre à des descendants qui s'en serviraient pour se faire un nom dans les Lettres que, sans doute, par répugnance à voir sortir des arcanes tout ce qui rappelle des origines entachées de subversion ou d'impiété [11]... Mais qui trouvera ceux ou celles qui n'ont jamais compté leurs trésors ? Selon M. Besterman, en France, « la tâche la plus urgente serait de faire un inventaire obligatoire des archives des châteaux ». Mais nous ne sommes ni en Bohême, ni en Hongrie, ni en Pologne...

Ce ne sont pas seulement les lacunes fatales de la quête des documents qui font d'une correspondance une chaîne aux maillons incomplets. Aurait-on conservé toutes les missives d'un même homme, aurait-il noté lui-même, coutume fort rare, tous ses envois et toutes ses réceptions, il serait impossible de les relier par une logique autre que celle qu'imprime le temps vécu.

On objectera que certaines correspondances, ou du moins des parties importantes d'une correspondance, ont formé dès l'abord ou ont été conçues après coup comme des ensembles : l'ensemble Balzac-Hanska, et, pour Diderot, l'ensemble Falconet. Mais les avatars de celui-ci montrent que cette conception trahit finalement et détruit la nature épistolaire des textes : l'échange Diderot-Falconet, commencé spontanément, assez tôt revu et destiné à

---

(9) Voir dans la revue *Dix-huitième siècle*, n° 6 à paraître à ce jour, le texte présenté par M. Moureau, qui l'a découvert dans le *Courrier du Bas-Rhin,* en travaillant sous ma direction au dépouillement des périodiques entrepris au Centre d'étude des xviie et xviiie siècles, laboratoire associé du C.N.R.S. fondé par Jean Fabre.

(10) C'est le cas de la lettre 320 bis à Le Breton (*Corr.,* t. V, p. 16). Ajoutons que le marchand, qui me laissa cependant le temps suffisant pour la lire (et la retenir à peu près par cœur) la vendait comme inédite.

(11) C'est le cas de deux vieilles demoiselles qu'un notaire a vainement sollicitées de ma part.

la publication, mais interrompu (par Diderot) comme un échec, ressorti du tiroir par Falconet (alors que Diderot lui écrivait désormais hors de toute perspective d'ensemble), non revu cette fois par Diderot, mais respecté dans son texte pour la publication par Falconet, passe à la postérité comme une *œuvre* en devenir, dédiée à cette postérité même [12], non comme une *correspondance*.

Le cas est-il différent des lettres « d'amour » ? M. Roger Pierrot a considéré comme impossible « d'intégrer dans une Correspondance générale l'énorme masse de lettres envoyées par Balzac à la seule Mme Hanska, qui représentent en longueur plus de la moitié des textes épistolaires de Balzac » [13]. Il avait à cela de bonnes raisons. Mais l'ensemble Diderot-Sophie Volland devait-il être dissocié de la Correspondance générale de Diderot ?

Les objections évoquées par M. Pierrot : volume des textes, aspect « journal » intime, étalement d'une même lettre sur plusieurs jours, datation difficile, absence de réponses, Georges Roth se les était posées [14], et elles ne l'ont pas arrêté dans sa décision de suivre l'ordre « logique ».

Ce n'est pas l'option du moindre effort. Contrairement à un texte continu, *terra cognita,* continent facile à arpenter, contrairement à une œuvre méditée, préméditée, une correspondance ressemble à ces îles qui rappellent seules la chaîne montagneuse devenue sous-marine : elle requiert une navigation exploratoire, d'où résulte une cartographie toujours provisoire.

Puisque le caractère spécifique premier d'une correspondance est de former un *corpus* dont le seul lien est la chronologie, il nécessite la *datation* de tous ses éléments, rapproche la correspondance d'une *biographie* et entraîne à tout publier.

J'admire M. Besterman de s'être senti la capacité de dater toutes les lettres de Voltaire, fût-ce de façon approximative [15]. Georges Lubin a bien expliqué de quelle tâche minutieuse, ingrate et inlassable il s'agit [16]. Georges Roth s'y était appliqué, souvent

---

(12) Herbert Dieckmann prépare, avec Jean Seznec, l'édition de cette correspondance pour les *Œuvres complètes* (t. XV). C'est le seul ensemble particulier qui sera dissocié de la *Correspondance*.

(13) *Ed. de Corr.,* p. 32.

(14) Voir son *Avertissement* au tome II, p. 12-14. Il faut dire qu'il n'a pas eu à se heurter au problème de l'*amalgame,* pratique courante chez les éditeurs posthumes de Voltaire et de Balzac (voir *Ed. de |Corr.,* p. 12, p. 36, p. 60). Il lui a été assez facile grâce aux autographes de sarcler des éditions précédentes tout ce qui était ajouts des Vandeul, ou contamination.

(15) « Dans certains cas », dit-il (*Ed. de |Corr.,* p. 18).

(16) *Ed. de Corr.,* p. 42-44.

avec succès, bien qu'il soit devenu nécessaire, après vingt ans, de reprendre son travail, et surtout d'employer pour ce faire les moyens scientifiques les plus récents.

Il ne suffit plus même de connaissances historiques (ou comme dit G. Lubin, « micro-historiques »), mais encore de connaissances d'ordre paléographique, sur les écritures [17], les papiers, les filigranes, les cachets postaux... Peu d'éditeurs, jusqu'ici, s'en étaient soucié, et l'analyse des supports graphiques, rendue possible grâce aux méthodes physiques et chimiques, est encore à peu près ignorée [19].

Au reste, peut-on dater une lettre sans en déchiffrer tout le sens, sans tenir compte des lettres qui l'entourent ? On en est parfois à éditer une correspondance sans commentaire (les conditions économiques sont contraignantes ; une telle publication ne garde de valeur que si elle est « critique »). Mais l'univers complexe et déroutant d'une correspondance est indéchiffrable sans médiation historique [20]. Je crois bon de répéter ici mon avis : « donner à chaque lettre, si possible, ses circonstances, est la seule façon de mettre en lumière toutes ses valeurs, y compris sa valeur esthétique. » Voilà pourquoi j'ai adopté si aisément la méthode de Georges Roth — d'abord si contestée, et prônée maintenant : *Insérer les lettres dans une chronologie nourrie de faits et de témoignages, permet les rapprochements synchroniques*

---

(17) *Avertissement* du tome II, p. 14. Pour ma part, j'ai apprécié la justesse de l'option chronologique en préparant les tomes XIII à XVI, où, il est vrai, les lettres à Sophie Volland sont devenues rarissimes ; mais alors m'est apparue la vraie difficulté de cette disposition : la datation.

(18) A vrai dire, peu d'éditeurs de textes modernes possèdent la formation élémentaire du chartiste ! G. Lubin a su déterminer un échelonnement chronologique du type d'écriture chez George Sand. J'ai eu la même idée en consultant les registres paroissiaux du curé Meslier, et pu préciser un peu la datation des copies de son *Mémoire* (voir mon compte-rendu à paraître dans la *R.H.L.F.*).

(19) Voir à ce sujet les actes du colloque de l'I.R.H.T. de septembre 1972 sur « Les techniques de laboratoire dans l'étude des manuscrits », sous presse. On y apprendra avec intérêt que le papier dit « de Hollande » était aussi fabriqué en Limousin par des sous-traitants, pour les Provinces-Unies, mais qu'on peut distinguer les deux crus grâce à la présence ou à l'absence de l'arsenic. Mais quand nos « historiens de la littérature » seront-ils formés aux techniques nécessaires à leur art ? Ce serait de toute façon une formation en « laboratoire », et le temps me semble révolu des acrobaties mnémoniques qu'au reste j'admire chez G. Lubin (*Ed. de Corr.*, p. 44-45).

(20) Je souligne ici mon désaccord total avec M. Besterman (*Ed. de Corr.*, p. 15) qui condamne le lecteur à garder toujours sous la main un rayon d'ouvrages de référence.

dans un déroulement diachronique, — interdit d'avance les rapprochements arbitraires par enjambement des mois et des années, — enchâsse définitivement la lettre dans son contexte. N'est-ce pas là faire œuvre d'historien, au sens le plus large du mot, et non de biographe au petit pied ?

Il me paraît tout aussi évident, par ce qui précède et par définition, qu'un *corpus* épistolaire ne saurait être le fruit d'une sélection subjective. On est surpris d'entendre encore des érudits émettre des réserves à ce sujet. M. Pintard a insisté au contraire sur l'utilité du moindre billet, en apparence sans intérêt [21] ; les spécialistes en ont donné des exemples, des preuves en ce qui concerne, en particulier, la datation par le voisinage chronologique. J'ajoute que l'effort fait pour situer un billet isolé dans son contexte a quelquefois des conséquences incalculables pour la connaissance des relations de l'épistolier, et par là de sa biographie, de l'histoire de son œuvre d'écrivain, et de l'histoire littéraire en général. Ou plus exactement, un *corpus* apparemment hétérogène possède une unité profonde qui tient au temps vécu par une époque, moins dans la biographie d'un homme que dans celle d'une génération, d'un groupe plus ou moins large, à travers lui.

Nos maîtres anciens, et les meilleurs, avaient conçu l'histoire de la littérature comme une série de monographies biographiques sur les grands auteurs : même s'ils les replaçaient ensuite dans leur « milieu », ils les isolaient toujours plus ou moins sous leur projecteur, comme la vedette sur la scène. Cette démarche était, à sa date, scientifique, bien qu'elle ait donné lieu à la déviation qui consiste à faire servir les œuvres littéraires à la biographie, déviation prolongée dans mainte forme actuelle de critique « nouvelle ». Au contraire, le biographe authentique aide à remettre l'œuvre sur ses pieds, en décrivant le terrain où elle s'est dressée, et c'est alors qu'apparaissent les liens inextricables de la correspondance, quand elle existe, et de la biographie. André Billy a fondé sa *Vie de Diderot,* si vivante, sur la lecture des lettres ; A. Wilson n'a pas voulu terminer la seconde partie de sa biographie sans que je lui procure mes deux derniers tomes. Si donc le biographe s'appuie sur la correspondance, le commentateur de la correspondance fait de la biographie.

Mais il n'écrit pas une biographie. D'abord parce qu'elle serait incomplète. Il est dommage que l'on n'ait souvent tiré de la correspondance que les éléments d'un portrait, d'une caractérologie sim-

---

(21) *Ed. de Corr.*, p. 64.

plistes et par là arbitraires. On peut accepter qu'un pionnier comme M. Crocker ait décidé, parlant de la *Personnalité morale et intellectuelle de Diderot dans sa « Correspondance »* [22], de mettre entre parenthèses, parce que déjà connus, la « générosité intellectuelle, l'esprit encyclopédique, la curiosité universelle, l'attitude cosmopolite » : il va alors sans dire que le portrait sera incomplet, et la documentation fort partielle, sinon partiale. Le biographe doit en effet prendre garde de glisser, sous couleur d'objectivité, dans le relevé naturaliste des petitesses de l'homme exhaussées au niveau de la typologie, dans une hyper-critique défigurante et contradictoire [23]. Il est, au reste, aussi risqué de juger un homme d'après quelques citations isolées que de se borner aux seuls textes épistolaires pour tracer le portrait d'un homme public tel que l'est l'écrivain. Plus que l'homme ordinaire, il est très variable, ou variant, selon le temps, et, dans le même moment, selon les situations, selon les êtres avec qui il se trouve en rapport. Diderot plus qu'un autre, comme on sait. Le recueil de ses lettres devait donc être, du point de vue biographique, discontinu. Il ne forme pas un tissu narratif. Comme l'a bien vu M. Todorov [24], de toute façon la « lettre a pour propriété de constituer une unité fermée, et par là même de rompre la continuité d'un récit ». Le récit biographique est donc ici mutilé dans son principe, même quand il s'agit d'une correspondance « suivie », comme les lettres de Balzac à Mme Hanska, ou comme celles de Diderot à Sophie Volland, faux ensemble où il manque la moitié des lettres de l'un et toutes celles de l'autre [25].

De tous ces préalables, Georges Roth avait conscience. Il ne se prétendait pas biographe ; tout au plus faisait-il de la biographie (à la demande, disait-il quelquefois avec humour, me pro-

---

(22) *La Correspondance de Diderot, son intérêt documentaire, psychologique et littéraire*, par Lester Gilbert Krakeur, New York, The Kingsley Press, 1939 (chap. II).

(23) Je songe au livre d'Y. Benot, où l'hypercritique presque morbide des cinquante premières pages détruit d'avance l'exaltation qui y est faite ensuite du « militant révolutionnaire ». Double déformation.

(24) C'est ce qu'il a dit à propos des *Liaisons dangereuses*.

(25) Les problèmes qu'on pose à propos de l'ensemble Diderot-Sophie Volland sont parfois de faux problèmes. Les premières lettres à Sophie ont pu être détruites par prudence, mais à coup sûr leur auteur ne pensait pas à en prendre copie, ou à les récupérer. C'est seulement, selon moi, quand il a senti l'intérêt *littéraire* de ses missives qu'il a demandé qu'elles soient conservées. De même, s'il n'a pas cherché à garder copie des lettres de Sophie, c'est qu'elles n'avaient aucune valeur *littéraire*, qu'elles étaient d'avance impubliables, inarrangeables. Il n'a donc jamais dû imaginer la possibilité d'un ensemble dialogué avec Sophie, comme il l'a fait un temps pour sa correspondance avec Falconet.

posant d'écrire un pastiche pour combler une lacune). S'il avait
décidé de mettre dans leur ordre « logique » les *membra disjecta*
des éditeurs précédents, ce n'était pas pour offrir au lecteur une
espèce de journal qui aurait pu, muni de ses commentaires, sup-
pléer une authentique biographie. Il souhaitait (voir sa Préface
au tome I, p. 10) aider le lecteur ou le chercheur à *reconstituer*,
soit les divers aspects de l'activité de l'épistolier, soit cette
« conversation écrite » qu'il avait instaurée avec ses amis. Voilà
pourquoi il avait inséré dans le corps de son ouvrage tant de
faits grands ou petits qui l'alourdissent selon d'aucuns, qui l'en-
richissent, dit-on couramment maintenant. Il fallait du courage
pour ne pas les reléguer au moins en annexe, mais, comme il le
dit dans l'Avant-propos du tome VI, son « objet a été non d'étaler
une érudition puérile, mais de planter des jalons aussi nombreux que possible, permettant aux lecteurs éventuels et aux
« inventeurs » à venir, de rectifier les erreurs, au moyen de renseignements et documents nouveaux ». Telle est la méthode que
j'ai non pas respectée mais adoptée comme étant de bonne méthode
historique : elle fait d'une édition de ce genre une espèce de
chantier permanent, le chantier principal des biographes comme
de tous les chercheurs.

Mais il faut voir encore que, grâce à cette méthode d'exposition,
le projet de Georges Roth a atteint des résultats beaucoup plus
larges qu'une étroite biographie [26]. Ce n'est pas un hasard. Formé
à la Sorbonne par des maîtres lansoniens, — pour qui il traduisit
le fameux livre de Frederika Macdonald sur Jean-Jacques
Rousseau, — cet angliciste s'adonna, après la retraite, aux hommes
et aux femmes du XVIIIe siècle. Mais il s'intéressait plus aux milieux qu'aux individus, comme le prouve son édition de l'*Histoire
de Mme de Montbrillant,* où sa méthode de présentation annonce
déjà, par ses qualités comme par ses défauts, celle qu'il adopta
pour la correspondance de Diderot. Et il conçut celle-ci, en fait,
comme un recueil épistolaire collectif où l'hétérogénéité est dépassée dans l'unité du milieu social, intellectuel, pour tout dire
historique, et qu'il n'est plus question d'apprécier comme complet
ou incomplet : on songe à la limite à un « Diderot, ses amis, Paris,
la France et l'Europe des Lumières ».

Au reste, il est des moyens d'aider le lecteur à s'y retrouver
dans un monde foisonnant et d'abord déroutant. Les plus utiles
ont semblé dès longtemps les tables et index. Comme au cher-

---

(26) Je réponds ici à Paolo Alatri (*Studi Francesi,* n° 47-48, mai-décem-
bre 1972, p. 400).

cheur ses fichiers, ils sont les guides qui permettent au lecteur de se retrouver dans mainte dimension [27] ; ils doivent se compléter de l'analyse thématique, telle que la rendent rapide les instruments nouveaux des informaticiens.

Il faut reconnaître en effet que le relevé des noms d'auteurs et de titres et même des noms de lieu, est loin de suffire à explorer un *corpus* abondant, d'autant que certains écrivains n'accordent que peu d'importance à l'exactitude graphique des noms [28]. Il est bon d'y adjoindre ce qui s'appelle d'abord, dans son sens originel, une table des matières.

L'objection la plus fondée qui soit opposée à toute analyse thématique est qu'elle projette sur la réalité du passé une moderne conception du monde et de l'histoire. On peut répondre qu'elle est destinée à des contemporains de celui qui la mène, qu'elle restera lisible pendant des décennies, et qu'elle a en tous les cas l'immense avantage de dégager des constantes. La statistique nous l'apprend, il n'est pas besoin de posséder le total des documents pour en tracer les linéaments : par là, un index thématique compense l'hétérogénéité et le caractère incomplet du corpus épistolaire.

Au reste, l'analyse peut justifier et valoriser l'ordre chronologique adopté. Une expérience de ce genre, portant sur quatre années (1759-1772) de la correspondance avec Sophie Volland, a été menée selon une méthode de dépouillement sur ordinateur [29]. Le principe en consiste, tout en gardant la lettre comme unité de référence globale, de la subdiviser en fonction des thèmes traités dans chaque passage. En effet, le découpage d'un texte épistolaire

(27) Georges Lubin a bien décrit ses instruments (*Ed. de Corr.*, p. 46). M. Besterman a répondu d'avance au besoin souligné au colloque par M. Lebègue (*Ed. de Corr.*, p. 59-60). M. L.-J. Austin l'a éprouvé aussi pour Mallarmé (p. 56).

(28) Diderot tout le premier, qui écrit la plupart du temps « Daminaville », et dont la graphie de certains noms nous a empêchés jusqu'à présent de les identifier. Ajoutons, nous tournant vers lui en tant que romancier, que ses personnages ne naissent pas en lui avec un *nom* inchangeable ; on connaît les avatars de dénomination qu'a subis sa Religieuse, comme bien d'autres personnages de son roman. Faut-il croire qu'à l'image visuelle des êtres ne s'associait pas en lui une image sonore ?

(29) Recherche annoncée par Michèle Duchet dans son article « L'informatique au service de l'analyse des textes » (*R.H.L.F.*, n° 5-6 de septembre-décembre 1970, p. 804, n. 1), — parce qu'elle dérivait en partie des expériences préalables concernant le dépouillement des périodiques, — et explicitée dans la brochure du C.E.R.M. citée plus haut (p. 14-18). Je ne reprends ici que les points qui me semblent mériter une plus large diffusion. Les résultats techniques se retrouvent dans les rapports du L.A. 96 (C.N.R.S. — Université Paris-Sorbonne).

se heurte à moins de difficultés que celui de tout autre, justement à cause de son caractère discontinu. La plus courte des phrases d'un écrivain ressemble plus au caillou façonné par la nature qu'au cube du géomètre ; celles d'un épistolier (mises à part les épîtres de rhéteur) se définissent aisément par un thème principal, au besoin par quelques thèmes secondaires [30].

Une autre difficulté apparente fut révélatrice. Comment une grille abstraite composée de concepts (même quand il s'agit *d'impôt* ou de *grain*) peut-elle être appliquée à l'analyse du comportement de l'homme privé ? L'expérience montra que la méthode permettait justement de s'élever au-dessus du récit biographique ponctuel, où varie sans cesse le contenu des thèmes, l'objet du sentiment par exemple, — alors qu'il existe des *constantes de conduite,* soit tout au long d'une vie, soit au cours d'une des étapes de celle-ci, et leur notation est significative. C'est ainsi que le thème FINANCES-PRIVEES est, parmi les thèmes personnels, au huitième rang (ce qui n'est déjà pas mal) en 1759, au sixième en 1760 ; il manque disparaître en 1761, mais il prend le premier rang en 1762 : soit 52 occurences, avec une moyenne de 12 lignes. Voilà qui confirme l'impression qu'il ne s'agit pas d'une correspondance sentimentale. Autre évidence. On a voulu mettre en relation l'importance du thème de l'homosexualité féminine dans *La Religieuse* et la jalousie ressentie par Diderot à l'égard de la sœur de Sophie Volland, Mme Legendre, baptisée par lui Uranie. La statistique prouve que cette tendance à la jalousie, souvent violente, n'a nullement été compensée par la composition du roman. Diderot est jaloux avant et après, et le thème a le même rang en 1761 qu'en 1759, en 1762 qu'en 1760. Ces résultats peuvent sembler bien restreints : ils ont du moins le mérite de rappeler à une lecture de bon sens. La jalousie, dont l'objet peut varier et qui déborde largement l'amour proprement dit, est constante de conduite chez un Diderot. Son cœur prétendu instable en a bien d'autres, de même que sa pensée a été relevée du reproche d'incohérence.

L'emploi d'une thématique, croira-t-on, donne plus de résultats dans le domaine des idées, bien qu'au XVIIIᵉ siècle, une *idée* soit aussi une sensation, ou du moins une façon de sentir. Prenons le relevé du thème ART DES JARDINS : jamais Diderot ne parle de jardin sans en avoir vu un, et d'un certain type (Le Grandval, Marly), c'est-à-dire que, du moins à Sophie, il ne mentionne une

---

(30) On se reportera sur ce point à l'article de M. Duchet cité ci-dessus. Le caractère subjectif de la méthode n'encourt pas plus d'objections ici que toute table thématique et tout classement abstrait.

chose que s'il est encore sous le coup de l'émotion qu'elle a provoquée en lui ; il n'évoque la nature que par correspondance entre paysage et état d'âme. A ce type de paysage, au moins à cette époque, il associe les sculptures, auxquelles il donne une importance majeure. Et le thème BEAU n'apparaît jamais qu'à propos d'un exemple artistique ou littéraire concret, ou associé à un thème moral.

Il n'est pas inintéressant de relever l'absence, en ces années, de toute réflexion politique, et l'apparition du goût pour les mœurs de tous les pays, s'ajoutant aux notations du satiriste et du moraliste classique. C'est qu'au Grandval sont fréquentés par lui des voyageurs, de même qu'y est évoqué, et là seulement, le thème RELIGION. Enfin si le thème THEATRE est le grand thème de l'année 1760, au point de constituer une obsession, il s'efface dès 1761 et l'on voit s'instaurer l'importance du thème ROMAN, en 1761, en 1762, on devine aisément pourquoi.

Ces quelques résultats d'une expérience rapide laissent augurer de ce que pourrait donner l'analyse thématique de toute une correspondance.

*
**

Les observations qui précèdent ont visé à préciser les aspects spécifiques que revêt le travail d'édition et par là l'étude d'une correspondance. J'avais réservé cependant ce, qu'à mon avis, il faut considérer comme la tâche essentielle : l'établissement du texte. J'ai fait allusion plus haut aux moyens scientifiques qui permettent de dater toujours plus finement, par des critères matériels peut-être plus qu'externes, et en particulier par l'examen des écritures et des supports. Ces moyens valent tout autant pour *établir* un texte. Il n'est sans doute plus nécessaire de rappeler la légèreté et les tripatouillages des éditeurs du siècle précédent [31], et l'on doit ne rabaisser jamais le mérite de ceux qui, pour y remédier, ont copié minutieusement à la main les autographes [32]. Mais imagine-t-on ce que devient ce travail s'il y a *plusieurs états* du texte ? Heureusement les moyens modernes permettent désormais la reproduction rapide et facile [33]. Encore faut-il reconnaître

---

(31) La légèreté de Moland est dénoncée par M. Besterman, les tripatouillages de l'édition Calmann-Lévy par M. Pierrot (*Ed. de Corr.*, p. 13 et p. 36).

(32) Je pense à Georges Roth aussi bien qu'à Georges Lubin (*Ed. de Corr.*, p. 41).

(33) A vrai dire on comprend mieux, par l'énormité du travail de copie nécessaire, la méthode sélective des Moland ; du moins quand il s'agit d'éta-

le caractère particulier, à la fois plus facile et plus difficile, du travail, quand on possède les autographes. Plus facile, puisqu'il n'y a qu'un seul et bon texte [34], plus difficile quand il s'agit de le déchiffrer comme de le dater.

Il ne suffit pas d'une longue familiarité avec le graphisme d'un « scripteur » pour comprendre toujours son écrit. La paléographie (car le XVIII° s'enfonce dans un âge qu'on dit abusivement moderne) vient ici au secours du déchiffreur, ainsi que des outils comme les rayons ultra-violets. Nous manquions jusqu'à peu de temps d'une bonne description de l'orthographe, qui permette d'éviter des interprétations modernisantes aussi bien qu'archaïsantes [35]. Mais l'écriture manuscrite demande avant tout un lecteur attentif, expérimenté et pondéré. Il doit lire aussi bien l'écriture des *marginalia* que celle d'un texte soigné, mais y voir un tout cohérent [36]. Propres au scripteur sont les « ductus » de certaines lettres à hampes ou hastes, la liaison entre les lettres ou les mots, et l'emploi des *majuscules de lisibilité*. Sur ce dernier point, on a trop tôt fait de taxer Diderot d'inconséquence. Différentes des majuscules de majesté, fort rares sous sa plume courante, les majuscules de lisibilité servent à distinguer des lettres initiales comme *i* ou *l*, surtout dans les pronoms et les articles grammaticaux : on voit le défaut de certaines transcriptions prétendues paléographiques, côte à côte avec les modernisations arbitraires.

Comment en effet reproduire le texte autrement qu'en fac-

---

blir un texte *non épistolaire*. S'éclairent aussi les raisons, autres que celles qui sont souvent données, de la méthode qui consistait à choisir un texte de base, baptisé le meilleur, *sans tenir compte des autres versions*.

(34) Il faut mettre à part le cas des correspondances reprises, récrites : Diderot a quelque chose de Jean-Jacques Rousseau dans sa tentative de révision de sa correspondance avec Falconet. Il n'est pas sûr que certaines lettres à Sophie ne soient pas dues à un amalgame d'auteur. Il faudra tenir compte des copies qui sont au fonds Vandeul pour l'édition critique qui fera partie des *Œuvres complètes*. C'est cependant un des rares cas où une édition « critique » peut se permettre d'opérer un choix dans les variantes, car il n'en saurait être ainsi (nonobstant M. Besterman, *Éd. de Corr.*, p. 12) pour des manuscrits originaux.

(35) Le travail d'Alexis François, dans l'*Histoire de la langue* de Ferdinand Brunot, a vieilli, malgré l'excellente bibliographie revue par F. Deloffre. On se reportera à l'ouvrage de Mme N. Catach.

Sur l'orthographe de Diderot existe l'étude déjà ancienne et fragmentaire, mais très solide, de J. Mourot. On espère que les Notices des *Œuvres complètes* serviront à une étude d'ensemble.

(36) On verra dans notre étude de la graphie des *Observations sur la traduction d' « An Essay on man » de Pope par Silhouette* que l'écriture et la graphie de cet autographe sont semblables à celles des lettres à la fiancée.

simile[37], c'est-à-dire l'imprimer ? La philologie française (au sens ancien du mot) n'a pas eu son Havet, et, hélas, elle a dû passer et passe encore le plus souvent sous les fourches d'éditeurs non exclusivement scientifiques, qui sont loin de poser en principe la fidélité au texte original. Cependant, au colloque dont il a été question, M. Pintard a plaidé avec toute son autorité pour la « rigueur la plus grande », et M. Guisan, non sans malice[38], a souligné les faiblesses, imposées ou assumées, qui caractérisent à ce sujet les correspondances de George Sand, de Balzac et même de Mallarmé. Quand il s'agit de reproduire des autographes, et à condition de bien interpréter l'écriture, il ne peut selon moi y avoir de « fidélité excessive ». On fait beaucoup trop peu confiance à la faculté d'adaptation du lecteur actuel, que la littérature de son temps met aux antipodes des « traditions » et des scrupules grammaticologicisants qui font régner la sclérose et l'arbitraire dans les ateliers de fabrication des maisons françaises d'édition. Quand cessera-t-on de prendre le lecteur pour un collégien ? Et de quel péché sont punis nos écrivains « modernes » pour être seuls privés des soins dont les philologues hellénistes, latinistes et médiévistes entourent les textes qu'ils éditent ?

Au demeurant, n'identifions pas *fidélité* et *transcription littérale,* puisque celle-ci est un leurre[39]. Il vaut mieux chercher le moyen de *transcrire fidèlement* : c'est-à-dire de procurer de l'original un *équivalent lisible* dont on indiquera exactement les *concordances graphiques.* Certaines de celles-ci sont systématiques, et il suffit de les relever dans une notice liminaire. D'autres, ponctuelles, anomales, nécessitent une indication que j'appelle « variante de graphie ». Cette méthode de transcription permet une « modernisation » relative et scientifique. Sa seule difficulté porte sur la ponctuation. Il n'existait pas au XVIII° siècle de règles de ponctuation, mais en existe-t-il aujourd'hui[40] ? Et taxer les écrivains d'alors de « désinvolture déconcertante » me paraît

---

(37) On sait que c'était le point de vue de Jean Pommier.

(38) *Ed. de Corr.*, p. 64 et p. 69.

(39) La transcription littérale ne vaudra jamais un fac-simile, puisqu'elle est soumise aux contraintes de la typographie du moment (voir plus loin la note 43). Dans cette mesure, et seulement dans cette mesure, M. Besterman met en doute à juste titre son utilité.

(40) On sait que l'Académie française a toujours laissé toute liberté aux écrivains et aux autres sur ce point. Ce sont les enseignants et les typographes qui ont constitué au XIX° siècle, dans l'esprit le plus étroitement cartésien, une « tradition », qui a perdu toute valeur au temps du surréalisme et du nouveau roman. Elle ne saurait prévaloir contre les intentions d'un écrivain. C'est d'emblée ce qui dévalorise les « reprints » fondés sur des éditions du XIX° siècle.

un peu déconcertant [41]. Tout effort pour régulariser leur ponctuation *de notre point de vue* est arbitraire.

Mais quelle que soit l'opinion qu'on peut avoir sur la méthode de transcription que je me hasarde à préconiser [42], il me paraît souhaitable de transcrire littéralement, sinon tous les autographes, du moins les autographes épistolaires. C'est la seule occasion de contempler un écrit tel qu'il est issu de son auteur. Comment refuser au public ce contact immédiat, ce plaisir, à l'époque où l'on recourt aux partitions originales des grands musiciens ? C'est au lecteur actuel de prendre (ou plutôt de reprendre) l'habitude de lire ces textes anciens dans leur vêtement d'époque [43], de la même façon qu'il voit les œuvres plastiques. Il connaîtra ainsi la *première lecture* qui puisse être faite du texte, en écartant les écrans dressés par les générations intermédiaires, écran typographique, écran critique.

*
**

M. Crocker considère Diderot comme le « premier épistolier » de son siècle », et j'aurais été autrefois assez enclin à partager son avis [44]. Mais seules les œuvres, non les auteurs, sont comparables, et quand il s'agit d'œuvres si longues, si complexes, toute comparaison est chimère, sinon pour mesurer le chemin d'une culture personnelle chez le lecteur, ou l'évolution du goût à travers une génération.

L'éditeur d'une correspondance, ou d'œuvres complètes, est peut-être plus persuadé du caractère relatif de tout jugement critique. En revanche, et c'est peut-être ce qui nourrit en lui cet enthousiasme, cette « passion durable qui fait les gens épanouis » [45], il acquiert la certitude spirituelle que procurent le labeur objectif et l'histoire scientifique.

---

(41) La formule est de M. Besterman (*Ed. de Corr.*, p. 14). Mais ici encore sa « pratique » est beaucoup plus scientifique que l'expression de ses réticences, et ses scrupules d'interprétation sont à méditer par tous (p. 15).

(42) Elle doit être appliquée dans l'édition des *Œuvres complètes*.

(43) La seule concession possible porte sur les modifications des signes typographiques. Les s longs n'existent plus, de même que les tildes. L'accentuation a été réglementée. Les *points* se sont diversifiés.

(44) Bien que je ne trouve pas comme lui que Rousseau « ne parle que de lui », et que Voltaire « est resté détaché de tout » (o.c. 1939, p. 100).

(45) J. Guitard-Auviste, dans « Le Monde » (o.c.).

Une lettre inédite de Diderot

L'année 1772 est pour Diderot celle du mariage de sa fille[1]. Quelques semaines après la cérémonie se place une alerte éphémère qui voit le père de famille jouer une dernière fois son rôle[2]. Est-ce l'angoisse de sa solitude jalouse ou le souci de la santé de sa fille[3] qui l'a poussé plusieurs fois à « visiter le nid de ces jeunes oiseaux » ? Il reporte une partie arrangée pour le Grandval le 12 octobre, puis se décommande le jeudi 15 octobre auprès de Mme Necker, qui est dans sa résidence de Saint-Ouen[4]. Mais il s'est engagé d'autre part à retrouver Grimm chez Mme d'Epinay à Boulogne, et il part sans doute le vendredi 16 pour y passer la fin de semaine[5]. Dès le samedi 17, au plus tard le dimanche matin, il est rappelé d'urgence auprès de ses enfants malades, et y accourt « vite et tôt », selon Mme d'Epinay. Le dimanche soir, ébranlé mais rassuré, il écrit à Grimm (CORR, n° 779). Le lendemain ou plus probablement le surlendemain 20 octobre, il s'adresse de nouveau à Mme Necker[6], pour s'excuser en l'informant de ses malheurs, avec des détails à la Greuze et sur le ton qui contient à « l'extrême sensibilité de [l']âme »[7] de sa correspondante.

———

779 bis. — A MADAME NECKER[1]
[20 (?) octobre 1772]

———

(1) Voir le chapitre 42 du *Diderot* d'Arthur Wilson. Le mariage fut célébré le 9 septembre. On ne sait si la saint Denis le fut le 9 octobre.

(2) « *A sudden though temporary illness of both the young people in October was the occasion of a great deal of bustle and alarm* » dit un peu laconiquement A. Wilson (p. 617). Mme d'Epinay fournit un commentaire perspicace, judicieusement inséré d'avance par Georges Roth (*Corr.*, t. XII, p. 155).

(3) Elle fut peut-être enceinte très tôt. Son père suppose dès le mercredi 14 octobre (voir la lettre 777 à Grimm) qu'elle a fait une fausse couche : les suites vont en être pathétiques.

(4) Sur la qualité affective des rapports de Diderot et de Mme Necker, voir A. Wilson, p. 614-615.

(5) Le lundi 26 mai, Mme d'Epinay écrira à Galiani : « la semaine dernière (comprenons en franglais : le dernier week-end) le philosophe était ici ».

(6) C'est l'emploi de l'imparfait dans le récit et l'expression « depuis ce jour » qui poussent à retarder la date. La lettre numérotée 780 par G. Roth ne paraît pas être des mêmes moments.

(7) Il l'en félicitait le 15 octobre (lettre 778, t. XII, p. 150).

Madame [2]

Je ne saurois me dispenser de vous faire bien du mal. j'etois
a boulogne a cote de mon autre moi. je reçois un exprès. j'accours
a paris. j'arrive chez mes enfants, et j'entends dans une premiere
piece, je me meurs. C'etoit la plainte contenue [3] d'un desespoir de
l'epoux attaqué d'une fievre maligne [4]. j'entends dans l'autre piece,
elle est morte. on parloit de mon enfant tombé a la suite d'une
perte effroyable, dans une defaillance dont on desesperoit qu'elle
se tirat. le mari avoit perdu la tête ; et vous pensez bien que ce
pauvre pere n'avoit pas gardé la sienne, il ne reste a ma fille
qu'une foiblesse qui se fait sentir jusqu'aux bouts de ses doigts.
Le jeune homme, apres un assoupissement, un delire de vingt
quatre heures a jette dans la garde robe, tous les symptomes
mortels, par une crise suivie d'une evacuation effroyable. je suis
le plus malade des trois. La secousse violente de l'instant s'est
portee sur mes intestins qui depuis ce jour ne veulent rien retenir.
en verite, nous avons tous bien besoin d'imaginer qu'il y a de
par le monde des gens honnetes, bons et sensibles qui s'interessent
a nous, et qui nous preparent en secret le dedommagement de
nos peines. j'irai, madame, vous porter mon premier instant de
relache ; ce ne sera pas aussitot que je le desire. en attendant,
agreez le Respect avec lequel je suis et je serai toute ma vie

Madame votre tres humble et tres obeissant serviteur,

Diderot.

---

(1) Publiée « by permission of the Harvard College Library », lieu où elle
est conservée, cette lettre m'avait été signalée par Arthur Wilson et devait
figurer dans le *Complément* du tome XVI de la Correspondance. C'est mon collaborateur pour les documents qui se trouvent aux Etat-Unis d'Amérique, M.
Jean Macary, qui en avait établi obligeamment la transcription.

(2) Le texte est donné dans une forme typographique fidèle à la transcription dactylographique de Jean Macary, c'est-à-dire avec les signes diacriti-
ques, autres que les accents, qu'imposent malheureusement ces deux procédés.

(3) Meilleure lecture, selon nous, que « contenue », étant donné l'état de
santé de M. de Vandeul (voir la note suivante).

(4) A Grimm, Diderot a dit « putride en règle » (*Corr.*, p. 154). Il connaît
sa langue médicale. La fièvre *putride* (qui comporte une corruption des humeurs
contenue dans le sang ») *continue* « qui ne donne point de relâche au
malade » et dure au moins plusieurs jours.

(5) Ce mot désigne tous les signes de la maladie, ici les plus matériels. Mais
selon Trévoux, le *délire* et *l'assoupissement* sont aussi, entre autres, des
symptômes de la fièvre.

Une lettre publique adressée à Diderot
sur les mérites comparés de la langue italienne
et de la langue française

Qui est ce Carlo Vespasiano dont, le 14 juin 1768, le journaliste Fréron[1] nous fait faire la connaissance ? « Depuis dix ans il enseigne avec succès la langue italienne à Paris » ; et en note : « Cet habile maître de langue italienne est fort au-dessus de sa profession ; c'est un homme de lettres très distingué ; il a composé lui-même de bons ouvrages dans sa langue. Il demeure rue des Cordeliers à l'hôtel du Saint-Esprit ».

Ce bilingue avait traduit l'année précédente *Il Tempio di Gnido*[2] ; il sera l'éditeur d'un second épithalame attribué au duc de Belfort[3], à qui est dû celui dont nous allons parler ; en 1778 il échangera des lettres critiques avec Pietro Napoli Signorelli, auteur de la comédie *La Faustina*, à laquelle elles sont jointes[4].

L'ouvrage signalé par Fréron est un « poème italien [...] imprimé avec la traduction française à côté [...] ; c'est un *Hommage poétique d'Antoine de Gennaro duc de Belfort à Sa Majesté Marie-Josèphe archiduchesse d'Autriche*, dont le mariage avec le roi de Naples avait été déclaré, et que la mort a empêchée de monter sur le trône qu'occupe actuellement sa sœur Marie-Charlotte-Louise archiduchesse d'Autriche. Ce fut dans le temps où les préparatifs de l'hymen de Marie-Josèphe se faisaient à Naples et avant son arrivée que le duc de Belfort adressa son *Hommage poétique* à cette princesse »[5].

---

(1) *Année littéraire*, 1768, t. IV, lettre VIII (pp. 181-182). On ne trouvera dans la courte notice qui suit, rédigée dans l'esprit de celle de la *Correspondance*, que les premiers matériaux d'une recherche ; je me contente d'ouvrir le chantier.

(2) PARIGI, 1767, in-12 (*B.N.*, Ye 9917 et *Rés.* Y² 3243). Vespasiano signe l'épître dédicatoire.

(3) Antonio di Gennaro, duca di Belforte, *Il cinto di Venere*, nelle faustissime nozze di Luigi Borbone, real delfino di Francia, colla reala arciduchessa Antonietta d'Austria, canto epitalamico. Napoli e Parigi, 1770, in-8° (*B.N.*, Yd 6794, et *Rés.* Z 3212 (11).

(4) Éditions de Lucques et Naples, 1778, in-8° (*B.N.* Yd 4139).

(5) Fréron ne garantit pas la paternité du poème au grand seigneur qui

Mais, ce qui nous intéresse ici, l'ouvrage est accompagné d'une épître *A M. Diderot*, en italien, paginée à part (I à XVI).

Quels pouvaient être les liens de Diderot avec Vespasiano ? Celui-ci dit (p. 1) qu'il avait reçu du philosophe la promesse de traduire l'épître dédicatoire du livre, adressée à la comtesse de La Vieuville.

Diderot était assurément capable d'établir ou du moins de réviser une traduction de l'italien [6]. Mais la comtesse de La Vieuville était-elle de ses relations ? Vespasiano mentionne un duc de La Vieuville qui contribua à la conquête de Naples et devint vice-roi de Sicile sous Charles VI devenu roi d'Espagne. Mais Diderot ne connaît qu'un marquis de La Viéville, de qui il reçoit une lettre le 10 avril 1764 et à qui il répond (*Correspondance*, nᵒˢ 319 et 320). Il ne suffit pas que ledit marquis s'intéresse à des problèmes de vocabulaire et de style, ni même qu'il s'agisse du mot *allégresse*, mot qu'on retrouve au début de l'épître de Vespasiano (p. III), pour en tirer une conclusion hâtive. Au reste, quelle que soit la part de Diderot dans cet ouvrage, il est désigné nommément comme « Illustre, ed egregie Filosofo » en tête de l'épître jointe à l'ouvrage.

Il faut préciser que celui-ci, avec un titre identique [7], existe au moins en deux présentations. Le sous-titre de l'une est : « In Parigi, sulla pressa del Michel Lambert » (*B.N.* Yd 6329 ; 130 × 195 mm), le second : « Parigi, se vend chez De Bure le père » (*B.N.* Yd 6330 (1) et (2) ; 118 × 180 mm).

Les deux présentations offrent dans l'ordre et dans une pagination continue : l'épître dédicatoire, l'avertissement au lecteur, l'approbation du censeur français [8]. Mais si la première insère l'épître à Diderot avant l'*Omaggio poetico* (avec sa traduction en face et ses *annotazioni*), la seconde la place après, ou plus exactement la joint comme un autre texte [9]. Cependant les deux ver-

---

l'a signé ; il ne nous informe pas sur le traducteur. Vespasiano fait savoir dans son Avertissement « Au lecteur bénévole » (p. XIV) qu'il s'agit d'un seigneur français. S'agirait-il de Saint-Lambert ?

(6) Sans remonter aux *Bijoux Indiscrets*, on se reportera à la *Correspondance* (lettre du 28 octobre 1760, t. III, p. 186). Il devait participer aux leçons que son ami Le Monnier donnait à sa fille comme il le faisait pour celles de clavecin.

(7) *Omaggio poetico / di / Antonio di Gennaro / Duca di Belforte.*

(8) Datée du 5 avril 1768 elle est signée Coqueley de Chaussepierre, personnage « dont les liens avec Diderot méritent d'être précisés », ai-je écrit (*Correspondance*, t. XV, p. 125 et n. 6 ; il faut y corriger « il était en 1768 déjà censeur royal »).

(9) L'épître est cotée *B. N.*, 6330 (2). Dans les deux présentations elle a reçu une pagination propre. Notons que, d'après Fréron, Vespasiano habitait rue

sions sont identiques, y compris par les réclames des feuillets. Aucune n'a reçu d'annotation manuscrite.

D'après Mme de Vandeul, son père faisait « des épîtres dédicatoires pour les musiciens » [10]. Les problèmes de la langue et ceux de la musique sont intimement liés pour le groupe de philosophes auquel appartient Diderot, et liés avec langue et musique italiennes [11]. Au plus haut plan, on voit dès la *Lettre sur les sourds* s'établir la contradiction entre les contraintes rationnelles et le sentiment de l'acte poétique [12]. Diderot accepte encore, par la bouche du Neveu, il est vrai, le résultat défavorable de la comparaison entre l'italien et le français : « Je t'en réponds : tarare, pompon ; qu'ils éprouveraient sans cesse, avec quelle facilité, quelle flexibilité, quelle mollesse, l'harmonie, la prosodie, les ellipses, les inversions de la langue italienne se prêtaient à l'art, au mouvement, à l'expansion, aux tours du chant, et à la valeur mesurée des sons, et qu'ils continueraient d'ignorer combien le leur est roide, sourd, lourd, pesant, pédantesque et monotone » [13].

Cette opinion est aussi celle de Jean-Jacques Rousseau et n'est donc pas seulement celle des Italiens [14].

Adhuc sub judice lis est. Notre tâche est de mettre les pièces sous les yeux du lecteur. Nous avons eu le bonheur de trouver une traductrice en la personne de Mme Henri Weber. Remercions-la d'avoir accepté ce long pensum. La difficulté était de respecter et rendre tolérable cette perpétuelle redondance qui, selon Vespasiano, est un mérite de l'éloquence italienne et pour laquelle il plaide contre la pauvreté du français [15].

---

des Cordeliers, rue où se trouve l'imprimerie de Michel Lambert, et qu'en cette année 1768 Diderot arrange auprès de Sartine une affaire de ce Lambert (*Correspondance*, n° 494, t. VIII, p. 166 et n. 5).

(10) « J'en ai deux ou trois » ajoute-t-elle. S'agit-il de celle de Pascal Boyer ?

(11) Naigeon lui-même (il faut décidément revoir son portrait) avait traduit *Le Chinois à Paris* vers 1754. Il n'est pas étonnant de trouver en tête de sa copie du *Rêve de d'Alembert* « A Zerbina pensierete », citation de la *Serva padrona*. Voir dans l'édition de Jean Fabre du *Neveu de Rameau* les notes 247, 250, 256, 257.

(12) « Mais une des choses qui nuisent le plus dans notre langue et dans les langues anciennes à l'ordre des idées, c'est cette harmonie du style à laquelle nous sommes devenus si sensibles, que nous lui sacrifions tout le reste. » On lira sur l'esthétique de Diderot la thèse de Jacques Chouillet, ainsi que son introduction, à paraître, à la *Lettre sur les sourds* dans les *Œuvres complètes.*

(13) Edition Jean Fabre du *Neveu de Rameau*, p. 81.

(14) Voir la note 267 de Jean Fabre.

(15) Nous donnons le texte italien sans le moderniser. Nous nous sommes contentés de normaliser les s. L'imprimeur n'avait pas de i avec accent grave.

A Monsieur Diderot

Illustre, ed egregio Filosofo

Fidato sulla cortesissima propensione a favorirmi di tradurre la mia Dedicatoria alla Signora Contessa DE LA VIEUVILLE, ve ne mando, per minor incomodo, la letterale spiegazione, che per smemoraggine jer l'altro non vi presentai. Mi accerto, che un si gran Filosofo, ed eloquente e terso Scrittore, qual siete, verrà facilmente a capo di rappresentare con rassomiglianza e sontuosità que' periodi oratorj, quel moto, ed armonia, che altri non si arrischiò di trasportare nella natia vostra Favella. Voi, che siete Maestro, e gran Maestro, saprete raggirarla, e piegarla ad ubbidirvi, conservando sempre il di lei propio carattere, e naturale eloquenza. Ma caso che la somma destrezza ed esperienza vostra in maneggiare ogni qualunque stile, non arrivasse a soddisfare intieramente il sagace vostro intendimento, che conchiuderemo da ciò, se non che la vostra savia Lingua, essendo pedestre, metodica, didascalica, e poco periodica numerosa ricca e sonora, abborre lo sfoggio dell' Attica e Romana facondia, e della Toscana altiloquenza ?

Que' Signori, a cui comunicai la mia Lettera, trovano la prima frase, troppo verbosa e prolissa. Osservate, di grazia, Signor mio, se ho ragione di non acquetarmi al loro sentimento. Ravviserete, se non mi appongo, risplendere in essa un' immagine progressiva, formata a dipignere il tumulto d' un' immenso Popolo tripudiante d'allegrezza, e dimostrante il maggior suo giubilo ; e in tutto il periodo, che colla sua unità sospende gli animi fino alla fine, scorgerete, se pur non m'inganno, e decoro, e splendore, e robustezza, & vemenza, e grandiosità. *Est necessarium orationi perspicuæ* (dire Ermogene * discorrendo sopra la magniloquenza dell' Oratore) *accedere omnino quamdam amplitudinem et dignitatem ; nam valde adhæret perspicuitati tenuitas, quæ contraria est orationi magnæ.*

---

* De Form. lib. I. cap. 5.

A MONSIEUR DIDEROT

ILLUSTRE ET INSIGNE PHILOSOPHE

Confiant en votre aimable désir de bien vouloir traduire mon épître dédicatoire à la Comtesse de la Vieuville, je vous envoie, pour alléger votre peine, l'explication littérale que, par pure étourderie, j'oubliai avant hier de vous présenter. Je suis certain que le grand philosophe, l'écrivain éloquent et pur que vous êtes aura tôt fait de reproduire avec exactitude et somptuosité ces périodes oratoires, ce mouvement, cette harmonie que d'autres n'ont pas osé traduire en votre idiome natal. Vous qui êtes un maître et un grand maître, vous saurez le tourner et le plier à vous obéir, tout en lui conservant son caractère propre et son éloquence naturelle. Mais au cas où votre suprême habileté ou votre expérience dans le maniement de tous les styles ne parviendrait pas à satisfaire votre sage entendement, que faudrait-il en conclure, sinon que votre langue raisonnable étant terre à terre, méthodique, didactique, peu périodique, peu nombreuse, peu riche et peu sonore, abhorre l'abondance de la faconde attique et romaine et de l'éloquence toscane.

Les Messieurs auxquels j'ai communiqué ma lettre trouvent la première phrase trop verbeuse et prolixe. Voyez de grâce, cher Monsieur, si j'ai raison de ne pas me rendre à leur sentiment. Vous verrez, si je ne me trompe, resplendir en ladite phrase une image progressive, faite pour peindre un immense peuple exultant d'allégresse et laissant éclater la plus grande jubilation ; et dans toute la période qui, par son unité, tient jusqu'au bout les âmes suspendues, vous découvrirez, si je ne m'abuse, majesté, splendeur et robustesse, véhémence et grandeur. *Est necessarium orationi perspicuæ* (dit Hermogène à propos de l'éloquence de l'Orateur) *accedere omnino quamdam amplitudinem et dignitatem ; nam valde adhæret perspicuitati tenuitas, quæ contraria est orationi magnæ.*

Vos compatriotes, lorsqu'ils considèrent la façon dont nous exprimons avec véhémence, énergie et magnificence les grandes choses, vont, me semble-t-il, rechercher immédiatement s'ils ont les moyens d'en faire autant ; et s'apercevant alors que notre façon de faire ne conviendrait pas au caractère moins inspiré,

Sembrami, che quando i vostri Nazionali rimirano tali modi da Noi usitati per esprimere con vemenza, energia, e magnificenza le cose grandi, vadano subito a indagare, se abbiano mezzi a potere altrettanto ; e avvedendosi, che il nostro fare non saria convenevole al carattere non cosi fantasioso, variato, abbondante, impetuoso, armonico, fraseggiante ed eloquente del loro Idioma, prendono da ciò motivo di dannare la nostra Favella, come troppo ridondante, affectata, e gigantesca, e vorrebbero ridurla a seguitare terra terra con passi di minuetto, e non mai con capriole, l'andamento del loro stile piano, conciso, e spezzato, al quale per educazione, e per natura sono talmente assuefatti, che si puo dire, abbiano perduto l'orecchio per la buona antica Eloquenza, e ripetere con Quintiliano * : *Nunc quoque aridi, et exsucci, et exangues (hi sunt enim qui suæ imbecillitati, sanitatis appellationem, quæ est maximè contraria, obtendant) clariorem vim Eloquentiæ, velut Solem, ferre non possunt.* Contenti, contentissimi, e ammiratori di quella chiarezza, e semplicità, che presso di Noi degenererebbe in uno stile umile, familiare, e comune, e predicatori indefessi di quella brevità, che spesso si converte in freddezza, secchezza, grettezza, e talvolta in oscurità, mi vanno sempre ridicendo, che gl'Italiani soverchio lussureggiano di parole, e che non se ne debbano accumular più, quando una sola sia sufficiente ad esporre un' idea, come se la copiosità di voci scelte, ben collocate, e non oziose, nuocesse al sentimento, e anzi non accrescesse all' orazione maggior forza, armonia, dipintura, ed evidenza. *Eloquentia* (diceva Cicerone) *nihil est aliud, quàm* COPIOSÈ *loquens sapienta ;* e altrove a Marco Bruto : *Ornatè, et graviter, et copiosè dicere, aut Atticorum sit, aut ne sit Æschines, neve Demosthenes Atticus.* Quintiliano *. *Locuples, et speciosa vult esse Eloquentia ;* e l'istesso Rétore, o Tacito, o chiunque altro fosse l'Autore del Dialogo della corrotta Eloquenza : *Oratorem, sicut locupletem Patrem familiæ, non eo tantùm volo tecto tegi, quod imbrem, ac ventum arceat, sed etiam quod visum et oculos delectet ; non ea solùm instrui supellectile, quæ necessariis usibus efficiat, sed sit in apparatu ejus et aurum, et gemmæ, ut sumere in manus, et aspicere sæpiùs liceat.*

Con tutto ciò sono tanto perseveranti nella loro opinione, che vorrebbono al loro richiamo vederci discendere a quella dicitura roca e palustre, breve, rotta, & siminuzzata, che anco ne' soggetti nobili sono accostumati di adoprare, non ricordandosi, che l'Eloquenza si corruppe e smarri in Roma, quando gli Oratori,

---

* Lib. xij. cap. 10.
* Lib. v, cap. 14.

varié, abondant, impétueux, harmonieux, moins bien tourné et moins éloquent de leur langue, ils en prennent prétexte pour condamner la nôtre comme trop redondante, affectée, démesurée, et ils voudraient la réduire à suivre au ras du sol, sur l'air d'un menuet et sans aucune cabriole, l'allure de leur style mesuré, concis et brisé auquel l'éducation et la nature les ont si bien habitués que leur oreille est insensible à l'antique éloquence et que l'on peut répéter avec Quintilien :

Nunc quoque aridi et exsucci et exangues (hi sunt enim qui suæ imbecillitati, sanitatis appellationem, quæ est maxime contraria, obtendant) clariorem vim Eloquentiæ, velut Solem, ferre non possunt. Pleinement satisfaits et admirateurs de cette clarté, de cette simplicité qui chez nous dégénèrerait en un style humble, familier et vulgaire, zélateurs infatigables de cette brièveté qui souvent se transforme en froideur, sécheresse et pauvreté, parfois même en obscurité, ils ne cessent de répéter que les Italiens ont un luxe excessif de mots et qu'il ne faut pas en accumuler davantage quand un seul suffit à exposer une idée, comme si l'abondance de paroles choisies, bien placées et nullement oiseuses, nuisait au sentiment et ne donnait pas, au contraire, au discours, plus de force, plus d'harmonie, de couleur et d'évidence. *Eloquentia* (disait Cicéron) *nihil est aliud, quam* COPIOSE *loquens sapientia ;* et ailleurs à Marcus Brutus : *Ornate et graviter, et copiose dicere, aut Atticorum sit, aut ne sit Aeschines, neve Demosthenes Atticus.* Quintilien dit : *Locuples, et speciosa vult esse Eloquentia ;* et ce même rhéteur ou Tacite ou tout autre auteur du *Dialogue de l'Eloquence corrompue : Oratorem, sicut locupletem Patrem familiæ, non eo tantum volo tecto tegi, quod imbrem, ac ventum arceat, sed etiam quod visum et oculos delectet, non ea solum instrui suppellectile, quæ necessariis usibus efficiat, sed sit in apparatu ejus et aurum, et gemmæ, ut sumere in manus, et aspicere sæpius liceat.*

Mais ils sont si opiniâtres qu'ils voudraient à leur appel nous voir descendre à ce parler rauque et palustre, bref, brisé et haché que, jusque dans les sujets nobles, ils ont coutume d'employer, oubliant qu'à Rome l'éloquence se corrompit et se perdit quand les orateurs, pour donner à leurs sentences plus d'éclat et de relief, les resserraient et les emprisonnaient dans les limites étroites de quelques mots : *in paucissimos sensus et angustas sententias detrudunt Eloquentiam* écrivait l'auteur déjà cité du petit Dialogue *de corrupta Eloquentia.* Et Pétrone, qui gardait encore intact le discernement du Beau, reprochait de même aux orateurs de son temps la mollesse et le délayage de leur éloquence délavée. « Seules plaisent aujourd'hui, disait-il, les phrases courtes, brèves,

per far più vivamente risplendere, e risaltare le sentenze, le ristringevano, e imprigionavano fra gli angusti limiti di pochissime parole : *in paucissimos sensus et angustas sententias detrudunt Eloquentiam*, scriveva il citato Autore del picciol Dialogo *de corrupta Eloquentia*. E Petronio, in cui rimaneva ancora intero il discernimento del Bello, rimprovera eziandio agli Oratori del suo tempo la snervatezza, e lo stemperamento della loro dilavata Eloquenza. Solo dilettano oggidi, diceva egli, le frasi picciole, trite, aggomitolare, inzuccherate, melate, ed ogni motto condito a guisa d'intingolo frizzante il palato : *mellitos verborum globulos, et omnia dicta quasi papavere et sesamo sparsa*. Lo stesso Plinio il giovane, che non era per natura inchinevole gran fatto allo stil diffuso, scrive sopra di ciò una Lettera, degna d'esser notata, a Cornelio Tacito, dove con l'esempio de' più rinomati Oratori Greci, e Latini condanna per vizio la brevità. * *Non enim amputata oratio, et abscissa,* (dic' egli) *sed lata, et magnifica, et excelsa, ut illa Periclis, tonat, fulgurat, omnia denique perturbat, ac miscet.* Per questa cagione da Cicerone, Dionisio Alicarnasseo Quintiliano, Pontano, &c. vengono giudicati sospetti, anzi nemici allo stile oratorio Tucidide, Sallustio, Tacito, ed altri Scrittori brevi, e concisi. Ogni buon Dicitore deve a guisa di nobil Dipintore, cioè di sapiente imitatore del vero, pennelleggiare, e dipignere con quel fuoco vivo ed animato, con quella impetuosità sopra-naturale, che chiamasi *entusiasmo, furor divino*, senza il quale, dicono i Maestri dell' Arte, non fuvvi mais nè ricca e nerboruta Eloquenza, nà sublime e altitonante Poesia : *Et Oratoribus opus est afflatu quodam divino*, afferma Luciano nell' encomio di Demostene. Quindi conoscendo il gran *Bossuet*, esser la forza, e la foga dell' immaginazione, tanto necessaria all' Oratore, quanto al Poeta, e dover chi monta in sul pulpito, o in sulla ringhiera, adoprare, come con Platone disse Cicerone, *verba propè Poetarum*, qualor volea ben martellare e vivificare con impegno qualche importante pezzo di eloquenza, soleva leggere trè, o quattro pagine dell' Iliade, per riempirsi di quell' estro, che trasportava Omero. Nel felice Secolo di Lodovico XIV, non solo molti de' vostri primarj Oratori proccurarono, per quanto permetteva l'indole della loro Lingua, di andar spaziando per i lati e fertili Campi dell' Eloquenza, ma fin' anche le stesse pedate seguitarono, in quanto la materia il comportava, varj vostri Filofofi, che hanno recato, e recano tanto onore alla loro Patria, come un *Pascal*, un *Malebranche*, un *Bayle*, e fra' viventi un **Gian-Giacomo** *Rousseau*, un *Buffon*, e Voi stesso, senza rammentovare altri

---

*Lib. i, Epist. 20.

resserrées, sucrées, emmiellées, et tous les traits relevés d'une sauce qui pique le palais » : *mellitos verborum globulos, et omnia dicta quasi papavere et sesamo sparsa.* Pline le jeune lui-même, pourtant fort peu enclin par nature au style diffus, écrit à ce propos à Cornelius Tacitus une lettre digne d'attention où, citant en exemple les orateurs grecs et latins les plus renommés, il condamne comme vicieuse la brièveté : *Non enim amputata oratio et abscissa sed lata et magnifica, et excelsa, ut illa Periclis, tonat, fulgurat omnia denique perturbat ac miscet.* C'est pourquoi Cicéron, Denys d'Halicarnasse. Quintilien, Pontano, etc., jugent suspects et même dangereux pour le style oratoire Thucydide, Salluste, Tacite, et autres écrivains brefs et concis.

Tout bon orateur doit, à l'égal d'un noble peintre, c'est-à-dire d'un savant imitateur du vrai, manier le pinceau et peindre avec cette impétuosité surnaturelle que l'on appelle enthousiasme, fureur divine, sans laquelle, disent les maîtres de l'Art, il n'y eut jamais ni riche et robuste éloquence, ni poésie sublime et haut-sonnante : *Et oratoribus opus est afflatu quodam divino,* affirme Lucien dans l'Eloge de Démosthène.

C'est ainsi que le grand Bossuet, sachant que la force et la fougue de l'imagination étaient aussi nécessaires à l'orateur qu'au poète, et que celui qui parle d'une chaire ou d'une tribune doit employer, comme le dit Cicéron à la suite de Platon, *verba prope Poetarum,* avait coutume de lire, lorsqu'il voulait forger et faire vibrer un beau morceau d'éloquence, trois ou quatre pages de l'*Iliade* pour s'emplir de cette « fureur » qui transportait Homère. Pendant l'heureux siècle de Louis XIV, beaucoup de vos plus grands orateurs s'efforcèrent, dans la mesure où le permettait le génie de leur langue, de parcourir les larges et fertiles champs de l'Eloquence ; certains de vos philosophes eux-mêmes suivirent les mêmes traces, dans la mesure où la matière le comportait, philosophes qui ont donné et donnent encore tant de lustre à votre patrie, un Pascal, un Malebranche, un Bayle par exemple, et, parmi les vivants, un Jean-Jacques Rousseau, un Buffon, et vous-même, sans énumérer d'autres remarquables esprits.

Malgré tout, le gros des écrivains français contemporains, autour desquels, pour suivre la mode, se presse la multitude, n'incline guère à cette écriture abondante, robuste et large qui était celle de la Grèce aux temps heureux d'Alexandre et de Philippe et de Rome au temps de Jules César et d'Octave-Auguste ; ils tendent plutôt à ce style bref et délicat qui plut tant à l'époque de Tibère et de Néron, quand, avec le caractère efféminé et la

vostri preclari Ingegni. Con tutto ciò la piena degli odierni Scrittori Francesi, dietro a' quali la moltitudine si affolla per gusto di moda, si vede generalmente inclinata, non a quel genere di scrivere copioso, robusto, e largheggiante, che si usò in Grecia ne' beati tempi di Filippo e d'Alessandro, e a Roma in quei di Giulio Cesare e d'Ottaviano Augusto, ma piuttosto a quel succinto e dilicato, che tanto piacque all' Età di Tiberio, e di Nerone, quando colla dissolutezza, ed effeminatezza de' costumi s'accrebbe anche quella dello spirito [1]. E siccome per maggior vezzo vanno questi vostri più attillati Autori tosando, rimondando, e troncando i più rigogliosi rami dell' albero dell' Eloquenza, e riducendolo a guisa di una pertica secca e scorticata ; cosi vorrebbero, che Noi altri ancora facessimo altrettanto.

Ditemi adunque, o gran Filosofo, debbono forse gl' Italiani sgomentarsi al grido quasi universale di una Nazione cosi poderosa, come la vostra ? o seguitando con animoso piede a calcare le vie sublimi, ad essi accennare da i loro Predecessori, consolarsi, se soffrono con i Greci, e i Latini la stessa disavventura ? poichè alcuni de' vostri spiritosi Compatrioti sono arrivati fin' anco a disapprovare, biasimare, e voler invilire la copiosa eloquenza di Cicerone, e la larga facondia d'Omero, di Platone, e di Pindaro, e quella de i nostri più famosi Scrittori, che hanno seguito l'indole delle loro natie Lingue eloquenti e poetiche ; anzi il Signor *de la Motte*, come ben sapete, ebbe l'ardimentosa, sfacciata, e stolida arroganza, non pur di criticare, ma di compendiare, e generalizzare le idee singolari dell' Epico Greco,

"Primo Pittor delle memorie antiche [2].

O quanti, o quanti *Saint-Sorlin, Perrault, de la Motte, Terrasson,* &c., s'incontrano oggidi per le strade della fangosa Lutezia passeggiar inzaccherati, o correre assisi ne' dorati cocchi, nudrire le stesse massime, e sotto altri nuovi colori spacciarle, e farsene belli, senza neppur sospettare d' esser seguaci di que' freddi e strani Critici, il cui nome ès quasi già svanito fra gli spazj incommensurabili al compasso di Newton !

Non solo ne' Discorsi oratorj, e in altri, che ricercano pompa e grandezza di stile, ma ben anche nelle materie didascaliche, e filosofiche (come può vedersi principalmente dalla RAGION POETICA

---

(1) Seneca, l'Autor del Dialogo della corrotta Eloquenza, M. Rollin, ed altri, hanno, saviamente asservato, che sempre dominar suole nelle Lettere quel gusto, che regna ne' costumi.

(2) Petrarca nel Trionfo della Fama cap. 3.

dissolution des mœurs, s'accrut celle de l'esprit [1]. Par une affectation suprême, vos auteurs les plus délicats ne cessent d'effeuiller, d'élaguer, de couper les branches les plus vigoureuses de l'arbre de l'éloquence, le réduisant ainsi à un bâton sec et dépouillé, et ils voudraient que nous en fissions autant.

Dites-moi, grand philosophe, les Italiens doivent-ils être effrayés par la clameur quasi générale d'une nation aussi puissante que la vôtre, ou bien doivent-ils continuer à fouler d'un pied hardi les voies sublimes tracées par leurs prédécesseurs, se consoler s'ils connaissent la même mésaventure que les Grecs et les Latins ? puisque certains de vos compatriotes qui ont le plus d'esprit en sont arrivés à désapprouver, blâmer et tenter de déprécier la riche éloquence de Cicéron, l'ample faconde d'Homère, de Platon, de Pindare, et celle de nos écrivains les plus célèbres qui se sont conformés au génie de leurs langues éloquentes et poétiques. Bien plus, Monsieur de la Motte, comme vous le savez, a eu l'arrogance téméraire, effrontée et sotte, non seulement de critiquer mais de résumer et de rendre banales les idées originales du grand poète épique grec,

« Premier peintre des Mémoires antiques » [2].

Oh, que de Saint-Sorlin, de Perrault, de La Motte et autres Terrasson, se promenant tout crottés dans les rues de la boueuse Lutèce ou roulant dans des carrosses dorés, soutiennent de nos jours les mêmes théories, et, sous d'autres couleurs, les exposent et s'en glorifient, sans se douter le moins du monde qu'ils sont ainsi les disciples de ces critiques froids et extravagants dont le nom s'est presque évanoui dans ces espaces infinis que le compas de Newton ne saurait mesurer !

Dans les discours oratoires et dans ceux qui demandent un style pompeux et élevé, mais aussi dans les matières didactiques et philosophiques (comme le démontre dans la *Raison Poétique* notre très savant parmi les éloquents et très éloquent parmi les savants Vincenzo Gravina), notre langue s'honore de ces ornements qui, dans des traités semblables, ne déplurent pas à M. Tullius. Celui-ci, nourri dans les lettres romaines et grecques, et fort éloigné assurément de la façon de penser de ces écrivains modernes desséchés et guindés, dit dans le premier chapitre des *Tusculanes* :

---

(1) Sénèque, l'auteur du *Dialogue de l'Eloquence corrompue*, M. Rollin, et d'autres font sagement observer que toujours le goût qui domine dans les Lettres est celui qui règne dans les mœurs.
(2) Pétrarque, dans le *Triomphe de la Renommée*, chap. 3.

del nostro sapientissimo fra gli eloquenti, eloquentissimo fra i
sapienti, Vincenzo Gravina) la nostra Lingua si compiace, e si
pregia di tutte quelle adornezze, che in simili Trattati non
dispiacquero a M. Tullio, il quale educato nelle Lettere Romane
e Greche, e certamente molto lontano dal modo di pensare di
cotesti vostri asciutti, e assettatuzzi moderni Scrittori, disse nel
primo delle Tusculane : *Hanc enim perfectam Philosophiam
semper judicavi, quæ de maximis quæstionibus copiosè posset,
ornatèque dicere.* Ed anche Cassiodoro nel Libro X dell' Epistole :
" Noi dichiariamo, che l'Arte del lire è ornamento d'ogni scienza ;
" perochè ciò, che in ciascuma scienzia Uomo intende, da quella
" adornamente si proferisce. Il Filosofo, avvegnachè grandi cose
" trovi, che prò fa conoscerle, se nobilmente non le può
" adornare ? " *Oratoriam ornatum omnium Literarum esse
fatemur ; quidquid enim in qualibet disciplina concipitur, ab ea
subdecorè profertur. Reperiat quamvis magna Philosophus, quid
proderit sentire, si laudabiliter non possit excolere ?*

È ben vero, che i Filosofanti nello spiegare le Scienze, non
sono sempre obbligati a seguire l' orme eloquenti di Platone,
Aristotile, Teofrasto, Senofonte, Democrito, di Ciceron, e di
Plinio il vecchio, mentre, al dir di Quintiliano, " il trovamento
" dell' ottime cose, avvegnachè sia abbandonato d'adornezza di
" parole, assai è ornato solo di sua natura " : *Rerum optimarum
inventio, etiamsi lenociniis verborum destituta sit, satis cum
natura sua ornatur.* Per la qual cosa alcuni nostri celebri Filosofi,
come il gran Galileo, il Conte Magalotti ne' Saggi dell' Accademia
del Cimento, Francesco Redi, Giuseppe del Papa, il Valisnieri,
Antonio Cocchi, &c. hanno stimato, pel altre più piane trattare
con precisione, purità, chiarezza, e semplicità, al pari de migliori
Francesi, le cose filosofiche, e farvi di più apparire quel numero
grave insieme, e piacevole, e quello splendore temperato, che con-
viene a simili materie. Questa costante, e naturale inclinazione al
numero, e all' armonia, di cui l'Italica Favella non può giammai
spogliarsi dell' in tutto, deriva certamente dall' alto grado, in cui
l'hanno posta le di lei rarisme prerogative. Cotesta incontrastabile
verità mi richiama alla memoria quella, di un' ingegnosissimo Filosofo veramente degna finzione, che un giorno discorrendo meco, feli-
cemente immaginaste. Voi supponevate, che ogni Lingua avesse
la sua propria scala ; che ciascheduna ne salisse i gradini ; e che
quanto più la di lei Poesia andava montando, tanto più la Prosa
l'andava passo passo seguitando. Quindi deducevate, ch' essendo
il parlar legato degl'Italiani salito a un si supremo grado, non
era meraviglia, se il loro parlare sciolto fossesi a proporzione
elevato anch' esso ad un' altezza superiore a quella dell' altre
Lingue viventi. Perciò chi sa ben conoscere e distinguere, ravvisa

ces bavardages qui ne mènent à rien[4]. « Parmi les nombreuses sortes d'ignorances (dit Platon dans l'*Alcibiade*) exécrable est celle de ceux qui croient savoir. Les Oeuvres de cette sorte de docteurs, appelés en France beaux-esprits, qui, sans s'en douter le moins du monde, méritent vraiment et en toute équité le titre de pédants, peuvent plaire par leurs bizarreries spirituelles à ces cerveaux faibles et légers qui se repaissent de vent, et à ces bas-bleus qui, n'ayant pas une vue assez large, sont incapables de concevoir la grandeur du corps de cette belle littérature, qui touchant de la tête les extrêmes limites de l'Antiquité vient, comme un corps entier bien proportionné, éclatant et beau, se présenter aux yeux pénétrants et érudits.

Nous pouvons, me semble-t-il, comparer les disciplines rhétoriques et poétiques aux proportions, aux membres, aux profils et aux ornements des ordres de l'architecture, dont les artistes ne doivent en aucun cas s'éloigner. C'est pourquoi, toutes les fois que nous traitons du mécanisme, des règles, de la maîtrise de l'éloquence et de la poésie, arts si connus, si cultivés, si honorés par les Grecs et les Romains, nous devons, dans la mesure qui convient au génie de nos langues, suivre pas à pas les lois et les décisions de ces sages antiques et non innover au gré de notre caprice et suivant notre bon plaisr, comme si dans les études et pour les progrès de ces deux merveilleuses reines des arts humains, déjà établies et fixées depuis des temps immémoriaux, il était permis d'inventer de nouveaux systèmes comme on le fait quand il s'agit de sciences sujettes à des changements et à des bouleversements continuels.

Si la jalouse Junon n'avait pas donné tant de travaux à Alcide, ses exploits seraient moins illustres et renommés. A vous qui êtes un autre Hercule dans les Lettres, je tends la mienne, sûr qu'à l'égal de ce héros, vous en sortirez glorieux. Tel ce nocher

---

(4) « Il ne faut pas douter (disent également les judicieux auteurs de l'*Encyclopédie,* au mot « littérature ») « que l'une des principales raisons « qui ont fait tomber les belles-lettres ne consiste en ce que plusieurs beaux-« esprits, prétendus ou véritables, ont introduit la coutume de condamner, « comme une science de Collège, les citations de passages grecs & latins & « toutes les remarques d'érudition... Le principal motif de telles gens, n'est « que d'avilir le bien d'autrui, afin d'augmenter le prix du leur. Incapables « de travailler à s'instruire, ils ont blâmé ou méprisé les savants qu'ils ne « pouvaient imiter ; &, par ce moyen, ils ont répandu dans la république « des lettres, un goût frivole, qui ne tend qu'à la plonger dans l'ignorance « & dans la barbarie. Cependant, malgré la critique amère des bouffons « ignorants, nous osons assurer que les lettres peuvent seules polir l'esprit, « perfectionner le goût & prêter des grâces aux sciences. »

bellissime Regine dell' Arti umane, già stabilite e fissate da tempo immerabile, fosse permesso d'inventare nuovi sistemi nello stesso modo, che si suol fare, quado si trattano Scienze soggette a cambiamenti, e a continue sovversioni.

Se la gelosa Giuno non avesse dato tanto che fare ad Alcide, le di lui prove non sarebbero cosi illustri, e rinomate. A Voi, che seite un' altro Ercole nelle Lettere, porgo codesta, sicuro, che al pari di quell' Eroe ne uscirete glorioso. Qual prode, ed esperto Nocchiero, che speditamente trapassando fra sirti e scogli, conduce sicure le sue vele pel vasto Oceano ; tal saprete, e me 'l prometto, colla vostra solita eloquenza valorosamente trasportare la mia Dedicatorio Italiana nel più colto e facondo stile Francese, e renderlo, quando occorre, confaccente al pomposo, sublime, e regio soggetto, di cui frall' altro in essa si ragiona. Permettetemi intanto, che con alta stima, e ossequio mi raffermi.

Vostro Divotissmo ed Obbligmo Servo,

Carlo VESPASIANO.

Parigi. A di 7. Aprile 1768

hardi et expert qui, naviguant rapidement entre rochers et sables mouvants sur le vaste océan, conduisit ses voiles à bon port, vous saurez, j'en suis sûr, avec votre éloquence coutumière, traduire de l'italien mon Epître dédicatoire dans le français le plus choisi et le plus riche, et le rendre digne, lorsque cela est nécessaire, du sujet sublime, noble et royal dont il est, entre autres, question.

Qu'il me soit permis, en attendant, avec ma plus haute estime et mon plus profond respect, de me déclarer à nouveau

votre très dévoué et très obligé serviteur,

Carlo VESPASIANO.

DIDEROT

DU « PARADOXE SUR LE COMÉDIEN »
AU PARADOXE DE L'HOMME

par Paul VERNIÈRE

Les critiques de Diderot sont depuis longtemps sensibles à l'évidente contradiction dogmatique qui oppose l'enthousiasme de Dorval dans les *Entretiens sur le fils naturel* (1757) et l'idéal de maîtrise et de sang-froid prôné dès les *Observations sur Sticotti* [1] et mis en forme dans le *Paradoxe sur le comédien* [2]. Tous les efforts dialectiques de M. Yvon Belaval ne peuvent qu'atténuer cette impression de scandale intellectuel [3]. Que s'est-il passé, en douze ans, de 1757 à 1769, qui puisse justifier cette conversion ou cette évolution ? Arthur Wilson, dans un article nuancé [4], a recherché à la fois des motifs et des textes intermédiaires. Le *Neveu de Rameau*, mis en chantier dès 1760, offre une critique implicite de l'enthousiasme. L'échec de la réforme théâtrale, le peu d'accueil du public philosophe à ses expansions lyriques, puis la brouille avec Rousseau écartent Diderot d'une esthétique « irrationnelle » qui triomphe dans la *Nouvelle Héloïse*. S'est-il dégoûté de Dorval devant le succès de Saint-Preux ? Grimm, qui désormais supplante Rousseau dans son amitié, est-il responsable d'une évolution vers un idéal de maîtrise et de froideur ? Ce ne sont là que conjectures, vraisemblances, mais naïves, s'agissant de Diderot dont la « transparence », selon le mot de M. Starobinski, s'accommode volontiers d'ombres et de secrets.

---

(1) Titre exact : *Observations sur une brochure intitulée Garrick ou les acteurs anglais* (publiés dans la *Correspondance littéraire* d'octobre et de novembre 1770, cf. éd. Tourneux, t. IX, p. 134-141 et 149-157). La composition date de 1769 (cf. Lettre à Grimm du 14 novembre 1769).

(2) La composition du *Paradoxe* est annoncée dans une lettre à Mme d'Epinay du 18 août 1773 (éd. Roth, t. XIII, p. 46).

(3) In *l'Esthétique sans paradoxe de Diderot* (Gallimard, 1950, cf. surtout 3ᵉ partie, p. 165-292).

(4) *The biographical implications of Diderot's Paradoxe* (*Diderot's studies*, t. III, 1961).

Nous voudrions faire valoir, dans cette possible évolution, l'intervention de deux facteurs. La découverte et l'attrait nouveau des « génies froids », expérience modeste issue de l'univers familier, impose à Diderot une révision de ses jugements sur l'homme. Mais l'homme lui-même, dans son essence biologique, est interprété de façon neuve par la physiologie organiciste du médecin Bordeu ; en établissant une bipolarité nerveuse, le cerveau et le système sympathique dont l'équilibre ou le déséquilibre maîtrisent ou débrident la sensibilité, le médecin gascon détermine un nouveau classement caractérologique et par là de nouveaux jugements de valeur [5].

Or, cette évolution - conversion, si l'on y regarde de près, dure quatre ans, de 1765 à 1769. Non que Diderot-Dorval accepte sans regimber cette révision des erreurs de jeunesse qui en un sens le gêne et le détruit. Cette dévaluation de la sensibilité trouble son univers et le met en état de défense et d'infériorité à l'égard de gens qu'il admire et méprise à la fois. L'*Essai sur les femmes* marque cette ambiguïté : au moment même où il critique Thomas, coupable de froideur [6], comme il critique La Harpe, pédant sans enthousiasme [7], il reconnaît l'infériorité de la femme dans sa physiologie exigeante et dans sa sensibilité excessive. Mais dans l'ensemble il ne varie plus guère dans son admiration pour le génie maîtrisé, olympien, pré-goethéen : c'est le fragment *Sur le GÉNIE* [8] qui reprend et corrige l'article de Saint-Lambert de 1757, fragment probablement contemporain du *Paradoxe* de 1773. Encore faut-il respecter les étapes de cette anthropologie nouvelle, où Diderot, comme tant d'autres, trahissait Dionysos pour Apollon.

La rencontre du « génie froid », c'est d'abord la rencontre de Garrick. L'acteur anglais, après un court séjour à Paris où il assistait à la représentation de *Blanche et Giscard* de Saurin (septembre 1763) [9], s'installe en octobre 1764 chez Helvétius rue

---

(5) Nous avons fait valoir ces rapports dans notre édition du *Paradoxe* (in *Œuvres esthétiques*, Garnier, 1959, p. 295).

(6) *Correspondance littéraire* (éd. Tourneux, t. IX, p. 478-479 ; compte rendu de l'*Essai sur les caractères, les mœurs et l'esprit des femmes*, 1er avril 1772).

(7) *Ibid.*, (c. r. de l'*Eloge de Fénelon* de Laharpe du 1er novembre 1771, t. IX, p. 382-383 et 387-388).

(8) In *Œuvres esthétiques*, op. cit., p. 19-20.

(9) *Corresp. litt.*, t. V, p. 399. — Grimm y critique le jeu froid de la Clairon : « Vous n'avez ni naturel ni entrailles. Vous ne faites jamais couler mes pleurs. » Donc Grimm n'est pas responsable de l'évolution de Diderot.

Sainte-Anne ; il y rencontre Diderot, Grimm, Marmontel, Morellet, Saint-Lambert. Mêmes commensaux chez le baron d'Holbach ; le 18 décembre, il reprend rue Saint-Nicaise l'appartement de John Wilkes et y demeure avec sa femme jusqu'au 21 avril 1765. Sept mois de séjour feront de Garrick un homme à la mode [10].

Diderot est émerveillé par l'acteur : il le vante le 21 août 1765 à Mlle Jodin, le 20 septembre à Sophie Volland. Grimm raconte l'anecdote du père qui a laissé tomber son enfant dans le puits et célèbre ses talents prodigieux de mime ; c'est la scène du poignard de Macbeth, celle du garçon pâtissier qui laisse échapper son plat dans le ruisseau et qui fond en larmes. Avec l'acteur Préville, Garrick feint l'homme ivre en traversant Passy. Tout le village s'assemble. Au sortir du village, Préville dit : « Ai-je bien fait, mon maître ? — Bien, fort bien en vérité, mais vous n'étiez pas ivre des jambes » [11]. Mais ni Diderot, ni Grimm n'en tirent encore la conclusion ; *cette aliénation prouve l'absence de sensibilité,* même si cette aptitude à prendre tous les rôles exclut la confusion de l'acteur et du personnage. Ce n'est qu'en décembre 1767, dans la Lettre-Préface à Grimm du *Salon de* 1767 que Diderot expose avec netteté sa nouvelle doctrine.

« Le célèbre Garrick disait au chevalier de Chastellux : « Quelque *sensible* que Nature ait pu vous former, si vous « ne jouez que d'après vous-même ou d'après la nature la « plus parfaite que vous connaissez, vous ne serez que médio- « cre. — Médiocre, et pourquoi cela ? — C'est qu'il y a pour « vous, pour moi, pour le spectateur, tel homme idéal possible « qui dans la position donnée serait bien autrement affecté « que vous. Voilà l'être imaginaire que vous devez prendre « pour modèle. Plus fortement vous l'aurez conçu, plus vous « serez grand, rare, merveilleux et sublime.

« — Vous n'êtes donc jamais vous ?

« — Je m'en garde bien. Ni moi, M. le chevalier, ni rien que « je connaisse précisément autour de moi. Lorsque je m'arra- « che les entrailles, lorsque je pousse des cris inhumains, « ce ne sont pas mes entrailles, ce ne sont pas mes cris ; ce « sont les entrailles, ce sont les cris d'un autre que j'ai « conçu et qui n'existe pas.

Or il n'y a, cher ami, aucune espèce de poète à qui la leçon de Garrick ne convienne » [12].

---

(10) FRANCK HEDGCOCK, *David Garrick et ses amis français,* Paris, 1911, p. 115-129.

(11) Cf. *Corresp. litt.* op. cit., t. VI, p. 318-320, juillet 1765.

(12) *Salon de 1767,* éd. Adhémar-Seznec, Oxford, Clarendon press, t. III, p. 63-64 (1963).

Texte important, jalon essentiel vers le *Paradoxe*. Mais Diderot
se passionne plus encore pour le « modèle idéal », qui regarde
l'esthétique générale, que pour la « sensibilité », problème psychologique propre à l'acteur.

Le cas de Sedaine interfère avec celui de Garrick, puisque le
succès du *Philosophe sans le savoir* du 3 décembre 1765 est contemporain de l'installation de l'acteur à Paris. Diderot délire d'enthousiasme dans trois lettres à Grimm, à l'abbé Monnier et à
Sophie Volland [13]. Puis il consignera sa rencontre dans les
Observations sur Garrick et conservera l'épisode dans le *Paradoxe* [14] ; mais le meilleur récit est celui de Mme de Vandeul :
« Ne pensant ni à sa lassitude ni à son appétit, il lui parle de
sa pièce avec toute la chaleur et l'énergie dont il est susceptible.
Sedaine, l'air peu touché de son succès, frappé seulement de la
figure d'un homme à la nage... ne lui dit autre chose sinon : Ah !
Monsieur Diderot, que vous êtes beau comme cela ! » [15]. Opposition brutale de l'homme sensible et du génie froid, ressentie
non sans quelque gêne par le premier qui se voit dominé, destitué
de sa fonction critique, transformé à son tour en objet d'observation esthétique.

Au cas des acteurs, celui de Préville par exemple qui jouait
le *Philosophe* de Sedaine et se prévaudra dans ses *Mémoires* des
mêmes principes que Garrick, celui de Mlle Clairon, longtemps
jugée froide et technicienne, celui de Mme Riccoboni, jugée au
contraire brouillonne par excès de sensibilité, il faut joindre
celui des peintres. Chez Vernet, c'est un admirable tempérament
de sensibilité et de jugement que Diderot fait valoir dans le *Salon
de* 1765 [16]. Mais avec La Tour, voici que la « verve » elle-même
est exclue dans le *Salon de* 1767 : « J'ai vu peindre La Tour ;
il est tranquille et froid ; il ne se tourmente point, il ne souffre
point... Il ne fait aucune de ces contorsions du modeleur enthousiaste... Il ne s'extasie point ; il ne sourit point à son travail.
Il reste froid et cependant son imitation est chaude... » [17]

---

(13) Lettres des 3, 5 et 20 décembre 1765 (éd. Roth, t. V, p. 205, 210, 229).
(14) Cf. *Corresp. litt.*, t. IX, p. 150. Cf. *Œuvres esthétiques*, op. cit., p. 330.
(15) *Corresp.. litt.*, t. XVI, p. 239 (*Notice sur Sedaine*), 1797.
(16) Cf. *Salon de 1765* (éd. cit., t. II, p. 131) : « Toujours harmonieux,
vigoureux et sage, tel que ces grands poètes, ces hommes rares en qui le *jugement* balance si parfaitement la *verve* qu'ils ne sont ni exagérés ni froids. »
(17) *Salon de 1767* (éd. cit., t. III, p. 168-169).

Mesurons l'hésitation de Diderot, précisément entre 1765 et 1767, entre les deux jugements de Vernet et de La Tour. Parler d'une doctrine de l'équilibre serait excessif, mais par deux fois nous saisirons encore le même mouvement de balancier. Dans la lettre à Mlle Jodin de décembre 1766, l'idée de « tempérament » cache mal la gêne ou l'éclectisme : « Un acteur qui n'a que de la verve et de la sensibilité est fou. C'est un certain tempérament de bon sens et de chaleur qui fait l'homme sublime » [18]. Dans la conclusion des *Essais sur la peinture*, rédigée en 1766, n'y aurait-il pas un pas de plus ? : « De l'expérience et de l'étude, voilà les préliminaires et de celui qui fait et de celui qui juge. J'exige ensuite de la *sensibilité*... La sensibilité, quand elle est extrême, ne discerne plus. Tout l'émeut indistinctement. L'un vous dira froidement : « Cela est beau ». L'autre sera ému, transporté, ivre... Il balbutiera, il ne trouvera point d'expressions qui rendent l'état de son âme. Le plus heureux est sans contredit ce dernier. Le meilleur juge, c'est autre chose. *Les hommes froids, sévères et tranquilles observateurs de la nature* connaissent souvent mieux les cordes qu'il faut pincer. *Ils font des enthousiastes sans l'être*, c'est l'homme et l'animal » [19].

Comment nier dans ce texte l'apparition du thème central du *Paradoxe* ? Mais seule la sensibilité « extrême » est exclue. Diderot implicitement admet le partage, sans se demander si l'équilibre est possible, si l'enthousiasme et la froideur sont compatibles dans l'esprit créateur. Intellectuellement, une telle position n'est pas « tenable ». La chance de Diderot, c'est qu'à l'heure même de l'hésitation, des préoccupations nouvelles l'aient orienté vers la physiologie et la médecine ; la rencontre de Bordeu, ses spéculations sur les organes, sa doctrine de la bipolarité du cerveau et du diaphragme, allaient fournir une justification « scientifique » ou d'allure scientifique à une caractérologie qui demeurait encore singulièrement « littéraire ».

C'est dans le *Rêve de d'Alembert*, écrit en septembre 1769 un mois avant les *Observations sur Garrick et les acteurs anglais*, mais aussi dans la *Réfutation d'Helvétius*, écrite en Hollande en même temps que le *Paradoxe*, dans les *Eléments de physiologie* enfin, médités dès 1765 mais repris en 1778, qu'il faut voir se

---

(18) *Corresp.*, éd. Roth, t. VI, p. 168.
(19) *Œuvres esth.*, op. cit., p. 739-740.

dessiner, sous couvert d'une interprétation physiologique d'organes, demeurée d'ailleurs à l'état d'hypothèse, une interprétation nouvelle de l'homme. L'opposition caractérologique vulgaire *hommes froids-hommes sensibles* repose en fait, nous apprend Diderot, sur une opposition physiologique de deux organes, le « cerveau » et le « diaphragme », ou plutôt de deux centres nerveux ; le cerveau étant le *sensorium commune,* centre général de l'intelligence et de la volonté consciente et contrôlée, le diaphragme que nous appellerions le *plexus solaire,* étant un centre autonome de la sensibilité inconsciente ou plutôt non-maîtrisée.

Les sources de ces spéculations sont anciennes et probablement inconnues de Diderot. Van Helmont au XVIᵉ siècle avait reconnu l'importance d'un centre nerveux autonome qu'il appelait « archée » et qu'il faisait résider à la partie supérieure de l'estomac. Francis Glisson, médecin anglais du XVIIᵉ siècle, reprenait cette idée dans son *De ventriculo et intestinibus* (chap. VII) où il étudiait et reconnaissait parmi les premiers l'importance des mouvements réflexes. Albrecht von Haller, dont Diderot utilisera les ouvrages et notamment les *Primae lineae physiologiæ* de 1747 et les *Elementa physiologiæ corporis humani* de 1756-66 pour ses propres *Eléments de physiologie,* en touche quelques mots dans ses *Mémoires sur la nature sensible et irritable des parties du corps animal*[20]. Mais c'est le médecin Bordeu, ami de Diderot, qui marque avec le plus de netteté cette indépendance des organes dans ses *Recherches anatomiques sur la position des glandes et sur leur action* (1751) et dans ses *Recherches sur l'histoire de la médecine* (1764)[21]. Tous insistent sur l'indépendance de ce centre nerveux par rapport au cerveau, sans avoir décelé d'ailleurs anatomiquement le plexus solaire (au contraire du centre nerveux cardiaque)[22].

Or, cette doctrine, avant même d'atteindre Diderot, chemine dans les milieux philosophiques et scientifiques. Il serait important d'en déceler l'influence sur la doctrine du « sens intime » de l'abbé Lelarge de Lignac. Mais dès 1759, lorsqu'il rédige son *Essai sur les éléments de philosophie ou sur les principes des*

---

(20) Traduction Tissot, 1756-1760 — Nous avons utilisé la réédition anglaise (Johns Hopkins Press, Baltimore, 1936, notamment p. 35 et 41, nombreuses citations de Glisson).

(21) Cf. notre édition du *Rêve de d'Alembert,* in *Œuvres philosophiques,* p. 356, note 1. (Dans ses *Recherches sur l'histoire de la médecine,* in *Œuvres,* Paris, 1774, t. II, p. 671, Bordeu se réfère à Van Helmont et ignore Glisson).

(22) HALLER (*Mémoires,* op. cit., p. 44), parle d'un *stimulus* autonome à propos du cœur.

connaissances humaines [23], D'Alembert l'assimile suffisamment pour l'interpréter de façon originale en admettant l'existence d'un « sens interne », faculté autonome distincte des cinq sens, qui donne peut-être cette dimension de l'être que nous appelons « cénesthésie » : « C'est vers la région de l'estomac que ce sens interne paraît surtout résider. Nous pouvons nous en assurer dans les émotions vives de l'âme, de quelque espèce qu'elles soient. L'effet des émotions vives porte presque toujours sur cette région et nous fait éprouver dans les parties qui en sont voisines une pesanteur, une dilatation, un resserrement, en un mot une impression sensible et différente suivant la nature de l'émotion qui l'a occasionnée. *Cette région semble donc être le siège du sentiment,* comme les organes des sens celui de nos sensations et le cerveau celui de nos pensées ». Le *sens interne* de d'Alembert correspond donc exactement au *diaphragme* de Diderot. Mais l'application à la caractérologie et l'esthétique est proprement de ce dernier. Application tardive d'ailleurs ; si la découverte des génies froids date de 1765, l'exploitation de la notion de diaphragme n'apparaît qu'en septembre 1769, dans le *Rêve de d'Alembert.*

Qu'est-ce qu'un être sensible ? C'est un être médiocre « abandonné à la discrétion du diaphragme », déclare Bordeu à Mlle de Lespinasse, quelque peu révoltée, comme Diderot en face de Sedaine, de se reconnaître en ce portrait. Le grand homme au contraire se maîtrise et renforce « l'origine du faisceau » : « Alors il se possèdera, au milieu des plus grands dangers ; il jugera froidement, mais sainement. Rien de ce qui peut servir à ses vues, concourir à son but, ne lui échappera. Il aura quarante-cinq ans ; il sera grand roi, grand ministre, grand artiste, *surtout grand comédien,* grand philosophe, grand poète, grand musicien, grand médecin. Il règnera sur lui-même et sur tout ce qui l'environne. Il ne craindra pas la mort, peur, comme a dit subliment le stoïcien, qui est une anse que le robuste saisit pour mener le faible partout où il veut. Il aura cassé l'anse et se sera en même temps affranchi de toutes les tyrannies du monde. *Les êtres sensibles et les fous sont en scène, il est au parterre.* C'est lui qui est le sage » [24].

L'allusion finale au théâtre, l'opposition de la scène et du parterre, lient idéologiquement le *Rêve* et le *Paradoxe.* Mais l'expression « surtout le grand comédien » est le réel prélude au *Paradoxe,* le signe génétique. Même doctrine, sinon bipolarité plus accusée encore, dans la *Réfutation de l'Homme d'Helvétius,* rédigée à La

---

(23) Rééd. Olms reprints, 1965, p. 259.
(24) Cf. *Œuvres philosophiques,* op. cit., p. 356-357.

Haye durant l'été de 1773 et l'été de 1774 : « Je crains bien, dit-il, que vous n'ayez négligé dans votre calcul les deux principaux ressorts de la machine, la cervelle et le diaphragme », et plus loin : « Le diaphragme est le siège de toutes nos peines et de tous nos plaisirs... C'est la différence du diaphragme qui fait les âmes pusillanimes et les âmes fortes... La tête fait des hommes sages, le diaphragme des hommes compatissants et moraux. Ce sont les deux grands ressorts de la machine humaine » [25]. En 1778, dans les *Eléments de physiologie,* Diderot insiste sur l'inter-action des deux pôles : « Il y a une sympathie très marquée entre le diaphragme et le cerveau. Si le diaphragme se crispe violemment, l'homme souffre et s'attriste ; si l'homme souffre et s'at-triste, le diaphragme se crispe violemment » [26]. Machine « à double effet », pour parler comme Stephenson des premières loco-motives, mais qui marque une élaboration plus poussée de la doctrine vers les conceptions modernes des phénomènes vaso-moteurs et du système sympathique.

Mais les conséquences extrêmes du système ne sont pas encore épuisées. Alors que dans la *Réfutation d'Helvétius* la sensibilité demeure encore liée à la morale, du moins à une morale de la compassion et de l'altruisme, Diderot dans le commentaire de *la Lettre sur l'Homme* d'Hemsterhuys voit dans « la sensibilité extrême » un germe d'erreur, la source de jugements faux, d'ac-tions précipitées contraires à l'efficacité morale : « c'est l'excuse de toutes sortes d'injustices ». Exclue de l'esthétique, la voici expulsée de la morale. Rien n'est plus curieux dans le même ouvrage que de voir Diderot s'en prendre à la notion de *cœur* ; ce n'est plus la banale opposition des romanciers contemporains de l'abbé Prévost et de Crébillon qu'il met en cause. Rousseau était allé au-delà du cliché du cœur et de l'esprit ; c'est pourtant le cœur, l'instinct divin, cette conscience innée du bien et du mal que Diderot récuse dans le commentaire d'Hemsterhuys : « Le cœur est l'organe le plus bête, le plus insensible... » ; « cœur, fausse expression », « abus du mot cœur » ; A ce faux organe moral, né d'une expression inadéquate ou d'une erreur populaire, Diderot oppose le diaphragme, organe physique que le scalpel découvre et que l'on peut, sans sacrilège linguistique, dévaluer

---

(25) Cf. *Œuvres,* éd. Assézat-Tourneux, t. II, p. 361.
(26) Ed. Mayer, Didier, 1964, p. 288.

à loisir : « Les impressions morales passent de la tête au diaphragme » ; la morale est affaire d'intelligence et de jugement, donc de maîtrise et de lucidité[27].

*
**

Le cycle est achevé. Parti d'une anthropologie poétique où les valeurs étaient liées à la sensibilité, à l'exaltation éloquente des grands sentiments, Diderot assimilait inconsciemment la scène et la vie. L'âme sensible était la mesure, non seulement d'un Dorval amoureux, mais de l'homme de génie, qu'il soit comédien, écrivain, ou grand politique. L'article GÉNIE de Saint-Lambert, jugé trop fade, était corrigé par lui pour répondre, dans la chaleur de l'enthousiasme et la force de l'imagination, à un renouvellement du goût qui l'opposait au classicisme de Voltaire[28].

Une évolution très rapide, dont nous avons marqué les étapes, de 1765 à 1769, le mène vers une anthropologie toute différente ; l'opposition du cœur et de l'esprit, où le cœur l'emportait en prestige poétique, se résout dans l'opposition du cerveau et du diaphragme, où pour l'homme de génie tout au moins le seul prestige est d'intelligence et de maîtrise. La rencontre des génies froids s'est vue corroborée par le progrès d'une science biologique plus riche d'hypothèses que de vérifications expérimentales. Mais l'analyse gagne en sérieux ce qu'elle perd en charme poétique. Encore ne faut-il pas croire Diderot sur parole : « Le vol d'aigle vers une vérité lumineuse »[29] promis aux jeunes hommes de génie de 1757 n'est pas devenu une algèbre réservée aux vieillards rassis de 1773. La caractérologie nouvelle, issue de Bordeu, n'épuise pas le mystère de l'homme. Ni Garrick, ni Sedaine, ni La Tour, ni la grande Catherine qui sépare si bien en elle le génie créateur et la vulgaire sensualité, ne sont des êtres transparents. Qu'est-ce que le génie ? « Une qualité d'âme particulière, secrète, indéfinissable ». Ce n'est ni l'imagination ni le jugement, ni l'esprit, ni la sensibilité, ni le goût ; donc sont récusées à la fois l'intelligence et la sensibilité. Mais il exige un puissant équilibre « de la tête et des viscères » ; plus encore, c'est « l'esprit observateur », une sorte « d'esprit prophétique » qui, dans ses calculs, devance les lois de nature et, dans la « multitude des jets », qui compose le déterminisme des faits, mise juste et gagne[30]. L'homme de génie

---

(27) Ed. Georges May, Yale University Press, 1964, p. 245, 247, 265, 331.
(28) Cf. notre interprétation de l'article, Œuvres esth., op. cit., p. 6-7.
(29) Cf. article Génie, ibid., p. 14.
(30) Toutes citations tirées du fragment Sur le génie, ibid., p. 19-20.

vit dans l'adéquation au monde, alors que l'être sensible, dans sa gesticulation vaine et son langage pathétique, vit dans l'échec.

Peut-on dès lors suivre Daniel Mornet lorsqu'il fait du *Paradoxe sur le comédien* le paradoxe de Diderot ? Une évolution, qui ne reflète aucun caprice, mais un mûrissement intellectuel, n'est pas un système de contradictions. L'esthétique, la morale de Diderot elle-même, évoluent dans la ligne d'une anthropologie neuve qui s'impose à un des esprits les plus lucides qui soient et qui n'est pas dupe, croyons-en ses ennemis, de ses accents chaleureux, de ses véhémences et de ses gestes. Madame Necker et Catherine II l'avaient également soupçonné. Que l'univers scientifique soit venu renforcer, dans la dévaluation de la sensibilité, l'expérience familière, nous espérons l'avoir montré. Mais comment mesurer, à l'approche de la vieillesse, le travail de soi sur soi, la « secondarité » acquise et cette espèce de mimétisme supérieur qui pousse le philosophe, fût-ce contre sa nature, à se conformer à l'idéal humain qu'il a observé ou conçu ? Diderot « était » Dorval. Est-il devenu le sage olympien, préfigurant l'aventure de Goethe qui de Werther se mua en chambellan de Weimar ? Certes non. Mais ce n'est pas sans avoir quelquefois rêvé de le devenir.

UNE ŒUVRE RUSTIQUE MECONNUE
LES « DISCOURS FAMILIERS D'UN PASTEUR DE CAMPAGNE »
DE J. I. S. CELLERIER (1818)

par Paul VERNOIS

Le domaine rustique de la littérature circonscrit par Hésiode, illustré par Théocrite et ennobli par Virgile fut mal défendu dans son originalité à partir du Moyen Age. La comédie des *Fabliaux* ou du *Roman de Renart* ne laissait qu'entrevoir un arrière-fond champêtre. Décor finalement bien fragile dont les linéaments mal respectés par la fable et plus encore effacés, trois siècles plus tard, par les divertissements galants, rendirent insoutenable à la postérité la lecture des *Bergeries*. Les *Saisons* même de Saint-Lambert ou les *Mois* de Rouché, malgré leur succès immédiat, ne firent l'objet que d'une mention des historiens littéraires. Cependant la campagne s'animait dans *La Vie de mon père*, accueillait la familière simplicité de Rousseau comme les actions de grâce de Bernardin de Saint-Pierre. Pourtant, si elle révélait sa présence à maintes reprises, elle n'étendait souverainement à aucun ouvrage son cadre et ses mœurs. Delille dans ses *Jardins* composait avec la rhétorique comme la fermière royale avec l'étiquette de Versailles.

Il appartint à un pasteur suisse de concilier, pour sa part, l'éloquence de la chaire et la vérité champêtre. Tentative singulière, d'abord saluée avec ferveur par la communauté genevoise, puis, non sans injustice, vouée à l'oubli le plus total. Assurément le genre abordé était mêlé et le titre de l'ouvrage qui regroupa ces sermons inédits : *Discours familiers d'un pasteur de campagne,* annonce assez la modestie de l'auteur : Jean, Isaac, Samuel Cellérier, ancien pasteur de Satigny [1]. L'avertissement à la pre-

---

(1) La référence de l'ouvrage est la suivante : *Discours familiers d'un pasteur de campagne*, par J.-I.-S. Cellérier, ancien Pasteur de Satigny, Genève, J.-J. Pascoud, imprimeur-libraire, Paris. Même maison de Commerce, rue de Seine, n° 48, 1818-Rééd., 1820.

mière édition amenuise encore prudemment le propos et en restreint l'audience : « Ces discours, faits pour une paroisse de
campagne, conviennent principalement à des cultivateurs. C'est,
en quelque sorte, un abrégé de morale à leur usage et à leur
portée ». Dans les deux premiers chapitres du recueil qui en
compte dix-neuf, le pasteur Cellérier ne perd jamais de vue son
horizon paroissial. La vie campagnarde se présente comme la
source et l'objet des soins les plus attentifs de sa pastorale. Aussi
bien revit-elle précise et concrète comme une référence tangible
aux exhortations et aux adjurations du serviteur de Dieu. Il faut
néanmoins reconnaître que le didactisme religieux l'emporte
décidément dans les huit derniers discours qui s'adressent indirectement à tout fidèle, laboureur ou citadin. Quoi qu'il en soit,
ces *Discours familiers* parus en 1818 mais qui rassemblent des
textes écrits entre 1800 et 1816 méritent mieux qu'une allusion
discrète : ils constituent, en effet, un témoignage indirect mais
probe d'un homme de bien qui consacra vingt-six ans à l'évan-
gélisation de sa paroisse rurale. Bien plus Cellérier, chemin faisant
et comme à son insu, découvre une problématique qui, mutatis
mutandis, sera celle du roman rustique au XIXᵉ siècle : il ose écrire
sur les paysans et pour les paysans avec la sympathie inspirée par
son auditoire et le respect exigé de l'exactitude.

Nous ne sommes pas dépourvus de tout renseignement sur
notre auteur. Les milieux protestants genevois qui reconnurent en
lui un homme d'un mérite et d'une vertu exemplaires tinrent à
conserver sa mémoire. A sa mort (1844), Edouard Diodati [2] en-
treprit sa biographie mais s'y consacra avec un tel zèle que la
ferveur du panégyriste porta quelque atteinte à l'objectivité du
témoin. Les données de son opuscule sont cependant précieuses [3] :
elles fournirent au surplus la base d'une seconde biographie, plus
courte, parue sous la signature d'Amélie Humbert dans *la Revue
chrétienne* à une époque plus tardive (1887). Ce dernier texte qui

---

(2) Edouard Diodati, notice biographique sur J.-I.-S. Cellérier, ancien pasteur de Satigny, Genève, 1845, 108 p. in-8° (12 p. d'Appendices). On lira aussi
l'article que le fils de Jean, Isaac, Samuel a consacré à son père : cf. Jacob,
Elysée Cellérier, professeur à la Faculté de théologie de Genève, in *Soirées
chrétiennes* (1853), pp. 258-265 (*Le Pasteur Cellérier*).

Je remercie très vivement, à cette occasion, M. Olivier Fatio, professeur
d'histoire ecclésiastique à l'Université de Genève qui m'a été d'un très
grand secours dans l'établissement de la biographie du Pasteur.

(3) L'opuscule de Diodati contient en particulier un compte rendu de la
rencontre de Cellérier et de Mme de Staël dont l'entretien porta sur des
questions théologiques (note C). Cf. aussi Amélie Humbert, *Un pasteur genevois*, J.-I.-S. Cellérier, 1753-1844, in *Revue chrétienne* (Genève, n. s. 3 (1887)

n'apporte aucun trait nouveau à la figure de Cellérier rappelle cependant que le pasteur de Satigny avait été en contact avec le monde des Lettres dans l'entourage de Madame de Staël. Celle-ci raconte, en effet, sur un ton admiratif sa rencontre avec Cellérier, un vrai croyant, qui dans « son église de campagne, dépouillée de tout ornement », officiait en toute simplicité. « Au milieu de cette réunion rustique, où manquaient toutes les splendeurs humaines, on voyait un homme pieux dont le cœur était profondément ému par la mission qu'il remplissait » [4].

Amélie Humbert nous rappelle aussi que Rodolphe Töpffer [5] dans son ouvrage *le Presbytère*, écrit en 1834, avait pris comme modèle le Pasteur Cellérier pour tracer le portrait du Pasteur Prévère. Diodati, malgré son penchant exagéré à la louange, prodigue précisions et jugements éclairés sur son compatriote. Il note — détail essentiel — que ce fils d'horloger né à Crans (Vaud) le 11 décembre 1753 avait été désigné comme aîné de sa famille pour devenir agriculteur, que tout favorisait une vocation champêtre, son enfance au village, la coutume qui voulait que ses frères fussent valets, le calme et l'agrément des terres familiales qu'il cultiverait. La protection du Seigneur de Crans qui lui valut d'être envoyé au collège de Nyon en décida autrement. Il aborda sous de bons maîtres l'enseignement académique. Son goût pour les sciences morales et les études littéraires, la rareté des visites à sa famille, l'ascèse imposée à la fois par son ardeur au travail et la nécessité de surmonter une certaine gêne l'inclinèrent à poursuivre des études religieuses pour devenir pasteur. Il affichait pourtant quelque indifférence à l'égard de la théologie, préférant visiblement « le culte de Dieu » à la « science de Dieu » [6]. Consacré ministre le 2 octobre 1776 il ne tarda pas à connaître, comme orateur, une réputation flatteuse mais un chagrin violent — dont la nature ne nous est point révélée par Diodati — l'obligea à voyager pour échapper à la mélancolie. A l'expérience rustique s'ajouta celle des milieux littéraires puisque, après un séjour en Hollande, il se fixa à Paris, vraisemblablement entre 1777 et 1781, pour assister aux leçons des Pères de l'Oratoire par l'entremise de l'abbé Fauchet. Finalement, de retour à Genève, il épousa Mlle Francillon, une jeune fille de la bourgeoisie qui avait reçu une instruction classique.

Cellérier lui-même avait consacré de longues veilles à l'étude

---

(4) Cité par Amélie HUMBERT in *Revue chrétienne* (cf. supra), le texte est tiré de Mme de Staël : *De l'Allemagne*, IV partie, chap. IV.
(5) Rodolphe TÖPFFER, écrivain suisse, publia *Le Presbytère* en 1834.
(6) DIODATI (*op. cit.*, n. 3), p. 7.

des Belles-Lettres. A preuve les suggestions de ses biographes et les références aux auteurs anciens que nous relèverons dans ses *Discours*. Diodati, en revanche, ne nous éclaire pas sur les lectures plus modernes de Cellérier. Que celui-ci mesurât la pernicieuse influence de Voltaire dans les milieux religieux, protestants autant que catholiques, quelques attaques peu voilées contre les progrès de l'athéisme nous en assurent [7]. Au surplus Satigny est fort proche de Ferney [8]. La mort du philosophe en 1778 dut y faire grand bruit. Aucun renseignement par ailleurs, sur la connaissance que put avoir Cellérier des œuvres de Rousseau et de Bernardin de Saint-Pierre, son contemporain si sensible comme lui aux beautés de la nature et aux bienfaits de la Providence [9]. Sur ce point les biographes qui n'entendaient en rien ternir la réputation de cet homme promis à la sainteté sont obstinément muets. Toutes les vraisemblances, néanmoins, portent à croire que Cellérier avait lu Rousseau avec lequel il était en communion de pensée et de sentiment sur tout ce qui touche à la vie rustique. A la mort du philosophe (1778) le pasteur avait 25 ans. Il était à Paris. Comment ignorer un compatriote aussi célèbre qui avait vécu des années errantes de 1762 à 1765 entre Genève et Bienne, mais comment s'en réclamer quand un de ses confrères, le Pasteur Montmollin, n'avait pas hésité à citer ce trublion devant le Consistoire à la suite des discussions suscitées par les *Lettres de la Montagne* (1764) ? On devine un homme fortement prévenu contre le penseur sur le plan doctrinal mais, sans doute, secrètement conquis par telle page de l'écrivain où la vie rustique recevait, dans un cadre qui lui était cher, une illustration et un hommage éclatants. On eût aimé connaître l'avis de cet homme de goût qui ne niait point ses entretiens avec Madame de Staël mais se taisait sur un être singulier, peut-être à ses yeux la gloire et le déshonneur de la Suisse française. Les deux auteurs ont-ils puisé dans la vue des mêmes horizons et la lecture des mêmes textes évangéliques l'exaltation d'une sensibilité à tous égards fort proche, ou l'envoûte du proscrit du lac de Bienne a-t-elle secrètement orienté et échauffé l'imagination de l'humble pasteur de campagne ? On ne sait. Mais les hymnes aux beautés rustiques se recoupent et l'exhortation moralisante chez Cellérier trouve naturellement le ton de la prosopopée.

---

(7) Cf. CELLÉRIER (*o.p cit.*,) n. 1), p. 97, 430, 474, 510. Il y a peut-être aussi un souvenir de Voltaire dans l'éloge du travail, p. 19 (citation de la phrase : *Dieu plaça notre premier père dans l'Eden pour le cultiver*).

(8) Satigny, petit village du canton de Genève est à 10 km environ de Ferney et à 2 km de la frontière française.

(9) Le Pasteur Cellérier, né en 1753, mort en 1844, avait 16 ans de moins que Bernardin de Saint-Pierre (1737-1814).

Les détails nous manquent pour retracer la vie littéraire du Genevois à une période si brillante de son histoire [10]. Pourtant des faits et des textes subsistent que l'historien des lettres rustiques ne saurait négliger.

Nommé pasteur de Satigny le 13 juin 1783, Cellérier se sent à pied d'œuvre. Diodati nous le peint appréciant judicieusement les « sentiments et la conduite des hommes des classes pauvres vers lesquels une sympathie particulière l'attira toujours [11] ». Ne fait-il pas montre lui-même d'une « simplicité rappelant le village » [12] voire, pour reprendre l'expression de Vinet, d'une « sainte grossièreté » [13]. Diodati est donc justifié à écrire : « M. Cellérier était le Fénelon des champs » [14]. Très vite des liens étroits, une compréhension profonde s'établissent entre le pasteur et ses ouailles. L'homme de Lettres ou plus exactement l'orateur né qui fait ses premières armes joint l'habileté au talent. Diodati note pertinemment : « On sait bien qu'un des premiers mérites des prédicateurs des champs, c'est la clarté ; mais il se tromperait beaucoup si, pour être mieux entendu et plus agréable à ses auditeurs, il allait leur parler leur langage ; ils en seraient blessés les premiers ! » [15] Ces lignes écrites en 1844 préludent admirablement aux déclarations de G. Sand dont les *Préfaces* et *Notices* insérées en tête de ses romans rustiques s'échelonneront de 1850 à 1853.

Patriote, Cellérier, en 1789, grâce à l'ascendant qu'il conserve sur les paysans, se révèle l'homme de toutes les situations : il sait allier le libéralisme à la sagesse. Sa méfiance à l'égard de l'athéisme ne l'empêche pas d'entendre la leçon politique des philosophes corroborée par les faits. Il admet l'égalité des droits politiques pour les habitants des campagnes et du même coup bannit l'usage, jusque là constamment observé, de les considérer comme des sujets. Il demande l'affranchissement de lois qui constituent autant de vexations insupportables dans la vie quotidienne mais il insiste pour que ces « concessions » soient « consenties » dans l'ordre. Son autorité est telle que les bandes révolutionnaires courent en vain la campagne. Elles « s'étonnent de ne point rencontrer d'aristocrates aux environs de Satigny et repartent sans emmener per-

---

(10) La littérature suisse de langue française est représentée à cette époque non seulement par Rousseau, mais encore par Mme de Staël et Rodolphe Töpffer (1799-1846).

(11) E. DIODATI, *op. cit.*, p. 17.

(12) *Ibid.*, p. 17.

(13) *Ibid.*, p. 18.

(14) *Ibid.*, p. 18.

(15) *Ibid.*, p. 21.

sonne » [16]. L'Empire, période d'occupation française, aggrave les
difficultés des villages. Les petites communautés paysannes,
groupées autour du fils aîné qui seul se mariait jusqu'alors, s'accommodent désormais de nombreuses unions précoces pour soustraire les jeunes gens à la conscription : elles se laissent aller au
découragement, à l'imprévoyance et à la négligence du repos
dominical. Bien avant Bazin, Cellérier devina que toute atteinte
à l'équilibre social paysan mettait en danger les pratiques de
piété et qu'inversement, toute manifestation irréligieuse désorganisait la cohésion et la mentalité des milieux ruraux. Il exigea
impérieusement de ses fidèles une exacte observance des pratiques du culte au cours d'une grande assemblée où chacun devait
prêter serment de s'amender. Ainsi le 29 octobre 1809 fut-il pour
lui une manière de triomphe tout comme la journée du 26 septembre 1813, spontanément consacrée par la communauté paysanne aux honneurs rendus à son pasteur, homme éminent que les
paroisses genevoises mandaient pour combattre l'influence des
philosophes. Cependant, en 1814, Cellérier devait renoncer à sa
tâche pour raison de santé mais il fut remplacé dans sa chaire
par son fils, prédicateur éloquent. Contraint de déférer à un vœu
unanime, il se résolut à publier ses sermons. Il commença par des
textes d'inspiration rustique pour assurer la permanence de la
parole de Dieu dans chaque foyer, puis fut entraîné à la rédaction
d'un cours d'enseignement religieux voire à des prises de position
doctrinales dans une ville troublée par les querelles théologiques.
Son retour à Satigny (1817) précède de peu la parution de ses
premiers sermons de campagne dont le très vif succès le décida
en 1827 à la publication de *Nouveaux discours familiers*. Il vécut
enfin ses vingt dernières années dans une paisible et pieuse retraite
en patriarche écouté. Sa mort laissa entrevoir ce que Diodati, non
sans maladresse, appelle « *son originalité* ». Brève justice, limitée
à son canton et qui ne lui permet pas de prendre place dans la
tradition littéraire rustique qu'il avait contribué à faire renaître :
« C'est une chose qui sera admirée, et surtout par les connaisseurs,
écrit Diodati, que ce talent unique de descendre aux détails les
plus familiers de la vie domestique et presque des soins du ménage,
de l'initiation aux occupations intérieures et aux petits intérêts
du cultivateur, d'entrer dans les petits embarras, les sollicitudes
quotidiennes de la mère de famille et de savoir s'abaisser jusque-
là toujours avec noblesse, avec grâce, sans que jamais un trait
du tableau puisse provoquer une répugnance ou plutôt sachant
toujours l'envelopper d'une teinte qui l'embellît, qui sans ôter à

---

(16) *Ibid.*, p. 35.

la vérité lui prête un charme particulier » [17]. Et il poursuit : « On suit un détail qui vous place sur le sol des préoccupations les plus vulgaires de la vie habituelle, et, sans s'en être détaché, l'on est surpris de se trouver transporté dans une atmosphère de poésie » [18].

Le patrimoine culturel auquel se réfère le Pasteur Cellérier déborde largement le cadre biblique, encore que les textes évangéliques lui offrent une multitude d'images rustiques parfaitement adaptées à l'évocation d'un milieu simple et patriarcal. Les souvenirs de lectures profanes, essentiellement classiques, se pressent sous la plume d'un homme tout prêt à laisser libre cours à des élans lyriques justifiés par des mouvements oratoires. Tels vers de Lucrèce, Horace ou Virgile présents à toutes les mémoires viennent en écho à ses paroles. « Nous avons contemplé de loin ces malheurs, comme d'un rivage tranquille on contemple la tempête » [19]. « Que l'habitant des campagnes serait fortuné, qu'il serait intéressant, s'il savait remplir sa destination et se contenter des jouissances que le Créateur a préparées pour lui dans un sommeil tranquille, une santé robuste, une nourriture simple et frugale, dans les tableaux variés et touchants de la nature, dans le calme des passions, et la douce exemption des inquiétudes et des soucis » [20]. Pascal prend le relais des Anciens pour imposer la force de sa rhétorique [21]. Mais Cellérier procède avec une prudence toute paysanne dans ses emprunts profanes. Toute enflure, toute exagération serait inexacte et inacceptée. Aussi bien recherche-t-il souvent la litote qui assure d'emblée une justesse de ton et n'interdit pas à ses textes une portée réaliste. Cependant la sagesse antique s'efface devant une euphorie chrétienne surabondante d'actions de grâces. On sait que pour Virgile la Justice avait laissé la trace de ses derniers pas dans les campagnes [22]. Cellérier substitue la Piété à la Justice et le vœu au regret : « Ah ! que la piété, si bien faite pour l'habitant des campagnes, vienne se réfugier parmi nous

---

(17) *Ibid.*, p. 70.
(18) *Ibid.*, p. 70.
(19) Allusion au *Suave mari magno* de Lucrèce : *De Natura rerum*, Livre II, v. 1, sq. CELLÉRIER, *op cit.*, pp. 259-260. On notera aussi que deux discours sont inspirés du genre des Saisons : le 4ᵉ (*le Printemps*) et le 5ᵉ (*l'Hiver*).
(20) Allusion au *O fortunatos nimium* de Virgile (*Géorgiques*, L. II, v. 457-458), CELLÉRIER, *op. cit.*, p. 196.
(21) CELLÉRIER, *op. cit.*, p. 95 : « Il n'est rien en lui de grand que la faculté de sentir sa petitesse, de s'anéantir devant l'infini. »
(22) Cf. VIRGILE, *Géorgiques*, livre II, v. 473. (*Justita excedens terris vestigia fecit*).

comme dans un asile ! » [23]. Ailleurs, devinée en filigrane, l'Invocation à Vénus de Lucrèce [24] dépouille ses harmoniques païens pour se muer en célébration religieuse des saisons. Les tableaux du printemps, des récoltes, de l'orage et surtout de l'automne encadrent avec fermeté et mesure la voix du Tout-Puissant ou soulignent la sollicitude divine penchée sur la demeure de l'homme :

« Ah ! dans ces premiers jours, dans ces beaux jours de Mai, où la terre est parée des mains de Dieu même pour les plaisirs de l'homme, où la moindre plante s'empresse à fleurir autour de lui, comme si elle était chargé de lui offrir un tribut de jouissance ; dans ces beaux jours de Mai, où le bonheur est dans l'air qu'on respire, où les animaux, les oiseaux, les insectes répandus avec profusion dans l'espace, semblent jouir avec délices de l'existence, et célébrer dans leur langage la bonté du Tout-Puissant, ô homme ! toi, pour qui se déploie ce tableau ravissant, ne sentirais-tu pas ton cœur ému, pénétré de joie et de reconnaissance, pressé du besoin de s'élever au Conservateur, au Bienfaiteur de l'Univers ! » [25].

Peu à peu le lecteur ou l'auditeur attentif devine que le Pasteur Cellérier a discrètement substitué le thème de la vie champêtre au thème de la nature. En se tenant à l'écart des goûts de son époque, sans les renier, il se retrouve de plain-pied avec ses paysans. Ce n'est plus seulement la terre entière ou la voûte du ciel qui chantent la gloire de Dieu, mais le champ, le buisson, l'arbre familier du paysan. On note chez Cellérier une esthétique touchante, un peu naïve, qui tend à reproduire sur un mode mineur des textes célèbres. Mais le plus souvent c'est la voix de Rousseau que l'on croit deviner au-delà du décor rustique : « Le voyageur qui s'arrête dans leur demeure y respire, si je puis ainsi parler, un parfum de vertu ; voilà le vrai bonheur : voilà la vraie philosophie » [26]. Cellérier se plaît à dénoncer le luxe et la ville, ce moyen et ce lieu de corruption des mœurs et des âmes. Il se réjouit d'être « loin de cette atmosphère agitée qui semble entourer les villes » [27], loin de ces scènes orageuses dont les grands rassemblement d'hommes sont souvent le théâtre. Les « passions qui fermentent dans ces murs (...) s'adoucissent dans les champs » où l'on n'entretient ni oisiveté ni discussion stérile. La condition privilégiée du paysan donne corps aux rêves de Rousseau puisque le laboureur « possède toute l'indépendance que lui permet la

---

(23) Cellérier., *op. cit.*, p. 55.
(24) *Ibid.*, p. 41.
(25) *Ibid.*, pp. 42-43.
(26) *Ibid.*, pp. 28-29.
(27) *Ibid.*, p. 6.

nature, et que l'on peut garder sans retourner à l'état sauvage » [28]. La vie champêtre nous rappelle, à tout instant, qu'elle fut notre première vocation et nous procure les vraies richesses, matérielles d'abord sous la forme de biens qui ne naissent pas de l'exploitation d'autrui, spirituelles ensuite puisque l'agriculteur échappe aux caprices de la mode et se dérobe, mieux que quiconque, à l'emprise de la tyrannie. Les facilités de la ville, voilà l'ennemi. Nulle part, on le conçoit, Cellérier ne met en cause un développement industriel qui drainerait les populations rurales. La ville où règne l'artisanat est simplement la pourvoyeuse d'un luxe incompatible avec l'humilité chrétienne et le mépris des biens superflus. « Heureux donc le laboureur quand il conserve l'esprit de son état, le goût de la retraite et la simplicité des mœurs, il devient, quand il s'en éloigne, le plus misérable des êtres ! » [29]. Cellérier, cependant, imagine l'abandon de la campagne par le paysan et anticipe sur un thème qui sera largement développé à la fin du XIXe siècle. D'un ton grave, celui de Rousseau peignant le renoncement de l'homme à l'état de nature, il dénonce la spéculation, les pratiques usuraires dont les paysans vont être les victimes ou les profiteurs éhontés. Il n'évoque pas, comme un Bazin, le travailleur doublement prisonnier de l'esclavage industriel et des doctrines subversives, mais l'individu perverti qui ne devra sa subsistance qu'à la ruse et au dol.

Ainsi le Pasteur Cellérier reste-t-il à maints égards un homme du XVIIIe siècle. Cependant, en reprenant et en précisant des idées contemporaines pour les adapter à son auditoire campagnard, il impose aux lettres rustiques, confondues jusqu'alors avec la poésie champêtre ou les réflexions occasionnelles des philosophes, des orientations qui ne cesseront de s'affirmer.

La première est la vocation au réalisme. Le plus étonnant dans l'ouvrage de Cellérier est de voir apparaître, entre les hymnes des Saisons des cinq premiers discours et les exhortations proprement religieuses des chapitres VIII à XVIII, deux homélies sur le désordre et l'ivrognerie qui constituent l'envers d'une vie idyllique. Cellérier morigène et conseille en homme averti et ne répugne pas aux images vigoureuses. Une telle interpolation dans la suite de discours plus théologiques appelle, du pasteur même, explications et excuses. Comment un ministre du culte peut-il être conseiller agricole et intendant des fortunes ? « Il semble au premier coup d'œil, reconnaît Cellérier, qu'un tel sujet soit étran-

---

(28) *Ibid.*, p. 8.
(29) *Ibid.*, p. 196.

ger à notre ministère et à cette chaire d'où nous voulons parler
des choses du ciel et des grands intérêts de votre âme. Mais les
maximes de la Religion s'appliquent à tout : elle n'est point indifférente à votre bonheur temporel » [30].

Telle maxime suggérée unit le conseil au constat : « La première règle à suivre pour gouverner sa maison c'est d'éviter et
de craindre toute spéculation, toute entreprise ambitieuse, hasardée
qui le distrairait de ses travaux habituels » [31]. On croirait lire par
avance Guillaumin ou Pesquidoux. La prudence paysanne y est
à la fois remarquée et encouragée. Cellérier redoute, sans la nommer, ce que George Sand appellera « la maladie achetouère », passion ruineuse conduisant à des spéculations risquées : « (Le paysan)
doit mettre son ambition, je ne dis pas à étendre, remarquez-le,
mais à fertiliser son domaine [32] ». A plus forte raison le laboureur
se défiera des jeux, cartes et loteries. Cellérier voit le paysan comme
un être circonspect et qui a tout intérêt à le rester. Tout changement dans son état, surtout s'il s'inscrit dans un cadre juridique,
exige l'avis d'un expert. Le second conseil prodigué est d'éviter
les dettes, fléau ancien qui met en jeu l'indépendance de l'individu : la sagesse antique recoupe ici les données sociologiques
de l'époque. Cellérier dénonce le « labyrinthe » ou « l'ulcère
malin » qui attendent les imprudents pour les conduire à leur
perte. Tout en prêchant la résignation sur un ton qui sera, un
demi-siècle plus tard, celui de Louis Veuillot, le pasteur avoue
que la situation des paysans est modeste, précaire souvent,
aléatoire toujours. Le paysan évitera même de se porter garant
pour un ami. La prudence l'emporte impérativement sur la charité,
la prévoyance du terroir sur la générosité de l'Evangile. Une vie
simple permet de s'astreindre à la plus sévère économie et, par-là,
de parer aux incertitudes de l'avenir : assurance sur la vie, elle
est plus et moins qu'un idéal religieux ou rousseauiste. Ainsi le
paysan doit-il tout produire sur les terres de sa ferme, acheter
au dehors le moins possible. Avant Pourrat dont le paysan ne
se procure que le fer et le sel, Cellérier propose une économie familiale autarcique.

Pour conjurer les effets des dettes et les ravages d'un autre
défaut : l'ivrognerie, Cellérier en appelle aux épouses, aux jeunes
gens, aux vieillards. A la manière de Fénelon il oppose à ce monde
perverti par la débauche la vision bienheureuse d'une campagne
où les paysans, passionnément adonnés à leur travail, ignorent

---

(30) *Ibid.*, p. 140.
(31) *Ibid.*, p. 143.
(32) *Ibid.*, p. 144.

le chemin des auberges et les embûches des compagnies dangereuses.

Ces conseils de moraliste impliquent un diagnostic lucide de la mentalité rurale. Ce n'est pourtant pas dans ces détails réalistes que réside l'apport le plus substantiel de Cellérier mais dans une sublimation du monde rural, plus systématique que celle des Anciens, plus théologique que celle de Rousseau. Cellérier définit avec force les liens étroits des idéaux champêtre et biblique, de l'état paysan et d'une société cléricalisée, rêvée ou regrettée peu ou prou par les églises au moment où se laïcise le pouvoir. Il est curieux de voir un protestant genevois accuser les contre-coups de la Révolution française, en deviner les conséquences religieuses et déclarer aux paysans qu'ils sont les garants d'un ordre ancien à conserver dans toute sa pureté. Cette image d'un paysan pieux, résigné, discipliné qui déchaînera les colères de Cladel, fera fortune sous la plume d'un Bazin, d'un Pourrat et plus près de nous d'un Mgr Savard dont *le Barachois* fut accusé d'anachronisme par la critique québécoise.

Cellérier estime que l'état de cultivateur, spécialement béni par Dieu, offre un caractère presque idéal et qu'il détermine, plus que tout autre, les cadres d'une société fidèle aux principes et vœux du Créateur.

« Nos campagnes paraissent un Eden, où il ne manque que l'innocence » [33]. Au pasteur donc de recréer cet état paradisiaque en pourchassant le péché, particulièrement le travail du dimanche, offense majeure au Seigneur. La parole du ministre est par conséquent la garante de la prospérité et du bonheur de tous. Cellérier montre que l'excellence de l'état paysan, tant du point de vue économique que théologique, provient de la suppression de tout intermédiaire entre le paysan et les richesses dispensées par Dieu. Aussi n'hésite-t-il pas à affirmer que « le cultivateur impie est un monstre rural » [34]. Dieu est partout, source et principe de tout bien, les calamités n'étant envoyées que comme des châtiments. Cellérier renforcera donc cette idée que le siècle suivant ne saura écarter : l'homme par sa piété et son impiété est directement responsable de tout ce qui lui arrive. La révolution morale et religieuse est le fondement de toute prospérité. A la différence de certains romanciers rustiques postérieurs, il estime pourtant qu'il n'y a pas de système politique à accuser ou à souhaiter pour assurer le bonheur aux champs. Nulle allusion à des hobereaux ou à des

---

(33) *Ibid.*, p. 107.
(34) *Ibid.*, p. 98.

maîtres dans ses discours. Le rôle des notables est de laisser au
paysan son autonomie et de favoriser la prospérité publique en
concourant au respect scrupuleux des décrets religieux. La résignation s'applique d'abord aux coups du sort. Si elle est soumission
à la volonté de Dieu, elle n'implique pas forcément soumission à
un ordre social puisque la liberté n'est point en question et que
seules les impiétés risquent de porter atteinte au bonheur de tous.
Si l'état du paysan est intangible, c'est qu'il a un fondement théologique. Ainsi le respect des traditions n'aboutit pas ostensiblement
à la confusion du moralisme religieux et de la réaction politique
encore que l'arrivée des troupes alliées, victorieuses de Napoléon,
ait rassuré Cellérier. Louis Veuillot en assimilant la société religieuse rurale et l'Ancien Régime politisera le débat. Cellérier avait
été, là encore, assez original pour le circonscrire à un domaine plus
restreint. Cependant, en fin de compte et paradoxalement, la
sublimation de l'état rural débouche sur un utilitarisme bien proche du « do ut des » des Anciens. Elle témoigne de l'équilibre
secret du réalisme et du mysticisme dans l'esprit d'un homme
dont la foi rayonnante éclate néanmoins aux yeux de tous.

Cette constatation nous amène à souligner qu'entre le réalisme
et l'idéalisme Cellérier et, après lui, beaucoup d'autres écrivains
rustiques formuleront progressivement les règles d'une sagesse.
Tout est juste calcul chez Cellérier, paysan mystique. Le point
de vue n'est pas plus étrange dans les sermons de ce pasteur
que dans les écrits du révolutionnaire Le Roy, du syndicaliste
Guillaumin, de l'humaniste Pesquidoux, moralistes proposant des
normes et maximes justifiées par le bon sens et sanctionnées par
l'expérience. Cellérier découvre une des lois les plus secrètes des
lettres champêtres, la conversion progressive mais inévitable et
insoupçonnée de l'auteur à une sagesse. Assurément les convictions religieuses qui supposent le respect, l'attente, la prévision
à long terme conduisent à une valorisation de la contention et
de la réserve propres au paysan. Toutefois les opinions politiques
les plus avancées composent tout aussi aisément avec un art de
vivre rustique élaboré de longue main. Si Cellérier veut sauver
le monde des champs c'est que celui-ci, par son équilibre, propose
une voie de salut. Il est la source, la modalité et la fin des efforts
de chacun dans un combat pour la maintenance de l'être et de
son milieu. « Cherchons donc ensemble, Chrétiens, écrit-il, les
conseils de la sagesse pour éloigner de nous la pauvreté cruelle
et les soucis rongeants » [35].

---

(35) *Ibid.*, p 141.

Si l'on devait partir en quête d'un philosophe de la vie rustique, le Pasteur Cellérier retiendrait notre attention. Après Rousseau et avant George Sand, il s'est efforcé de dialoguer avec le paysan vrai. Avant Le Roy, Bazin ou Pourrat, il proclame l'excellence de la vie champêtre. A ce qui ne sera qu'une intuition, un goût ou un rêve édénique chez les auteurs postérieurs, Cellérier ajoute par avance une justification théologique et morale : justification partiale et partielle mais si vigoureuse dans son étroitesse, si fervente dans sa candeur, qu'elle ne pouvait être passée sous silence. Cellérier est un des rares écrivains à avoir tenté, au-delà des vœux des Anciens ou des rêveries du XVIIIᵉ siècle, de définir la condition paysanne dans ses privilèges, ses exigences et aussi ses faiblesses. L'élan de sa foi, la chaleur de ses convictions font un peu écran à l'admirable sens du réel qui anime ses tableaux ruraux. C'était paradoxalement un devoir pour la critique d'oublier un instant la beauté d'une âme pour découvrir les brillantes intuitions d'un esprit si habile à montrer que les couleurs de la rusticité font plus que rehausser un genre, mais qu'elles en assurent parfois les fondements et le rayonnement, glissant de la Poésie à l'Eloquence avant de s'épanouir dans le Roman, au déclin d'un siècle dont on ne devinait encore ni les drames ni les espérances.

LACLOS RECONSIDERE
D'APRES LA CORRESPONDANCE COMPLETE

par Laurent VERSINI

S'il est constant que l'importance d'un écrivain, la richesse et la puissance de son œuvre peuvent se mesurer à la somme des interprétations proposées au fil des générations, si aventureuses, gratuites et contradictoires soient-elles, un moment vient où ces chances brouillonnes ouvrent la porte à une chance plus sûre, où l'arbitraire des impressionnismes et des subjectivismes commence à céder devant l'objectivité scientifique. Il n'est peut-être pas trop optimiste d'estimer que cette heure a sonné pour Laclos, après une ère bouillonnante d'hypothèses et d'élucubrations qui valut au moins aux *Liaisons dangereuses,* tiraillées entre existentialisme, marxisme, freudisme, sadisme, structuralisme, une foule de lecteurs nouveaux. Il fallait certes sauver Laclos du purgatoire où le moralisme le maintenait, quitte à ne l'exalter qu'en promouvant l'enfer ; mais il semble depuis quelques années que, au prix peut-être d'une certaine retombée de l'enthousiasme, les modes qui faisaient dépendre une gloire un peu frelatée d'un embrigadement dans les légions sataniques, érotiques ou idéologiques commencent à refluer devant une approche plus sereine dont les leçons magistrales de M. J. Fabre donnaient l'exemple depuis longtemps. Les snobismes qui avaient annexé l'homme le moins fait pour s'y prêter par son honnêteté, par sa sévérité pour le pédantisme, pour le « goût du jour » et pour le mauvais goût, par une ironie qui fustige d'avance ses exégètes imprudents, à force de cultiver le paradoxe et l'audace, n'ont fait que multiplier les lieux communs : Laclos-Valmont, Laclos précurseur du divin marquis, d'Engels ou d'un démonisme romantique, autant de mythes banalisés jusque dans l'enseignement universitaire.

Légendes favorisées par une paresse qui fait passer la fausse monnaie des anachronismes, des assimilations hâtives et des extrapolations par le brillant de la surface ; par des lectures qui isolent les *Liaisons* ou ne découvrent la famille de Laclos que du côté de Sade, de Vailland ou, dans le meilleur des cas, de Crébillon. Lectures qui en tout état de cause ne donnent pas leur vraie

place à des écrits aussi importants que le *Journal des Amis de la Constitution* ou les lettres familières de Laclos.

Il n'est pas à démontrer que, pour porter un regard plus assuré sur l'homme et sur l'ensemble de l'œuvre, il est utile de disposer du texte complet et correct de la correspondance connue à ce jour. C'est ce que proposent ces quelques pages, dictées par la familiarité avec les lettres conservées dans le fonds d'Amiens dont l'ensemble paraîtra prochainement[1].

L'éditeur regrette autant que les lecteurs que l'on en soit réduit, pour la période qui recouvre la genèse et l'apparition des *Liaisons*, à la correspondance entre Mme Riccoboni et Laclos ; s'il semble vain d'espérer découvrir de copieux échanges entre Laclos et Marie-Soulange dans les années où, après avoir donné son roman, l'écrivain en vivait un autre avec une compagne dont il s'ingéniait à ne laisser aucun motif de service le séparer, il est évident que toute lettre à un confident, contemporaine de la genèse du livre, serait infiniment révélatrice.

En attendant que des collections publiques ou privées livrent des pièces précieuses, on doit se contenter d'enrichir la section Correspondance des *Oeuvres complètes* de documents afférents à l'activité non pas de l'écrivain, mais du soldat, soit, en 1792, du collaborateur de Servan au camp de Châlons, puis à l'armée des Pyrénées, du prisonnier de Picpus ensuite en 1794, et, de 1800 à 1803, du général remplacé dans l'artillerie par Bonaparte.

La collection des lettres de Picpus et des armées du Rhin et d'Italie n'était plus inédite depuis le travail de Louis de Chauvigny au Mercure en 1904 ; mais, outre que l'hommage rendu à Laclos par son petit-neveu n'obéissait pas aux exigences d'une édition savante, même pour les textes retenus, et n'allait pas sans fautes de lecture, l'éditeur avouait lui-même dans sa Préface

---

(1) Dans la nouvelle édition des *O. C.* de Laclos à paraître dans la Bibliothèque de la Pléiade. L'étude de la totalité du fonds conservé au Musée de Picardie à Amiens permet non seulement de restituer bien des lettres ou des passages sautés par le premier éditeur, mais de corriger de fausses lectures ou de fausses dates, notamment parmi les lettres de Laclos à ses enfants, qui, étant le plus souvent rédigées sur le deuxième feuillet des lettres destinées à leur mère, ne portent pas toujours la date complète : l'examen du papier amène à replacer un feuillet adressé à Charles (éd. Chauvigny, p. 309), dont la date est en partie détruite, au 1er prairial en XI ; un feuillet sans date propre, adressé à Soulange et à Charles (éd. cit., p. 308), n'est pas de prairial an XI comme le suppose Chauvigny, mais du 1er thermidor an XI d'après le papier et les allusions internes ; une lettre à Marie-Soulange datée par inadvertance « Tarente 23 prairial an onze » par Laclos doit être replacée au 23 messidor.

avoir opéré des choix et des coupures, sans toujours les signaler
dans le texte. Non seulement le retour des formules [2] chargées
de rendre la tendresse et la fidélité de l'époux et du père — « Adieu,
bonne chère amie, je t'aime et embrasse de tout mon cœur ainsi
que nos enfants » — y est sacrifié, mais des lettres fort longues
se trouvent réduites à quelques lignes [3], et d'autres manquent tout
à fait, soit que Chauvigny les ait jugées moins précieuses que
d'autres, ou coupables de faire double emploi, ou trop encombrées
de ratiocinations sur les retards de la poste, soit qu'il n'en ait
pas disposé en 1904. Le *corpus* du Mercure se trouve ainsi à peu
près doublé par la reproduction de la totalité du riche fonds
d'Amiens.

Qu'apprenons-nous de Laclos par cet ensemble, en nous gardant évidemment de reporter sans précaution sur l'auteur des
Liaisons les traits du dantoniste qui n'attend que la mort de la part
des nouveaux « tyrans », ou du général vieilli et déçu malgré une
promotion flatteuse ?

Bien des détails qui font revivre l'homme, et son physique
d'abord, son tempérament et ses petites manies. Sa grande taille
nous est confirmée par la difficulté qu'il éprouve à trouver un
lit assez long dans ses gîtes d'étape ; nous découvrons un Laclos
en pantoufles — quand son humour n'évoque pas le bain de pieds
du général empêtré dans un chaudron trop petit (Milan, 4 floréal
an IX) —, frileux, ayant toujours eu de la difficulté à ne pas
s'habiller comme la veille (16 floréal an II), obligé par un temps
« trop chaud pour avoir une couverture, et trop froid pour n'avoir
qu'un drap », à se découvrir et à se recouvrir « trois ou quatre
fois par nuit » (5 messidor an II, passage inédit) ; sujet comme

---

(2) Parmi lesquelles « reçois les plus tendres baisers de l'amour »
(1er vendémiaire, 15 vendémiaire, 6 brumaire an IX) rappelle les *Liaisons*
(lettres LXXII, Danceny ; CXXV, CXLII, Valmont).

(3) Les trois pages du 3 prairial an VIII, remplies de détails sur l'activité
débordante du général enfin parvenu au quartier général de Moreau, sont
réduites par Chauvigny à trois lignes sur ce « fol » de Suwarof dont Laclos
occupe l'ancienne chambre à Babenhausen ; les trois pages de la lettre du
5 thermidor an VIII, nourries comme les trois lettres suivantes des 8, 11
et 15 thermidor, qu'ignore Chauvigny, de l'inquiétude de voir l'équipage de
siège inutile après Marengo, et du récit de ses démarches pour obtenir soit
un autre emploi en Hollande, soit une inspection ou un arrondissement d'artillerie, sont réduites par Chauvigny à l'allusion à Marengo et à la critique des journaux du temps.

son frère à de fréquentes fontes d'humeur ou rhumes, à des
hémorroïdes qui rendent l'équitation encore plus pénible à un
artilleur peu doué pour cet exercice, mais tout fier de constater
que la soixantaine ne l'affecte pas autrement que par la perte de
ses dents (20 brumaire an IX, inédit). Il note avec soin les variations atmosphériques, orages, pluies, gel, qui retentissent sur son
humeur, manifeste beaucoup de goût — et de regret, en prison —
pour la promenade, à laquelle il recommande à sa femme de se
livrer dans les bois de Satory, avant le coucher du soleil, plus en
lecteur de Tronchin ou de Tissot, et de Lavoisier, pour qu'elle y
jouisse de l' « air vital » et de l' « hilarité », c'est-à-dire de la
« joie douce et calme », qu'il procure (26 prairial an II), qu'en
homme sensible aux beautés des paysages ou de l'architecture pour
lesquelles, comme l'a déjà remarqué M. R. Pomeau, il a aussi
peu d'yeux en Suisse ou en Italie qu'au temps de La Rochelle, se
contentant de noter que la route de Lausanne à Genève, qu'il avait
oublié de décrire à sa femme avant son arrivée à Grenoble, est
« le roman de Julie mis en paysage » (8 messidor an VIII), ou
que les palais italiens sont bien poussiéreux et bien peu confor-
tables. Une phrase qui semblait promettre du pittoresque — An-
cône est une ville « bâtie sur trois collines, en sorte qu'il y a plus
d'escaliers que de rues », et que le général a son écurie au troisième étage —, oblique vers les fatigues que ce site lui réserve
(25 prairial an XI).

Le modèle prétendu de Valmont avoue des faiblesses bien
innocentes : gourmand, ou soucieux de rassurer sa femme sur
son régime, il lui fournit ses menus de Meaux (« une belle tranche
de gigot à la braise, un pigeon rôti, de belles asperges, de bon vin,
du dessert » 22 germinal an VIII), ou d'Epernay (« deux ris de
veau en fricandeau à l'oseille, une perdrix aux oignons, plus un
pigeon rôti, enfin des petits pois *conservés*, mais très bon, et un
buisson d'écrevisses, le dessert, et du café meilleur que chez nous »,
23 germinal an VIII) ; friand de liqueurs, péché mignon sur
lequel l'édition Chauvigny est muette, comme si la réputation de
Laclos pouvait être entamée par une « ivrognerie sentimentale »
qu'il partage avec son fils Charles, il est très sensible à l'envoi
de whisky, ou scubac, dans sa prison (8 prairial an II), et se
désole sur la perte de sa bonne eau-de-vie (1er floréal an VIII) ou
annonce à sa femme trente bouteilles des plus fines liqueurs grenobloises (8 thermidor an VIII, lettre absente de l'édition Chauvigny, qui ignore également toutes les nombreuses allusions ulté-
rieures à ces trois caisses dont l'acheminement causait beaucoup
de soucis à leur expéditeur). Et pourtant Laclos est assez près de
ses sous : on comprend qu'en prison, ou au fond des Etats de
Naples où la poste militaire gratuite ne parvient pas, le port de

lettres quasi quotidiennes représente une charge pour un ménage
de suspects sans ressources ou pour un général incertain sur son
avenir ; mais ne peut-on déceler un trait de caractère dans la
satisfaction qu'il éprouve à faire savoir à sa femme que, dans
l'achat du fameux camée le représentant en empereur romain dont
Chauvigny nous donne la reproduction en éludant les détails pécu-
niaires de son acquisition, il a su concilier l'économie et l'orgueil
du mécène en s'adressant à un artiste débutant (6 brumaire an
IX) ?

Il est beaucoup question d'argent dans la correspondance, mais
non point toujours de petites économies : dans un passage inédit
de la lettre du 1er thermidor an VIII, Laclos s'inquiète de savoir
si sa femme a touché le quatrimestre de ses actions d'Anzin,
acquises grâce à leur grande amie Mme Pourrat qui intéressa le
ménage Laclos en 1795, au rachat des actions de l'ancienne
Compagnie des Mines par les frères Lecouteulx ; nous apprenons
le 26 fructidor an VIII que ce quatrimestre fut de 2 498 F (faut-il
traduire : plus de 5 000 F 1973 ?), par un passage également inédit.
Laclos est aussi très attentif à la hausse prodigieuse de ses 269
actions de la Caisse des Rentiers dont il suit dans les journaux
financiers, depuis l'Italie, les cours gonflés par les succès du
Consulat. Ces détails sur les restes d'une belle fortune entamée
par la Terreur et les dévaluations du Directoire ne suffiraient pas
à révéler en Laclos un capitaliste, si ses confidences, malheureusement trop allusives, sur ses projets de banque en association
avec le général Servan et un autre ami de Mme Pourrat, Lepage
(29 nivôse an IX, inédit), et la collusion, sous le Consulat, entre
les milieux militaires et les milieux financiers, résumée par l'union
du protecteur de Laclos Marmont, avec la fille du banquier Perré-
gaux, et par les liens étroits entre la famille des banquiers Pourrat
et Lecouteulx et le ménage Laclos, n'invitaient à ajouter aux autres
raisons du loyalisme bonapartiste de l'écrivain, la confiance du
possédant en un régime propre à rétablir la prospérité économique
et financière de la France (lettre du 12 messidor an VIII).

Finances et économie nous entraînent bien loin des boudoirs
et des alcôves où l'on a voulu cantonner les talents de Laclos :
l'officier éclairé, déjà admirateur de Turgot sous l'ancien régime,
comme le confirment les *Observations du général Laclos sur le
Fils naturel*, a su mettre à profit les heures sombres de sa déten-
tion à Picpus pour se donner une compétence rendue plus urgente
par la nécessité de reconvertir ses ambitions ou, tout simplement,
de s'assurer des moyens d'existence à sa libération. Ses lettres
à sa femme, en 1794, sont nourries de réflexions lucides et prophé-
tiques sur l'évolution de la société moderne ; ce pédagogue si

pointilleux sur l'orthographe et sur le zèle à l'étude (voir par exemple une lettre inédite à Etienne, de Milan, le 22 ventôse an IX) a le souci constant, de la Terreur au Consulat, de définir pour ses enfants un programme d'éducation très neuf, où l'on retrouve les principes du troisième essai sur les femmes et leur éducation dans la préférence en faveur de l'anglais, langue utile, sur l'italien, langue d'agrément, et surtout dans la place réservée, pour Soulange [4] autant que pour Etienne, aux connaissances mathématiques, scientifiques et pratiques propres à permettre à sa fille de trouver sa place dans un remodelage des vocations qui fera passer les femmes du gynécée ou d'une oisiveté dont la frivolité et la dévotion étaient les deux visages, à des activités commerciales et administratives [5] ; parallèlement, l'officier disgracié fait l'inventaire des carrières qui lui restent ouvertes, en quête d'un recyclage à la fois avantageux et conforme à ses goûts. D'illustres exemples — Laclos a connu La Rochefoucauld-Liancourt dans les milieux orléanistes — avaient habitué depuis longtemps à pratiquer sans déroger différentes activités économiques. Agriculture, ou commerce ? Plusieurs lettres nous apprennent que le ménage Laclos s'intéressait à un commerce dont un passage inédit et corrompu de la lettre du 15 floréal an II ne permet pas de préciser le caractère, et était propriétaire d'une petite ferme [6] ; aussi voit-on Laclos se consoler du temps pluvieux, « excellent pour les biens de la terre » [7]. Mais Laclos voit plus grand en prison, et se met à apprendre l'économie rurale dans le *Cours complet d'agriculture* du physiocrate abbé Rozier [8], le passage des anciennes mesures au système décimal [9], et la tenue des comptes en parties doubles [10]. Ces projets courageux n'auront pas de suite, mais les connaissances financières approfondies par le détenu n'ont pas dû lui être inutiles dans les fonctions de secrétaire des hypothèques qu'il assura de 1795 au 18 brumaire.

L'orage passé, des ambitions plus conformes encore à la tradition familiale et au passé de Laclos referont surface ; l'ancien subrécargue désigné en 1762 pour la Brigade des colonies destinée aux Indes Orientales, l'ancien gouverneur général des établissements français à l'Est du Cap de Bonne-Espérance que Monge renonça au début de 1793 à envoyer combattre les Anglais en Inde,

---

(4) Lettre du 28 vendémiaire an IX.
(5) Lettre du 21 prairial an II.
(6) Lettre du 25 fructidor an II.
(7) Lettre du 16 floréal an II.
(8) Lettre du 25 prairial an II.
(9) Lettre du 29 floréal an II.
(10) Lettre du 9 prairial an II.

le frère cadet de « Choder » qui fut au service de la Compagnie des Indes de 1756 à 1790, puis consul en Turquie, fut toujours habité par le rêve d'aventures outre-mer et de missions diplomatiques ; obsession qui emporta son adhésion enthousiaste à la politique orientale de Bonaparte, et dut lui faire regretter de n'avoir pas participé à l'expédition d'Egypte ; jusqu'à sa mort, il sera prêt, la correspondance en témoigne, à aller guerroyer en Morée, en Turquie ou plus loin encore.

L'ancien secrétaire de Philippe-Egalité à Londres pouvait servir la politique extérieure de Bonaparte autrement que par les armes ; le précurseur de Talleyrand et de l'alliance anglaise de 1831 espéra toujours que son retour en grâce ne se bornerait pas à sa réintégration dans l'armée ; comptant en 1801 encore sur Barthélemy [11] qu'il avait connu en 1790 comme chargé d'affaires à Londres et dont il avait rafraîchi la mémoire, en même temps que celle de la Convention, par son rapport *De la guerre et de la paix* lors des négociations en vue des traités de Bâle, et plus encore sur Talleyrand, il confie souvent à sa femme le soin d'opérer quelques démarches pour soutenir des espoirs déçus par le temps qui passe et avivés par la nomination d'un Macdonald à l'ambassade de Copenhague ; non qu'il espérât plus qu'un poste de ministre plénipotentiaire auprès d'un petit prince, ambition reportée sur son fils Etienne que son père s'obstine à croire doué pour la diplomatie malgré son orthographe de cuisinière et son goût de plus en plus évident pour l'uniforme.

Comment accommoder ces ambitions modestes avec l'image usée de l'arriviste ? Il est loisible de s'interroger sur la solidité des convictions d'un homme qui peut apparaître comme prêt, dans les *Liaisons* comme dans l'*Epître à Margot,* à tirer parti de tous les scandales, qui fut l'agent dévoué de la cause d'un Valmont obèse et médiocre, qui peut être soupçonné de n'avoir servi les Jacobins que pour servir ses intérêts personnels, et d'avoir également rejoint les brumairiens par pur opportunisme. L'étude de la correspondance, appuyée sur celle du *Journal des Amis de la Constitution* et des *Observations sur le Fils naturel* en particulier, retient une condamnation hâtive et révèle en Laclos l'homme des fidélités : fidélité aux êtres d'abord, Marie-Soulange bien sûr, le duc d'Orléans lui-même, à l'égard duquel la correspondance ne se permet pas la moindre irrévérence ; ses anciens amis orléanistes et jacobins, Feydel, Pampelonne, Rioufe ; ses camarades de l'artillerie, le très cher Lacombe-Saint-Michel, Saint-Rémy mort trop

---

(11) Lettre du 24 ventôse an IX.

tôt en 1800 ; les témoins de l'heureux temps rochelais, même si le velléitaire et paresseux Alquier, en qui Laclos voit le préfet de police idéal, et à qui, ambassadeur à Naples, il adresse de son lit de mort un appel pathétique, ne méritait guère une telle confiance, non plus que Clarke, un autre orléaniste dont Laclos s'exagère le crédit propre à ses yeux à contrebalancer l'influence de ses ennemis de toujours, les hommes des bureaux, où il se heurte à nouveau à l'homme du génie et des fortifications pris pour cible par l'artilleur en même temps que Vauban dans le Contre-Eloge de ce dernier en 1786 : le montagnard Carnot, flanqué des artilleurs de la nouvelle génération, Gassendi et Andréossi ; fidélité à la famille Pourrat-Lecouteulx, et à la veuve du navigateur avec lequel le compte rendu élogieux que l'écrivain lui avait consacré en 1797 prouve que les Laclos étaient liés dans l'ancien régime : la correspondance invite à plusieurs reprises [12] Marie-Soulange à ne pas oublier Mme La Pérouse. Notons au passage que si les lettres de Laclos fournissent de trop rares indications sur ses fréquentations d'autrefois, elles nous apprennent au moins que ce fervent de théâtre, qui y retourne en 1800 à la faveur d'un séjour prolongé à Strasbourg, pour applaudir la Contat dans le *Vieux Célibataire* de Colin d'Harleville, était reçu avant la révolution par la créatrice du rôle de Suzanne [13].

Fidélité à une ligne politique surtout : le ralliement du général vieilli au bonapartisme, illustré par des hymnes à l' « Immortel Général » [14] et par des déplorations de l' « horrible événement qui a pensé nous coûter Bonaparte » [15], n'est pas seulement dicté par la gratitude due au maître qui, par un passe-droit assez extraordinaire, réintègre l'homme en qui les bureaux ne voulaient voir qu'un capitaine d'artillerie, et au mieux un général dans la ligne, comme général d'artillerie avec effet du 22 septembre 1792 ; de toute manière cette faveur récompensait moins l'officier, ou même l'inventeur de l'obus, que son rôle au 18 brumaire. En Bonaparte, Laclos trouvait enfin le patron auprès duquel, mieux qu'autrefois auprès d'un prince du sang borné, l'homme de lettres éclairé pourrait jouer le rôle du Gourville de Lacretelle ou de Cicéron dans *Rome sauvée*, celui-là même dont Voltaire rêvait pour le philosophe ; en Bonaparte, l'homme des Lumières voyait le seul homme capable de sauver l'essentiel de l'héritage d'une révolution dont le jacobin Laclos n'a jamais renié l'œuvre

---

(12) Parmi lesquelles un passage inédit (lettre du 8 floréal an VIII).
(13) Lettres du 28 germinal et du 5 floréal an VIII.
(14) Lettre du 21 messidor an VIII.
(15) L'attentat de la rue Saint-Nicaise ; lettre du 18 nivôse an IX.

de justice et de liberté lorsqu'il refusait de s'associer aux excès qui compromettaient un ordre enfin rétabli par le vainqueur des Chouans, de l'Europe coalisée, de l'inflation et de la banqueroute [16].

Le citoyen qui, même en campagne, a besoin de beaucoup de journaux, et préfère la *Décade philosophique* et le *Journal des Hommes libres*, d'opinion avancée, au plus conservateur *Journal des Débats* cher à sa femme, n'est pas plus devenu réactionnaire qu'il n'a jamais été extrémiste du temps où il s'opposait aux brissotins de la Société des Amis des Noirs, aux partageux du Cercle social, puis aux nouveaux « tyrans » du Triumvirat. Comme pour Chénier, la loyauté de son engagement est garantie par les risques courus, qui manquèrent de peu faire partager le sort du poète qui lança l'anathème sur les Jacobins, à un Jacobin dont le jacobinisme était celui d'un disciple de Jean-Jacques, d'un homme des Lumières.

Fidélité donc à la politique des Lumières, au service de laquelle le romancier des *Liaisons* met une lucidité qui dicte d'étonnantes vues d'avenir au précurseur de l'alliance anglaise et de la monarchie constitutionnelle, et une énergie à laquelle le lecteur sera d'autant plus sensible qu'elle se dissimule toujours sous la litote, et résiste aux déceptions comme aux menaces. Courage qui, tout autant que la pudeur d'une honnêteté à laquelle l'homme est aussi attaché que le romancier, lui donne la force de masquer à sa femme les dangers qu'il court — on connaît la sobriété des seules allusions qu'il se permet à l'imminence d'une exécution, dissimulée derrière le soin pris de faire parvenir ses cheveux à sa famille dans le premier billet conservé de Picpus, ou derrière l'euphémisme « accident » [17], — et que nous confirme la révélation la plus importante peut-être sur les lectures où il le retrempe et qui ont contribué à former sa personnalité.

La correspondance complète n'enrichit guère la connaissance des lectures de Laclos, de ses idées en matière de belles-lettres ou de ses projets en ce domaine. On sait qu'il y est discret sur les *Liaisons*, évoquées seulement pour la petite satisfaction de vanité trouvée à constater qu'elles ont un public à Turin [18] et des lecteurs flatteurs dans les évêques de Pavie [19] et de Pezzaro [20],

---

(16) Laclos regarde la campagne de Marengo comme « partie intégrante de la Révolution ; et [...] ses orages, que je ne prétends pas justifier, ne m'ont ni dégoûté de sa théorie, ni ébranlé sur les heureux résultats que j'en prévois pour la France, et, à la longue, pour l'humanité entière » (30 vendémiaire an IX).

(17) Lettre du 24 prairial an II.

(18) Lettre du 28 brumaire an IX.

(19) Lettre du 7 floréal an IX.

(20) Lettre du 17 prairial an XI.

ou à l'occasion d'une question d'Etienne à laquelle son père répond par une étude critique de leurs différentes éditions plus précieuse pour le bibliographe que pour l'interprète du roman [21] ; tout au plus peut-on trouver une remarque sur la relativité de la galanterie qui confirme la part capitale de l'honnêteté dans les *Liaisons* : une traduction éventuelle de l'ouvrage en italien ne serait pas « une besogne facile, [...] car les Italiennes n'ont aucune des grâces qui, chez nous, embellissent les mauvaises mœurs ; les femmes y sont plus libertines que galantes » [22]. Plus discret encore sur les racines grenobloises du roman, Laclos apporte sa pierre au mur du silence par son insistance à garantir à sa femme qu'il ne va point « courir après [s]es anciennes connaissances qui sont toutes la fine fleur de l'aristocratie » [23] et dont il tient à préciser qu'il n'a revu que deux hommes [24] ; précautions démenties par l'attention, peut-être dictée par la mauvaise conscience autant que par la délicatesse, de marquer ce nouveau passage à Grenoble par l'envoi de gants, ou, à défaut, de liqueurs ; et par une allusion à la notoriété que Laclos a conservée dans la ville, aussitôt mise sur le compte de l'impossibilité où se trouve un général de passer inaperçu dans une garnison de province où il a tout de même vite repris ses habitudes de la place Grenette.

En prison, ce n'était pas des romans qu'il lisait pour tromper l'ennui et l'appréhension, mais des ouvrages techniques, nous l'avons vu ; en Italie, il lit les *Mélanges* de Mme Necker [25], et voudrait avoir le temps de lire *Le Danger d'un tête-à-tête* [26], traduit d'un roman anonyme anglais par Anne de Colleville, ou de faire un compte rendu d'*Elise Dumesnil* que vient de donner son ancienne protectrice la marquise de Montalembert [27] ; l'*Abrégé de l'Histoire des Voyages* de La Harpe, relu à Milan [28], et les *Lettres américaines* de Carli découvertes à Paris [29] lui permettent d'approfondir l'anthropologie esquissée dans *Des femmes et de leur éducation* et dans le compte rendu de la *Relation* de La Pérouse.

Les confidences de Laclos sur son activité créatrice dans les dix dernières années de sa vie seraient également fort minces

---

(21) Lettre du 30 messidor an X.
(22) Lettre du 7 germinal an IX.
(23) Lettre du 19 thermidor an VIII.
(24) Lettre du 8 messidor an VIII.
(25) Lettre du 10 brumaire an IX.
(26) Lettre du 24 brumaire an IX.
(27) Lettre du 10 pluviôse an IX.
(28) Lettre du 10 brumaire an IX.
(29) 1788 ; lettre du 14 vendémiaire an X.

— en prison, ayant dû, « soit par épuisement, soit par aridité, mettre [s] on esprit en jachères » [30], ce n'est pas à un roman qu'il rêvait, mais à une « grammaire nouvelle » [31] dont on regrette que le manuscrit soit perdu, comme on regrette que Mme de Laclos n'ait pas retrouvé ceux des essais dramatiques, *La Matrone* et *Ernestine* [32] — s'il n'y avait le fameux passage sur le projet d'un second roman « sur le bonheur dans la famille », roman des liaisons heureuses, où l'énergie et les lumières auraient été cette fois au service du bien, et dont les *Observations sur le Fils naturel* de Lacretelle aident mieux encore à deviner les intentions ; projet ancien, qui remonte peut-être au lendemain des *Liaisons*, et qui, par une coïncidence bien dans la note du roman dont ce fantôme grenoblois semblait s'être échappé en même temps que des geôles anglaises et barbaresques, reçoit à Milan en l'an IX les encouragements de Dolomieu [33], le géologue et chevalier de Malte en qui l'on a cru reconnaître le modèle de Danceny ou de Valmont venant une seconde fois favoriser l'inspiration de Laclos.

Restent les exhortations à la lecture prodiguées à Marie-Soulange pour la sauver d'une inaction pernicieuse et de la « déprisation » de soi-même : elles nous renseignent utilement sur les lectures favorites qui occupèrent la jeunesse de l'écrivain et sur le contenu de sa bibliothèque, qui comprenait « tous les bons théâtres, presque tout Voltaire [dont l'*Essai sur les mœurs* en deux exemplaires] [34] et quelques bons romans » [35] parmi lesquels on imagine évidemment l'*Héloïse*, *Tom Jones*, *Clarisse*, objets de l'admiration de Laclos dans d'autres ouvrages, et peut-être *La Vie de Marianne* à propos de laquelle il répond à la curiosité de sa femme par un jugement sévère pour Marivaux [36]. En ajoutant la recommandation pour Etienne de lire Plutarque, les *Révolutions de l'empire romain* de l'abbé de Vertot déjà conseillées à la jeunesse dans le troisième essai sur l'éducation, et la *Vie et les œuvres* de Benjamin Franklin [37], la citation d'un vers de Boileau [38], d'un autre de Marmontel [39] et d'un passage de l'*Anglais à Bor-*

---

(30) Lettre du 27 prairial an II.
(31) Lettre du 28 prairial an II.
(32) Lettre du 28 brumaire an IX.
(33) Lettre du 18 germinal an IX.
(34) Lettre du 13 nivôse an IX.
(35) Lettre du 10 brumaire an IX.
(36) Lettre du 18 fructidor an II.
(37) Lettre du 11 vendémiaire an IX.
(38) Lettre du 30 messidor an X.
(39) Lettre du 19 prairial an II.

deaux de Favart [40], on aurait épuisé la liste des allusions littéraires, s'il n'y avait encore Rousseau bien sûr, dont Marie-Soulange et Laclos se renvoient le nom comme celui du guide de leurs sensibilités, et auquel l'écrivain emprunte comme dans les *Liaisons* des citations textuelles [41] ou approximatives, et aussi un autre nom que seule dans l'œuvre antérieure l'épigraphe du *Discours* sur les moyens de perfectionner l'éducation des femmes annonçait : le nom de Sénèque revient nommément dans plusieurs lettres de Picpus [42], les souvenirs et les leçons du stoïcisme, plus souvent encore : lorsqu'il écrit le 20 prairial an II : « on a dit il y a longtemps que le spectacle le plus digne de la divinité était l'homme de bien aux prises avec le malheur », Laclos prouve qu'il est capable en prison de traduire de mémoire le *De Providentia* (II, 8). La référence littéraire est certes dictée par la volonté d'armer Marie-Soulange contre ses terreurs ; mais on trouve ailleurs la preuve que le goût et la lecture assidue de Sénèque, dont les *Lettres à Lucilius* figuraient dans la bibliothèque du ménage [43], remontent à cette époque sur laquelle nous voudrions plus de lumières, celle de la composition des *Liaisons* et de la rencontre de Marie-Soulange : « il y a onze ans qu'auprès de toi, et pour toi, j'en mêlais [du stoïcisme] les éléments aux éléments de l'amour : car le stoïcisme bien entendu, celui qu'on puise dans la sérénité de l'âme (et c'est le seul impérissable), celui-là ne détruit pas la sensibilité ; il la contient et la dirige » [44]. Disposition qui permet à Laclos de s'associer sans trop de complaisance intéressée à la fête instituée par la Convention en l'honneur du stoïcisme [45], de supporter les épreuves réservées à l'homme de bien tandis que des méchants qui ne valent pas mieux que ceux de l'ancien régime sont glorifiés ; de s'armer de patience, après leur chute au 9 thermidor, contre les lenteurs des procédures de libération, et d'attendre du temps « la lumière et la justice » [46].

« Mêler les éléments du stoïcisme aux éléments de l'amour » : énergie et sensibilité n'ont pas de sens indépendamment l'une de l'autre pour l'homme des Lumières. On réduit communément la

---

(40) Lettre du 24 floréal an II.
(41) Deux vers du *Devin de Village*, 10 ventôse an IX.
(42) Lettres des 19 floréal, 1er priairal an II.
(43) Lettre du 19 floréal an II.
(44) *Ibid.*
(45) *Ibid.*
(46) Lettre du 3 fructidor an II, inédite, comme celles des 14, 25, 27, 29, 30 fructidor et 2e sans-culottide an II, qui nous renseignent sur la résignation de Laclos devant le peu de succès des démarches qu'il tente par l'entremise d'Alquier et de Lacombe-Saint-Michel pour hâter sa sortie.

correspondance à la tendresse conjugale et paternelle un peu lar-
moyante qui s'y épanche ; Laclos « bon époux, bon père, bon
frère » : il serait facile d'ajouter des références inédites [47] à toutes
celles qui accréditent ce cliché que l'on veut un peu condescendant
pour le général vieilli, et qui ne suffit pas pour autant à dissiper
les mythes tenaces sur sa jeunesse de Valmont ou de Méphisto.
On a beau jeu d'ironiser sur une tendresse inquiète qui tient
comme à autant de talismans aux formules finales sacrifiées par
Chauvigny, et sur l'attention scrupuleuse portée à la régularité de
la correspondance, aux dates et aux délais d'acheminement, comme
si ce n'était pas là un des aspects les plus évidents par lesquels
la continuité s'établit entre la littérature et la correspondance
authentique. Le romancier des *Liaisons* était promis aux tourments de la séparation qu'il avait prêtés à la Présidente, à Danceny,
à Cécile, à Valmont aussi, et qu'il souligne des mêmes références
à l'*Héloïse* dans la vie comme dans l'œuvre d'art, et à en tirer
les accents d'héroïdes spontanées dont le destin s'est chargé d'assurer le sobre pathétique, en les encadrant entre le billet griffonné
à Picpus dans l'attente de l'exécution, et le billet non moins court
du général expirant des fièvres au Premier Consul en qui il place
tout son espoir. La lettre assure, pour lui plus sûrement encore
que pour Danceny ou pour la Présidente, la communication des
âmes dans la transparence qui abolit jusqu'à la distance au cours
du « déjeuner de famille » où le détenu puis le général en campagne se rendent d'intention. Communication entre l'écrivain jaloux des « vérités de sentiment » que Marie-Soulange trouve spontanément, et une sœur de Julie et de Mme de Tourvel.

Retenu sur la pente de la sentimentalité complaisante par la
simplicité familière de lettres d'où le voussoiement est exclu et
où le très important commandant en chef de l'équipage de siège
de l'armée d'Italie apostrophe sa femme d'un cavalier « gros
bett » [48], par une pudeur toute classique et par un attachement
au bon goût et à l'honnêteté qui le fait applaudir à la restauration
des salons par le Consulat [49], Laclos l'est tout autant par la virilité
que l'énergie restitue au sentiment, qui ajoute ses ressources à
celles de la volonté et du courage pour garantir à Laclos la sau-
vergarde de ses biens les plus précieux, par-delà l'échec de ses
ambitions. Cette sensibilité sans laquelle « il n'existe pas de
bonheur » [50] et qui seule donne le sentiment de l'existence [51]

---

(47) 5 vendémiaire an IX, par exemple, à propos de son frère.
(48) Lettre du 7 fructidor an VIII.
(49) Lettre du 20 brumaire an IX.
(50) Lettre du 2 messidor an II.
(51) Lettre du 13 floréal an II.

ne peut pas plus que chez Jean-Jacques se confondre avec on ne sait quelle indulgence envers les élans les plus faciles. Laclos se défend aussi bien de la sécheresse de cœur que l'on a pu prêter au romancier de l' « esprit pur », que de l'attendrissement auquel l'âge et les épreuves le condamneraient : « Il faut [...] non pas essayer de détruire sa sensibilité, ce qui est impossible, mais travailler à la diriger et à la contenir, même à la sacrifier au besoin. Les deux premiers sont l'ouvrage de la sagesse, le dernier l'est de la vertu » [52]. *La Princesse de Clèves*, et surtout l'*Héloïse*, ne sont pas loin, et avoir senti que sacrifice n'est pas synonyme de renoncement est bien d'un disciple de Rousseau qui a trouvé son Plutarque en Sénèque.

Un Laclos stoïcien, mais qui comprend Sénèque à travers Jean-Jacques ; un Laclos capitaliste, voire spéculateur, et césarien, mais qui n'a jamais renoncé à son attachement au rétablissement des mœurs et de la liberté ; un Laclos saisi dans la familiarité de l'existence quotidienne du prisonnier et du soldat qui n'est certes pas celle du brillant capitaine, mais qui nous fait découvrir une simplicité d'honnête homme et une droiture dans lesquelles seule la malveillance a pu interdire de voir sa nature profonde ; un Laclos qui ne peut plus ressembler à Valmont, et dont un détail au moins vient confirmer que le mariage fut comme le pense M. R. Pomeau celui de Saint-Preux et de Julie, lorsqu'il rappelle à sa femme qu'il n'a usé auprès d'elle d'autre séduction que de celle de « moyens doux » [53] ; un homme des Lumières qu'il faudra bien se résoudre à substituer au romancier ténébreux d'une tradition désuète : voilà des images partielles certes, mais qui, pour être imposées par des documents dont le volume est à la mesure de la fidélité d'un cœur loyal, valent bien les portraits auxquels seul l'arbitraire a pu prêter ombres sinistres et reflets rougeoyants.

---

(52) Lettre du 22 floréal an II.
(53) Lettre du 15 vendémiaire an VIII.

CHATEAUBRIAND VOYAGEUR

par Paul VIALLANEIX

Dans la *Préface testamentaire* des *Mémoires d'Outre Tombe,* où il étale la richesse de sa destinée, Chateaubriand se présente à la fois comme un soldat, un voyageur, un écrivain et un politique. Mais c'est le portrait du voyageur qu'il compose avec le plus de soin et de fierté :

> « J'ai exploré les mers de l'ancien et du Nouveau-Monde, et foulé le sol des quatre parties de la terre. Après avoir campé sous la hutte de l'Iroquois et sous la tente de l'Arabe, dans les wigwuams des Hurons, dans les débris d'Athènes, de Jérusalem, de Memphis, de Carthage, de Grenade, chez le Grec, le Turc et le Maure, parmi les forêts et les ruines ; après avoir revêtu la casaque de peau d'ours du sauvage et le cafetan de soie du Mameluck, après avoir subi la pauvreté, la faim, la soif et l'exil, je me suis assis, ministre et ambassadeur, brodé d'or, bariolé d'insignes et de rubans, à la table des rois, aux fêtes des princes et des princesses, pour retomber dans l'indigence et essayer de la prison. » [1]

La phrase s'étire et se balance pour mieux embrasser tous les espaces parcourus. Elle traduit par son mouvement et son éclat l'emprise que les souvenirs d'une vie ambulante exercent sur l'imagination de Chateaubriand. Le verset, dans la poétique d'un Saint-John Perse, dans le chant d'*Anabase,* d'*Exil* ou de *Vents,* n'aura pas d'autre fonction.

Les deux premières parties des *Mémoires d'Outre-Tombe* illustrent plus spécialement la carrière et le caractère de l'intrépide voyageur. La première partie, intitulée : *Ma Jeunesse. Ma carrière de soldat et de voyageur* et introduite par cette affirmation de la *Préface testamentaire* : « Depuis ma première jeunesse jusqu'en 1800, j'ai été soldat et voyageur » [2], relate le

---

(1) *Mémoires d'Outre-Tombe,* édition du centenaire, établie par Maurice Levaillant, t. I, p. 2.
(2) *Mémoires d'Outre-Tombe,* t. 1, p. 3.

voyage en Amérique et les aventures de l'émigration. La seconde :
Ma carrière littéraire ressuscite une période de la vie de Chateaubriand qui se signale non seulement par de nouveaux départs
(pour Rome, pour Jérusalem), mais par la mise en forme des
souvenirs du voyageur, soit dans *Atala* (1801) et *René* (1802 et
1805), soit dans les *Lettres* sur l'Italie, adressées à Joubert, soit
dans les *Lettres* sur Rome, adressées à Fontanes, soit dans l'*Itinéraire de Paris à Jérusalem* (1811).

Singulier témoignage, dont la complexité fait le charme. Lorsque Chateaubriand ranime une dernière fois, en vue de ses
Mémoires, son passé de « grand itinérant » [3], il lui a déjà consacré
de nombreuses pages, recueillies dans les ouvrages précédemment
cités, qui datent de l'Empire, mais aussi dans *Les Natchez* (1826)
et dans *Le Voyage en Amérique* (1827). Tout autre mémorialiste
reculerait ici devant la crainte de se répéter. Mais l'Enchanteur
se sait capable de découvrir, en remaniant ses récits, la voie d'une
innocence seconde. Il s'y engage, par exemple, lorsqu'il reconstitue, avec un savant naturel, « quelques feuilles d'un journal
sans date » [4] qu'il prétend avoir rapporté de son séjour dans
les forêts américaines et dont il a livré au lecteur du *Voyage*
une version moins heureuse. Et ce n'est là qu'un essai parmi
d'autres. Le témoignage épuré des *Mémoires d'Outre-Tombe* finit
par transmettre un message multiple : il expose un art de voyager,
il révèle la métamorphose définitive de l'expérience jadis vécue
par le voyageur, il porte la marque que le souvenir de cette
expérience privilégiée imprime sur la dernière manière de
l'écrivain.

Au moment de récapituler ses aventures, Chateaubriand bénéficie d'un recul qui les transforme à ses yeux. Il ne se représente
plus le détail complet de ses itinéraires. Seul, l'essentiel lui apparaît
et c'est pourquoi son art de voyager se dégage si bien des *Mémoires d'Outre-Tombe.*

L'exploration ou l'exil décuple chez Chateaubriand le don
de l'observation, le sens du pittoresque, cette attention intense
aux spectacles du monde qui n'engage, chez le peintre, que la
vue, mais qui, chez le voyageur des *Mémoires,* comme chez le
pèlerin du *Temps perdu,* met tous les sens en émoi. La découverte

---

(3) L'expression est de Saint-John Perse, *Vents,* t. III, p. 1.
(4) *Mémoires d'Outre-Tombe,* Ire partie, VIII, 1-3, t. 1, p. 319 et suiv.

Mais il ne se contente pas d'admirer le spectacle qui s'offre à ses yeux « ébaubis ». Il voudrait se mêler aux acteurs, entrer dans le jeu de leur existence, y tenir un rôle qui le fascine précisément parce qu'il ne lui a jamais été dévolu. C'est pourquoi il se déguise en « coureur de bois » : casaque, bandoulière, peau d'ours, cheveux flottant sur le cou découvert et barbe longue. Il chasse le loup-cervier et le rat musqué avec ses compagnons, qui semblent l'adopter ; il n'est pas loin de prendre auprès d'une Indienne, dont il a caressé la vache maigre, la place de l'époux qu'elle a perdu.

Chateaubriand est le premier à sourire du mimétisme dont il fait preuve. Mais l'humour trahit le sérieux de ses confidences. Cet être qui va « partout baillant (sa) vie » dépose sans peine, pour en emprunter de nouvelles, des habitudes auxquelles il n'est point attaché. L'ennui, le célèbre ennui dont il se plaint voluptueusement le fait douter de son identité. Il aime la perdre sur les mers et les routes. Il multiplie, en voyageant, les personnages de la tragi-comédie que compose sa carrière. Chacun le séduit, aucun ne lui suffit. Alors que le dénouement s'annonce, il les aligne dans la tombe de ses *Mémoires* et il rêve volontiers à l'homme qu'il serait devenu s'il avait élu quelque part domicile, « parmi les bois d'Allemagne, dans les bruyères de l'Angleterre, dans les champs de l'Italie, au milieu des mers », ou « dans les forêts canadiennes ». Sa nostalgie de la fixité, cependant, n'est qu'à demi sincère. Dans sa for intérieur, il sait que ses « destinées » sont « vagabondes » [10], et il en est heureux.

Il en est fier aussi, quand il se rappelle la liberté d'esprit qu'il leur doit. Le perpétuel voyageur des *Mémoires d'Outre-Tombe* ressemble au Huron de Voltaire, au Persan de Montesquieu : son regard déchire, à l'étape, le voile des apparences ou des vérités établies. Débarque-t-il dans un port du Levant que le génie européen semble avoir conquis ? Il ne se « laisse pas éblouir par des bateaux à vapeur et des chemins de fer, par la vente du produit des manufactures et par la fortune de quelques soldats français, anglais, allemands, italiens, enrôlés au service d'un pacha : tout cela n'est pas de la civilisation » [11]. Comme il n'est ni colonisateur ni colonisé, il pressent les déboires auxquels l'Occident s'exposera en exportant sans précaution ses techniques et sa culture. Revient-il, au contraire, vers sa patrie ? Elle lui est devenue, elle-même, étrangère et il la juge bien mieux que s'il ne l'avait jamais

(10) *Mémoires d'Outre-Tombe*, Ire partie, VIII, 8, p. 341-342.
(11) *Mémoires d'Outre-Tombe*, IIe partie, VI, 5, t. II, p. 242.

fuie. D'où la véracité du témoignage qu'il rend, au début de la deuxième Partie des *Mémoires,* sur la France. Il la retrouve, en 1800, sous le régime consulaire, après l'avoir quittée, huit ans plus tôt, en pleine révolution. L'exil a fait du gentilhomme breton qu'il était en 1792 un « Anglais de manière, de goûts et, jusqu'à un certain point, de pensées » [12]. C'est pourquoi la France lui est « aussi nouvelle que (lui) avaient été autrefois les forêts d'Amérique » [13]. Il l'observe avec la curiosité et la rude lucidité d'un Young. Grâce au recul qu'il a pris, dans le temps et dans l'espace, il est en mesure d'analyser la comédie que ses compatriotes ont pris l'habitude de jouer pour échapper aux périls multiples de la Terreur et qu'ils continuent de jouer sans le savoir :

> « Le pêle-mêle était bizarre : par un travestissement convenu, une foule de gens devenaient des personnages qu'ils n'étaient pas : chacun portait son nom de guerre ou d'emprunt suspendu à son cou, comme les Vénitiens, au carnaval, portent à la main un petit masque pour avertir qu'ils sont masqués. L'un était réputé Italien ou Espagnol, l'autre Prussien ou Hollandais : j'étais Suisse. La mère passait pour être la tante de son fils, le père pour l'oncle de sa fille ; le propriétaire d'une terre n'en était que le régisseur. » [14]

Voltaire serait tenté de s'en tenir, ici, aux effets de l'ironie. Chateaubriand, plus ambitieux, préfère au détachement de l'esthète l'objectivité de l'historien, qui s'y apparente, mais ne s'y réduit pas. Il tire parti de la situation privilégiée qu'il occupe, comme rapatrié, pour examiner en profondeur la nouvelle société qui est en train de naître. Avant de s'y plonger, il distingue dans le « pêle-mêle bizarre » du Consulat les « vieilles générations républicaines qui se retirent », les « générations impériales qui s'avancent », tandis que « l'émigré rentré cause tranquillement avec les assassins de quelques-uns de ses proches » [15]. Ainsi complète-t-il un témoignage que nul ne pouvait rendre plus fidèlement que lui.

L'histoire désormais lui est un spectacle. Il la considère, même lorsqu'il est appelé à y prendre part, avec le détachement dont l'exil l'a rendu capable et dont il ne se départira pas. Il situe « outre tombe », au terme du dernier voyage, dont on ne revient

---

(12) *Mémoires d'Outre-Tombe*, IIe partie, I, 3, t. II, p. 15.
(13) *Mémoires d'Outre-Tombe, ibid.*, p. 13.
(14) *Mémoires d'Outre-Tombe*, IIe partie, I, 5, t. II, p. 17.
(15) *Mémoires d'Outre-Tombe*, IIe partie, I, 6 ; t. II, p. 18.

pas, le lieu spirituel d'où il entend porter sur le monde des hommes un regard plus que jamais serein.

*
**

Est-ce à dire que Chateaubriand ne fait que cultiver, dans ses *Mémoires,* une habitude mentale déjà acquise ? Nullement. Rien n'est fixé, rien n'est conclu tant que l'écrivain continue de ranimer les souvenirs de sa vie errante. Le langage auquel il les livre les métamorphose.

Il leur impose, d'abord, la logique d'une justification. Alors que Chateaubriand, dans le *Voyage en Amérique* ou dans l'*Itinéraire de Paris à Jérusalem* recueillait les leçons, il s'interroge, dans les *Mémoires d'Outre-Tombe,* sur l'inspiration de ses voyages. Il cherche à replacer ses départs, ses aventures, ses retours dans la suite de ses actions. Il se demande, avec insistance, pourquoi il est devenu un grand voyageur.

Sa réflexion le ramène vers la province où il fut élevé. Etrange Bretagne, dont le génie hésite à habiter la terre ou la mer, dont les enfants naissent avec une double patrie, parlent, en les confondant, la langue du berger et celle du navigateur ! Les flots lui disputent ses champs, elle ne sait où elle prend fin.

> « Entre la mer et la terre s'étendent des campagnes pélagiennes, frontières indécises des deux éléments : l'alouette de champ y vole avec l'alouette marine ; la charrue et la barque, à un jet de pierre l'une de l'autre, sillonnent la terre et l'eau. Le navigateur et le berger s'empruntent mutuellement leur langue : le matelot dit *les vagues moutonnent,* le pâtre dit *des flottes de moutons.* Des sables de diverses couleurs, des bancs variés de coquillages, des varechs, des franges d'une écume argentée, dessinent la lisière blonde ou verte des blés. Je ne sais plus dans quelle île de la Méditerranée, j'ai vu un bas-relief représentant les Néréides attachant des festons au bas de la robe de Cérès. » [16]

Né à demi déraciné sur un sol incertain, Chateaubriand se tourne vers les Néréides plutôt que vers Cérès. Si Combourg l'impressionne, Saint-Malo le fascine. Il joue, au pied des remparts, avec les vagues. Il se promène sur la grève. Il rêve devant la mer. Lorsqu'on l'envoie à Brest, du collège de Dol, pour préparer son entrée dans la marine royale, il contemple avec ivresse l'activité

---

(16) *Mémoires d'Outre-Tombe,* Ire partie, II,, 1, t. I, p. 61.

du port. La description détaillée qu'il en donne, quelque trente ans après, est aussi un « chant de départ » :

> « Après ce cap avancé, il n'y avait plus rien qu'un océan sans bornes et des mondes inconnus ; mon imagination se jouait dans ces espaces. Souvent, assis sur quelque mât qui gisait le long du quai de Recouvrance, je regardais les mouvements de la foule : constructeurs, matelots, militaires, douaniers, forçats, passaient et repassaient devant moi. Des voyageurs débarquaient et s'embarquaient, des pilotes commandaient la manœuvre, des charpentiers équarrissaient des pièces de bois, des cordiers filaient des câbles, des mousses allumaient des feux sous des chaudières d'où sortaient d'épaisse fumée et la saine odeur du goudron... » [17]

La décision du cadet est déjà prise : il choisit la fête de l'appareillage, il renonce à la vie féodale et sédentaire, il brûle de rallier l'équipage des fils prodigues de la Bretagne.

Qu'attend-il de la traversée des mers ? « L'indépendance ». Chateaubriand recourt volontiers à ce mot pour désigner le gain de ses voyages. Fidèle, il l'est par devoir, par point d'honneur, avec d'autant plus de rigueur peut-être que son intelligence l'incline à la compréhension du changement. Indépendant, il l'est par nature et avec passion. Il lui plaît de larguer les amarres, de mettre la voile au vent, de fuir au large la loi de la société, de partager la vie libre des hommes de la mer :

> « Il y a, explique-t-il, dans la vie périlleuse du marin une indépendance qui tient de l'absence de terre ; on laisse sur le rivage les passions des hommes ; entre le monde que l'on quitte et celui que l'on cherche, on n'a pour amour et pour patrie que l'élément sur lequel on est porté : plus de devoirs à remplir, plus de visites à rendre, plus de journaux, plus de politique. » [10]

Au jour du débarquement, une curiosité conquérante désormais transporte le voyageur. Sur la terre qu'il découvre, Chateaubriand demeure préservé momentanément de toute contrainte. Il se croit rendu à lui-même. Il dispose de son génie. Il renaît, en suivant le cours de ses inspirations. Il est tout à la joie de recouvrer une virginité spirituelle qu'il craignait d'avoir perdue :

> « Lorsqu'après avoir passé le Mohawk, j'entrai dans les bois qui n'avaient jamais été abattus, je fus pris d'une sorte d'ivresse

---

(17) *Mémoires d'Outre-Tombe*, Iʳᵉ partie, II, 10, t. I, p. 96.
(18) *Mémoires d'Outre-Tombe*, Iʳᵉ partie, VI, 2, t. I, p. 255.

d'indépendance ; j'allais d'arbre en arbre, à gauche, à droite, en disant : « Ici, plus de chemins, plus de monarchie, plus de république, plus de présidents, plus de rois, plus d'hommes ». Et pour essayer si j'étais rétabli dans mes droits naturels, je me livrais à des actes de volonté qui faisaient enrager mon guide, lequel, dans son âme, me croyait fou. » [19]

Dans cette scène se prolonge l'une des légendes préférées du siècle qui rêva de ressusciter l' « homme naturel ». Diderot l'imagine, dans son *Supplément au Voyage de Bougainville*, sous les traits de quelque Tahitien. Rousseau le prend pour modèle au fond de sa retraite. Chateaubriand, plus entreprenant, joue au vrai le personnage sur le sol du Nouveau Monde. Hélas ! l'an de grâce 1791 ne sera pas l'an I du Royaume. Le mirage de la Terre promise se dissipe. Il faut chercher ailleurs, toujours ailleurs, le Paradis Perdu. C'est pourquoi l'image du Juif Errant occupe une place de choix dans la fable des *Mémoires d'Outre-Tombe*. Chateaubriand l'adapte, le plus souvent, à ses souvenirs d'homme de mer. Les « Juifs-Errants de (sa) sorte » [20] ne portent pas, en effet, le bâton du pèlerin. Ils se laissent porter par les flots.

> « Navigateur, écrit le vieux vagabond, mes destinées ont eu l'inconstance de ma voile ; alcyon, j'ai fait mon nid sur les flots » [21]. C'est à bord d'une barque que « s'accomplit la traversée de la vie » : « Je dis ce qui est, ce qui est arrivé, sans que j'y songeasse, par l'inconstance même des tempêtes déchaînées contre ma barque et qui souvent ne m'ont laissé pour écrire que l'écueil de mon naufrage. » [22]

Vérités ou fiction ? Le vieil Enchanteur ne le sait plus lui-même. Ses souvenirs de bord ou de route, dans la rêverie qui les enveloppe, deviennent effets romanesques ou épiques. Tantôt ils ont pour rôle d'éveiller l'illusion du vécu, comme dans le *Journal sans date*, où le discours narratif se brise pour qu'ils conservent leur allure naturelle, « à sauts et à gambades ». Tantôt, assortis d'un luxe de détails désordonnés, comme au moment du voyage dans le Midi, ils créent l'atmosphère d'un roman picaresque :

> « Le 27 octobre, le bateau de poste qui me conduisait à Avignon fut obligé de s'arrêter à Tain, à cause d'une tempête. Je me croyais en Amérique : le Rhône me représentait mes

---

(19) *Mémoires d'Outre-Tombe*, Ire partie, VII, 2, t. I, p. 290-291.
(20) *Mémoires d'Outre-Tombe*, IIe partie, VI, 4, t. II, p. 235.
(21) *Mémoires d'Outre-Tombe*, t. I, p. 2.
(22) *Mémoires d'Outre-Tombe*, t. I, p. 5.

grandes rivères sauvages. J'étais niché dans une petite auberge, au bord des flots ; un conscrit se tenait debout dans un coin du foyer ; il avait le sac sur le dos et allait rejoindre l'armée d'Italie. J'écrivais sur le soufflet de la cheminée, en face de l'hôtelière, assise en silence devant moi, et qui, par égard pour le voyageur, empêchait le chien et le chat de faire du bruit. » [23]

L'anecdote n'est sans doute pas inventée. Mais, pour adopter le langage d'Apollinaire, « nul détail indifférent » ne vulgarise l'histoire « noble et tragique » du prince des Juifs errants. Les éléments qui la composent sont choisis pour que la scène de la soirée passée à Tain paraisse fabuleuse : une tempête imprévue, un fleuve qui est le Rhône mais qui pourrait être le Mohawk ou le Mississipi, une hôtesse étrangement complice. Il arrive enfin que Chateaubriand, désireux de renouveler la relation de son pèlerinage à Jérusalem, imagine de donner au récit des *Mémoires* une sorte de relief romanesque en y mêlant le journal de son valet Julien, comme l'on superpose deux images légèrement décalées si l'on veut produire un semblable effet optique.

La transcription littéraire de l'expérience du voyageur entraîne la mise en place de tout un cortège de personnages. La plupart sont des êtres réels, des compagnons de rencontre. Mais ils ne pénètrent pas dans le monde enchanté des *Mémoires* sans changer d'apparence. La « jeune marinière » de l'île Saint-Pierre revêt le prestige de la Sylphide laissée sur la lande bretonne. Les deux Floridiennes, sur les bords de l'Ohio, se laissent déguiser en « magiciennes » avant d'être enlevées par leurs frères de race. L'Enchanteur les fait entrer, vivantes, dans la légende dont il est le héros fatal :

> « Mes Floridiennes disparaissent comme la fille de Cérès, enlevée par le dieu des Enfers. Voilà comme tout avorte dans mon histoire, comme il ne me reste que des images de ce qui a passé si vite : je descendrai aux Champs-Elysées avec plus d'ombres qu'homme n'en a jamais emmené avec soi. » [24]

De l'épisode des Floridiennes et de tant d'autres qui lui ressemblent sourd la plus pure poésie des *Mémoires d'Outre-Tombe*. Elle relève de ce « sentiment tragique de l'existence » dont Unamuno sera le philosophe. Le choix du souvenir auquel il confère la dignité d'un symbole n'a rien de fortuit. Jamais, en effet, Chateaubriand ne perçoit mieux le mouvement irréversible qui entraîne l'homme de son premier à son dernier jour que lors-

---

(23) *Mémoires d'Outre-Tombe*, IIe partie, II, 2, t. II, p. 63-64.
(24) *Mémoires d'Outre-Tombe*, Ire partie, VIII, 7, t. 1, p. 337.

qu'il se remémore la suite de ses propres « itinéraires ». Il s'avise qu'il a doublement vécu le passage de la vie, puisque non content de le subir, ainsi que ses semblables, il y a conformé sa conduite. D'où l'argument lyrique de la plupart de ses récits de voyages. Ils accueillent naturellement des images de séparation, de fuite et de ruine. Pour peu que le lieu visité porte, de surcroît, les traces de quelque civilisation défunte, ils se mettent à chanter. Ainsi lorsque Chateaubriand évoque, pour, la dernière fois, avec les accents de la nostalgie, la Grèce, qu'il n'a fait que traverser et dont il n'a pu contempler l'antique grandeur qu'à l'état de débris :

> « Je vois aujourd'hui, dans ma mémoire, la Grèce comme un de ces cercles éclatants qu'on aperçoit quelquefois en fermant les yeux. Sur cette phosphorescence mystérieuse se dessinent des ruines d'une architecture fine et admirable, le tout rendu plus resplendissant encore par je ne sais quelle autre clarté des Muses. Quand retrouverai-je le thym de l'Hymète, les lauriers-roses des bords de l'Eurotas ? Un des hommes que j'ai laissés avec le plus d'envie sur des rives étrangères, c'est le douanier turc du Pirée : il vivait seul, gardien de trois ports déserts, promenant ses regards sur des îles bleuâtres, des promontoires brillants, des mers dorées. Là, je n'entendais que le bruit des vagues dans le tombeau détruit de Thémistocle, et le murmure des lointains souvenirs : au silence des débris de Sparte, la gloire même était muette. » [25]

On chercherait en vain dans le témoignage de l'*Itinéraire de Paris à Jérusalem* l'équivalent d'une pareille rêverie. Il appartient au poète des *Mémoires d'Outre-Tombe* d'inventer la mythologie de ses voyages, de les revivre comme des expéditions infernales, tant il est vrai, pour lui, que voyager, c'est apprendre à mourir.

En se livrant, la plume à la main, à l'inspiration vagabonde qui a gouverné son existence et qui continue de l'orienter, Chateaubriand réforme sensiblement son style. Il délaisse la période nombreuse du *Génie,* l'harmonie soutenue des *Martyrs,* le lyrisme sérieux de *René.* Il apprend à écrire comme il voyage, sous la direction d'une Muse pédestre.

Il allège sa rédaction lorsqu'il se relit. Il se contente, dans le *Journal sans date,* de pousser ce cri : « Indépendance primitive, je te retrouve enfin ! », sans reprendre le développement imagé qu'il en avait donné dans le *Voyage en Amérique* : « Liberté pri-

---

(25) *Mémoires d'Outre-Tombe,* IIᵉ partie, VI, 1, t. II, p. 216-217.

mitive, je te retrouve enfin ! Je passe comme cet oiseau qui vole devant moi, qui se dirige au hasard, et n'est embarassé que du choix des ombrages... » L'oiseau envolé, c'est la phrase elle-même qui paraît se diriger « au hasard ». Les caprices du rythme retardent la venue ou brisent la ligne de la mélodie. L'enchantement du voyageur (et du lecteur), sur la route du Mont-Cenis, ne dure, comme il se doit, que le temps d'un crépuscule :

> « Ayant passé Saint-Jean de Maurienne et arrivé vers le coucher du soleil à Saint-André, je ne trouvai pas de chevaux : obligé de m'arrêter, j'allai me promener hors du village. L'air devint transparent à la crête des monts ; leur dentelure se traçait avec une netteté extraordinaire, tandis qu'une grande nuit sortant de leur pied s'élevait vers leur cime. La voix du rossignol était en bas, le cri de l'aigle en haut ; l'alisier fleuri dans la vallée, la blanche neige sur la montagne. Un château, ouvrage des Carthaginois, selon la tradition populaire, se montrait sur le redan taillé à pic. » [26]

La poésie se dégage à demi de la prose et y retourne. Fugitive, elle n'en est que plus précieuse. Elle ressemble à une grâce. Que Bernardin de Saint-Pierre est loin ! Et que Stendhal est proche !

Chateaubriand se garde bien d'enchaîner les épisodes de ses *Mémoires* plus régulièrement qu'il ne les rédige. Il entend raconter sa vie comme il l'a vécue, en Juif Errant, peu soucieux d'ordonner ses courses. Au moment de refondre les souvenirs de son équipée américaine, il ne se munit (pour le malheur de ses futurs biographes) ni d'une carte géographique ni d'un calendrier. S'il reconstitue plus fidèlement l'itinéraire de son voyage dans le Midi (1802), il néglige de ménager des transitions entre les scènes et les tableaux qui l'ont frappé. La relation d'un événement historique ne le fait pas revenir sur son parti-pris. Bien loin de présenter à son lecteur une vue cavalière de la prise de la Bastille ou du siège de Thionville, il lui donne l'impression qu'il ne l'a pas contemplé dans son ensemble. Comment *composerait-il,* à proprement parler, ses *Mémoires* ? Sur cette terre il est allé de rencontres en rencontres, conduit par une Volonté qu'il ne connaît pas. L'exemple de ses « destinées » lui commande de rechercher, quand il se raconte, la mobilité et la diversité, d'acquérir l'art de l'inconstance.

D'où la fantaisie propre aux *Mémoires d'Outre-Tombe.* Elle résulte de la désinvolture qu'affiche le narrateur. Breton parmi les Parisiens, fils de l'Europe parmi les Iroquois, homme de progrès parmi les conservateurs, il promène sur le monde qui l'entoure

---

(26) *Mémoires d'Outre-Tombe,* « Voyage de Paris aux Alpes de Savoie », IIᵉ partie, II, 6 ; t. II, p. 87.

un regard surpris et amusé. L'Odyssée imaginaire qu'il parcourt pour revenir vers son passé offre mille détours. Ils se développent à travers le temps comme à travers l'espace. Evoquant, en 1839, son voyage en Auvergne de 1805, Chateaubriand interrompt son récit chaque fois que d'autres souvenirs, qui s'y rattachent de près ou de loin, le sollicitent. Il se retrouve enfant, rêvant à ce « pays bien loin, bien loin, où l'on voyait des choses étranges, où l'on ne pouvait aller qu'avec grand péril, en cheminant sous la garde de la Sainte Vierge » [27]. Il retrouve aussi Pauline de Beaumont, Auvergnate par ses ancêtres, venue au Mont-d'Or « chercher la vie qu'elle allongea un peu pour atteindre Rome » [28] et y mourir dans les bras de son ami. Il n'oublie enfin ni les deux *Voyages* où il a déjà décrit Clermont ni l'accueil qu'il vient de recevoir, « l'été dernier, en 1838 », dans la capitale de l'Auvergne.

La fantaisie du procédé n'est pas accidentelle. Elle reparaît, plus brillante que jamais, dans chacun des « prologues » sur lesquels s'ouvrent les « parties » ou les « livres » des *Mémoires d'Outre-Tombe*. La *Préface testamentaire* l'annonce et la justifie : « Les *Mémoires*, divisés en livres et en parties, son écrits à différentes dates et en différents lieux : ces sections amènent naturellement des espèces de prologues qui rappellent les accidents survenus depuis les dernières dates, et peignent les lieux où je reprend le fil de ma narration. Les événements variés et les formes changeantes de ma vie entrent ainsi les uns dans les autres : il arrive que dans les temps de mes prospérités, j'ai à parler du temps de mes misères, et que, dans mes jours de tribulations, je retrace mes jours de bonheur. Les divers sentiments de mes âges divers, ma jeunesse pénétrant dans ma vieillesse, la gravité de mes années d'expérience attristant mes années légères ; les rayons de mon soleil, depuis son aurore jusqu'à son couchant, se croisant et se confondant comme les reflets épars de mon existence, donnent une sorte d'unité indéfinissable à son travail : mon berceau a de ma tombe, ma tombe a de mon berceau... » [29]. Ainsi la composition des *Mémoires* se modèle sur les « destinées vagabondes » de Chateaubriand. Elle reflète cette « ivresse d'indépendance » qu'il a éprouvée, plus particulièrement, sur les rivages du Nouveau Monde. Alors qu'il tient pour achevée sa carrière d'Enchanteur, il l'enrichit, en la racontant, d'une ultime invention : il la parcourt en voyageur et il découvre ainsi les joies, si bien accordées à son génie, de l'improvisation et de la rhapsodie.

---

(27) *Mémoires d'Outre-Tombe*, IIe partie, V, 3, t. II, p. 192.
(28) *Mémoires d'Outre-Tombe*, *ibid.*, p. 193.
(29) *Mémoires d'Outre-Tombe*, t. I, p. 4 et 5.

TABLE DES MATIÈRES

N° d'impression : 1576. — Dépôt légal : 2e trimestre 1974